中国信托业年鉴 2014—2015（上卷）

ALMANAC OF CHINA'S TRUSTEE

中国信托业协会　编

中国金融出版社

责任编辑：贾　真
责任校对：张志文
责任印制：裴　刚

图书在版编目(CIP)数据

中国信托业年鉴．2014—2015(Zhongguo Xintuoye Nianjian 2014—2015)：全2册/中国信托业协会编．—北京：中国金融出版社，2015.10
ISBN 978－7－5049－8121－9

Ⅰ.①中…　Ⅱ.①中…　Ⅲ.①信托业—中国—2014～2015—年鉴　Ⅳ.①F832.49－54

中国版本图书馆CIP数据核字(2015)第216194号

出版发行　中国金融出版社
社址　北京市丰台区益泽路2号
市场开发部　(010)63266347，63805472，63439533(传真)
网 上 书 店　http://www.chinafph.com
(010)63286832，63365686(传真)
读者服务部　(010)66070833，62568380
邮编　100071
印刷　北京汇林印务有限公司
尺寸　210毫米×285毫米
插页　46
印张　120.75
字数　4386千
版次　2014年10月第1版
印次　2014年10月第1次印刷
定价　780.00元(上、下卷)
ISBN 978－7－5049－8121－9/F.7681

编辑委员会

新常态·新

2014年中国

中国银监会副主席、党委副书记
周慕冰

北京市委常委
常务副市长
李士祥

财政部金融司司长
刘 健

中国银监会非银部主任
李伏安

中国信托业协会终身名誉会长
王世宏

中国信托业协会会长
中信信托董事长
陈一松

…制·新发展

…信托业年会

中国人民银行党委委员
副行长
潘功胜

中国银监会主席助理党委委员
杨家才

中国银监会非银部副主任
毛宛苑

中国银监会非银部副主任
许 文

中国信托业协会党委书记
专职副会长（常务）
漆艰明

中国信托业协会专职副会长
王丽娟

花絮

2014年中国

言托业年会

新常态·新

2014年中国信托业

中国银监会非银部副主任
许 文

中国人民大学信托与基金研究所所长
周小明

锦天城律师事务所高级合伙人
李宪明

制·新发展

年会圆桌会议

中国信托业保障基金有限责任公司董事长
许志超

复旦大学信托研究中心主任
殷醒民

西南财经大学信托与理财研究所所长
翟立宏

2014年12月19日，中国信托业保障基金有限责任公司在“2014年中国信托业年会”上宣布成立。中国银监会党委副书记、副主席周慕冰向中国信托业保障基金有限责任公司许志超颁发金融许可证。

2014年3月14日，“中国信托业协会第三届理事会第四次常务理事会议”在北京召开。中国银监会党委委员、主席助理杨家才，非银部主任李建华，协会终身名誉会长王世宏、专职副会长王丽娟、秘书长陈艳梅及各常务理事单位代表、监事长出席了会议。

2014年11月11日，中国银监会党委委员、主席助理杨家才一行前往华宝信托进行专题调研。

2014年6月和10月，中国信托业协会与清华大学法学院共同举办两期“信托高层管理研修班”，共有89位信托公司高层管理人员参加了培训。图为“2014年第二期信托高层管理研修班”开学典礼。

2014年4月23日，中国信托业协会在北京召开“2014年第一季度信托行业运行情况发布会”，中国银监会非银部副主任张电中、信托非现场处处长邵敏出席了本次发布会。

2014年6月4日，中国信托业协会在北京召开“《信托法》修改论证研讨会”，国家立法机关、司法机关、相关部委、境内外科研院所、信托机构等单位领导、专家和学者共计30余人受邀参加了本次会议。

2014年7月24日，中国银监会非银部副主任许文到新华信托调研南山东启项目。

2014年7月31日，中国银监会非银部副主任许文莅临华融信托开展调研工作。

2014年9月16日，中国银监会非银部副主任许文、中国信托业协会专职副会长王丽娟一行到中融信托调研。

2014年9月22日，中国银监会非银部副主任许文、中国信托业协会专职副会长王丽娟、中国信托业保险基金有限责任公司董事长许志超一行到外贸信托调研。

2014年12月25日，中国信托业协会在北京召开“2014年信托公司资产证券化业务专题研讨会”。中国银监会非银部副主任许文和副处长叶凌风、创新部副处长刘丽娜应邀出席，来自68家信托公司的120余位代表参加了本次研讨会。

2014年7月8日，由中国信托业协会主办的《中国信托业发展报告（2013—2014）》发布会在北京举行。中国银监会非银部信托非现场处处长邵敏，银监会办公厅新闻信息处调研员尹小贝、李星昊，业内外专家学者，课题组主要成员及相关媒体参加发布会。

2014年2月21日，中国信托业协会召开了“2014年中国信托业协会培训工作会议”。中国银监会非银部副处长刘寅、协会领导、部分业内专家和讲师以及考务公司相关专家参加会议。

2014年10月30日，中国银监会非银部副调研员张海阳到华宸信托进行调研。

2014年2月12日，中国信托业协会在北京召开"《中国信托业2013年度社会责任报告》编制工作第一次座谈会"，中国银监会非银部副调研员张海阳、协会专家理事、部分信托公司代表及北京融智企业社会责任研究所所长王晓光等20多人参加座谈会。

2014年1月23日，广东银监局副局长何晓军莅临东莞信托调研指导。

2014年2月24日，宁波银监局副局长张亚娟一行到昆仑信托调研。

2014年3月3日，山东银监局局长陈育林一行六人莅临山东信托，召开年度审慎监管会议。

2014年3月7日，山西银监局纪委书记祁绍斌、外资金融机构和非银行金融机构监管处处长席宏为等领导莅临山西信托调研指导。

2014年3月12日，上海银监局副局长蒋明康一行五人到爱建信托与经营层领导进行座谈。

2014年3月14日，云南银监局局长王朝弟、副局长李波一行莅临云南信托调研指导。

2014年3月31日，江西银监局副局长李洪一行到中江信托调研。

2014年5月20日，陕西银监局副局长刘丽岩莅临长安信托检查指导工作。

2014年6月13日，福建银监局局长周民源莅临兴业信托调研指导。

2014年9月16日，甘肃银监局副局长贾锐向光大兴陇信托总裁王廷科颁发金融许可证。

2014年9月26日，河北银监局副局长田耀金一行莅临渤海信托指导工作。

2014年3月7日，中国信托业协会在天津召开“中国信托业协会第一届监事会第五次会议”，审议通过了《中国信托业协会监事会2013年度工作报告》。

2014年6月19日，中国信托业协会专职副会长王丽娟到访中铁信托。

2014年7月15日，台湾金融研训院院长郑贞茂和海外业务发展中心副所长陈缇珍一行到访中国信托业协会。

2014年7月17日，中国信托业协会“信托业全员培训教研组会议”在北京召开。

2014年8月22日，中国信托业协会、四川信托联合实施中国信托业公益慈善基金之“千人助学计划”。

2014年9月22日，耿西金融服务委员会William Mason、总顾问Philip Nicol-Gent及耿西金融局驻华首席代表一行到访中国信托业协会。

2014年9月25日，香港信托人公会主席及退休金和基金小组委员会主席刘嘉时到访中国信托业协会。

2014年10月14日，中国信托业协会在北京信托召开“2014年信托业重点课题研究报告评审会议”。

2014年1月4日，陕国投举办上市二十周年“信托财富杯”羽毛球友谊赛。

2014年1月10日，兴业信托董事长杨华辉出席“中国财富管理50人论坛第二届年会”并做主题演讲。

2014年1月15日，北京信托与北京市怀柔区雁栖镇下辛庄村签署“富民3号信托”协议。

2014年1月18日，爱建信托组织全体员工到青浦东方绿舟进行了为期半天的全员培训。

2014年2月8日，中国石油天然气集团公司总会计师刘跃珍到访昆仑信托调研。

2014年2月12日，厦门国际信托逐层签署案件防控责任书。

2014年2月19日，吉林信托开展党的群众路线教育活动。

2014年2月21日，百瑞信托启航班、远航班联合开展关爱脑瘫儿童活动。

2014年2月24日，厦门国际信托与台湾永丰金控合资成立的圆信永丰基金管理有限公司举行开业仪式。

2014年2月，中信信托副总经理包学勤、中信信托与拜耳作物科学（中国）有限公司就土地流转下现代农业科技创新与发展签署合作备忘录。

2014年2月，中信信托副总经理包学勤参加中信信托与天禾农业战略合作协议签约仪式。

2014年3月3日，兴业信托董事长杨华辉与上海杉融实业有限公司董事长郑永刚签署杉立期货经纪有限公司股权转让协议。

2014年3月7日，上海市政协考察组莅临东莞信托考察交流。

2014年3月8日，华润信托爱心支持"中国社会创新卓越领袖千人计划"（公益慈善）发布会召开。

2014年3月14日，长安信托董事长高成程（三排中）、长安财富中心总经理助理鹿静（三排左六）和鹿鸣群（后排右六）一行深入陕西省富平县，在大山深处的国家级重点扶贫村——大王村举行山间书香·公益行第3所小学捐赠仪式。

2014年3月15日至16日，渤海信托主办“2014信托业发展研讨会”。

2014年3月15日，陕国投开展“3·15金融消费者权益日”宣传活动，工作人员正在为群众讲解金融知识。

2014年3月15日，安信信托总裁杨晓波参加中国银行上海市分行2014年度“中银投资通”创新专家委员会研讨会并受聘为首位专家委员。

2014年3月17日，华融信托总经理邹俊参加华融信托与河北省国有资产控股运营有限公司战略合作协议签约仪式。

2014年3月25日，由北京信托主办、中国银监会等相关部门领导参与指导的“土地流转信托研讨会”在北京信托召开。

2014年3月27日，中诚信托召开社会责任动员会。

2014年3月28日，外贸信托总经理徐卫晖参加“2014中国成都财富论道——全球家族信托与私人定制高峰论坛”。

2014年3月，中信集团副总经理蒲坚参加中信信托与济源市人民政府战略框架协议签字仪式。

2014年4月10日，方正东亚信托“爱·共成长”公益活动向50名贫困地区孩子发放电纸书。

爱建信托与佳源集团战略合作签约仪式

2014年4月11日，爱建信托与浙江佳源房地产集团有限公司在上海举行战略合作签约仪式。

2014年4月15日，兴业信托与宁德市人民政府签署合作协议。

2014年4月16日，兴业信托董事长杨华辉等一行赴福建省霞浦县水门乡湖里村兴业信托民族希望小学考察慰问。

2014年4月17日，华宸信托党委书记、董事长刘玉瀛和党委副书记、总经理甄学军陪同内蒙古自治区国资委主任苏和对苏州信托进行调研。

2014年4月22日，中电投集团副总经理孟振平到百瑞信托调研。

2014年4月26日，中诚信托工会举办足球比赛。

2014年4月26日，中航工业集团公司党组成员、副总经理顾惠忠到中航信托调研检查。

2014年4月27日，杭州工商信托在“杭信·阳光一号”公益项目启动仪式上，宣布将首笔公益资金捐赠给开展青少年救助的公益机构。

2014年4月29日，安信信托与上海唐君远基金会签署合作协议。

2014年4月29日，百瑞信托承办中电投集团金融平台企业业务协同与创新研讨会。

2014年4月29日，中国民生信托总裁张博与北京市投资促进局签署战略合作协议。

2014年4月，中信信托创新部副总经理陈仲参加全国首单养老信托现场活动。

2014年4月，中信信托董事长陈一松参加全国第一单保险金信托签约仪式。

2014年5月4日，杭工商信托办公室主任方平出席桐庐合村乡爱心助学专项基金成立暨捐赠仪式。

2014年5月7日，陕国投与重庆银行西安分行举行战略合作签约仪式。

2014年5月8日，中航信托组织党员干部参观焦裕禄纪念馆，深入开展党的群众路线教育活动。

2014年5月9日至11日，渤海信托“超越自我·熔炼团队”户外拓展活动顺利举行。

2014年5月12日，紫金信托举办“金融领域刑事案件专题讲座”，并举行了案件防控目标责任书签约仪式。总裁陈峥与各业务部门负责人郑重签署了案件防控目标责任书。

2014年5月13日，外贸信托总经理徐卫晖参加“2014年中国太原财富论道——全球家族信托与私人定制高峰论坛”。

2014年5月16日，陕国投到访金谷信托。

2014年5月16日，新华信托部分高管与重庆经侦签署警企共建备忘录。

2014年5月16日，中江信托在江西南昌举办中江信托银信保业务合作研讨会。

2014年5月22日，华融信托与中国华融举行乒乓球兴趣小组交流友谊赛。

2014年5月24日，新华信托足球队参加重庆市金融系统足球友谊赛。

2014年5月25日，国民信托举办毽球比赛。

2014年5月25日，国投信托助力真爱梦想基金会慈善义拍晚宴。

2014年5月25日，四川信托积极响应省政府及四川银监局“防范、打击非法集资活动”号召，在成都市中心集中开展了主题为“防范打击非法集资，维护投资者根本利益”的宣传活动。

2014年5月28日，紫金信托开展2014年度趣味运动会，增强员工团队意识与协作精神。

2014年5月30日，陕国投贫困地区儿童教育捐助公益信托项下首个助学项目“爱心书包”援助活动在周至县竹峪镇丹阳小学、岭梅小学等学校进行。

2014年5月30日，云南信托组织员工参加志愿者活动。

2014年5月，上海信托“上善”系列云南地区教育助学信托计划2014年第一期云南省教师短期培训班合影。

2014年5月，中信集团副总经理蒲坚参加中信信托与四川省宜宾市人民政府、中国铁建战略合作框架协议签字仪式。

2014年6月6日，北方信托董事长徐立世参加金融洽谈会。

2014年6月7日，国投信托参加“中坤杯”第五届北京国际山地徒步大会。

2014年6月10日，山东信托党委书记、总经理王映黎到昆仑信托考察。

2014年6月12日，华宝信托与荣盛发展、宝钢咨询举行三方合作签约仪式，共谱宝钢产融协同发展新篇章。

2014年6月12日，中建投信托举办“感恩父亲节”开放日活动，邀请公司全国五地15名员工及其父亲相聚上海，共度温馨节日。

2014年6月14日，吉林信托举办第四届职工羽毛球赛。

2014年6月20日，紫金信托党支部开展反腐倡廉暨预防职务犯罪警示教育活动。

2014年6月21日，四川信托党委在陕西延安举办了以“向往革命圣地　实现川信梦想”为主题的纪念建党93周年系列活动。

2014年6月21日，中泰信托副总裁余钧（左二）参加公司在上海主办的财富论坛并在圆桌讨论上发言。

2014年6月26日，平安信托2014房地产金融论坛在三亚召开。

2014年6月26日，中原信托邀请国内知名学者举办“十八大以来宏观经济走势与政策分析”专题培训。

2014年6月27日，陕国投全体党员参观了照金革命纪念馆和薛家寨革命旧址。

2014年6月27日，中航信托召开资产管理业务研讨会。

2014年6月，中信信托董事长陈一松参加中信信托与湖北黄冈共建国有农场土地信托化改革试验区签约仪式。

2014年7月1日至3日，新华信托2014年第一期新员工培训。

2014年7月1日，中国恒天集团有限公司莅临中融信托调研。

2014年7月2日，渤海信托与中国银行河北省分行签署战略合作框架协议。

2014年7月3日，华澳·立信金融风险研究所成立。

2014年7月4日，华信信托一行到大连市社会福利院开展慰问活动。

2014年7月4日，云南信托举办反洗钱培训。

2014年7月4日，外贸信托总经理徐卫晖出席“新起点 新模式 新未来——私募基金·外贸信托战略合作研讨会”。

2014年7月8日，华宸信托组织新党员进行入党宣誓。

2014年7月8日，陕国投信托与中国十九冶集团在其公司所在地成都十九冶大厦签署了战略合作框架协议。

2014年7月9日，华宸信托举行“普及金融知识万里行”活动启动仪式。

2014年7月10日至13日，方正东亚信托举行“爱·共成长”公益夏令营活动，20名贫困地区孩子参观湖北省博物馆。

2014年7月10日，华润信托副总经理田洁带领员工参观东纵司令部旧址。

2014年7月15日，湖南信托“钻石领导力”培训结业汇报会圆满举行。

2014年7月22日，中建投信托首单土地信托“中建投·镇江新区·森禾一期土地流转财产权信托”正式落地。

2014年7月28日，华融信托董事长袁护平与中国华融举行“华融·爱心”信托签约仪式。

2014年7月30日，中原信托组队参加“凯路仕·烈风”杯骑行体验赛。

2014年7月，中信信托副总经理蒲坚参加十八届三中全会精神学习讲座活动。

2014年8月8日，四川信托在青城山召开了2014年中期业务研讨会，积极探索业务转型。

2014年8月10日，山东信托举办“动感八月·活力信托”趣味运动会，为企业文化建设增色。

2014年8月15日，长安信托“2014长安信托与城商行、农商行交流合作会议”在北京顺利召开。

2014年8月18日，中航信托召开“信保合作·财富共赢”专题研讨会，中航信托总经理助理严固在会上发言。

2014年8月20日，国联信托董事长周卫平一行到访苏州信托。

2014年8月21日，中航信托、宜信、中国人寿共同召开信用保险合作签约发布会。

2014年8月23日，华润信托优秀党员参观古田华润希望小镇。

2014年8月23日，兴业信托总裁林静出席“中国财富管理50人论坛首届上海峰会”并做主题演讲。

2014年8月26日，新华信托信息技术部总经理于汉声参加了“为希望续航”活动，代表公司捐赠10.5万元善款来帮助21名大学生完成学业。

2014年8月27日，平安信托举办“青海梦　平安行”2014公益慈善行活动。

2014年9月2日，北京信托与黄山市人民政府签署战略合作协议。

2014年9月4日，华润信托主办钢琴大师音乐会，图为大师为自闭症儿童授课。

2014年9月4日，紫金信托党支部联合南京市慈善总会共同举办“爱在中秋，‘心’团圆”活动。

2014年9月5日，山西信托邀请上海锦天城律师事务所合伙人、中国信托业协会专家理事、上海市律师协会信托业务研究委员会主任李宪明就“信托项目风险防控操作实务”为全体员工进行专题培训。

2014年9月12日，国联信托举行“金融机构法律风险防范”的全员专题培训。

2014年9月12日，华能信托参加2014年万科举办的城市乐跑赛活动。

2014年9月18日，长安信托举办“长安财富大讲堂系列之解码信托”活动，常务副总裁陈英与讲师对话。

2014年9月19日，新乡市市委常委王晓然与兴业信托副总裁司斌签署全面战略合作协议。

2014年9月20日，华润信托副总经理田洁在第三届中国慈展会上发言。

2014年9月20日，华润信托海原润农扶贫种养殖农民专业合作社筹备大会顺利召开。

2014年9月20日，平安信托举办“平安行　童心梦”爱心助学活动。

2014年9月22日，国联信托开展资产证券化业务专题培训。

2014年9月23日，西藏自治区投资有限公司到长安信托进行业务交流。

2014年9月24日，中诚信托工会举行篮球比赛。

2014年9月26日，山东信托举行增资扩股签约仪式，鲁信集团总经理相开进、中油资产执行董事王亮等在协议书上签字。

2014年9月26日，由湖南省卫生和计划生育委员会、湖南信托共同主办的“湘信•善达农村医疗援助公益信托计划”正式发行。

2014年9月28日，兴业信托董事长杨华辉为子公司兴业期货更名揭牌。

2014年9月29日，四川信托走进地震受灾最为严重的四川雅安芦山中学，开展“读万卷书　绘锦绣未来——四川信托‘金融知识进校园’”活动，并向学生捐赠金融理财漫画、金融基础知识读本及课外读物逾千本。

2014年9月，湖南信托集中开展了“金融知识服务宣传月”活动。

2014年9月，中信信托董事长陈一松、总经理李子民参加全国第一单互联网消费信托启动仪式。

2014年10月8日，厦门国际信托开展了以“关爱老人，温暖重阳”为主题的重阳节敬老活动。

2014年10月9日，国投信托财务总监李涛赴青海省互助县五峰中学考察公司首个员工爱心信托援建的“梦想中心（标准化多媒体教室）”项目。

2014年10月11日，东莞信托召开党的群众路线教育实践活动总结大会。

2014年10月11日，上海信托举办“赢在2014”马年业务营销大赛季度总结活动。

2014年10月15日，陕国投与长安信托举行篮球友谊赛。

2014年10月15日，中航信托召开“党的群众路线教育实践活动总结大会”。

2014年10月16日，紫金信托举行“紫金信托·厚德”大病救助公益计划之“自强不息”公益活动发车仪式。

2014年10月16日，昆仑信托入驻宁波东部新城国际金融中心揭牌仪式。

2014年10月17日，中建投信托成都团队正式入驻当地金融CBD——中海国际中心。自此，公司以成都为中心的西南业务辐射网络正式建立。

2014年10月18日，吉林信托举行第四届篮球比赛。

2014年10月19日，杭州工商信托总裁丁建萍出席为廿八都小学建造“阳光浴室”仪式。

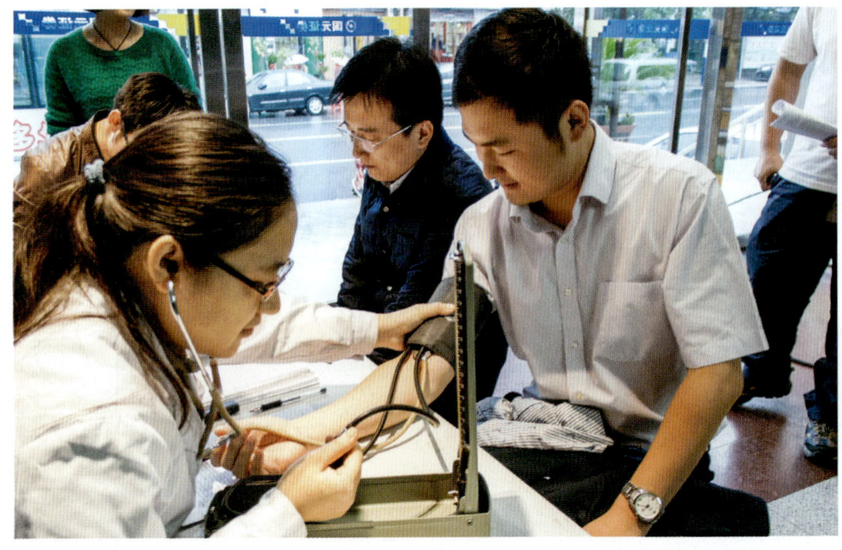

2014年10月21日，国元信托组织开展“国元信托第二次义务献血活动”。

2014年10月23日，中航信托董事会秘书、纪委书记兼工会主席罗国华到访长安信托进行交流座谈。

2014年10月24日，安信信托开展关于房地产成本估算和投资监管业务的培训。

2014年10月24日，陕国投开展了以“预防洗钱，维护金融安全”为主题的反洗钱户外宣传活动。

2014年10月27日，摩根大通全球资管总裁到访百瑞信托。

2014年10月28日，三一汽车金融总裁陆涛一行三人到湖南信托进行考察交流。

2014年10月29日，四川信托“锦绣财富”品牌发布会在成都举行，这是该公司转型升级的一项重要举措，也是其在金融产品和客户服务方面的战略性创新。

2014年10月29日，中诚信托与法兰克福大学开展交流活动。

2014年11月1日，首届“方正东亚信托杯”国际精英帆船邀请赛在青岛举行。

2014年11月1日，西藏信托全体员工前往顺义进行拓展训练。

2014年11月2日，外贸信托副总经理齐斌参加“2014中国循环经济发展论坛”。

2014年11月3日，国元信托与中国民生银行南京分行战略合作协议签约仪式在中国民生银行南京分行举行。

2014年11月5日，华融信托董事长袁护平等参加“三珍惜”主题廉政教育活动动员大会。

2014年11月7日，东方高圣投资顾问公司董事长、CEO陈明键受邀为重庆信托全体员工开展题为“高大全与三维并购”的专题讲座，本次讲座由重庆信托董事长翁振杰主持。

2014年11月8日，百瑞信托举办秋季运动会。

2014年11月10日，国联信托全资子公司国联资本与韩国JKL管理公司举行中韩平行基金合作备忘录签约仪式。

2014年11月11日，山东信托总经理王映黎一行赴台湾与华南、富邦等金控集团探讨业务合作。

2014年11月12日，在第十届珠海航展上，中航工业集团董事长、党组书记林左鸣接见中航信托部分班子成员。

2014年11月12日，中航信托与中航工业通飞合作设立爱飞客基金，支持通航产业发展，中航信托党委书记余萌为项目揭牌。

2014年11月14日，四川信托在三亚成功举办“新常态下的房地产金融论坛”。

2014年11月15日，湖南信托参加湖南财信投资控股有限责任公司第三届员工运动会。

2014年11月15日，交银国际信托举办职工运动会。

2014年11月15日，昆仑信托前往北京市太阳村活动中心开展公益捐赠活动。

2014年11月15日，由四川信托发起的西藏“暖冬行动”圆满落幕。

2014年11月17日，山西信托召开改革创新动员大会。

2014年11月18日，湖南信托湘信·善达农村医疗援助公益信托计划捐赠签约会在辰溪县举行。

2014年11月18日，华融信托董事长袁护平等会见东莞信托总经理一行。

2014年11月20日，山西信托与山西省中小企业担保公司合作举办信托、担保、投资公司合作发展研讨会。

2014年11月20日，陕国投赴四川信托开展交流。

2014年11月22日，东莞信托组织开展团队拓展训练。

2014年11月24日，紫金信托2015年金梧桐校园招聘正式启动。

2014年11月25日，中江信托首席风险官陈华玲一行到陕国投开展业务交流。

2014年11月26日，北方信托董事长徐立世参加与中江信托的交流会。

2014年11月26日，紫金信托举办“发展与转型——紫金信托2014年地产策略会”，全国优秀房企高管、专业房地产机构投资人齐聚一堂，共同探讨房地产业发展和转型之道。

2014年11月28日，“紫金·厚德4号”大病救助公益信托计划正式启动。

2014年11月28日，四川信托在厦门成功举办“新常态下的金融同业合作论坛”。

2014年11月28日，由中建投信托主办的“JICT · 第一届银信合作暨金融同业业务研讨会”在杭州召开。

2014年11月28日，中航信托与中国建设银行签订战略合作协议。

2014年11月28日，百瑞信托举办合规知识竞赛。

2014年11月28日，由北京信托主办的“大资管时代的信托之道论坛”和公司成立30周年庆典活动在北辰洲际酒店召开。

2014年11月29日，粤财信托员工参加“粤财杯”趣味运动会。

2014年11月，中信信托副总经理李峰参加中信信托与星美公司战略合作签约仪式。

2014年12月1日，北京信托与首发集团签署战略合作协议签约仪式。

2014年12月3日，山东信托向国家残疾人乒乓球训练基地捐款30万元，用于支持中国残疾人体育事业的发展。

2014年12月4日，上海市科普教育发展基金会理事长左焕琛莅临安信信托调研指导。

2014年12月5日，紫金信托举办以“不忘初心，方得始终”为主题的四周年员工活动。

2014年12月5日至7日，外贸信托举办“2014外贸信托·托起明天的太阳”丽江公益慈善行活动。

2014年12月6日，华润信托小径湾运动会参会员工合影。

2014年12月6日，中原信托召开冬季运动会。

2014年12月11日，平安信托举办的“互联网金融时代的机遇和挑战”陆金所信托信息平台发布暨信托同业高峰论坛在深圳召开。

2014年12月12日，中诚信托总裁助理刘孟革、创新业务部总经理魏永凤做客重庆信托成长学堂，与全体员工分享资产证券化业务经验，会议由重庆信托副总裁董尚可主持。

2014年12月14日，厦门国际信托与厦门市青少年宫联合举办第二期青少年财商教育公益训练营活动。

2014年12月15日，安信信托总裁杨晓波参加由第一财经主办的“顾客驱动创新　重塑中国企业价值峰会”。

2014年12月16日，陆家嘴信托向外来务工人员子女捐赠音乐会演出票，推动艺术普及。

2014年12月17日，国投信托总经理傅强赴北京师范大学昌平附属学校，为国投信托·仁爱壹号·员工爱心信托捐助的梦想中心项目揭牌。

2014年12月17日，华融信托举行员工民主生活会。

2014年12月17日，交银国际信托与武汉钢铁（集团）签署战略合作备忘录。

2014年12月19日，平安信托举办“爱飞翔·传递城市正能量”2014平安信托慈善之夜晚会。

2014年12月20日，中诚信托举行两岸家族信托研讨会。

2014年12月26日，中航信托与红星美凯龙建立战略合作关系，中航信托总经理姚江涛代表公司签署合作协议。

2014年12月26日，中原信托与中原银行签署战略合作协议（图后排中为河南省省长谢伏瞻，前排左一为黄曰珉董事长）。

2014年12月28日，中航信托成立五周年，总经理姚江涛为南昌SOS儿童村过生日的孩子送上祝福。

2014年12月29日，中原信托员工积极参与“恒久凝聚　爱心永远”主题活动。

2014年12月，国元信托开展为期一个月的“构建诚信、惩戒失信”宣传月活动。

2014年12月，中信信托副总经理李峰参加全国首单养老信托发布及“中信宝”消费信托平台上线活动。

目录

CONTENTS

上卷

下　卷

重要文献与政策法规

重要文献

在2014年中国信托业年会上的讲话

中国银监会主席助理　杨家才

（2014年12月19日）

同志们，我与大家一起做信托工作有两个年头了，深感大家很辛苦、很敬业，对监管工作也很支持，是一支能战斗的队伍。过去的一年，经过大家的共同努力，信托业取得了很大成绩，得到了各个部门的高度关注和认可。今天全国人大、国务院办公室、财政部、人民银行、审计署、证监会等单位的领导前来参加会议，并作了重要讲话，银监会党委副书记、副主席周慕冰同志和机关各部门领导也到会指导，这充分说明他们关心信托、关照信托、关爱信托。下面，我想讲三个方面的意见。

一、充分肯定一年来的工作成绩

一是支持了实体经济发展。在信托业13万亿元资产中，有9万多亿元投向实体经济，不管这些企业、产业是在发展期，还是在困难期，信托都无怨无悔地守护着，这点很不容易。房产、地产、矿产都是国民经济的重要组成部分，无论是富有，还是贫穷，信托信守承诺，不离不弃，这是一种难得的守信精神。

二是增加了受益人的收入。信托为谁而劳动，为谁辛苦，为谁忙？为了受益人。截至2014年11月末，信托共为受益人增加了近1000亿元收入，2013年收入为2944亿元，2014年前11个月收入为3893亿元。风险留给了信托管理，劳动是信托付出的，但绝大部分收入给了信托投资者，这正是信托人生生不息的奉献精神。

三是抵御了风险冲击。信托业是历经苦难才成就辉煌的行业，2014年在“三期叠加”的严峻形势下，又成功地抵御了风险冲击。记得2013年末，一些媒体唱衰信托，说什么中国金融即将崩溃，第一枪将从信托打响，说得昏天黑地，黑云压城，而今我们用事实证明，这一枪没有打响。有那么几单存在局部风险，通过采取措施，得到了有效化解，守住了不发生系统性、区域性风险的底线，这是信托业的共同贡献。

四是增强了资本实力。2014年是增资扩股的一年，全年有24家机构增资和变更股权，其中有16家净增加资本290亿元。即便是没有增加资本的，也改选了更好的股东，承诺了生前遗嘱。总的来看，信托资本实力有了很大的提升。

五是实现了平稳增长。2014年信托资产规模增速仍然在20%以上，利润也有百分之十几的增长，虽然利润比上年减少很多，但是在金融业中仍然处于高位。这说明信托业告别了疯狂年代，丢掉了“狂人日记”，回到了人间正道，回归了理性成长，更加成熟稳健了。

这些成绩的取得，各个信托公司及其从业人员、监管人员功不可没，都付出了辛苦劳动，大家要珍惜这来之不易的成绩。

二、深刻认识新常态，抓住新机遇，实现新发展

习近平总书记在2014年APEC会议上首次提出经济新常态这一概念，论述了中国经济新常态的三大特征，即速度变化、结构优化、动能转换。在前不久的中央经济工作会议上，又系统阐述了经济新常态的九大趋势性变化。这些论述在国内外产生强烈反响，这是对国际经济新形势的准确判断，是对中国经济发展规律的科学解释，许多专家学者认为习近平总书记关于经济新常态的论断是国际经济理论的重大创新，是中国经济理论创新首次走在世界前列。

从历史变迁来看，经济思想、经济理论、经济政策都是为了解决现实经济问题而产生的。我梳理了经济理论发展史，19世纪以前，新的理论思想大概50年更替一次，进入20世纪以后周期缩短了，30年左右就有一次理论更新。亚当・斯密是西方经济学的开山鼻祖，他的经济理论产生于1776年，当时发生了工业革命，有了蒸汽机，市场扩大了，产品丰富了，国际贸易扩大了，为迎接新市场的到来，《国富论》应运而生。50多年以后，为解决劳动与收入成反比的问题，穆勒又提出了由国家政策调节收入分配的新理论。再往后50年，马歇尔等人在1890年针对市场价格和垄断问题，又创新提出了资源报酬理论。进入20世纪后，为解决生产关系不适应生产力发展的问题，列宁于1921年推出了新经济政策，强调政府集权、工业集中、农业集体，形成了苏联模式，大规模扩大生产，解决了西方渴望解决的危机问题。凯恩斯的政府干预经济理论正是受苏联新经济政策的启发，他的夫人莉迪娅是俄罗斯人，凯恩斯从夫人与家乡的通信中获得了许多关于苏联经济的第一手信息资料，从而成就了《通论》。后来，政府组织经济的模式又出现了僵化问题。为此，萨缪尔森于1948年推出了新古典经济理论，把有形和无形的手加在

一起，号称一手解决充分就业问题，一手解决通货膨胀问题。可是到了六七十年代出现了通货膨胀与就业并存的滞胀问题。为解决这类问题，科斯等人推出了新制度经济学，斯蒂格利茨等人推出了新凯恩斯主义，试图通过制度变迁或政策工具调节来解决滞胀问题。此后交易费用的控制和政策工具调控被广泛应用。可调来调去却“危机四起”，墨西哥危机、东南亚危机、美国次贷危机、欧洲主权债务危机、全球经济危机接踵而至。对此，如何治理，有何良药，全世界都在研究，都在思考，都在行动。习近平总书记提出的新常态经济理论是当今最科学的回答。这个最新论断不仅符合经济思想的发展规律，也使中国经济理论首次走在世界前列。

从中国现实情况来看，产业政策、货币政策、财政政策的边际效应出现递减趋势。在三大宏观调控政策工具功效递减的情况下如何促进经济发展，这就需要找到新的经济理论思想作指导。新常态理论正是解决这些问题的钥匙，所以，我们一定要深入学习理解新常态的思想精髓，适应新常态的发展规律，实现新常态下的新发展。

从信托业来讲，如何适应新常态，抓住新机遇，实现新发展？主要是要积极研究信托发展路径，练好信托内功，实现信托转型。信托最大的转型是什么？由受托人主动发起变为委托人主动发起。实现这个转型还有很长的路要走，我认为要经历三个阶段。目前处于第一个阶段，这个阶段的信托目的是增值，即多赚钱，多获利。现在不就是因为信托收益率比存款高一点吗，投资者都是为了财富增值而来，这与我国人民还不富有的现实相符合。第二个阶段，可能是为了保值做信托。也就是说，这一阶段的信托主要不是让人发财致富，而是让人保持财富安全。因为信托具有财产独立的特性。到了第三个阶段，就应该是为了财富传承而做信托了。也就是说，信托的主要目的既不是财富增长，也不是财富安全，而是财富能传下去，破解富不过三代的怪圈，利用信托的破产隔离功能实现财富的代代传承或隔代传承。现在，我国人民已经有了一定的财富基础。可观的财富要不要传承？特别是，我国实现全面小康后财富怎么传承？这就是信托的潜在市场，以后大家在这方面做文章，把主动信托变为被动信托，真正地把发起人让渡给委托人，为委托人的财富保值、增值、传承而努力。

三、练好内功，勤勉尽责，打造新型信托业

我说过，信托业是个历经苦难才成就辉煌的行业，尽管经历了风风雨雨，还是为社会经济发展作出了重大贡献。但评“三好学生”总评不到信托，找“四类分子”就有信托的份，这是什么原因？是自己行为不端，形象不佳。怎么办？唯一的出路是练好内功，明确责任。2013 年我们强调八项机制，是为了重塑形象，整编为金融正规军。现在八项机制基本上建立起来了，但只是换上了正规军的服装，还缺正规军的思想。2014 年我们强调八项责任，是要把信托业的责任搞明确，把一些责任界限划清楚，把信托的角色定位和内部管理搞明白，使其表里如一，

社会上就会认可和信任信托了。2013 年是换“服装”，2014 年是换思想，把信托提升起来，把信托的责任界定下来。

责任问题至关重要。管理学大师德鲁克的理论告诉我们，任何一个百年老字号的企业或者组织，往往是一个道义集团、责任集团，而不只是一个纯粹的利益集团。这种来自于社会及相关组织机构的责任，是先于任何一个组织而客观存在的，组织可以对此作出选择，而不可以忽略它。结合信托公司来说，信托的一切责任是客观存在的，成为信托公司就得履行这个责任，不把责任搞清楚，公司坐标、人生坐标、市场价值坐标就定不稳。所以我想强调八大责任。

（一）受托责任

受托责任就是划分信托公司与投资者的责任界限，划分买者和卖者的责任界限。信托市场最高、最神圣的原则是什么？叫做卖者尽责、买者自负。那么买和卖的责任界定分水岭究竟在什么地方？怎么样才算尽责？不明责就无法尽责。为什么人家总说信托刚性兑付？根源就在于大家不知道责任是谁的。我们信誓旦旦地喊“受人之托，代人理财”，最后不敢不兑付给人家，明明是市场出了毛病，不是经理人的毛病，也不是信托有明显过失，就是不敢不给人家兑付，原因就是不知道自己该做什么，不知道自己做到什么地步为止，界限不清楚。下一步要制定信托尽责指引。尽责首先要明责，责任明确了，作为受托人的信托公司才能更好地履责尽责，进而实现担责、问责。

一是设立责任。信托设立的时候，一定要审查设立的目的、动机、财产来源，可以称之为“三个正”，第一，信托目的是否正当，第二，财产是否正义，第三，要求是否正确可行。这三项弄清楚了，基本上应该说信托设立责任就算是尽到了。

二是尽调责任。就是对信托项目作实地调查，现场考证。从 2014 年发生的几起信托风险项目看，大多没有作实地尽职调查，有的连项目有哪些都不太清楚。这样出了风险，信托当然难辞其咎。

三是营销责任。怎么样卖？在哪儿卖？卖给谁？卖的时候说什么？风险解释怎么做？有几个环节，就像过马路一样，一慢，二看，三通过。第一展示产品，第二提示风险，第三看是不是合适购买的人群，然后再签字画押，有条件还要录音录像。把这些步骤走完了，谁骗得了人？如果说委托别人销售的，委托银行，要签委托协议。现在客户一闹，既闹信托又闹银行，不知道闹谁，就是原始合同有问题，销售有问题。

四是管理责任。信托公司受托之后怎么管理资产，特别是融资信托，怎么看管资产的去向及使用情况，要有一套制度流程，明确看管责任和程序，就像贷款一样，有贷前、贷中、贷后，像银行一样定期出贷后管理报告，跟踪贷款动态变化情况。

五是信息披露。要明确受托人向委托人定期披露其信托财产资金的运营信息，包括应披露信息的内容、要点、环节、风险，以及方式、时限等，这些都要事先约定，严格遵循。

六是信托终止。信托从成立到终止，信托公司有什么责任？信托尽责指引不需要洋洋万言，只要把握关键几条，明确每个环节做什么就可以了，到时候把尽责指引发给客户，如果内容具体、严谨，客户自然信任。

（二）经纪责任

经纪责任是信托公司接受委托后，也就是信托成立后必须明确的内部责任。因为信托一经成立，信托公司就是一个受托者，受托者内部要有具体部门、项目经理人、项目经营部门。把这些责任划清楚了，才能保证受托责任落地了。

怎样明确经纪责任，各信托公司都有自己的做法。我研究了一下，这个责任可以称之为“三人行”制度，实质是三线鼎立、分权制衡。每一个信托项目都要有个经营团队，这个团队不管谁当头，但是必须要有三个人，一个是项目发起人，一个是项目营运人，一个是项目报告人。发起人就是最先发现或提出这个项目的人，也是享受绩效分配最多的人。对于项目发起人，要像要求银行的客户经理或者信贷经理一样，明确他的尽责调查、立项和产品设计责任，这是防控风险的第一道关口。所谓营运人，就是组织产品销售、资金归集、划付使用及全流程管理的人。还有一个报告人，就是跟踪项目营运过程，按信息披露的约定，真实报送信息情况的人。信托公司如果这个“三人行”制度没有制定，就不得贸然做业务。每一单业务、每一个项目，这三个人的名字要写出来摆在总经理、董事长的桌面上。这三个人应分别属于部门的三条线，报告人可以是风险部门，运营人可以是评审部门，发起人可以是项目部门。

把这些做到了，你们这些董事长、总经理就可以轻松多了。把责任传导到每一个人，让这些人各尽其责、各守其职，事情不就好做多了吗？现在你们累得不得了，什么原因呢？因为所有事情都压在一个人头上，一单制，一人办，一手清，怎么做得了？2014 年我了解的几个信托风险项目，大多是老总们直接做的，都说是银行行长在他办公室拍胸脯说的好项目，也没空去作尽职调查，结果出了问题连退的地方都没有。这就像 20 世纪 90 年代海南地产问题，买来的一块土地，退潮时是地，涨潮时是水，看不到一个完整的现场。所以一定要实地作尽职调查，要相信眼睛不能只信耳朵，眼见为实，耳听为虚，传讲可能为骗。所以，2014 年要专门制定一个办法，就是经纪责任指引。

（三）维权责任

信托诞生于中世纪，1000 多年来生生不息，主要是得益于它有两个不同于其他金融的独特优势：一是可以保护受托人财产的独立性；二是可以实现破产隔离。这两个特点是信托的生命。市场经济最大的约束就是破产，能实现破产隔离的只有信托。与其说信托是一种金融功能，是一个金融产品，不如说是一种法律制度。正因为有破产隔离的法律定位，委托人才能放心地把财产委托给信托公司。信托财产不会因为委托人或受托人破产而被清算，它忠实于受益人，这是信托的实质和核心。法国著名律师莱伯勒曾经说过，信托是盎格鲁—撒克逊人的守护天使，它冷漠地、无所不在地陪伴他们，从摇篮到坟墓。意思是说，英国人一生离不开信托。英国法律规定，信托一经设立，信托财产权就转移给受托人了，这个产权受《衡平法》保护，而《普通法》下的原有产权在信托终止前就不能再行使了。这种信托财产的双重产权属性，使得信托财产得到了很大的保护，实现了破产隔离。我国实行的是单一产权制度，一产一权，再配一证。信托法规定信托财产仅仅是由委托人委托给受托人。人家的信托是财产转移，我们的是委托，这就带来了信托财产的模糊。怎么办？这就需要引入信托财产登记制度，通过登记制度来解决我们的财产转移不足的问题。一是通过登记明确财产的委托人、受托人和受益人，明确受托人独立管理此项财产的权利。二是通过登记，将信息公示给信托相关人，使大家知道某些财产是做了信托的，不能再像原来一样只看产权证上是谁了。三是通过登记约定管辖法院，让法院在信托设立之初即明了财产权已委托给受托人的事实，日后出现纠纷时应尊重信托事实审判。这种判例多了，自然就成了普遍的遵循。从而使信托财产得到法律保护。前不久，我们与上海市市政府谈信托产品登记系统建设问题，其核心是法院对信托事实的认定，明确一个法院受理。如果做到这一点，信托市场就大了，信托的商机就来了。无论是股份制企业、家族企业、家庭个人，只要追求财产独立性和破产隔离，就会自然选择做信托，那时候的信托就真正成了财富的守护天使。

（四）核算责任

明确核算责任，即信托公司明确告诉信托相关人，他们的受托财产及其收益在信托公司都有真实的原始会计记录。做到这一点，信托公司的信任度就增加了。私人银行都是这么做的，一人一户。信托公司的核算责任，要分账核算，分账管理。具体地讲：第一个是按性质设科目。是固有财产，还是信托财产，信托财产里是财产信托；资金信托，还是事务信托，资金信托里究竟是投资性信托，还是融资性信托，等等，都要按照不同性质分设科目核算。第二个是按产品设子目。我们的项目得设出子目来，这样可以让受托人知道其资金用到哪儿去了。第三个是按对象设台账。为每一个客户设立一个独立的台账。第四个是按照支付计流水。如果以这种方式进行核算，哪个客户对信托不肃然起敬？哪个客户对信托不恭维三分？把这几个账户弄清楚，资金池自然就解决了。资金、财产、收益分得清清楚楚，每一笔资金的来源及运用记得明明白白，账摆在那里，卖者若没问题，买者不自负盈亏都不行，卖者若未尽责，不赔也不行。这就是我们要练的内功，2014 年要制定一个分账核算的指引，指导大家把核算做好，把基础打牢。

（五）机构责任

所谓机构责任，就是信托公司的责任。信托公司的责任就是董事会和高管团队的责任。股东把资本投进来让信托公司打理，董事会和高管层就要负起责任。这个责任就是维护公司稳健运行，不发生负外部风险，以此促进股本价值最大化。这个责任的量化体现就是机构评级，通过对一系列指标的考核，把公司的等级评出来，公司的价值也就体现出来了。

为了做好这项工作，2015 年将出台机构评级制度。每年评一次，评级结果要充分运用，机制就是两个挂钩。第一个与业务范围挂钩，第二个与董事会高管团队去留挂钩。与业务范围挂钩，就是采取负面清单办法，规定评级不高的公司不能做哪些业务，也就是级别合格的公司具有与之适配的业务范围，不是所有的公司能做所有的业务。

评级指标要科学，一般应涵盖四个方面的内容。第一个是实力指标。实力的前提是资本，一家只有 10 亿元资本的公司，当然不能与拥有 100 亿元资本的公司一样做业务。做生意讲究将本求利，无本只能是套利，能让空手套白狼吗？资本大就是财气，就是底气，有底气就可以胆子大一点，可以多做点事儿。第二个是合规指标。要依法合规经营。比如八项机制，还有前面的那些责任都要严格制定，一一落实。第三个是风险指标。第四个是社会责任指标，最起码的社会责任就是卖者尽责，风险不外溢。

这些指标定下来，高管的目标就明确了，就是要为提升机构的得分而奋斗。评级得分高需要全公司的共同努力。评级得分是以公司是否会对社会产生危害为标准的。打个不恰当的比方，凡是对社会、对人类有危害的动物都要圈起来，对社会、对人类没有危害的可以放养，鸡、鸭、鱼、牛、马、羊可以放养，豺、狼、虎、豹就要关起来。信托的实力指标、合规指标、风控指标、社会责任指标，不要搞得比哥德巴赫猜想还复杂，那考核得过来吗？否则，信托公司搞不明白，监管人员也搞不明白。要搞简单、明了、管用的东西，以定量为主，定性为辅。为什么定量为主？就是为了避免大家扯皮、公关、寻租。只要大家把评级做实、做高了，把实力做强了，业务有的是，商机有的是。有人说，我们做大资本，可不可以上市？可不可以引进外资？我看都可以。证监会对上市也很支持，将来注册制了，更可以上市。不仅外资可以引进，而且股比还可以放大。改革开放后，首先能引外资的就是信托。电视剧《历史转折中的邓小平》中就有一段讲信托的，邓小平看了荣毅仁先生设计的中国国际信托投资公司的 LOGO 后说，这个东西像两扇窗户，就是对外开放的窗户，可以多引进外资。在全面深化改革的今天，信托更应该深化改革，扩大对外开放，当然也得履行审批程序。

在业务细分领域，可以通过深化改革、设立全资专业子公司做专做精，比如家族信托子公司、并购信托子公司、海外信托子公司、专业销售子公司。有人一提业务范围就说什么基金、资管公司比我们大，比我们活，比如泛资管、泛基金。其实错了，资管、基金大多遵循的是信托法，我们这个正字的信托公司不去讲泛信托概念，反而妄自菲薄，这是缺乏自信的表现。再说与银行合作，有的只知道当“托儿”，为银行信贷做通道，不知道帮银行做资产证券化、做不良资产处置、做企业兼并重组，这些都是信托的业务范围。对信托来讲，不管其他机构是处于夏天、秋天，还是冬天，信托永远处于春天。处于春天就有生机，就有商机，当然还有玄机。这个玄机就是信托的技术、技巧，要有做好这项业务的真实本领，要有这个金刚钻，否则的话信托只能过冬天，猫冬寒。

还有一个机构责任就是声誉风险管理，这也是董事长和总裁的责任。我和记者朋友们谈过一些信托公司的媒体报道情况。记者们说信托公司出点事总是找不到说话的人，所以舆论往往一边倒，说信托公司不好。这是一个系统性缺陷，许多信托公司没有舆论管理部门或岗位。自从2009年银行出台了声誉风险管理指引之后，建立了机制。信托这块确实是好话没人说，坏话没人辩。今后信托公司要明确设立一个媒体联系或公共关系岗位，这个岗位要24小时畅通，特别是客服部和值班室，凡有舆情要第一时间应对，加强与媒体的联系沟通，主动发声，主动出击，主动作为。同时，还要加强与研究机构的联系，搞几个智库型的信托研究合作单位，支持它们对信托理论的研究，提升层次，连通媒体。这样从理论和舆论上同步作为，信托的形象就打造出来了，不然信托再富也就是一个“土豪”，成不了贵族。

（六）股东责任

股东责任是什么，股东最大的责任就是承担风险损失，绝不仅仅是赚钱。当然，不能赚钱的话股东也不会来。要想只赚不赔，或多赚少赔，就得做持续支持的股东，做负责任的股东。从信托来看，股东责任可以进一步细化为四个责任。一是维护公司独立性。不要因为自己出了钱或者自己是大股东，就把公司当成自己的儿子、孙子随意处置，当做自己的融资窗口，当做自己的附属，那不行。要知道，信托公司是有“格”的，这个“格”就是独立的法人资格，是独立的金融机构。每个股东都负有维护公司独立性的责任。二是看管好公司董事会、监事会。把这“两会”看好，这是股东的责任，其他的不要越俎代庖，不要越权指挥，更不要越权操作，让“两会”人员勤勉尽责、奉公守法就可以了。三是承担风险损失。股东选的董事会、经营班子，董事会聘的高管层，他们出了问题，该股东负责，损失该股东承担，所以股东要负这个责任。四是承担恢复与处置计划安排。要写生前遗嘱，机构死了股东还在，谁来帮机构退出，这是股东的责任。

为推动股东履职尽责，从2015年起，信托公司要研究推行“四实制度”。哪“四实”呢？第一个叫股东实名制，现在信托行业有些股东不是以自己的真实身份出现的，而是由别人代持。2015年要进行普查，还股东真实面目。第二个叫资本实缴制。就是资本金要真实，并且要真金白银，核清来源。第三个叫资产实价制。要落实公司的资产、负债、净资产、净资本，以及相关盈亏是不是按公允价值计算的，有无弄虚作假、隐匿变价问题。第四个叫损失实销制。要落实损失是不是据实核销了。这是最关键的一点，每年对信托公司进行评级要看这一条。如公司资本金100亿元，经营下来实际亏损，当年亏损了10亿元，如果没有其他的准备可以对冲的话，资本金就变成90亿元。对不起，不要挂账，不准资本虚高，一边是高资本，一边是高亏损挂账，会造成有股权无股本的问题。这一条要告诉事务所，哪个事务所做不到这一点，就不能进信托行业。大家在聘事务所的时候要先告诉他，我的资本要根据损失情况进行实际核销的，你做不了就别做了。为此，要尽快把信托公司的资产减值办法完善起来，与银行一样，出现不良资产就要按风险类别计提减值准备。当前可以按公司主动延期兑付的时间来划分。比如说逾期延付3个月的提20%，半年没兑的提50%，1年没兑的提80%。减值部分先递减公司资产，再减资本。以后这个风险化解了，没有损失，就再拨补回来。因为只有如此，冲减了资本，平仓割肉了，股东才会感到疼，才会更好地负股东责任。

（七）行业责任

行业责任是什么？就是信托公司集体的责任，就是维护全行业的稳定。全行业的稳定是68个信托公司的共同责任。2013年提出来要建立信托保障基金，这只是维护行业稳定的一个工具，它的责任在哪里？责任在我们每个信托相关者，也就是说每个信托相关者都要认购支持保障基金。这个基金是认购不是认缴，不是计提，更不是投保，具有鲜明的信托行业特征，主要表现在四个方面：第一是互助性。就是同业互帮互助，你帮我，我帮你，形成帮扶统一体。第二是投资性。就是不改变出资人的权益，本金和本金所产生的收益都归认购者所有，所以融资性信托里面，认购者的本金和利息都是认购者的，只不过信托公司把他的收益率固定下来而已，就是一年期存款同期同档利率，叫固定回报率产品。如果说投资高收益产品还要承担风险，规避了风险，当然也要牺牲部分风险收益了，鱼和熊掌不能兼得，于法、于理、于义都是讲得通的。第三是有偿性。用保障基金里的钱是有偿的，是有借有还，还要收利息的，从而保证基金的保值增值。第四是惩戒性。谁用这个基金，谁就得承诺接受管制，承诺机构重组、破产重整以及清算都要由基金管理公司主导。

建立信托保障制度，是一种全新的制度安排，是构建市场化维稳机制的有效尝试。对此，财政部、工商总局、法制办等许多部门给予了大力支持，今天出台的基金管理办法，就是与财政部共同起草、共同发布的，我们信托公司也都满怀热情，积极支持，踊跃行动。要说明的是，这个制度安排分两个层次。第一个层次是保障基金。保障基金的决策机构是理事会，理事会拥有基金认购、使用、管理、分配四大权利，理事会组成成员由68家信托公司选举产生，日常运行以信托协会为依托。第二个层次是基金管理公司。基金管理公司是受托经营、管理基金的实体。所以说基金管理公司相当于信托公司，现在管理的115亿元的资本金相当于固有信托，以后受托管理的基金相当于资金信托，这两个账要分开管理。基金只能用于信托公司，不能投向市场。如果说信托公司的受托业务称之为信托的话，基金管理公司的受托业务就是再信托了。这种安排与68个信托公司都有直接关系，所以大家要倍加珍惜爱护，共同管好基金，共同关爱基金管理公司。

（八）监管责任

监管责任是什么？就是防范化解风险。具体地讲有四项责任。一是防范风险。防范就是把好入口关，从准入开始，高管资格、机构设定、业务范围要先审查后准入。这一关口失守，监管者就要负责，就要被问责。准入事项，我们将逐步减少，2013年，就放宽了业务范围项下的产品准入，将信托产品审核制改成了报告制。放宽产品准入，但要加强事中、事后监管，实行负面清单办法。对于不合格产品、违规产品，监管者具有随时叫停的权力，对于产生的负面后果，或者有违规行为的，可以列出负面清单，逐单先审，或从严处罚，强化成本约束和风险约束效应。二是发现风险。这是监管者的又一责任。如果信托公司出了问题监管者没有发现，没有报告，监管人员就难辞其咎。要想发现风险，监管者就要像医院一样，给当事人作体检，出一份病症清单，这份清单既要全又要准，还要提出治疗建议，及时送达当事人。三是评估风险。发现的风险究竟多大，监管者得量化出来，计量出来。既要预估风险有多大，资本有多少，又要预判其趋势和后果，还得评估公司的风险对冲能力，并提出应对建议。四是处置风险。处置有多种方式，监管者对风险的处置主要是组织协调。组织处置风险不是让监管者自己处理，因为监管者没钱，也没股权，但监管者要拿方案，并推动实施。从现在来看，有了一个工具——保障基金。使用保障基金当然要基金理事会决定，监管者拿意见。过去，由于没有这个工具，往往采取保守疗法，甚至自觉不自觉地帮助隐匿风险，后延风险，躲避风险，担心揭示一个风险会引发更大的风险。现在不需要躲藏了，躲什么躲，那是去年的我。正如胡适有首诗写的一样：“天上风吹云破，月照我们两个，问你去年时，为何闭门深躲，谁躲谁躲？那是去年的我。”发现风险就揭示出来，公司处置不了，就由基金管理公司帮助处置。不要讳疾忌医，要敢于刮骨疗毒，以求痊愈。

同志们，今天我讲的八项责任是相互递进连贯的，从信托设立、内部管理，到公司股东、行业群体和外部监管，都粗浅地提示了责任定位，提请大家研究讨论，逐一细化。如果大家能够恪尽职守，各负其责，我们信托业的内功就会练好练强，就一定能在新常态下获得新发展。

谢谢大家！

在2014年非银行金融机构监管工作会议上的讲话

中国银监会非银部主任　李建华

（2014年1月16日）

同志们：

大家好！今天，我们召开2014年非银行金融机构监管工作会议。主要任务是按照上周召开的银监会监管工作会议要求，以及杨主席助理在三次年会上的讲话精神，研判当前形势，部署2014年工作。下面，我重点讲三方面内容。

一、2013年监管工作

2013年，在会党委的正确领导下，非银监管系统全面贯彻落实中央经济工作会议和银监会监管工作会议精神，深入开展党的群众路线教育实践活动，坚持一手抓风险防范，一手抓科学发展，非银机构的改革发展与科学监管取得了明显成效。

截至2013年末，六类非银机构共计293家，同比增加31家。资产总额达16.8万亿元（其中，信托公司管理的信托资产为10.9万亿元，财务公司表内外资产的4.3万亿元，金融租赁公司资产超过1万亿元，汽车金融公司等三类机构资产达2600亿元），同比增长38%，70%以上资金直接投入实体经济领域；净资产为7700亿元，同比增长29%。各项主要指标继续向好。

信托公司信托业务收入占比达70%以上，投资类业务占比升至33%，全年累计支付受益人信托收益3086亿元，综合平均回报率为6.4%，土地流转、家族信托、养老地产等业务陆续推出，创新转型迈出新步伐。财务公司服务的企业集团成员单位超过3.5万家，遍布能源电力、航天航空、机械制造等关系国计民生、国家安全的重要领域，通过集中资金、投资理财、财务顾问等全方位金融服务助推企业集团转型升级。金融租赁公司资产规模稳步增长，支持国民经济重点行业、国家战略性新兴产业和小微企业发展的社会价值逐步显现。汽车金融公司和货币经纪公司进入稳定发展阶段，功能作用稳步增强，盈利能力不断提升。消费金融公司探索专业化消费信贷模式取得新突破，扩大试点稳步推进。

2013 年，非银监管主抓了三方面工作。

（一）加强制度设计，统筹机构科学发展

一是影子银行研究取得新突破。按国务院统一部署，银监会牵头开展影子银行监管研究工作，非银部具体实施。历时 6 个月，深入研究了我国影子银行类型、规模、风险表现和发展成因，向国务院上报了《关于加强影子银行监管的研究报告》，并完成国务院交办的相关文件起草工作。加强与其他国家和国际组织的沟通交流，承办了金融稳定理事会影子银行工作小组会议。

二是制度建设取得新成果。适应机构发展和监管新形势，启动财务公司、金融租赁公司、消费金融公司管理办法和非银机构行政许可实施办法修订工作。其中，修订后的《消费金融公司试点管理办法》已于 2014 年 1 月 1 日正式实施，扩大试点工作全面启动。

开展证券投资信托、PE 专营子公司、信托从业人员管理、信托产品营销、信托产品登记、风险缓释基金等多项课题研究，起草财务公司全面风险管理指引，研究金融租赁公司专业子公司管理制度，风险监管框架持续完善。

三是分类监管取得新发展。启动信托公司、财务公司分类监管指引修订工作，制定金融租赁公司、汽车金融公司监管评级指引。为保证分类监管的科学性，对 53 家财务公司进行了现场风险评价，开展金融租赁公司试评级。

四是简政放权取得新进展。制定 2013—2015 年取消行政审批事项规划，将逐步取消行政审批事项 19 项。同时，将财务公司、金融租赁公司、汽车金融公司、货币经纪公司、消费金融公司的开业核准终审权以及消费金融公司董事长、总经理的任职资格核准终审权下放属地银监局，充分发挥银监局在准入监管中的作用。配合简政放权，制定《非银行金融机构设立规划要求及准入审查注意事项》，供各银监局在工作中参考执行。

五是监管指导协调工作取得新成效。2013 年初发布《非银行金融机构 2013 年监管工作实施意见》和重点工作任务分解表，指导各银监局做好全年监管工作。开展了市场准入、“中小企业及三农”融资租赁、汽车金融公司信贷资产证券化、消费金融公司法规修订等多项培训工作。

加强与财政部、国税总局、最高人民法院、发展改革委、人民银行等部委的沟通，研究解决金融租赁公司“营改增”、融资租赁合同纠纷案件法律适用、飞机租赁业发展配套政策以及金融租赁公司、汽车金融公司发债等问题。指导配合各行业协会成功举办 2013 年信托业年会、财务公司年会和金融租赁公司年会，行业及媒体反应积极正向。

六是调查研究取得新收获。详细分析信托行业现状、问题及改革思路，向国务院上报《关于信托公司风险防范和改革发展有关情况的报告》。完成对财务公司、金融租赁公司、汽车金融公司不良资产处置、同业业务、绩效考评制度和配套机制建设等方面的调研。调研金融租赁公

司通过境外专项公司开展飞机船舶业务的模式、监管等问题。总结消费金融公司试点情况，为扩大试点和完善法规夯实基础。

（二）严守风险底线，严抓合规管理

一是明确风险防控责任。编制《非银行金融机构风险监管责任表》，下发《关于进一步明确信托公司风险监管责任的通知》，将风险责任落实到人，落实到位。要求信托公司提升全员合规意识，严格执行监管法规和窗口指导，加强尽职管理，做好信息披露，合规开展营销。要求财务公司紧密围绕企业集团开展业务，严把资金的“进口”和“出口”。要求金融租赁公司立足融资与融物相结合的本质特征开展业务。要求汽车金融公司、消费金融公司严格贷款用途管理，加强消费者权益保护。

二是紧盯风险发展趋势。根据舆情和各银监局上报信息，按周编制《非银行金融机构监管动态》，重点关注各类机构风险变化趋势。及时汇总信托项目“全要素报表”和“项目到期资金监测表”，提前预判信托展业风险。监测财务公司人民币贷款规模变化，编制财务公司行业排名表，发现指标异常变动及时跟进研究。密切关注金融租赁公司涉及的航运、光伏、钢铁、工程机械等行业风险变化趋势。重点监测汽车金融公司经销商贷款和工程机械贷款风险。

三是严控重点风险领域。采取净资本约束、事前报告、现场检查等组合措施，严格执行房地产信托业务监管政策。将信托公司、金融租赁公司的融资平台业务全面纳入银监会融资平台数据统计系统。对单一信托投资规模较大的财务公司进行风险提示和窗口指导。强化金融租赁公司流动性风险监管，督促公司适度提高中长期负债比例。督促汽车金融公司加强高风险经销商管理，严防外部风险传染。加快历史遗留高风险机构处置工作，1 家信托公司和 1 家金融租赁公司完成重组并重新开业。

四是稳妥处置风险事件。积极推动中诚信托山西振富项目风险化解，果断处置山西联盛能源等风险事件，及时应对各类负面舆情。收集整理具有代表性的信托风险案例，指导信托业协会完成《2012 年度信托风险案例研究报告》。

五是加强风险责任追究。确定第一批信托风险项目问责名单，对所涉及的公司及相关责任人员严肃问责，涉及 3 家银监局和 12 家信托公司。针对 3 家直管信托公司存在的风险合规问题，采取了暂停部分信托业务、追究相关人员责任等监管措施。对 4 家存在合规问题的直管财务公司要求其限期整改、暂停部分业务。

（三）深化改革创新，支持实体经济发展

一是支持创新业务发展。研究信托公司衍生品交易、土地流转信托，信托计划持股企业 IPO 上市等问题，支持部分信托公司设立中小微企业股权投资信托基金，全年批准 7 家信托公司开

展资产证券化业务资格。批准4家财务公司开办金融衍生产品投资业务。允许符合条件的金融租赁公司开办资产证券化业务，批准1家金融租赁公司在上海自贸区筹建专业子公司。启动汽车金融公司信贷资产证券化扩大试点工作。批准4家非银机构发行金融债，进一步拓宽中长期资金来源。

二是坚持实体经济导向。引导信托公司发挥“跨市场、跨行业、跨产品”，和“小、快、灵”的独特优势，约80%信托资金投入实体经济领域。指导财务公司开展跨国公司总部外汇资金集中运营管理试点工作，支持有需求的财务公司开办相关外汇业务。引导金融租赁公司发挥融资租赁优势，支持飞机、船舶、城市交通、工程机械等重点领域以及“三农”、小微企业等薄弱环节。支持汽车金融公司稳健发展，推动消费金融公司深化试点，促进汽车、家电、教育、旅游等与改善民生密切相关的消费信贷发展。

一年来，非银监管系统全体同志共同努力，非银监管工作取得了良好成效，形成了良好局面。面对困难和问题，同志们讲奉献，顾大局，表现出了高度的事业心、责任心和良好的业务素质。在此，我代表非银部向大家表示最衷心的感谢！

二、当前面临的形势

总体来看，非银机构近年发展取得很大进步，制度优势、创新能力和市场价值逐步显现。但随着经济形势变化和金融改革的深化，非银机构风险防控不断面临新课题，创新转型任务十分艰巨。在2014年全国银行业监管工作会上，尚主席已经对当前国内外形势作了全面深刻的分析，大家要认真学习，深刻领会。

（一）正确认识经济形势变化对非银机构产生的影响

从国际来看，美国、日本、欧盟经济复苏出现分化，新兴经济体存在滞胀压力，国际资本流动引发的风险也不容忽视。从国内来看，我国经济正处于增长速度换挡期、结构调整阵痛期和前期刺激政策消化期。对非银机构来说还要再加上两期，一个是利率市场化的推进期，另一个是资产管理业务的扩张期，“五期叠加”对非银机构发展战略和业务转型将产生深刻影响。中央经济工作会议明确，2014年要着力抓好化解产能过剩和实施创新驱动发展两件大事。这有助于培育新的金融业务增长点，但对部分领域风险防范与化解工作提出了新的挑战，特别是过剩产能压力大、政府融资平台集中和房价畸高的地区，风险管控难度不小。

当前，国内“全民炒地产”：一方面，易引发制造业“空心化”，影响国家核心竞争力；另一方面，随着美联储“量化宽松”回撤，以及我国稳健货币政策持续，资产价格可能回落，房地产面临实质风险。

受外需不足和内需不稳的影响，国内经济继续高速增长动能不足，部分企业特别是中小企业经营困难，产业结构转型升级压力依然很大。经济结构要调整就要进行产能整合，就要有一批企业“倒下”，实体领域风险将向非银机构传递。因此，继续“惯性思维”、片面追求规模和利润高增长的“老路”已经不可持续。非银机构要下决心把经营管理重心转向发展质量上来，深入研究自身比较优势，科学制定发展战略和转型方向。

（二）正确处理好金融改革与科学发展之间的关系

党的十八届三中全会作出了全面深化改革的重大战略部署，将通过进一步改革开放解决若干深层次问题。与此同时，习近平总书记明确指出，推进改革应该是缓慢的过程，不允许出现大的波折。因此，改革不等于全部放开，强化市场在资源配置中的决定性作用，必须有严格的法律和监管作为保障，必须有良好的企业文化和监管文化作为支撑。什么该放，放到什么程度，要经过充分论证。这一点，大家要统一认识。

当前，市场各方对兴办金融有着强烈意愿。以互联网金融为代表的新金融业态迅速崛起，传统金融创新步伐不断加快，甚至大有“全民办金融”的趋势。从银行理财、证券、保险，到担保公司、小额贷款公司、典当行，金融市场化发展迅速，融资多元化快速显现，挑战分业经营、分业监管格局。但是，我们应该清醒地认识到，美国金融危机调查委员会正在检讨“次贷危机”原因，主张回归传统、去杠杆化、走专业化道路。我们有些机构却忽视这些，盲目追求收益，甚至以创新名义放大杠杆，这存在很大的风险隐患。从中央的指导思想来看，金融作为特殊行业，有自己的独特规律，要对其杠杆放大和溢出效应充分重视。要对金融改革与科学发展、社会长治久安之间的关系有清醒认识，不能寄希望于一放就灵、一放就解决所有问题，而是要在金融创新中解决深层次问题。

（三）要站在防范系统性区域性风险高度重新考量单体机构风险

在经济周期性调整和经济体制改革的大背景下，非银机构单体风险与系统性、区域性风险的关联度明显加强，对单体风险万万不可掉以轻心，一定要未雨绸缪，防止出现“黑天鹅”事件。

2013 年以来，信托公司单体风险暴露频率加快。政府融资平台、房地产、矿产等行业风险集中度较高；一些交易对手涉及民间高利贷，资金链条非常紧张；在面对项目股权价值缩水、一房多卖、抵（质）押落空、变现能力差等问题时，一些信托公司的尽职管理不到位，不能有效排除风险隐患；信托项目流动性风险随时存在，“高收益、低风险”业务模式不可持续；部分业务存在监管套利等动机，损害行业声誉。

财务公司业务表外化趋势持续，委托业务快速增长；部分财务公司过分强化投融资业务，弱化了资金集中管理功能。金融租赁公司部分承租人所在行业面临产能过剩问题，中长期资金来源少，资产负债期限错配明显。汽车行业调整和"限行"、"限购"等因素对汽车金融公司业务发展存在潜在影响，资产负债期限错配也加大了流动性管理难度。

（四）探索稳定盈利模式的任务依然艰巨

围绕功能定位探索稳定的盈利模式，是六类非银机构可持续发展的基础。一些信托公司未将主要精力放在自主管理能力培养与核心竞争力积蓄上，靠制度红利粗放式增长，业务发展呈现亲周期的风险轮动特征。由于缺乏业务战略规划和创新研究能力，只能简单模仿，难以形成自身核心竞争力和稳定盈利模式。

利率市场化改革将逐步改变资金价格双轨制格局，商业银行利用自身网点、产品、技术和规模优势深度介入财务公司的传统市场，财务公司当前的盈利模式面临挑战。

金融租赁公司仍以售后回租业务为主，直租业务比重提高缓慢。部分金融租赁公司过分看重市场排名，机构之间存在比份额、比规模、比速度的现象，个别公司资本充足率已接近监管底线，随着新资本管理办法的实施，资本压力将进一步显现。

部分消费金融公司仍未摆脱传统银行零售业务模式惯性，在差异化经营、核心竞争力培育等方面还有待继续探索。

三、2014 年工作

2014 年，非银监管工作将全面贯彻落实银监会监管工作会议精神，继续坚持一手抓风险防范化解、一手抓科学发展，出实招，求实效，加快各项措施的研究论证，成熟一项推出一项，为非银机构进一步深化改革和科学发展奠定基础。

（一）以改革总览全局，不断完善制度设计

一是继续完善非银监管制度体系。《金融租赁公司管理办法》公开征求意见后，尽快修改完善，并发布实施。加快修订《企业集团财务公司管理办法》。在实体办法修订完成后，尽快完成《非银行金融机构行政许可事项实施办法》和申请材料目录及格式的修订工作。修改《信托公司净资本计算标准有关事项的通知》，进一步优化监管导向。

二是积极稳妥地推进各种所有制资本进入非银机构。《金融租赁公司管理办法》修订后，符合条件的各种所有制资本均可以作为发起人设立金融租赁公司。根据《消费金融公司试点管理办法》，陆续启动具有消费金融优势资源的非金融企业作为主要出资人设立消费金融公司工作。上述机构的市场准入工作将在商业化、市场化基础上有序开展。

三是完善分类监管机制。修改《信托公司监管评级与分类监管指引》，按创新类、成长类、限制类等实施管理，建立信托公司升降级制度。根据财务公司资金集中度的高低、归集资金量的多少、风险管控能力的强弱，进行“区别分类，精细监管”，支持定位明确、风控良好的财务公司充分发挥功能。加快《金融租赁公司监管评级内部指引》、《汽车金融公司监管评级内部指引》的制定工作。

四是建立产品登记系统。整合信托合同登记系统、EAST 系统、全要素报表及 1104 系统，建立信托产品登记信息系统，健全相应管理规则（含保密规定），逐步实现产品公示功能、信息披露功能。加强与相关部委沟通，尽快建立租赁登记系统。

五是建立从业人员管理机制。发布《关于规范信托公司从业人员管理的通知》，指导信托业协会做好从业人员考试工作，建立从业人员诚信履职评价机制。

（二）牢固树立“底线思维”，防范系统性区域性风险

1. 强化机构在重点风险防控领域的主体责任

要督促信托公司做好以下几方面工作：一要严格履行尽职管理职责，从项目尽职调查、风控措施、后续管理和风险处置等环节入手，提升对基础资产的动态估值能力和对资金流向、资金使用的管理能力。二要制订“生前遗嘱”计划，具体参照《2014 年信托公司风险监管指导意见》的相关要求。三要建立流动性支持和资本补充机制，在信托公司未履行或未完全履行管理职责，或者存在其他过错的情况下，可能产生负面社会影响等问题时，股东应向信托公司提供必要的流动性支持。四要积极稳妥地做好资金池业务清理工作。信托行业资金池业务量不是很大，但比较敏感，其中存在的资金与资产不对应、没有估值、不断滚动、发新补旧等问题需要引起关注，国务院 107 号文也已经对非标准化资金池进行了明确规定。对于资金池业务管理，先由信托公司自行摸底，查明情况，形成整改方案并报监管部门。各银监局要根据信托公司的实际情况，循序渐进地稳妥推进资金池业务清理工作，避免出现一夜之间“一刀切”的情况。五是信托产品不能向非特定客户公开宣传；要在信托产品风险说明书中明确，投资人以“拼盘”或“拖拉机”方式认购信托产品不受法律保护，出现问题由名义购买者负责；不得委托或者变相委托非金融机构推介产品，发现违规推介的，暂停其相关业务；大力培养直销团队，培育高端客户，提升客户黏合度；异地展业严格履行事前报告程序，房地产、关联交易必须进行事前报告，对关联交易要认真审慎予以审查。

要督促财务公司跟踪监测、研究分析集团产业的发展变化和经营风险，在企业集团消化过剩产能和产业结构调整中发挥专业支持作用，规范自身信贷管理，有效控制信用风险；围绕集团现金池稳健运营，把好资金的进口关和出口关，审慎开展拆借和投资业务；进一步加强委托业务规范管理，避免合规隐患。

要督促金融租赁公司立足融资租赁的功能定位，开展真正的租赁业务，避免成为逃避监管的工具。要结合公司自身租赁资产投向分布，加强重点行业和领域的风险监测分析，完善风险评估和预警机制，加强租后检查的频度和力度，稳健开展租赁业务。

要督促汽车金融公司、货币经纪公司和消费金融公司进一步规范业务流程，改进前台、中台、后台管理，提高风险管理精细化水平。

2. 强化非银部和各银监局监管责任

一是厘清监管责任边界。非银部和各银监局既要各司其职，又要加强协同，做到方向一致、形成合力。非银部将着力研究完善各类机构制度设计和机制建设，加强指导、检查和后评价工作；开展多种形式的培训活动，不断提升监管人员的监管能力。各银监局要以法人监管为主，明确主监管员、处长、分管副局长和局长的监管职责，通过组合监管手段，认真落实属地监管责任制，切实做好各类业务风险防范与化解工作。信托业协会、财务公司协会要配合非银部工作，形成合力。

二是紧盯重点风险领域。按照银监会统一监管要求，对房地产信托、融资平台等业务重点监控，加强对矿产、能源类信托业务的风险排查。督促财务公司控制投资规模，优化投资结构，做实资产交易，继续开展全国财务公司风险评价工作。督促金融租赁公司严格落实融资平台业务监管要求，加强汽车金融公司经销商、商用车和工程机械等重点风险领域监测，督促试点消费金融公司加强系统建设、强化内控管理、合理配置人员。

三是防范单体机构风险蔓延。单体机构风险不及时处置，可能演变为系统性、区域性风险，对此要予以高度重视。信托项目发生风险后，要求项目负责人和信托经理全力进行风险处置。对发生风险的信托公司，在风险化解完成前，限制其高管准入和业务创新资格。对连续在某一类业务发生风险的信托公司，应果断暂停该类业务。对连续在不同业务领域发生风险的信托公司，可根据原因采取暂停发行集合信托、责令调整高级管理人员和风控架构等监管措施。督促非银机构建立风险处置预案，及时采取有效措施，将风险消灭在萌芽状态，同时要构筑好“防火墙”，防止风险蔓延。

（三）推进转型创新，增强发展的可持续性

一是完善公司治理，为转型发展提供机制保障。要求机构实际控制人阳光化，“三会一层”各司其职，优化治理架构、内控机制、制衡机制、激励约束机制。要求机构充实合规力量，确保风控合规部门的相对独立性，项目评审确保集体决策，董事长和高管个人不得凌驾于公司制度之上，更不得有一票决定权。将公司治理情况纳入现场检查重点，对执行不力的严格问责，确保各项公司治理机制落实到位。

二是鼓励机构积极探索创新，为转型发展提供内生动力。针对一些信托公司当前存在的发

展模式问题，要引导公司加快转型步伐。坚持受益人利益最大化原则，加快向直接金融、股权业务、收费业务方面转型。加快差异化发展，提升专业化水平。加快培育以信为本的信托文化，打造百年老店。支持治理完善、内控有效、资产管理能力较强的信托公司探索更多创新方向，对依法合规、符合监管导向、经过充分论证的真正创新产品，信托公司可以申报试点。规范信托公司通道业务，以合同形式明确风险承担主体和通道功能主体，切实落实风险责任；借鉴高收益债模式，研究改造信贷类集合资金信托业务，打造债权型信托融资直接工具；大力发展真正的股权投资，支持符合条件的信托公司设立 PE 子公司；鼓励开展并购业务，积极参与企业并购重组；大力发展资产管理等收费型业务，积极开展信贷资产证券化和企业资产证券化业务，提高资产证券化业务的附加值；探索家族财富管理，为高端客户量身定制资产管理方案；完善公益信托制度，大力发展公益信托。

稳妥推进财务公司试点产业链金融服务工作，明确财务公司在产业链金融服务中的定位和功能，鼓励财务公司利用对产业链信息流的了解，更好地发挥顾问作用，帮助企业有效整合利用社会金融资源，避免出现财务公司“包打天下”的问题。

研究解决金融租赁公司中长期资金来源问题，继续推进金融租赁公司租赁资产证券化工作，研究制定金融租赁公司设立专业子公司相关规定；引导金融租赁公司引进专业化人才，提升专业化管理能力，助推制造业转型升级；在结构调整中寻找商机，探索发展二手设备租赁。

与人民银行沟通协调，修订金融租赁公司、汽车金融公司发债规定。做好汽车金融公司扩大信贷资产证券化试点审批工作。

三是建立信托行业稳定长效机制，为转型发展提供坚实基础。积极研究探索建立信托行业稳定基金，信托业协会成立专门的管理机构作为基金管理人，在银监会指导下负责基金运作和管理。行业稳定基金对信托行业整体稳健运行起到维护作用，同时对发生风险的公司将采取相应惩戒措施，避免出现道德风险和逆向选择。

四是完善社会责任机制，为转型发展创造良好社会效应。通过信托业协会公布信托公司社会责任条款，按年度发布行业社会责任报告。加强信托投资者教育，加强信托业正面宣传，维护行业形象。积极推动金融租赁公司协会组织建设，推动汽车金融公司专业委员会尽快成立，促进财务公司协会、货币经纪公司专业委员会作用发挥，做好行业自律管理和对外沟通协调。督促消费金融公司做好中低收入消费群体金融知识普及教育，切实履行消费者权益保护职责。

（四）强化监管能力建设，进一步提升监管有效性

一是高效实施非现场、现场监管。在非现场监管上，重点落实盯会、盯网、盯报表的“三盯”要求，高管会谈、董事会与监事会会谈、外部审查会谈的“三谈”要求，月度运行报告、季度风险报告、年度监管报告的“三报”要求。在现场检查上，做好序时检查和专项检查，充

分发挥现场检查的事后监督作用。将信托公司尽职调查、兑付风险和合规管理纳入现场检查重点，加强对财务公司信贷、投资、同业、委托等重点领域现场检查。强化金融租赁公司资产质量、租赁物管理等方面的现场检查。开展汽车金融公司、消费金融公司内控建设和业务合规等方面的专项检查。

二是稳健推进市场准入工作。各银监局要根据辖区实际，结合现行法律法规和政策标准、国家宏观产业政策导向、监管能力等因素，对辖内非银机构设立类准入事项进行科学规划。各银监局要高度重视、认真做好此项工作，1 月 31 日前将文字材料以办公室便函形式，由分管副局长签发后报非银部，我们将呈会领导审阅。对各银监局上报的规划，非银部将统筹论证，通过“一上一下”等形式，加强与各银监局沟通。

同时，加强对银监局的准入辅导，充分落实尽职调查、论证、受理三个阶段工作。进一步规范董事和高管的任职资格审查，落实考核、考试、考察“三考”制度。通过全面科学规划，防止出现一哄而起设机构的问题。

支持符合国家产业政策、核心主业突出、内部管理规范的企业集团设立财务公司，继续支持自主创新能力和竞争力强的大型汽车生产企业设立汽车金融公司。以新修订的《消费金融公司试点管理办法》为准绳，扩大消费金融公司试点工作。待新修订的《金融租赁公司管理办法》正式施行后，做好新设金融租赁公司的审批工作。

三是做好法人监管。首先，是管住后台。要求数据中心、信息中心、产品信息录入等后台必须回到注册地，机构总部也要尽量回归注册地，高管层要有一定的时间在总部办公。其次，是集中中台。风控、合规等中台部门要集中办公，不能分散。最后，是放活前台。前台要做市场，机构设置可以相对灵活。

四是优化监管流程。制定“核心要素报告模板”，优化报备、报批程序。信托公司开展异地业务前，将“核心要素报告模板”报属地银监局备案，属地银监局再发往异地银监局，实现信息共享；在房地产、关联交易开展前，将“核心要素报告模板”报监管部门。同时，提交其他相关材料作为附件，供监管部门审查。

五是做好风险问责。各银监局要督促非银机构切实履行风险管理责任，做好风险处置预案，稳妥化解风险。对风险项目，银监局要对存在违规行为或风险管理不当的公司及其责任人员实施监管问责，并上报银监会。银监会将建立风险项目责任人案底制度。

同志们，2014 年的非银行金融机构监管工作，形势更为复杂，任务更加艰巨。让我们在银监会党委的正确领导下，不断强化执行力，求真务实，开拓进取，扎实工作，为开创非银机构监管工作的新局面而努力奋斗！

谢谢大家。

在2014年中国信托业年会上的讲话

中国银监会非银部主任　李伏安

（2014年12月20日）

在这两天的年会上，我们宣布了信托保障基金的建立、基金理事会和基金管理公司的正式成立，杨家才主席助理深入阐述了“八大责任”，为信托行业的发展指明了方向。这次会议进行了圆桌会议、分组讨论，对2014年信托业发展状况、当前面临的形势以及今后的发展方向进行了充分讨论，并对2014年监管工作和信托业协会工作进行总结。

总的来看，在国内外经济金融形势复杂多变的情况下，2014年信托业整体上继续保持了稳健发展态势，规模、利润等均稳步增长，全年风险整体可控，信托风险资产规模和占比实现双降。在市场压力和政策引导的双重推动下，信托公司业务结构不断优化，创新业务稳步推进。2014年，银监会紧密围绕信托治理八项机制开展工作，发布了《中国银监会办公厅关于信托公司风险监管的指导意见》；成功设立信托业保障基金，推动《信托业保障基金管理办法》出台；建立合理明晰的分类资本计量方法；信托产品登记工作获得突破性进展，启动了《信托公司监管评级与分类监管指引》的修订工作；指导信托公司完成恢复与处置机制建设；要求信托公司落实社会责任要求，信托业协会按年度发布行业社会责任报告；加强行业自律和保护，强化了属地银监局贴身监管职责。

面对一系列严峻问题，非银监管部门上下齐心协力，守住了信托行业不发生系统性、区域性风险的底线，监管工作取得了显著成绩。先后进行了三次全国信托公司所有信托项目的风险排查，逐笔梳理风险项目；对全行业进行了兑付风险的专项现场检查；成立了信托风险处置工作组，建立了全国信托风险处置联系网和风险处置报告标准，年中召集行业风险项目较多的26家信托公司开展座谈，坚持市场手段和“一项目一对策”的原则，妥善化解了142笔，金额达374亿元的具有信托风险的项目。

这些成绩来之不易，感谢全体信托从业人员和监管人员的辛勤工作，在此特别感谢各银监局不折不扣地执行银监会的监管政策，同时也非常感谢银监会其他部门及相关部委的大力支持。

一、信托公司要继续谋求转型

在这次年会上，杨家才主席助理阐述的“八项责任”意义重大，值得我们认真思考。待杨家才主席助理讲话稿正式印文下发后各相关机构要认真组织学习和贯彻落实，各非银监管部门要就主要任务逐项进行专题研究和部署，确保落实好“八项责任”。一是受托责任，只有明责、履责、尽责，才能免责；二是经纪责任，要建立“发起人、营运人、报告人”三线制度；三是维权责任，完善信托财产登记制度，维护信托权益；四是核算责任，要按照“分账核算、分账管理”的原则，维护受益人权益；五是机构责任，要稳健发展，尤其要加强声誉管理，防止风险外溢；六是股东责任，要看管董事会，承担风险损失；七是行业责任，要团结合作，实现行业稳定发展；八是监管责任，要发现、计量、评估和组织处置风险。

结合这次会议讨论，我们要清醒地认清形势，积极谋求行业转型。目前信托业发展面临诸多困难与挑战。一方面，我国经济发展将逐渐步入新常态，经济增长面临“三个重大调整”：一是经济增长从高速转为中高速。二是经济结构不断优化升级。三是经济动力从要素驱动、投资驱动转向创新驱动。另一方面，经济新常态下，信托业传统发展模式面临“三个不可持续”的压力：一是信托行业“重规模、轻管理”的发展路径不可持续。二是信托产品“高收益、低风险”的特性不可持续。三是以通道类为主的业务结构不可持续。

挑战与机遇并存，新常态下中国经济将进入新的发展机遇期：经济实际增量仍然可观；经济增长更趋平稳，经济结构优化升级，各类市场主体的活力将进一步释放。我国信托业发展潜力巨大，正如杨家才主席助理所说，“信托永远是春天”。当前我国信托业发展仍然处于初级阶段，信托公司要把握住经济新常态下的发展机遇期，要从“主动发起”转向“被动发起”，从简单增值转向保值传承。主要应该从以下几个方面着手。

（一）要规范内部管理，进一步履行好公司责任

一是“董监高”要清晰界定职责权限，各司其职。二是要限制和规范股东控制权，建立适合现阶段发展的制衡机制。三是要完善独立董事制度，最大限度地保护信托受益人的利益。四要建立合理的激励约束机制，将股东利益、员工利益和公司的长期发展有机结合起来，推动实施混合所有制，使员工与公司风险共担、利益共享，增强发展的内部原动力。

（二）从服务客户角度，修正业务模式，探索发展新领域

我们发布了《信托业保障基金管理办法》，保障基金公司也在这次会议批复开业，保障基金推出后将影响通道类业务的开展。我们希望通过顶层制度设计引导信托公司修正业务模式，以

专业资产管理机构和投资银行形式，探索新常态下的新领域。

一是探索家族信托业务，在提供财富保值、传承的同时，严格保护客户隐私。我国目前有240万富裕人群，位居世界第二，私人可投资财富规模达92万亿元，家族财富管理市场空间巨大。二是鼓励开展合规的直接股权投资业务。信托公司可努力探索参与私募股权投资，支持中小企业尤其是创新性企业融资需求，推动中小企业成长；可积极参与并购投资，推动产业转型升级。三是鼓励开展信贷资产证券化业务。下一步信托公司应提升在业务中的话语权和服务质量，而不仅仅是充当破产隔离的工具。四是大力发展公益信托。通过在公益事业中引入信托模式，推动信托公司履行社会责任，维护我国公益事业的良好声誉和健康发展。

（三）鼓励行业实现专业化、差异化发展

在当前“泛信托”时代下，竞争趋于同质化。我们支持综合性、集团化大型信托公司与专业化、特色化中小型公司并行发展，鼓励各类信托公司发挥自己的比较优势，开辟适合自身的差异化发展道路，将投行业务与资产管理、受托服务有机结合，为客户提供一揽子金融服务。未来我们也将研究探索信托公司建立专业子公司。

（四）积极推动行业基础设施建设

保障基金要运行好，基金管理公司要管理好，风险处置作为第一任务要落实好，信托登记和服务要做好，行业协会的服务要做到位。另外我们也将探索信托公司营销体系的建设问题，包括设立营销子公司和试行互联网销售等。

二、加强监管引领保障行业转型

非银监管工作要全面贯彻落实银监会监管工作会议精神，紧贴信托公司转型方向，转变监管方式，加强监管引领，为信托业转型发展保驾护航。

（一）加强法规引领

将积极推动《信托法》的修订，推动制定《信托机构管理条例》，明确界定从事信托业务的机构主体，统一信托业务的经营规则和监管规则。2015 年还将正式发布《信托登记管理办法》、《信托公司监管评级与分类监管指引》、《信托公司净资本管理办法》、《信托公司尽职管理指引》等。此外，将制定《信托公司经纪责任指引》、《信托公司分账核算指引》，修订信托公司的有关业务制度，为信托公司的业务转型和业务创新提供制度保障，主要包括 QDII 业务制度、证券投资信托业务制度、股指期货业务制度等。

各银监局要加强基础能力建设，提高法律法规理解水平和运用能力，统一监管尺度，依法监管，合规监管。

（二）加强行为引领

我们将继续推进信托公司分类经营机制建设，目前已完成《信托公司监管评级与分类监管指引》的修订工作。从净资本、风险和合规管理能力、风险状况、资产管理能力等方面，将信托公司区分出“好中差”，实行分级管理、分类经营，与业务准入、高管准入、现场检查、监管收费等挂钩，并研究探索创新业务资格的“负面清单”。对评级高的公司在业务范围和业务创新上予以支持，评为一级的信托公司可自动获得各种业务资格。对评级中等的公司，应深入分析，找到问题，及时提出整改措施。对评级低、风险高的公司进行有限牌照管理，限制业务范围，加大现场检查频率和力度，问题严重的，要进行监管辅导或者强制重组。

（三）加强基础建设引领

一是建立全国信托登记系统，进行信托产品和信托财产的登记，实现信托产品的统计、公示、确权、信息披露功能，最终实现信托产品的交易。目前该项工作正在积极推进之中，信托登记公司将落户上海，上海市政府也借助自贸区优惠政策的便利，积极探索信托财产过户、信托税收、信托诉讼、公益信托等方面的配套政策。我们希望借助自贸区不断外扩的机会，将上海市在信托制度方面的试点做法不断向全国推广，最终完善信托的配套制度建设。二是继续推进信托保障基金建设。尽快制定保障基金公司管理办法细则，推动保障基金公司的顺利运行。发挥保障基金最后救助人的作用，对高风险公司和风险项目进行有偿救助，避免单家机构风险暴露导致系统性风险。三是加强行业自律，积极发挥行业协会提供服务、反映诉求、规范行为的作用，促进行业交流和培训，维护行业权益，促进行业稳健发展。

三、2015 年行业发展和监管的主要任务

（一）严守风险底线不动摇

要树立信托公司是风险防范的第一道防线的理念，严守不发生系统性、区域性风险的底线不动摇。

一是各信托公司要强化信托风险项目台账建设，逐单监测项目进度和交易对手经营、财务、信用状况变化，逐月上报风险项目处置情况及新发生的风险项目情况，每半年提供信托风险项目处置情况报告。

二是要确保风险化解有效性，保证敏感时间节点不出现风险或负面舆情。各信托公司应在风险项目到期前3个月上报可操作的处置预案，到期前1个月处置方案必须落实到位。如需行业互助基金救助的须提前1个月上报沟通。确保2015年风险化解成效整体上较2014年有所提高，不成为舆论热点，不出现大规模炒作，不成为风险引爆点。

三是要确保所有的风险项目都在台账中及时、真实反映，对存在漏报并实际出现风险的，对公司采取严格的监管措施，暂停业务报备，不批准新的业务，对刻意瞒报的公司直接追究其法人及相关高管责任。

（二）强化行业合规基础建设

各信托公司要强化合规建设，做到“有规可依”，把各项合规内容具体化、制度化。同时要确保合规责任落实到人，做到“有规必依”。要求以书面形式明确每一个员工的合规责任。各公司还要定期对制度的执行效果进行评价整改。同时各银监局也要深入摸底各公司合规情况，哪家公司自己整改不到位，那就由监管部门帮助整改，多管齐下抓好合规建设。

（三）进一步深化资本管理

对于风险项目无法处置化解的，信托公司要及时确认损失，并立即从资本中扣除，以弥补亏损。对于净资本不足的，信托公司要及时补充，如果老的股东都没钱补，就通过引入新股东来补，必须保证资本能够对冲外部风险。

（四）业务报备要发挥实效

报备作为监管部门了解公司业务发展的重要手段，不是“实质性审核”，报备过的信托项目并不代表监管部门审批通过，对发现问题的项目，监管部门具有否决权。各银监局对于公司业务的报备管理应上升到引导公司战略发展的层面上去，不能只看是否合规，更要从国家经济发展的大方针、公司业务发展水平、内控建设程度以及整体风险状况的角度，结合市场实际情况，通过日常业务报备管理，对公司业务发展进行有针对性的引导。

（五）非现场监管要精确制导

各银监局的非现场监管要及时分析、评估信托公司的风险状况，找出风险点及风险领域，为现场检查精确打击提供技术支持。从信托项目、信托公司和信托行业三个层面监测资金来源、投向和风险情况，关注信托资金投向房地产等重点行业的规模、信托资金投向的区域分布、风险项目规模占比等数据指标，从不同纬度交叉比较，筛选存在风险点的公司和所处风险领域。

（六）加强现场检查发现问题和解决问题的能力

现场检查要结合非现场监管情况，针对非现场监管发现的风险公司、风险点及风险领域，有的放矢地制订现场检查计划。检查进场前要做好培训，并针对机构特点制定详尽检查方案。现场检查中，要充分利用好如EAST系统等检查资源，提升检查效率，严格审查各项合规监管指标和各项事前报告制度的落实情况，查个水落石出。现场检查后要及时归纳总结，通过对单个公司的问题分析，发现行业问题集中的领域、业务和地区。同时要创新现场检查方式，引入交叉检查、联合检查和以查代训等新的检查形式。并通过内部公开检查案例和处罚措施，统一执法标准，统一处罚尺度，进一步提升现场检查质量。

对于现场检查发现的所有问题，要坚决完整报告，如实反映，不得隐瞒。对存在问题的问责必须具体落实到人，对公司的违法违规行为必须严惩，该罚款就罚款，该行政处罚就行政处罚。

这次会议是在经济新常态下召开的一次重要会议，我们要抓住新的机遇，迎接新的挑战，实现信托行业的稳健、健康发展，让信托业的春天更加灿烂明媚，也祝愿大家在新的一年取得更加辉煌的成绩。

谢谢大家！

政策法规

中国银监会　财政部关于印发《信托业保障基金管理办法》的通知

（银监发［2014］50号）

各银监局，银监会直接监管的信托公司，中国信托业协会：

为规范中国信托业保障基金的筹集、管理和使用，建立市场化风险处置机制，保护信托当事人合法权益，有效防范信托业风险，促进信托业持续健康发展，银监会、财政部联合制定了《信托业保障基金管理办法》。现印发给你们，请遵照执行。

中国银监会　财政部

2014年12月10日

信托业保障基金管理办法

第一章　总　则

第一条　为规范中国信托业保障基金（以下简称保障基金）的筹集、管理和使用，建立市场化风险处置机制，保护信托当事人合法权益，有效防范信托业风险，促进信托业持续健康发展，依据《中华人民共和国信托法》、《中华人民共和国公司法》和《中华人民共和国银行业监督管理法》等法律法规，制定本办法。

第二条　保障基金是指按照本办法规定，主要由信托业市场参与者共同筹集，用于化解和处置信托业风险的非政府性行业互助资金。

第三条 设立中国信托业保障基金有限责任公司（以下简称保障基金公司）作为保障基金管理人，依法负责保障基金的筹集、管理和使用。

第四条 保障基金设立理事会（以下简称基金理事会），负责审议和决策保障基金的筹集、管理和使用的重大事项。

第五条 信托业风险处置应按照卖者尽责、买者自负的原则，发挥市场机制的决定性作用，防范道德风险。在信托公司履职尽责的前提下，信托产品发生的价值损失，由投资者自行负担。

第二章 保障基金公司和基金理事会

第六条 保障基金公司由中国信托业协会联合信托公司等机构出资设立。

保障基金公司依法成立董事会，董事长为法定代表人，由国务院银行业监督管理机构核准，并向国务院报备。

保障基金公司应依据《中华人民共和国公司法》、本办法等制订公司章程，由国务院银行业监督管理机构审核，并向国务院报备。

第七条 保障基金公司以管理保障基金为主要职责，以化解和处置信托业风险为主要任务和目标。

第八条 保障基金公司作为保障基金管理人，履行下列职责：

（一）负责保障基金的筹集，核算保障基金认购情况；

（二）负责保障基金的管理，对保障基金的本金和收益进行清算偿付；

（三）负责使用保障基金参与处置信托业风险，核算保障基金的使用和偿还情况；

（四）负责保障基金的日常运用。

第九条 保障基金公司应当完善公司治理结构，加强内控管理，确保公司平稳运行，切实履行保障基金筹集、管理、使用和日常运用的职责。因保障基金公司未履职尽责造成保障基金的损失，应由保障基金公司承担。

除以市场化方式参与信托业风险处置外，保障基金公司投资主要限于银行存款、同业拆借、购买政府债券、中央银行债券（票据）、金融债券、货币市场基金，以及经国务院银行业监督管理机构、财政部批准的其他投资渠道。

第十条 保障基金公司应当与国务院银行业监督管理机构建立信息共享机制。

保障基金公司对其获悉的各项非公开信息负有保密义务。

第十一条 基金理事会按照市场化原则由中国信托业协会负责组织产生，理事人选由中国信托业协会推荐，经行业半数以上信托公司同意后产生。

基金理事会应依据本办法制定议事规则。

第十二条 基金理事会履行下列职责：

（一）审议决策保障基金筹集规则和筹集标准；

（二）依据本办法审议决策保障基金的使用方案；

（三）审议决策保障基金的分配方案；

（四）对保障基金公司筹集、管理、使用保障基金进行监督，审议保障基金公司收取管理费标准。

基金理事会应当将其决策的重大事项及其履职情况向国务院银行业监督管理机构报告。

第三章 保障基金的筹集和管理

第十三条 保障基金来源：

（一）依据本办法第十四条筹集的资金；

（二）使用保障基金获得的净收益；

（三）国内外其他机构、组织和个人的捐赠；

（四）国务院银行业监督管理机构和财政部批准的其他来源。

第十四条 保障基金现行认购执行下列统一标准，条件成熟后再依据信托公司风险状况实行差别认购标准：

（一）信托公司按净资产余额的1%认购，每年4月末前以上年度末的净资产余额为基数动态调整；

（二）资金信托按新发行金额的1%认购，其中：属于购买标准化产品的投资性资金信托的，由信托公司认购；属于融资性资金信托的，由融资者认购。在每个资金信托产品发行结束时，缴入信托公司基金专户，由信托公司按季向保障基金公司集中划缴；

（三）新设立的财产信托按信托公司收取报酬的5%计算，由信托公司认购。

第十五条 信托公司基金余额不满足本办法第十四条要求时，应当按规定补足。

第十六条 保障基金公司应将保障基金资产与保障基金公司所有的资产分别列为受托资产和自有资产管理，实行分别管理、分账核算。

第十七条 保障基金应当按照安全性原则建立托管制度。

第十八条 除本办法第十九条规定的使用范围外，保障基金的日常运用主要限于银行存款、同业拆借、购买政府债券、中央银行债券（票据）、金融债券、货币市场基金，以及经国务院银行业监督管理机构、财政部批准的其他资金运用方式。

第四章 保障基金的使用

第十九条 具备下列情形之一的，保障基金公司可以使用保障基金：

（一）信托公司因资不抵债，在实施恢复与处置计划后，仍需重组的；

（二）信托公司依法进入破产程序，并进行重整的；

（三）信托公司因违法违规经营，被责令关闭、撤销的；

（四）信托公司因临时资金周转困难，需要提供短期流动性支持的；

（五）需要使用保障基金的其他情形。

第二十条　对本办法第十九条规定的第（一）、（二）、（三）项情形，保障基金公司应根据相关有权机关的认定和处置原则拟定处置方案并报基金理事会批准后实施。

第二十一条　对本办法第十九条规定的第（四）项情形，由信托公司向保障基金公司提出申请，并提交流动性困难解决方案及保障基金偿还计划，由保障基金公司审核决定是否使用保障基金。

信托公司凡使用保障基金，由信托公司向保障基金公司提出申请，双方应根据使用保障基金的金额和期限等协商资金使用的条件，并签署资金有偿使用合同，办理合法有效的担保手续，依法约定相关监督条款和双方履行的权利义务。

第二十二条　对本办法第十九条规定的第（五）项情形，由保障基金公司拟定方案并报基金理事会批准后实施。

第二十三条　保障基金因使用导致余额减少时，先扣减由历年留存净收益等来源产生的公共积累部分。公共积累部分扣减完毕后，再以各信托公司上年末净资产为权重扣减其基金余额。

第五章　保障基金的分配和清算

第二十四条　保障基金收入扣除日常支出后，净收益率高于国家一年期存款基准利率的，按照国家一年期存款基准利率向信托公司、融资者等认购人分配收益，剩余部分计入基金余额。净收益率低于国家一年期存款基准利率时，由保障基金公司提出收益分配方案并报基金理事会审议。

第二十五条　信托公司按净资产余额和新发财产信托认购的基金，其本金及收益由保障基金公司按年度与信托公司结算。

投资性资金信托和融资性资金信托认购的保障基金，其本金及收益由保障基金公司按季度与信托公司结算。信托公司在每个信托产品清算时向其认购者支付本金及收益。季中发生信托产品清算的，由信托公司先行垫付。

第二十六条　信托公司应当设立保障基金专项账户，用于核算保障基金认购者的资金及其应享收益，真实记录保障基金的归集及支付。信托公司应当按季度与保障基金公司核对认购保障基金的资金余额、变动和支付情况。

第六章　监督管理

第二十七条　国务院银行业监督管理机构会同财政部对保障基金的筹集、管理和使用进行监督。

国务院银行业监督管理机构应当结合保障基金公司特点和信托业监管要求，制定保障基金公司监督管理具体办法，加强对保障基金公司的监督管理。

第二十八条　保障基金公司应当建立报告制度，按年度编制保障基金筹集、管理和使用情况，并经外部审计机构审计后报送国务院银行业监督管理机构和财政部。

保障基金公司应当按年度向信托公司披露保障基金筹集、管理和使用等相关信息。

第二十九条　国务院银行业监督管理机构按年度向国务院报告保障基金的筹集、管理和使用情况。

第三十条　保障基金公司、信托公司及其托管清算机构应当妥善保管保障基金的收划款凭证、兑付清单及其他原始凭证，确保原始档案的完整性。

第三十一条　国务院银行业监督管理机构应当加强对保障基金认购和使用的监督管理，对拒绝或故意拖延认购保障基金，以及不按规定报送信息和资料的信托公司依法予以处理。

第三十二条　国务院银行业监督管理机构应当依据有关法律法规建立问责机制，对违法违规经营而接受保障基金救助的风险机构及其责任人依法问责。

第三十三条　国务院银行业监督管理机构依法严厉打击挪用、侵占或骗取保障基金的违法行为，对有关人员失职行为依法追究其责任。涉嫌犯罪的，移送司法机关依法追究其刑事责任。

第七章　附　则

第三十四条　保障基金的清算和保障基金公司解散须经国务院批准。

第三十五条　本办法由国务院银行业监督管理机构会同财政部负责解释。

第三十六条　本办法自发布之日起施行。

中国银监会办公厅关于信托公司风险监管的指导意见

（银监办发［2014］99号）

为贯彻落实国务院关于加强影子银行监管有关文件精神和2014年全国银行业监督管理工作会议部署，有效防范化解信托公司风险，推动信托公司转型发展，现提出如下指导意见。

一、总体要求

坚持防范化解风险和推动转型发展并重的原则，全面掌握风险底数，积极研究应对预案，综合运用市场、法律等手段妥善化解风险，维护金融稳定大局。明确信托公司“受人之托、代人理财”的功能定位，培育“卖者尽责、买者自负”的信托文化，推动信托公司业务转型发展，回归本业，将信托公司打造成服务投资者、服务实体经济、服务民生的专业资产管理机构。

二、做好风险防控

（一）妥善处置风险项目

1. 落实风险责任。健全信托项目风险责任制，对所有信托项目，尤其是高风险项目，安排专人跟踪，责任明确到人。项目风险暴露后，信托公司应尽全力进行风险处置，在完成风险化解前暂停相关项目负责人开展新业务，相关责任主体应切实承担起推动地方政府履职、及时合理处置资产和沟通安抚投资人等风险化解责任。

2. 推进风险处置市场化。按照“一项目一对策”和市场化处置原则，探索抵押物处置、债务重组、外部接盘等审慎稳妥的市场化处置方式。同时，充分运用向担保人追偿、寻求司法解决等手段保护投资人合法权益。

3. 建立流动性支持和资本补充机制。信托公司股东应承诺或在信托公司章程中约定，当信托公司出现流动性风险时，给予必要的流动性支持。信托公司经营损失侵蚀资本的，应在净资本中全额扣减，并相应压缩业务规模，或由股东及时补充资本。信托公司违反审慎经营规则、严重危及公司稳健运行、损害投资人合法权益的，监管机构要区别情况，依法采取责令控股股东转让股权或限制有关股东权利等监管措施。

（二）切实加强潜在风险防控

1. 加强尽职管理。信托公司应切实履行受托人职责，从产品设计、尽职调查、风险管控、产品营销、后续管理、信息披露和风险处置等环节入手，全方位、全过程、动态化加强尽职管理，做到勤勉尽责，降低合规、法律及操作风险。提升对基础资产的动态估值能力和对资金使用的监控能力，严防资金挪用。

2. 加强风险评估。信托公司要做好存续项目风险排查工作，及时掌握风险变化，制定应对预案。同时，加强对宏观经济形势和特定行业趋势、区域金融环境的整体判断，关注政策调整变化可能引发的风险。对房地产等重点风险领域定期进行压力测试。

3. 规范产品营销。坚持合格投资人标准，应在产品说明书中明确，投资人不得违规汇集他人资金购买信托产品，违规者要承担相应责任和法律后果。坚持私募标准，不得向不特定客户发送产品信息。准确划分投资人群，坚持把合适的产品卖给合适的对象，切实承担售卖责任。信托公司应遵循诚实信用原则，切实履行“卖者尽责”义务，在产品营销时向投资人充分揭示风险，不得存在虚假披露、误导性销售等行为。加强投资者风险教育，增强投资者“买者自负”意识。在信托公司履职尽责的前提下，投资者应遵循“买者自负”原则自行承担风险损失。逐步实现信托公司以录音或录像方式保存营销记录。严格执行《信托公司集合资金信托计划管理办法》，防止第三方非金融机构销售风险向信托公司传递。发现违规推介的，监管部门要暂停其相关业务，对高管严格问责。

4. 做好资金池清理。信托公司不得开展非标准化理财资金池等具有影子银行特征的业务。对已开展的非标准化理财资金池业务，要查明情况，摸清底数，形成整改方案，于2014年6月30日前报送监管机构。各信托公司要结合自身实际，循序渐进、积极稳妥推进资金池业务清理工作。各银监局要加强监督指导，避免因“一刀切”引发流动性风险。

5. 优化业务管理。从2014年起对信托公司业务范围实行严格的准入审批管理；对业务范围项下的具体产品实行报告制度。凡新入市的产品都必须按程序和统一要求在入市前10天逐笔向监管机构报告。监管机构不对具体产品作实质性审核，但可根据信托公司监管评级、净资本状况、风险事项、合规情况等采取监管措施。信托公司开展关联交易应按要求逐笔向监管机构事前报告，监管机构无异议后，信托公司方可开展有关业务。异地推介的产品在推介前向属地、推介地银监局报告。属地和推介地银监局要加强销售监管，发现问题的要及时叫停，以防风险扩大。

6. 严防道德风险和案件风险。强化依法合规经营，严防员工违法、违规事件发生。组织案件风险排查，严格实施违规问责和案件问责，保持对案件风险防控的高压态势。

（三）建立风险防控长效机制

1. 完善公司治理。信托公司股东（大）会、董事会、监事会、经营层要清晰界定职责权限，各司其职，形成运行有效、制衡有效、激励有效、约束有效的良性机制。信托公司实际控制人必须“阳光化”，明确风险责任，做到权责对等。各地银监局要将信托公司的公司治理情况作为监管重点，对《信托公司治理指引》等相关规定执行不力的机构和责任人员严格问责。

2. 建立恢复与处置机制。信托公司应结合自身特点制订恢复与处置计划。该计划至少应包括：激励性薪酬延付制度（建立与风险责任和经营业绩挂钩的科学合理的薪酬延期支付制度）；限制分红或红利回拨制度（信托公司股东应承诺在信托公司章程中约定，在信托公司出现严重风险时，减少分红或不分红，必要时应将以前年度分红用于资本补充或风险化解，增强信托公司风险抵御能力）；业务分割与恢复机制（通过对部分业务实施分割或托管以保全公司整体实力）；机构处置机制（事先做好机构出现重大风险的应对措施）。各信托公司应将该计划经董事会、股东会批准通过后，于2014年6月30日前报送监管机构审核。各银监局应据此制订机构监管处置计划，并将其与信托公司的恢复与处置计划于7月20日前一并报送银监会。

3. 建立行业稳定机制。积极探索设立信托行业稳定基金，发挥行业合力，消化单体业务及单体机构风险，避免单体机构倒闭给信托行业乃至金融业带来较大负面冲击。

4. 建立社会责任机制。信托业协会要公布信托公司社会责任要求，按年度发布行业社会责任报告。信托公司要在产品说明书（或其他相关信托文件）中明示该产品是否符合社会责任，并在年报中披露本公司全年履行社会责任的情况。

三、明确转型方向

（一）规范现有业务模式

1. 明确事务管理类信托业务的参与主体责任。金融机构之间的交叉产品和合作业务必须以合同形式明确项目的风险责任承担主体，提供通道的一方为项目事务风险的管理主体，厘清权利义务，并由风险承担主体的行业归口监管部门负责监督管理，切实落实风险防控责任。进一步加强业务现场检查，防止以抽屉协议等形式规避监管。

2. 强化信贷类资金信托业务监管力度。按照实质重于形式和风险水平与资本要求相匹配的原则，强化信贷类业务的风险资本约束，完善净资本管理。

（二）探索转型发展方向

1. 支持治理完善、内控有效、资产管理能力较强的信托公司探索创新。鼓励走差异化发展道路，将资产管理、投资银行、受托服务等多种业务有机结合，推动信托公司发展成为风险可控、守法合规、创新不断、具有核心竞争力的现代信托机构，真正做到“受人之托、代人理财”。

2. 推动业务转型。改造信贷类集合资金信托业务模式，研究推出债权型信托直接融资工具。大力发展真正的股权投资，支持符合条件的信托公司设立直接投资专业子公司。鼓励开展并购业务，积极参与企业并购重组，推动产业转型。积极发展资产管理等收费型业务，鼓励开展信贷资产证券化等业务，提高资产证券化业务的附加值。探索家族财富管理，为客户量身定制资产管理方案。完善公益信托制度，大力发展公益信托，推动信托公司履行社会责任。

四、完善监管机制

（一）厘清监管责任边界

非银行金融机构监管部和各银监局既要各司其职，又要加强协同，形成监管合力。非银行金融机构监管部要着力研究完善制度设计和机制建设，加强指导、检查和后评价工作。各银监局要按照属地监管原则承担第一监管责任，明确各级监管人员的具体职责，切实做好辖内信托公司风险防范与改革发展工作。

（二）紧盯重点风险领域

各银监局要按照银监会统一监管要求，对融资平台、房地产、矿业、产能过剩行业、影子银行业务等风险隐患进行重点监控，并适时开展风险排查，及时做好风险防范和化解工作。

（三）严格监管问责

各银监局要严格落实《关于进一步明确信托公司风险监管责任的通知》（银监办发［2013］200 号）相关要求，对 2013 年以来出现风险的信托项目，实事求是地做好问责工作。对存在违规行为、风险管理或风险化解不当的信托公司及其责任人员，及时实施监管问责并报送银监会。建立风险责任人及交易对手案底制度。

（四）强化持续监管

1. 做好非现场监管工作。监管机构要列席各公司董事会和议决重大事项的经营班子会议。紧盯数据信息系统及行业舆情，督促信托公司提升数据质量。按季度开展高管会谈，按年开展董事会、监事会会谈及外部审计会谈。各级监管部门要按月及时跟踪监测信托公司运行情况，编制上报季度风险报告和年度监管报告，同时可抄送股东单位、行政管理部门和党委管理部门，引入约束机制。

2. 做好现场检查工作。将尽职调查、合规管理和兑付风险等纳入现场检查重点，检查方式和频率由各银监局结合辖内机构实际情况合理确定。

3. 实行高管准入“三考”制度。凡新进信托公司的董事、高管都必须通过“三考”，再核准其任职资格。“三考”内容和要求，由非银行金融机构监管部负责制定，属地银监局按统一要求具体实施。包括：考核（对过往业绩做非现场检查）、考试（考察履职能力和业务能力是否相符）、考察（当面谈话，判断是否具备高管能力）。

4. 做好法人监管工作。要求信托公司总部的综合部门和业务后台部门所在地原则上与注册地一致；中台部门相对集中，不能过于分散；前台部门规范有序开展业务。

（五）建立风险处置和准入事项挂钩制度

信托公司多次在同一类业务发生风险，严重危及稳健运行的，监管机构应依法暂停其该类业务。信托公司连续在不同业务领域发生风险的，可区分原因采取发行集合信托、责令调整高级管理人员和风控架构等监管措施。对发生风险的信托公司，在实现风险化解前，暂停核准其高管任职和创新业务资格。

（六）完善资本监管

2014 年上半年完成信托公司净资本计算标准修订工作，调整信托业务分类标准，区分事务管理类业务和自主管理类业务，强化信贷类信托业务的资本约束，建立合理明晰的分类资本计量方法，完善净资本管理制度。

（七）加强从业人员管理

尽快印发规范信托公司从业人员管理办法，指导信托业协会做好从业人员考试工作，提高信托从业人员素质，加强从业人员资格准入和持续管理，建立从业人员诚信履职评价机制。

（八）建立信托产品登记机制

抓紧建立信托产品登记信息系统，制定信托产品登记管理规则，扩展信托产品登记的监管功能和市场功能，研究设立专门登记机构负责该系统的运营与管理工作。

（九）建立分类经营机制

抓紧《信托公司监管评级与分类监管指引》（银监发［2010］21号）修订工作，适当调整评级指标，综合考察公司治理、内控机制、风控水平、团队建设、资产管理能力和软硬件支撑等要素，按“减分制”开展评级。将评级结果与业务范围相挂钩，逐步推进实施“有限牌照”管理。

2014年4月8日

关于99号文的执行细则

各银监局信托公司监管处室，银监会直接监管的信托公司：

为进一步明确执行标准，统一监管尺度，现就《中国银监会办公厅关于信托公司风险监管的指导意见》（银监办发［2014］99号）中的有关事项说明如下，供参照试行。执行中遇有问题，请及时反馈。

一、关于规范产品营销

要严格执行信托产品营销各项合规要求，包括坚持合格投资人标准、私募标准、卖者尽责义务、投资者教育等。明确如下几点：

（一）坚持私募标准。不得公开宣传，不得通过手机短信等方式向不特定客户发送产品信息。

（二）禁止信托公司委托非金融机构推介信托计划。禁止委托非金融机构以提供咨询、顾问、居间等方式直接或间接推介信托计划，切断第三方风险向信托公司传递的渠道，避免法律风险。

（三）基于信托公司私募定位、合规推介、信息披露及客户培育等考虑，信托合同签订原则上应由信托公司和投资者当面签署。

二、关于优化业务管理

（一）统一并简化报告内容

对信托公司具体产品实行报告制，信托公司在拟新开展的每笔业务（包括所有集合、单一、财产权信托项目和涉及关联交易的固有业务）开展前，只需向监管机构报送《信托公司固有业务、信托项目事前报告表》（99号文附件2，可只报电子文本），原则上不需提交其他材料。如有需要，监管机构可以依据具体情况要求信托公司补报其他材料。

（二）简化审核工作量

机构将拟新开展的每笔业务（包括异地推介的项目）在推介前10日上报监管机构。其中，除关联交易业务须监管机构通知无异议后才可开展以外，其他业务（包括目前实践中需监管机构事前表态的房地产和异地推介业务）不需要监管机构的前置表态，只要未被监管机构叫停，信托公司在10日报告期结束后即可自主展业。

各银监局可以根据辖内信托公司的监管评级、净资本状况、风险事件、合规情况等，灵活掌握信托公司单一信托项目的报告期限（10日为上限）。

各银监局可以视市场热点、公司状况及产品风险等具体情况，对信托公司报告的各类信托项目进行抽查。同时，各银监局可在项目开展的全过程中，根据信托公司的监管评级、净资本状况、风险及合规等情况随时采取监管措施，并应加大现场检查违规问题的处理和问责力度。通过减少事前审批，加大事中及事后的监管及处罚力度，转变监管方式，是响应国务院简政放权的具体举措。

信托产品登记信息系统正式建成后，信托公司只需将相关信息登录进入该系统，即算做完成产品报告工作。

（三）规范异地推介信托产品管理

信托公司异地推介信托产品，也应提前10日向属地银监局和推介地银监局同时报送《信托公司固有业务、信托项目事前报告表》。除关联交易须属地银监局通知无异议后才可开展以外，监管机构可不对信托公司异地推介的具体产品进行事前审核，信托公司在10日报告期结束后即可自主展业。

信托公司与代理推介机构总部签署代理推介协议，总部又向其分支机构分派推介任务的，以总部注册地为异地推介地并履行报告程序，不以分支机构注册地再次履行报告程序。

按属地监管原则，属地银监局对信托公司异地推介承担最终监管责任。属地银监局或推介地银监局发现信托公司异地推介信托计划存在违规或重大风险问题的，应及时采取叫停业务等监管措施。

三、关于做好资金池清理

信托公司非标准化理财资金池业务指信托资金投资于资本市场、银行间市场以外没有公开市价、流动性较差的金融产品和工具，从而导致资金来源和资金运用不能一一对应、资金来源和资金运用的期限不匹配（短期资金长期运用，期限错配）的业务。

具体来讲，主要有三条要求：一是必须尽快推进清理工作，不许拖延，更不许新开展此类业务；二是不搞“一刀切”，而要各家信托公司依据自身实际，“因地制宜、因司制宜”，自主自行制定清理整顿方案；三是不搞“齐步走”，而要各家公司遵循规律，循序渐进，不设统一时间表，不设标准路线图，确保清理整顿工作不引发新的风险。

四、关于建立分类经营机制

待《信托公司监管评级与分类监管指引》（银监发［2010］21 号）修订完成并发布后，按新指引开展 2013 年度信托公司监管评级工作。

2014 年 5 月 15 日

上海市浦东新区人民政府、中国（上海）自由贸易试验区管理委员会关于印发《信托登记试行办法》的通知

（浦府［2014］16号）

区政府各委、办、局，各开发区管委会，各直属公司，各街道办事处、镇政府，各相关单位：

《信托登记试行办法》已经上海市浦东新区人民政府、中国（上海）自由贸易试验区管理委员会同意，现印发给你们，请认真按照执行。

上海市浦东新区人民政府
中国（上海）自由贸易试验区管理委员会
2014年9月3日

信托登记试行办法

第一条 为规范信托登记行为，保护信托当事人合法权益，推动在中国（上海）自由贸易试验区（以下简称自贸试验区）建立完善信托登记平台、探索信托受益权流转机制，根据《中华人民共和国信托法》、《中国（上海）自由贸易试验区条例》等有关规定，制定本办法。

第二条 本办法旨在结合自贸试验区制度创新，推动信托行业创新试点，营造良好法治环境，促进信托行业有序健康发展。

第三条 根据中国银行业监督管理机构的有关要求，结合自贸试验区支持各类金融服务平台建设工作，发挥信托登记和信托受益权流转平台功能，推动信托行业规范发展。

第四条 信托机构申请办理信托受益权登记，以及相关主体查询信托受益权信息事宜，适用本办法。

第五条 本办法所称的信托受益权，是指信托受益人根据相关法律法规和信托文件规定获取信托利益的权利。信托受益权可以依法转让和继承，但信托文件有限制性规定的除外。

第六条 本办法所称的信托机构，是指依据《中华人民共和国公司法》、《信托公司管理办法》等成立的主要经营信托业务的金融机构。

第七条 本办法所称的信托受益权登记，是指信托登记机构依登记申请人申请，对信托受益权相关信息及其变动情况予以记载并向社会提供查询的行为。

第八条 本办法所称的登记申请人（以下简称“申请人”），是指按照本办法规定，申请办理信托受益权登记的信托机构。

第九条 本办法所称的信托登记机构（以下简称“登记机构”）是指经中国银行业监督管理机构批准设立并在浦东新区、自贸试验区注册的信托登记平台，开展信托受益权登记业务，具有独立的法人资格。

第十条 登记机构根据本办法要求制定信托受益权登记业务规则，报中国银行业监督管理机构同意后进行实施。

第十一条 登记机构及登记活动应当接受中国银行业监督管理机构及其在沪派出机构的监督管理和业务指导。

申请人申请办理信托受益权登记时，应当注册为登记机构信息系统的用户，按照要求录入登记信息，并将本办法规定的文件提交登记机构。

第十二条 信托受益权登记，应当记载下列事项：

（一）信托名称、目的、期限；

（二）委托人、受托人、受益人的姓名或者名称，以及个人身份信息或组织机构信息；

（三）受益人取得信托利益的形式、方法；

（四）信托受益权的权利负担状态；

（五）法律、法规和规章要求登记的其他内容。

第十三条 申请人申请办理初始登记时，应当提交下列材料：

（一）初始登记申请书；

（二）信托设立文件、信托合同等相关信托文件；

（三）法律、法规和规章要求提交的其他材料。

第十四条 信托存续期间，与信托受益权相关的已登记事项发生变动的，申请人应当在该事项发生变动之日起三个工作日内，就变动事项申请办理变更登记。

申请人在申请办理变更登记时，应当提交下列材料：

（一）变更登记申请书；

（二）证明发生变更事实的材料；

（三）法律、法规和规章要求提交的其他材料。

第十五条 信托终止后，申请人应当在完成信托财产归属分配之日起三个工作日内，申请注销登记，并提交下列材料：

（一）注销登记申请书；

（二）信托清算报告；

（三）法律、法规和规章要求提交的其他材料。

第十六条 信托无效或者被撤销的，申请人或利害关系人可以根据人民法院的判决、仲裁机关的裁决、公证文书或其他有效证明材料，向登记机构申请撤销登记。

第十七条 申请人因操作失误等原因造成已登记信息或已提交的登记申请文件与事实不一致的，申请人可以持相关的有效证明材料向登记机构申请办理更正登记。

第十八条 利害关系人认为已登记的信托受益权信息与实际状况不一致的，可以持与信托受益权相关的有效证明材料，向登记机构提出登记异议。

第十九条 发生应当办理变更登记、注销登记、撤销登记、更正登记的情形，申请人或利害关系人未提出申请的，登记机构可以根据司法部门、监管机构的要求办理相应的登记手续。登记机构办理完登记手续后，应当书面告知信托委托人、受托人和受益人。

第二十条 申请人提交的申请材料齐备的，登记机构在收到申请人的书面申请后，应当及时出具收件收据，该收件收据的出具日为受理日。申请人提交的申请登记材料尚未齐备的，登记机构应当场口头或者在收到申请材料之日起五个工作日内书面告知补齐要求，申请登记材料补齐日为受理日。

第二十一条 登记机构对申请人提供的登记申请信息及其证明材料进行形式审查。

登记机构应当自受理日起五个工作日内完成审查，对符合规定登记条件的办理登记，对不符合规定登记条件的书面告知申请人需要补正的内容。

第二十二条 信托受益权在登记机构登记后，具有公示力。

第二十三条 登记机构应当妥善保存登记有关文件和资料，自信托终止之日起至少保存十五年。

第二十四条 登记机构应当建立安全、方便、快捷的登记及查询系统，提供必要的服务设备和完善的数据安全保护措施。鼓励登记机构与自贸试验区监管信息共享平台间的信息归集、交换和共享。

第二十五条 登记机构对所登记的信息，应当设置不同级别的可查询范围：

（一）信托名称、类型、目的、期限、受托人名称，公众可以查询；

（二）利害关系人可以查询与其利害相关部分的各项登记信息；

（三）信托当事人可以查询与其自身相关部分的各项登记信息；

（四）监管机构或者其他相关部门可以查询各项登记信息和信托设立文件、信托合同等各类登记申请材料。

第二十六条 公众向登记机构查询时，应当提供有效证件。利害关系人向登记机构查询时，应当提供存在利害关系的相关证明材料。信托当事人向登记机构查询时，应当提供其当事人身份的相关证明材料。监管机构或者其他相关部门向登记机构查询时，应提供有关公函，并出示查询人员有效证件。根据查询申请人的申请，登记机构可以在该查询申请人可查询的范围内就已登记事项出具登记证明书。

第二十七条 登记机构对申请人提交的信息和文件负有保密义务，但下列情形除外：

（一）根据本办法第二十六条向有权查询人提供的；

（二）根据法律和法规可以公开的。

第二十八条 申请人应当对申请文件和材料的真实性负责。申请人如伪造、变造申请材料，或提交的申请材料中存在重大错误或虚假陈述，给信托当事人造成损失的，申请人应当承担相应的法律责任。

第二十九条 按照自贸试验区综合监管制度创新工作要求，推动行业组织制定信托行业公约，培育律师事务所、会计师事务所、税务师事务所、信用服务机构等信托中介机构，推动形成行政监管、行业自律、社会监督、公众参与的综合监管体系。

第三十条 本办法自发布之日起三十日后施行。

2014 年 9 月 3 日

关于信贷资产证券化备案登记工作流程的通知

（银监办便函 1092 号文）

各银监局，政策性银行、国有商业银行、股份制商业银行、金融资产管理公司、中国邮政储蓄银行、银监会直接监管的信托公司、企业集团财务公司、金融租赁公司：

为加大金融支持实体经济力度，加快推进信贷资产证券化工作，根据金融监管协调部际联席第四次会议和我会 2014 年第 8 次主席会议的决定，信贷资产证券化业务将由审批制改为业务备案制。本着简政放权原则。我会不再针对证券化产品发行进行逐笔审批，银行业金融机构应在申请取得业务资格后开展业务，在发行证券化产品前应进行备案登记。现就有关事项通知如下：

一、业务资格审批

银行业金融机构开展信贷资产证券化业务应向我会提出申请相关业务资格。应依据《金融机构信贷资产证券化业务试点监督管理办法》相关规定，将申请材料报送各机构监管部并会签创新部。对已发行过信贷资产支持证券的银行业金融机构豁免资格审批，但需履行相应手续。

二、产品备案登记

银行业金融机构发行证券化产品前需进行备案登记，信贷资产证券化产品的备案申请由创新部统一受理、核实、登记；转送各机构监管部实施备案统计；备案后由创新部统一出口。银行业金融机构在完成备案登记后可开展资产支付证券的发行工作。已备案产品需在三个月内完成发行，三个月内未完成发行的须重新备案。

在备案过程中，各机构监管部应对发起机构合规性进行考察，不再打开产品“资产包”对基础资产等具体发行方案进行审查；会计师事务所、律师事务所、评级机构等合格中介机构应针对证券化产品发行方案出具专业意见，并向投资者充分披露；各银行业金融机构应选择符合国家相关政策的优质资产，采取简单透明的交易结构开展证券化业务，盘活信贷存量。

三、过渡期安排

在本通知正式发布前已报送我会，正处于发行审批通道内的证券化产品扔按照原审批制下工作流程继续推进。本通知正式发布后，已发行过信贷资产支持证券的银行业金融机构被视为已具备相关业务资格，可按照上述新工作流程开展产品报备登记，并应补充完成业务资格审批手续；未发行过证券化产品的机构则需在获得业务资格后再进行产品备案。

请各银监局将本通知转发至辖内银监分局和银行业金融机构。

附件一：信贷资产证券化项目备案登记工作相关要求

附件二：信贷资产证券化项目备案登记表（略）

中国银行业监督管理委员会

2014 年 11 月 20 日

附件一：

信贷资产证券化项目备案登记工作相关要求

一、备案登记材料清单

1. 信贷资产证券化项目备案登记表

2. 由发起机构和受托机构联合签署的项目备案报告；

3. 信贷资产证券化项目计划书；

4. 信托合同、贷款服务合同、资金保管合同及其他相关法律文件草案；

5. 执业律师出具的法律意见书草案、注册会计师出具的会计意见书草案、资信评级机构出具的信用评级报告草案及有关持续跟踪评级安排的说明；

6. 受托机构在信托财产收益支付的间隔期内，对信托财产收益进行投资管理的原则及方式说明；

7. 发起机构信贷资产证券化业务资格的批复或相关证明文件；

8. 特定目的信托受托机构资格的批复；

9. 银监会要求的其他文件和材料。

以上备案登记材料应参照《金融机构信贷资产证券化试点监督管理办法》第十三条相关要求报送。

二、备案登记工作相关要求

1. 信贷资产证券化项目备案登记工作由发起机构进行。

2. 信贷资产证券化发起机构应填写《信贷资产证券化项目备案登记表》，并由相关填报人员签字并加盖机构公章。

3. 填报机构将备案登记材料清单中相关材料报送至银监会创新部，并将《信贷资产证券化项目备案登记表》电子版发送至 zhangmengsheng@ cbrc. gov. cn。

人民银行、银监会、证监会、保监会、外汇局联合发布《关于规范金融机构同业业务的通知》

（银发［2014］127 号）

近年来，我国金融改革发展全面推进，金融机构同业业务创新活跃，发展较快，在便利流动性管理、优化金融资源配置、服务实体经济发展等方面发挥了重要作用，但也存在部分业务发展不规范、信息披露不充分、规避金融监管和宏观调控等问题。为进一步规范金融机构同业业务经营行为，人民银行、银监会、证监会、保监会、外汇局日前联合印发了《关于规范金融机构同业业务的通知》（银发［2014］127 号，以下简称《通知》）。

《通知》在鼓励金融创新、维护金融机构自主经营的前提下，按照“堵邪路、开正门、强管理、促发展”的总体思路，就规范同业业务经营行为、加强和改善同业业务内外部管理、推动开展规范的资产负债业务创新等方面提出了十八条规范性意见。

《通知》逐项界定并规范了同业拆借、同业存款、同业借款、同业代付、买入返售（卖出回购）等同业投融资业务。要求金融机构开展的以投融资为核心的同业业务，应当按照各项交易的业务实质归入上述基本类型，并针对不同类型同业业务实施分类管理。

《通知》强化了金融机构同业业务内外部管理要求，规范了会计核算和资本计量要求，设置了同业业务期限和风险集中度要求，强调了加强流动性管理的重要性。同时，《通知》为金融机构规范开展同业业务开了“正门”，支持金融机构加快推进资产证券化业务常规发展，积极参与银行间市场的同业存单业务试点，提高资产负债管理的主动性、标准化和透明度。

规范金融机构同业业务，符合国务院“鼓励创新、防范风险、趋利避害、健康发展”的总体要求。有利于规范金融市场秩序，促进同业业务健康发展，有效防控金融风险，切实保护金融消费者合法权益；有利于引导资金更多流向实体经济，降低企业融资成本，提高金融体系支持实体经济的能力；有利于加快发展多层次资本市场体系，提高直接融资比重，增强金融和经济体系的韧性；有利于落实信贷政策，盘活存量，用好增量，助推经济结构调整和转型升级。

人民银行、银监会、证监会、保监会和外汇局将加强协调配合，统一监管标准，依照法定职责，按照机构监管与功能监管相结合的原则，全面加强对金融机构同业业务的监督检查，严肃查处各种违法违规行为，促进金融业稳定健康发展。

附件：

关于规范金融机构同业业务的通知

近年来，我国金融机构同业业务创新活跃，发展较快，在便利流动性管理、优化金融资源配置、服务实体经济发展等方面发挥了重要作用，但也存在部分业务发展不规范、信息披露不充分、规避金融监管和宏观调控等问题。为进一步规范金融机构同业业务经营行为，有效防范和控制风险，引导资金更多流向实体经济，降低企业融资成本，促进多层次资本市场发展，更好地支持经济结构调整和转型升级，现就有关事项通知如下：

一、本通知所称的同业业务是指中华人民共和国境内依法设立的金融机构之间开展的以投融资为核心的各项业务，主要业务类型包括：同业拆借、同业存款、同业借款、同业代付、买入返售（卖出回购）等同业融资业务和同业投资业务。

金融机构开展的以投融资为核心的同业业务，应当按照各项交易的业务实质归入上述基本类型，并针对不同类型同业业务实施分类管理。

二、同业拆借业务是指经中国人民银行批准，进入全国银行间同业拆借市场的金融机构之间通过全国统一的同业拆借网络进行的无担保资金融通行为。

同业拆借应当遵循《同业拆借管理办法》（中国人民银行令［2007］第3号发布）及有关办法相关规定。同业拆借相关款项在拆出和拆入资金会计科目核算，并在上述会计科目下单独设立二级科目进行管理核算。

三、同业存款业务是指金融机构之间开展的同业资金存入与存出业务，其中资金存入方仅为具有吸收存款资格的金融机构。同业存款业务按照期限、业务关系和用途分为结算性同业存款和非结算性同业存款。同业存款相关款项在同业存放和存放同业会计科目核算。

同业借款是指现行法律法规赋予此项业务范围的金融机构开展的同业资金借出和借入业务。同业借款相关款项在拆出和拆入资金会计科目核算。

四、同业代付是指商业银行（受托方）接受金融机构（委托方）的委托向企业客户付款，委托方在约定还款日偿还代付款项本息的资金融通行为。受托方同业代付款项在拆出资金会计科目核算，委托方同业代付相关款项在贷款会计科目核算。

同业代付原则上仅适用于银行业金融机构办理跨境贸易结算。境内信用证、保理等贸易结算原则上应通过支付系统汇划款项或通过本行分支机构支付，委托方不得在同一市、县有分支机构的情况下委托当地其他金融机构代付，不得通过同业代付变相融资。

五、买入返售（卖出回购）是指两家金融机构之间按照协议约定先买入（卖出）金融资产，再按约定价格于到期日将该项金融资产返售（回购）的资金融通行为。买入返售（卖出回购）相关款项在买入返售（卖出回购）金融资产会计科目核算。三方或以上交易对手之间的类似交易不得纳入买入返售或卖出回购业务管理和核算。

买入返售（卖出回购）业务项下的金融资产应当为银行承兑汇票，债券、央票等在银行间市场、证券交易所市场交易的具有合理公允价值和较高流动性的金融资产。卖出回购方不得将业务项下的金融资产从资产负债表转出。

六、同业投资是指金融机构购买（或委托其他金融机构购买）同业金融资产（包括但不限于金融债、次级债等在银行间市场或证券交易所市场交易的同业金融资产）或特定目的载体（包括但不限于商业银行理财产品、信托投资计划、证券投资基金、证券公司资产管理计划、基金管理公司及子公司资产管理计划、保险业资产管理机构资产管理产品等）的投资行为。

七、金融机构开展买入返售（卖出回购）和同业投资业务，不得接受和提供任何直接或间接、显性或隐性的第三方金融机构信用担保，国家另有规定的除外。

八、金融机构开展同业业务，应遵守国家法律法规及政策规定，建立健全相应的风险管理和内部控制体系，遵循协商自愿、诚信自律和风险自担原则，加强内部监督检查和责任追究，确保各类风险得到有效控制。

九、金融机构开展同业业务，应当按照国家有关法律法规和会计准则的要求，采用正确的会计处理方法，确保各类同业业务及其交易环节能够及时、完整、真实、准确地在资产负债表内或表外记载和反映。

十、金融机构应当合理配置同业业务的资金来源及运用，将同业业务置于流动性管理框架之下，加强期限错配管理，控制好流动性风险。

十一、各金融机构开展同业业务应当符合所属金融监管部门的规范要求。分支机构开展同业业务的金融机构应当建立健全本机构统一的同业业务授信管理政策，并将同业业务纳入全机构统一授信体系，由总部自上而下实施授权管理，不得办理无授信额度或超授信额度的同业业务。

金融机构应当根据同业业务的类型及其品种、定价、额度、不同类型金融资产标的以及分支机构的风控能力等进行区别授权，至少每年度对授权进行一次重新评估和核定。

十二、金融机构同业投资应严格风险审查和资金投向合规性审查，按照“实质重于形式”原则，根据所投资基础资产的性质，准确计量风险并计提相应资本与拨备。

十三、金融机构办理同业业务，应当合理审慎确定融资期限。其中，同业借款业务最长期限不得超过三年，其他同业融资业务最长期限不得超过一年，业务到期后不得展期。

十四、单家商业银行对单一金融机构法人的不含结算性同业存款的同业融出资金，扣除风险权重为零的资产后的净额，不得超过该银行一级资本的50%。其中，一级资本、风险权重为零的资产按照《商业银行资本管理办法（试行）》（中国银行业监督管理委员会令2012年第1号发布）的有关要求计算。单家商业银行同业融入资金余额不得超过该银行负债总额的三分之一，农村信用社省联社、省内二级法人社及村镇银行暂不执行。

十五、金融机构在规范发展同业业务的同时，应加快推进资产证券化业务常规发展，盘活存量，用好增量。积极参与银行间市场的同业存单业务试点，提高资产负债管理的主动性、标准化和透明度。

十六、特定目的载体之间以及特定目的载体与金融机构之间的同业业务，参照本通知执行。

十七、中国人民银行和各金融监管部门依照法定职责，全面加强对同业业务的监督检查，对业务结构复杂、风险管理能力与业务发展不相适应的金融机构加大现场检查和专项检查力度，对违规开展同业业务的金融机构依法进行处罚。

十八、本通知自发布之日起实施。金融机构于通知发布之日前开展的同业业务，在业务存续期间内向中国人民银行和相关监管部门报告管理状况，业务到期后结清。

请中国人民银行上海总部，各分行、营业管理部、省会（首府）城市中心支行、副省级城市中心支行会同所在省（区、市）银监局、证监局、保监局、国家外汇管理局分局将本通知联合转发至辖区内相关机构。

中国人民银行
银监会
证监会
保监会
外汇局
2014年4月24日

中国银监会办公厅关于规范商业银行同业业务治理的通知

（银监办发［2014］140号）

各银监局，国家开发银行，国有商业银行、股份制商业银行，邮政储蓄银行，各省级农村信用联社：

近年来，商业银行同业业务快速发展，一些银行机构存在经营行为不规范、风险管控不到位的问题，不符合国家宏观调控政策和银行业监管要求，不利于银行体系稳健运行。为规范商业银行同业业务治理，促进同业业务健康发展，现就有关事项通知如下：

一、本通知适用于中华人民共和国境内依法设立的商业银行与金融机构之间开展的以投融资为核心的各项同业业务。主要包括同业拆借、同业借款、非结算性同业存款、同业代付、买入返售和卖出回购、同业投资等业务类型。商业银行以外的其他银行业金融机构参照执行。

二、商业银行应具备与所开展同业业务规模和复杂程度相适应的同业业务治理体系，由法人总部对同业业务进行统一管理，将同业业务纳入全面风险管理，建立健全前中后台分设的内部控制机制，加强内部监督检查和责任追究，确保同业业务经营活动依法合规，风险得到有效控制。

三、商业银行开展同业业务实行专营部门制，由法人总部建立或指定专营部门负责经营。商业银行同业业务专营部门以外的其他部门和分支机构不得经营同业业务，已开展的存量同业业务到期后结清，不得在金融交易市场单独立户，已开立账户的不得叙做业务，并在存量业务到期后立即销户。

对于商业银行作为管理人的特殊目的载体与该商业银行开展的同业业务，应按照代客与自营业务相分离的原则，在系统、人员、制度等方面严格保持独立性，避免利益输送等违规内部交易。

四、商业银行同业业务专营部门对同业拆借、买入返售和卖出回购债券、同业存单等可以通过金融交易市场进行电子化交易的同业业务，不得委托其他部门或分支机构办理。

商业银行同业业务专营部门对不能通过金融交易市场进行电子化交易的同业业务，可以委托其他部门或分支机构代理市场营销和询价、项目发起和客户关系维护等操作性事项，但是同业业务专营部门需对交易对手、金额、期限、定价、合同进行逐笔审批，并负责集中进行会计处理，全权承担风险责任。

五、商业银行应建立健全同业业务授权管理体系，由法人总部对同业业务专营部门进行集中统一授权，同业业务专营部门不得进行转授权，不得办理未经授权或超授权的同业业务。

六、商业银行应建立健全同业业务授信管理政策，由法人总部对表内外同业业务进行集中统一授信，不得进行多头授信，不得办理无授信额度或超授信额度的同业业务。

七、商业银行应建立健全同业业务交易对手准入机制，由法人总部对交易对手进行集中统一的名单制管理，定期评估交易对手信用风险，动态调整交易对手名单。

八、商业银行应于2014年9月末前实现全部同业业务的专营部门制，并将改革方案和实施进展情况报送银监会及其派出机构。

九、商业银行违反上述规定开展同业业务的，银监会及其派出机构将按照违反审慎经营规则进行查处。

十、银监会及其派出机构按照法人属地监管原则推动商业银行专营部门制改革。银监会相关监管部门负责推进银监会直接监管法人机构的改革，必要时各银监局参与配合。银监会各级派出机构负责推进辖内银行业金融机构的改革，上级监管机构应加强工作指导。

2014年5月8日

全国社保基金会发布《全国社会保障基金信托贷款投资管理暂行办法》

《全国社会保障基金信托贷款投资管理暂行办法》（以下简称《办法》）已经理事长办公会审议批准，于2014年6月16日正式发布实施。《办法》内容如下：

全国社会保障基金信托贷款投资管理暂行办法

第一章　总则

第一条　为促进全国社会保障基金（以下简称社保基金）信托贷款投资业务的发展，进一步健全和规范相关制度，根据有关法律法规和财政部、人力资源和社会保障部《关于调整全国社会保障基金投资范围和审批方式的通知》，制定本办法。

第二条　本办法所称信托贷款项目投资，是指社保基金基于安全性、收益性、合规性的原则，按照监管部门批准的政策，通过信托公司向符合条件的借款人发放信托贷款的投资行为。

第三条　社保基金信托贷款投资应不断加强科学精细管理，努力防范投资风险，提高投资收益，注重公开性、透明性，兼顾经济社会效益，投资比例和单一项目投资规模应符合监管部门的政策规定。

第四条　全国社会保障基金理事会股权资产部（实业投资部）（以下简称股权部）是承担信托贷款项目投资工作的职能部门，根据社保基金资产配置的要求，负责拟定信托贷款项目投资计划，按照规范程序审定后组织实施。规划研究部按照职责分工，负责信托贷款业务的整体资产配置和整体投资风险管理；法规及监管部按照职责分工，负责信托贷款业务的合规风险管理。

第二章　投资基本条件

第五条　社保基金信托贷款项目应具备以下条件：

（一）信托贷款投资要符合国家产业政策，主要用于国家重点支持的城乡基础设施建设、保障房建设以及国家鼓励发展的重点行业和领域；

（二）符合国家有关部门关于信托贷款的有关规定，已经按照相关法律法规完成审批或核准程序；

（三）由符合条件的银行对借款人还本付息提供连带责任担保；

（四）由符合条件的信托公司对项目进行受托管理；

（五）社保基金信托贷款净收益必须满足资产配置的要求。

第六条 社保基金信托贷款项目借款人应符合以下条件：

（一）原则上为资产规模较大、实力较强、发展前景较好的大中型企业；

（二）主体资格合法有效，具有符合法律规定的法人治理结构，内部管理规范；

（三）主体资产清晰，财务状况稳健，不存在重大债务纠纷；

（四）依法获得信托贷款项目的主体经营或建设资格；

（五）能够按期偿还社保基金信托贷款本金和利息；

（六）借款人合法合规经营，公司在近三年内未发生因违法违规行为而受到监管机构行政处罚的情形。

第七条 受托管理社保基金信托资产的信托公司应符合以下条件：

（一）实收资本不低于12亿元，上年末经审计的净资产不低于30亿元；

（二）具有比较完善的公司治理结构、良好的市场信誉和稳定的投资业绩，并具有良好的内部控制制度和风险管理能力；

（三）主要股东实力较强，资信状况良好；

（四）公司在近三年内未发生因违法违规行为而受到监管机构行政处罚的情形。

第八条 为社保基金信托贷款项目提供担保的银行应具备以下条件：

（一）实收资本不低于80亿元；

（二）资本充足率符合国家银行业监督管理部门的基本要求；

（三）近三年内未发生因违法违规行为而受到监管机构行政处罚的情形。

第三章 项目选择

第九条 项目来源

社保基金信托贷款的有关政策规定应在社保基金会门户网站对外发布。符合条件的借款人、担保银行和信托公司均可以直接向股权部书面发函，提出合作申请。股权部也可以通过地方政府、担保银行、信托公司和借款人等多渠道寻找信托投资项目。社保基金会不接受其他机构或个人作为中介或第三方介绍信托贷款项目。

第十条 建立信托贷款项目库

（一）股权部建立信托贷款投资项目库。对已接触的信托贷款项目进行初步审查后，符合进库条件的纳入项目库。

（二）对已入库的信托贷款项目，股权部应积极要求借款人提供公司资质、拟用款项目审批情况、担保银行担保承诺等材料，对项目进一步审查和筛选。

第十一条 担保银行的选择

（一）借款人在符合社保基金信托贷款投资要求的范围内自行选定担保银行。

（二）如借款人提出请求，股权部可协助推荐担保银行。

（三）银行担保费、账户监管费等银行收费标准由借款人和担保银行协商提出初步意见。

第十二条 信托公司的选择

（一）股权部应结合信托行业变化、信托公司经营管理和以往合作情况，在每年6月末前提出信托公司（不超过10家）备选库建议名单，报请会领导批准后，纳入备选库。备选库有效期一年。

（二）信托贷款项目报请立项前，股权部应向备选库中信托公司发出合作邀请。根据项目信息等情况，并结合项目所在地域、以往合作情况、信托公司提供的服务方案以及信托管理收费水平等，按照业务专长、受托人适当分散、便于履行受托人职责等原则，经股权部筛选提出备选受托人建议，在立项报告中报会领导批准，并在审议尽职调查报告时由投资决策委员会审定。

第十三条 信托贷款投资项目的选择

（一）对已列入项目库的信托贷款项目，股权部根据社保基金资产配置计划和信托市场状况，提出投资规模、期限和收益率的初步意见。

（二）股权部负责与借款人、担保银行及信托公司就拟投资项目的规模、收益率及期限等进行协商，努力争取较好的投资条件。

（三）信托贷款项目预期收益率要根据资产配置收益基准并结合同期银行贷款利率、项目承受能力以及担保银行担保费率及监管费率、信托公司信托报酬等与借款人协商后提出初步意见，协商过程要有记录备案。预期收益发生变化的，须经股权部部务会集体讨论通过。

（四）股权部综合考虑项目的风险收益和国家产业政策等情况后，提出拟投资项目建议。

第四章 投资决策程序

第十四条 项目立项

根据初步确定的投资方案，股权部将拟投资信托贷款项目报会领导审批立项并提请开展尽职调查。立项报告的主要内容包括：项目的基本情况，借款人和担保银行、信托公司的基本情况，拟用贷款项目的贷款规模、期限、利率、还款来源等。

第十五条 项目尽职调查

（一）项目批准立项后，由股权部会同法规及监管部共同组成项目小组，法规及监管部负责选聘律师事务所对借款人和信托公司、信托贷款项目开展合法合规性尽职调查。尽职调查的内容主要包括：借款人和信托公司基本情况、历史沿革、公司治理、业务经营情况；重大债权债务、主要资产、诉讼、仲裁及行政复议情况等；信托贷款项目合法合规情况。

（二）项目小组对尽职调查中发现的问题，会同律师研究风险和处置措施，积极与被调查方进行沟通处理，并形成最终尽职调查结论，供投资决策参考。

（三）在项目尽职调查过程中，股权部应敦促借款人书面承诺，不得就社保基金信托贷款项目向第三方支付中介费或财务顾问费等费用。

第十六条 投资决策

（一）根据尽职调查情况，股权部经会签法规及监管部后，向投资决策委员会提交项目尽职调查报告。尽职调查报告应包括项目基本情况，投资规模、利率、期限，尽职调查主要结论、风险分析和投资建议等。尽职调查报告意见与立项报告不一致的，应说明原因。

（二）投资决策委员会对项目进行审定。

第十七条 合同签署及划款

（一）股权部根据投资决策委员会决议，会同法规及监管部组织开展合同谈判。合同的内容主要包括投资规模、利率、期限、提款时间和方式、信托收益计算及支付方式、违约处罚、账户监管要求等。

（二）法规及监管部对合同文本进行合法合规性审核并出具合法合规性审核意见书。

（三）股权部将经法规及监管部审核的有关合同报会领导批准后，由理事长或分管副理事长授权代表签署投资合同。

（四）根据投资合同和社保基金会规定，股权部商请基金财务部完成划款。

（五）对于已通过投资决策委员会审定，但因情况发生变化需要延期或取消的信托项目，股权部应将有关情况和建议会签规划研究部、基金财务部、法规及监管部后，通报投资决策委员会。对于投资规模、预期净收益率、贷款期限等投资主要条件发生重大变化的，应报请投资决策委员会再次审定。

第五章 风险管控与投后管理

第十八条 按照《全国社会保障基金理事会投资风险管理暂行办法》的有关规定，风险管理委员会和投资风险管理职能部门负责信托贷款投资项目的投资风险管理。

第十九条 根据社保基金会有关规定，法规及监管部负责对信托投资项目的投资情况进行合法合规性检查和稽核检查。

第二十条 股权部负责信托贷款项目投后管理工作。主要包括：监督信托合同的执行情况，督促信托公司认真履行受托人职责，做好信托贷款投后管理；在项目出现重大问题时，提出处理意见和采取相关应对措施；根据合同约定和社保基金会有关规定，配合基金财务部办理有关资金往来、信托收益收取和会计核算。

第二十一条 股权部应敦促受托人或监管银行严格按照合同及银行业监督管理部门相关管理办法的规定，监督借款人按约定用途使用贷款资金，确保资金使用合法合规；关注借款人状况和贷款项目进展，不定期现场查看，跟踪项目实施进度；按期提交信托贷款事务管理报告，及时报告项目中出现的重大情况。

第二十二条 对因划款手续等问题致使信托项目未按期兑付本金或收益的情况，股权部应敦促借款人或信托公司按合同要求支付罚息。在信托贷款合同执行中因借款人、担保银行和信托公司发生重大事件，严重影响社保基金资金安全和预期收益的，社保基金会有权提前终止合同执行。对因借款人无法按期还款的，股权部应会同法规及监管部，根据国家相关法律规定、合同的约定，采取财产保全、提请担保程序启动、法律诉讼等措施确保我会信托贷款的安全。

第二十三条 信托项目到期后或提前终止时，股权部会同基金财务部办理信托账户清算及销户等手续。

第六章 附 则

第二十四条 本办法自批准发布之日起执行。

人力资源和社会保障部办公厅关于印发扩大企业年金基金投资范围和企业年金养老金产品有关问题政策释义的通知

（人社厅发［2014］35号）

各省、自治区、直辖市及新疆生产建设兵团人力资源社会保障厅（局），各计划单列市人力资源社会保障局，各企业年金基金管理机构：

《关于扩大企业年金基金投资范围的通知》（人社部发［2013］23号，以下简称23号文件）和《关于企业年金养老金产品有关问题的通知》（人社部发［2013］24号，以下简称24号文件）发布后，对拓宽企业年金基金投资渠道，提高投资效率发挥了重要作用。为进一步推动两个文件的贯彻执行，经商银监会、证监会和保监会同意，我们制定了《扩大企业年金基金投资范围和企业年金养老金产品有关问题政策释义》，现印发你们，请认真贯彻执行。

附件：扩大企业年金基金投资范围和企业年金养老金产品有关问题政策释义

人力资源和社会保障部办公厅

2014年3月13日

附件

扩大企业年金基金投资范围和企业年金养老金产品有关问题政策释义

一、23号文件第三条、第四条、第五条，24号文件第二条第（二）款3，专门投资组合的含义：

专门投资组合是指将80%以上非现金资产投资于商业银行理财产品、信托产品、基础设施债权投资计划、特定资产管理计划或者商业银行理财产品型、信托产品型、基础设施债权投资计划型、特定资产管理计划型养老金产品中的一类产品而专门设立的投资组合。

二、24 号文件第二条第（一）款 3，专门投资组合的属性：

专门投资组合属于固定收益类组合，不得投资于股票基金、混合基金、投资连结保险产品（股票投资比例高于 30%）、二级市场股票、股指期货及股票型养老金产品等权益类产品。

三、23 号文件第二条第（一）款，24 号文件第二条第（一）款，养老金产品的流动性：

为了满足直接配置混合型、固定收益型养老金产品的需要，确保流动性符合规定比例，混合型、固定收益型（商业银行理财产品型、信托产品型、基础设施债权投资计划型、特定资产管理计划型除外）养老金产品，投资银行活期存款、中央银行票据、一年期以内（含一年）的银行存款、债券回购、货币市场基金的比例，合计不得低于产品资产净值的 5%。其余类型养老金产品和专门投资组合主要用于大类资产配置，可以不受 5% 流动性资产的比例限制，但应确保赎回的需要，减少净值波动。

四、24 号文件第五条第（二）款，企业年金计划资产投资养老金产品的流动性：

企业年金计划资产投资养老金产品的，应当按照 11 号令及 23 号文件的规定，确保流动性资产的比例不低于企业年金计划资产净值的 5%。

五、23 号文件第五条，24 号文件第二条第（二）款 2，单个企业年金计划基金资产投资比例：

单个企业年金计划基金资产，投资商业银行理财产品型、信托产品型、基础设施债权投资计划型、特定资产管理计划型养老金产品，以及专门投资组合的比例，合计不得高于企业年金计划基金资产净值的 30%。其中，投资信托产品型养老金产品及信托产品型专门投资组合的比例，合计不得高于企业年金计划基金资产净值的 10%。

六、23 号文件第三条，24 号文件第二条第（二）款 3，单个投资组合委托投资资产投资比例：

单个投资组合的委托投资资产，投资商业银行理财产品型、信托产品型、基础设施债权投资计划型、特定资产管理计划型养老金产品，以及商业银行理财产品、信托产品、基础设施债权投资计划、特定资产管理计划的比例，合计不得高于投资组合委托投资资产净值的 30%。其中，投资信托产品型养老金产品及信托产品的比例，合计不得高于投资组合委托投资资产净值的 10%。专门投资组合可以不受此限制。

七、24 号文件第六条第（六）款，资产配置比例合规要求：

企业年金计划受托人、投资管理人应当分别从计划和组合层面对企业年金资产进行合理安排，确保资产配置比例符合相关规定，资产流动性满足待遇支付等业务需要。企业年金计划托管人、养老金产品托管人应当做好相应监督工作。

八、23 号文件第六条，发行主体：

企业年金基金管理机构的控股子公司，在符合相关金融监管部门规定的前提下，可以作为商业银行理财产品、信托产品、基础设施债权投资计划的发行主体。

九、23号文件第六条第（三）款，大型企业划分标准及投资备案要求：

大型企业划分标准，按照国家统计局《关于印发统计上大中小微型企业划分办法的通知》（国统字［2011］75号）执行。

大型企业自身或者其控股子公司的企业年金计划基金资产，投资于该企业或者其控股子公司发行的商业银行理财产品、信托产品、基础设施债权投资计划，投资事项应当事前由该企业向人力资源社会保障部基金监督司备案。备案材料应当包括：本企业属于大型企业的说明函，企业年金计划拟投资产品的合规性说明函，该产品简介及发行主体信息（包括但不限于公司治理、信用评级、投资业绩以及上个会计年度末经审计的净资产等信息），企业年金计划确认函。

备案材料应当符合监管规定和要求，内容真实准确完整，不存在任何虚假记载、误导性陈述或重大遗漏。人力资源社会保障部基金监督司在收到备案材料10日内未提出疑议，即视为通过。人力资源社会保障部基金监督司按照监管规定重点对企业及其子公司的主体资质合规性进行审核，不对该投资产品和投资事项作实质性审核和评估。企业年金受托人、投资管理人应按照法规及文件要求履行好各自职责，确保投资产品和投资事项合规有效，严控风险，托管人负责监督。

十、23号文件第十条第（二）款，企业年金基金投资特定资产管理计划：

企业年金基金投资特定资产管理计划时，不得投资除股指期货之外的商品期货及金融衍生品。

十一、24号文件第四条，养老金产品申购、赎回费用：

养老金产品应当免收申购费，可以收取一定的赎回费，赎回费应全部归入养老金产品资产。

十二、24号文件第四条第（一）款，养老金产品净值计算和会计核算：

投资管理人是养老金产品资产净值计算和产品会计核算的主会计人。与养老金产品有关的会计问题，如投资管理人与托管人充分协商仍无法达成一致意见的，按照投资管理人对产品资产净值的计算结果对外公布，但应当注明该资产净值计算结果未经托管人复核一致。

十三、24号文件第三条第（三）款、第五条，养老金产品投资人职责：

企业年金计划资产或者企业年金计划投资组合资产投资养老金产品，由企业年金计划受托人或者企业年金计划投资组合投资管理人代为行使养老金产品的投资人职责，作为养老金产品份额持有人。

十四、24号文件第一条第（二）款，第四条第（五）款、第（六）款，养老金产品投资于产品管理人管理的金融产品的收费：

养老金产品投资于同一投资管理人自身管理的金融产品，如万能保险产品、投资连结保险产品、证券投资基金、基础设施债权投资计划、特定资产管理计划等，该部分投资资产在养老金产品层面不再收取投资管理费，投资管理人在养老金产品投资管理合同和托管合同中应当明确包含这一条款。

十五、24 号文件第四条第（四）款、第六条第（六）款，养老金产品合规时限要求：

投资管理人应当自养老金产品初始投资运作之日起 3 个月内使产品的投资范围及比例符合 11 号令、23 号文件、24 号文件等法规文件规定及产品合同的约定。因证券市场波动、上市公司合并、产品规模变动等投资管理人之外的因素致使产品投资不符合 11 号令、23 号文件、24 号文件等法规文件规定及合同约定的投资比例的，投资管理人应当在可上市交易之日起 10 个交易日内调整完毕。法律法规或监管部门另有规定的，从其规定。

十六、23 号文件第二条第（一）款，24 号文件第二条第（一）款 4，银行存款流动性界定：

存款期限在一年期以内（含一年）的银行存款（定期存款、协议存款）可视为流动性资产。

十七、24 号文件第五条第（二）款，企业年金计划资产投资养老金产品的账户要求：

法人受托机构将受托管理的企业年金基金资产直接分配给养老金产品时，托管人应当单独开立一个投资资产托管账户，专门用于根据法人受托机构的指令通过该账户进行投资养老金产品的资金划拨，法人受托机构和计划托管人分别对该账户的资产单独建账，独立核算，并进行信息报告，托管人应当定期与受托人核对该账户资产净值等账务，与账户管理人核对资产份额。

十八、23 号文件第七条、第八条、第九条，评级机构：

企业年金投资品种所涉及的评级机构，应当分别符合银监会、证监会、保监会对相关产品评级机构的监管规定。

行业发展与监管报告

行业发展报告

2014 年中国信托业回顾与展望

2014 年，中国经济进入新常态，经济增速下移，产业结构升级，增长动力转换。中国金融市场呈现新趋势，多层次资本市场建设提速，资产和财富增长成为推动金融行业发展的主要动力。经济新常态和金融新趋势对信托行业传统业务增长带来较大挑战，也为信托转型提供广阔的发展机遇。2014 年信托业积极履行社会责任，为投资者、实体经济提供优质金融服务的同时，更加致力于信托制度、信托文化的宣传和推广，大力推进信托制度普惠的实践。在经营业绩上，2014 年信托业总体经营收入及利润增速继续下行，但总体实现了平稳的增长。其中，信托业务增速回落比较明显，而固有业务则抓住资本市场机遇实现较高的业绩增长。行业风险抵御能力经受了市场的考验，行业风险资产显著下降，固有资本快速增厚。

展望 2015 年，信托业将继续恪守“受人之托，代人理财”的经营宗旨，继续为投资者创造稳定的投资收益，并提供综合化、个性化的金融服务；信托业的转型、创新、提升专业水平、构建核心竞争力的行动将显著提速。信托行业总体仍将保持中高速的业绩增长，但信托业务与固有业务业绩增长仍将有一定差距。在转型过程中，由于各家公司转型速度和转型方向不一，行业内部的分化将持续加剧、差异化经营的行业格局将更加清晰。

一、继续为投资者创造稳定收益

2014 年，信托公司为投资者创造的信托收益总额再攀新高，与 2013 年相比依旧保持较高增速，远超信托资产规模及信托业务收入的同比增速，再次体现了信托公司始终将投资者的利益置于首位的经营宗旨。信托业近九成公司当年向投资者分配的利润实现增长。已清算的信托产品加权平均收益率连续四年稳步上升。

截至 2014 年末，信托行业当年分配给投资者的信托收益共计 8420. 58 亿元，比 2013 年增长 41%。尽管同比增速较 2013 年显著下降，但相比同期信托业务收入同比仅 6% 的增速仍然处于较高水平。2010 年至 2014 年，信托业累计向投资者分配信托收益 21169. 19 亿元，而同期信托公司取得的信托业务收入五年总计仅为 2243. 66 亿元。与信托公司经营效益增速下滑的情况相反，2014 年信托业给受益人实现的信托收益却稳中有升，表明信托业作为专业的信托机构在经营理念上已经整体成熟，受益人利益为先、为大的信托文化已经根植于信托行业。

2011—2014 年，已清算信托产品的加权平均收益率分别为 5. 7%、6. 79%、7. 32% 和 7. 56%，呈现稳定增长的态势。2014 年信托产品平均收益率同比仅小幅上升 0. 12 个百分点，收益率不及股票类公募基金产品，对投资者的吸引力受到一定的影响。但是，总体来看，信托产品兼具收益性和稳定性的特征，仍是投资者理财规划中不可或缺的产品之一。

稳定的投资收益得益于我国实体经济转型升级、新型城镇化进程加快等宏观因素。宏观经济增长的新常态之中蕴藏着巨大的投融资需求，传统行业产品更新换代、产业并购整合、土地制度改革、基础设施建设等均将为信托公司带来大量业务机会，为信托产品收益水平稳定增长提供坚实基础。另外，制度灵活、覆盖广泛，信托资金可以及时调整投资方向以维护投资者收益水平。信托制度赋予信托公司灵活展业的突出优势，信托资金投向可横跨资本市场、货币市场和实体经济，这一特性使得信托公司在分散投资风险的同时兼顾市场热点，可以及时调整产品结构，向收益率高的投资领域倾斜。

2014 年以来，在资产管理行业竞争加剧的背景下，信托公司服务客户的模式和理念有所调整。首先，信托公司逐渐由单一理财产品提供商向综合金融服务商转变。2014 年开展家族信托业务的信托公司大幅增加，服务内容也得以扩充，形成涵盖财富传承、税务筹划、法律咨询等多种功能于一身的高端定制化金融产品。信托公司在为机构客户进行资产管理的同时，还跟踪其经营全过程，有针对性地提供一揽子的金融解决方案。在投资者资产配置方面，信托公司根据市场变化及时跟踪客户财务状况和风险偏好的变化，研究推出短期投资、权益类投资等新产品。其次，信托公司客户服务水平显著提升。信托公司均已设立财富管理中心，服务于客户多样化、个性化的理财需求，同时信托公司利用互联网技术，致力于使投资都获得最优的理财体验。2014 年信托公司建立及进一步优化客户分层级差异化服务体系，从产品规划、投资管理、增值体验等方面建立起更为系统的服务平台。

二、行业总体业绩保持稳定增长

2014 年，伴随着中国经济增速换挡，信托公司总体业绩从之前的高速增长回归稳步增长。2014 年信托行业总体经营收入及利润保持平稳增长，资本报酬率从高点小幅回落。信托行业进入转型阶段后，行业内部分化加剧，收入的行业集中度出现抬头趋势，利润增速同比下降的信托公司数量显著增加。

2014 年，信托行业经营收入继续保持增长，共实现经营收入 954.95 亿元，比 2013 年增加 122.35 亿元。2014 年经营收入增速则继续回落，同比增长 14.69%，较 2013 年回落 15.73 个百分点。从季度数据来看，2014 年第二季度至第四季度信托公司累计经营收入同比增速分别为 13.68%、12.83% 和 14.69%，结束了自 2012 年以来增速单边下行的趋势。尤其是 2014 年第四季度行业经营收入同比增速较第三季度回升了 1.86 个百分点，显示出行业发展平稳，信托公司转型态势良好。

2014 年，信托行业利润增长趋势与经营收入一致，回归平稳增长，增速企稳。从净利润指标来看，信托行业内部分化现象更加明显，利润同比下降的信托公司数量明显增加。2014 年信托公司利润总额平稳增加，68 家信托公司共实现利润总额 642.30 亿元，相比 2013 年末的 568.61 亿元，2014 年利润总额同比增长 12.96%，回归平稳增长。从季度数据来看，与经营收入一致，2014 年信托公司利润总额增速也结束了自 2012 年以来单边下行趋势，于 2014 年第四季度企稳回升。信托行业利润总额增速企稳是信托公司在转型过程中"开源、节流"的共同结果，一方面积极创新拓展新的业绩增长点，另一方面采用更加精细化的成本管理降低开支。

2014 年，信托公司净利润也实现平稳增长。全行业 68 家信托公司实现净利润 506.77 亿元，比 2013 年增加 64.75 亿元。2014 年净利润同比增幅也显著回落，从 2013 年的 27.38% 回落到 14.65%。2014 年净利润下滑的信托公司数量明显增加。2014 年披露年报的 67 家信托公司中，约 3/4 的信托公司（50 家）净利润实现同比增长，其中同比增速在 0～20% 和 20%～50% 的信托公司最多，分别有 25 家和 17 家。在行业竞争激烈下行压力明显的情况下，仍分别有 4 家信托公司净利润增速超过 50% 和 100%。同时，2014 年行业有 17 家信托公司净利润出现负增长，而 2013 年净利润同比下降的信托公司数量仅 4 家。可见，2014 年信托行业内部分化加大，信托行业的优胜劣汰正在提速。

三、信托业务经营业绩增速回落

2014 年，中国经济增速下行、增长动力转变对信托业传统融资信托业务的冲击效应明显加大，而信托公司业务转型所需的内涵式增长方式尚未最终成型。因此，2014 年信托业务经营业绩虽然仍有小幅增长，如信托公司受托管理的信托资产规模及信托业务收入均再攀新高，但增速回落态势明显，信托报酬率也继续下行。在信托业务经营业绩增速回落的同时，但信托业务结构发生积极变化，信托功能"三分天下"形成。

2014 年，信托资产规模再创历史新高。截至 2014 年末，信托业受托管理的信托资产规模达到 13.98 万亿元，与 2013 年末 10.91 万亿元相比增长 28.2%，但增速下行明显，比 2013 年增速下降 17.8 个百分点。宏观经济增速下行、资产管理市场竞争加剧，对传统融资信托业务的冲击效应加大，是2014年信托资产规模增速继续下行的主要原因。季度数据显示，信托资产规模增长已有企稳迹象。自2014年第一季度以来，信托资产规模同比增速和环比增速均呈下行趋势，但是从2014年第四季度开始出现小幅回升。信托资规模增速的企稳增强信托业转型发展的信心，信托业必须加快转型进程来巩固增速企稳的局面。

2014年，信托业务收入虽再创历史新高，但增速继续回落。2014年，信托公司信托业务收入647.38亿元，同比仅增长5.88%。信托业务收入增速继续回落主要有两个原因：一是2014年信托资产增速继续放缓，尤其是新增信托资产规模负增长，使得增量业务收益贡献显著下滑；二是在转型过程中，旧增长方式的萎缩速度与新增长方式的培育速度之间存在“时间落差”，新业务培育需要一个过程，其培育速度滞后于旧业务萎缩速度。

2014年，信托业务总体报酬率依旧延续前期的下行趋势，融资类、投资类和事务管理类信托业务报酬率均有不同程度的下降，三类信托业务报酬率分化明显。已清算信托项目的加权平均信托报酬率首次下降。2014年，全行业信托业务报酬率（信托业务收入/平均信托资产）继续下行0.15个百分点至0.52%，回落速度快于2012年的0.11个百分点和2013年的0.10个百分点。长期数据显示，2011年以来信托业务报酬率呈稳步下调趋势。宏观经济下行、资本市场回暖以及竞争压力不减是信托公司2014年总体报酬率再度回落的主要原因。

虽然信托业务经营业绩增速回落，但信托业务结构发生积极变化，机构客户占比提升，2014年三大功能信托资产占比迅速趋同。其中，融资类信托资产占比再度大幅下调，投资类信托资产占比保持平稳，事务管理类信托资产规模加速提升，信托功能“三分天下”格局基本形成。

四、固有业务保持快速增长

2014年，信托公司固有业务抓住了资本市场快速上行的机遇，资产配置结构向投资类资产大幅倾斜，证券投资和其他投资余额均大幅增长。在投资类业务增长的拉动下，信托业固有业务表现大大优于信托业务表现，固有业务收入继续保持高速增长，且增速比2013年有显著提高，固有资产收益率加速走高。

2014年，信托业固有资产规模继续保持大幅增长，资产配置向证券投资、其他投资大幅倾斜，货币类资产、贷款等资产配置显著收缩。信托公司持有的长期股权投资余额比较稳定，广泛投资于基金、证券、保险、银行等优质金融机构。2010年以来，信托行业固有资产配置一直保持以投资类资产为主，货币类和融资类资产次之的结构。截至2014年12月31日，投资类资产占比为66.61%，货币类资产占比为14.69%，融资类资产占比为10.56%，其他资产占比为8.14%。这是信托公司根据收益性、安全性和流动性的不同要求进行的资产配置，并根据市场环境的变化主动调整各类投资占比，以实现信托公司固有业务整体收益最大化的资产配置结果。

2014 年，信托业固有业务收入继续保持高速增长，全行业固有业务收入 307.57 亿元，比 2013 年增加 86.40 亿元，同比增长 39.06%。2014 年固有业务收入增速有所加快，较 2013 年上升 6.21 个百分点。2014 年信托公司固有收入高速增长主要有三个原因。一是固有资产规模的快速增长。2014 年固有资产规模 3586.02 亿元，比 2013 年增长 24.89%，为固有业务收入的快速增长奠定坚实的基础。二是高收益资产投资比例增加。2014 年信托公司固有资产中，贷款和投资等高收益资产配置比例达 77.17%，该比例比 2013 年提升 6.8 个百分点。三是固有资产收益率的进一步提升。2014 年 A 股迎来久违的牛市，资本市场的向好不仅使得信托公司股票、基金等证券投资类业务产生较高收益，也使信托公司持有的证券公司、基金公司盈利大增，相应长期股权投资收益也大幅增加。

2014 年，信托行业固有投资资产收益率继续上行，反映出信托公司对固有资产管理能力进一步提升。各分项中，股权投资收益率和证券投资收益率提高幅度最大，其他投资收益率小幅上升，但固定收益类资产收益率小幅下降。

五、风险抵御能力增强　促进行业平稳发展

因经济下行传导，2014 年信托行业个案信托项目风险事件有所增加，但信托行业的风险抵御能力进一步增强。2014 年信托公司增资力度空前，固有资本继续大幅增长，而项目风险化解能力提高，风险资产规模下降，行业总体风险可控。

与经营收入和利润增速放缓的情况相反，2014 年信托行业固有资本的增速却明显加快，显示股东对行业发展的信心。截至 2014 年 12 月 31 日，信托行业净资产规模 3196.22 亿元，比 2013 年增加 641.04 亿元，同比增长 25.09%，保持了 2011 年以来的快速增长。2014 年信托公司加大增资力度以及风险准备金计提力度，实收资本和风险准备金增速快速增加。其中，2014 年末行业实收资本余额 1386.52 亿元，比 2013 年增加 269.97 亿元，增长 24.18%；信托赔偿准备余额 120.91 亿元，比 2013 年增加 30.32 亿元，增长 33%。

信托公司固有资本增加主要有两个来源：一是信托公司股东增资为信托公司补充资本时的现金投入；二是信托公司的税后利润在向股东分配完毕后的留存。2014 年信托行业净资产增加 641.04 亿元，高于信托行业全年净利润规模；2014 年信托行业净资产增速 25.09%，也高于净利润增速。

2014 年信托行业风险项目规模和占比呈下降趋势。2014 年第四季度末，信托行业风险资产规模 781.00 亿元，比第三季度末和第二季度末分别下降 42.51 亿元和 136.00 亿元；2014 年第四季度风险资产占比 0.56%，比第三季度末和第二季度末分别下降 0.08 个和 0.17 个百分点。信

托行业风险资产规模及风险资产比率连续实现“双降”，信托业风险状况总体平稳。虽然转型中的信托业单体产品风险暴露增大，但是信托产品之间风险隔离的制度安排以及信托业雄厚的整体资本实力，正是信托业能够控制整体风险、不引发系统性风险的两大根本抓手。

六、2015 年中国信托业发展趋势展望

2015 年，中国经济增长仍面临较大下行压力，投资增速下行，出口贡献下降的局面仍将持续。2015 年信托业务仍将面临一定的增长压力，行业受托管理的资产规模及收入水平增速仍将处于低位；信托报酬率也将稳中有降。在经济新常态下，我国产业结构不断升级，创新成为经济发展的主要驱动力。在经济发展和金融市场的变革下，信托公司增长动力也将发生重要转变：信托业不再依靠垄断信托制度获利，传统的聚焦于融资端的通道业务、融资类业务难以有高速增长；而聚焦投资者需求、提升信托公司主动管理能力和专业性水平、积极创新将逐步成为信托业发展的新动力。展望 2015 年，专业子公司作为提升自身专业化水平、推动行业创新的探索将会提速。在转型过程中，各信托公司转型速度、转型方向不同，行业内部分化将更加明显，同时，差异化经营格局将更为清晰。

（一）专业子公司推动创新探索

在信托增长动力转换的背景下，2015 年信托业专业子公司作为提升自身专业化水平、推动行业创新的探索将会提速。成立专业子公司是为将要出台的《信托公司条例》明确鼓励的发展方向。专业子公司仅限于开展特定限定领域的业务，有利于促进信托公司加强专业化能力建设，如业务专业化、客户服务专业化等。目前仅少数信托公司成立了专业子公司，主要包括股权投资专业子公司、海外投资专业子公司等，同时一些专业子公司业务尚未真正开展或仅在起步阶段。2015 年，随着信托业转型深入，越来越多的信托公司将设立专业子公司，根据信托公司自身资源禀赋与发展战略，专注于财富管理、并购业务、产业投资、股权投资、境外资产管理等特定领域开展业务。已成立的专业子公司业务开展也将提速，以此提升专业性水平和创新能力，形成自身核心竞争力。

专业子公司业务开展对信托公司转型具有良好的示范作用，信托公司内部将给予适当的资源倾斜。一方面，信托公司将加强专业人才引进以及内部人才培育的力度，建立一只精干的专业团队来开展业务。另一方面，专业子公司业务盈利模式可能与信托传统业务有较大差异，信托公司将兼顾短期收益和长期利益，根据专业子公司所开展业务的特点改革业绩考核体系。此外，信托公司还在业务流程上对专业子公司提供资源时适度倾斜，如在内部流程上针对专业子公司的业务开设快速通道、增加对专业子公司业务的资金支持力度等。

（二）分化及差异化经营格局更为清晰

2014 年，信托行业的分化有所加剧，主要反映在信托公司经营收入、信托资产规模等指标的集中度有抬升趋势，净利润同比下降的信托公司数量明显增加等方面，部分信托公司在行业转型过程中存在掉队的危险。2015 年，随着信托行业转型，而各信托公司转型速度、转型方向不同，行业内部分化将更加明显，同时差异化经营格局将更为清晰。

首先，2015 年信托行业业绩分化将更加严重。由于信托公司通道业务、融资类业务等低端传统业务领域增长受限、风险加剧，部分资本规模较小、业务高度集中于低端领域、战略目标不清晰、自身竞争优势不明显的信托公司业绩增长将遭遇更大挑战，信托资产规模、信托业务收入下降的信托公司数量可能继续增加。信托行业的龙头企业具有显著的资本优势和人才优势，创新转型更加积极主动，业务开展过程中能够承担一定的试错成本，因此竞争优势将更为凸显。预计 2015 年信托行业龙头企业的市场份额将继续提升，中小信托公司想要跻身行业前列的难度更大。

信托公司经营业绩分化加剧能够形成一个正向反馈，从而在未来能进一步提升行业分化程度。具有较好经营业绩的信托公司受到投资者认可程度较高，可以进一步推动信托业务开展，从而创造更好的经营业绩；而经营业绩不好的信托公司则受投资者认可程度较低，扩大业务规模、实现业绩增长的难度更大。因此，2014 年信托公司经营业绩分化加剧对 2015 年行业的分化程度具有推动作用，届时行业优胜劣汰可能会提速。

其次，2015 年信托公司在转型过程中差异化经营的格局将更加清晰。各信托公司主要根据自身资源禀赋、战略发展方向探索适合自身发展的转型路线，行业产品高度“同质化”的局面也将得以转变。部分股东背景雄厚、资本实力较强的信托公司或将继续推进全能型金融控股集团的战略目标，为投资者提供定制化的综合金融服务；另一些信托公司则将重点构建某一特定领域的核心竞争力，包括聚焦资本市场开展业务，开展专业财富管理业务，提供全球资产配置方案等，力求为投资者提供具有特色的产品和信托服务。在互联网大爆炸时代下，部分信托公司还将积极探索与互联网结合的方式，不论是产品设计、资金募集、客户服务，还是公司治理、管理架构、绩效考核等方面都积极融入互联网基因，形成独特的竞争力。

监管报告

2014 年信托公司监管工作回顾

2014 年，信托公司各级监管部门认真履行监管职责，引导信托行业深化改革，信托行业整体实现健康、稳健发展，对实体经济支持力度持续加大，资金来源、功能运用、产品类型逐步优化，转型发展趋势良好。截至 2014 年末，68 家持续正常经营的信托公司固有资产合计 3586.02 亿元，所有者权益 3196.22 亿元，年末净资本覆盖率 184.83%，同比增加 13.72 个百分点。全行业受托管理信托资产总额 13.98 万亿元，同比增长 28.14%。2014 年，全行业实现净利润 502.15 亿元，同比增长 13.90%。

2014 年，监管部门结合宏观经济金融形势和行业发展趋势，以“信托治理八项机制”为基础，推动信托公司抓好风险防控与转型发展。重点工作内容包括以下三项。

一、紧盯风险变化，严守风险底线

高度重视信托公司风险的突发性、传染性，建立了“摸清情况、制定预案、落实责任、妥善处置、加大问责”的风险防范、化解、处置流程。开展三次全面风险排查，建立风险项目台账，实现风险监测全覆盖，风险预判能力进一步提高。逐笔制定风险处置预案，建立项目责任制，形成工作合力，有序、妥善处置风险。2014 年，成功化解风险项目 196 笔，涉及金额 379 亿元，在当前经济增速放缓、银行业风险上升的情况下，实现了风险项目金额和占比“双降”，守住了不发生系统性、区域性风险的底线。

二、夯实制度基础，健全监管体系

发布《关于信托公司风险监管的指导意见》，明确风险监管与转型发展的目标和思路。以公司治理为核心，以恢复与处置计划、资本约束、分类监管为手段，督促信托公司提高风险意识，加强风险内控，履行社会责任。一是督促信托公司形成权责对等、制衡有效、激励约束的良性机制。二是要求信托公司提交恢复与处置计划，监管部门制订监管处置计划。三是基本完成净资本计算标准调整工作，强化信贷类业务资本约束。四是修订完善《信托公司监管评级与分类监管指引》，实施“有限牌照”管理，做到扶优限劣。五是要求信托公司披露履行社会责任情况，中国信托业协会按年度发布行业社会责任报告。

三、加强基础设施建设，奠定稳健发展基础

一是建立行业稳定机制，先后发布《信托业保障基金管理办法》和《中国信托业保障基金有限责任公司监督管理办法》，正式设立信托业保障基金，构建市场化风险处置机制，保护信托当事人合法权益。二是推进建立产品登记机制，信托登记中心建设工作获突破性进展，争取尽快实现信托产品的公示、信息披露和交易等功能。

从总体上看，2014 年信托公司在“三期叠加”的严峻形势下，成功抵御风险冲击，实现平稳发展，逐渐从“冲规模、挣快钱、同质化”向“防风险、调结构、差异化”转型过渡，成为联结社会资本和实体经济的重要桥梁、优化金融资源配置的重要渠道、构建资产管理和财富传承体系的重要力量。

但是，也要清醒地认识到，信托公司未来发展仍然面临诸多困难与挑战。一是受宏观经济环境变化、产业结构调整深化、行业间风险传导等影响，信托公司单体项目风险防控压力不容小觑。二是制度体系亟待完善。《信托法》部分条款需进一步修订以适应当前的市场监管与发展需求，与《信托法》相配套的《信托公司条例》以及影响行业长远健康发展的信托产品登记、信托税收、公益信托等在内的一系列法规制度需要进一步建立健全。三是传统业务模式面临挑战，转型发展压力较大。2014 年信托资产增速和信托报酬率的持续放缓也客观反映了信托公司“重规模、轻管理”、“高收益、低风险”，以通道类业务为主的业务模式不可持续。

2015 年是信托行业转型发展的关键之年。监管部门将认真贯彻落实党中央、国务院的各项决策部署，主动认识新常态，积极适应新常态，围绕“信托八项责任”，进一步强化风险防控，健全法律法规体系，加强基础设施建设，推进改革转型发展，开创信托行业健康、科学、稳健发展的崭新局面。

中国信托业
2014—2015
年鉴(上卷)

公司发展与创新

中信信托有限责任公司

面对中国经济“新常态”，中信信托有限责任公司（以下简称公司）始终秉承“无边界服务、无障碍运行”的经营理念，坚持“金融普惠，资本分享”的原则，积极探索社会主义市场经济条件下信托公司的发展规律，依靠“智慧型”信托，创造性地为企业提供综合金融解决方案，取得了突出的经营业绩，并继续位居行业前列。

一、2014 年经营概况

截至 2014 年末，公司实际管理资产规模 10764 亿元，比上年同期增长 32%。其中，信托资产规模 9021 亿元，比上年同期增长 24%，已连续第八年位居行业首位；通过多元化平台开展的资产管理业务规模 1743 亿元。2014 年营业收入 56.60 亿元，比上年增长 3%；净利润 28.12 亿元，继续保持行业首位。2014 年末，公司总资产 208.80 亿元，同比增长 40%；净资产 182.54 亿元，同比增长 40%；上缴各类税金 16.66 亿元；为受益人分配信托利润 370 多亿元。

公司的发展得到了监管机关、业界同行、主流媒体以及学术机构等方面的广泛认可；荣获《金融时报》、《上海证券报》、《第一财经日报》、中国社科院、清华大学、北京大学等授予的“年度综合实力最强信托公司”、“年度最佳信托公司”、“最稳健信托公司”、“年度卓越风险控制信托公司”等 12 个奖项；《金融时报》将公司誉为“中国信托业创新发展的风向标”；中央网络安全和信息化领导小组办公室对公司在回应“国外唱衰中国”舆论中所作的贡献表示感谢与肯定。

二、创新业务案例

2014 年，在行业转型加快的背景下，公司全力推动研究创新，开创多个“行业第一”。公司当前业务发展有以下主要特点：

（一）土地信托

公司继续探索、推广土地信托业务。截至2014年末，公司已成立6笔土地流转信托业务，已储备土地流转规模约11万亩。公司研发了多个配套业务，进一步集成各类农业资源，完善土地信托业务模式。除引入农业科技企业、农事服务商、推出“农事服务信托”之外，公司还通过信诚资管控股哈尔滨谷物交易所，构建农产品交易和生产要素集合平台，完善土地信托的产业链条。

（二）消费信托

公司持续探索消费信托模式，进一步丰富消费信托产品系列。2014年9月，公司与百度金融、中影股份、德恒律所合作，推出全国首单互联网消费信托“百发有戏”，这也是国内首个电影大众消费平台。该模式将电影及其周边产品的消费权益纳入信托受益权范围，集成了“消费+金融”双重属性。此外，公司还与旅游、通信、医疗、影院、珠宝等领域的产业方合作，推出了十余款消费信托产品，初步打造出消费信托系列产品线。

为完善消费信托的营销机制，公司打造了“中信宝”消费信托互联网平台。“中信宝”尝试开拓互联网端营销渠道，首次实现了消费信托的线上销售，并聚合了“中信”、“消费信托”等要素，极大地提升了品牌影响力。

（三）家族信托

公司积极探索家族信托，已初步形成家族办公室、定制化家族信托、标准化家族信托、专户全资产委托理财等针对超高净值客户的家族财富管理业务模式。2014年，公司签约业内首单“家族办公室”业务、家族信托以及专户资产委托业务，同时储备大量的潜在业务。

（四）保险金信托

2014年，公司与信诚人寿合作推出国内第一款“保险金信托”。保险金信托是指投保人将其在保险合同下的权益（主要是保险理赔金）设立信托，一旦发生保险理赔，信托公司将按照投保人意志，对保险理赔金进行灵活管理、处分与分配。保险金信托实现了对投保人意志的延续，为投保人实现长期、个性化的诉求提供了有力保障，使保险的家庭财富传承效果更加显著，大幅提升了金融机构对终端消费者的服务品质。

（五）资产管理平台建设

2014年，公司继续完善资产管理平台的建设，推进跨领域开展资产管理业务。公司下设中信信诚资产管理有限公司（以下简称中信信诚资管）、中信聚信（北京）资本管理有限公司（以下简称中信聚信资本）等，业务涵盖房地产、矿产资源、医疗养老、艺术品等领域。

2014年，公司在香港还建立了自己的海外投融资平台"中信信惠国际资本有限公司"（以下简称中信信惠国际）。中信信惠国际为公司开展境外投资业务提供了重要的着陆点，有助于完善多元化产品布局，丰富资金渠道，进一步增强综合金融服务能力。

三、社会责任履行情况

公司以"信行天下、信惠百姓"为企业愿景，以"为客户提供最佳的增值服务，为股东创造最大的价值，为职工搭建实现价值的平台，为行业发展贡献智慧，为社会作出最大的贡献"为使命，积极践行《信托公司社会责任公约》，不断丰富企业社会责任的实践内容。

（一）依法合规自律，稳健经营发展

公司严格遵守相关法律法规和行业监管规则，自觉形成守法诚信、规范运作的经营文化；通过健全合规体系建设、营造良好的廉洁从业氛围，进一步提升信托业自身经营和服务水平；严格执行信息披露制度，有效保障了各利益相关方的信息知情权，赢得了客户的信任；自觉履行纳税义务，依法及时足额纳税，连续多年被评为纳税贡献突出单位。

（二）服务实体经济，助力产业升级

公司坚持根植于实体经济，以服务实体经济发展为导向，整合货币、资本和产业三大市场资源，借助产融结合等模式，创新信托产品，发挥优势，参与国有企业改革，聚焦"三农"服务、西部开发、基础设施建设、环保节能、医疗养老等领域，在促进产业转型升级、资源优化等方面彰显出更大的创新潜力。

（三）履行受托人义务，保障受益人利益

公司以受益人利益最大化为原则，认真履行诚实、信用、专业和有效管理信托财产的受托人义务，为投资者提供了回报稳定、有吸引力和风险可控的投资产品，2014年为受益人分配信托利润370多亿元；公司结合自身业务实际，研究制定金融消费者权益保护工作规程，着手建立保护消费者权益的内部管理体系。

（四）保护股东权益，促进资产保值增值

公司注册资本金增至100亿元，所有者权益进一步提升，位居行业之首，促进了国有资产保

值增值，市场竞争力与可持续发展能力不断增强。

（五）发挥专业优势，积极支持公益事业

公司继续运作中信航天发展基金，大力支持中国航天科技发展；参加由外交部扶贫办主办、北京外事办公室和朝阳区人民政府承办的第五届“大爱无国界”国际义卖活动；向云南昭通地震灾区捐款；深化与北京东铁营第二小学建立的长期帮扶关系，以实际行动关爱农民工子女；参与“北京绿色行动”黄羊滩植树活动，为治理空气污染、应对气候变化作出积极贡献。

（六）推广信托文化，推动行业发展

公司继续开展“信托文化中国行”、“信托・知识・力量”主题论坛活动，推行信托投资者教育，努力提升行业的社会认知度和影响力；引领信托理论研究，参加由中国信托业协会开展的“土地流转信托”和“公益信托制度研究”等课题研究，为公益信托法律法规的落实与完善提供理论基础；加强行业交流，多次接待同业信托公司的调研与来访，积极参加中国信托业协会的各项活动。

（七）扶持绿色金融，践行绿色办公

公司积极响应国家绿色金融政策，重点扶植资源节约型、环境友好型产业发展，为徐州华美环保热电、宁波姚东环保科技、北京建工金源环保等环保科技企业先后提供了近 2 亿元的资金支持及其他综合性金融服务。公司与济源市政府合作，成立了全国首个针对防风固沙、防治雾霾为主要目的的土地流转信托。不仅如此，公司高度关注自身碳足迹和碳排放，积极推广绿色办公，倡导员工节能减排。

（八）关心员工福利，注重职业发展

公司持续完善工会组织建设，积极保护职工合法权益；设立“举手制”等绿色成长通道，为职工发展提供广阔平台；举办“业务培训班”、“读好书”等系列培训活动，鼓励员工接受在职继续教育、自我学习成长；支持由 13 位员工组成的文体俱乐部定期开展的各类文体活动，丰富员工日常生活，促进员工身心健康的良好发展。

四、2015 年发展规划

2015 年，公司将贯彻党的第十八次全国代表大会精神和按照中信集团工作会议要求，牢牢把握以下五条工作主线：

第一，战略主线。深化“无边界服务、无障碍运行”经营理念，立足现实的体制基础，强化对信托功能的认知，在实践中拓展信托行业发展的空间，保持顶层设计优势。

第二，发展主线。以国家政策为导向，助推实体经济发展，注重民生工程、“三农”建设、环保医养、产业调整升级等项目，拓展业务领域，创新业务模式，保持行业的领军地位。

第三，管理主线。进一步完善公司治理结构，健全规章制度和业务流程，明确岗位职责，明晰授权边界，风险共担、全员问责，正向激励，丰富企业文化。

第四，风控主线。继续推行风控、合规、内审“三个全覆盖”，尊重并服从监管政策，建立具有公司特色的集风险文化、风险机制、管理架构、管理方法、内审监察于一体的长效风险控制机制。

第五，业务主线。大力开拓新的业务领域，主要有以下方向：一是与政府合作的 PPP 业务；二是为大中型企业提供综合金融服务；三是资产证券化业务；四是股权投资；五是土地、医养、消费等领域的创新型信托业务；六是财富管理业务；七是利用互联网平台开发金融创新产品；八是国际化业务。

英大国际信托有限责任公司

一、2014 年经营概况

2014 年，英大国际信托有限责任公司（以下简称公司）认真贯彻落实监管政策，立足电网，面向市场，全面深化资产管理与理财服务平台功能，深入推进改革创新，坚持市场化方向，扎实开展经营、管理、服务、创新等各项工作，取得了新的成绩，全面完成了公司董事会年初确立的目标。

（一）圆满完成经营任务

2014 年，公司实现经营收入 9.93 亿元。其中，信托业务收入 7.61 亿元，固有业务收入 2.32 亿元。实现利润总额 7.75 亿元，人均创利 549 万元，均创历史新高。年末管理的资产规模达 2150 亿元，全年向受益人分配信托收益 123 亿元，项目兑付率、核算准确率继续保持 100%。

（二）服务电网发展能力稳步提升

立足建设“两个一流”的高度，从满足国网集约化发展需求出发，把握智能电网建设、国际化战略实施、直属产业发展等主线，坚持产融结合，重点围绕电网内部资金管理、债券发行与资本运营服务、企业年金运作、集体企业改制、融资咨询等方面提升金融服务的内涵和质量，跟紧国家电网公司特高压和智能电网建设、混合所有制经济建设以及国际化发展步伐，积极主动服务电网发展方式转变。统筹利用国家电网公司产业和金融平台的客户、渠道资源，加强与电网系统单位的战略合作与业务协同，丰富服务模式和业务品种，进一步挖掘股东市场，维护好重要客户，保护好重大资源。

（三）市场化业务规模逐步提高

外部市场业务规模和收入占比持续增长，市场化业务创新不断深化，信贷资产证券化等创新业务取得实质性成果，集合信托数量和规模均创历史新高。公司在开展能源电力信托方面具有先天优势，对电站类、电网供应链类有更强的管理能力，对项目并网能力、当地消纳能力有更好的了解，同时对投资者来说，结合电力背景的产品也能增加投资者的信任。以清洁能源发电、高端电工装备等电力产业链金融业务为主要扩展方向，积极稳健地开拓房地产、基础设施建设、证券投资等行业的主流业务，以行业前沿领域为创新突破，勇于开拓出一条具有英大信托特色的“市场化”道路。公司在清洁能源发电领域积累了专业知识和客户资源，在产品结构设计、风险控制、后期管理等方面增长了经验，形成一定的品牌效应，增强了公司在行业内的影响力。

（四）人员队伍结构持续优化

近年来，公司坚持人才培养与引进相结合，加大人才引进力度，人才队伍结构进一步优化。完善信托经理培养机制，加强人才梯队建设。构建外部专家人才库，完善市场化业务绩效考核管理机制，细化全员考核细则。完善薪酬机制，细化分配细则，探索全员年薪制。完善实时“看板机制”，继续优化考核指标体系。积极探索人才成长和使用机制。组织双向选择，继续推行“举手制”，深化组织创新，试运行市场化业务部门、团队。以科学管理、机制保障、文化引领、人文关怀为原则，建立科学合理的育人、选人、用人机制，实现内部人员的有序规范流动。

（五）风控管理能力不断加强

公司根据管理需要及现代金融机构管理架构要求，按照职责清晰、纵向延伸、横向覆盖的原则逐步建立了与业务结构相适应的风险管理组织体系，主要包括决策层、执行层和监督层。根据各内部机构在风险管理中的不同职责和角色，构建了“三道防线并行的垂直管理模式”的风险管理组织架构。目前，已经形成了以公司治理及内部控制为依托，以业务风险管理为核心，以风险合规管理为主体的风险管理制度体系。对重点行业和业务类型，公司通过制定专项业务指引，明确了风险量化标准、尽职管理指引、操作流程和风险管理准则，设定准入标准，筛选交易对手，有效前置风险控制环节。

（六）市场营销手段与时俱进

随着公司市场化进程的加快和业务规模的增长，公司成立了理财服务中心，并积极加强自主营销能力建设。强化客户维护，组织财富管理、理财沙龙、客户答谢、产品推介等专题客户联谊活动。加强部门协同，共同开展产品营销。加大客户拓展力度，以理财讲座模式深入网省公司宣传，扩大营销受众范围。配合推进 CRM 系统建设，开通微博、微信等公众平台，营销信息化水平不断提升。

二、创新业务案例

项目名称：甬银 2014 年第一期信贷资产证券化信托

项目期限为 2014 年 5 月 29 日至 2019 年 4 月 26 日。项目规模 45.7878 亿元。由宁波银行作为发起机构、委托人、贷款服务机构，一创摩根作为主承销商及财务顾问，英大信托作为受托机构和发行人，平安银行作为资金保管机构。交易架构及流程如下：

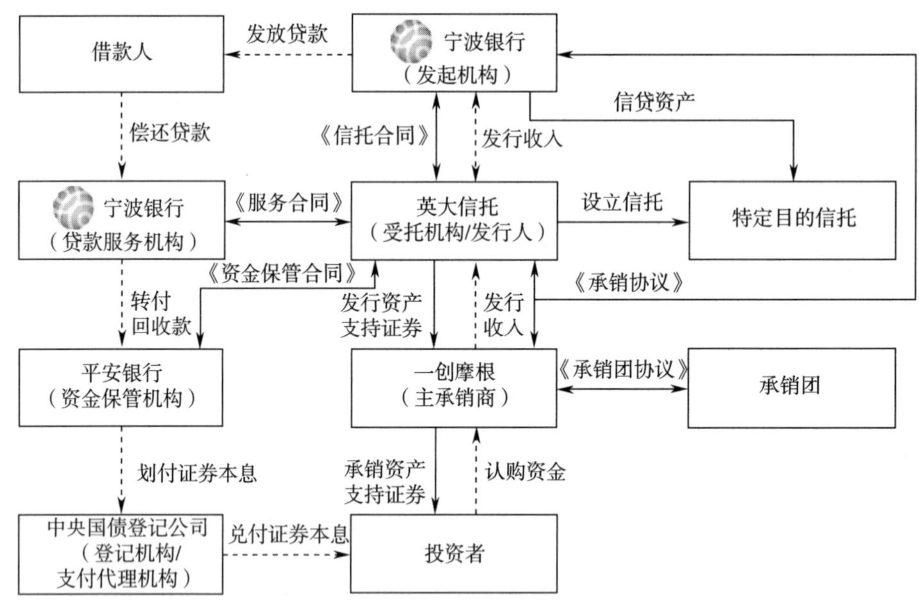

交易架构及流程

2014 年 5 月，公司首单 45.79 亿元的商业银行信贷资产证券化项目正式成立。5 月 27 日，在中央国债登记招标结算系统成功全额招标发行优先 A－1 档、A－2 档、B 档和次级档资产支持债券，并于 29 日向宁波银行划付全部债券投标款项。证券化业务的成功标志着公司业务创新迈出了坚实的一步，也是长期坚持创新发展的回报，对提升市场影响力和品牌价值，促进与银行、券商、基金等金融同业机构的合作具有重要意义，同时对提高公司参与资本市场的交易和运作能力具有积极的现实意义。

三、社会责任履行情况

作为信托公司，按时足额偿付委托人资金是最大的社会责任。2014 年公司延续了此前为委托人创造安全、稳定收益的优良传统，向受益人提供信托收益 123 亿元，及时、足额偿付率为

100%，为广大社会投资者创造了财富。

2014年公司严格服从监管要求，坚持合规经营、依法纳税。一是充分发挥公司融资功能，支持实体经济发展、提供公司金融和个人金融服务；二是坚持合规经营，降低企业风险和加强内部控制；三是大力推进环境保护事业，对内提倡环保理念，对外支持环保项目，发行“蓝天”系列新能源项目，促进低碳经济发展；四是“以人为本”，关爱员工，在创造平等、健康、安全的工作环境的同时，为员工提供广阔的发展空间；五是积极组织广大干部员工参加社会公益性活动。

四、2015年发展规划

2015年，公司将围绕“转型、提质、合规、发展”的主题，以主动性、创新性思维，迎接金融业变革，坚持市场化方向，坚持产融结合，坚持服务实体经济，加快调整业务结构。推进以清洁能源为标的的基金化、平台化、网络化核心产品发行，做清洁能源信托领域的领航者；构筑电力产业链领域竞争优势，做电力行业的理财专家。以更实、更有效的措施加快推动公司转型发展。

（一）深化改革创新，加快推动转型发展

积极支持股东推进战略投资者引入，优化完善治理结构，满足净资本监管要求；继续推进增资扩股，力促创新业务资质申请；深化机制创新，继续推进体系化、精细化管理，不断完善绩效考核体系，落实风控、营销、研发考核机制，建立多通道人才发展机制和长期激励机制。

（二）继续抓好人力资源、信息化建设

人力资源建设。建立人才培养、引进、评价、激励新机制，加快投行、股指期货、QDII等专业人才引进，优化人力资源结构；完善和充实量化的人才评价标准。信息化建设。制定实施符合公司发展、业务发展的中长期信息化发展规划，构建客户关系管理及营销服务一体化信息系统；强化业务需求采集分析，提升系统建设的针对性和实用性。

（三）加快标准化的风控、营销、研发体系构建

风控体系构建。探索建立风险度量指标体系，建立风控与业务相容的考核机制，严格项目准入管理，加快风险管理体系构建；营销体系构建。充实营销队伍，加强直销经理团队培养，优化营销部门薪酬激励机制，细分客户，精益管理，积极构建分层次营销体系；研究设立营销专业子公司；研发体系构建。充实研发队伍，逐步建立覆盖宏观、行业、产品研究领域的分工

合作研发体系。加快建成三大体系，实现对业务全流程的规范化、精益化管控，推进业务发展方式和公司发展方式的转变，增强持续发展能力。

（四）加强主动管理能力建设

提升专业化运作能力，顺应利率市场化进程，加强自主管理能力培育；主动进行客户结构调整，选准与自身核心竞争优势和能力相匹配的客户结构；加强创新产品的研发、探索、实践，在信托产品的品种、期限、收益、交易模式等方面形成差异化的竞争优势，增强核心竞争力。

（五）坚持产融结合、实业投行，服务能源电力发展

从投行角度来看，服务国家电网混合所有制经济建设、集体企业改制。继续加强与电力产业链企业合作，充分利用特高压电网发展的辐射和带动作用。积极开拓光伏发电等清洁能源和能源替代项目。加大信贷资产证券化业务营销，参与商业地产、金融租赁等企业资产证券化。扩大金融同业的协同合作，提升合作的广度与深度。

（六）加大业务创新力度，实现商业模式的转变

积极申报创新业务资格，保障创新转型。提高资源整合能力，推进供应链金融发展，高举产融结合的旗帜，构建基金化的产融结合平台。借助互联网金融，大力推进以清洁能源为标的的基金化、平台化、网络化核心产品发行，大力开拓财产权信托、事务管理类信托等本源业务。通过交易结构创新和有效的产业链金融服务，驱动、提升产业价值链，实现与产业链的合作共赢发展，进而构筑清洁能源、电工电气设备等电力产业链细分领域的竞争优势，实现业务模式转变，实现公司可持续发展。

（七）守纪律、讲规矩，严格落实“依法治企”

严守党的政治纪律，严格党内政治生活，持续加强党风廉政建设，认真落实主体责任与监督责任，持续加强落实“一岗双责”，严守党的政治规矩，既要干事，又要干净。严格落实依法治企要求，以“合规建设年”为契机，加强公司法制观念和纪律、规矩意识建设，做到全员守法、全面覆盖、全程管控，实现依法治理、依法决策、依法运营、依法监督、依法维权。严格落实制度执行，真正做到用制度管人、管权、管事、管企业。

北京国际信托有限公司

一、2014 年经营概况

2014 年，北京国际信托有限公司（以下简称公司）实现收入总额 17.12 亿元，同比增长 9.8%；实现净利润 9.05 亿元，同比增长 10.6%；固有资产总额 51.56 亿元，负债总额 5.15 亿元，不良资产率为零。年末受托管理信托资产总额 1616.27 亿元，实收信托总额 1533.7 亿元，存续项目 295 个。年内累计向信托受益人分配收益 103.62 亿元。各项监管指标继续全面达标，信托赔偿准备金足额提取，达注册资本金的 28.57%。

二、创新业务案例

土地流转信托业务模式创新。2014 年，公司在巩固土地流转信托产品先发优势的基础上，先后成立了金色田野——四川遂宁项目和北京密云水漳村项目，受托管理土地达 2966 亩。其中，在密云水漳村土地信托项目中创新了“双合作社 + 受托方授权经营 + 资金信托”的新业务模式，在业界产生较大影响，该项信托产品获第八届中国“诚信托”价值信托产品奖。

三、社会责任履行情况

2014 年，进入而立之年的北京信托，更加深刻体会到作为受托人对社会各方利益相关者的重大使命和责任，在加强信托业务领域拓展、推进业务创新、继续保持经营效益稳步提升的同时，积极履行企业社会责任，全力支持实体经济发展，严守业务合规风险底线，尽责管理受托财产，关注和维护利益相关方权益，进一步树立公司品牌形象，努力探索以信托制度功能和优势，为政府、股东、客户、社会等提供更加丰富的服务手段，为员工发挥才干、实现个人价值提供有利的成长环境和发展空间。

（一）中小企业金融服务

公司积极拓展环保、新能源、科技、文化创意、快速消费品新兴产业等领域中小企业信托产品。公司利用自身多年来积累的项目经验和人才优势，服务实体经济和中小微企业，通过信托产品的开放式设计，公司全年共发行11只中小企业系列信托产品，为11个行业265家中小企业融资近27亿元，该类贷款规模同比增长了72.6%。截至2014年末，已累计发行67个中小企业系列信托产品，为800余家中小企业融资达76.24亿元。

（二）资产证券化业务

公司与国家开发银行、北京银行、华夏银行、渤海银行、汉口银行、平安银行等多家银行合作，推出银行信贷资产证券化信托产品，业务规模达153.76亿元。还积极进行企业资产证券化业务探索和产品方案设计，储备了军民融合和工业地产等一批资产证券化项目。

（三）家族信托业务

公司与中国银行、北京银行等金融机构签署家族信托战略合作协议，成立了19单家族信托产品，较2013年新增家族信托规模近6亿元，并开始探索包括房产、股权等低流动性客户资产的全方位家族信托产品设立与管理的业务模式，为客户“传富、守富、创富”服务。

（四）健康养老产业投资

公司与北京供销总社合作，搭建深圳前海基金平台，拓展医药医疗、医疗地产与社区以及大健康产业等领域的信托业务。以湛江等地养老项目为突破口，引入泰康、华泰、新华、平安和人保集团等多家保险资金，开展大型养老社区投资。

（五）服务“三农”

公司继续深化为北京市农村集体资产管理和农民个人资产管理领域信托服务，富民系列信托又添新成员，与怀柔区合作的富民3号信托计划于年初签署实施，信托化管理农村集体资产良好效应进一步扩大，引起了更多区县、村镇的关注，正在与公司密切联系沟通中。

（六）转型财富管理

2014年，公司全面启动业务转型机制，特别是对直接服务于投资人、客户的信托产品营销工作实行了准公司化运营，丰富财富管理与理财规划内涵，面对投资类信托产品销售、投资者教育、目标客户开发与培养等方面出现的新情况，积极向以客户为中心的业务模式转型，优化内部架构，强化服务意识，培养和扩充营销骨干队伍，造就更多以客户需求为出发点和以客户最大利益为目标的优秀专业的团队。同时，还利用公司成立30周年的契机，展开了一系列品牌推广和投资者教育活动，达到了公司形象宣传、品牌推广、提升客户体验、促进产品销售等多重目标。

（七）努力降低办公能源消耗

公司利用办公楼楼顶空间，2011年建成的太阳能发电装置用于办公楼内照明设施供电。截至2014年已持续发电105万千瓦/时，按同等发电量相比较节省标煤33万公斤；减排二氧化碳105万公斤；减排二氧化硫3万公斤；减排氮氢化合物1.5万公斤；灰尘减排量28万公斤。同时，利用太阳能发电余量向市电网贡献6万千瓦/小时，为改善环境、节能减排作出了贡献。

（八）全方位管控风险，保证公司稳健运行

2014年，面对经济充满诸多不确定性因素等不利形势，公司坚决贯彻落实监管部门对风险防控工作的各项要求和部署，及时总结吸取经验教训，在经营活动中严格遵守和实施董事会制订的年度风险管理计划，前台、中台、后台积极配合，进一步强化全方位、系统化的风险管理控制体系；通过加强舆情监测，防范声誉风险；强化内部法律风险审查和法律援助服务，完成复杂应急事项处置、保信托财产安全、保兑付；通过“诊疗式、体检式”的审计服务，加强信托财产运行中的审计监督；加速信息化建设，形成了内部的企业门户平台，基本满足员工、管理者多维度的需求，对外则呈现给客户和第三方的是一个统一的多渠道服务平台，提供更顺畅的服务体验。在业务发展及管理运行中，始终保持审慎稳健、尽责管理的受托人形象，赢得了利益各相关方的高度信任和好评。

（九）为员工发展创造机会和条件

公司在发展中始终视人力资源为公司发展最重要的生产力要素，努力为员工搭建发挥才智、实现个人价值的平台，鼓励员工与公司共同成长、发展。“用好牌照，带好队伍”是领导班子的重要使命。2014年结合业务转型，在组织结构调整、人才培养等方面主要做了以下工作：

一是事业部制改革初见成效。在实施事业部制改革中，加大了总经理助理以上高管人员职责，从管理工作转变为担任事业部机构第一责任人，负责组建团队和业务开发。优化配置人力资源，推动公司在一些重大领域、重大项目上实现了突破，效果突出。

二是加速培养骨干领军人才。梳理各级人员选聘流程，规范选聘程序，注重部门人员梯队的建设。全年共有10名高级经理级以上员工晋升为事业部总经理、副总经理，13名执行经理晋升为高级经理，12名助理晋升为执行经理。2014年组织了4次集中招聘，及时为相关部门、岗

位录用补充员工。采取各项措施，大幅降低骨干人才流失率，不断提高对人才的吸引力，公司员工素质不断改善，本科学历以上的员工占比为93%。其中，硕士学位以上的达143人，占比为67%（博士研究生学位13人，占比为6%）。

三是调整绩效分配政策。为避免追求当期收益的短期行为，调动业务部门的工作积极性，考核更加合理、更加人性化，2014年，公司对不同部门制定了差异化、更加符合业务实践的考核制度。调整公司薪金结构中的不合理部分，调增了助理级员工岗位工资，体现了公司的人文关怀。梳理各项激励制度，加大延迟支付比例，使基础工资和业绩奖励的比例更加合理。完成公司《恢复与处置计划》的激励性薪酬延付机制建设工作。

四是培养素质，提升境界。公司通过多种方式，特别是公司与信托业协会和清华大学合作的信托高层管理研修班，对不同层级的新老员工进行了差异化培训，员工增加了对公司文化和制度的了解，更加深刻地认识信托行业，拓宽了视野，增强了综合素质。2014年，完成换届选举的新一届公司党委，更加注重文化凝聚的作用，围绕企业文化建设，积极组织各项活动，丰富员工生活。利用2014年公司成立30周年之际，举办了多种形式的纪念活动，包括“渐行渐远，与爱相伴”健走、“仰山杯”好声音歌唱比赛、公司宣传片拍摄播出、先进人物的评比和表彰、财富论坛的举办以及微信公众平台上开辟公司30周年活动专区，让员工与公司一起分享成长喜悦，增强了自豪感，提升了凝聚力，增加了正能量，对公司业务发展产生了直接促进的作用。

（十）公益慈善

在继上年向北京市慈善协会捐赠1万册《学生安全预防与自救》科普图书款基础上，2014年4月再向北京市慈善基金会捐赠1万册书款21.5万元。

（十一）税收贡献

2014年，公司在保持稳健经营基础上，经济效益实现稳定增长，全年税收贡献共计6.66亿元，较上年增加1.63亿元。

四、2015年发展规划

（一）重点工作及业务方向

1. 完成公司增资扩股工作
2. 围绕公司既有的五大业务板块，做好产品平台的建设和资源优化配置集合公司有限的生产要素和资源，搭建好重要产品平台，即基于公司直接投资平台的建设；基于公司非标产品向标准化产品转型的固定收益类产品的平台建设；基于公司以 REITs 为目标的房地产产业链的平台建设；基于公司财富管理线上、线下互动和全面信息化支持的平台建设；基于公司存续信托产品安全运行容错机制建设的平台建设等。

聚焦公司“投资金融服务提供商”的目标，做好公司主营业务的转型。进一步做好专业细分，精耕细作、差异化发展，做好顶层设计，并在业务转型中，充分发挥公司层面作为转型重要推进器的作用，最终实现基础产品转型、机构建设转型、投资理念转型。

3. 以创新促发展、促转型，继续巩固行业服务实体经济的先发优势

以信托制度优势为公司产品创新驱动的方向和支点，把创新与风险管控规则制定相统一，与资产组织、经营能力相对接，形成价值链。尽快建立自己的基于对信托产品提供流动性支持的救济托管基金平台。

进一步加大在创新和转型过程中对于固定收益类产品标准化的设计。在创新中把资管业务和财富管理业务有机融合。在既有的家族信托、消费类信托、QDII 业务、私募基金、另类投资等业务的基础上，面对客户不同的大众化需求和小受众要求，积极创新更多的应市产品。

（二）2015 年重要工作部署

1. 全面落实业务及管理平台建设

做实公司层面的投资平台。未来的财富管理将是基于资本市场的财富管理。公司将借助现有全资和投资参股的投资实体，把投资管理人才、项目资源、信息化管理、法人治理结构等一整套基础工作做好，使其尽快成为公司直接投资的重要平台，在投、募、管、退几个重要环节充分发挥重要功能。

抓住市场机会，尽快设立基于 REITs 或准 REITs 的房地产投资业务平台。在公司资源整合中，尽早创造条件推出基于 REITs 以及房地产股权直接投资的平台。把现在大批的非标产品中的一部分，逐步通过 REITs 平台改造成标准化的金融产品，与国际惯例接轨。

研究并建设基于标准化固定收益类产品的设计平台。要有各种不同类别的、有性价比的标准化产品，以满足不同客户分层次的需求。真正从基于固定收益类的标准化产品入手，突破现在监管套利的理财模式，用市场的力量，把财富管理的核心，即风险与预期收益相适配充分体现出来，满足特殊投资群体的资产管理需要。通过我们创新的标准化系列产品的持续供给，探索建立基于资本市场游戏规则的财富管理商业模式。

要设立信托另类资产托管平台，对接可能出现的重大市场机会。针对校办、院办企业等股权托管的市场机会，设立另类资产托管平台并与之对接。

建立公司信托资产缓释风险救济资金平台。

要建立容错机制，针对由于市场和时点等原因在一些项目可能遇到流动性不足、时间错配，而客户财产又很充足的矛盾时提供救济。

设立基于PPP产品的专项管理和大客户开拓和维护的管理平台。设立PPP专项管理中心和大客户管理平台，专项对接PPP业务，是在未来整个资产结构优化配置中逐步构成公司大数据、大资产池方面十分必要的举措，公司要有所作为。

建设线上、线下联动的财富管理平台。

加强互联网对支持公司产品直接销售的研究，提升公司信息化水平，透过线上与线下的良性互动，打造协同信息交流和互动的平台，树立公司综合财富管理的品牌；打造公司整体对外宣传方案，对外强化一个北京信托、一个客户的整体服务观，形成新的生产力。

2. 加快推进组织架构变革，适应公司的平台建设

2015年，在继续深化转型中，加快平台建设和提升组织经营能力，正确处理好现行事业部制和平台建设的关系，在人员、经费以及承担的经济指标上，加大支持和组织保障力度，在平台建设中更加注重企业文化建设，调动全员积极性，吸取以往的经验特别是教训，形成一致的奋斗目标。

（三）2015年的经济计划指标

结合增资扩股增资款到位时点等因素，公司拟定了2015年的两个经营指标：6月30日到账，收入总额20.3亿元，利润总额14.96亿元，净利润11.22亿元，净资产收益率为20.5%；9月30日到账，收入总额18亿元，利润总额12.8亿元，净利润9.6亿元，净资产收益率为18%。

华宝信托有限责任公司

华宝信托有限责任公司（以下简称公司）成立于1998年，是宝钢集团有限公司旗下的金融板块成员公司，宝钢集团有限公司持股98%，浙江省舟山市财政局持股2%。公司注册资本金37.44亿元（含1500万美元），旗下控股华宝兴业基金管理有限公司（中法合资）。

公司的大股东宝钢集团信誉卓著、实力雄厚，2014年位居《财富》世界500强企业榜第211位。秉承宝钢集团一贯的严谨稳健、诚信规范作风，公司始终以“受益人利益最大化”为经营理念，以专业化和差异化发展为基本战略，以资产管理与信托服务为两大主业，立足资本市场，不断强化能力建设、渠道建设和品牌建设。公司业务门类齐全、专业化分工清晰、团队阵容整齐、主动管理与创新能力强大、业绩持续良好。目前，公司为中国信托业协会第三届理事会副会长单位，公司董事长任中国信托业保障基金有限责任公司董事。

公司产品利用多种结构和工具覆盖了资本市场、货币市场、实体经济。展望未来，公司业务将以上海为中心，向长三角、珠三角、北京、成都等地区辐射。公司将以高端客户需求为核心，专注于证券、投融资、产融结合等专业领域，提供另类财富管理和综合金融解决方案，打造中国领先的综合金融服务商。

一、2014年经营概况

公司近几年一直坚持以专业化和差异化为基本发展思路，重点推进信托服务与资产管理两项主业，致力于核心竞争力提升、新业务模式拓展、管理资产规模增长和受托人品牌的形成。

2013年，公司新增信托项目337个，所管理的信托资产规模达到4915亿元，同比增长81%。

2014年，在严峻的经济环境和严厉的监管政策下，信托业经历了自我调整的转型，同时也在不断构建良性生态系统中摸索前进。公司在激烈的市场竞争中，将严控风险放在首位，不以降低风控标准换取业务机会，着力于长期业务部署，重点巩固提高公司内部管理和客户维护等基础工作，并加大产品创新，提升了信托服务水平、资产管理能力和信托品牌，提高了公司的专业化和差异化的市场地位。

按照合并报表口径，截至2014年末公司固有资产76.52亿元，少数股东权益5.60亿元，所有者权益（扣除少数股东权益）60.36亿元。公司资本充足，整体资产质量较好。报告期内公司共实现收入合计16.53亿元，利润总额10.58亿元，净利润8.06亿元。

此外，2014年公司荣获多项荣誉，包括《证券时报》第七届“中国优秀信托公司”奖、“信托业领军人物”奖及“最佳房地产信托计划”奖，《上海证券报》第八届“诚信托”评选管理团队奖，《21世纪经济报道》第七届“金贝奖”和最具服务创新信托公司。

二、创新业务案例

2014年公司在进一步加大风险控制力度的基础上，继续加快产品创新进程。

其中，基金化类固定收益类产品——“现金增利”自推出以来以其较高的流动性及稳定的收益水平受到市场好评。产融结合方面，公司大力推动产融结合的落实，将产融结合由传统的融资业务推向真实股权投资新模式。在“产融生辉”系列项目成功运作的基础上，继续推进与宝钢工程的深入合作，持续发行“产融生辉”系列产品，实现产业投资和金融服务的互利共赢。同时，公司把产融结合视角拓展到绿色农业投资基金项目，实现了产融结合由融资到投资，由地产到非地产领域的转变。

在私募基金方面，公司深入挖掘机构客户需求，积极研究开发债券分组账户创新产品，并联合私募机构及合作伙伴共同打造出公司首支长期化和基金化结构化定增信托产品。

QDII业务方面，公司首次为直销客户发行集合信托计划参与海外投资，丰富了公司的产品线。

在薪酬福利业务方面，公司员工福利业务实现海外突破，成功将企业境内机构的员工薪酬福利资金及员工持股资金通过信托投资于其在境外发行的股票。

在资产证券化业务方面，公司2014年共成立两单资产证券化项目，并在私募资产证券化方面进行了积极的探索和实践，成功发行多个私募形式的资产证券化产品，基础资产类型包括融资租赁、小额贷款等。

三、社会责任履行情况

2014年，公司继续支持公益事业。公司旗下的公益信托“华宝爱心信托”总体运行稳定，保持了审慎的投资风格和更为严格的公益项目筛选标准，在2014年根据委托人指令先后捐赠了“青海同德县秀麻乡斗合索寄宿制小学”、“湄潭县浙大小学奖教项目”、“山西省汾西县太阳山小学助学项目”，并接受机构客户的捐赠。

此外，公司严格执行各项法律法规和规章制度，公司运作合法、合规、合理有效，同时重视对产品风险的揭示，及时披露产品信息，保护投资者利益，所有信托产品都正常清算缴付，按时向受益人支付本金及收益。

公司自2007年起，积极参加由宝钢集团和翰威特联合组织的员工敬业度调研活动。公司员工敬业度不断提升，近几年来始终保持在高绩效地带。公司员工的工作氛围、工作状态及公司文化不断改善。未来公司将进一步挖掘员工敬业驱动因素，关注员工的声音与需求，努力把公司打造为一家客户信赖、员工快乐的“幸福企业”。

四、2015年发展规划

2015年公司将挖掘客户多元化需求，对重点领域进行资源配置，如与集团的产融结合需求、资金客户的海外投资需求、大机构的综合金融服务需求、产业资本的并购需求、金融业互联网化衍生多元需求等，推动信托业务转型。公司将继续把风险管理放在首位，持续完善风险管理与风险处置能力，积极防范低风险业务可能出现的操作风险；改进销售模式及拓展机构渠道，重点进行产品销售模式的改善，加大对机构客户的开发和维护力度；持续推动电商业务开展。

公司致力于进一步丰富产品线及提升信托服务能力，以期为客户打造更好的产品，提供更好的服务，让更多的市场主体参与信托，享受信托制度的优势。

华宸信托有限责任公司

一、2014 年经营概况

2014 年，在华宸信托有限责任公司（以下简称公司）的发展史上具有特殊的意义。公司在 2013 年完成股权调整后，包钢和大唐两家战略投资者正式以股东身份入驻公司。与往年相比，公司经营发展的内外环境正在发生深刻的变化，公司领导同心同德、审时度势、扎实有效地推进各项工作，以抓铁有痕的务实态度，应对和化解改革发展中的困难和问题，确保公司平稳健康发展。

在 2014 年初，公司确定了“摸清家底，加强基础工作；居危思危，防范化解风险；深化改革，建立良好经营机制，为今后发展奠定基础”的总体工作思路。在各股东单位的大力支持下，公司经营班子带领公司全体员工本着稳定、融合、转型、发展的主旋律开展各项工作，取得了一定的成效。

2014 年，公司实现营业收入 19239.88 万元，发生营业支出 17278.79 万元（含预提的 8821.20 万元资产减值准备），全年实现利润总额 1919.09 万元，实现净利润 2938.98 万元，同比增加 1862.50 万元，增加了 172.90%。

在信托业务方面，公司根据经济下行和监管趋紧的市场环境，秉持审慎、稳健的决策理念，严把项目准入关，把政府主导的保障房、基础设施、政信合作等低风险项目作为主要业务方向。

截至 2014 年 12 月末，公司累计新增信托项目 47 个，新增规模约 319240 万元，实现信托手续费收入 12217.47 万元。其中，集合资金信托项目 16 个，规模为 113240 万元，占比为 35.25%；单一资金信托项目 31 个，规模为 208000 万元，占比为 64.75%。兑付信托本金 893390 万元，共涉及项目 73 个。其中集合信托项目 36 个，兑付金额为 289600 万元，占比为 32.42%；单一信托项目 37 个，兑付金额为 603790 万元，占比为 67.58%。

在自有资金业务方面，以提高自有资金使用效率为目标，合理配置自有资金的品种结构和时间结构，努力在资金的安全性、流动性和收益性方面找到最佳的均衡点。公司将自有资金组合投资于股票、债券、基金、信托产品以及贷款等项目，截至 2014 年 12 月末，主动管理的自有资金收益6339.14万元，收益率为9.72%，较上年同期增加3786.70万元。

二、社会责任履行情况

（一）支持自治区基础设施建设

2014年，公司充分利用区域特色和地域优势，大力发展具有内蒙古地方特色的基础设施信托业务，及时抓住内蒙古自治区在实施“西部大开发”战略和实现“8337发展思路”的建设，以及启动内需、扩大消费和深化农牧业改革方面的机遇，积极介入内蒙古本土基础设施建设项目，充分利用信托投融资平台功能为自治区内能源、资源、交通、环保、土地储备、园区建设、教育、医疗等自治区经济发展和改善民生建设等基础设施建设服务。

（二）积极开展帮扶工作

为进一步落实2014年9月28日“自治区帮扶扎赉特旗联席工作会议”精神，公司组织帮扶队员深入前进嘎查村，开展了对帮扶点的调查摸底工作。

前进嘎查村位于兴安盟扎赉特旗北部，距音德尔镇10公里，总面积21平方公里，由哈布其拉屯、乌兰套海屯、浩斯台屯、乌日图屯四个自然屯组成，共计415户，总人口1563人。截至2014年末，有贫困户122户，贫困人口416人。

根据调查摸底，公司为每个贫困户建立了贫困档案，基本掌握了前进嘎查村目前的生产生活状况，继续推进危草房改造工作，对两个特困户居住的危房进行了改建。同时，因地制宜，充分发挥自身优势，组织公司业务骨干积极调查，并与旗政府及有关部门对接，争取通过信托项目融资，解决当地资金短缺的困难。

（三）发扬人文关怀，帮助困难客户

针对公司一位年事已高的老客户被确诊为肺癌晚期，且其丈夫也患有抑郁症，二人积蓄已不足以支撑治疗开销的情况。公司领导班子非常重视，于中秋节前夕委派公司党委副书记张俊强代表公司进行了上门慰问，并在公司内部发起了“爱心捐款活动”，筹集资金3.6万余元。

三、2015年发展规划

2015年是公司承上启下的关键之年，在股权调整和市场环境的双重影响下，公司近两年的经营业绩受到了较大冲击。如何在2015年打好翻身仗，是摆在公司全体员工面前的一道课题。

为此，公司拟重点从以下四个方面着手开展2015年度工作。

（一）准确把握形势，启动增资扩股，加快发展步伐

紧紧围绕内蒙古自治区“8337”发展思路，坚持稳中求进的总基调，正确认识经济发展新常态下信托行业所面临的严峻形势，理性分析公司自身状况及经营形势。

第一，根据自治区政府、自治区国资委和监管部门的总体部署，积极推进公司增资扩股，增强公司整体实力，提升抵抗风险能力，为公司大力开展业务打好基础。

第二，顺应国家对国有企业改革的趋势，正确厘清国有企业改革、发展思路，力争使公司列入自治区政府全面深化国有企业改革试点，适时制定公司新的发展战略，使公司在服务地方经济建设发展的进程中，科学定位，以改革为推动力，加快发展步伐。

第三，加强与股东的联系，依托股东资源和业务特长，做好相关领域的金融服务商。

（二）继续完善公司内控合规和风险管理体系建设，促进公司合理健康发展

贯彻执行2014年完善的制度体系，做到“有令必行，有禁必止”，推动各项制度严肃、规范执行，并在实践中发现问题，优化改进。同时，继续加强存续项目的贷后跟踪检查工作和已发生风险的后续跟踪工作。

（三）积极开展业务，加强业务创新，拓展业务领域，缩小与全国同行差距

随着经济进入新常态，监管政策和市场环境也发生了一定程度的改变，公司在政府平台、房地产等传统信托业务发展方面受到了一定的制约。因此，在保证原有业务稳健开展的同时，不能放松对新业务模式的探索，要双管齐下，促进公司经营业绩的稳步回升。为此，2015年需做好以下工作：

一是积极创新转型，努力适应监管要求。

二是努力培养公司的营销队伍，不断强化自身的营销能力，弥补公司业务发展过程中的“短板”。

三是稳步布局区外业务、营销网点，努力拓展区外业务。

四是加强自有资金管理及对外长期投资管理。通过探索自有资金运用的多种模式，提高资金使用效率。通过对华宸未来基金管理有限公司的深度参与，从决策、运行和财务等方面进行监管，促进基金公司规范健康发展，使其早日成为公司新的利润增长点之一。

（四）进一步推进帮扶工作，积极履行社会责任

积极协调相关部门，继续推进对帮扶前进嘎查村的危草房改造项目，同时帮助其解决土地

整理1000亩，协调解决资金100万元，依据土地利用总体规划与有关专项规划，对其田、水、路、渠、林、村等实行综合整治，借以调整土地关系，改善土地利用结构和生产条件，增加前进嘎查村可利用土地面积和有效耕地面积，提高土地利用率和产出率，增加农牧民收入。

此外，建立健全科学合理的帮扶保障工作机制，积极鼓励公司业务部门在当地选取项目进行融资，切实实现帮扶工作的可持续发展。

华润深国投信托有限公司

一、2014 年经营概况

（一）业务发展

1. 总体经营情况

2014 年初，华润深国投信托有限公司（以下简称公司）制定了“一慢二看三通过”的方针，并积极采取措施，防风险、促转型：升级融资客户结构，提高核心客户占比；加大创新投入，资产证券化业务初见规模并进入行业第二梯队，成功拓展保险资金、社保基金资金渠道；聚焦基金产品，探索结构金融业务基金化方案，主动管理证券投资基金业务表现优异。公司全年为委托人创造信托收益 417.26 亿元，累计实现净利润 23.50 亿元，较上年同期增长 31.36%，全年总收入 39.87 亿元，同比增长 43.29%。信托收入达 17.08 亿元。信托资产规模 4441 亿元，同比增长 24%，实现了较为稳健的增长，忠实履行了对委托人及股东的责任。

2. 各项业务进展情况

（1）结构金融业务

2014 年，公司继续拓展结构金融业务，积极谋求创新和转型。结构金融业务全年实现信托收入 13.56 亿元，占公司信托总收入的 79%。截至 2014 年末，结构金融业务线的资产管理规模为 3246 亿元，占公司信托资产总规模的 73%。

2014 年，公司继续拓展结构金融业务，积极谋求创新和转型。一方面，在融资端持续进行客户结构升级，与行业前百强地产企业合作规模达 43%，收入贡献占比达 41%，且存续地产项目 85% 集中于一线、二线城市；另一方面，在投资端加强对保险资金、社保基金等机构客户资金的开拓，及时跟进社保政策变动，成功入选首批社保基金信托公司备选库，并发挥了较强的资产管理能力，当年即成功实现天津蓟县项目落地。

与此同时，公司还设置了独立的创新业务团队，加强对于创新业务的资源投入，积极拓展房地产行业以外的业务机会，力求降低房地产行业的集中度风险。通过研究医疗保健领域的消费信托，为信托公司向非地产行业转型实现了有力探索；凭借过硬的专业能力，分别取得招商银行2014年第一、第二、第三期信贷资产证券化、洪元2014年第一期信贷资产证券化（南昌银行）项目的受托人资格。设立规模达261亿元，在信贷资产证券化领域树立了标杆形象。

（2）证券投资业务

2014年，公司继续大力拓展证券投资业务，全年实现收入3.52亿元，占公司全年信托总收入的21%。截至2014年末，证券投资业务线的资产管理规模为1195亿元，占公司信托资产总规模的27%。

2014年，证券类业务规模保持稳定增长，其中债券型证券投资信托业务呈现爆发式增长，全年新增规模为329.86亿元，总体规模较2013年末增长244.07%；伞形信托受益于第三季度以来二级市场的单边上涨行情，全年新增规模53.48亿元，伞形业务总体规模较2013年末增长40.73%。全年结束项目均按合同正常清算，未发生兑付风险。

（3）财富管理业务

公司财富管理业务发展迅速，直销取得了突破性进步，并在投资客户拓展方面取得了明显的进展。2014年公司在北京和杭州设立了新的财富管理中心，形成了北京、上海、广州、深圳、杭州等的全国性布局；人均管理资产3.5亿元、人均销售额3.1亿元，人均值均达业界中上游水平；证券类销售12.7亿元，较2013年增长535%；固收类直销占比大幅提升，从2013年的49%提升至91%。

公司逐渐实现从产品导向向客户导向的转型，通过不断加深对客户的理解和满足客户个性化的需求，为客户提供综合化、多样化的金融解决方案，大大提升了客户黏性，成功实现了新客户向老客户，老客户向VIP客户的转化。同时不断通过增值服务加强客户维护，如通过与华润医疗合作，向高净值客户提供国内顶尖中医健康咨询等增值服务，不断提高客户服务水平，增加客户忠诚度。

（二）管理提升

2014年，是信托行业风险频出的一年，公司管理支持的重点是落实公司“一慢二看三通过”的业务指导方针和商业计划，加强“内功”的修炼，在内部管理上完善风控体系，重新检讨考核激励机制，进一步加强团队建设，狠抓系统支持以提升运营效率。

1. 完善风控体系

2014年公司已完成阶段性架构调整，分拆了风控部门，设立了事前审查、事中监管、事后审计三道关口，强化了风险管理的专业化分工。在风险管理建章立制上大力健全、提升，通过并进一步完善关于项目尽职调查、业务审批、信息披露等方面的制度，构建了较健全的风险管理制度体系。同时利用月度评价、年度考评、日常培训考试等手段严抓日常落实，强化后期管理。

2. 优化激励机制

2014 年为了引导各业务部门加强风险管理，公司对年度绩效工资分配及发放规则进行了调整。通过引入项目风险质量评级结果，对项目进行风险质量和收益率两方面的综合评价，确定承揽绩效工资的计提比例；加大绩效工资的递延比例，通过风险敞口规模对项目进行分类，并通过综合考虑项目风险结果和项目风险过程管理对不同类项目设置递延比例。

3. 加强团队建设

2014 年公司积极探索人才发展与培养体系，建立了专项人才发展计划和公司全员岗位任职资格管理体系，制定了以资历、能力、绩效为标准的三大维度全面要求，通过全员考试认证以及人才盘点与调级调薪相连接的措施落地。同时，开展了“启航”、“扬帆”、“领航”专项人才发展计划，通过对业务及职能部门开展有针对性的专业领域知识培训，提高了员工专业专长和综合素质，壮大了团队整体实力，营造了“学习型”的组织氛围，提升了公司的人才管理能力。

4. 狠抓系统支持

2014 年公司信息化建设重点工作在 IT 系统建设方面。力求通过对流程、权限、工具的控制和使用，将风险管理的管理理念、规则及制度要求嵌入系统中，建成以信托项目为主体，以流程为主线，涵盖项目运行各环节的项目管理平台，实现项目管理与风险管理的统一。

加强对冲基金服务平台建设，完成金融工程数据仓库的规划设计工作，为客户提供增值服务，提高客户黏性，增强公司核心竞争力，奠定了一定的技术基础；完成了 PMS 系统客户管理、合作方管理、财报管理模块的测试和上线工作，以及项目方案设计、评级管理、项目线索、信息披露等模块的开发工作，以保证各业务信息系统的互连互通，强化信息技术体系的整体性；完成了 e－Trust 平台（网上信托、手机信托、微信平台、移动营销平台及 CRM 后台业务管理平台）的调研、立项、需求咨询分析和方案设计，以及系统架构设计和实施计划的制定，为客户提供一站式移动互联网营销和服务。

二、创新业务案例

公司在创新业务实践方面取得了诸多显著成果，简述如下：

凭借过硬的专业能力，分别取得招商银行 2014 年第一、第二、第三期信贷资产证券化、洪元 2014 年第一期信贷资产证券化（南昌银行）项目的受托人资格。设立规模达 261 亿元。在信贷资产证券化领域树立了标杆形象。

落实产业扶贫目标，成立华润农业发展基金单一资金信托，通过自益信托＋合伙企业基金的模式，并与华润慈善基金会、五丰合作，将华润的资金、品牌、管理经验、渠道优势与当地的产业优势紧密结合，共同进行产业扶贫，开创了慈善基金扶贫的新模式。

三、社会责任履行情况

2014 年，公司不断深化对社会责任的认识，不断丰富社会责任的实践内容，大力培育公司的责任文化，积极建设和完善履行社会责任的长效机制。

公司在 2013 年的基础上继续探索新项目，利用信托资本积极配合国家政策，促进区域经济协调发展；与社保基金合作共同开展保障房建设；成立“华润农业发展基金单一资金信托”，支持小微企业及贫困地区发展，落实党的十八届三中全会关于“普惠金融”的决议，让部分农户、贫困人群及小微企业能及时有效地获取价格合理、便捷安全的金融服务。

四、2015 年发展规划

面对竞争日趋激烈的宏观环境和日益严格的监管政策，公司的中长期方针是夯实“五力四化三加强”组织能力建设，实现集团“5M”（做实、做强、做大、做好、做长）的宏伟目标。以做实为突破口，防风险、谋转型，强化“一慢二看三通过”。2015 年公司要落实以下主要重点工作。

（一）团队建设：居危思变，重在铸魂

团队建设的核心在于思想建设，要以党的十八届四中全会精神为指导，全面推进公司的依法依规治理；要继续深化理论的学习，提高政治的敏感性，培养捕捉商机的能力；要继续加强党风廉政建设，优化流程，控制风险，提高效率；要严守合规和公序良俗，以身作则、吃苦耐劳、深入一线、踏踏实实。

在组织建设层面，通过内部团队重组，调配以及外部引进，充实证券投资、行业金融以及创新业务团队的人员力量；针对核心员工，继续大力推进“领航”、“扬帆”等内部人才专项培养计划；加强对员工任职资格的管理，完成人才盘点，有针对性地开发专业课程以提升员工专业能力；改善现有激励机制，清晰传递公司加强后期管理、鼓励业务创新的方向。

（二）结构金融：以退为进，管退分离

面对结构金融业务线地产转型、同业萎缩、创新乏力的困境，公司需推动专业化分工、做强行业金融部后期管理及项目退出职能，在保兑付中挖掘并购商机；分设同业金融部、引进承揽人才、做大做强资产证券化业务；积极探索谋转型之路，包括但不限于研究 PPP 模式，推动

基建项目落地。

在项目的后期管理上，要根据资产的动态评估管退分离，不能“一刀切”地持有至到期。存量项目重视流动性的管理，增量项目重视安全性的管理。面临地产转型、同业萎缩、创新乏力的困境，结构金融仍然以防风险为主，努力实现方案结构化，并加强项目驻场管理，从而真正做到受托人的勤勉尽责。

（三）证券投资：跨越起伏、拾级而上

面对资本市场（尤其是债券市场）的系统性商机，公司需以“主动管理、增值服务、增量收入”为指导方针，大力加强投研和资管能力，实现业务专业化，成为对冲基金管理者和服务者。打造产品金字塔，补充空缺产品种类，根据风险偏好为投资者提供不同风险权益匹配的产品组合；扎扎实实搭建运营、风控、投研平台；继续保持阳光私募主要市场占有者和领先者的地位。

（四）财富管理：产销联动、蓄客蓄能

面对固定收益类非证券产品供应不足，浮动收益类证券产品销售乏力的困境，公司需优化证券产品销售流程，加强与业务部门的产销联动，延续及深化“阳光宝”模式，为客户提供量身定做的产品和顾问服务；对现有客户经理加强证券产品销售培训，对新成立财富中心在招聘方面向具有证券产品销售能力的候选人倾斜。

（五）自有业务：盘活存量、主动配置

把握非标转标行业趋势，配置（主动管理）债券资产，长期应关注资本市场潜在机会，分享股市周期红利，同时持续支持公司创新。

（六）运营体系：知耻后勇，先好后快

充分吸取公司和行业内出险项目的经验教训，以项目管理系统建设为抓手，持续加强风险管理的广度和深度，细化风险管控的颗粒度，围绕实施定量问责展开风险质量建设，打造核心竞争力；升级运营系统，实现运营效率的提升；优化客户营销服务，提升客户感受；狠抓月度绩效例会，加强业务交流；加强风险合规管理。

华信信托股份有限公司

一、2014 年经营概况

2014 年，华信信托股份有限公司（以下简称公司）通过开展规范化的金融信托业务，不断完善法人治理结构，坚持防范风险、合规经营、持续创新、稳健发展的方针，积极参与经济建设，为社会提供灵活多样的金融服务，在取得良好经济效益的同时，也赢得了社会各界的广泛好评。

（一）主要经营管理指标同比大幅增长

2014 年，公司实现营业收入 22.97 亿元，利润总额 21.16 亿元，同比分别增长 34.46% 和 39.11%。2014 年末，公司净资产为 71.8 亿元，同比增长 21.79%。

（二）信托业务稳健开展，信托资产继续保持高质量

2014 年共发行信托 371.8 亿元，兑付信托 295.51 亿元，信托计划全部按期兑付，实际兑付收益率全部达到发行时的预期收益率；2014 年末，实收信托余额 785.37 亿元。

二、社会责任履行情况

自 1981 年成立起，公司将积极履行企业社会责任作为一项重要的战略举措和对社会的郑重承诺，在追求经济效益、保护股东利益的同时，合理保护员工合法权益，诚信对待投资者，维护公共利益，支持公益事业，帮助弱势群体，保护生态环境，积极承担企业应尽的社会责任。

自 2002 年开办资金信托业务以来，公司管理的所有信托计划均按期兑付，收益率都达到或者超过了信托计划发行时的预期收益率，充分保障了股东和受益人的权益，在大连理财市场和信托行业内树立了诚信服务、健康发展的企业形象。

公司始终坚持保障员工的合法权益，在合理引导、发挥员工才能的同时，积极开展各项培

训活动，不断提升员工综合素质，为员工实现自我价值提供优秀的平台。

公司依法诚信纳税，积极履行企业法人的纳税义务，助推地方经济发展。2014 年，连续多年荣获大连市“AAA”级纳税企业。

公司持续践行社会责任，多次组织员工代表看望慰问大连市社会福利院孤残儿童和老人，为孤寡老人送去了精心准备的捐赠物资和善款，并与福利院里的孩子老人进行了亲切的交流，展现了企业社会责任和员工慈善爱心。

三、2015 年发展规划

按照全域化、综合化、市场化的基本发展方向，以提升资产管理能力和盈利能力为核心，以风险控制为前提、团队建设为关键、机制完善为保障，致力于发挥信托功能优势，为客户提供安全稳健的金融产品和高效便捷的金融服务，将公司建设成为业内领先、品牌卓著、核心竞争力突出、牌照齐全的金融企业，以卓越的金融产品和服务为客户、股东、员工创造最大化价值。

根据公司的业务实际和信托行业的发展趋势，公司未来将以高端客户的财富管理服务、大中型机构客户的投融资服务、受托资产管理服务为战略定位。高端客户的财富管理服务：为高端客户提供综合财富管理方案，兼顾客户资金的安全性、流动性、收益性及不同客户的风险偏好、个性化需求，帮助客户达到降低风险、实现资产增值及其他财富管理目的。大中型机构客户的投融资服务：发挥信托公司投融资方式灵活的优势，以股权投资、项目投资、贷款、权益投资等多种方式为大型央企的优质项目和一线、二线城市基础设施项目等提供投融资服务。同时，在大型央企、政府平台公司有资产重组购并需求时，提供方案设计、融资策划、财务顾问、项目融资等在内的综合投资银行服务。受托资产管理服务：发挥信托制度优势，开展公司只承担管理责任的结构化证券投资信托、单一或者结构化 QDII、银信合作理财信托、资产支持证券投资信托等业务。

平安信托有限责任公司

一、2014年经营概况

2014年，全球经济整体缓慢复苏，不同经济体之间呈现差异化表现，发达经济体复苏向好，新兴经济体出现减速，全球经济仍然面临较多的不确定性。当前中国经济正处于增长换挡期、结构调整阵痛期及前期刺激政策消化期的“三期叠加”阶段，经济呈现“新常态”，使得宏观经济面临较大的下行压力。随着利率市场化的推进、资产管理业务的扩张、房地产业去产能化并面临结构性风险，以及监管机构加强影子银行的治理，使信托行业发展面临巨大挑战。

面对市场变化的不确定性及持续加剧的行业竞争，2014年，平安信托有限责任公司（以下简称公司）积极克服经济环境波动等诸多外部不利因素，在业务稳步运行的同时，持续推进业务模式改造与转型，提前布局新竞争格局下的竞争优势，严控业务风险、合法合规经营，按计划落实重点经营举措，实现全年经营目标。

2014年，公司实现净利润21.9亿元，同比增长12.1%。信托管理资产规模为3999亿元，同比增长37.8%。其中，集合信托规模2800亿元，同比增长达46.8%，于信托行业集合信托资金总规模占比高达6.5%。公司累计高净值客户数超5万人，同比增长38.9%；个人高净值客户资产管理规模超2100亿元，较2013年末同比提升45.8%。

2014年，公司启动“私人财富管理”业务模式转型，全面推动私人财富管理业务板块资产配置能力、客户经营与服务能力的有效提升。此外，公司于投资领域也均取得了不错的成长与突破。物业投资板块，积极开拓保险资金和企业年金投资渠道，投资新增规模持续扩大，助力公司业务快速发展；基础产业投资板块，加快对公资金募集与保险资金管理能力建设、积极拓展多家保险资金机构，成果显著；与此同时，公司积极布局海外投资与国有企业改制投资领域。在债券业务方面，业务团队致力于精准把握债券市场机遇持续加大债券类资产配置，为公司赚取丰厚利润。作为业内首家推出家族信托业务的信托公司，公司家族信托业务也逐渐走向成熟、稳健发展。

公司始终视风险管理为业务发展底线，逐一落实各项监管政策规定，根据业务发展及风险管理实际情况持续完善风险管理体系。

公司严格遵照监管要求，定期监控净资本相关各类指标，包括净资本、净资本与风险资本之比、净资本与净资产之比等。自2011年以来，公司净资本水平持续保持在100亿元以上，远高于2亿元的监管要求。“净资本/各项业务风险资本之和”与“净资本/净资产”两项监管指标持续远高出监管标准，公司经营稳健、安全。

基于监管99号文精神，公司于2014年大力推进业务标准化，推动各业务风控指引和投资标准的制定及执行，为公司业务开展提供标准化统一平台，有效控制风险。同时，公司严格遵照深圳银监局要求，建立健全“双线”风险防控责任制，根据实际业务情况及发展战略，落实防控责任方案，定期开展风险排查及压力测试，确保风险预警及时有效、责任明确到人。与此同时，公司积极配合深圳银监局现场检查工作，第一时间，逐一落实监管各项整改意见。基于严格的风险管控与稳健的经营管理，公司2014年如期兑付所有信托计划。其中，房地产项目兑付规模约400亿元，未发生兑付风险事件。

2014年，公司凭借优秀业绩、突出表现和良好口碑，先后摘得多个行业权威奖项，五度蝉联由《证券时报》评定的“中国优秀信托公司”奖，并摘得“最佳风险管理信托公司”奖；连续四年蝉联用益信托网全国信托公司综合实力排行榜第一名；在由《第一财经日报》评选出的2014年度第一财经金融价值榜上获“年度信托公司”称号；获得由《经济观察报》评定的“年度卓越品牌建设信托公司”奖；荣获《金融时报》评定的中国金融机构金牌榜金龙奖“年度最具影响信托公司”奖，得到客户、行业及社会的一致认可。

二、创新业务案例

公司积极推进业务模式的持续优化、组织管理、产品能力的改革创新。2014年，公司经过近一年的研究、论证，拟定并下发公司新五年发展规划，并确立各业务条线新市场环境下的发展策略，制定关键战略举措，推动公司在激烈的市场竞争环境下建立新的竞争优势。

同时，公司积极参与到借助互联网推动公司创新、发展的大趋势中，通过互联网技术创新、优化、完善客户端服务体验，在提升客户服务能力的同时，为信托公司运用新技术、改造业务模式建立新的典范。

（一）房地产业务案例：积极拓展资金渠道、服务保险资金

平安信托佳园69号集合资金信托计划，为2年期融资类信托计划，针对绿地地产集团有限公司发放符合“四三二”条件的房地产类贷款，投向于北京望京绿地中心项目及房山启航国际项目。

信托总规模28亿元，全部对接大型机构投资人认购，共分5期，包括平安人寿、新华人寿、太平洋保险、太平保险等保险资金和平安养老险企业年金，单个机构投资人投资额均在5亿元以上，投资人预期年化收益约7.5%/年，按季付息，期末还本，为保险资金及企业年金提供了相对高收益的固定收益金融产品，同时也进一步丰富了信托资金渠道，除传统的第三方个人资金渠道外，还开拓了保险资金和企业年金的投资渠道，更好地满足了合作方资金需求。

该信托计划由绿地控股集团有限公司提供全额无条件不可撤销连带责任担保，风险相对较低。

（二）运营改革创新案例

2014年，公司官方微信服务号“paxt4008895511”上线，为客户提供分栏目的独家精选资讯，截至2014年6月，公司官方微信关注人数达9037人，为客户推送资讯66篇，客户阅读90575次，分享10139次。目前，公司服务体系已覆盖网站、电话、短信、邮件、微信五大E化渠道，为客户提供24小时的多渠道专业服务。

在运营改革方面，2014年规划落实18个关键项目，目前13个项目已完成，其余项目按计划开发，部分功能已通过分批完成上线。包括单证条码扫描自动关联、人民银行征信、新基本法优化、特殊业务的总部运营录入、分产品核算归集指认需求等。同时通过加强用户测试覆盖，落实用户生产验证机制，推动生产问题有效解决。

（三）互联网金融创新案例

公司借助平安集团旗下私人财富管理移动平台——平安财富宝APP，为高净值、富裕和青年精英人群推出资产管理一站式服务，可一站式实现资产管理、产品名册、VIP服务、投资分析策略及投资专家在线交流等实用功能和服务。其创新之处在于利用互联网、大数据和专业金融服务，打造投资、融资和现金管理的无缝对接和闭环使用。

三、社会责任履行情况

公司凭借自身优势，支持投资新能源、绿色环保项目，积极发展公益信托，持续举办公益慈善行等系列活动，践行企业社会责任。

（一）积极开展绿色金融

绿色金融是低碳100的重要实践。2014年，公司聚焦当前社会亟须处理的四大关键环保领域——固废、中水回用、污泥处置以及土壤修复，成立了投资环保产业的深圳市海富恒远股权投资合伙企业（有限合伙），成功募集首期节能环保基金，募集金额达1.99亿元。目前该基金已经加入国家环保部领导的中国环境保护协会，在行业平台上与政府部门、环保企业进行良性互动。

2014年，公司的节能环保基金对四川省危废处置环保企业投资1亿元，对广东省污水处理企业投资8500万元，成为中国环保企业的良好合作伙伴。公司力争寻找环保细分领域中的优势龙头企业，依托平安世界500强的品牌优势以及综合金融优势，帮助环保企业快速成长，使其成为中国环保问题的综合方案解决商。

（二）以金融手段支持民生改善

公司通过投资支持各地基础设施建设，促进民生改善。公司投资约7.3亿元用于湖南省某高速公路大修项目，投资约30.7亿元为天津市外环线调整完善工程提供资金支持，改善路面质量和司乘通行环境；投资约20亿元为延安市重点水利项目提供资金支持，缓解延安市及其周边地区的水资源供需矛盾；与南通市某企业共同设立南通城市发展投资中心，投入50亿元，用于投资能源、交通、环保、市政、养老、医疗等项目，提升城市综合竞争力。

（三）发起管理公益信托

从2002年开始，公司托管了深圳市政府设立的“新疆助学公益信托”，委托规模为1亿元，该公益资产不但实现稳定的保值和增值，托管收益用于资助新疆维吾尔自治区部分家庭困难的学生上学；公司部分信托管理费用于广东省的“双到”工作扶贫开发项目捐赠。

公司受托管理的公益信托项目还有：深圳市见义勇为基金会“深圳市见义勇为基金单一资金信托”，管理规模为1000万元；托管的中国宋庆龄基金会“中国宋庆龄基金会明园慈善基金单一资金信托”，截至2014年管理规模约6722万元，每年有分红给宋庆龄基金会用于公益。

2014年公司成立一单家族信托，家族成员设立了一个慈善性质的基金会为该信托的唯一受益人。家族信托帮助委托人继续完成委托人的慈善公益资产增值及定期分配。

（四）积极开展公益慈善活动

公司始终关怀有困难的孩子和特殊群体的教育和成长。2014年，公司举办“青海梦，平安行”2014年平安信托公益慈善行活动，带领全国16个客户家庭共同奔赴青海省，通过探访希望小学、开展互动课堂、贫困家庭走访，与藏区小朋友充分交流，开启爱心旅程，实现公益梦想，获得了高净值客户的一致好评。在此次活动中，公司为青海省刚察县泉吉乡平安寄宿制学校捐助爱心物品金额超过10万元。同时，公司持续6年举办定点帮扶深圳民爱福利院特殊儿童，并在“六一”国际儿童节到来之际，组织爱心志愿者开展了一年一度的“公益主题日”活动，为福利院送上了亟须的办公器材及生活用品，并为特困儿童送上捐赠助养金。

四、2015 年发展规划

（一）打造国内领先的资产管理机构与投资金融服务提供商

公司将定位于投资金融服务提供商，主要聚焦包括“投资银行”、“资产管理”、“财富管理”、“交易金融”、“公司金融”和“PE 投资”在内的六大业务板块，依托平安集团充分发挥资源获取、资产管理、投资咨询、风险管控等优势，为机构与个人客户提供全周期、全流程、全方位的金融解决方案。

（二）通过“一收一放”的发展战略，聚焦重点行业，提供全面金融解决方案

“收”即是收窄投资行业范围、目标资产和投资项目额度，聚焦衣食住行、环保、消费、高端制造等重点行业；“放”即是放飞金融产品和金融服务，依托平安集团综合金融优势为客户提供包括股权、债权、夹层、财富管理、资产管理等在内的全面金融解决方案。

（三）强化风险管控与前置

在保持业务稳健发展的同时，公司始终视风险管理为业务发展底线，逐一落实各项监管政策规定。2015 年，基于公司新的业务策略、管理模式，更加强调对业务流程的全面风险管理。公司快速部署业务风险管理职能前置，将风险管理进一步向前线延伸，从业务最前端到业务全流程实现风险管控，并通过针对风控人员的双向考核及严格的风险连坐、惩罚机制强化前线风控经理职责、提升业务人员风险意识，以确保业务全程风险可控。

（四）发挥综合金融与互联网金融两大竞争优势

综合金融是公司最大的差异化优势，8100 万平安综合金融客户是公司最坚实的后盾，综合金融将为公司带来更加集中的客户来源和长期优质的资金来源。通过大数据分析，公司可洞悉客户分布、需求特点，实现精准营销与服务。借助平安集团全金融牌照优势，公司可协同集团兄弟公司为客户提供从保险、投资、财富管理到健康管理等涵盖衣、食、住、行、玩等各类金融、服务产品，为客户提供全方位金融、生活解决方案。

互联网金融的蓬勃发展快速颠覆了各大传统行业，包括金融领域。公司积极探索互联网思维模式优化业务模式，以客户收集服务终端“财富宝”为载体，运用互联网技术打造客户端互动平台与客户沟通，及时、便捷地为客户提供服务，有效提升客户服务体验，打造互联网金融生态圈。

上海国际信托有限公司

一、2014 年经营概况

2014 年，在国内经济形势疲软、行业风险有所显现的大环境下，上海国际信托有限公司（以下简称公司）在严控风险的基础上，以加快发展为主线，主动调整布局，突出转型发展，打造创新平台，继续保持了快速、健康发展的良好态势，存续信托规模同比增长 101%，信托业务收入同比增长 20%，利润总额同比增长 16%，管理资产规模、盈利能力和经济效益均再创历史新高。

在信托主业方面，公司强化对市场的前瞻性判断和对业务的准确把握，持续调整传统业务布局，推进业务结构优化，积极探索业务模式和产品的创新方向，主要做了以下六方面工作：一是主动对高风险业务进行战略性收缩和聚焦，进一步提高业务准入门槛，将交易对手聚焦在优质区域的优质客户；二是大力开拓传统低风险受托业务，不断扩大银行、保险的覆盖范围和合作深度，为公司长远发展奠定坚实的基础；三是坚持不懈地开展基金化业务，打造全期限产品系列，进一步增强产品竞争力，丰富公司产品线；四是资产证券化业务实现全面突破，推出国内首个以纯外资金融机构作为发起机构的资产证券化项目和公司首单银行信贷资产证券化项目，在私募证券化领域也有所斩获，涉及的资产包括信贷资产、个人汽车贷款以及金融租赁资产，业务储备充足；五是有效推进信托产品非标转标工作，积极响应监管机构发展债券型直接融资工具的创新要求，探索将信托产品逐步由以往的非标产品向准标准化产品转型，在实践中不断尝试，成功地将信贷类集合资金信托计划改造成准标准化产品（信托支持票据，TBN）在金融产品交易所挂牌转让交易，相关工作仍在推进；六是加大股权投资业务的拓展力度，大力发展包括住宅地产、健康医疗以及新能源等领域的股权投资业务，布局医疗产业基金，参与高端医疗机构运营。

在财富管理方面，公司努力提升家族及财富管理品牌的影响力和吸引力。一是继续做大做强直销业务，提升营销市场化水平；二是成立家族管理办公室，探索推进财富管理业务转型升级，并由简单配置产品升级为客户提供资产传承功能，家族信托初具雏形；三是积极进行海外布局，以QDII业务为基础，与海外服务机构展开紧密的洽谈和合作，筹建香港财富管理平台公司，通过海外信托架构实现从在岸配置到离岸配置的跨越；四是打造信托流通平台，成功推出“上海信托赢通转让平台”，从过去主要集中于一级市场转向同时做好、做活二级市场，更好地为客户提供增值服务。

在风险管理方面，针对出现的经济新常态，加强战略前瞻性研究，提前进行风险预判，采取积极防控措施，更新和完善各项业务指引和风控制度，防范市场风险和操作风险；建立现场尽调团队，严守风险底线，控制实质风险；强化风险排查，狠抓信托业务合规风险及交付风险；加强日常管理，为公司业务发展提供全面支持和保障。截至目前，公司未发生信托项目风险事件，所有产品均顺利安全兑付，为投资者实现了较好的投资收益。

在品牌建设方面，积极推进公司品牌形象和客户资源的整合，精准投放媒体广告，聚焦高端客户培育；举办中国家族信托年会，推出多个家族信托沙龙活动；荣获行业和监管部门的多项大奖，有效提升了公司品牌的影响力和吸引力，

二、创新业务案例

案例一：福元2014年第一期个人汽车抵押贷款证券化信托

2014年5月，公司推出“福元2014年第一期个人汽车抵押贷款证券化信托”项目，是国内首单由全外资金融机构作为委托人及发起机构发行的资产证券化项目。项目在产品结构设计上充分借鉴了国际先进的证券化经验，并结合了我国资产证券化试点阶段的政策环境及市场惯例，是我国资产证券化试点阶段的一次重要的突破和创新，荣获“2014年度上海市金融创新奖”。

该产品具有以下三方面创新特点：一是系国内首个由外资全资金融机构作为发起机构在银行间市场发行的资产支持证券，对进一步多元化基础资产的种类有重要意义；二是为资产证券化领域的市场参与者提供了更多的方案选择，对于低收益资产导致负利率结构问题的处理和非出表形式证券化产品获得更低的融资成本的设计方案都具有广泛的借鉴作用；三是该项目引进了国外先进的经验和技术，为我国资产证券化市场提供灵活新颖的交易安排、增信措施和相关产品设计和管理经验具有重要意义。

案例二：信托型标准债务融资工具TBN

近年来公司一直致力于探索信托产品标准化，2014年初步开发设计了以信托型标准债务融资工具——信托基础票据（TBN）为抓手，以信托公司为受托发起人，以信托资产（收益权）为主要标的，极具有公司特色的创新型信托产品模式。目前，公司首单TBN产品已经在交易所成功挂牌交易，迈出了信托标准化的实质性一步。

公司不断实践信托产品逐步由以往的非标产品向准标准化产品转型，以及探索将存量的信

托资产转变为标准化产品，积极响应监管机构发展债券型直接融资工具的创新要求，旨在破解目前行业融资成本高企、信托价格由期限决定的困局，并提升公司优质基础资产的获取能力，在信托受益权流通领域提供全面综合解决方案。

案例三：上海信托“上善”系列云南地区教育助学信托计划

为了更好地将业务拓展和履行社会责任紧密结合，公司创设“上善”系列公益类信托计划，用于教育助学、救助贫困、扶助弱势群体，发展科技、文化、艺术、体育、医疗卫生等公益事业。2014 年，公司发起设立首单公益类信托产品——“上善”系列云南地区教育助学信托计划，专项用于“云南贫困地区教师培训项目”。

该产品具有以下两方面的创新：一是多方参与，发挥协同效应。该产品由公司会同云南省扶贫办、云南省教育厅、上海师范大学基金会合作开展，由公司负责项目资金的筹集和管理，上海师范大学基金会负责项目的具体管理工作，云南省扶贫办和云南省教育厅负责在云南地区按标准和程序选拔符合项目要求的教师，各司其职，最大程度地发挥信托资金支持云南地区基础教育的公益效果。二是创新资金监管模式，引入三方共同管理模式，由受托人上海信托按照委托人意愿资助项目，对资金使用进行持续监督和管理；由托管人（商业银行）对开立的信托财产专户进行监管；由信托监察人对信托项目的开展和资金的划拨进行监察，确保信托资金全部合法合规地运用于培训项目。

三、社会责任履行情况

2014 年，公司继续践行社会责任，真诚回馈社会。围绕公司创建精神文明单位和推进企业文化建设的目标，搭建员工支教志愿者服务平台；冠名高端音乐会助力社会文化事业发展；深化“双结对”扶贫帮困献爱心活动，参加义务献血活动，推出公益信托，为服务社会、改善民生作出应有贡献。主要做了以下四方面工作：

一是建立常态化、多层次、全覆盖的科学的员工培训体系。内容包括新员工入职、信托业务、职称教育、工作技能、人文素质等，涵盖了不同阶段的学习需求。2014 年根据员工需求，定期增加了系列业务讲座，内容涵盖家族财富传承、并购业务、资产证券化、客户拓展技巧、信托案例介绍、宏观经济分析、人文素养等方面，全年累计参与培训人次超过 1700 人次。

二是推出公益类信托计划，创新参与公益事业的模式。2014 年公司成功试水公益类信托，发起设立公司首款公益类信托产品——“上善”系列云南地区教育助学信托计划，专项用于云南省贫困地区教师培训项目。信托项目所有资金均为公司和全体员工捐赠。信托项目计划在 5 年内输送 500 名云南省贫困地区骨干教师到上海市学习交流，深入上海市优秀中小学听课访问和挂职锻炼，将上海先进的基础教育理念带回云南省。截至 2014 年末，已经完成了两批，共计

100 名教师的定制培训课程。在此基础上，公司首款外部资金参与的公益类信托产品也于 2014 年 12 月成立，开创了信托架构参与公益事业的新模式。

三是积极参与志愿服务活动，搭建公司志愿服务平台。2014 年，公司先后参与的志愿服务活动主要包括“爱护自然，马上有树”植树活动、亚信峰会外滩街道平安志愿服务活动、第三届太湖世界文化论坛志愿服务活动以及由上海浦东金融青年联谊会发起、沪上四十余家金融企事业单位联合举办的“沪上新公益・支援鲁甸灾后重建”联合义卖活动，公司全体员工捐献的 104 件义卖品在两个小时内全部售出，共募集善款 2077 元，义卖全部所得通过云南省慈善总会定向捐赠给鲁甸灾区。

四是深化“双结对”工作，关注社区民生。公司多年来与结对的外滩街道永安居委持续开展“一手牵小、一手扶老”双结对工作，使之成为持之以恒的帮困、助学活动。公司以党支部为单位，每个支部与一名生活困难的老人和一名贫困学生进行结对，通过定期上门慰问、交流、赠送学习用品、生活用品等方式，关心工作学习，解决生活问题，深入群众，了解他们的所需所急。2014 年公司共举行 2 次扶贫帮困双结对活动，共帮助 10 户对象，相关扶贫帮困活动已实现常态化。除了固定的结对活动外，公司在社区群众发生火灾之后，第一时间伸出援助之手，立即组织应急慰问金捐赠，外滩街道永安居委向公司赠送了一面绣有“真情为民、厚德载福”字样的锦旗，感谢公司给予受灾群众的紧急援助。另外，公司还向城乡结对帮扶对口镇村——四团镇村委会捐赠了定向用于 60 户困难家庭的救助金。

四、2015 年发展规划

2015 年，公司将抓住与浦发银行整合的契机，持续推进公司信托业务和自营业务健康增长，做到风险可控、积极创新，不断增强核心竞争力，向国内领先、全球一流的资产管理和财富管理机构的战略目标奋勇迈进。

在信托主业方面，深度挖掘有潜力的业务领域，创新出差异化、可持续的业务模式，努力形成新的盈利增长点，做大业务规模，并与合作伙伴开展深度长期合作，主要措施有以下五个方面：一是坚定不移地做大做强基金化业务，完善产品系列；二是发挥投行优势，提高主动撮合的能力，打造新型通道业务；三是积极拓展资产证券化业务机会，扩充基础资产的种类，扩大资产证券化项目的主动开发力度；四是关注资本市场业务机会，加强证券信托业务拓展力度，力争在证券市场取得更好的收益；五是重视股权投资、并购市场的业务机会，为企业的并购活动进行杠杆融资和夹层融资服务。

在财富管理方面，全力巩固公司在家族和财富管理领域的先发优势，深化机制创新，以管理升级和专业化团队建设有效推动公司家族及财富管理业务的发展，继续加强海外业务战略布局，稳步推进家族信托业务发展，切实提升客户管理水平。

在风险控制方面，要积极适应公司业务由债性向股性转变的要求，持续优化风险管理架构，完善运行机制，构建坚实有效的风险防线，提升风险防范的主动性和风险预警的前瞻性，同时加强信托业务事前、事中、事后的一体化风险管理。

在经营管理方面，一是根据精细化和专业化管理要求，推进下一代业务导向型信息系统建设，提升整体运营效率；二是建立标准化运营流程，不断适应创新业务发展需求；三是加强企业文化建设，用优秀的企业文化推动公司各项业务的蓬勃发展，让公司真正实现从优秀公司到卓越公司的跨越。

中国对外经济贸易信托有限公司

一、2014年经营概况

2014年，在复杂严峻的环境面前，中国对外经济贸易信托有限公司（以下简称公司）基于对宏观形势的准确预判，提前部署业务转型，坚定推进“4+1”核心战略，持续打造细分领域核心竞争力，各项核心业务快速增长，为可持续发展奠定了坚实的基础。2014年，公司实现营业收入超过20亿元，税前利润超过15亿元；信托规模再创历史新高，突破5000亿元，较年初净增2000亿元。凭借在金融市场的卓越表现，公司的品牌影响力进一步提升，不仅荣获了“诚信托·卓越公司奖”、“年度最佳品牌奖”、“最佳稳健增长信托公司”等多项业内大奖，而且在上海交通大学发布的《信托公司兑付风险评价报告》中，风险管理能力位居行业第一。

（一）战略转型成效显著

2014年，公司秉持转型升级理念，不断提升细分领域的市场地位，信托主业日趋成熟，业务不断聚焦，核心业务逐步形成可持续的发展模式，在细分市场逐渐建立领先地位。公司2014年核心业务收入占比由2013年的41%提升至71%，可持续发展能力不断增强，战略转型取得成效。

（二）业务结构日趋均衡

2014年，在信托业风险积聚和面临分化的新常态下，公司主动适应市场变化，进一步明确业务开展的四个维度，即聚焦于资本市场、银行领域、实业领域和理财市场，并推动固有资产的保值增值，最终形成了结构均衡、梯次分明的“4+1”战略业务群，为实现可持续发展奠定坚实基础。逐步多元化的信托业务，不仅增强了抵御市场风险和政策风险能力，有效分散了业务风险，也平滑了业绩波动，提升了收入的稳定性。

（三）风险管控与时俱进

2014年，公司继续坚守合规底线、严控实质风险的原则，深入贯彻落实差异化风险管理，进一步夯实风险管理基础，提升风险管理的针对性与有效性。在不断优化、完善项目审批流程和评审标准的基础上，进一步加强风控人才队伍建设，各业务板块专门化运营管理团队逐渐成熟。

（四）质量管理稳步提升

2014 年，公司进一步夯实全面质量管理和内控文化基础，已建成覆盖公司全部流程的全面质量管理和内部控制体系。公司将围绕持续改进并形成自觉的质量管理理念，充分发挥质量管理体系作用，不断改进制度、流程和内部控制，努力建成行业内最优秀的全面质量管理和内控体系。

（五）信息化全方位推进

2014 年，公司成立信息化委员会，明确重大信息化工作的决策与议事机制；金融专用机房建成并投入使用，已经具备金融 IT 高标准运营的基础条件；自主开发能力和自主技术架构初步形成，为公司业务创新和管理战略深入推进提供了坚实的 IT 保障。

二、创新业务案例

（一）银行领域：信贷资产证券化、MOM

作为第一批获得特殊目的受托资格的五家信托公司之一，公司八年来一直潜心培育、积极拓展资产证券化业务。经过多年的积累、实践和创新，公司已建立起区别于纯通道 SPV 的 2.0 版业务模式，在资产证券化全程技术掌握、方案设计、协助销售、后期管理等方面形成了具备较高专业水准的服务能力。截至 2014 年末，公司资产证券化业务规模突破千亿元。

在市场实践中，公司注重附加值的服务能力建设，除在创新交易结构、全链条专业技术、团队建设等方面提高技术含量外，还形成了适应不同种类证券化基础资产的方案设计能力，包括对公贷款、基础设施贷款、中小企业贷款、汽车消费金融贷款、个体工商户贷款和个人按揭贷款的证券化产品。2014 年发行了政策性银行基础设施专项信贷资产证券化产品，还发行了汽车消费金融信贷资产证券化产品。公司同时还将公募证券化技术运用于私募业务当中，保证了私募证券化业务的合法性、合规性和规范性，并实现了私募证券化的便捷和高效。

公司还创造性地构建了 MOM 信托服务平台，为资产管理机构与其选定的产品管理人之间构建的投资体系提供包括基础服务和增值服务在内的全流程服务。公司不断加强平台流程、环节及岗位设置的专业化程度，不断扩展服务团队并提升服务人员的专业水平，大大提升了处理效率。目前，公司已为国内多家银行提供 MOM 信托服务平台，MOM 信托服务平台管理的资产规模已突破 1000 亿元。

（二）资本市场：证券投资信托

在资本市场上，公司确立构建“私募基金综合服务商”的核心战略方向，提供专业、全面、多样、定制的全方位服务体系的业务模式，以基金的投资周期为脉络，针对周期中不同阶段提供有针对性的服务，并不断提升服务的价值和内涵。同时，公司大力推动信息系统、运营体系和人力资源建设，保障了服务的高效、稳定、安全，通过规模化经营有效地降低基金的运营成本。截至 2014 年 12 月，公司证券投资业务规模已突破 1500 亿元，与超过百家优秀的资产管理机构保持了良好的合作关系。

（三）实业领域：小微金融

2014 年，公司成立专门的小微金融事业部，致力于成为全方位小微金融服务提供商。目前，公司已经与多家合作伙伴形成了长期稳定的合作关系，截至 12 月末，业务规模突破百亿元，已累计向逾 500 万名借款人发放了超过 250 亿元的小微贷款，培育了具有高度品牌价值的“汇金”和“菁华”系列产品，继续保持行业领先地位。

（四）财富管理

2014 年，公司“五行财富”不仅保持了延续多年的高增长态势，而且品牌内涵有了较大提升。发行规模再创新高，全年实现直销规模 443 亿元，年增长率高达 153%；全权委托产品五行汇信正式落地，实现了为客户提供一站式的财富解决方案；持续创新开展家族信托业务，进一步扩大先发优势，签约数量和信托规模居行业首位。

在信托行业发展的新常态下，公司前瞻性地提出“财富管理 2.0”的转型目标，全面打造基于资产配置、财富传承的财富管理平台，以丰富的产品、专业的服务为客户实现财富的保值增值。在资产配置领域，利用公司 QDII 资质，“五行财富”搭建全市场、全环境、全维度的一站式资产配置服务平台，将产品拓展至多领域、多市场，以丰富的产品线，满足客户不同投资需求。

（五）权益投资：定向增发

经过多年的培育，通过专注、规范的经营管理，依靠团队专业的投研能力和合理的退出机制，公司的定向增发业务已经成为公司的核心业务和行业特色。公司定向增发投资的主要运作模式采用 PE 投资的理念、逻辑、方法，“在上市公司中进行 PE 投资”，即在上市公司中选出好行业中的好公司进行股权投资，并依托公司业绩成长带来所投资股权的价值增值，从而实现良好的投资回报。以上市公司的业绩成长、增发折价产生的差价套利以及合理估值基础之上的价值增值为获取定向增发投资收益的核心要素。此外，公司还与数家国内大型知名金融机构合作探讨定向增发风险管理工具的引入，并在信托计划中成功实践。

三、社会责任履行情况

作为中化集团金融业务板块的骨干企业之一，公司继承了中化集团优秀的企业文化，将社会责任工作纳入公司整体经营管理活动的方方面面，并在实践中不断完善企业社会责任管理体系、健全社会责任管理机制，主动、坦诚地与各利益相关方加强责任沟通与交流，树立起负责任的优秀企业形象。

2014 年，公司积极应对市场和政策变化，主动调整业务结构，通过全体员工的共同努力，超额达成全年经营目标，经营业绩快速均衡增长，实现了对股东的承诺。

作为金融机构，公司贯彻“全面风险管理”的理念，坚守合规底线，严格防范市场、信用、操作等方面风险。2014 年，公司信托业务风险得到有效控制，项目均正常兑付清算，为受益人的合法权益提供了有力保障，维护了金融市场秩序稳定。此外，公司从客户服务出发，以全新打造的客户关系管理系统为主线，为客户提供全方位、体系化的财富管理增值服务。

对待员工，公司建立了多元、规范的福利保障体系，注重激励机制的变革，为员工提供富有竞争力的薪酬体系和职业发展路径。持续优化企业文化及员工关怀体系，注重通过内容丰富、形式多样、创意新鲜的文化品牌活动，塑造良好的文化软环境，强化员工的归属感，不断提升团队凝聚力。

在承担社会责任方面，公司始终严格遵守国家法律法规及公司相关规范，坚持诚信经营，自觉履行纳税义务，恪守社会公德和商业道德，自觉遵守信托业自律规则和业务相关领域的各项规定，积极维护信托业市场竞争秩序，赢得了良好的行业声誉和品牌形象。

四、2015 年发展规划

2015 年，公司坚持“全球视野、中国市场、细分领先、创业情怀”的核心理念，继续坚定“一、二、三、四”发展战略，即以细分领先为一个目标；围绕私募投融资、信托本源业务两个方向；历经聚焦核心、拓展延伸、精品金融三个发展阶段；进行产品、财富、区域、管理四个战略重点的聚焦。

在业务发展思路上，巩固、聚焦、延伸主营业务，持续培育创新型本源业务，不断提升公司在细分领域的市场地位。在银行领域，公司将加快传统业务转型步伐，进一步聚焦资产证券化业务以及MOM信托服务平台。在资本市场上，公司将按照既有战略方向与路径，不断提高证券信托业务信息化水平，利用大数据优势，丰富服务内涵，扩大市场份额，力争成为优秀的证券信托综合服务商。在实体经济领域，进一步培育在小微金融、房地产、基础设施细分市场的核心竞争力。在财富管理方面，依托现有禀赋优势资源，对标国际先进同业，在突出自身特色的基础上，搭建开放式资产管理平台，建设国内领先的资产管理能力与服务水准，为机构与个人高净值客户提供全市场、全环境、全维度的一站式财富配置服务平台。

在管理提升方面，着力打造全面有效的管理保障体系，加速核心竞争力的形成。一是落实差异化风险管理理念，完善风险管理制度和流程，坚守合规底线，把控实质风险；二是建立“全过程、全方位”的质量管理和内部控制体系，严抓运营执行质量，推动体系持续改进；三是大力推进人才配置，加速队伍的专业化进程，优化绩效激励机制，打造一支富有战斗力和创业精神的人力资源队伍；四是在信息化建设方面，做好系统建设、投产运维两大工作，使IT系统成为公司的核心竞争力之一。

安徽国元信托有限责任公司

一、2014 年经营概况

2014 年，面对复杂多变的市场形势和外部环境，安徽国元信托有限责任公司（以下简称公司）坚持以“学习为先、改革驱动、重点突破、持续发展”为指导思想，从“保兑付、稳增长、促转型、强管理、提水平”入手，坚持风险防范和转型发展并重，积极应对各种压力、风险和挑战，稳健经营、顺势而为，继续保持平稳健康发展的良好态势，圆满完成年度各项经营管理目标任务。

截至 2014 年末，公司管理信托项目 656 个，信托资产规模 1641.96 亿元，较年初下降 13.82%；固有资产 50.15 亿元，较年初增长 15.50%。净资产 48.34 亿元，较年初增长 16.63%。实现各项业务收入 10.37 亿元，较上年增长 18.79%。实现利润总额 8.12 亿元，较上年增长 19.06%。净利润 6.68 亿元，较上年增长 23.48%。

严守安全、流动，坚持效益、多元，稳健开展固有业务。2014 年，公司围绕经济发展周期，严守风险底线、强调资金流动性，选择国有大企业开展贷款合作；继续做好金融股权管理，提高投资收益；抢抓机遇、积极提升二级市场投资收益；择机开展了国债逆回购、转融券和货币市场基金等现金管理业务，在为信托业务保驾护航的同时，实现固有资产的稳健增值。

截至 2014 年末，在公司固有资产中，优质资产占总资产的 99.45%，其中金融股权 31.08 亿元，占总资产的 61.97%。实现固有业务收入 3.59 亿元。公司资本和权益不断增厚，资产结构合理、质量优良，盈利能力和财务状况良好。

积极响应政策号召，坚持创新转型导向，增强信托业务发展内生动力。2014 年，公司新增信托项目 381 个，规模达 1012.86 亿元。在业务开展过程中，公司以支持地方发展、服务实体经济为出发点和落脚点，积极响应政策号召，以多样的信托产品服务地方发展。2014 年，公司发行 96 个信托项目支持安徽省地方建设，募集资金 160.96 亿元；共发行支持实体经济信托项目 211 个，募集资金 409.57 亿元；共发行支持中小微企业信托项目 136 个，募集资金 307.86 亿元，加强与各类中小微企业的务实合作。同时，坚持转型创新，积极提升投资类和主动管理类信托占比，降低融资类和事务管理类信托占比。截至2014年末，公司投资类信托规模583.06亿元，占比为35.51%；主动管理类信托规模433.88亿元，占比为26.42%。

严守保兑付底线，积极保护受益人利益。在业务开展过程中，公司严守风险底线，不断提升合作标准，强化合规管理，确保项目安全兑付。2014年，清算信托项目483个，资金规模1334.34亿元，为信托受益人实现收益138.52亿元，较上年增长15.99%。

总体概括，2014年，公司发展呈现出以下特点：

一是各项管理资产规模继续保持稳健水平。

二是收入水平、经济效益实现较好增长。

三是强化项目管理，高度重视风险控制，积极保护来之不易的发展成果。

二、创新业务案例

2014年，公司成立投资银行部，为转型创新提供组织、机制、人员保障，以资产证券化为突破口，全面推进公司创新业务开展。

公司成功发行了“国元信托商业银行消费信贷资产转让一期集合资金信托计划”，以个人消费信贷资产为标的，迈出资产证券化业务第一步；成功发行了国元信托第一单公益集合信托“国元爱心慈善公益信托计划”。

公司设计发行的“佛子岭、磨子潭水库承包经营权流转集合信托计划”，为国内首单以水库经营权为投资标的信托计划。该产品募集资金4000万元，期限为10年，采用混合型、结构化、长期化、滚动募集的主动管理型设计。即信托财产中既有货币资金，也有财产性权利，水库承包经营权；信托受益权分为优先和劣后，其中优先受益人为社会投资者。该产品的成功发行，有效拓展了信托资金在农业产业化企业中的运用，积极扶持“三农”小微企业的发展。

三、社会责任履行情况

（一）发挥传统优势，支持地方经济发展

面对新常态、新形势，公司坚持“植根地方、服务地方”的发展定位，结合国家区域协调发展政策方针和地区资源禀赋、地缘优势，与地方政府、金融机构、企业广泛开展合作，探索出债权投资、股权投资、信托贷款等多种合作模式，项目设计水平进一步增强，风险控制能力进一步提升，为地方重点在建、续建项目提供资金，支持地方建设发展。2014年，公司发行96个信托项目支持安徽省地方建设，募集资金160.96亿元。其中，发行支持“皖江城市带”建设

项目69个，募集资金122.58亿元；发行支持“合芜蚌”建设项目40个，募集资金90.01亿元；发行支持“皖北”建设项目21个，募集资金28.77亿元。

（二）整合各方资源，助力中小微企业

公司积极响应服务“中小微”企业相关政策，多措并举，切实提升信托服务水平：深入开展“金融知识宣传服务月”活动，营造支持小微企业的良好氛围；积极参加各类对接，有效建立与地方企业的沟通机制；加强学习研究，探索信企合作新模式，推进业务转型创新，努力实现经济效益和社会效益的“双丰收”。

2014年，公司发行支持“中小微”企业信托项目136个，募集资金307.86亿元，重点支持扩大就业、符合国家创新驱动战略、与城镇化建设密切相关、符合国家产业和环保政策的中小微企业融资需求，投资行业涉及汽车服务业、农业食品业、生产制造业和新能源发展等多个领域，为中小企业实现稳健发展发挥了重要作用。

（三）热心公益事业，积极探索公益信托

2014年，公司继续捐资20万元帮扶金寨县郭店村美好乡村建设，支持贫困地区发展；组织37名员工无偿献血4000毫升，为树立社会新风尚作出表率。11月1日，公司组织全体员工，开展沿巢湖大道健步走活动，倡导低碳文明出行、环保自然生活、节能减排理念。

为积极履行社会责任，帮助革命老区希望小学改善办学条件。自2011年起，公司将安徽省金寨县斑竹园镇沙堰希望小学作为公司党员捐资助学的联系点。几年来，公司已向该校捐资40万元用于修葺校园、配置教具、改善住宿条件等。2014年，公司再次捐资23万元，继续援建金寨县沙堰希望小学；45名党员捐款4.5万元，“一对一”帮扶45名贫困学生。

11月3日，公司设立的“国元爱心慈善公益信托”正式运行。该产品为安徽省首个公益信托项目，首期募集资金34.5万元，期限两年，资金主要投放于金寨县长岭乡石冲小学、沙堰小学的校舍维修、场地硬化工程项目，以及沙堰小学贫困学生助学。公益信托的设立，充分体现了公司积极承担社会责任、推动公益事业发展的价值理念。

（四）支持员工成长，打造专业人才队伍

2014年，公司积极培养专业化人才队伍，不断提高人才团队综合素质，提升公司核心竞争力。以业务发展和年度经营目标为导向，围绕人才培养和业务能力的提升，全年共组织16场专题讲座，选派47位员工参与信托业协会信托从业人员全员培训，培养员工终生学习意识，提升专业水平；推进员工内部交流，以传、帮、带的方式，加速年轻员工成长；尽可能将新进员工安排到业务部门和业务一线，让新员工更多地接触业务实践，为员工提供快速成长通道。与此

同时，注重关爱员工，建立员工健康档案并积极组织多种文体活动，为员工相互交流提供广阔平台。

四、2015 年发展规划

（一）2015 年经营目标

2015 年，实现总收入 10.96 亿元，较上年增长 6.15%；信托业务收入 5.37 亿元，较上年下降 20.70%。利润总额 8.83 亿元，较上年增长 9.13%。净利润 7.04 亿元，较上年增长 5.83%。

（二）2015 年主要工作

第一，要充分、清醒地认识当前经济形势给信托业带来的严峻考验和持续压力，审时度势、顺势而为，严守风险底线，增强项目管理的自觉性和风险控制的主动性，继续积极采取有效举措切实防范和化解各类风险，做好到期项目安全兑付，保护来之不易的发展成果。

第二，要适应信托行业发展“新常态”，根据经济周期发展规律确定公司业务和管理的阶段性重点，不追求“逆市上扬”，而要“顺势而为”。新增业务要确保规范、合规和低风险、无风险，顺利度过经济周期，迎接新的发展周期。

一是继续做好传统业务，发挥信托优势为地方经济做好服务。二是加速新型业务的转型。以“成熟一单、推出一单”的方式稳步推进资产证券化、家族信托等创新业务。发挥信托本源，在购并重组、新股认购、定向增发、股权托管交易中心挂牌企业的资金安排等方面积极推进业务创新。三是积极开展支持实体经济和小微企业发展的信托服务。

第三，以财富管理目标，围绕“深化客户分类经营、强化客户服务创新、完善营销队伍建设、加快创新转型步伐”的工作思路，进一步加强营销团队建设。

长安国际信托股份有限公司

一、2014 年经营概况

2014 年，面对经济下行及产业结构调整等宏观因素影响，资产管理市场多元化竞争加剧，监管政策日趋严厉等因素带来的经营压力，在中国银监会陕西监管局、陕西省金融办、西安市金融办的科学监管和正确引导下，在董事会的正确领导下，长安国际信托股份有限公司（以下简称公司）采取了一系列措施强化经营管理，以做好风险管控工作为前提，在巩固传统业务的基础上，以前所未有的力度抓转型、促创新，积极探索和发展符合政策导向、具有信托本源属性的自主管理型创新业务，同时较好地抓住了资本市场走势反转的机遇，总体上取得了良好的经营成绩。

截至 2014 年 12 月末，公司营业总收入 254618.67 万元，净利润 95959.48 万元，信托收入 186795.40 万元，固有收入 67823.27 万元，管理的信托资产规模为 2758.97 亿元（以 2014 公司审计报告为准）。

2014 年，公司踩准了证券市场走势反转和热点轮换节点，在及时向外委机构追加投资的同时，新增可转债、对冲量化基金、打新股基金以及高息蓝筹股等品种的投资，新增二级市场投资约 10 亿元（不含固定收益部债券等投资），二级市场投资余额占固有资产比例超过 60%，取得良好的效果。全年固有业务实现收益 6.78 亿元，较 2013 年同期增长了 231.81%，收益创历史新高（以 2014 公司审计报告为准）。

2014 年，公司经营格局不断完善，部门数量为 95 个（含筹建），业务部门数量 45 个。其中异地信托业务部门 37 个，分布在全国 23 个经济发达城市；长安财富中心部门数量为 31 个；中台、后台部门 18 个；自营部门 1 个。共有员工 541 人。其中研究生及以上学历人员为 283 人，占比为 52.3%；本科学历人员 220 人，占比为 40.7%；大专及以下人员 38 人，占比为 7%。人员数量及学历水平均处于行业中高端水平。

二、创新业务案例

公司在2014年持续提升创新业务研发力度，用业务创新推动业务转型，在创新中寻找新的业务增长点。2014年公司在业内推出了3项创新业务模式。

一是债券投资类创新业务模式，该模式是公司首个主动管理型债券投资产品，投资标的均为标准的债券产品及货币市场工具等，期限短、信用风险低，收益稳定，适合银行理财资金、大型企业客户、高净值客户等有低风险债券投资需求的客户。该模式一方面顺应了公司高净值客户富余资金投资短期产品的需求；另一方面满足了银行类金融机构配置短期标准债券产品的需求。

二是信托与社保资金合作创新模式，该模式是在社保基金理事会下发2014年《全国社会保障基金信托投资管理暂行办法》的背景下应运而生的。公司紧紧抓住这一市场契机，充分做好前期准备，成功入围社保基金合作名单，并在后期的项目选择阶段发挥自身优势，为社保资金的保值增值进行方案设计，大大增强了公司市场影响力，并树立了良好的企业形象，为公司与社保基金在其他方面的合作奠定了基础，打开了与社保基金全方位合作的大门。

三是城市发展基金创新业务模式，该模式创造性地引入了基金模式，改变了传统模式下与政府平台简单的借贷合作关系，为地方城镇化建设增添了新的动力。同时该项目的成功实施，为今后政信合作业务向PPP模式过渡提供了思路，符合公司战略调整的整体规划。

上述3种创新业务模式是公司在2014年复杂的经济形势下，积极探索、主动创新的智慧结晶。同时这些创新成果在公司内部及行业内具备可复制性和大范围推广价值。

三、社会责任履行情况

公司始终将回报社会作为企业重要的发展理念，积极履行《信托公司社会责任公约》，始终以成为企业社会责任的实践者、推动者和引领者为目标，从服务实体经济、保护投资者权益、关爱员工发展、履行公益责任等方面开展了一系列企业社会责任实践活动，以实现全面覆盖、充分履行、日臻完善、行业领先的社会责任目标，为推动科学发展、促进社会和谐作出自己应有的贡献。2014年，公司分别在诚信纳税、服务实体经济、反洗钱宣传、公益信托、公益助学、环境保护等方面积极履行社会责任，回馈社会。

（一）坚持依法诚信纳税，积极履行企业公民的法定义务

公司作为企业公民依法纳税、积极履行代扣代缴税款的法律义务；依法进行税务登记、设

置账簿、保管凭证、纳税申报；如实向税务机关反映公司的生产经营情况和执行财务制度的情况，按有关规定提供相应的报表和资料，依法诚信纳税。2014 年，公司上缴国家税收 58308.89 万元，为国家财政收入和地方经济发展作出了贡献。

（二）完善薪酬激励机制，重视员工福利

2014 年，公司根据《劳动合同法》的相关规定，对于涉及员工切身利益的假期管理、劳动合同、培训管理、薪酬福利、岗位工资、企业年金方案等 21 个制度进行了修订。

2014 年，公司先后选派了 163 人次参加由中国信托业协会组织的“信托从业人员培训”。此外，公司聘请由学术权威、行业精英、境内外知名学者等组成的外部专家为员工培训，还采取由内部员工担纲培训师等多种形式共创学习型组织，培训覆盖了合规展业、行业投资、创新业务、公文写作、信托经理实务操作等内容。

（三）持之以恒地开展反洗钱宣传活动

公司不仅通过日常反洗钱宣传和主题性反洗钱宣传形式，持续开展反洗钱宣传活动，向客户普及反洗钱知识；还将反洗钱知识培训纳入新员工入职培训，并对全体员工进行了反洗钱培训，向公司员工进一步重申了反洗钱工作的重要性和反洗钱主题宣传的重要意义。

（四）加强对金融消费者权益的保护力度，开展公众宣传教育

2014 年，公司紧紧围绕服务工作重点，以全面提升客户满意度为目标，努力提高一线服务人员思想认识，建立以客户需求为导向的“大服务”体系。围绕客户感知、客户需求来更新自己的服务理念，主动为客户提供附加价值，依法维护金融消费者的合法权益。

为提升消费者保障自身资金财产安全的意识和能力，提高全社会对提升金融素质和加强金融消费者合法权益保护的重视程度，公司积极组织开展“金融知识进万家”、“3·15 金融消费者权益保护”、“防范和打击非法集资”宣传教育等活动。同时，公司在“长安观点”及“长安财富”微信公众号上发布以“消费者权益保护”、“远离非法集资”为主题的专项知识，定期推送以“解码信托”为主题的信托知识，2014 年累计推送超过 50 条。

（五）设立公益信托，助优帮困

公司设立了“长安信托奖学金公益信托”项目，存续信托规模 9.79 万元。该公益信托项目由公司向社会公众募集资金，并实时开放，信托资金指定用于奖励西安交通大学经济与金融学院优秀全日制在校研究生。项目第一期募集资金 16.35 万元，于 2013 年 11 月 28 日成立；第二期募集资金 13.44 万元，于 2014 年 2 月 21 日成立。截至目前，该公益信托项目已奖励和帮助了

40名学生，共捐赠资金20万元。

（六）推进“山间书香公益行”活动，传递爱心

公司一直将参与公益事业放在重要位置，倾力支持贫困山区教育事业发展。原创大型公益活动——“山间书香公益行”于2013年12月13日在陕西省渭南市临渭区两所贫困山区小学成功启动。2014年，公司继续推进该项公益活动，客户纷纷进行捐赠，在公司的公益平台上传递了自己的爱心，全年共向19所学校提供了捐助。

2014年，“山间书香公益行”项目在中国网、中新网、环球网、中国日报网、搜狐焦点公益基金、美通社、百度公益等20多家媒体联合发起主办的第四届中国公益节评选中，获得“2014年度最佳责任品牌奖”。

（七）注重环境保护，坚持可持续发展

公司倡导企业和员工爱护环境，绿色办公，共同创造美好的工作生活环境，建设节约型社会。公司在管理上节约成本、降低能耗，利用资源共享建立OA办公系统，利用现代信息技术手段，推进公司无纸化办公；提升资源的循环利用，减低办公能耗；提高公司和员工的环保意识，身体力行地参与到环境保护的工作中，从节约每度电、每滴水、每张纸开始坚持降低资源消耗。公司将环保和绿色办公作为坚持不懈地履行社会责任的理念和义务，推进公司可持续和谐发展。

作为负责任的企业公民，公司始终秉承可持续发展、积极履行社会责任、大力推动绿色金融的环保公益理念，将继续积极发挥信托制度的灵活性和信托财产的独立性功能，为推进经济和社会的可持续发展不断努力，为中国公益事业的发展作出应有的贡献。

四、2015年发展规划

（一）统一思想，坚定信心，以二次创业的决心和勇气扎实推进创新转型工作

处在经济增长由高速向中高速的换挡期、从中等收入国家向高收入国家跨越的关键期，面对“新常态”，公司将树立全员创新转型和风险控制的意识，统一思想，坚定信心，把风险控制和创新转型作为2015年经营管理工作的核心任务，在巩固传统业务的基础上加强对信托行业发展方向的分析。在控制好风险的前提下，加快业务创新及业务转型步伐，积极研发适合新环境的业务模式和产品，并积极推动项目落地，在发展中创新转型。

（二）方向明晰、目标明确、责任到人，加快业务创新步伐，加大创新转型业务落地的力度

提升每位员工的创新转型意识，全员参与二次创业，积极开拓新领域，并成立国际业务、债券及资产证券化、政信合作、家族信托等10个创新转型工作小组，集思广益，统筹和整合公司各项资源，共同研发新业务，更加有效地推动公司创新转型工作。

（三）财富中心紧扣创新转型方向，建立和完善运营体系

财富中心的转型方向将逐渐由以产品定销售的纯产品销售平台，转向多产品线的资产配置乃至业务端与资金端的双向撮合。建立和完善产品运作体系、客户服务体系、培训工作体系、绩效考核体系、营销体系、信息化体系六大体系，立足于公司和行业转型的背景，紧扣公司创新转型方向，突出体现工作的整体前瞻性。

（四）依法合规，把控风险，严守监管底线，切实防范化解操作风险

继续落实和完善信托项目风险分类制度，及时对信托计划进行压力测试，提前做好预案，确保到期信托项目的按期兑付。进一步加强控制风险，严守监管底线，切实落实好案件防控的各项举措。同时进一步加大排查力度，排除案件风险隐患，确保各项制度得到有效落实。加强对员工的业务培训，强化内控制度执行力；强化信息科技风险防范，抓好信息系统安全和业务连续性管理，确保信息系统安全运行。

（五）努力探索和完善资本补充的长效机制

公司将根据净资本实际需求，继续探索通过股东增资、引进战略投资者、境内外上市、发行优先股等方式补充资本金，通过多种方式来建立和完善公司资本补充的长效机制，不断增强资本实力和抵御风险能力。

（六）加快公司发展战略的修订和完善

公司一直高度重视发展战略的制定工作，成立了战略推进工作小组，由相关部门对公司战略进一步细化，推动各业务子战略和中后台保障战略的具体制定以及后续的落实、监督和评估。尽快形成科学客观、符合宏观经济和行业发展趋势、更加契合公司实际的发展战略。

国投信托有限公司

一、2014 年经营概况

2014 年，面对更加复杂严峻的行业环境，国投信托有限公司（以下简称公司）积极应对挑战，加快转型，稳中求进，较好地完成了各项年度经营指标与重点工作任务，保持了持续健康发展的良好态势。公司全年实现经营收入 8.05 亿元，同比增长 30%；实现利润总额 6.43 亿元，同比增长 32%；完成合并利润 8.05 亿元。

（一）重点业务板块全面推进

2014 年，受经济下行和政策调整、竞争加剧等多重因素影响，信托全行业发展速度放缓。在此背景下，公司围绕“保增长、促转型”积极开展信托业务，通过深化模式创新、加强渠道合作、加快结构调整，业务重心逐渐向非通道类主动管理型业务倾斜，有效促进了业务收入的提高。公司全年实现信托收入 5.51 亿元，同比增长 26%，增速高于行业平均水平，信托收入在收入结构中占比达 68%。特别是主动管理的证券类系列产品取得了良好业绩，飞天 1 号、4 号和瑞禧稳健三只产品收益率均超过 30%。

在财富管理方面，公司在充实业务力量的基础上，创新开拓服务手段，努力提高直销能力。全年总计实现直销规模 58.60 亿元，核心客户增长率为 25%。在积极开拓客户与市场、拓宽资金来源的同时，公司大力运用互联网手段，创新客户开发与服务模式，国投财富 APP 客户端顺利投入使用，客户关系管理系统（CRM）也于 9 月正式上线运行，为进一步完善客服手段、提高服务水平与服务效率提供了有力的技术保障。

公司进一步深化发展自营主动投资管理业务，通过主动开发投融资项目、科学运用金融杠杆等手段加强场外金融产品投资力度，在保持资产流动性的前提下扩大非标产品配置比例，稳步增加自营资金投资收入及收益水平。公司自营业务全年整体收入 2.55 亿元。2014 年还顺利获批 PE 业务资格，进一步拓宽自营业务投资范围，提升公司盈利能力。

（二）加强风险管理，健全内控体系

创新转型与风险防范成为2014年信托业两大主题。公司坚持业务发展与风控建设双管齐下，不断优化流程制度体系，全面加强风险管理。

一是强化内控管理，公司通过聘请中介机构制定内部控制管理手册，全面梳理内控结构、流程及措施。年度内还结合实际工作新增、修订业务及管理制度24项。二是加强业务风险管控。以细化完善业务材料范本为载体，深化项目选择能力；以增设过程管理节点、加大过程管理力度为手段，提升项目风险管控能力、应急处理能力。同时注重加强风险监控，组织开展专项风险排查，确保业务开展合法合规、风控措施落实到位。三是科学部署审计监察工作，重点关注信托项目后期管理，兼顾业务管理的基础工作，有效发挥了稽核审计作为风险管理体系第三道防线的监督保障作用。

（三）基础管理工作稳步推进

一是配合股东，积极推进增资及引进战略投资者的工作，相关事项已于2014年12月末获得中国银监会批准。公司由此实现了股权多元化，市场化、专业化的发展道路更加明晰。

二是细化、落实公司新的薪酬激励机制，加强团队建设。至12月末，公司员工总数136人，前台业务人员占比为67%。在持续引进人员的同时，加强团队培养，通过多种方式开拓培训资源、丰富培训内容，特别是形成了员工分享的培训模式，促进了员工整体素质的提升。

三是信息化水平稳步提高。根据业务需求，完成CRM系统、中间业务系统建设，移动终端应用等各项功能顺利上线使用；升级改造信托业务管理系统，持续推进灾备中心建设，实现了同城数据备份。公司在国投集团组织的信息化水平评价中，蝉联A级称号。

四是公共关系管理和品牌建设取得成效。2014年，以配合业务发展为原则，公司加强了品牌宣传工作，完成公司内外网站全新改版，重新设计宣传册，并推出双月版内刊《国投财富》。同时，加强舆情监测，增加了与主流媒体的合作互动。在年度知名评奖活动中，公司相继获得“最佳风险管理信托公司”、“卓越金融理财产品信托公司”、“信托行业最佳品牌奖”等奖项。

五是在公司财务方面进一步精细化管理，对重要财务管理环节有针对性地编写业务操作手册，有效降低了关键节点的操作风险，全面提升了管理水平；在信托财务方面通过收支管理模块的上线和估值核算操作手册的制定，对相关工作流程进行全面梳理，大幅提升了信托业务的运营管理效率。

（四）党的建设和企业文化建设进一步加强

结合公司党员人数快速增长的现状，经上级党委批准，公司成立了党总支，并选举产生了

总支委员会，下设四个支部，加强了基层组织建设。年内在党总支领导下，公司深入开展群众路线教育实践活动，认真落实问题整改回头看，结合八项规定的贯彻执行加强作风建设，并采取多种形式加强廉洁从业教育，组织开展以读书、户外徒步走等为主题的多种集体活动，有效促进了公司凝聚力的提升，打造了廉洁从业、团结和谐的企业文化。

二、创新业务案例

2014 年 5 月，公司推出首个员工爱心信托——“国投信托·仁爱壹号·员工爱心信托”，初始信托规模为 30 万元，信托期限为长期，信托存续期间不定期开放，信托资金来源于公司员工捐赠，并用于资助公益事业。截至目前，员工爱心信托共向上海真爱梦想公益基金会捐赠了 75 万元，参与其发起的“梦想中心”计划，用于向青海省互助县、贵州省黔南州三都县、重庆市巫山县以及北京郊区等地的六所中小学捐助建设现代化多媒体教室，并资助当地教师培训。

2015 年，公司还将在公益信托的道路上继续探索，拟设立国内首只以他益信托结构设立的长期专项教育公益信托。

三、社会责任履行情况

2014 年，公司认真遵守《信托公司社会责任公约》，积极履行社会责任，树立了良好的社会形象，在金融行业年度评选活动中获得“最佳社会责任奖”。

公司秉承“为客户、为股东、为员工、为社会”的宗旨，依法合规稳健展业，全面完成年度经营指标，不良资产率保持为零。在业务开展过程中，公司践行普惠金融理念，有效发挥信托助力实体经济发展的功能，通过支持“三农”、“保障房”等项目，主动投身民生改善；积极探索公益信托，成立首只员工爱心信托，热心参与社会慈善事业。

在经营过程中，公司高度注重风险管控，依照诚实、信用、谨慎、有效的原则，审慎管理信托资产，切实维护客户权益，年度内所有到期项目均实现正常兑付，存续项目运转良好；通过创建国投财富 APP 客户端，健全客户服务体系；持续完善客户投诉受理机制，公司全年未发生客户投诉举报事件。

公司重视和保护员工合法权益，定期组织职业培训，关心员工成长，并组织员工开展义务植树献爱心等活动，以实际行动为建设绿色首都贡献力量。

公司还按照监管部门要求，积极有效开展反洗钱、治理商业贿赂和案件防控工作，为维护社会安定和金融秩序作出努力。

四、2015 年发展规划

2015 年，公司将认真贯彻落实党的十八届三中、四中全会精神和银监会主席助理杨家才在 2014 年中国信托业年会上的讲话精神，牢牢把握新形势下的行业发展趋势，科学研判，锐意创新，打造信托业务转型升级、财富管理开拓壮大、自营业务稳健盈利的新格局；以股权多元化为契机，紧密结合公司当前实际，深化改革，加强管理，促进公司发展效益与质量同步提升，开创市场化、专业化发展的新局面。

第一，积极完成增资后续工作，完善公司治理，并以此为契机深化公司各项改革。

第二，大力推动信托业务转型，重点从资产证券化、证券类信托、信政合作和房地产信托等领域入手，进一步丰富投资领域与融资模式，拓展业务链条，提升投资业绩，探索房地产业务基金化发展，研究 PPP 业务模式，争取在新型城镇化、公用事业领域取得突破。此外，积极探索，深化创新，在公益信托、文化产业信托等方面持续取得进展。

第三，稳步提升财富管理能力。通过对内推进股东合作、对外开拓机构客户两手抓的方式，大力做好公司各类产品的发行销售工作。同时不断丰富公司产品体系，增加可供客户选择的投资产品，加大对家族信托等财富管理业务的研究。继续利用互联网手段优化客服体验，提升客服水平。

第四，积极稳健开展自营业务，确保收入稳定增长，主要手段有以下三种：一是维持非标金融产品投资规模，不断吸纳公司内外部优质资产；二是加强二级市场投资品种研究，扩大权益类投资范围，把握超额回报投资机会；三是实施流动性管理，确保高流动性资产投资比例，防范流动性风险。同时，有效扩张业务领域、创新业务模式，研究搭建专业投资平台，探索发展另类投资管理业务。

第五，进一步加强基础管理。根据业务及管理需求，不断完善风险管理链条，健全内控体系，在信息系统建设、人力资源管理及财务管理等基础管理工作领域进一步提升管理效率，进一步完备公司品牌建设体系、丰富宣传手段，塑造特色化的公司品牌形象。

杭州工商信托股份有限公司

一、2014年经营概况

2014年，杭州工商信托股份有限公司（以下简称公司）顺应我国进入经济发展新常态的趋势性变化，坚持“有所为，有所不为”的业务策略与“基金化、投资化、中长期化、产品化”的业务战略方向，坚定信心，稳中求进，以服务受益人为己任，严控风险底线，把握发展机遇，深化业务转型，提升全面管理水平，积极发掘和培育新增长点，提高金融服务质量，构建公司的核心竞争力。

（一）盈利能力有所提升

截至2014年12月末，公司总资产20.31亿元，净资产16.77亿元。2014年1月至12月，公司实现总业务收入92993.83万元，同比增长35.63%。其中，信托业务收入80606.86万元，同比增长35.60%；主营业务收入占比（信托业务收入/总业务收入）为86.68%；实现利润总额62041.12万元，净利润46419.08万元，同比增长37.59%。2014年，公司的资本利润率为32.17%。

（二）信托资产规模稳步增长

截至2014年12月末，公司管理的信托资产规模为284.07亿元，同比增幅25.51%。其中，集合信托产品50个，合计规模266.81亿元，同比增长33.81%；单一信托7笔，合计规模17.26亿元。

（三）资产管理业务特点鲜明

公司主营业务突出，信托业务收入占比同比基本持平，远高于行业平均水平，2014年末信托业务收入占比达86.68%。

2014年，公司坚持“有所为，有所不为”的业务策略与“基金化、投资化、中长期化、产品化”的业务战略方向，坚定信心，稳中求进，以服务受益人为己任，严控风险底线，推进战略实施与业务转型，公司在强调基金化产品金融技术审核、区分投资风格、规范产品管理的前提下，逐渐以投资策略细分基金化产品系列，在一定程度上丰富了产品线，资产端与负债端的匹配度有所提高。2014 年，公司推出 3 个策略型组合投资集合资金信托计划；截至 2014 年 12 月末，在存续信托业务中，主动管理型信托业务规模占比为 96.5%；在存续集合信托业务中，基金化产品规模占比达 54%。2014 年，公司受托管理的信托资产规模显著提高，主动管理特征鲜明，资产结构得到进一步优化。

（四）信托业务清算情况

2014 年 1 月至 12 月，共清算信托项目本金 32.84 亿元（未包括存续项目部分兑付）。其中，完全清算兑付 13 个集合信托，共计 20.31 亿元，受益人加权平均实际年化收益率为 12.29%；完全清算 2 笔单一信托，共计 12.53 亿元，受益人加权平均实际年化收益率为 9.02%。

（五）风险管理进一步加强

从 2010 年开始，公司制定了《房地产信托业务指引》并逐年更新，定期评判房地产市场后期的发展趋势，并明确来年房地产信托业务的发展思路，用以指导各项目团队开展业务。2014 年，公司对存续房地产信托项目按月开展风险排查、按季进行压力测试，对整体房地产项目和交易对手的流动性风险状况以及投资类项目的运作情况进行了总结和分析，并梳理了各项目后期管理的主要风险控制措施，并逐条部署实施。

公司管理层坚持开展“合规午餐”，通过与员工的沟通互动，培养全员合规意识。此外，专项合规培训与新员工合规培训成为常态，公司合规风险管理质量得到监管机构和客户认可。

二、创新业务案例

（一）业务模式创新——推进“产品化”战略实施

2014 年，公司在强调基金化产品金融技术审核、区分投资风格、规范产品管理的前提下，逐渐以投资策略细分基金化产品系列，在商业地产、住宅领域投资方面形成了各有侧重的特征和风格，在一定程度上丰富了产品线，资产端与负债端的匹配度有所提高。2014 年，公司推出 3 个策略型组合投资集合资金信托计划；截至 2014 年 12 月末，在存续信托业务中，主动管理型信托业务规模占比为 96.5%；在存续集合信托业务中，基金化产品规模占比达 54%。公司“基金化、投资化、中长期化、产品化”的业务策略得到有效贯彻落实、成效显著。

“产品化”与基金化、中长期化密切相关，公司已开始对基金类产品设计方案实施金融技术审核，以期进一步规范产品设计、探索组合配置及产品运营管理，推进产品设计与管理的标准化，结合客户分类研究，逐渐形成具有不同投资风格、投资策略、投资领域的产品系列，为客户提供更具品质的差异化产品和服务。

在资产端，公司注重提升资产管理能力、提高获取资产的能力、提供金融解决方案的能力。在负债端，公司一直坚持直销模式，自主发展客户，不开展通道类业务。公司希望成为市场中具有较强资产管理能力、拥有核心客户、拥有核心竞争力的信托资产管理机构。

（二）以业务创新探索信托支持公益事项

公司推出的浙江省首个带有“公益资金”设计的信托产品——杭信·阳光1号建工地产欧美金融城投资项目集合资金信托计划，已于2014年完成公益资金提取及捐赠运用，分别用于小学“阳光浴室”、贫困儿童唇腭裂手术治疗项目、孤贫先天性心脏病患儿手术治疗等青少年助学与救助项目。

三、社会责任履行情况

公司作为杭州市“社会责任先进企业”，一直以“服务于社会、奉献于社会”为己任，积极参加公益活动，勇于承担社会责任。

在历年的市场化运作中，公司始终秉承“诚实、信用、谨慎”的经营方针，坚持诚信对待客户，并将此理念贯穿在信托业务各个环节。公司一直强化公司治理和风险控制，服务广大客户，支持公益事业，已连续多年参与了“联乡结村”、“春风行动”、抗震救灾捐款、助学捐赠等公益活动，通过各种途径反哺社会，履行社会责任。公司曾先后开展“走进三都·托起未来”助学捐赠活动、为杭州的进城务工人员子女学校——杭州市明珠实验学校建立爱心书屋。公司曾先后被评为杭州市红十字抗震救灾先进单位、社会责任建设先进企业、杭州市模范集体。

一是公司以业务创新积极探索信托支持公益事项，推出的浙江省首个带有“公益资金”设计的信托产品——杭信·阳光1号建工地产欧美金融城投资项目集合资金信托计划，已于2014年完成公益资金提取及捐赠运用，分别用于“阳光浴室”、贫困儿童唇腭裂手术治疗项目、孤贫先天性心脏病患儿手术治疗等青少年助学与救助项目。

二是2014年，公司在“联百乡结千村帮万户”活动中出资25万元帮扶单位桐庐县合村乡解决实际困难。

三是2014年5月，公司党委、团委与工会代表携手浙江省阳光教育基金会，前往桐庐县合村乡小学，参加“合”爱心助学专项基金成立暨捐赠仪式。

四是2014年10月，公司向衢州江山市廿八都小学捐赠了被子、住校生的洗漱用品以及音乐、体育课所需的器材等，公司的14名员工还与廿八都小学贫困学生进行了一对一结对助学。

五是在信托业务发展过程中，公司始终认真坚持“专业、精致、恒久”的经营理念，贯彻“业务发展，风控优先”的原则，通过严格筛选项目，充分地进行尽职调查，采取严密有效的风险控制方式，对项目进行全程管理，确保信托财产处于风险可控的状态。2014年，公司清算兑付的集合信托计划受益人的加权平均实际年化收益率为12.29%，排名行业前列，信托产品的规范运作及历年产品的良好收益为公司赢得了良好的口碑。

六是2014年，公司及全体员工参与杭州市“春风行动”活动，为社会困难群体献出一份爱心。公司已连续13年人人参加该活动。

四、2015年发展规划

2015年是全面深化改革的关键之年，党的十八大和十八届三中、四中全会、中央经济工作会议精神已为包括信托业在内的银行业工作和发展提出总的指导思想和工作基调，即稳中求进、提高发展质量和效益、主动适应经济发展新常态。

对于公司而言，经营环境可谓挑战与机遇并存。公司将坚持以服务受益人和实体经济为己任，积极寻找经济转型中的信托切入契机，坚持“基金化、投资化、中长期化、产品化”的业务战略方向与“有所为，有所不为”的业务策略，顺势而为，稳中求进，加强金融基础设施建设，提升全面管理能力，提高金融服务水平，逐渐建立起与以客户为中心相匹配的服务模式、与业务发展战略相匹配的发展模式、与精细化管理转型进程相匹配的管理模式，为公司打造核心竞争力、实现可持续发展奠定基础。

一是资产管理领域。顺应我国进入经济发展新常态的趋势性变化，在经济结构调整与产业升级的过程中，顺势而为，深化业务转型与管理转型，从“项目驱动”转向“产品驱动”、“客户驱动”，推动策略型信托基金发展、拓展资产证券化业务，抢抓机会，规避风险，开拓创新，稳中求进。

二是深化同业机构合作。进一步推进机构间的深度合作，尤其是加强与同业机构的战略合作。

三是拓宽投资范围，提升资产配置能力。在加强研发、设计的基础上，通过产品驱动和客户驱动，提高主动搜寻项目能力、资产配置能力，扩大投资范围，关注资本市场、私募证券（信托产品、中小企业债等）、新三板市场、收购兼并、战略性新兴产业、传统产业改造升级等领域，拓展投资边界和深度，通过合作与创新，积极发现和培育新增长点。

四是尝试开展单独账户管理。从“项目驱动”积极向“客户驱动”转型，试点开展单独账户管理服务。在定向客户需求分析的基础上，尝试向超高净值客户及高端机构客户开展针对客户需求进行量身定制的单独账户管理服务，为家庭信托服务等财富管理业务的开展积累经验。

五是注重客户端培养。注重直销能力的提升、投资者教育和客户关系管理，培育基石投资者、专业机构投资者和真正的高净值人士，提升核心客户的认可度和战略合作紧密度。

六是进一步发挥中台对业务开展的指引作用和主动管理作用，使项目管理和产品管理并驾齐驱。随着单独账户管理服务的开展，进一步提高客户服务水平。

七是深化内部管理转型。

华能贵诚信托有限公司

一、2014 年经营概况

2014 年，是国内外经济金融形势发生巨大而深刻变化的一年。由于“三期叠加”的影响，信托行业结束了自 2007 年以来的高速增长，行业发展进入调整期，华能贵诚信托有限公司（以下简称公司）发展也面临着重组以来较为严峻的挑战与考验。在上级主管部门的正确领导和有力支持下，按照“调结构、促转变、重改革、增活力”的全年工作总要求，公司上下开拓创新、勤奋努力，扎实推进“质量双十”建设年活动，推动公司工作持续、快速、健康向前发展。

（一）主要经营指标完成情况

一是全年新增信托规模 3299 亿元，存续信托规模 4173 亿元，存续规模比上年末增长 41%，高于行业 28% 的平均增幅。

二是集合信托业务存续规模 1392 亿元，占比为 33%，同比增速提高 120%，高于行业 29% 的平均水平。

三是全年实现营业收入 22.70 亿元，同比增长 56.4%，收入结构进一步改善。

四是全年实现利润 17.12 亿元，同比增长 53.47%，高于行业平均增幅。

五是公司净资产收益率达 22%，保持了重组以来净资产收益率在 20% 左右的水平。

六是公司资本总额 30 亿元，高于行业 19.02 亿元的平均水平；净资产 62.70 亿元。

七是公司净资本 52.75 亿元，风险资本 40.70 亿元，净资本与风险资本比例为 129.59%，达到 100% 的监管标准。

八是全年到期结束信托规模 2086 亿元，没有发生经营风险，到期项目全部实现按期兑付。

（二）公司发展的主要特点

2014 年，围绕“质量双十”这一总载体，公司工作的重点已从过去单纯依靠规模增长转变为规模与效益并重、速度与质量并重的轨道上，在以下五个方面有力推进，展现了“五度一体”

的工作新格局。

1. 以结构优化和创新驱动带动业务增长，拉升业务工作的高度

在信托业务方面，公司主动适应政策变化，加大金融同业合作创新和金融资产存量盘活力度，提高资产流动性，积极探索促进整个金融体系健康发展的路径，取得了一系列业务创新的成就，使公司业务转型和结构调整迈出了坚实的步伐。

在固有投资方面，公司积极发掘公开市场上各类风险可控的投资机会，以价值为导向的长期投资品种收获了应有回报，全年固有投资收益达到历史最好水平，资产配置种类更加丰富，收益结构更加均衡。此外，充分发挥固有投资业务部门关注经济形势和政策动向、熟悉资本市场的优势，为信托业务创新提供研究支持。信托业务与固有投资业务两大业务的积极互动，发挥了显著的协同效应，对公司收入增长和业务结构优化起到了明显的拉动作用。

2. 扎实开展“核心客户建设年活动”，挖掘业务工作的深度

围绕金融服务实体经济这一目标，公司加强核心客户建设活动，初见成效、亮点频现。一是将基金化信托产品探索实践与城镇化建设、区域经济发展相结合，帮助企业做强做大，促进区域经济健康发展。公司与天津城投、天房集团、湖北联投、武汉城投、北京国资下属企业等一批大型国企重点客户开展了基金化业务合作，累计合作规模超过200亿元。二是与江苏雨润、北京汇源等农业经济龙头企业合作，加大对“三农”项目的支持力度。三是依靠互联网和大数据技术，与阿里巴巴集团合作，实现信托向传统金融渠道服务难度大的中小微企业信贷、消费金融领域的渗透，增强了微观经济主体的活力。四是依托华能集团能源产业优势，与国家电网公司合作，积极开展煤层气、太阳能等清洁能源项目融资合作，支持节能环保领域企业发展。五是积极探索供应链金融，与万科、世茂、中建、中铁建等深度合作，打通产业链、供应链，量身定制、共同创新，增强行业龙头企业的领先力和创新活力。六是继续围绕贵州公路、铁路、水利等重大基础设施建设，积极引资入黔，支持地方经济发展。

3. 创建统一协调、多层级、供需互动的营销体系，扩展业务工作的广度

公司准确把握竞合共赢的混业经营趋势，抢抓金融产品交叉销售快速增长的机遇，积极与银行、保险、证券公司、基金子公司等金融同业展开广泛合作，建立以机构客户资金为主的多层次营销体系。根据不同类型客户需求，差异化创设产品，不断完善产品设计、丰富产品类别，提高公司产品的品牌吸引力和知名度。公司在高度注重与同业的总对总合作的基础上，主动将重心下移，重点开发城市商业银行以及国有大行、股份制银行的基层行，推动银信合作不断深化，不断更新，不仅使公司与国家开发银行、工商银行、招商银行、民生银行、北京银行、南京银行等一大批银行建立了长期战略合作关系，也使公司成为这些银行重大创新活动的首选伙伴。公司还积极开展与保险机构、证券公司、基金公司、财务公司等非银行金融机构的合作，与新兴的互联网金融主体建立了创新互动工作机制。2014 年公司与 50 余家银行、10 家保险公

司、17 家券商及基金子公司以及财务公司、租赁公司等大型机构进行了合作，基本实现了金融同业合作的全覆盖。

4. 全面加强以风险管理为核心的基础管理工作，增加基础管理的厚度

2014 年，公司既有效防范了风险，又通过风控前移及创新，支持了公司业务转型，初步实现了合规风控工作从被动管理向主动管理的转变。一是强化风险防控责任制。通过定期公布、宣讲行业风险案例、强化项目第一责任人职责等措施，强化全员合规风控意识。二是不断完善风险防控手段。通过修订、完善各项业务指引，有效指导业务发展方向；完善业务审查决策程序，促进业务审查机制更加透明化、阳光化；下发标准化合同等，规范业务操作模式，防范操作风险。三是推动风控前移、交易结构创新，支持业务转型。一方面，围绕业务需求，现场支持业务部门前期项目谈判、前端解决项目疑难问题，通过交易结构创新解决客户真实需求，促进项目安全落地；另一方面，前瞻性地总结了创新业务类型及交易模式，加强对新兴行业与互联网金融研究，支持推动业务部门开展创新业务。四是继续贯彻“合规经营”的原则。强化了与监管的有效沟通，配合了现场检查，促进了公司合规经营。公司恢复营业 6 年来，至今未发生监管处罚事件，公司合规风控工作成为公司经营发展的重要竞争力。

与此同时，公司各项基础管理工作全面推进。预算管理在促进公司工作中的基础性、约束性作用进一步增强，计划财务管理零差错；信托财务及时适应业务规模不断增长和交易模式日趋复杂的变化，及时有效地为业务发展提供优质服务；内部审计稽核的作用不断强化，公司规范化管理的特点日益明显；综合管理的服务性功能得到充分发挥，为公司业务发展创造了有利的条件。

随着以风险管控为核心的各项基础管理工作的加强，有效地适应了公司业务转型，有力地支撑了业务发展，使公司发展的基础更加雄厚。

5. 加强企业党建和人力资源工作，激发员工激情，增强公司发展的力度

2014 年，公司党建工作取得了明显的成效。党的群众路线教育实践活动完成阶段性目标，使“四风”得到了很好的整治，“三增三创”的水平和能力明显提高，为公司发展增添了正能量。公司被集团公司命名为华能系统和谐企业示范单位，公司参与的由国务院国资委主办的企业党建课题研究成果通过初审评定，企业文化建设成就得到上级组织和各界的充分肯定。公司人力资源工作有力地支撑了结构转型和业务发展，一批有理想、有激情、有责任心的年轻同志担负起工作重任，在业务创新和公司管理中发挥了生力军作用。公司各部门之间、各业务团队之间团结协作的精神进一步增强，“团结包容、奋发有为”的氛围更加深厚，发展的活力得到充分体现。

（三）公司在行业的排名情况

由于发展实力不断增强，再加上业务转型取得初步成功，自 2013 年公司首次跻身行业前十

位后，到2014年，公司的行业排名已提升到第8位。公司进入行业第一梯队的目标基本实现。

二、创新业务案例

从2013年起，公司把“有质量的稳定增长”作为业务发展的指导方针，以结构优化和创新驱动带动业务增长，在促进规模增长的同时，更加注重发展的质量和效益。在超额实现2013年“数量双十”发展目标的基础上，又经过2014年“质量双十”的建设，公司已经初步实现了从单纯的规模增长向规模与创新并重、速度与质量并重的业务转型，并在某些细分领域居于行业领先位置。

案例一：公司在监管机构支持下，在资产证券化领域实现了行业重大突破。公司发起设立的“平安银行1号小额消费贷款资产证券化信托”，成功发行并首次在证券交易所上市，实现了信托产品与交易所市场的互联互通，开行业之先河，占据了此项业务领域的市场高点，为公司赢得了声誉。

案例二：公司在信贷资产流转创新试点领域始终保持先发优势。2013年末银监会出台信贷资产流转创新试点后，公司不仅是首批四家试点单位之一，而且在业务合作规模和存续管理余额方面，连续两年位居行业第一，同时还积极推动扩大试点，协助更多的银行申报试点资格，使信贷资产流转业务成为继资产证券化之后盘活存量的又一利器。

案例三：公司积极响应监管创新号召，在“债权型直融工具”领域进行重点攻关。公司已与阿里巴巴集团合作，启动“债权型直接信托融资工具”的创新研发攻坚工作，并拟在银行间市场上市，力争成为推动信托行业标准化直接融资工具的领跑者。

案例四：公司与天房集团合作设立的惠泽城镇化基金，被天津市政府选为天津市城镇化工作亮点之一，作为由中国指数研究院出具天房集团城镇化建设专题报告中的成功案例，报送国务院以及发展改革委、商务部等国家决策机构。

三、社会责任履行情况

2014年，公司继续履行央企控股的信托公司所承担的社会责任，积极主动为客户和地方经济发展作贡献。一是为客户创造稳定的委托理财收益。全年通过委托理财，公司共为各类客户创造委托理财收益249亿元，“华能贵诚”在信托行业中的品牌影响力进一步扩大。二是为促进地方经济发展作出新的贡献。全年公司为贵州46个项目提供了融资服务，新增融资额达219亿元；当年在黔存续信托项目累计规模达480亿元；为贵州地方贡献税收5.95亿元。贵州省委、省政府连续两年对公司为贵州经济发展所作出的贡献提出表彰奖励。

四、2015 年发展规划

2015 年，是公司结构优化和业务转型十分关键的时期。全年公司工作的指导思想是：以党的十八届三中、四中全会精神为指导，认真贯彻集团公司、资本公司年度工作会议的有关决定，主动顺应、适应经济发展新常态，围绕上级主管部门和公司董事会下达的年度经营目标，坚持稳中求进、转型升级的工作主基调，走专业化、差异化发展道路，着力构建起公司业务发展的新模式，打造行业竞争新优势，推动公司发展新跨越。

2015 年公司工作的主要任务是：以构建具有华能特点的资产池为中心，深度拓展资产和资金两端业务，一体两翼统筹运作，加快培育和形成公司核心竞争力；力争通过 3～5 年的艰苦努力，把公司办成全中国最优秀的非标资产生产商和供应商。

一是紧贴国内金融改革的进程，以资产证券化建设为突破口，不断发现、把握改革过程中所产生的新业务机遇，推进与国有商业银行、大型股份制银行等的深度合作，使公司不仅是深化金融改革的参与者，更是金融改革的优先受益者。

二是紧抓国家及各省（市）、区产业战略调整转移、实体经济真实需求以及新业态、新需求、新产品、新模式产生的重大机遇，充分发挥金融与产业的协同效应，创新合作模式，发掘优质资产，寻找新的业务增长点，提高规模效应，使公司业务增长的触角从现有领域向新领域延伸、拓展。

三是紧跟加快建设多层次资本市场的步伐，以多层次资本市场成为新一轮改革的重要载体为中心，开阔视野，深度延展，积极参与多层次资本市场建设，挖掘资本市场中蕴藏的巨大业务机会，创造良好的收益。

四是紧盯公司既定的大客户战略，在过去工作的基础上，进一步明确重点，完善措施，纵深拓展，强化公司与核心客户的全方位合作，增强核心客户对公司收入的贡献。

五是紧扣多层次渠道建设的接点，健全渠道功能，深入挖掘资金来源，创建“来源明确、层次分明、配套合理、功能齐备”的资金建设体系。

华融国际信托有限责任公司

一、2014 年经营概况

2014 年，在监管部门的指导下，在中国华融党委，华融信托党委、董事会的正确领导下，监事会的有效监督下，华融国际信托有限责任公司（以下简称公司）牢牢把握“稳中求进、改革创新、转型升级”的主基调，深入开展“一手抓利润稳步增长促发展、一手抓风险防化平安无事保安全、一手抓党风廉政队伍建设和谐稳定不出事”三大重点工作，顺应监管政策导向，提升发展质量，抢抓机遇、奋力拼搏，各项工作取得积极成效。

（一）盈利水平保持稳步增长

2014 年以来，公司沉着应对宏观经济下行带来的巨大压力，积极适应增长速度放缓、风险防化压力增大的新常态，盈利水平保持稳步增长态势。2014 年，公司管理信托资产规模实现跨越式增长，管理信托资产规模达 1450 亿元，较 2013 年增长 49.5%，较 2012 年增长 107%，实现两年翻一番的跨越式增长；公司全年实现营业收入 18.31 亿元，是行业平均营业收入 14.04 亿元的 1.3 倍；信托主业不断做强，实现信托业务收入 15.4 亿元，是行业平均信托业务收入 9.52 亿元的 1.62 倍，占公司营业收入的比重超过 84%，远高于行业 67.79% 的平均水平；实现利润总额 9.76 亿元，是行业平均利润总额 9.45 亿元的 1.03 倍。公司 2014 年在国内各类重要的行业评选中荣获“中国金融行业年度评选最佳品牌奖”、“金牛集合信托公司奖”、“年度优秀理财管理中心奖”等多个奖项，发展成绩得到业界肯定。

（二）资产结构持续优化

截至 2014 年末，公司管理存续信托资产规模达 1450 亿元，以占行业 1.04% 的信托资产规模实现了占行业 1.92% 的营业收入，主要原因是公司管理的信托资产大部分是自主管理项目，资产管理含金量高，资产管理方式丰富，2014 年重点发展专业性强、技术含量高的投资银行业务和投资类业务，公司的股权投资信托、证券投资信托品种更加丰富，产品种类从之前的单一有限合伙模式扩充到有限合伙、二级市场、伞形基金、债券投资等多元化结构，投资管理能力得到长足发展。

在高质量的资产管理工作下，公司资产投向均衡，资产质量良好。在管理的存续信托资产中，投向工商企业的比例最高，占比为29.98%，其余投向金融机构、证券投资、基础产业、房地产和其他领域占比分别为23.07%、16.14%、15.14%、12.58%和1.46%，资产的行业分布较为均衡，避免了资产向高风险领域和单一领域过于集中，有利于资产的风险分散和资产安全。

（三）财富管理品牌效应逐步显现

公司始终立足于“受人之托，代人理财”的信托本源，着力打造公司特色财富管理服务，自主资金募集能力得到大幅提升。2014年，当年新增自然人客户1415户，自主服务客户黏性进一步提升，在认购公司理财产品的自然人客户中，重复购买率达60%，公司财富管理品牌效应逐步显现。

（四）风险控制核心竞争力进一步增强

公司因市场而变，因客户需求而变，根据外部形势变化，继续深入打造风险控制核心竞争力。在董事会的引领下，公司实施了一系列有效措施进一步健全风险管控体系，建立了项目论证会制度并有效运行；修改了主要业务准入指引，提高集合信托业务准入门槛；成立了评估咨询二级部和后期管理二级部进一步加固了项目“防火墙”；风险排查常态化，出台资金成本考核制度，强化公司风险意识和资金成本意识。

2014年公司到期清算信托项目97个，均实现了按期兑付，累计分配信托本金318.15亿元，累计分配信托收益55.53亿元，到期清算信托项目年化平均收益率为11.98%，充分履行了受托人责任，切实保障了投资者利益，为信托受益人带来了较为可观的收益。

二、创新业务案例

（一）×信贷资产流转单一资金信托计划

1. 交易结构

X银行北京分行拟通过信贷资产流转业务出让9500万元××公司流动资金信贷资产。公司作为受托人，X银行北京分行作为委托人，通过本信托向Y银行理财计划出售其所持有的××公司债权以及相应担保权利。

本次信贷资产流转由公司作为受托人，引入信托交易结构，其优势在于：

一是根据《信贷资产流转业务管理试行办法》，银行理财计划仅能受让贷款对应的受益权，不能直接购买贷款，信托交易结构有利于将银行理财计划纳入交易对手范畴内，扩大受让人范围。

二是相比较直接交易信贷债权，交易信贷资产受益权能够避免转让方客户资源流失。

三是公司充分发挥信托制度破产隔离、灵活多变等优势，为本次信贷资产流转提供专业化的信托服务，提高交易透明性和效率性，充分保护交易双方权益。

2. 项目评价

一是信贷资产流转信托有利于盘活银行存量资产。银行业务重点已从资本消耗转向资本管理，风险资产调整需求越发强烈。通过信贷资产流转信托有利于盘活存量信贷资产，提高资金周转效率，同时还能够获得中间收入，是银行转型发展以及提升盈利能力的重要选择。

二是充分发挥信托制度优势，促进信贷资产流转透明化和高效化。公司充分发挥信托制度优势，为信贷资产流转提供信托产品设计、信托利益分配、清算等专业服务，实现交易运作透明性和专业性，同时公司不承担交易实质性风险，符合公司发展事务管理类、财产权类信托业务的转型方向。

三是充分了解信贷资产流转交易特点及交易方利益诉求。通过本次信托业务试水，明确了监管要求，了解了银行出让方、受让方、信托各方的权利义务，明晰了银行的利益诉求点，为日后大规模开展此类业务奠定良好基础。

目前信贷资产流转仍处于试点阶段，主要以单笔转让为主，但从监管部门表态以及银行需求来看，未来交易品种有望扩大，市场规模及发展前景较佳，有望成为公司转型发展的新动力和收入新增长点。

（二）华融·爱心信托单一资金信托

近年来，我国公益信托发展较快，不仅支持了公益事业发展，也取得了较好的社会效益，成为信托行业转型的重要方向。结合当前中国华融发展和参与公益事业的情况，为了进一步提升公益事业管理水平和公益品牌形象，中国华融总部作为委托人，将中国华融（含各分公司、营业部）及各子公司每年的团体捐款、中国华融工会在系统内募集的员工个人捐款以及扶贫资金委托公司进行专业化管理和运作，成立“华融·爱心信托单一资金信托”，信托资金主要用于赈灾捐赠、中国华融定点扶贫、帮扶救助中国华融系统内困难职工以及其他公益目的。

1. 交易结构

中国华融将资金财产委托给公司，设立单一资金信托，公司对信托财产进行投资管理，实现保值增值，并根据信托管理委员会指令进行信托本金和收益的分配和利用，按照先信托收益后信托本金的顺序执行指令。

2. 项目评价

一是机制创新。爱心信托的设立创新了中国华融公益事业工作新机制，在应对社会突发赈灾救助需求时，将过去应急性、临时性、滞后性的捐款救助模式打造为常态化、有序性、高效率的公益基金管理模式，对国企扶贫帮扶及履行社会责任工作具有突出的示范引领作用，不仅在公司内具有重要的首创意义，而且在整个金融系统乃至全社会都具有良好的示范效应。

二是优势结合。中国华融工会和公司分别履行信托委托人和受托人职责，有利于充分发挥工会的群众组织优势和公司专业管理者优势，提高公益资金使用管理的安全性、高效性和保值增值。

三是资源集聚。通过信托计划整合了中国华融体系内社会扶贫和系统帮扶救助资金，提升了工作的覆盖面，集中力量办好事、办大事。

经与中国华融工会密切配合，华融爱心信托如期成立。华融爱心信托构建了社会扶贫济危的新模式，一方面，通过发挥信托制度的专业优势，提高了中国华融公益资金管理的独立性和专业性；另一方面，提高了公司以及信托行业的社会公信力，对信托业的长远发展形成了正面影响力和持久推动力。自 2014 年 9 月 24 日华融爱心信托设立以来，公益资金运作良好，公司根据信托资金合同要求及金融市场走势，制订了详尽的投资方案，投资于货币市场基金，实现了公益资金的安全性、收益性和流动性。近日，新疆分公司申请 2.1 万元用于购买 30 吨煤炭解决和田市墩村贫困户和小学及村委会冬季取暖困难，经中国总部审批后，公司当日即完成此笔公益资金的拨付，将继续监督公益资金后续使用情况，履行好受托人职责。

三、社会责任履行情况

公司高度重视注册地经济社会发展，积极支持新疆经济发展和社会进步，重组至今向新疆缴纳各项税费突破 14 亿元，2014 年为新疆经济建设新增融资 23.5 亿元，存续融资规模超过 70 亿元，支持了新疆城市基础设施建设、新能源、煤化工和精细化工、纺织等行业和领域。在追求自身发展的同时，公司积极履行社会责任，贯彻落实自治区党委、政府的相关文件精神和要求，积极做好新疆维吾尔自治区塔什库尔干县贫困村的帮扶建设和对口扶贫工作，认真履行社会责任。此外，公司积极投身公益事业，捐款 20 余万元支援云南鲁甸地震灾区抗震救灾工作以及灾后重建工作；支持四川宣汉 40 万元定点扶贫款；配合、协助中国华融做好公益信托项目，该公益项目旨在赈灾捐赠、教育扶贫以及救助系统内困难职工而设立，彰显了华融国企的社会责任。新疆银监局对公司的治理结构、业务发展、风险管控、对监管工作的支持和配合也给予了较高的评价。2014 年，公司继续被授予新疆自治区“精神文明单位”称号。

四、2015 年发展规划

2015 年，公司持续深入推进转型发展，贯彻落实“适应新常态、寻找新动力、实现新发展”的精神要求，围绕“提质控险、转型升级”两大中心工作，充分发扬开拓创新的进取精神及和谐奋进的团队精神，深耕资产管理市场，加大产品创新力度，以结构化产品、并购重组业务、基金化业务等创新业务，拓宽公司盈利领域；重点打造自主财富管理核心竞争力，继续推进异地营销中心建设，进一步拓展资金渠道；充分认识金融领域存在的潜在风险，加强项目全过程风险管理；依托中国华融的优势资源，坚持内控优先、合规经营的管理理念，紧贴资产、做活金融，助力集团、控制风险、一体两翼，以资产管理带动财富管理；坚持走差异化、专业化、特色化、国际化的经营发展道路，努力打造国内一流的资产管理平台、财富管理平台和战略共赢平台。

江苏省国际信托有限责任公司

一、2014 年经营概况

2014 年，面对宏观经济增长趋缓、行业监管日趋严格、分业经营竞争加剧、传统业务开展受阻等多重压力，江苏省国际信托有限责任公司（以下简称公司）坚持“审慎稳健”经营理念，主动应对挑战，切实转变发展思路，加大改革创新力度，不断优化业务结构、拓展经营领域，强化资产管理能力，逐步完善规范化管理体系，公司业绩继续稳步增长，全年未发生风险事件。2014 年公司实现利润总额 12.53 亿元，年末信托存续资产规模为 1743.47 亿元，全年完成信托手续费收入 4.74 亿元，经营规模连续迈上新台阶，经营效益继续保持稳定增长。在银监会监管评级和省属金融企业绩效考评中公司均获得了优秀成绩。

2014 年，公司在信托主营业务方面规模与质量并举，发展效益持续攀高。一是信托规模逆势增长。2014 年信托业整体发展速度放缓，总资产规模同比 2013 年增长约 18%。公司主动顺应市场形势，抓住有利时机，加强与重点机构合作，集合业务与单一业务并重发展，信托资产规模再创历史新高。截至 2014 年末，公司信托资产规模超 1700 亿元，增幅达 68%，远超行业水平，在省内信托公司中继续保持领先。二是业务结构进一步调整。公司持续加强集合信托业务的发展转型，加强低风险业务的市场开拓。经过深入分析市场，公司在加强对风险度较高的房地产信托业务管控的同时，将业务重点转向风险可控的保障性住房、基础设施等领域，积极与实力强、现金流好的省内地方政府平台公司合作。三是风险防范工作到位。2014 年信托行业风险事件频发，产品兑付压力沉重。公司未雨绸缪，及早开展风险排查，有针对性地提前结束多个房地产信托项目，对存续的集合类项目的后续管理工作进行现场检查，对信托项目资产及抵押物进行专项审计，有效地规避了项目运行风险。全年公司无一起风险事件发生。四是财富管理能力提升。公司稳步推进“资产管理”向“财富管理”的转型进程，大力拓展客户对象，逐步细化服务模式，不断提升服务能力。公司逐步深化同业合作的层次与力度，先后与江苏银行、建设银行、民生信托、省交通控股财务公司、南方基金、华泰证券等各类同业机构建立了密切的战略合作关系，进一步拓宽了同业合作渠道、深化了同业合作模式。

2014年，公司以金融股权和资本市场为主线，秉持谨慎稳健运用原则，强化主动管理能力，固有业务后劲充足。一是资产布局势头良好。公司积极配合江苏银行上市工作，参与对利安人寿、阜宁民生村镇银行进行增资扩股，研究互联网金融领域，加快长期投资布局。公司积极优化自有资金的投资配置，最大限度地提升资金使用效率，抓住证券市场机遇主动管理、合理运作，公司长期持有的股票资产价值抬升显著，将形成新的利润来源。二是创投业务科学管理。在存续业务管理方面，加强项目的整体梳理，及时把握已投资项目的整体运营动态，加快落实已投资项目的回收工作。在新项目投资方面，公司与多家基金管理公司洽谈合作，考察南京市浦口区创新项目、江苏省高新技术创业服务中心推荐项目等，为创投工作的进一步发展奠定了扎实的基础。

2014年，公司不断健全内控体系，规范管理得到加强。一是进一步健全内控体系。着力推进公司风控体系基础性建设，按照监管要求制定公司恢复与处置机制和信托项目风险处置预案；继续完善重大项目实行重大项目决策委员会制度，科学履行决策程序；制定相关业务操作指引，规范高风险业务操作流程。二是进一步加强信息化管控。充分利用现有OA平台，开发建设了一系列包括内部请示、用印、考勤流程以及事务信托部的项目标准化审批流程，公司主要工作流程已上线，在实现无纸化办公同时大大提高了流转效率。

二、创新业务案例

公司面对行业转型的压力，不断加大创新力度，积极探究新的盈利模式，努力寻求新的利润增长点。2014年公司重新整合研究发展部，定位为公司创新业务主力团队，开展了大量关于家族信托、新三板业务、定向增发业务、PPP模式、期货信托、保险金信托、公益信托以及互联网金融产品等的研究与实施工作，公司业务创新正在迈向新的阶段。

2014年9月，公司成功推出了第一单家族财富管理业务，“江苏信托长乐家庭财富管理1号资金信托”落地。公司积极探索多元化、定制化的家族财富管理服务模式，在为客户提供现金类资产管理之外，还积极研究和探索股权代持信托、海外信托等产品，以满足家族信托客户多样性的财富管理需求。另外，为进一步拓展公司家族财富管理业务，打造品牌化、系列化、规模化的家族信托产品，公司与泰和律师事务所、民生银行南京分行、汉坤律师事务所（北京）已建立了战略合作关系，在客户资源、资金托管、法律和投资咨询等领域开展深度合作。

三、社会责任履行情况

（一）服务公益慈善机构理财

公司发挥自身专业理财功能，为国内外多家公益慈善机构，包括唐仲英基金会、江苏法律援助基金会、江苏陶欣伯助学基金会等提供专业理财服务，实现了公益慈善财产的保值增值，促进了社会公益慈善事业的发展。

（二）支持社会文化教育事业

公司继2012年为泗洪县四河雪三小学捐资翻修校舍之后，2014年又通过员工爱心义捐义拍的形式开展了“筑梦圆梦”捐资助学公益活动。公司继续出资赞助江苏舜天足球俱乐部2014年的比赛和训练，通过实际行动履行社会责任，进一步提升了公司的社会影响力。

（三）助力地方经济和新农村建设发展

公司充分发挥信托灵活多变的优势，整合政府、企业、银行等各方资源，推出“江苏沿海开发”、“江苏县域发展”、“江苏城镇化”等系列产品，有力地支持了江苏地方经济和新农村建设发展。公司积极开展“城乡结对、文明共建”活动，与江苏省泗阳县高渡镇南大滩村对接签订了共建协议，首笔援助资金已拨付到位。

（四）全力帮助员工成长

公司重视员工的精神文明建设，通过开展专业知识讲座、经验交流会，组织首届青年员工演讲比赛，设立“青年读书角”，在全公司范围内营造了一个积极上进的学习氛围。公司努力丰富员工生活，通过组织新春联欢会、五四环保行、多种体育健身等形式多样、内容丰富的文体活动，内部活力得到有效激发。

四、2015年发展规划

2015年宏观大环境正逐步趋稳，行业稳健发展的基础正在逐步夯实，信托业也正在迎来前所未有的发展机遇和挑战。2015年还是国企改革的关键之年，金融市场化改革的浪潮也席卷而来。公司必须及时研究和采取适宜的应对之策，积极适应新常态，努力寻找新动力，争取实现新发展，做强主业、做大利润、做响品牌，不断增强可持续发展能力。

面对经营环境的变化，结合实际情况，2015 年公司经营工作的基本指导思想是：以进一步深化转型为发展主线，狠抓效益提升和风险防范两大重点环节，不断增强市场开拓能力、产品创新能力和财富管理能力，持续推进公司内涵发展，持续提升公司行业地位。

交银国际信托有限公司

一、2014 年经营概况

（一）全面超额完成预算经营指标

交银国际信托有限公司（以下简称公司）2014 年实现营业收入 12.04 亿元，同比增长 19.73%。实现利润总额 8.12 亿元，同比增长 20.5%。实现净利润 6.03 亿元，同比增长 18.87%。年末管理资产规模（AUM）3990 亿元，同比增长 40.66%。

（二）信托主营业务增长平稳

积极应对银监发 99 号文、127 号等监管政策调整和业务报酬率下降等因素影响，信托收入增长平稳。全年实现信托业务收入 8.81 亿元，同比增长 10.40%；信托存续规模 3932 亿元，同比增长 41.16%。

（三）产品创新能力明显提升

创新推出票据池质押融资信托、国内信用证应收账款融资信托、中小企业融资信托、贷款收益权转让信托等银信合作新业务；创新推出基建投资信托基金、高速公路私募型企业资产证券化等创新业务；开拓信贷资产证券化业务，成功发行 4 单 ABS 项目，受托规模 178 亿元；获批受托境外理财业务资格（QDII），成立了首单家族信托、业内首单飞机租赁外汇信托等创新产品。

（四）固有业务经营绩效提升明显

加大固有业务开拓力度，坚持多元化资产配置，实现早投放、早收益。全年实现固有业务收入 3.23 亿元，同比增长 55.59%。开拓了上交所、银行间逆回购业务，丰富了自有资金投资渠道，提升了间歇资金投资收益。

（五）对集团综合贡献和地方经济支持明显提升

坚持融入母行交银集团发展战略、产品研发和客户营销，打造集团非信贷业务和综合化经营重要平台，协同效应和综合化贡献明显提升。积极引进外省市资金支持湖北省武汉地区经济社会发展，重点开拓基础设施建设和民生工程等项目，对地方社会经济支持明显增强。

（六）业务实现安全平稳运行

全年清算信托项目535个，清算规模1343亿元，全部实现到期安全兑付。公司信托赔付率和固有业务不良资产率持续保持“双为零”，各项业务实现安全运行。信托资产结构保持稳健，整体资产配置处于低风险状态。

（七）风险管控水平不断提升

推进全面风险管理体系落地，突出重点项目、重点环节、重点领域风险管控，整体内控管理能力持续增强。荣获《证券时报》第七届中国优秀信托公司评选“最佳风险管理信托公司”奖；根据上海交通大学发布的《信托公司兑付风险评价报告》，公司风险管理能力在信托公司中排名第四。

（八）发展基础不断夯实

一是持续加大人才引进、培养和选拔力度，专业化人才基础持续稳固。二是加快完善产品创新机制，营造鼓励创新氛围，创新基础不断夯实。三是加快完善覆盖业务运行、薪酬分配、财务资源配置的“市场化机制”。四是加快完善业务、财务、人事、科技等各项管理制度，基础管理扎实推进。五是全面推进公司IT系统改造升级，IT对业务发展和管理支撑作用明显提升。

（九）行业地位持续提升

在行业权威媒体评选中屡获殊荣，蝉联《上海证券报》“诚信托”评选综合大奖“卓越公司奖”，保持全国十佳行列。荣获《证券时报》评选“最佳风险管理公司奖”，以及《金融界》领航中国金融行业评选“最佳信托品牌奖”。同时还获得《证券时报》等评选的“最佳证券投资信托计划”、“最具创新信托计划”、“最佳客户服务奖”等奖项。

二、创新业务案例

2014年，面对复杂严峻的宏观经济形势、持续加大的经济下行以及行业监管政策导向变化带来的压力，公司全面布局创新发展战略，加快改革创新和转型发展步伐，以扎实的举措和强大的合力不断强化创新发展基础，完善了融资类、投资类和事务管理类三大类产品体系，形成具有银行系特点的完整信托产品线。公司研发了信贷资产证券化业务、私募型企业资产证券化信托、外汇资金信托、家族财富管理信托、国内信用证项下应收账款融资信托、票据池质押融资信托、中小企业投资资金信托等创新业务品种，并搭建了“平台型”投资基金、“并购基金”、“产业基金”等投资基金业务架构，积极推动各类投资基金产品的有效落地。2014 年公司主要推出以下创新产品。

（一）信贷资产证券化

公司发起设立“邮元 2014 年第一期个人住房贷款证券化信托”，信托规模为 68.14 亿元，基础资产为中国邮政储蓄银行 23680 笔个人住房贷款，优先级加权平均期限达 16 年。该产品为本轮资产证券化扩大试点国内首单，也是规模最大的 MBS 产品，创新性地采取了延迟变更抵押权登记方式，在降低发行成本的同时也提高了发行效率。同时，公司成功发起设立“交融 2014 年第一期租赁资产支持证券”，该产品为国内首单租赁资产证券化产品，发行总规模 10.12 亿元，基础资产为交银租赁已发放的 15 笔融资租赁项目的应收融资租赁款，标志着我国金融租赁资产证券化的正式破冰。多单资产证券化项目的成功发行，帮助公司积累了公开市场业务经验，提升了受托服务支持能力，进一步提升了公司在证券化业务领域的核心竞争力和品牌优势。

（二）私募型企业资产证券化信托

公司发起设立“交银国信 · 稳健 610 号单一资金信托”，产品总规模达 100 亿元，期限 5 年，采用了私募型企业资产证券化方式，将信托资金用于受让某省交通运输厅所持有的当地高速公路 5 年的收费权的收益权，从而深化了集团与当地政府的战略合作关系，提高了集团在支持国家基础建设方面的影响力。

（三）外汇资金信托

公司发起设立稳健 834 号、稳健 835 号和稳健 861 号三只外汇资金信托产品，成为业内首单飞机租赁应收租金投资类外汇资金信托，标志着我国信托行业自 2007 年重新换发金融牌照以来，外汇资金信托业务的正式破冰。该产品募集美元资金，资金规模分别为 5128 万美元、5165 万美元、4377 万美元，分别用于受让某租赁公司旗下 3 家项目公司所拥有的飞机租赁应收租金和飞机残值购买价款。外汇资金信托项目的成功设立，填补了国内信托行业外汇信托业务空白，丰富了公司信托业务产品种类。

（四）家族财富管理信托

公司发起成立交行系统内首单家族信托产品“交银国信·瑞承X号财富管理单一信托”，成立初始规模1000万元，总规模3000万元，期限30年。该产品充分考虑了客户在资产保值、资产传承和财富规划等方面的需求，标志着公司家族信托业务的开拓取得了重要突破。

（五）投资基金信托

公司发起设立“交银国信·杭州东银投资合伙企业（有限合伙）投资集合资金信托计划”，对公司参与政府和社会资本合作（PPP）业务进行了有益探索。该信托计划作为有限合伙人（LP）参与有限合伙企业，并由交银国信资产管理公司与企业共同设立有限责任公司，担任有限合伙企业普通合伙人。该信托计划总规模达43亿元，以资产管理子公司作为资源整合平台，通过灵活运用股权、债权等操作手段，实现了对银行、信托、政府合作模式的重大创新。

三、社会责任履行情况

公司一贯重视发挥企业社会性价值，认真贯彻落实母行交通银行“稳增长、促改革、调结构、惠民生”的政策精神，充分利用信托功能优势、制度优势和资产管理特长，持续加大产品创新力度，深化银信业务联动，以践行利于国计民生、基础建设、地方发展、中小企业发展等方面社会责任为己任，积极推动设立有关领域信托项目，主要业务品种及创新融资服务方式主要包括信托贷款、中小创新企业投资、私募型资产证券化、票据质押融资、应收账款投资等，项目资金广泛应用于水利、能源、交通、医药、农业、航空航天等各行各业，通过多种渠道满足实体经济融资需求。

（一）服务于中小企业发展

公司于2014年4月发起设立了“交银国信·稳健×××号单一资金信托”，信托规模不超过7100万元，信托期限不超过18个月。该创新业务为公司首单专门投资于中小创新企业的信托产品，信托资金用于上海×××电子技术有限公司、上海×××环保工程有限公司、×××网络科技股份有限公司等五家拥有多项发明专利及创新成果的高新技术企业发放信托贷款。该项目符合政府全面支持中小企业发展的金融政策，有利于支持实体经济，尤其是中小型创新高科技企业的发展。

（二）服务于中部地区经济和社会发展

先后发行了“交银国信·稳健×××号单一资金信托”、“交银国信·聚通×××号集合资金信托计划”、“交银国信·聚福×××号单一资金信托”等大量信托项目来支持中部地区的经济发展，项目资金广泛应用于水利、能源、交通、商业等多领域，项目地区辐射武汉城市圈、长株潭城市群、中原城市群、皖江城市带4个中部的城市群，为中部地区经济发展和结构调整作出了积极贡献。

（三）服务于基础设施建设和民生工程发展

公司先后发起设立“交银国信·聚福×××号单一资金信托”、“交银国信·聚福×××号单一资金信托”、“交银国信·稳健×××号单一资金信托”等系列信托产品，为全国各地基础设施和重点民生工程项目提供资金支持。信托资金投向包括高速公路、铁路、医药行业、水资源利用和改造、湖泊治理等。

四、2015年发展规划

2015年公司总体经营思路：深入贯彻交通银行“两化一行”总体发展战略，坚持“思路求新、发展求变、管理求实”，充分发挥信托制度优势和集团资源优势，大力推进产品创新、协同联动和同业合作，重点发展信托融资、信托投资、受托服务三大板块业务，持续夯实人才、机制、创新、受托管理四项基础，严守兑付和合规两条底线，全面提升公司跨境、跨市场和跨周期经营能力。

2015年，公司主要工作措施有以下五方面。

（一）加快推进信托业务转型升级，推动主业发展再上新台阶

巩固提升融资类业务，打造私募投资银行业务特色。大力开拓投资类业务，提升核心竞争优势。积极培育受托本源业务，打造一流服务品牌。加快营销渠道建设，提升业务拓展的能力。加强交易对手和合格投资者客户两支队伍建设，夯实转型发展基础。以受托能力建设为重点，打造以一流综合金融受托服务品牌。

（二）坚持开拓创新，稳步提升固有业务收益水平

优化自有资金配置计划，提升固有业务综合收益率。继续做精自营贷款和信托计划投资业务，积极推进金融股权投资工作，稳步开展基金管理公司与信托相结合、私募股权投资、入股选择权等创新业务。

（三）适应“新常态”发展要求，创新合规风险及内控管理工作

牢固树立“稳健经营，风控优先”经营理念，动态调整风险管理思路，继续推动业务标准

建立完善，强化业务分类管理，夯实项目关键风险点管控，突出业务后续监控，继续推动全面风险管理体系延伸落地。

（四）完善三项机制，为公司转型发展提供动力

深化组织人事体制改革，加强专业人才引进、培养、考核，完善前台、中台、后台架构设置。深化绩效考核分配机制改革，激发全体干部员工干事创业的内生动力和业务发展活力。深化创新机制改革，整合优化产品创新流程。

（五）贯彻落实从严治党要求，加强干部队伍和党风廉政建设

认真贯彻落实从严治党八项要求，自觉践行“三严三实”基本准则，扎实推进思想建党、制度治党要求。持续加强干部队伍建设，坚持“一岗双责”和“一肩双挑”，深入推进党风廉政建设，为公司转型发展保驾护航。

昆仑信托有限责任公司

一、2014 年经营概况

（一）稳健经营、科学发展，公司效益实现新提升

2014 年，昆仑信托有限责任公司（以下简称公司）实现收入 13.9 亿元，利润总额 10.5 亿元，净利润 7.9 亿元，信托规模达 1403 亿元，上缴税费 4.2 亿元，圆满完成了董事会下达的各项任务指标。

（二）规范机制、严控风险，产融结合取得新进步

一是持续完善“信托 + 基金”模式，做强国联能源产业基金，以市场化方式平稳推进西气东输一线、二线、三线管道建设、未动用储量开发、四川页岩气等项目，投融资规模累计达 365 亿元；二是新增矿区住宅建设项目融资 3 亿元，累计为 14 家矿区企业融资 186.6 亿元，建设住宅面积 1278 万平方米，确保了中石油“民生工程”的平稳运行；三是为储备油项目累计提供资金 110 亿元。公司产融结合、助力主业的层次和水平进一步提高，中石油特色的发展模式已经形成。

（三）创新产品、调整结构，业务转型迈出新步伐

一是发行公司首个资产证券化产品——“浦发银行工程机械贷款资产证券化”项目，丰富了产品类型，提高了公司核心竞争力，对业务转型创新具有重要的战略意义；二是投资山东信托获得银监会正式批复，与山东信托签订业务合作框架协议；三是创新慈善信托产品模式，通过结构化设计和现金管理，将产生的信托收益捐献给慈善机构，其中 50 万元用于四川省稻城县教育扶贫项目；四是加强内部资金管理，提高了资金的运作效率，为公司业务发展提供了资金保障。

（四）深挖市场、提升服务，营销业绩实现新突破

公司继续优化营销网络布局，加强直销团队建设，深挖集团内部市场，巩固原有忠诚客户；大力开发高净值客户和机构客户，不断加强与各类金融机构的联系，拓宽客户和资金渠道。截至2014年末，公司累计发行“昆仑财富”系列产品68个，规模260亿元；合格投资者达8620人，其中1000万元以上的高净值客户1260人；全年自主销售达127亿元。

（五）不断完善、持续改进，风险管理再上新台阶

公司始终坚持将风控放在工作首位，坚守合规经营红线，风险管理再上新台阶。一是组织了内控体系的全面测试，开展了风险事件收集工作，全面风险管理体系日趋完善；二是完善了项目的全过程管理体系，加强了中后期管理考核，提高了风险管理的精细化程度；三是制定了《公司重大事项报告处置管理办法》，声誉风险管理更加主动，反应更加及时；四是严格项目合规审查，提升了法律支持服务力度；五是持续完善了公司的制度体系，制度体系更加精细完善，开展了两期制度培训，提高了制度执行效果；六是有效发挥了稽核审计职能，全年实施了2次操作风险评估，3项专项检查，5项专项审计、3项离任审计、50个到期项目审计，涉及资金1300多亿元；七是进一步完善了反洗钱和反恐怖融资的顶层制度设计，实现了反洗钱风险控制与业务流程的有机融合。

二、创新业务案例

一是发行公司首个资产证券化产品——“浦发银行工程机械贷款资产证券化”项目，规模20亿元，丰富了产品类型，提高了公司核心竞争力，对业务转型创新具有重要的战略意义。

二是创新慈善信托产品模式，发行“仁爱”系列慈善信托产品，通过结构化设计和现金管理，将产生的信托收益捐献给慈善机构，其中50万元用于四川省甘孜州藏区教育扶贫项目。

三、社会责任履行情况

公司积极履行社会责任，组建了社会责任管理团队，明确了管理组织、工作机制和工作要点，明晰了履责目标、履责思路和关键履责领域，探索构建社会责任长效工作机制。

2014年，公司持续发行“仁爱”系列慈善信托产品，并将“仁爱”信托产品50万元信托收益用于四川省甘孜州藏区教育扶贫项目。

5月9日，公司联合中油财务公司、昆仑银行、昆仑金融租赁公司举办了“青春有约缘来是

你”青年联谊会，邀请了中国航天科工集团、中国航天科技集团及部分石油企业等19家单位的60余名青年员工参加。通过丰富多彩的活动，充分展现了青年员工健康向上、富有活力的精神风貌，搭建了青年人相识相知的情感交流平台。

8月8日，公司组织了无偿献血活动。公司员工积极报名、踊跃参加。经过体检，符合献血条件的员工全部参与了献血。这也是公司自2009年重组以来组织的第5次无偿献血活动。

11月15日，在公司团委组织下，公司员工来到北京太阳村，向太阳村的孩子们捐赠了电脑和员工自发为孩子们捐赠的180余件衣物、图书和文具用品。太阳村是一家专门资助服刑犯未成年子女的慈善组织，对无偿代养、代教服刑人员未成年子女，对这些孩子开展特殊教育、心理辅导、权益保护及职业培训服务。自2010年以来，公司已多次组织赴太阳村捐款、捐物等公益活动。通过这些活动，不仅激发了员工的奉献精神和社会责任感，也进一步践行了公司建设和谐家庭、和谐企业、和谐社会的企业宗旨。

四、2015年发展规划

（一）健全风控体系，适应业务发展需求

公司将继续坚持低风险偏好，不断完善内控流程，提高尽职调查工作质量，建立风险事件处置机制，提高全面风险管理能力；严格依法合规经营，持续完善和修订制度，加强制度培训，提高合同管理能力，加强项目合规检查，进一步培育公司的合规文化；完善案防制度，建立并落实问责制度，继续做好反洗钱工作，强化审计监督效果。

（二）抓住发展机遇，创新产融结合模式

公司将充分利用全金融业务牌照和信托制度优势，从以下四个方面入手，为集团公司深化改革提供金融支持和服务。一是对接保险、社保、企业年金等外部低成本资金，助力集团公司主业发展；二是参与混合所有制改革，提升集团公司股权价值；三是开展资产证券化，实现集团公司资产轻量化；四是积极探索海外项目，力争取得实质突破。

（三）坚持市场导向，加快业务转型升级

一是优化升级传统业务，适度控制传统房地产业务规模，加强对公益类、列入政府财政预算的政信项目的开拓，提高资金管理和运用水平，丰富资金运用方式；二是努力获得股指期货、QDII等创新业务资格，丰富产品类型；三是积极开展业务创新，积极探索存量信托资产证券化、企业资产证券化等新领域，开发设计新的业务模式，争取在养老信托、家族信托、公益信托等

方面实现新突破，适时设立专业子公司和合资合作企业。

（四）强化服务意识，全面提高营销水平

公司将加大客户开发力度，积极寻找低成本机构资金，建立稳定的机构客户群体。继续扩大营销布局。2015 年要在深圳、天津、武汉新设销售网点，进一步优化公司的营销网络布局。同时，进一步细分客户市场，开展针对性更强的客户维护和市场开发工作，提升客户满意度。2015 年，公司要完成自主销售规模 120 亿元，客户人数要达 10000 名，实现“十二五”发展目标。

（五）调整完善机制，提高公司运行效率

一是调整业务审批机制，根据业务性质，实行传签制与现场开会并行；二是建立创新鼓励机制，成立创新委员会，对创新业务分类管理，鼓励与战略配套的创新；三是微调绩效考核机制，根据市场上资金成本的变化，适度调整内部资金考核成本和系数；四是优化人才培养机制，实行新员工在中台、后台部门轮岗制度，同时建立优秀青年人才奖励机制；五是为适应公司发展需要，落实监管要求，适当调整个别部门设置。

（六）夯实基础工作，提升管理服务水平

在公司治理方面，进一步完善公司治理结构，在董事会的指导下尽快制定并通过公司“十三五”发展战略。

在发展研究方面，要关注宏观经济和重点领域的变化动态，掌握信托公司发展前沿和趋势，参与行业重大课题研究，发挥好监管沟通渠道职能和业务创新平台职能。

在财务管理方面，加强成本费用核算，严控费用支出；加强资金精细化管理，提高资金统筹运用水平。

在信息化建设方面，进一步完善各信息系统功能，加快推进 CRM 客户服务系统和公司级数据中心建设，进一步完善公司信息系统安全保障体系。

（七）注重以人为本，打造一流人才队伍

一是以“信”文化和“大庆精神”、“铁人精神”作为引领，加强金融文化的宣传教育，提升员工综合素质；二是积极引进优秀人才，提升团队业务水平；三是立足公司和员工的实际需求，创新培训形式，建设合理的人才梯队；四是健全后备干部选拔和培养机制，为公司发展提供坚实的中坚力量；五是优化绩效考核体系，提升激励作用，激发员工潜能。

山东省国际信托有限公司

一、2014 年经营概况

回顾2014 年，稳健发展是山东省国际信托有限公司（以下简称公司）的关键词之一。2014 年，公司立足国内信托业转型发展的实际，立足公司稳中求进的总体发展策略，确定“转型创新发展”思路，严格控制项目风险，积极应对市场竞争，实现了“传统业务精益求精，新推业务不断突破”的稳步健康发展。

资本实力不断增强。2014 年 8 月 22 日，公司增资扩股申请获得中国银监会正式批复同意，成功引进中油资产管理公司作为战略投资者，注册资本增至 20 亿元。公司同时具备省属企业和中央企业双重股东背景，资本实力、品牌形象进一步提升，为下一步发展奠定了坚实基础。截至 2014 年末，信托公司固有合并资产余额 48. 45 亿元，负债余额 2. 36 亿元，归属于母公司所有者权益 44. 16 亿元，少数股东权益 1. 93 亿元。

盈利能力继续提升。2014 年，公司实现合并利润总额 10. 52 亿元，较上年增加 9532. 55 万元，增幅为 9. 96%；实现归属于母公司所有者的净利润 7. 48 亿元，其中公司本部实现净利润 7. 35 亿元。

信托业务实现平稳持续发展。截至 2014 年末，公司管理的信托资产余额为 3267. 71 亿元，同比增加 9. 13%；全年实现信托报酬收入 10. 17 亿元，同比增长 7. 05%，并向投资者分配收益 237. 74 亿元，较上年增长 36%；自主发行信托产品 65 只，规模 61 亿元，同比增长 17. 31%。

自营业务取得较好成绩。进一步明确了自有资金运用定位，即以支持公司信托业务为重点，兼顾其他投资方式和投资收益。2014 年自营业务实现收益 3. 49 亿元，较上年增加 1. 39 亿元，增长 66. 19%。其中，金融产品投资实现收益约 2. 85 亿元，自有资金投资项目分红 883. 35 万元。结合公司整体发展战略，积极寻找新的股权投资项目，齐鲁农村产权交易中心、山东豪沃汽车金融公司等项目已履行完毕决策程序，近期即将出资。

省基建基金等委托业务运转正常。截至 2014 年末，省基建基金规模 136. 61 亿元，累计实现滚动增值 97. 3 亿元。其中，2014 年增值 6. 1 亿元，年内回收资金 12. 03 亿元，圆满完成了山东省发展改革委员会年初制定的回收预算，实现管理费收入2222.81万元，同时在规范项目运作、盘活基金资产等方面取得了较好成效。

二、创新业务案例

在确定“转型创新发展”思路的基础上，公司立足实际，统筹规划，循序渐进，加快创新业务研究与尝试，取得了一定成绩。

主动管理的财富管理系列产品得到进一步发展。山东信托尊岳进取系列信托最早设立于2009年，产品定位区别于一般阳光私募产品和固定收益信托产品，发挥信托产品的优势，把阳光私募产品与固定收益产品相结合，在追求较为稳定收入的同时有一定超额收益，从而作出自己的特色，丰富产品线。在总结运作经验的基础上，2014年加快了业务步伐，新设立2只产品。目前存续的3只产品，总规模超过2亿元，三只产品在控制仓位和回撤率的基础上表现良好，净值分别达1.45亿元、1.13亿元、1.08亿元。

全链式服务上市公司的业务创新取得新突破。围绕上市公司这一题材发力，设计推出了恒泰5号、恒赢2号、海兰信1号等一系列创新产品，构建了一条产品内容涉及股权质押、股票代持、定向增发、高管激励、员工持股、重组并购等全方位、多层次的信托产品链条。

家族信托业务开局良好。在2014年8月27日成功推出第一单的基础上，公司迅速积累客户资源，完善业务流程，家族信托业务不断落地，在回归信托本源业务尝试上迈出坚实一步。公司目前已签订家族信托协议十几单，合同金额达3亿元以上，还有大量拟作家族信托业务的客户在洽谈。

加快PE投资信托业务领域布局。以有限合伙的形式尝试涉足PE信托业务，成功设计推出了源创基金信托计划；“上市公司+PE”并购重组基金模式的第一单信托产品也即将落地。

三、社会责任履行情况

作为山东省省管国有金融企业，公司在实现自身稳健发展、积极为地方经济提供投融资服务的同时，充分发挥信托制度和功能优势，对国家和社会全面发展、自然环境和资源，以及广大投资者和员工、客户等利益相关方主动承担责任，实现了追求经济效益与承担社会责任的有机结合。

公司严格遵守有关政策法规，切实履行受托人的管理职责，积极开展各类客户交流活动和投资者教育活动，保障受益人利益。2014年，支付受益人信托收益237.74亿元，是公司自身信托报酬收入的23.4倍。

公司贯彻国家宏观调控政策和产业政策，始终坚持根植于实体经济，发挥信托独特的功能优势，丰富产品服务，加强风险管理，努力为实体经济提供市场化的综合金融服务，在支持产业优化升级，促进战略新兴产业发展方面发挥了重要作用。截至 2014 年末，公司信托资产余额 3267.71 亿元。其中，投向实体经济 2106.07 亿元，占比为 61.71%。

公司还不断加大对环境治理、综合整治、绿色环保领域的融资支持。先后为济南小清河、潍坊白浪河综合治理工程提供信托融资服务；与山东最大的民营水务公司开展融资合作，支持青岛、诸城等地的污水处理项目。

公司积极践行“奉献爱心，回报社会”的企业价值理念，积极开展赈灾救助、爱心捐赠、扶贫帮困等各项公益活动。2014 年 5 月 20 日，在全公司范围内开展《防灾、减灾安全预防应急手册》科普图书爱心捐赠活动，捐赠购书款 9160 元，捐献课外书 99 本。12 月 3 日为国际残疾人日，在 2014 年的这一天，为践行国企社会责任，发挥国企示范带动作用，助力残疾人体育事业发展，公司向国家残疾人乒乓球训练基地捐款 30 万元。国家残疾人乒乓球训练基地依托于山东师范大学，曾出色完成了 2008 年北京、2012 年伦敦残奥会的备战任务，先后为国家输送了近 30 位残奥乒乓球冠军，为国家残疾人事业作出了杰出贡献。

同时，公司充分发挥信托优势，为山东省残疾人福利基金会、山东省送温暖基金会、山东省慈善总会慈善资金提供专业管理服务。

四、2015 年发展规划

2015 年，公司将继续贯彻落实稳中求进的工作总基调，以信托公司监管评级的各项指标为指导，以专业化管理为依托，以提高发展质量和效率为中心，以完善风险控制体系为基础，以人才队伍建设为保障，稳固传统业务，通过创新业务推动持续发展，通过标准化、规范化夯实内部管理基础，通过加强思想政治工作凝聚发展合力，适应新常态，抓住新机遇，谋求新发展。

按照做稳做实的要求，改造传统融资类业务。严格按照监管部门的要求，规范有序推动融资类业务发展。切实加强净资本管理，鼓励开展收益率高、风险资本占用低、净资本占用少的融资类业务，动态调整各类传统业务比重。对于传统类业务，尤其是业务模式较为成熟的业务板块，逐步实现标准化、规范化运作，建立一整套可操作性强的覆盖“尽职调查—项目评审—业务决策—合同文本—后期管理”全流程的操作标准。

突出专业化发展的方向，提升自主管理能力。转型创新，离不开专业化的能力和专业化的团队。2015 年，公司将坚持加强自己专业团队建设和借助外部专业团队力量“两条腿走路”的发展模式，围绕房地产信托、家族信托等业务和多层次资本市场，通过探讨设立专业子公司、组建事业部、成立专业部门或团队等方式，进一步完备产品链条，加强项目自主管理力度。

尝试经营运作新模式，提速配套体制机制建设。在整体控制风险的前提下，公司将进一步调整经营运作模式，通过尝试“主动管理+低成本资金”的运作模式，进一步推进风险缓释机制建设以及建立自有资金有偿使用的差别机制等，创造新的利润增长点。

强化关键环节设计和管理，夯实平稳健康发展基础。2015 年，公司将重点抓好几个关键环节的推进，包括自主营销工作定位转向以提供整体财富管理方案为主，继续强化风控和合规体系建设，根据不同板块特点进一步细化完善激励约束机制，将信息化建设提高到打造公司核心竞争力的高度来认识和对待，有力提速公司发展步伐。

以加强思想政治工作为突破口，凝聚企业发展合力。公司将 2015 年确定为“思想政治工作加强年”，把思想政治工作作为巩固“内部管理提升年”工作成果的一项重点措施，不断加强基层党建工作、廉洁从业工作，开展一系列特色思想教育活动，持续巩固思想政治工作同业务经营同步实施、双轮驱动的局面。

山西信托股份有限公司

一、2014 年经营概况

2014 年，国内经济持续下行，弱经济周期影响依然存在，信托行业已进入全面转型与调整期，面对这样的经营环境，山西信托股份有限公司（以下简称公司）认真贯彻落实各项监管政策，根据年初董事会确定的经营指标，持续夯实风险防控体系，不断推进经营管理创新，团结一致，迎难而上，取得了一定的经营业绩。

（一）各项主要经济指标的完成情况

2014 年，公司实现营业收入 52055 万元。其中，信托手续费收入 37912 万元，占比为 73%；固有业务收入 14143 万元，占比为 27%；费用支出 16917 万元，同比降低 13%；实现利润总额 20775 万元；净利润 14609 万元。截至 2014 年末，公司固有资产总额为 20 亿元；信托业务规模为 473 亿元。

（二）主要业务开展情况

2014 年，全国信托行业信托资产增速持续放缓，信托产品个体兑付风险日益凸显，信托业经营效益开始出现下滑，受行业整体影响，公司经营效益出现波动，但从整体来看，依然保持着平稳发展态势。

1. 信托业务

2014 年中国银监会出台《关于信托公司风险监管的指导意见》（以下简称银监会 99 号文），要求推动信托公司业务转型发展，回归本业，将信托公司打造成服务投资者、服务实体经济、服务民生的专业资产管理机构。

公司在认真学习和研究银监会 99 号文件精神的基础上，确定了以风险防控与转型发展并重的经营思路，坚持贯彻落实“金融业服务实体经济”的总体要求，积极开展各类信托业务。一是为各类工商企业提供融资服务，规模达 240 亿元，占比为 51%；二是通过与担保公司合作建立山西省中小企业发展基金系列信托计划，规模达1.38亿元，有效缓解了省内中小企业融资困难问题，促进了产业调整和各级财政收入增长。截至2014年12月31日，公司存续信托项目224个，存续信托规模473亿元，共新增信托项目72个，新增信托规模53亿元。

公司在大力拓展各类信托业务的同时，以全省银行业开展“金融知识进万家”活动为契机，积极做好客户服务教育工作，发展合格投资理财人，大力培育高净值客户；坚持受益人利益最大化原则，认真履行受托职责，全年共如期足额兑付信托项目125个，信托本金累计给付额259.92亿元，信托收益累计给付额30.37亿元。

2. 固有业务

2014年，公司固有业务实现稳步增长，继续保持平稳发展，截至2014年12月，自有资金收入共计14143万元。

一是自有资金管理部门通过合理配置资金资源，投资收益较高的信托计划，获得良好效益，截至12月末，共投资信托计划9.1亿元，获得5600万元收益。二是进一步加强对自有资金的管理，通过同业往来，有效提高自有资金的使用率和收益水平，全年共获得利息收入1754万元。三是抓住有利时机，出售持有股票，顺利实现资金回笼，获得收益4000万元。

（三）管理工作情况

公司在积极拓展业务的同时，高度重视内部管理工作，始终将夯实内部管理，严控业务风险作为经营管理工作的重点。2014年，通过进一步强化内部管理、加强制度建设、严防项目风险等措施，苦修内功，不断提升内控管理水平，持续夯实基础管理。

1. 明确转型发展思路，有序推进改革创新

公司通过组织外出考察调研，积极参与集团系统内部讨论，进一步明确了业务转型发展思路和内控机制改革方向。目前，已完成内设机构、人事薪酬等方面的改革，在业务方面也基本确立了基金化的发展模式，并具备了可操作性。下一步，公司将对风险控制、产品营销等保障机制进行深化改革，有序推进改革创新工作。

2. 建立恢复处置机制，保证业务稳健发展

公司深入贯彻落实中国银监会关于信托公司风险监管指导意见精神，按照坚持防范化解风险和推动转型发展并重的原则，结合自身实际情况，在行业内率先制订了恢复与处置计划，恢复与处置计划的制订为业务发展及风险的化解起到了积极的指导作用，公司将严格按照恢复与处置机制的各项规定，有效妥善处置风险，确保稳健发展。

3. 加强制度建设，确保规范发展

2014年，公司根据业务发展需要，从规范经营、严控风险的角度出发，进一步加强内部制度建设。通过不断修订和完善各项制度和流程，确保各项业务与管理工作的有据可依，有章可

循，进一步完善各项内控制度，不断提升制度执行力，确保规范发展。

4. 加强项目管理，严防项目风险

2014 年，公司严控项目风险，进一步加强项目的审议和管理，严把项目合规准入关，加强项目事中管理检查，并做好项目事后跟踪监督。在信托风险控制委员会进一步严格评审项目，持续有效把控项目风险的基础上，进一步提高各业务部门尽职调查报告质量，翔实报告内容，使其更具标准化和专业化。同时，强化业务项目独立调查工作，保证项目事前评审的客观性与全面性。

5. 优化人力资源配置，加大员工培训力度

公司以改革创新为契机，不断深化人事制度改革，优化人力资源配置，积极促进业务发展。一是强化岗位管理制度，明确前台、中台、后台部门职能的划分及岗位的权责匹配，优化中台、后台部门员工队伍，实现人力资源精细化管理，促进管理的制度化、市场化。二是采取“请进来，走出去”的形式对员工进行分层次、差异化培训。通过邀请业内知名专家来公司授课，积极组织内部培训，参加由行业协会及其他社会团体组织的各项专题培训，真正达到普及专业知识，领会监管政策，推进业务发展的目的。2014 年，公司共委派中青年业务骨干参加中国信托业协会全员培训人数达 45 人，并全部通过考试，取得培训合格证书，超额完成了年初制定 30 人的培训目标。

6. 加强案防安保工作，确保公司安全运营

2014 年，公司认真贯彻落实有关案防安保工作各项会议、文件精神，扎实做好案防安保工作，努力推进案防安保工作常态化、责任化，为经营管理工作提供有力保障。

7. 推进信息系统建设，有效支持业务发展

公司大力推进信息系统建设，确保信息系统服务到位，以达到进一步优化内部控制，为各项经营管理工作开展提供有效信息科技支撑的目的。

二、创新业务案例

2014 年公司积极走访信托同业、金融同业，参考借鉴其在公司治理、组织架构、战略规划、业务拓展种类和方向、绩效考核、激励约束机制等方面的经验，紧紧围绕“投资、资产管理、财富管理”三大重点业务的开拓，深化改革，整合公司现有资源，探索实施事业部制，完善公司业务体系，强化经营管理，防范项目风险，将工作重点应放到中小企业产业基金、基础设施建设信托、房地产基金和固定收益理财基金业务上，做到以客户为中心，以互联网金融的思维，聚焦服务于中小企业的经营模式和发展方向，努力成为可以在资产管理和财富管理领域为广大社会投资者提供一揽子整体解决方案的、具有独特竞争力和创新精神的，有影响力的综合金融

服务商。

三、社会责任履行情况

2014 年，公司充分发挥业务领域跨越货币市场、资本市场、产业市场的独特优势，积极有效地服务地方经济建设，履行社会责任，为全省转型跨越发展作出了突出贡献。

一是在项目选择方面，根据国家“金融业服务实体经济”总体要求，业务部门积极开展符合国家政策、监管导向和市场需求的各类信托业务，特别是加大对房地产以外的其他工商企业的投融资力度，2014 年持续为各类工商企业提供融资服务，规模达 240 亿元，占比为 51%；通过与担保公司合作建立山西省中小企业发展基金系列信托计划，规模达 1.38 亿元，有效缓解省内中小企业融资困难的问题，促进产业调整和各级财政收入增长；在大力拓展各类信托业务的同时，以全省银行业开展“金融知识进万家”活动为契机，积极做好客户服务教育工作，发展合格投资理财人，大力培育高净值客户，坚持受益人利益最大化原则，认真履行受托职责，全年共如期足额兑付信托项目 125 个，信托本金累计给付额 259.92 亿元，信托收益累计给付额 30.37 亿元。

二是在风险控制方面，公司始终按照监管部门的各项监管要求，狠抓风险防控，不断加强制度与流程建设，严格项目尽职调查，严把项目合规准入关，实行一票否决制，坚决不涉及国家政策允许外的项目，同时加强项目事中检查与事后跟踪监督，将项目事中检查工作制度化，确保信贷资金真正用于项目实施，保证项目安全运行，切实履行财富管理承诺。

三是在产品销售方面，公司始终从严落实有关理财业务的各项监管要求，将风险防控放在首位，严格规范理财产品宣传，加强对理财产品的设计、销售和资金投向管理，确保理财业务资金来源合法，归集运用合规，产品到期兑付。同时，增设异地部门，拓宽营销渠道，加强理财产品宣传、信息披露及消费者投资风险教育工作，并针对不同客户群体的风险偏好和投资需求，努力为其提供个性化、差异化理财服务，为高端客户提供信托财产的增值服务，进一步扩大理财产品在市场的占有份额，满足广大客户的理财产品认购需求。

四是在员工队伍建设方面，公司严格遵守《劳动法》等法律法规，不断完善用人制度，以达到“做到知人善任，人尽其才，各司其职”的人力资源管理目标，并加大员工培训力度，为员工提供多元化、多层次的专业培训，同时进一步完善激励机制，保障员工合法权益，为员工提供更多的发展机会，注重员工自身成长。

五是在党建工作与企业文化建设方面，公司积极组织全体员工开展各项活动，包括积极开展党的群众路线教育活动、学习讨论落实活动，举办元宵节猜迷等各类活动，增强员工凝聚力、向心力和战斗力，丰富了员工精神文化生活，使党建工作与企业文化建设在寓教于乐中得以进一步深化，为各项工作的顺利开展起到积极的促进作用。

四、2015 年发展规划

2015 年，公司将以中国银监会主席助理杨家才在 2014 年中国信托业年会上的讲话为指导，积极落实八项责任，统一思想，提高认识，深化业务内控创新，强化合规经营理念，把改革创新贯穿于经营管理的各个环节，扎实推进各项经营管理工作的有序开展。

（一）业务创新

1. 中小企业发展基金、小微企业发展基金

目前，公司中小企业事业部及相关人员经多次组织研讨会，对小微企业发展基金、中小企业发展基金进行了讨论，已基本形成了可操作的中小微企业发展基金模式，同时对小微企业发展基金和中小企业发展基金的设立流程、运作机制、风险控制措施进行了制定。2014 年 11 月 20 日，公司与山西省中小企业信用担保有限公司共同组织举办“信托、担保、投资公司合作发展研讨会”，向与会人员详细介绍了中小微企业发展基金。经过论证，中小微企业发展基金按照如下思路推进：

一是公司与省财政厅、山西省担保公司、忻州市政府和忻州担保公司发起设立忻州市中小企业发展基金，作为前期试点。重点对基金的运行机制，风险控制机制，事中管理机制，进行测试并总结经验，最终形成制度化流程，力争产生示范效应。

二是按照已有的成熟制度流程在山西省各地市进行推广、复制，迅速做大市场规模，建立全省范围内的中小企业基金群。条件成熟时将该基金群整合为山西省中小企业发展基金。

2. 基础设施建设投资基金

公司已经组织专门人员召开专题研讨会，对“国务院 43 号文”及“财政部 76 号文”进行了进一步研究，并对“PPP 模式”进行了进一步探讨，基本上形成了较为可行的操作模式，同时在 PPP 业务的操作过程中对已有的操作模式进行再完善。

公司将在以下三个方面进行 PPP 业务的推进：

一是指定专门部门对“PPP 模式”进行专题攻关，对已有的操作模式进行再完善。形成符合山西省省情，符合公司实际的切实可行的操作模式。

二是在山西省内各地市进行 PPP 业务推广，争取突破一两家地市，设立不低于 10 亿元的 PPP 项目。

三是在上述基础上，加大业务推广力度，扩大市场规模。

3. 探索设立标准化基金产品

公司将以结构化证券投资信托、伞形信托为切入点，设立优先级主题投资基金。该基金为标准化、可估值、可实时申购/赎回的基金产品，主要投资于结构化证券投资信托优先级信托份额，通过期限错配、流动性管理降低资金成本，其主要优势包括：

一是借助具有很成熟的结构化证券投资信托、伞形信托运作经验，可以立即着手设立优先级主题投资基金。

二是通过优先级主题投资基金的运作，公司可以积累期限错配、流动性管理经验，锻炼专业队伍。有了期限错配、流动性管理经验和专业化队伍，可以进一步向资产证券化领域推广，重点是信贷资产证券化及集团下一步发展的融资租赁业务。

4. 房地产发展基金

目前，公司已经和多家优质地产客户、建筑类客户，就房地产基金设立的具体操作事宜进行了多次深入研讨，包括房地产发展基金的设立方式、投资方向（存量为主还是增量为主）、利益分配机制等。

（二）保障机制

1. 风控机制

公司创新业务的发展和事业部制的建立，对风控机制提出了更高的要求，风控机制的改革势在必行。目前，公司已经对风控体系改革进行了三次专题研究，公司的风控体系下一步将明确风控工作的重点，要做到对内不能简单否定项目，要帮助业务部门完善项目风险控制措施；对外要做好与监管部门的沟通协调工作，为业务创新发展减少阻力；重点研究风控前移、分级授权、项目评审等工作。

2. 考核激励机制

在公司薪酬体系方面，一是要加大绩效薪酬在薪酬总额中的占比，调整固定薪酬与绩效薪酬在薪酬总额中的占比；二是绩效薪酬向业务部门倾斜，按照前台业务部门、中台支撑部门和后台服务部门按照一定递减比例分配发放；三是对超额完成下达任务的业务部门，将按照超额收入10%的比例提取奖金，专门奖励业务部门。

3. 产品营销机制

2015年，公司积极准备与山西省各地市投资公司合作或与产权交易中心合作利用其在地市网点，在山西省内设立10个产品销售中心分部，公司将为每个中心派驻两名销售人员，负责合同签订、资金归集、资金划转等关键岗位，扩大直销产品规模和范围。同时在省外，将借助与第三方销售公司的合作，利用其销售团队、客户资源，扩展省外销售渠道；重点将北京业务部和上海业务部打造成两个异地财富管理中心，拓展北京、上海两个国内主要市场，并以此为依托，辐射全国。

（三）专项重点工作

1. 增资扩股

一是公司将尽快集中精力优选符合监管机构要求，投资意向强烈，综合实力较强的省内外企业作为战略投资者，在与其签订投资意向书，进一步推进增资扩股工作，增强资本实力和抵御风险能力，建立业务合作关系的同时，实现投资者与集团层面建立全方位的战略合作，实现优势互补，共同进步。目前，公司已与中船投资有限公司进行了有关增资扩股事项商谈，共同成立了增资扩股工作协调小组，建立了定期联络机制，中船投资公司尽调小组已赴公司进行了初步尽调，双方约定将准备进行进一步磋商，力争在2015年上半年取得实质性成果。

2. 信息化建设

按照集团公司建立信息系统一体化建设，建立信息数据大平台的总体要求，公司将对现有的三大信息平台进行进一步整合，首先建好自己的信息数据大平台，实现内部信息资源共享。同时，根据改革创新工作对信息化工作的新要求，2015年公司要对所有流程进行完善，不留死角，保障办公信息化，办公无纸化，确保项目从资料提交、合规性审查、风险评审、合同审核、合同签订、事中管理、事后审计等项目运行全过程信息化管理。

3. 企务公开

2015年，公司将根据山西省公布的《山西省省属国有企业财务等重大信息公开办法（试行）》要求，做好企务公开工作，严格按季度、中期、年度公开企业财务等重大信息，并在年度公开信息中，明确公布董事、高管的薪酬水平、人员车辆使用情况以及业务招待、差旅等情况，提高经营管理的透明度。

苏州信托有限公司

一、2014 年经营概况

2014 年，信托行业在市场供需双方力量的共同推动下出现了快速增长。苏州信托有限公司（以下简称公司）2014 年完成营业收入 97434 万元，实现利润总额 65303 万元，分别完成全年目标 131% 和 136%，分别是上年同期的 1.46 倍和 1.38 倍。

信托业务取得了可喜的成绩。2014 年，新增信托项目 209 个，新增信托规模 533.15 亿元。其中，集合类项目 80 个，规模 292.58 亿元，单一类项目 129 个，规模 240.57 亿元。信托业务存续规模达 885 亿元，取得了历史性突破，较上年同期的 626.40 亿元增加 258.6 亿元，增幅达 41.28%。实现信托报酬 7.07 亿元，完成本年度计划的 120.49%。共清算信托计划 130 个，实现受益人收益 58.11 亿元，受益人加权平均实际收益率为 7.97%，无一发生兑付风险。

2014 年，公司品牌影响力不断提升，先后在《证券时报》主办的“第七届中国优秀信托公司评选活动”中蝉联“中国最具区域影响力信托公司”，在第三届“财富苏州”2014 金融品牌年度价值榜评选年度风云榜活动中蝉联苏州“年度最佳理财品牌”奖项，并在中央国债登记结算有限责任公司“2014 中国债券市场优秀成员”评选活动中获评“优秀资产支持证券发行人”。

二、创新业务案例

2014 年，公司积极探索传统信托业务的转型与创新，推动基金型创新产品模式，成功推广了包括农园鑫、浒关新区等多个城镇发展基金。通过城镇发展基金，锁定优质资产、担保额度和整体融资规模。

2014 年，公司全面开展信贷资产证券化业务。TOF 基金型信托产品第一期、第二期成功发行。

在财富管理方面，公司四大财富管理产品体系（平衡配置及积极配置的华荣系列、专户理财服务的华彩和华丽系列、单一需求定制的华丰系列、现金管理类的华冠系列等）日趋成熟，基本满足不同客户对财富管理信托产品的投资需求。

根据公司制定的战略目标，公司加大创新力度，深化业务模式的创新，分别在基础设施、资产证券化、受托事务管理等领域取得了实质性的突破。

一是推动城市发展基金等基金型信托产品的发展，年内成功推广了包括农园鑫、浒关新区等多个城镇发展基金，新增规模 10. 8 亿元。

二是信贷资产证券化领域，年内成功发行规模总计 33. 72 亿元。

三是积极探索和推动财富管理业务的发展。截至 2014 年末，存续管理财富管理类信托计划总计 45 个，存续管理信托规模共计 72. 35 亿元。其中，现金管理华冠信托产品成功发行和运行。华彩专户管理类型的他益信托产品，实现了职工福利计划的创新，得到了市场的广泛认可。

三、社会责任履行情况

2014 年 11 月，公司向苏州市姑苏区沧浪街道办事处捐赠 6000 元，资助玉兰幼儿园购置大型玩具。

2014 年 12 月，公司向苏州市姑苏区慈善基金会捐赠 6 万元，用于该基金会 2015 年慈善项目。

四、2015 年发展规划

2015 年，中国经济仍将处于艰难的调整期，预计 2015 年中国政府将延续积极的财政政策和稳健的货币政策，并积极推进重点领域改革。

从信托行业来看，未来发展呈现出以下特征：

第一，行业增长速度明显放缓。自 2007 年信托公司重新注册以来，受到社会融资需求旺盛、居民财富管理需求升高等多种有利因素推动，信托业快速发展，资产管理规模急剧膨胀。截至 2014 年末，信托业资产管理规模已攀升至 13. 98 万亿元，成为我国第二大金融子行业。然而，信托资产规模增速自 2013 年明显回落，信托资产同比增速为 28. 14%，远低于 2007 年以来 63% 的平均水平，回落态势还将持续至 2015 年，2015 年增速可能降至个位数。

截至 2014 年末，信托行业实现营业收入 954. 95 亿元，同比增长 14. 69%，利润总额 642. 30 亿元，同比增长 12. 96%，营业收入和利润总额增速均创自 2010 年有统计数据以来的最低水平，这也充分反映了当前信托行业景气度回落对于信托公司经营业绩的压力和冲击逐步显现。

第二，信托项目风险逐步显现。宏观经济增速持续下滑，部分实体企业去杠杆压力增大，煤炭、钢铁等产能过剩行业企业经营困境持续加剧，风险暴露也进一步加快。同时，信托项目前期尽职调查不严格、项目后期管理不到位等内部因素也是项目风险形成的重要因素。中国信托业协会公布的数据显示，截至2014年末，信托行业风险项目369个，规模781亿元，占总体信托资产规模的0.56%。短期内，我国宏观经济下行压力依然较大，外部经营环境形势仍较复杂，信托项目风险防控压力仍较高。

第三，资产管理市场竞争更加激烈。我国经济社会改革进程加快，尤其是金融体系改革的提速，使信托业享有的制度红利逐步消失。一是从2012年至今，证监会、保监会等我国金融机构主要监管机构相继发布了《证券公司客户资产管理业务管理办法》及配套细则、《关于保险资产管理公司有关事项的通知》、《期货公司资产管理业务试点办法》等监管办法，进一步放宽了证券、保险、基金公司资产管理投资范围，打破了资产管理市场分割的状态，使得整个资管市场更加开放，行业竞争更加激烈。二是信托公司曾经利用我国利率市场化程度不高的有利机遇，提供了高收益率的理财产品，吸引了大量资金涌入信托行业。然而，在利率市场化不断深化的当下，各类理财产品收益率普遍上升，信托与其他理财产品的收益率差距逐步缩小，信托收益率优势不断下降。

第四，传统经营模式难以为继，行业进入结构调整和转型发展关键时期。目前，信托公司经营模式呈现融资化、通道化等粗放经营特点。一是我国不断推动企业融资渠道的扩展和畅通，加快构建直接融资渠道。企业融资来源日益多元化，融资成本也趋于下降，这不仅使信托融资项目来源收窄，而且项目定价能力也将受到削弱。二是证券、基金子公司等新业务通道的出现，使得信托通道价值下降，依靠通道业务立足的传统思维越来越站不住脚。总之，信托公司现有的粗放经营模式不仅受到市场竞争的冲击，而且也越来越受制于日趋严格的监管政策，可持续性降低，转型发展更为迫切。

在此背景下，公司定义2015年为公司业务转型之年，公司信托业务将进入一个明显的减速期。公司将紧紧围绕公司战略规划，切实加大产品创新投入，扎实做好基础工作，有效捕捉市场机会、加快资源能力建设，通过自身的发展转型，努力提升信托服务的专业性、多样性和有效性，加快资源积累速度和资源利用效率，结合政府相关改革举措和经济运行的周期性特征进行科学调整，加强与国家宏观调控政策、产业政策、监管政策的协调配合，不断优化业务结构。具体措施：一是进一步夯实公司治理，内部控制，业务团队，系统建设等发展基础，不断提升内部运营效率；二是继续回归信托本源业务，开展三大业务板块；三是加快创新型业务发展速度，把握市场机遇，开拓新的业务增长点；四是集中资源，加强管理，努力缩短公司的转型期，尽快确定公司新的业务模式和盈利模式，使公司信托业务尽快实现快速增长。

天津信托有限责任公司

一、2014 年经营概况

（一）主要经营指标超额完成

2014 年末，天津信托有限责任公司（以下简称公司）管理资产总额为 1579.37 亿元，比年初增长 54.47%；全年实现各项预算收入 14.67 亿元，完成全年预算收入 8 亿元的 183.38%，同比增长 23.69%；实现税前利润 9.47 亿元，同比增长 43.05%。

（二）信托业务稳健发展

2014 年末，公司信托资产总额达 1543.85 亿元，比上年同期增长 55.17%；实现信托业务净收入 9.02 亿元，占营业总收入的 61.52%。其中，自主管理的信托资产规模为 454.89 亿元，占信托资产总额的比例为 29.46%。

2014 年，公司信托项目累计实现收入 75.71 亿元，同比增加 10.05 亿元，增长 15.31%；信托项目净利润 65.21 亿元，同比增加 11.69 亿元，增长 21.84%；坚持了即使信托报酬减少，也要保证委托人实现稳定的信托收益的经营理念。

（三）自营投资效益增长

2014 年末，公司自营资产为 35.52 亿元，累计实现各类自营业务收入总额 5.65 亿元，金融股权投资和自营贷款均获得较好的收益增长。公司投资的天弘基金与阿里巴巴合作推出的“增利宝”产品延续了良好的市场表现，2014 年末，其规模已达 5789 亿元，继续领跑公募基金业。同时，天弘基金的经营业绩已实现累计利润扭亏为盈，使公司第一年取得了报表汇总 2 亿多元的投资收益。同时，自营贷款业务继续良好发展势头，累计实现贷款利息收入 1.24 亿元，同比增长 32%。

（四）风险管控更加有效

公司继续做好合规管理的制度审视、完善工作，认真贯彻落实银监会99号文件，严格执行公司《净资本管理暂行办法》和《净资本指标分配调剂流程》。

项目准入管理更加规范，特别注重严把病从口入关，加强预审岗对报会项目合法、合规和经营风险等的审查职能，项目审查委员会继续严格把关。

风险管理进一步强化。加大了项目后期现场风险检查工作力度，开展了风险点全面排查工作，对风险点进行动态管理。进一步强化了出账管理，对全套交易文本、各类基础要件的有效性和齐备性进行全面审核。

受托管理更加尽责。高质量地完成了项目发行、清算兑付和中期分配工作。严格按照《集合信托项目托管工作操作规程》的要求，对各类管理报告进行认真分析。

二、创新业务案例

（一）以可转换公司股权信托方式为大型企业集团提供服务

天津国资委启动对天津物产集团和天津渤海钢铁集团进行强强联合、增资扩股的相关工作。公司采取可转换公司股权信托的方式，对上述两大集团下属企业进行增资扩股，实现了两大集团公司做大做实、优化资产负债结构的目标。

（二）信托并购业务

公司与天津物产集团、奥特莱斯（中国）有限公司紧密合作，开展信托并购业务。以比较成熟的佛山芭蕾雨项目整体收购为突破口，通过信托制度，实现新昌营造对芭蕾雨项目的投资管理和资本运作。

三、社会责任履行情况

2014年，公司努力发挥信托灵活的投融资功能，通过信托贷款、股权投资、应收账款转让/回购、特定资产权益投资等多种方式募集社会资金为天津市社会经济发展提供资金及金融信托服务，加强对实体经济提供资金支持，助力天津实体经济和社会发展，全年支持实体经济资金达990.35亿元。

2014年，公司完成项目或投资组合的清算兑付131个，兑付信托资金248.62亿元；完成67

个信托项目的中期分配，为受益人支付收益12.47亿元。所有到期终止和中期分配的信托项目全部按时兑付本金、支付收益，没有逾期。

2014年，公司严格执行国家宏观调控政策，遵守监管各项规定。加强房地产开发、落后产能淘汰等风险高、流动性低项目的准入和管理。严格控制监管套利项目的准入和报备程序，不绕政策弯子。

继续做好天津市委统一部署结对帮扶困难村工作。公司本着为农村和农民办实事、解决实际困难的原则，帮助天津市静海县良辛庄村、马集村和烧窑盆村三个困难村排忧解难。上半年，陆续出资200余万元为三个困难村建设十几个项目。在项目的选择上，公司注重各村基础设施建设和生产生活中亟待解决的问题，始终坚持把援助资金用在刀刃上，切实帮助困难村解决一些民生问题。

公司响应"美丽天津·低碳生活主题宣传教育活动办公室"的倡议，捐赠《美丽天津——低碳大行动》1000册。

四、2015年发展规划

（一）调整结构有保有压，稳健开展信托业务

在巩固六大板块业务基础上，2015年，要特别关注和大力服务的重点是：京津冀协同发展、自贸区建设、自主创新示范区、一路一带建设、滨海新区开发开放以及实体经济转型升级等领域的大项目好项目。要下大力量落实市委市政府部署，解决中小微企业融资难、融资贵的难题。要在继续巩固发展的基础上适当调整、优化结构。

提高业务创新比重，探索转型发展之路。继续扩大发展房地产信托股权投资基金信托业务，做实银行信贷资产证券化业务，探索企业资产证券化（信托化）业务，继续完善"天信·聚富"产品满足市场需求，创新开展中小微企业信托基金服务实体经济。

坚持财富管理方向，让投资人的资产保值增值。继续牢固树立投资客户就是衣食父母的理念，继续充实加强财富中心团队。完善公司品牌战略，让更多的社会阶层和投资主体充分了解公司"受人之托、代人理财"的能力和水平，增强对公司经营理念、精神、宗旨、信誉度和理财能力的认同度。

（二）自营资金坚持"三性"，提高自有资金的使用效率

在当前的金融环境下，公司自有资金的运用要求遵循安全性、流动性、盈利性的原则，要继续坚持"适度盈利配置原则、市场化原则、内部价格转移原则和效率最大化原则"进行运营

和管理。

继续管理好金融股权投资，大力支持天弘基金增资扩股后的各项工作，帮助天弘基金建立完善的法人治理结构。提高证券投资管理能力，争取较好收益。

（三）强化管理，控制风险

继续实施严格的风险管理，加强项目准入管理。继续实行严格的合规管理一票否决制度，综合运用公司制定的预审、合议、投票、回避、名单管理等制度流程，发现和规避用款企业经营风险、道德风险、信用风险，进一步加强对信托项目运营的全程管理。

公司继续依规严格净资本管理，加强内部稽核检查，依法严格财务监督，提高人力资源管理效果，增强信息化运用水平，积极进行反洗钱和案件防范，不断提高办公行政管理能力，把风险控制的目标任务落实到每个工作环节。

兴业国际信托有限公司

一、2014 年经营概况

2014 年，兴业国际信托有限公司（以下简称公司）在各监管部门和股东单位正确领导和大力支持下，认真贯彻落实国家宏观经济政策和金融监管要求，紧紧围绕建设“综合性、多元化、有特色的一流信托公司”的发展战略目标，坚持“稳规模、调结构、防风险、增效益、重创新”的发展思路，扎实推进业务转型发展和结构调整，全面加强风险管理和内部控制，着力强化主动管理能力和业务创新能力，综合化经营战略实现新突破，资产质量保持优良，取得了较为显著的经营管理成果。截至 2014 年末（合并口径，下同），公司固有资产总额 123.83 亿元，所有者权益 110.70 亿元；全年累计实现营业收入 24.93 亿元，同比增长 21.37%；累计实现利润总额 18.28 亿元，同比增长 24.54%；累计实现净利润 14.05 亿元，同比增长 27.09%。各主要指标均符合监管要求。主要体现在以下方面。

（一）资本实力显著增强，综合化经营实现新突破

顺利完成增资工作，资本实力显著增强。在各股东单位大力支持下，2014 年 2 月公司顺利完成增资工作，注册资本金由 25.76 亿元增加到 50 亿元，截至 2014 年末，母公司净资产总额达 110.70 亿元，资本实力跻身全国信托行业前列，奠定了公司在新一轮信托行业转型发展中的有利地位。

综合化经营实现新突破，金融股权投资布局进一步健全。2014 年 3 月，公司受让原杉立期货公司 29.7% 股权，并于同年 9 月正式更名为兴业期货有限公司；2015 年 2 月，经中国证监会批复同意，公司持有兴业期货股权比例增至 70%，成为兴业期货的控股股东。公司金融股权投资布局进一步健全，覆盖了资产管理、期货金融、企业集团财务管理、证券服务等领域。各子公司及参股公司经营情况良好。

（二）各项业务平稳较快发展，业务转型与结构调整成效明显

信托业务转型与结构调整成效明显。截至 2014 年末，公司信托资产规模达 6511.52 亿元，

比年初增长15.25%。其中，集合类信托业务规模首次突破1000亿元，达1483.16亿元，占比为23.01%，比年初大幅提升18.33个百分点。准确把握资本市场发展机遇，探索实行证券信托业务专营，持续开展债券伞形业务和股票伞形业务，证券信托业务市场领先优势进一步巩固。截至2014年末，公司存续证券信托业务规模达1207.11亿元，比年初增长147%；全年新增证券信托业务规模达1595.42亿元，其中集合类证券信托业务规模占比达51%。

业务创新能力持续提升。公司成功获批受托境外理财业务资格（QDII），并获国家外汇管理局批准2亿美元境外投资额度；公司成功发行国内首单绿色金融信贷资产证券化产品——“兴元2014年第二期绿色金融信贷资产支持证券”。截至2014年末，公司信贷资产证券化业务规模达117.27亿元，居国内信托行业前十位；成功开展公司首单土地流转信托——“兴业信托·枣阁梨乡农村土地承包经营权流转信托”、首单家族信托——“兴业信托·藏珑一号家族信托”，并陆续开展酒类信托、书画艺术品信托等创新业务，信托业务产品线进一步丰富。

（三）全面加强风险管理，资产质量持续保持优良

2014年我国经济发展步入新常态，经济结构和产业结构持续调整深化，信托项目兑付风险和项目违约频现，金融风险事件频发。在这种复杂严峻的外部形势下，公司始终坚持稳健合规经营理念，严格贯彻落实国家宏观政策和金融监管要求，强化全面风险管理与内部控制，资产质量持续保持优良。截至2014年末，公司无存续或新增不良资产，所有结束清算的信托计划均及时安全兑付，存续的信托财产运营情况正常，各项指标均符合监管要求。

（四）强化运营支持保障体系建设，品牌形象和市场地位继续提升

强化运营支持保障体系建设。建立重点业务板块、重点业务市场、信托同业动态跟踪机制，建立经营单位对口联系指导机制，对信托业务的指导和协调功能持续强化。实现自营业务集中运营管理，信托项目运营管理情况总体良好。加强人力资源管理创新，全面推行内部信托从业资格持证上岗考试，建立交叉轮岗培养机制和公开竞聘机制，队伍专业能力有效提升。加大信息科技投入，成功上线网上信托系统，在业内率先实现基于客户首次面签的信托产品网上认购和认购款项在线支付功能，发挥信息科技对经营管理的支持保障作用。

品牌形象和市场地位进一步提升。2014年，公司在各类权威行业评选活动中先后荣获“中国优秀信托公司”、“最佳信托公司品牌奖”、“诚信托·卓越公司奖”、“中国阳光私募最佳服务信托公司金樽奖”、“信托行业最佳创新奖”、“第一财经·中国企业社会责任榜——优秀实践奖”等荣誉，杨华辉董事长荣获“信托业领军人物”奖。

二、创新业务案例

2014 年，公司积极应对市场变化，认真贯彻落实金融监管要求，以推动业务转型与结构调整为契机，开展实施了多项创新信托业务，其中包括获批 QDII 资格及投资额度、土地流转、资产证券化、家族信托等多个业务新领域，公司产品设计能力和客户服务能力显著提升。公司创新业务具体如下：

一是经中国银监会批准，公司正式获批开办受托境外理财业务（QDII）资格，并获国家外汇管理局批准 2 亿美元境外投资额度。随着国内高净值人群以及机构的资产配置需求日益多元化，其中海外资产配置及相关投资需求也正逐渐旺盛，公司充分发挥银行系信托公司优势，加快面向高净值客户的资产管理业务布局，通过海外市场投资理财为各类合格投资者提供多元化的产品布局和融资渠道。获批受托境外理财业务资格标志着公司可以为投资者提供境外市场投资产品与信托服务，金融产品线进一步完善丰富。这是公司继取得股指期货交易业务资格、特定目的信托受托机构资格、以固有资产从事股权投资业务资格之后新获批的一项业务资格。

二是兴业信托·枣阁梨乡农村土地承包经营权流转信托计划。2014 年 9 月，公司与河南省新乡市签订土地流转信托项目战略合作协议，公司首单土地流转信托项目落地在新乡市延津县集北村“枣阁梨乡”。土地流转信托具有保护农民利益、扶持企业发展、帮助地方打造特色农业产业等积极作用。特别在改革创新的时代背景下，土地流转信托是破解“三农”问题的创新思路，有助于促进土地效率提升，构筑乡村发展、农业转型和城镇化的和谐体系。公司接受农户委托，受托管理农地，并将经营权交由农业生产企业，由此实现一手托两家，一方面代表农户利益，另一方面支持农业生产企业发展。此次土地流转总规模为 1000 亩，首期流转 300 亩土地用于开发特色果园，消费者可通过“果树认养”和“农场认养”获得休闲农业的消费权。

三是兴业信托·兴元 2014 年第二期信贷资产证券化信托。公司作为受托机构及发行人，成功发行国内首单绿色金融信贷资产证券化产品。这是对于国务院“盘活存量、用好增量”指导精神的具体贯彻落实，也是公司对于《关于金融支持经济结构调整和转型升级的指导意见》的积极践行探索。该资产证券化项目发行总额为 34. 94 亿元，分为优先 A 档、优先 B 档和次级档资产支持证券。其基础资产全部为兴业银行绿色金融类对公贷款，入池贷款全部投放于能效提高、新能源及可再生能源、清洁化石燃料、资源循环利用、污染防治、生态保护、节能环保产业链等领域，全力支持国家节能减排事业发展。

四是兴业信托“藏珑一号”家族信托。作为公司首单家族信托业务，“藏珑一号”合同期限为 30 年，充分运用信托独特的功能优势，通过信托平台为委托人实现财富保值增值、财富传承、财产隔离、信息保密等专业化、综合化财富管理服务。“藏珑一号”具有代际传承、全市场配置、个性化设计等优势特征。在方案设计中充分体现委托人意愿，紧紧把握代际传递财富的核心，满足委托人从财富管理、企业传承、税收筹划、公益慈善等不同阶段的各类细分需求，以及满足对受益人信托利益分配方式的灵活性需求，为高净值客户提供一站式的“管家”服务。该信托充分利用信托跨市场、跨地域的优势，进行非标准化与标准化资产的混合型投资，并进行混合型资产的风险管控。

五是福美清艺术品投资单一资金信托计划。福美清艺术品投资单一资金信托计划是公司首单投资古代及近现代中国书画的信托计划。在信托项目结束后，如投资标的无法变现，由于约定原状分配给委托人，后续将由实际投资人和委托人之间进行利益分配，规避了兑付风险。通过单一信托模式，委托人、受托人、投资顾问签订三方投资顾问协议，约定受托人聘请的投资顾问为委托人指定的投资顾问，并认可投资顾问的投资结果，规避了投资顾问的管理能力风险和道德风险。信托公司在此交易结构下，只提供事务管理服务，在分享艺术品升值的同时控制了风险。

三、社会责任履行情况

情系八闽希望工程，以实际行动践行企业社会责任。2014 年 4 月，公司董事长杨华辉、总裁林静、监事长赖少英一行赴宁德市霞浦县水门乡兴业信托民族小学开展实地调研，在当地政府领导的陪同下详细了解了水门乡的教育事业情况及兴业信托民族小学生源、师资、教学设施等有关情况。在调研过程中仔细询问、了解学校目前面临的实际困难后，公司领导表示，虽然公益信托目前在中国还处于探索阶段，但公司今后要积极发挥信托先天的制度优势和财产隔离功能，研究设立公益信托基金，建立起公益长效机制，使公益信托真正回归本源。

公司 2014 年策划推出了《兴业信托·公益基金信托计划》，首批信托财产不低于 100 万元，主要将信托资金用于贫困地区的青少年提供成长教育、医疗等方面的援助。兴业信托作为初始委托人将指定部分资金（30 万元）通过福建省青少年发展基金会，用于公司捐助的三所希望小学发放教职工教学补贴、学生营养餐费补贴、学生交通补贴、配套教学设备购置补贴、奖学金、学校建设修缮费用等，剩余资金由指定受托人代为投资于银行存款、信托计划和交易所债券等金融产品，投资运用后的信托财产也将用于捐助其他公益项目。除此之外，公司组织青年团员开展“五四青年节”植树活动；组织员工参与 2014 年 WWF 联合能源基金会、中国清洁空气联盟“蓝天自造”计划的地球一小时熄灯活动；组织发起向贫困地区希望小学捐赠活动倡议，活动期间共收到员工各类捐赠物品共计 108 件；组织员工子女与希望小学学生开展“放飞梦想，共建绿色家园”的环保主题绘画手工制作活动等，实现了履行社会责任与加强企业文化建设的有机结合。

四、2015 年发展规划

作为银行系信托公司，公司将围绕建设“综合性、多元化、有特色的一流信托公司”的战略目标，充分运用兴业银行等主要股东的资源与优势，全面建立与各股东单位的战略协同与业务协同，努力塑造公司经营特色和核心竞争力，致力于发展成为卓越的全国性综合信托业务经营商。卓越的基本内涵包括一流的经营能力、较强的品牌影响力和领先的行业地位。公司2011—2015 年发展战略规划已圆满完成整合期、发展期的发展目标任务，现处于品牌期发展阶段，这一阶段着力建立以品牌为核心的竞争优势，在此基础上实现公司业务的稳步增长；组织与流程进一步优化，具有完善的风险管理体系；战略基础业务和战略核心业务均具有相当规模，在行业中处于领先地位。

中诚信托有限责任公司

一、2014 年经营情况

中诚信托有限责任公司（以下简称公司）坚持稳健审慎的经营理念，围绕“控风险、调结构、促转型”的经营主线，扎实做好风险防控，强化内部管理，在保持业务规模和收益平稳增长的同时，主动推进业务转型。通过艰苦努力，公司顺利完成了董事会确定的年度经营考核目标。截至 2014 年 12 月末，公司固有总资产 142.87 亿元，较年初增长 12.46%；净资产 128.13 亿元，较年初增长 16.02%；全年累计实现营业收入 31.21 亿元，同比增长 1.60%；实现净利润 21.34 亿元，较上年增长 15.35%。2014 年主要经营情况概况如下：

一是加强风险管控，妥善做好信托产品兑付工作。2014 年以来，公司统一部署，对存续的主动管理类信托项目进行了全面梳理，逐一排查，对存在的问题制订解决方案，并落实到人，限期解决。同时，根据市场形势，公司主动调整风控要点，提高对新业务的审查标准；加大对存续信托项目的管理力度，妥善化解了个别项目的流动性风险，实现了全年到期信托产品的顺利兑付。2014 年公司共兑付信托产品 237 只，累计给付信托本金 975.93 亿元，返还收益 72.23 亿元。

二是积极应对市场挑战，不断拓展信托业务空间。2014 年以来，受信托监管政策收紧和公司主动提高风控标准等因素的影响，公司传统业务规模明显下降。信托部门积极创新，在非上市金融股权质押融资、货币市场主动管理、资产证券化等领域拓展业务空间。截至 2014 年 12 月末，公司共管理 446 只信托产品，信托财产规模 3123.08 亿元，同比下降 12.57%，主要是公司银信合作、政信合作类业务收缩。2014 年公司共发行产品 34 只，累计发行 85 次，发行规模 170 亿元。

三是灵活调整自有资金投资组合，优化战略布局。2014 年，公司重视自有资金投融资业务的规范和拓展，严控项目风险底线，加强存续项目的后期管理。2014 年，公司出资 10 亿元参股中国信托业保障基金公司。自营证券投资在保持资金规模总体不变的前提下，密切关注市场动向，调整投资组合，谨慎操作，取得了较好的投资业绩。

四是加快创新业务发展，促进公司转型。2014 年公司继续完善资产管理战略布局，加快创新业务发展，稳步推动业务转型。抓住信贷资产证券化业务较快发展的机遇，全年成功发行 6 单资产证券化项目共 221.50 亿元，2014 年末信贷资产证券化财产余额 319 亿元，处于业内领先地位；拓展受托境外理财（QDII）等国际业务，2014 年末管理规模 37.28 亿元，处于业内领先水平；依托中诚国际的香港平台，成功取得了人民币合格境外机构投资者（RQFII）资格，投资设立了深圳前海股权管理公司，发起运作境内股权基金；加强中诚资本资产管理子公司的平台运作，通过股权投资、基金化运作等方式，提高股权投资运作能力；积极开展养老信托、家族信托、直接债权融资工具等创新业务类研究。

五是优化组织架构，改进管理，确保公司高效运转。2014 年公司优化调整内部组织结构，进行了信托大部制改革，强化部门内部的分工协作，提升专业理财能力；新组建了成都信托业务总部，完善业务布局，提高市场开拓能力；加大营销体系建设，细化营销分工，设立了直销中心和专门的客服小组，提高客户服务水平。

二、创新业务案例

一是中诚信托子公司深圳前海中诚股权投资基金管理有限公司（前海中诚），获得合格境内投资者境外投资首批试点资格（Qualified Domestic Investment Enterprise，QDIE），成为信托系内首家获批该项资格的公司。中诚信托的香港子公司中诚国际资本有限公司（中诚国际）持有香港证监会“提供资产管理（第 9 号）”牌照，已于 2014 年获批人民币合格境外机构投资者资格（RQFII）。中诚系的跨境投资产品链更趋完善，RQFII 平台引导境外资金投资于境内证券市场，和前海中诚的 QFLP 平台形成了有效的互补。

二是 2014 年公司新增受托管理的信贷资产证券化项目 6 单，资产支持发行规模 221.49 亿元，继续在行业保持领先地位，荣获“2014 年度中国债券市场资产支持证券优秀发行人”称号。2014 年第一期开元铁路专项信贷资产证券化信托项目和兴元 2014 年第一期信贷资产证券化信托项目在中国资产证券化论坛年度奖评选中荣获“杰出交易奖”。华元 2014 年第一期信贷资产证券化信托项目创新性引入对公抵押资产入池，在国内首次通过巧妙的法律安排拓宽了证券化基础资产范围；2014 年第一期开元铁路专项信贷资产证券化信托项目创新性通过贷款合同真实拆分，将长期限、高信用评级的单笔信贷资产纳入了证券化标的资产。

三是公司牵头完成了中国信托业协会《养老信托与养老产业发展研究》课题，研究利用信托独特的制度优势，开发建设养老服务产业，以及开发附加保障功能的养老信托和养老消费型信托，促进社会各界加大养老产业的开发建设，提高我国养老服务供给能力。

三、社会责任履行情况

公司在业务发展的同时，始终秉承诚信经营、依法纳税的理念，自觉遵守相关法律法规，切实履行社会责任，服务国家经济建设和社会发展。公司通过有效的公司治理、严密的风险控制、充分的信息披露，切实保护信托投资者利益。2014 年公司向投资者累计给付信托本金 975. 93 亿元，分配信托收益 217. 84 亿元，到期的信托产品均顺利实现兑付。公司继续参加银监会的试点扶贫工作，向甘肃省和政县捐赠扶贫款 50 万元。

四、2015 年发展规划

2015 年是公司成立第 20 年，公司树立“二次创业”的决心和理念，以加快转型和创新发展为主线，把握新机遇，谋划新思路，紧紧围绕“创新、规范、效率、精细化”的经营方针，夯实基础，苦练内功，弥补短板，培育和发掘公司的核心竞争力，努力开创公司发展的新局面。一是要紧跟市场变化，以创新推动业务转型发展。二是要不断创新内部管理运作机制，为业务转型提供有力支撑。三是要启动全员营销，大力推动营销能力建设。四是要规范和加强中后台运作，切实履行受托责任。五是要改进风控理念，提升风控工作效率。六是要加快信息化系统建设，为公司发展提供信息技术保障。七是要加强制度建设，提升精细化管理水平。八是要加强品牌宣传，推动企业文化建设。

中海信托股份有限公司

2014 年，中海信托股份有限公司（以下简称公司）面对宏观经济下行、政策多变、竞争加剧的不利市场环境，公司遵照董事会年初批准的年度工作目标和经营业绩指标，坚持合规稳健的经营理念，强化风控，最大限度地减少政策变动带来的冲击，加快业务转型步伐，推进完善制度流程建设，优化人力资源管理，公司主要经营业绩再创历史新高，保持了稳健、可持续发展态势。

一、2014 年经营概况

截至 2014 年 12 月 31 日，公司资产总额 52.49 亿元，净资产 38.39 亿元，公司资产继续保持高质量。

2014 年，公司实现营业收入 14.09 亿元，实现利润总额 11.71 亿元，人均净利润 704.74 万元。

在风险可控的前提下，公司资产管理能力不断提升，2014 年公司累计管理信托资产规模达 5299.24 亿元。截至 2014 年 12 月 31 日，公司存续信托项目共 345 个，其中新增信托项目 161 个；管理存续信托资产规模为 3142.51 亿元，规模较年初上升 77.1%。

二、创新业务案例

公司持续推进业务创新，提升主动管理能力。2014 年，公司在确保传统信托业务平稳发展的同时，持续调整优化业务结构，推进发展模式转变，提升公司管理资产规模和盈利能力。截至 2014 年末，公司投资类业务管理规模占比为 70%，规模同比增长 62.6%；融资类业务规模占比为 30%，规模同比增长 58.5%，公司业务结构优化调整取得成效。

在保证稳健发展、风险可控的前提下，公司审慎开展创新业务，为未来布局，以谋求可持续性发展。在信贷资产证券化业务方面，继 2012 年 11 月、2013 年 3 月相继发行交银 2012 年第一期信贷资产支持证券和工元 2013 年第一期信贷资产支持证券后，2014 年 5 月公司又成功在银行间市场发行“工元2014年第一期”信贷资产支持证券，规模达55.72亿元。

凭借在资产证券化业务领域的管理能力和经验，公司与上海陆家嘴国际金融资产交易市场股份有限公司合作，分别于2014年3月和4月，推出平安车贷资产和民生信用卡车贷资产两大类资产证券化项目，规模分别为70亿元和18.95亿元。上述两项信托计划的成功发行，既为下一步开展类似“规模大、期限长”的信托业务积累了经验，也进一步树立了公司在资产管理，尤其是资产证券化业务领域的行业领先地位。

三、社会责任履行情况

公司坚持把企业社会责任建设与公司企业文化融合贯通，积极履行国有金融企业的社会责任。

（一）提供安全可靠的金融理财产品，维护金融市场稳定

公司在实现高效、高速发展的同时，始终把维护委托人的利益放在首位，不断优化风险控制体系，切实承担起国有金融企业维护金融稳定的社会责任。自2004年以来，公司累计管理信托资产规模达27000亿元，连续十一年未发生一笔信托不能到期兑付的情况，未发生一笔损害委托人、受益人利益的情况，未新增任何不良资产，得到委托人和市场的高度认可，成为委托人信得过的信托理财平台。

（二）持续提升品牌影响力，服务地方经济发展

公司以稳健经营和专业理财能力树立起良好的社会形象，中海品牌的市场影响力不断提升，2014年获得以下殊荣：

2014年，公司连续三年荣膺“上海市黄浦区经济发展突出贡献百强企业”称号。

2014年6月，公司荣获上海证券报社、中国证券网联合举办的第八届诚信托评选活动中的“诚信托——卓越公司奖”。

2014年7月，公司荣获证券时报社主办的“优秀信托公司”评选活动中的“最佳风险管理信托公司”奖项。

四、2015年发展规划

目前，面对复杂的经营形势，公司将紧盯市场变化，持续强化风险管理，夯实发展基础，推进发展方式转变，提高核心竞争力，提升公司综合实力，并将重点在以下方面取得突破。

（一）加强主动管理，提升核心竞争力

公司积极应对新的监管要求，在继续发挥传统优势的同时，提高主动管理能力，坚持业务创新，提升可持续发展的核心竞争力。2015 年，公司将继续坚持创新业务拓展，推进业务发展模式转变。通过提高公司产品开发能力和资金募集能力，加强主动管理，保持稳健发展，打造公司相对稳定的基础盈利模式，借鉴行业创新业务尝试，保障全年经营目标的完成，为公司未来发展布局。公司正在进行股指期货业务资格的申报，待获得资格后，公司将持续推进该项业务的开展，力争取得实质性突破。

（二）加强风险管控，确保合规经营

公司将继续完善风控体系建设，全面提高风控管理水平，根据市场环境及政策调整，适当调整风险管理模式、手段和风控侧重。加强全程风控，完善量化风控标准，着重提高项目管理各环节的风险防范。加强对突发事件的应急处理能力，确保在业务开展过程中不因市场变化而出现风险暴露点。

加强制度执行力，培育合规与风控文化，进一步增强全体员工风险意识，提高公司依法合规经营水平和风险管理能力。充分发挥审计监督职能，强化基础管理，为公司正常经营发挥保障机制促进作用。以纪检监察为龙头、以内部审计为着力点、以内控评价为突破口，统筹监督资源配置，发挥监督合力。

（三）加强队伍建设，确保转型顺利实施

公司将持续完善市场化用人机制、考核机制、薪酬和激励机制，继续引进关键岗位的专业人才，做好创新业务高端人才储备，提高团队专业能力，努力营造良好环境，完善人才培养长效机制，建立一支技术过硬、品德过硬、作风过硬的资产管理队伍，满足公司转型需要。

（四）适应转型要求，继续完善营销策略

公司将在维护好与现有金融机构渠道合作关系的同时，继续加强直销业务发展力度，探索具有市场竞争力的内部考核与激励机制，提升直销队伍的综合业务素质水平，不断提高对高净值客户的综合服务水平，提高客户黏性和满意度，打造高产能的私人财富管理团队。

中航信托股份有限公司

一、2014 年经营概况

2014 年，是中航信托股份有限公司（以下简称公司）重组后的第五个发展年度，也是公司转型发展元年。公司在董事会的正确领导和股东单位、行业监管部门的大力支持下，坚持创新求变、转型发展，积极打造三大业务板块，构建多元化业务体系，自主管理和转型发展能力进一步提升，具有自身特色的盈利模式进一步清晰，年度各项经营指标与重点任务圆满完成。

（一）积极应对环境变化，业务能力与盈利能力持续提升

2014 年，宏观经济进入“新常态”，经济下行压力加大，全面体制改革不断深化，实体经济运行困难使信托行业经营发展面临新的抉择，转型已成为中国整个信托行业的关键词。公司积极采取应对措施，贯彻执行转型方案，不断夯实管理基础，努力追求卓越业绩，在稳健、合规经营的前提下实现了又好又快发展，整体盈利再创历史新高。全年实现营业收入 17 亿元，预算完成率为 112%，同比增长 10.6%；利润总额 12.11 亿元，预算完成率为 112%，同比增长 23%；净资产收益率为 21.19%。

（二）全面实施转型发展战略，扎实推动业务转型与结构调整

2014 年，公司全力推动三大业务转型，信托业务规模持续增长，信托业务结构不断优化，业务转型初见成效。截至 2014 年末，公司信托业务存续信托项目 996 个，受托余额 2770 亿元，同比增长 26%；全年新增集合类信托项目 171 个，规模 368 亿元，同比增长 14%。

在私募投行业务方面，稳步推进行业专业化提升，在传统行业的基金化改造及创新业务拓展方面进行了积极的研究和探索，运作效率也得到明显提升。资产管理业务依据差异化的投资策略，在合规条件下，建立全市场公募基金、债券等金融产品的评价标准与筛选机制，搭建资产管理产品线，积极打造资产管理精品产品。

（三）加强营销管理，积极提升财富管理能力

2014 年，公司以客户为中心，做好财富管理营销体系、服务平台建设、理财队伍建设等各项基础工作，为开展定制化的私人财富管理业务做好各项准备。与此同时，为贯彻财富管理业务转型策略，学习研究国际化的财富管理等创新性私人定制信托服务，公司专门派出 5 名员工前往华侨银行，系统学习其成熟的财富管理体系和财富管理模式，同时引进其在私人财富管理服务和资产配置策略等方面的先进理念和技术，促进公司财富管理和服务水平的有效提升。

（四）自营业务稳中有升，投资企业业绩优良

2014 年，公司固有业务实现收入 33417 万元，完成预算的 101%，固有资金协同公司信托产品累计金额约 45 亿元，很好地支持了信托主业发展。在金融股权投资方面，公司投资的五家地方商业银行 2014 年发展势头良好，同时，出资 10 亿元参股成立中国信托业保障基金有限责任公司，参股证券公司——天风证券。

（五）提升风险管理水平，信托项目全部顺利兑付，实现受益人利益最大化

公司正确处理经济利益与风险控制的关系，审慎开展业务，提高项目准入标准，优化业务评审制度、制定了一整套法律文件模板、尽调模板、风险指引等，加强舆情监测与项目后续风险监控、引进征信系统、中国指数研究院数据库等，从各个环节严控风险，使公司内部形成良好的合规文化和风控理念，积极履行受托人的职责与义务，切实维护受益人的合法权益，保持业务经营整体稳健。2014 年，公司共兑付信托项目 320 个，实收信托 812 亿元，其所有到期项目均实现按期、足额兑付，全年向投资者分配收益 193 亿元（含未到期项目）。

（六）健全组织功能，人才队伍建设不断加强

2014 年，公司全面梳理部门职责及制度流程，明确部门岗位设置，编制岗位说明书，调整和新增流程总计 121 个，修订新增制度 18 项。在组织结构方面，重组研发与产品创新部，引进两名专业研究人员并借助外部资源，充实研发力量。在人才队伍建设方面，分别针对不同类别员工搭建了立体化培训体系，加强了人员队伍梯队建设，优化人员结构，支持经营管理发展的需求。

（七）加强内部管理，运营保障支持水平稳步提升

一是调整经营部门和管理部门的平衡计分卡指标体系，更加注重软指标考核，以规范化程序落实绩效反馈与绩效沟通。二是以市场为导向，对标行业数据，优化薪酬结构，在实施工资总额管控前提下，对全体员工薪酬进行优化调整。三是定制开发核心业务系统，并统筹维护升

级人力资源、财务、OA、CRM、小贷、估值等各系统。

二、创新业务案例

2014年是公司战略转型元年，公司各业务团队不断探索适应信托市场发展的新模式、新业务，一是集中力量大力发展主动管理型业务，发行现金流管理产品天玑聚富、天玑汇财、天玑优选、天诚聚富，与宜信、格上理财合作小微金融系列产品，公司主动管理能力不断提升，业务结构持续优化。二是在小额信贷集合信托计划的风险控制措施中引入第三方保险合作机制，启动了国内首例保险、信托、小额信贷三方商业合作模式。三是通过灵活的分层、股债结合方式，发行了并购集合信托计划，为并购方提供项目贷款和夹层融资。四是开发设计了类年金管理信托计划天福系列产品，为交易对手提供了投资多样化、账户管理系统化的服务，切实提升了合作企业的员工福利水平、员工稳定度及人才吸引力。五是通过地产投资基金产品、政府基础设施BT投资等业务模式，维护了一批优质客户，如中国建筑、中冶集团、绿城、中城联盟、华融资产、红星等交易对手已发展成为公司的战略合作伙伴。

三、社会责任履行情况

2014年，公司继续将“为客户创造价值，为社会创造财富”的理念贯彻到经营管理各项工作中，在推动公司稳健快速发展的同时，积极履行社会责任，不断加强社会责任管理，以实际行动为社会、为客户、为股东创造价值，体现作为央企的责任担当。

（一）积极发展信托主业，支持实体经济发展

2014年公司坚定转型发展战略，面对宏观经济下行压力和信托行业发展瓶颈，公司全体员工同舟共济、攻坚克难，圆满完成年度目标任务，主要经营指标均同比增长，并加大对工商企业等实体经济的支持。在第七届中国优秀信托公司评选活动中，公司获评“中国优秀信托公司”殊荣。

（二）依法合规经营，维护委托人、受益人利益，维护金融稳定

“受人之托、代人理财”是信托的宗旨，为了履行好这一职责，切实维护委托人和受益人的利益，公司积极推进风险管理全面化、系统化，加强中台部门与业务评审会对项目的审查力度，坚持月度风险分析例会，对可能存在风险隐患的项目提前介入、有效应对，保障了公司在风险可控的情况下平稳高效运行。全年顺利完成到期项目兑付，未发生任何兑付风险，有效维护了金融秩序稳定。

（三）发展社会公益事业，积极回馈社会

以公司成立五周年为契机，开展公益众筹活动，关爱残障人士；通过江西省慈善总会设立“中航信托爱心基金”，是全省首家由机构设立的小额慈善冠名基金；得知公司捐建的萍乡希望小学有两名学生患白血病，立即多方协调帮助其在南昌诊疗，并在公司员工中为他们募捐 6 万元善款；公司为南京航空航天大学人才培养提供捐助，继续做好省级定点扶贫工作，继续开展丰富的客户活动，助力南昌市第六届百里健行活动，继续与《江西日报》合办“江西人文大讲堂”，均取得较好社会反响。公司全年用于社会公益事业的经费总计约 200 万元。

（四）积极开展客户维护和沟通

公司财富管理中心为维系客户关系，提升对高端客户增值服务品质，公司多次举办茶文化主题沙龙。随着客户服务工作的不断深入，将根据客户需求和兴趣爱好，筹办多种形式的高品质尊享活动。

（五）保障员工权益，促进员工发展

以群众路线教育实践活动为契机，建立职工参与公司管理的体制机制，完善职工代表大会制度；公司领导分别深入一线团队召开座谈会，认真听取员工意见和呼声；不断改善员工工作环境，丰富员工业余文化生活，开展员工趣味运动会、猜灯谜、演讲比赛等系列活动；针对不同层次员工开展有针对性的培训，支持员工职业生涯发展。

四、2015 年发展规划

2015 年，中国经济全面进入“新常态”，经济增速目标下调为 7% 左右，结构调整、改革创新、动能转换将在很长一段时间内成为国家经济社会发展的主基调。面对严峻的经营环境，公司将 2015 年定位为“转型攻坚年”。

公司将以“加速转型，重点突破，稳中求进”为主基调，抓住“促转型、拓市场、抓尽责、控风险”四条发展主线，重点在“产业专业化能力、境内外资产配置、互联网金融、尽责管理”四个方面取得突破，继续推进私募投行专业化、资产管理差异化、财富管理个性化，稳固可持续发展的业务模式，创新探索新的业务发展空间；苦练内功、夯实基础，深化全面风险管理体系建设，提升风险审查、监控、处置能力；优化绩效激励机制，构建高绩效企业，积极践行信托尽责文化，大力弘扬信托“受益人利益最大化”原则，以“正规军”的思想与面貌创新发展信托事业，提升发展质量和水平、培育企业核心竞争力，努力实现公司的新发展、新跨越与新未来。

中融国际信托有限公司

一、2014 年经营概况

2014 年，面对复杂的经济形势和激烈的市场竞争环境，中融国际信托有限公司（以下简称公司）积极推动业务转型，完善公司治理和内部控制，提升风险防控与化解能力，在不利的经营环境下，完成了年初设定的各项经营目标，各项经营指标位居行业前列。

（一）资产管理规模稳中有增，经营指标居行业前列

2014 年末，公司管理资产 7227.93 亿元，其中信托资产 7105.93 亿元，自有资产 122 亿元，较年初分别增长 48.49% 和 25.93%，资产管理规模实现大幅增长。2014 年公司实现营业总收入 55.31 亿元，实现利润 32.16 亿元，净利润 24.33 亿元。较上年末，公司收入和净利润分别增长了 5.08 亿元和 4.15 亿元，公司收入和净利润均位居行业第二。

（二）净资本实力提升，风险抵御能力进一步增强

截至 2014 年末，公司净资本各项数值均持续达标。公司净资产 96.98 亿元，净资本 87.13 亿元，净资本覆盖率（净资本/各项业务风险资本之和）为 116.43%，净资本盈余为 12.3 亿元。

（三）信托兑付情况良好，实现投资者利益最大化

2014 年，公司共兑付 619 个项目，实收信托 1334.55 亿元。其中，集合类项目 134 个，实收信托 306.68 亿元，加权平均实际年化收益率为 8.09%；单一类项目 260 个，实收信托 598.67 亿元，加权平均实际年化收益率为 6.81%；财产管理类项目 225 个，实收信托 429.2 亿元，加权平均实际年化收益率为 8.29%。2014 年所有到期项目均实现按期、足额兑付，累计为投资者分配信托收益 173.13 亿元。

（四）财富管理能力提升，市场影响力持续扩大

2014 年，公司通过中融财富中心加大了直销力度，不断提升客户管理及财富管理能力。截

至2014年末，公司拥有自然人客户3万余人，委托资金1400余亿元；机构客户1100余家，委托资金5200余亿元。通过专业、优质的资产管理能力，公司在客户群里树立了良好的形象，并获得市场的高度认可。2014年，公司相继获得由《21世纪经济报道》、《金融时报》、《证券时报》、人民网等颁发的各类奖项十余项，所获荣誉涵盖公司品牌、风控、创新研发、财富管理等方面。

二、创新业务案例

公司以产品创新为突破口推动业务转型，成立了多个创新业务推动小组，在业务模式、交易结构等多方面开展深入研究，推出多个内容独特，结构新颖的信托产品，受到投资者的欢迎。2014年，公司获得了合格境内机构投资者（QDII）资格，为公司拓展海外业务打开了通道。公司随即推出了“中融—港融通1号集合资金信托计划”，通过QDII投资于内地企业港股基石投资，待该企业H股上市后，锁定期6个月，基石锁定期满后，公司安排专人盯市并定期跟踪该银行的经营情况，在不低于发行价格之上，择机减持，回收流动性或者兑现收益。

与传统的公募产品相比，信托公司QDII产品的投资范围较银行、基金公司、保险公司等更为宽泛，再加上其私募性质的特点，可以针对高净值客户的金融需求进行量身定制，为客户提供“小规模、多批量、个性化”的金融服务。信托公司QDII业务作为新型业务，其创新首先体现在投资品种的创新，对于证券类投资产品，除了原有公募产品的组合管理常见的股票、债券等，信托公司QDII产品还可以引入少量的对冲工具，在保障收益的同时对冲部分风险，帮助投资管理人实现真正意义上的“绝对收益”。其次，是投资比例，传统的公募产品在投资比例上面临较多监管要求，而信托公司是专户管理，投资标的较为集中，更多地带有为高净值客户量身定制的特色。最后，信托公司的QDII产品，可以成为客户财富管理的一种投资手段，帮助其实现境内外资产的跨境配置，通过不同的市场和标的获取配置收益，并分散风险。

三、社会责任履行情况

公司坚持“诚信、创新、高效、包容”的价值观，致力于成为综合实力强、社会认可度高、客户信任和员工爱戴的知名金融企业，一直较好地履行了企业社会责任。一是积极履行受托人职责，努力实现受益人利益最大化。公司注重风险防范，坚持合规经营，至今未发生重大兑付风险，所有到期清算信托计划均全部实现安全。2014年，公司累计到期清算信托计划619个，实收信托1335亿元，全部实现足额、按期兑付。二是积极贯彻国家产业发展政策，以多种类型的信托计划为工具，在支持保障房建设、能源产业发展和文化产业发展等领域，有效引导社会资金投向国家政策鼓励发展的产业。三是依法履行纳税义务，增加就业机会。公司2014年共缴纳各种税金14.56亿元。2014年，公司新增就业岗位640人，其中社会招聘510人，校园招聘130人。四是踊跃参加各类公益活动，大力支持老少边穷地区发展。近几年，公司社会捐赠现金累计达千万元。

四、2015年发展规划

2015年，公司将积极推动实现业务增长方式和发展模式的转变，不断开拓创新，提升风险管理水平，严格防范业务风险，推动业务良性发展，逐步实现“由单纯的资金提供者转型成为集私募投行、资产管理、财富管理三位一体的综合性的资产管理者”的业务战略转型。

（一）持续推动业务转型

公司已经初步搭建了业务转型三大板块的组织框架。2015年，公司将继续按照战略发展规划推动业务转型工作。投资银行板块，公司将继续整合传统业务部门业务资源，对已搭建的事业部进行人员补充，继续从外部引进或从内部转制MD团队，提升事业部业务能力。资产管理板块，公司将继续发挥中融鼎新的平台作用，对外成为公司海外布局的重要窗口，对内不断引进专家团队，借助优秀的产品打造公司的资产管理品牌。私人银行板块，财富中心将尽快完成各直销团队的职场装修工作，并招募营销人员，进一步提高发行实力。此外，公司还将继续收缩房地产业务，同时调整业务结构，增加房地产直投项目比例，开展房地产并购基金。

（二）推进创新业务发展

未来，公司将继续加大对创新的投入和支持力度，不断开拓新领域、新模式，力争使创新成为公司重要的收入来源。一是探索政信合作新模式。未来，国家将进一步健全和完善城市基础设施领域公私合营政策法规制度，推动政府购买社会服务和公私合作项目运作的规范化、制度化，指导各类市场化主体，通过PPP、BOT、特许经营等商业模式，参与城市基础设施建设和运营。二是提高资产证券化主动参与程度。公司在目前的资产证券化业务中参与程度不高，收取的信托报酬较低。未来，公司将不断增加技术含量，争取作为项目牵头人，参与交易结构设计、资产池筛选、风控设计、监管报备报批等资产证券化业务核心模块，提高公司参与程度与议价能力。三是布局海外投资。公司将增大海外投资力度，发掘境外资本市场投资机会，积极寻找具有投资潜力的企业、物业、基础设施等优质投资标的，为客户分散国内系统性风险、实现海外资产布局提供服务。

（三）积极开展资本市场业务

2014 年 5 月，国务院出台“新国九条”，释放出资本市场利好的诸多信号，IPO 注册制改革、多层次股权市场建立、市场化并购重组等，在这些因素推动下资本市场迎来新的机会。随着房地产、政信业务的收缩，围绕资本市场业务的开拓将是公司 2015 年发展新的支撑点，公司将全面推动二级市场投资、定向增发、上市公司并购、国有企业改革资本运作、上市公司综合金融服务等资本市场业务，利用多年的客户积累和开拓能力以及资金募集能力，前台、中台、后台通力合作，为公司寻找新的利润增长来源。

（四）持续压缩传统融资类业务

2015 年，房地产市场、地方政府债务风险面临较多不确定性，公司将进一步调整业务发展方向。一是限制房地产业务扩张步伐，继续采用调整业务准入标准、绩效分配比例等手段，明确公司限制方向，从源头控制增量风险。二是进一步严格地方政府平台融资项目准入标准，以市场化的方式参与基础设施建设，并以 PPP 模式积极探索、尝试新型政信业务。三是限制开展净资本占用较多的业务。新的净资本管理办法将于近期出台，按现有业务情况，公司面临一定的净资本压力，2015 年要压缩银信通道等净资本占用较多的业务，鼓励寻找事物管理类业务机会，如提供投资顾问、市值管理、家族信托等。

百瑞信托有限责任公司

一、2014 年经营概况

2014 年，中国经济新常态进一步确立，中国信托业也从快速发展期进入稳健发展期。面对来自市场和政策的双重压力，在监管部门的监督指导、股东单位的支持帮助和董事会的正确领导下，百瑞信托有限责任公司（以下简称公司）上下坚定信心，沉着应对，按照年初确定的工作思路和重点，稳规模、控风险、促转型，有序推进各项工作开展，顺利完成了年初制定的经营指标，保持了稳健的发展势头。

（一）2014 年度经营业绩

公司实现收入总额 13. 60 亿元，同比增加 1. 89 亿元，增长 16. 14%；实现利润总额 9. 79 亿元，同比增加 1. 19 亿元，增长 13. 83%；实现净利润 7. 48 亿元，同比增加 1. 06 亿元，增长 16. 47%。截至 2014 年末，公司资产总额 42. 51 亿元，比年初增加 8. 57 亿元，增长 25%，净资产 37. 20 亿元，比年初增加 6. 55 亿元，增长 21%；管理信托项目 383 个，信托规模 1355 亿元，较年初增长 21%。

（二）2014 年主要工作开展情况

1. 如期实施首期增资扩股

无论是从行业状况，还是从公司实际来看，增资扩股都势在必行。因此，在 2014 年 3 月 27 日召开的公司 2014 年度第二次股东会上，与会股东代表对公司增资扩股事宜进行了讨论，并就分步增加注册资本达成初步共识，确定 2014 年末前首期增资至 22 亿元，2015 年 6 月末前增资至 30 亿元。

在公司全体员工的全力配合下，经过多次向各股东单位沟通汇报，2014 年末，经公司 2014 年度第五次股东会议审议通过和河南银监局批复同意，首期增资扩股如期实施，并于 2014 年 12 月 30 日完成商务部备案和验资。目前公司正在按照监管规定修订公司章程、办理工商登记等后续工作。

2. 稳健开展各项主营业务

（1）信托业务稳中有进

一是信托业务规模稳步提升。在行业规模增速日益放缓的大背景下，公司通过不断拓展业务领域和加快业务开展进度，推动信托规模不断创出新高。截至 2014 年末，公司管理信托规模达 1355 亿元，比年初增加 232 亿元，增长 21%。

二是信托业务结构更加合理。公司在不断提升主动管理能力的同时，较好的贯彻了 2007 年提出的“信托期限长期化”战略，并由此推动了信托业务结构的持续优化。截至 2014 年末，在存续信托项目中，集合类信托项目规模达 514 亿元，占比为 37.92%；2015 年及以后年度清算项目规模达 920 亿元，占比为 67.90%，上述存续信托项目在 2015 年及以后年度可实现收入约 20 亿元。

三是信托业务类型更加丰富。一方面，公司在精耕细作基础设施信托、房地产信托和工商企业信托等传统业务领域的同时，也在资产证券化、内部信托、并购信托、土地流转信托等创新业务领域进行了积极拓展并实现了项目落地；另一方面，通过推动兰州新区城市投资发展基金、中原航空港产业投资基金、中以产业基金等代表公司未来业务发展方向的大体量基金类项目的顺利实施，也进一步夯实了公司未来发展的基础。截至 2014 年末，兰州新区城市投资发展基金项目已完成第二期 10 亿元资金募集，确保了该项目资金支持的秦王川国家湿地公园、区域中心服务组团等项目的顺利推进；中原航空港产业投资基金项目也已通过河南省和国家发展改革委审批，基金管理公司已注册成立；中以产业基金项目也正在有序推进中。

四是集团对接业务取得突破。2014 年上半年，为强化与中电投集团的业务对接，公司对中电投业务对接工作小组成员进行了调整，并在集团有关领导的支持和推动下，进一步明确了业务对接的方向和重点，逐步建立起切实有效的业务协同和对接机制。截至 2014 年末，在与集团具体对接的 9 类业务中，有 6 类已经取得了实质性突破，累计实施项目 20 多个，规模超过 100 亿元，同时为集团企业职工管理信托财产超过 10 亿元。

（2）自有业务发展更为均衡

以提升自有资金利用效率为目标，公司在兼顾收益性和流动性的同时，重点围绕自有资产配置和流动性管理进行了积极布局，较好地实现了自有业务的均衡发展。

一是资产配置结构进一步优化。在风险可控的前提下提升自有资金的整体收益水平，结合行业发展趋势和自身实际，公司通过在适度减少流动性贷款的同时增加长期股权投资和综合投行业务的占比，推动了自有资产配置结构的持续优化。截至 2014 年 12 月末，公司自有短期借款、股权投资和综合投行业务规模占比分别为 9%、20% 和 42%，配比结构更加合理。

二是流动性管理能力进一步增强。公司通过对流动性资产规模及期限的合理控制，以及动态调整自有信托联动类投资和货币资金的占比，在确保短期资金使用效率的同时，也进一步强化了自有资金的备付职能。2013 年以来，公司自有资金年化收益率一直维持在9%以上，同时也保持了适宜的流动性。截至2014 年 12 月末，公司流动性资产规模为 24 亿元（其中货币资金 5 亿元），在银行间市场短期同业的拆借额度也提升至4 亿元。

3. 合规及风险管理工作持续加强

合规及风险管理是金融行业生存的基础，直接关系到公司能否正常发展，也是股东关注的重点事项之一。为此，公司以“守住合规底线、不越风险红线、不碰法律高压线”为原则，在合规及风险管理方面开展了大量工作。一方面，通过建立完备的合规组织体系和规章制度建设长效机制，使公司合规管理体系得到进一步完善和优化。2014 年，公司进一步完善了兼职合规风险岗制度，发布规章制度建设通报 75 次；另一方面，在行业项目不断出现风险的严峻形势下，公司以设立独立的风险管理部门为契机，不断完善和优化全流程风控体系，促进了公司整体风险管理水平的持续提升。

4. 营销水平得到进一步提升

在“搭建大营销体系，实现两条腿走路”这一理念引导下，公司主要着力从以下两个方面提升自身整体营销水平：

一是通过部门职能和分管领导调整，公司进一步增强了公司的对公营销力量，强化了机构业务部与产品设计部门的沟通和协作，实现了产品设计和对公营销深度融合与同步提升。2014 年，公司实现对公营销规模 526.02 亿元，占比为 87.42%，有力支持了各项信托业务的开展。

二是在不断提升对公营销能力的同时，公司也更加强调对私营销能力的培养，以打造更多高水平客户增值服务平台为抓手，通过资源倾斜和理念创新，使百瑞财富俱乐部、百瑞财富管理学院和百瑞财富微信号日益成为促进潜在客户转化、提升已有客户黏性的有效平台。2014 年，公司实现对私营销 75.68 亿元，同比增加 11.73 亿元，增幅为 18.35%；百瑞财富俱乐部和百瑞财富管理学院共开展客户维护活动 30 余次，参与人数超过 1500 人次，百瑞财富微信平台新增关注人数也接近 2000 人。

5. 研发工作站上新台阶

依托公司本部和北京研发基地之间的良好互动，公司研发中心在不断提升课题研究水平的同时，也在推动研发成果转化方面做了大量工作，通过直接参与业务开展，主导推出了包括财富管理信托、资产证券化和土地流转信托在内的多个类型的创新业务。截至 2014 年末，研发中心累计开展业务项目规模超过 50 亿元。

二、创新业务案例

（一）百瑞安鑫1号单一资金信托（中电投企业年金）项目

1. 项目简介及运营情况

本项目为公司面向中电投集团企业年金设计的新能源单一资金信托产品，企业年金通过中国人寿构建专门投资组合，投资于公司设立的单一资金信托，信托资金用于向中电投集团下属的新能源项目企业发放贷款。

2014年7月7日，公司与中国人寿养老保险共同打造的“百瑞安鑫1号单一资金信托”成立，首期募集资金3.47亿元，项目期限12年。第二期、第三期、第四期分别于8月7日、9月18日、10月24日成立，累计实现信托规模5.5亿元。目前项目运营正常。

2. 创新特点

项目以长期运作、定制服务、多方合作为特色，是符合人社部、银监会、保监会等最新政策导向的、业内领先的创新型金融产品；该类业务作为公司着力拓展的创新类业务，是公司研发部门针对委托人个性化需求提供专业化财富管理服务进行长期研究的成果转化；项目打造了信托与企业年金法人、受托人合作设计发行创新金融产品的全新模式，开创了百瑞新的财富管理产品系列——“百瑞安鑫”；项目为中电投集团新能源产业发展提供资金支持，有效提升集团企业年金收益水平，也实现了对信托产品总体风险的识别和控制，对于推进信托业和保险业的长期合作具有现实意义。

（二）百瑞富诚167号集合信托计划（白沙合村并城基金）项目

1. 项目简介及运营情况

公司发行“富诚167号集合信托计划（白沙合村并城基金）”信托计划规模8.8亿元，其中优先A类受益人3.2亿元，优先B类受益人1.2亿元，一般A类受益人0.3亿元（由项目运营方高管和员工以现金认购），一般B类受益人0.6亿元（由战略投资者以债权认购），一般C类受益人3.5亿元（目前已加入信托计划包含项目公司100%股权作价0.9亿元和对项目公司0.6亿元债权，剩余2亿元对项目公司债权于信托计划成立后1.5年内加入信托计划）。

信托计划作为项目公司新东润地产有限公司100%控股股东，将持有的信托资金向项目公司增资，其中2亿元计入项目公司注册资本，剩余计入资本公积，由项目公司将信托资金综合运用于郑东新区白沙镇白沙村合村并城项目的拆迁投入和开发建设，并通过项目公司分红、清算、实现债权或转让信托持有的项目公司股权等方式实现投资退出。

信托计划已于2014年3月27日成立，优先受益人4.4亿元已募集完毕，一般受益人募集2.4亿元，剩余2亿元债权将在后期加入。

2. 创新特点

多层结构化分层，在优先受益人和一般受益人中再次进行分层，将项目运营方高管员工的利益和信托计划利益绑在一起，同时，在一般B类受益人层面引入战略投资者，在项目出现极端风险时能够提供流动性和项目管理支持；在项目的后期管理中，加入对补足义务人的财务、证照和公章监管，保障项目后期的资金支持；通过设立一般C类受益人后期追加债权的方式，将补足义务部分资金以债权方式固化为信托计划资产，提供更强的增信方式；在结构化的模式中采取了股权加债权的配合方式，通过债权方式满足交易对手的节税要求；增加在项目满足开发贷的情况后，如银行要求项目公司股权结构特殊要求，信托计划可将部分项目公司股权回转给原股东，但必须由其提供其他增信措施。由此便于引入银行资金，保障项目后续开发安全。

（三）百瑞宝盈543号集合资金信托计划（和昌美食广场）项目

1. 项目简介及运营情况

信托计划向和昌（湖北）置业有限公司发放信托贷款，用于和昌美食广场的开发建设、装修及招商等所需资金。信托规模23000万元，期限不超过18个月。其中，优先受益权信托规模为17250万元，一般受益权信托规模为3450万元，劣后受益权信托规模为2300万元。目前该信托存续规模23000万元，项目运行良好。

2. 创新特点

该项目为公司第一单在信托贷款方式中引入分层结构，在满足不同投资需要的情况下，降低项目风险；该项目在法律未对贷款类房地产信托分层结构进行区分的情况下，引入了一般受益人，达到监管要求对优先与劣后比例3:1的要求；通过这个项目的实施使百瑞信托、和昌置业、三层信托受益人均实现各自的目标，达成三方共赢。

三、社会责任履行情况

2014年，公司认真履行《信托公司社会责任公约》，在为交易对手和合格投资者提供专业金融服务的同时致力于成为合格企业公民，并从支持地方经济发展、保护投资者权益、关爱员工发展、参与公益慈善活动等方面着手，开展了一系列企业社会责任实践活动，取得了良好的经济和社会成效，为推动社会和谐、民生改善和行业发展作出了积极贡献。

（一）支持地方经济发展

在通过设立航空港产业基金、中以科技产业基金等大体量项目为港区、中以科技产业园等特定区域未来发展提供充足、稳定和长期的资本金支持的同时，公司还通过缴纳税金、为各类实体经济和城市建设提供直接资金支持等方式，为地方经济社会的稳定和发展作出了积极贡献。2014 年，在公司募集的601.7 亿元信托资金中，用于河南省内的资金达 387.56 亿元，其中用于支持省内基础设施建设的资金为96.25 亿元，用于支持房地产企业及其他工商企业等实体经济发展的资金为 193.32 亿元；公司 2014 年纳税总额达 3.59 亿元，其中国税 2.6 亿元，地税 0.97 亿元。

（二）参与节能环保事业

2014 年，公司充分依托自身行业领先的研发能力和雄厚的股东资源，通过积极在节能环保领域拓展业务为节能环保事业发展提供专业金融支持。7 月，在中电投集团的支持和协调下，公司与中国人寿养老保险联合推出“百瑞安鑫 1 号单一资金信托”项目，首期规模 3.47 亿元，募集资金全部用于集团内部清洁能源项目。通过该项目的实施，不仅为企业年金受益人带来较高的稳定收益，而且实现了企业年金投资与清洁能源项目的无缝对接。截至 2014 年末，百瑞安鑫 1 号单一资金信托项目规模已达 5.5 亿元。同时，公司与中电投融和控股共同发起设立的中电投清洁能源基金项目也进入正式实施阶段。该基金将充分发挥政策先行先试及跨境金融创新优势，引领产业发展方向和社会资本投向，并借助中电投集团在清洁能源领域的雄厚实力和产业背景优势，致力于支持发展太阳能、风能等清洁能源发电项目，加大清洁能源产业的战略投资，为清洁能源产业发展提供资金支持、产业链整合及资本运作等全方位服务，实现国家的绿色低碳能源战略。目前，基金管理公司深圳前海中电投融和基金管理有限责任公司已正式成立，首期资金募集前的各项筹备工作正在加紧推进中。

（三）保护投资者权益

作为金融机构，公司高度重视投资者权益保护，从组织、制度流程、专题活动和日常工作开展等各个层面，逐渐建立起较为完备的投资者权益保护体系，并根据监管要求和公司实际持续完善和优化，投资者权益最大化的理念在公司经营发展过程中得到了很好的贯彻和执行。

2014 年，在根据银监会《消费者权益保护工作要点的通知》要求进一步明确投资者权益保护工作责任部门和责任人的基础上，公司更加注重从专题活动举办和日常工作开展两个层面入手，推进投资者权益工作全面落地。在专题活动开展方面，公司相继配合监管部门统一部署开展了“3·15 金融消费者权益日”活动和“金融知识进万家活动”并取得良好反响。在日常工作开展中，公司则依托百瑞财富管理学院、百瑞财富俱乐部、百瑞财富微信平台等客户增值服务平台，持续开展形式多样的投资者教育活动。如在公司营业场所设立公益性金融知识宣传教育区，并在营业场所摆放展板、×展架、宣传册等公益性金融知识宣传教育资料；在百瑞财富管理学院开展公益性、常态性的金融知识普及课等。2014 年，公司制作金融知识宣教展板 5 块，×展架 10 余个，发放金融普及宣传资料 2000 多份，开展投资者教育专题讲座近 20 次，参训学员 1000 余人。

（四）关爱员工发展

百年百瑞，以人为本。2014 年，公司在不断强化员工权益维护的同时，更加注重为员工打造“快乐工作，快速成长”的良好平台，通过实施“人才强企”战略，不断推进员工队伍专业化、人才储备前瞻化、激励机制市场化和用工模式多元化，进一步提升了人力资源管理水平。以员工培训为例，经过一年多的完善和优化，公司品牌化培训体系更加贴合公司实际和员工个性化需求，并成为提高员工素质、拓宽职业发展通道的有效途径。2014 年，公司共组织开展包括新青年、启航班、领航班等在内的多层次、多种类专题培训近 30 次，其中集中式专题培训 7 次，参训学员超过 150 人次。

（五）参与公益慈善活动

2014 年，在参与公益慈善活动方面，在以公司名义进行对外捐赠受到较大限制的不利情况下，公司更加强调针对性和有效性。2013 年末，在成功设立和运作郑州慈善（四川灾区及贫困地区教育援助）公益信托计划的基础上，公司充分利用信托行业制度优势和自身研发实力，联手北京市长江科技扶贫基金会、汝州市金庚康复医院推出创新型公益慈善项目——百瑞仁爱·天使基金 1 号集合资金信托计划，在项目运作过程中，通过贯彻信托制度、监察人机制、专业银行保管、专业机构审计等，以百瑞仁爱·天使基金为纽带，通过整合各方资源和促进各自专长发挥，逐步搭建起一个长期持久透明的脑瘫儿童救助平台。截至 2014 年末，该公益信托计划规模已超过 1300 万元，实现投资收益近 140 万元，其中首批投资收益 65 万元已于 7 月划付至汝州市金庚康复医院，全部用于脑瘫儿童救治。

在全力打造创新型慈善公益平台的同时，公司党支部和工会还先后两次组织公司员工携带奶粉、饼干等儿童食品以及尿不湿、玩具等儿童用品赴汝州市金庚康复医院开展“党员日”和“义工日”专题活动，并通过组织捐款活动发动员工为脑瘫儿童捐助衣物 200 余件，现金近 3 万元。

四、2015 年发展规划

（一）年度工作思路

基于对内外部发展形势的审慎研判，公司经营层经过反复研究，最终确定了如下年度工作思路：以控股股东提出的“一个中心，两个支撑，三个能力，四化建设”为指导方向，积极顺应监管导向和行业发展趋势，在推动业务转型升级、稳定收入和规模的同时，着力提升风险防控和内部管理能力，以稳为主，稳中求进，持续发挥平台利润支撑作用。

（二）年度重点工作安排

1. 全力推动，确保二期增资如期完成

根据整体增资安排，公司目前已开始启动二期增资工作。公司将要求各部门高度重视，全力配合，确保在2015年6月末前以现金方式增资8亿元，使注册资本增至30亿元，进一步提升公司资本实力与抗风险能力。

2. 多措并举，稳定规模与实现收入并重

一是组织精兵强将，在省市区各级政府部门的大力支持和帮助下，与交易对手通力合作，实质推进航空港产业基金的项目筛选与投资工作，同时着力整合各方资源，推动其他基金类项目的顺利开展；通过进一步提升交易对手选择标准，审慎开展房地产信托业务，加大项目拓展力度，为未来收入做好储备；大力推进业务转型，拓展并购信托、资产证券化信托、股权直投业务和家族信托业务，在积累经验和培养团队的同时，尽快建立稳定成熟的创新业务操作模式。

二是继续把“服务集团产融结合、提升与集团对接业务规模”作为年度工作的重中之重，按照前期确定的业务方向，不断加大与集团业务对接力度，积极在企业年金、能源基金、信托替代委贷、资金池互备、供应链金融等方面寻求突破，进一步发挥集团对接业务对稳定公司业务规模的重要支撑作用。

三是进一步提高自有资产管理水平，持续提升自有业务创收能力。一方面，在新一轮增资扩股完成后，在综合考虑收益、期限和流动性等方面需求基础上，从强化综合投行业务着手，持续推进资产配置结构优化，进一步提升自有资产本身的保值增值能力；另一方面，结合宏观经济环境、行业发展趋势以及监管要求，以创新为引导，在长期金融股权、实业投资等领域进行前瞻性、开创性的布局，继续推动自有资金的创新应用，同时，在风险可控的前提下，通过加大自有资金在房地产领域的投入，进一步提升自有资产投资收益率，为顺利完成公司全年收入指标提供保障。

3. 多管齐下，实现风险控制和业务发展平衡

一是进一步加强公司人员尤其是业务人员的合规意识教育，并通过合规组织体系和规章制度建设机制的进一步完善，确保公司全员真正做到“守住合规底线、不越风险红线、不碰法律高压线”。

二是认真总结积累以往项目风险处置经验，进一步提升项目风险处置能力；通过提高交易门槛、加大项目审核力度等，加强风险源头把控，切实避免发生项目风险。

三是继续强化项目事中风险管理和风险预警机制建设，在发现项目风险苗头时及时、果断采取有效措施进行处置，同时进一步完善和优化全流程风控体系，确保公司整体风险管理水平的持续提升。

4. 打造高水平营销平台，为业务开展提供资金保障

目前，公司已基本搭建起机构业务部和各产品部门负责对公营销、理财中心负责对私营销“两条腿走路”的大营销格局。在此基础上，公司将进一步明晰对公、对私营销的战略定位，明确打造高水平营销平台的方向，持续推进营销模式创新，不断强化营销团队培养，尽快建立起符合行业发展趋势和自身实际的新营销体系。

5. 提高研发工作水平，为业务创新提供智力支持

一是以加强北京研发基地建设为工作抓手，进一步促进北京研发基地与郑州总部的合作互动，通过推进与北京大学、社科院金融研究所等机构的合作和向社会披露高质量的研发成果，不断提升公司在行业的研发地位和影响力。

二是以业务需求为导向开展研发工作，通过为业务审核提供更多决策参考和直接负责创新业务开展等方式，使研发与业务实现更紧密对接，进一步强化研发对公司发展的支撑作用。

北方国际信托股份有限公司

一、2014 年经营概况

截至2014年末，北方国际信托股份有限公司（以下简称公司）资产总额2774.41亿元，较年初减少199.79亿元，减幅为6.72%。其中自营资产37.41亿元，较年初增加5.21亿元，增幅为16.18%；信托资产2737亿元，较年初减少205亿元，减幅为6.97%。股东权益32.03亿元，剔除向股东分红1亿元因素，较年初增加5.61亿，增幅为20.46%，全部源于税后利润。在自营资产中，贷款20.33亿元，货币资金11.05亿元，股权投资4.11亿元，证券资产市值3.02亿元，其他资产约1.25亿元，资产减值准备2.37亿元。不良资产余额1.28亿元，不良资产率为3.43%，较年初上涨近3个百分点，不良资产拨备率为226%，拨备充足。信托资产中，集合资金信托69个，规模226亿元，单一资金信托491个，规模2358亿元，财产信托41个，规模153亿元。全年兑付或缩减信托459个，金额2931亿元，全部安全兑付。

2014年，公司信托业务实现收入246亿元，支出23亿元，为委托人创造收益223亿元；公司自营业务实现收入12.49亿元，支出4.97亿元，税前利润7.53亿元，税后利润5.66亿元。

2014年所做的主要工作有以下四个方面。

（一）顺利完成董事会换届，进一步完善法人治理结构

2014年，公司克服重重困难，顺利完成了第二届董事会、第二届监事会的换届工作。

（二）以稳健经营为主导，构建可持续的业务发展模式

一是及时调整了一线业务部门组织结构，突出信托业务的主导地位，创新一线业务部门管理机制，充分释放业务部门自身活力；二是调整业务布局，进一步优化业务结构，积极拓展投行类中介性业务，稳步提高自主管理类信托比重，以分散业务结构风险；三是努力提升“四项能力”，推动公司业务可持续发展，即获取资产的能力，产品或业务模式的设计能力，产品和服务的销售能力，以及风险防控能力。

（三）以“四项建设”为抓手，全面提升员工队伍综合素质和公司内部管理水平

一是抓员工队伍建设；二是抓激励约束机制建设；三是抓风控体系建设；四是抓业务流程优化与 IT 系统建设。

（四）以钉子精神做好群众路线教育实践活动的整改落实工作

2014 年，公司保持了快速的增长速度、合理的资产结构、优质的资产质量，并取得了可观的盈利。公司用实际行动和真实的业绩践行了承诺，即最大限度的回报股东、回馈社会、成就员工。

二、创新业务案例

在宏观经济增速放缓、监管政策复杂多变、资产管理市场竞争全面升级的新形势下，公司开拓创新，不断探索新形势下银信合作业务模式的转型和资金、信用以及融资三类资源平台的搭建，以全新的视角，重新审视中国资产管理市场巨大的发展空间。

公司主要以整合社会资源为主线稳步推进银信合作业务的发展。在整合资金资源方面，针对银行同业市场发生的新变化，公司开展了包括银行自有资金运用、卖出回购、新型财产权等在内的创新型业务模式，业务市场化水平进一步提高，业务方案设计能力进一步增强，资产收益能力进一步改善。在整合信用资源方面，公司继续深化与国有大型增信机构的合作。在公司的牵头协调下，搭建起“银行授信、信托增信”的业务合作模式，促成天津滨海农村商业银行向中投保的授信合作，实现了与中合中小企业担保的初步合作。在整合融资资源方面，公司在正视资产管理行业的变革为信托行业带来挑战的同时也积极从中发掘机遇，在房地产、公共融资领域，与券商、基金子公司协同合作，极大地简化了业务环节，提高了决策效率，提升了信托价值。

三、社会责任履行情况

成为品牌价值一流，让客户信赖、受社会尊敬的企业，始终是公司所追求的目标愿景。多年来，公司无论是处于艰难困苦之中，还是在发展壮大之后，始终以践行社会责任、为客户提供优质服务为己任，高度珍视自身的社会形象和品牌价值，并为此作出了孜孜不倦的努力。一是向委托人高度负责，确保他们的资金安全，尽力提高资金的收益，2014 年公司为委托人创造收益 223 亿元；二是千方百计解决企业的融资困难，2014 年，通过公司信托平台，为企业融资

上千亿元，解决了银行难以解决的企业融资中的疑难问题；三是守法合规经营，2014 年历经了人民银行、天津银监局、财政专员办的严格检查，公司无明显违规，并受到各监管机关的充分肯定；四是积极主动开展社会公益活动，公司先后开展“捐冬衣，暖人心”活动，为贫困家庭捐献衣物；为滨海新区社区老人捐献助听器；为公司员工为云南鲁甸受灾地区捐献善款 11500 元；为越秀街社区贫困住户捐献价值 4000 元的物品。

公司委派三位员工组成结对帮扶工作组对武清区崔黄口镇前营村实施对口帮扶工作。工作组正式开展帮扶工作以来，积极投身到群众路线的帮扶实践活动中，制订帮扶工作计划和实施方案。在调研的基础上，工作组制定了结对帮扶工作 2013 年、2014 年度《帮扶工作规划》、《工作实施条例》等指导性文件。工作组在此基础上，制定了 2013 年关于实施道路亮化和设立助困助学基金的具体实施方案。同时工作组针对在调研工作中了解到的有关村街土地征用、幼儿园管理的具体问题，工作组妥善协调推进，向各方了解真实情况，讲究工作方法，推动当事双方就有关问题向积极有利的方向进行。

四、2015 年发展规划

2015 年，公司继续坚持原有的指导思想，即坚守公司使命、愿景和核心价值观，坚持既定的经营思想、管理理念，继续围绕提升核心竞争力这一中心，进一步优化业务布局、组织架构与工作流程，抓好制度建设、队伍建设和企业文化建设，夯实基础、稳中求进、创新发展，为跻身于全国一流的信托公司迈出新的步伐。

（一）实现公司业务发展全国布局

2015 年，公司将在巩固天津业务市场的基础上，围绕国内经济发达地区，尝试设立新的异地业务部门，在业务发展全国化方面取得实质性进展。

（二）实现对公司主要业务类型的梳理

经过连续几年的快速发展，公司业务能力迈上了一个新台阶，取得了一些成绩，也积累了一些宝贵经验。在行业增速放缓、个案风险频发的背景下，对公司主要业务类型与自身优势进行梳理，形成公司核心竞争力。

（三）实现公司新业务增长点的培育

围绕“新常态”下行业发展趋势和区域发展历史性机遇，公司将在资产证券化业务、自贸区业务以及私募股权投资业务等领域努力寻找业务机会，争取实现新突破。

（四）实现公司中台、后台管理效能的提升

面对市场的挑战，公司要清醒的认识到内部管理的差距，2015 年公司针对中台、后台部门，重点是提升管理效能。

（五）实现公司员工队伍的健康发展

公司百年大计，人才为本，抓全员队伍建设是公司必须长期坚持的大政方针。2015 年，公司将下大力气提升公司管理层的管理意识和服务水平，强化全员的工作责任心和社会责任感，培养业务人员的职业素养，使其摒弃侥幸、粗放的投资理念，抛弃银行行长式的投资思维，禁止模糊投资，建立起“审慎、敬业、专业、客观、独立”的投资哲学。

（六）实现公司企业文化的深入人心

继续以“培育核心文化体系，永葆公司基业常青”为主题，向纵深推进公司的文化建设，让公司的核心价值观在公司全员心灵深处落地生根，构建践行公司核心文化理念的长效机制。

五矿国际信托有限公司

一、2014 年经营概况

（一）经营业绩稳步提升

截至 2014 年 12 月末，五矿国际信托有限公司（以下简称公司）信托资产规模 2664.07 亿元，与年初相比，信托资产规模增加 730.40 亿元，增幅为 35.88%。公司存续单一项目 293 个，规模 1271.26 亿元；集合项目 194 个，规模 1392.81 亿元。年内新增集合信托 144 个，规模 455.97 亿元，开放式类信托新增规模为 577.93 亿元，集合信托共增加规模 1033.90 亿元；新增单一信托 172 个，规模 564.58 亿元，开放式类信托新增规模为 350.06 亿元，单一信托共增加规模 914.64 亿元。

截至 2014 年 12 月末，公司实现营业收入 138314 万元，完成全年预算的 109%，较上年同期增加 16284 万元，增幅为 13%；利润总额 102076 万元，完成全年预算的 113%，较上年同期增加 16554 万元，增幅为 19%；净利润 89264 万元，成本费用利润率为 315%；净资产收益率为 20%。

截至 2014 年末，公司管理信托规模行业排名第 20 位，集合信托规模行业排名第 11 位，实现净利润行业排名第 17 位，净资产行业排名第 16 位，行业地位逐渐巩固，主要数据均已超过行业平均水平，正稳步迈向行业前列。

（二）调整优化组织架构

2014 年初，公司综合考虑整体业务结构、业务特点、区位因素等，进一步调整了领导分工及组织架构，将分管业务的副总增至两位，并对前台业务部门进行了合并重组。同时，撤销原信托业务一部创新发展部，设立一级部门创新研究部。

调整后，公司组织架构更加符合业务发展整体战略，并有效提升了公司的业务研发及创新能力，有助于公司在业务开展过程中形成自身特色，进一步扩大市场知名度。

（三）积极提升财富管理水平

2014 年，公司财富管理中心坚持按照“精英路线”开展人员招聘，努力提高销售人员的单兵作战能力，通过调整部门结构，以老带新，梯队化建设营销团队，取得了积极效果。明确以业绩为基础、季度为单位、适度引入升降级、淘汰、强化定量考核的绩效考核机制，通过培训不断提高员工的专业素养，建立费用管控制度，使部门管理更加规范化、精细化。同时，以券商、城市商业银行、农村商业银行、小型保险公司等金融机构为主进行渠道拓展，与多家机构达成了初步合作意向，取得了一定成果。

（四）构建动态风控体系

公司始终把内控合规与风险管控作为核心工作来抓，不断健全和完善内控合规与风险管理制度体系，制定出台相应的管理办法与操作指引，提高业务操作实施的规范性，进一步强化精细化管理要求。

2014 年，公司根据年初制定的发展战略，制定信托风险项目处置管理办法、交易对手准入制度等规章制度，努力从源头防范风险，将风险处置工作制度化、规范化。对项目逐步开展差异化评审，在防范风险的前提下兼顾效率，对公司业务的发展起到了积极的推动作用。

公司组织相关部门定期对存续项目进行自查，对存在的问题及时整改，针对可能存在的风险问题提前制定化解措施，取得了良好的效果。通过建立项目风险动态监控体系，不断提高中后期管理水平。

二、创新业务案例

公司始终秉承“创新”的核心理念，强化主动管理能力，积极探索各类创新业务。在组织架构方面，设立专门的创新研究部，大幅提升了公司的业务研发及创新能力，有助于公司在业务开展过程中形成自身特色。与中国社会科学院合作开展课题研究《中小商业银行转型发展与信托业创新》，进一步扩大市场知名度。同时，积极申报特殊目的信托受托机构、QDII 等各类创新业务资格，为创新类业务开展做好准备。在业务开展方面，成立“稳利盈 3 号”集合资金信托计划，探索在风险可控的前提下获得浮动投资收益的业务模式；成立“基建一号”集合资金信托计划，利用融资方转为建筑施工方、投融资相结合等多种途径和方式，探索投资基础设施建设的信托业务新模式；积极推进“普惠一号”集合资金信托计划，拟通过信托结构安排，真正体现信托的集约优势和制度价值；与专业合作方探索 PPP 项目，解决好收益、期限匹配问题。

在后台部门支持方面，对项目逐步开展差异化评审，就交易结构复杂的创新型项目进行重点审查，通过预备风险处置方案，引导业务部门加快业务转型与创新。

三、社会责任履行情况

作为央企控股信托公司，公司始终把践行企业社会责任作为公司经营管理的核心工作之一。

（一）积极参与公益活动

2014 年 6 月，为响应中国五矿集团公司关注贫困地区，参与公益扶贫活动的号召，公司工会主席孟元率公司员工代表一行 9 人，前往青海省的董家湾小学，向 182 名同学现场捐赠了学生型温暖书包和学校型音乐包、体育包等学习用品，并与同学们进行互动，送去了公司全体职工的关爱。

2014 年 11 月，公司在五矿集团内部发起“珍惜资源、拒绝雾霾”活动，倡导“绿色出行，健康生活”理念，获得了广大参与者的一致认可。

（二）稳定回报公司股东与广大投资者

公司始终坚持稳健经营，努力挖掘信托行业本身具有的特质，开拓创新，不断丰富产品组合、提升产品附加值。公司严格控制各类风险，设计出具有创新性、前瞻性、有市场竞争力的信托产品，用稳定的收益回报了广大投资者，实现真正资产管理者角色的回归，完成了国有资产的保值增值，为股东提供稳定的投资回报。

（三）支持青海地区经济发展

公司坚持“立足青海，面向全国”，在发挥投融资平台优势为企业提供金融服务的同时，依法履行纳税义务，为青海地区的经济建设和社会发展提供积极支持。

四、2015 年发展规划

2015 年，既有政策形势的严峻挑战，也有转型发展的战略机遇，公司各项工作要遵循“调结构、促转型、防风险、练内功”的指导思想，积极应对形势政策变化和竞争挑战，在全面化解刚性兑付风险的基础上，处理好转型与发展、创新与合规、风险与收益之间的关系，做到保持合理利润与加快经营转型相结合，审慎经营与支持业务向新领域、新市场拓展相结合，大力发展财富管理中心，加快人才队伍建设和管理手段提升，全面推动 2015 年各项经营任务圆满完成。

（一）进一步构筑高效风险管理体系

2015 年，公司将对各类项目审查进行要点梳理，统一风险审查标准，减少项目风险审查中的主观性判断，客观、独立、有效的揭示项目风险。加强对行业动态的跟踪了解和分析，根据市场变化适时调整风险审查的思路及重点。

公司将进一步加强风险管理制度建设，持续推进各类业务操作指引的修订和调整，提升业务制度的可操作性和业务操作的规范性。公司将持续推进审批流程的优化和差异化的评审制度，强化风险识别、风险评价、风险控制和风险化解的能力，引导业务部门加快业务转型与创新。

（二）全面增强财富管理能力

2015 年，公司将积极落实监管部门要求，把财富管理中心建设作为一项重点工作来抓。一是要进一步加强销售团队建设。二是要进一步完善销售人员考核机制，实现人员优胜劣汰。三是要丰富产品线，推出不同期限的产品，满足不同客户需求。四是要加强 CRM 建设，将客户管理工作提高到新的水平。

（三）有效提升运营管理能力

2015 年，公司将在 2013 年末增资扩股基础上，进一步增加注册资本，为提升公司净资本规模、获取新业务资质、拓展利润空间，以及应对更加激烈的市场竞争环境提供强有力的支持。

公司将进一步完善绩效考核制度，在人员管理中做到精细化、系统化、科学化。坚持定期组织各类培训，提升员工综合素质，努力在公司内部创造“人尽其才”的良好氛围。

持续推进信息化建设，根据前台、中台、后台各部门不同工作职责与特点，对内部办公系统、流程管理、客户系统、移动终端等进行持续优化，满足各部门办公需求，有效提升办公效率。

统筹规划，有重点地开展品牌宣传工作，逐步实现公司品牌宣传和声誉管理工作的制度化、规范化、系统化。要通过正面宣传加深外部对公司的了解，展现良好的企业形象。

中铁信托有限责任公司

一、2014 年经营概况

2014 年，中铁信托有限责任公司（以下简称公司）面对宏观经济下行、行业“五期叠加”影响和风险持续暴露的客观形势和经营环境，在股东单位和董事会的领导下，在四川银监局的监管指导下，在全体员工的辛勤努力下，公司经理层沉着应对监管趋严、竞争异常激烈、项目与资金拓展双难等诸多经营压力与挑战，积极调整经营管理策略，精心部署和积极推动“深化改革年”、“创新转型年”各项任务，打好“控风险”主动仗，苦干实干求实效，取得了优于行业整体水平的发展业绩。主要体现在六个方面：一是经营业绩全面完成预算目标；二是资产和信托管理规模都取得历史性突破；三是全面深化改革和创新业务扎实推进；四是风险管控体系与处置能力经受了市场检验；五是营销能力和品牌建设稳步提升；六是团队建设和精细化管理规范推进。

二、创新业务案例

公司参与国企混合所有制改革专向信托项目破冰。

2013 年 11 月，中共中央通过《关于全面深化改革若干重大问题的决定》，明确提出要积极发展国有资本、集体资本、非公有资本等交叉持股、相互融合的混合所有制经济。在中央政策的指导下，掀起了国企混合所有制改革的一轮热潮，积极引入社会资本以寻求国有经济新的增长点和突破。

在此背景下，公司积极与银行、各产业基金联系，寻找优质国企改革项目，经过多方努力，公司与工商银行、中信产业基金合作，锁定杭州中策橡胶集团公司股权项目作为参与国企混合所有制改革的首单试点。

2014 年 10 月 9 日，在公司领导的大力支持下，中铁信托・元信 1 号、元信 2 号单一资金信托项目成立，信托规模分别为 4 亿元、6 亿元，资金来源为工商银行四川省分行、浙江省分行区域理财计划，通过向中信产业基金投资团提供摘牌所需融资资金的方式由专向 SPV（有限合伙基金）在杭州产权交易中心受让杭州橡胶（集团）公司（杭州橡胶总厂）和杭州市金融投资集团有限公司持有的中策橡胶集团有限公司的股权，并向中策橡胶集团有限公司进行增资。中信产业基金投资团通过自筹及融资方式共出资 31.5 亿元获得中策橡胶 38.8% 的股权。信托融资期限 5 年，按季付息，按半年分期还本，偿付资金来源于其持有的中策橡胶股权分红收入。

中策橡胶是目前中国最大的轮胎生产企业，公司成立于 1992 年 6 月，前身为杭州橡胶总厂，注册资本 61360 万元，股东为杭州橡胶（集团）公司（杭州橡胶总厂）、中国轮胎企业有限公司、杭州市金融投资集团有限公司，其股权占比分别为 49%、26%、25%，董事长沈金荣，注册地址杭州市下沙经济技术开发区 1 号大街，目前主要生产各种规格汽车轮胎，具备 4600 万套轮胎的生产能力，在中国企业 500 强中排名第 363 位，中国制造业名列第 204 位，世界轮胎企业排名中位列第 10 名，轮胎技术和生产能力在中国处于领先地位。截至 2013 年末经审计财务数据，中策橡胶集团公司资产总额 214.7 亿元，负债总额 152.9 亿元，所有者权益 61.8 亿元，主营业务收入 256.8 亿元，利润总额 18.7 亿元，净利润 14.1 亿元。公司背景及实力雄厚，是社会资本争夺激烈的优质项目，本次工商银行、产业基金团和中铁信托联合完成本项目的竞标摘牌，在业内和资本市场上形成了较大的影响力和示范效应。

在中央全面深化改革的总路线指导下，本类项目机会在未来一段时间内都将是各家金融机构力争的重点领域，融资企业实力雄厚，资金占用期限一般均为长期，资金成本可观，偿付能力也较有保障。积极拓展此类项目将为公司带来稳定的规模贡献和收益回报，且能提升公司在资本市场上的影响力，促进公司多元化发展。

三、2015 年发展规划

2015 年，是对经济新常态的主动适应之年，也是企业全面深化改革的关键之年，做好 2015 年的工作，对于公司发展具有承上启下的重要意义。公司将在董事会的战略部署下，在近年来奠定了坚实发展基础上，持续深入贯彻“创新、服务、可持续”的经营理念，按照“市场前端放开搞活、业务中台优化加强、管理后台创新稳定”的思路，坚持以风险管控为首要重点、以业务创新和营销提升为核心支撑、以管理优化为要素保障、以互联网金融为新动力，深入推进全员拓展、全员营销、全员风控战略，加快形成专业化、差异化的发展模式，不断夯实公司可持续发展能力和综合竞争力。

安信信托股份有限公司

一、2014 年经营概况

2014 年，全球经济复苏步伐弱于预期，全球贸易、投资与消费状况仍然低迷。国内宏观经济增速回落，信托业面临市场竞争加剧，行业监管升级，安信信托股份有限公司（以下简称公司）面对既要保持业绩稳步增长，又要践行业务创新转型的双重挑战，在日趋激烈的泛资产管理竞争中迎难而上，度过了不平凡的一年。

本报告期，公司完成了历时六年的重新登记（换发新的金融许可证）及更名工作；启动了向控股股东非公开发行股票工作，拟非公开发行2.5 亿股新股，该事项经董事会、股东大会审议通过后，已获银监会行政许可、监管意见书、中国证监会正式受理；2014 年 7 月实施了 2013 年度利润分配，现金分红比例为 32.48%。董事会和管理层继续完善公司治理，规范运作，优化业务结构，加大业务创新力度，进一步明确产融结合的盈利模式，精练企业文化，提升品牌形象，增加团队凝聚力。2014 年实现每股收益 2.25 元，取得了公司自成立以来的最好业绩。

公司继续稳健经营，优化升级业务结构，加大转型创新的研发力度，巩固公司核心竞争力，稳固公司已有业务领域，提升主动管理能力。公司 2014 年共实现主营业务收入 180938 万元，归属于母公司的净利润 102353 万元，归属于母公司的所有者权益为 180464 万元。

（一）固有业务方面

截至报告期末，公司总资产 29.54 亿元，比上年增加 13.54 亿元，增幅为 84.57%，负债总额 11.49 亿元。资产负债率为 38.91%，比上年减少 7.06 个百分点。

公司执行经董事会批准的固有业务管理制度，固有资金的运用均履行严格的评审程序，所有固有贷款均落实风控措施，并实行持续的贷后跟踪管理。截至 2014 年 12 月 31 日，固有资产拨备充分，无不良资产。

（二）信托业务方面

截至报告期末，存续信托项目 294 个，受托管理信托资产规模 1511.51 亿元；已完成清算的信托项目149个，清算信托规模361.70亿元；新增设立信托项目146个，新增信托规模681.24亿元。其中，新增集合类信托项目16个，实收信托规模51.68亿元；新增单一类信托项目130个，实收信托规模为629.56亿元。

信托资金投向。公司2014年信托资金主要投向涉及基础产业、房地产、证券投资、实业、金融和其他。与2013年末的资金投向涉及行业所占比例基本相同。在保持业务增速的态势下，公司继续升级业务结构调整，向新能源、养老服务和物流地产等领域进行业务拓展和布局。

主动管理类信托业务。主动管理类信托业务占信托资产总规模比例为26.53%，信托规模有一定提升，公司继续加强自主发行能力和主动管理能力。

信托业务风险方面。公司执行各项信托业务管理制度，信托业务的开展及后续管理均严格以受益人利益最大化等为宗旨依法操作。

（三）转型创新

公司业务模式经过几年的创新培育，在顺应国计民生需求的基础上结合公司自身特点，在新能源、养老和物流地产领域进行试水，顺利完成了多个创新项目的募集设立工作。既丰富了公司业务结构和产品种类，又为投资者提供了更多优质的投资选择。降低了业务结构不合理的市场风险，进一步提升了公司的主动管理能力。

（四）继续完善和提升公司治理水平，规范上市公司运作

严格按照《公司法》、《证券法》、《信托法》及中国银监会、中国证监会有关法律法规的要求，不断完善公司法人治理结构、规范公司运作。严格按照《公司章程》规定的程序召集、召开股东大会、董事会、监事会。按照“公平、公正、公开”的原则严格履行信息披露义务，保证了信息披露的真实、及时、准确、完整，保护投资者利益，增强信息披露的透明度，极大地减少了公司股价的异常波动，确保全体股东有平等的机会获取信息。

报告期内，公司根据《中华人民共和国证券法》、《上海证券交易所股票上市规则》等有关法律、法规和规范性文件的规定，根据《公司章程》及相关内控文件和公司业务管理制度，第七届董事会第十次会议于2014年3月5日审议通过了《安信信托股份有限公司业务授权制度》。根据中国银行业监督管理委员会2014年4月8日颁布的《关于信托公司风险监管的指导意见》（银监办发［2014］99号）之规定，继续完善公司治理，结合自身特点公司制定了《安信信托股份有限公司恢复与处置计划》，并经公司第七届董事会第十四次会议和2013年度股东大会审议通过。

（五）继续加强项目合规、风险控制和管理

公司继续严控风险，倡导合规先行的操作原则。公司聘请外部专家委员参与业务评审会，

出具客观独立的评审意见，同时，由公司投资监管部门派员参与拟投项目贷前实地勘查，客观评价项目的可行性，从源头上对项目可能存在的风险进行了有效把关和控制。

报告期内，公司对存续项目进行持续跟踪管理，派专人协同业务经办部门对项目进行现场贷后检查。公司利用月历节点系统，实时关注每个项目的节点信息，及时提示业务部门督促交易对手完成节点要求。通过利用全方位、多时点的措施对项目潜在的市场风险、信用风险和流动性风险动态监测，适时发出风险提示函，提前进行项目风险警示。

根据业务发展情况及监管要求，公司合规部门及时对内控制度体系、公司规章制度汇编进行了系统梳理，并对创新业务类型制定了相关操作指引与细则。为了更深入地贯彻“全员合规”的文化理念，报告期内公司多次组织员工学习、领会监管要求、法规等，定期对销售人员、业务人员和新入职员工开展业务流程合规培训、业务模式探讨交流与法律合规知识考试，持续提升员工的法律素养与专业知识。公司定期对合规管控进行审查，并将合规考核纳入员工绩效考核中，建立了以董事长为案件风险防范第一责任人、总裁为案防制度制定和执行第一责任人，合规总监负责案防具体工作的案防工作管理体系。

对于上海监管局金融同业业务调研、信托业协会业务尽职标准调研和信托登记制度调研等活动，公司积极与监管机构、行业协会探讨，深入研究信托业务新模式，并获取最新的信托法律法规与政策动态，实时引导公司的业务发展方向。

（六）财富管理能力保持稳健提升

报告期内，公司整体发行管理能力依然保持稳中有升，最大限度地保障了公司集合信托项目的顺利募集与成立。同时，为顺应信托产品销售的监管环境，公司积极寻求合作伙伴的多元化。

二、创新业务案例

（一）基本情况

公司拟发起设立“安信·颐年系列”集合资金信托计划，通过将多个有养老需求的委托人交付的信托资金集合管理，采用组合投资的方式，以向受益人指定的养老服务对象提供入住养老社区权利的形式分配信托收益，或根据受益人的指令，将实际可分配的信托收益用于向养老服务公司支付受益人指定的养老服务对象享受增值养老服务所产生的增值养老服务费用，并采取有效的手段最大限度地对养老服务的质量进行监督，并督促养老服务公司对其提供的养老服务进行改善。

公司自2012年起便将目光聚焦到社会养老事业上，并积极投身其中，从老人的实际生活出发，以医疗照护、养老服务需求等角度为切入点，期望为老人量身定制一款合适的养老信托产品。公司通过问卷调查及聚焦式调研访谈等方式组织几百位老人做亲身调研，从适老居所的户型、生活照料的频次、医疗照护的等级等方面了解老人的真实想法。结合调研结果，并从老人的消费习惯入手，公司为高净值老人客户量身打造“安信·颐年系列”养老信托首个产品——安信·颐年1号集合资金信托计划（以下简称本信托计划）。

（二）产品特点

养老信托，是一项将投资理财与养老服务资源相结合的金融产品，公司以投资理财、提供入住权利和受托支付为本职，以“银发族”为主要服务目标群体，以标准化的养老服务为产品特征，通过养老事业牵手信托机构，为“银发族”带来养老服务与财产保值的一种金融创新模式，是一种以老年人既有财产委托信托机构增值从而实现养老资金来源的新方法、新理念。

老人在加入信托计划后，可根据认购的信托受益权份额入住自己喜欢的户型、享受自身需要的养老服务。同时，老人有权灵活调整支付方式，既可以通过认购/申购B类信托受益权，以信托收益为限由公司代为支付增值养老服务费用，也可以选择自行向养老服务公司支付增值养老服务费用（自行支付的增值养老服务费采用市价，不享受信托集合采购的价格优惠）。本信托计划不仅可实现理财与养老相结合的目的，同时通过主动管理提高信托计划各个环节的紧扣度；通过受益人大会、理事会等机制实现民主监督功能。

公司从客户的需求出发，在信托产品内设计不同的信托受益权类型，委托人可选择认购信托受益权中不同的类型，满足受益人指定的养老服务对象的入住需求、享受增值养老服务的需求等。

三、社会责任履行情况

（一）强化经营管理，提高企业效益，为社会经济作贡献

2014年，全球经济复苏步伐疲弱，全球贸易、投资与消费状况仍然低迷。在2014年迅速收紧的国内外宏观、产业、监管环境下，公司面对既要保持业绩稳步增长，又要践行业务创新转型的双重挑战，在日趋激烈的泛资产管理竞争中迎难而上，度过了不平凡的一年。公司贯彻落实各项监管要求，在加强风险识别、防范和管控能力的同时，不断提升主动管理能力，保证业绩的持续稳定增长。公司明确市场定位，及时调整展业方向，克服不利因素，努力开拓市场，全年完成了公司董事会的各项任务，并在公司治理、内控体系的建立、团队建设及客户管理与

维护等方面取得了优异的成绩。

（二）坚持依法诚信纳税，积极履行企业公民的法定义务

公司作为企业公民依法纳税、积极履行代扣代缴税款的法律义务；依法进行税务登记、设置账簿、保管凭证、纳税申报；如实向税务机关反映公司的生产经营情况和执行财务制度的情况，按有关规定提供相应的报表和资料，没有瞒报、漏报、误报以及偷税漏税的行为。报告期内，公司主营业务收入 180938 万元，上缴国家税收 18678 万元，公司为国家财政收入和地方经济发展作出了应有的贡献。

2014 年公司实现基本每股收益 2.2539 元，向职工支付工资、社保、福利费用等共计 16758 万元，上缴国家税收达 18678 万元，根据以上口径统计公司每股社会贡献值为 3.03 元。

（三）致力于服务实体经济，创造客户价值，实现行业共赢

公司一直秉承“服务至上”的理念，持续打造服务平台和营销平台，努力提高金融服务水平，为客户获取实质性财富增长。报告期内，公司管理的信托项目及信托资金规模保持一定幅度的增长，信托业务结构持续优化，在信托报酬率、业务的可持续性和规模效应方面得到了提升和发展；在核心客户的沟通交流及销售渠道的拓展和客户维护上也呈现出多样化、细节化和体贴化，结合自身的平台优势为客户提供人性化、个性化的服务，满足其多样化需求。

（四）维护金融稳定，做好存量项目的管理和兑付清算工作

1. 做好存量项目的兑付清算工作。报告期内共完成 149 个信托项目的到期清算工作，清算规模近 361.7 亿元。

2. 做好存量项目的日常信息披露工作。

3. 做好存量项目的风险化解工作。

（五）规范公司治理，注重保护股东和债权人的合法权益

1. 强化董事会专业委员会的职能。

2. 严格履行信息披露义务，保障股东的信息知情权。

3. 在信托业务方面，公司按照相关法律法规的要求，制定了《信托项目信息披露指引》，并严格进行信托业务的信息披露：一般信托项目的常规信息，公司每季度向受益人披露一次，证券投资类项目每月披露一次；充分保证了受益人对信托项目重大事项和经营情况的知情权。

（六）完善薪酬激励机制，重视员工福利

报告期内，公司聘请外部专业咨询顾问管理公司，启动薪酬及激励机制改革。通过访谈、

采集数据等，公司对原有薪酬福利结构和激励办法进行了全面、深入细致的盘点，并与市场相关数据和信息进行匹配和分析，初步形成了薪酬及激励机制改革方案。

（七）注重环境保护，坚持可持续发展原则

（八）关注民生热点，主动承担社会责任

报告期内，为秉承公司热衷社会公益，扶持贫弱群体，公司向芭莎公益慈善基金捐赠 72 万元，用于芭莎公益基金扶持贫困地区医疗、教育事业。

为了推动上市金融企业更好地履行社会责任，广泛参与到社会慈善公益事业活动，把感恩社会、回报社会的理念根植于企业文化中，经公司管理层讨论通过，捐赠人民币 1000 万元设立非公募基金会——“上海至美公益基金会”。

四、2015 年发展规划

2015 年，公司将在巩固现有经营成果的基础上，继续对业务转型创新、风险管控、营销能力、渠道拓展、人才建设等方面进行升级和完善。公司力争实现目标净利润 12 亿元。

（一）推进公司非公开发行股票事宜，实现增资扩股

公司非公开发行股票相关行政申请材料已获中国证监会正式受理。本次非公开发行股票所募资金将用于扩充公司的净资本，为公司开展业务提供资本保障，对扩大公司未来资产管理规模、提升盈利水平具有重要意义。由于公司业务规模的不断上升，各项业务风险资本之和将发生动态变化，对净资本的要求也将不断增加，公司扩充净资本后，可以确保公司固有资产充足并保持必要的流动性，以抵御各项业务不可预期的风险。此外，对公司净资本的扩充还能有效提升公司在财富管理市场和资本市场的品牌形象，从而推动产品的销售和吸引更多的潜在投资者。

（二）增强营销和财富管理能力

在维护现有营销渠道的同时，公司将合理扩张直销团队，调整人员结构和升级激励机制，完善营销体系，打造全员营销的管理体系，全面拓展财富管理职能，为公司向现代化财富管理机构的彻底转型夯实基础。

（三）加大业务转型创新的力度

公司将继续调节传统和创新类型业务的结构，逐步降低融资类业务比例，立足于全方位、

多维度的尽职调查和可行性分析，加大创新力度，筛选优质项目，升级业务模式。

（四）严格落实风险防控，推进风险处置

公司将进一步充实风险管理方面的专业人员，在科学的公司治理框架下，建立、修订、完善相关制度并加强各类项目的评审和投贷后管理，关注细节、扎紧篱笆，对风险进行全方位的严格管控。同时做好信息披露，及时传达正确信息，切实维护公司股东和客户的利益。

（五）引进优秀人才，完善激励机制

公司将深入改革薪酬与绩效考核体系，吸纳外部优秀人才，继续优化现有员工结构，完善绩效考核体系，进一步明确奖惩机制。在部门层面引入与转型创新对口的专业人员，梳理配套流程和激励机制，明确指标，落实问责制。

渤海国际信托有限公司

一、2014 年经营概况

2014 年，在中国经济发展进入“新常态”的背景下，渤海国际信托有限公司（以下简称公司）董事会和经营管理层坚持转型发展与风险防控齐头并进的工作思路，带领全体干部员工，攻坚克难，开拓进取，以创新促转型，以转型谋发展，不断强化公司发展的内生动力，经营业绩实现了稳定增长，各项工作取得了长足进步。

（一）经营业绩大幅提高

2014 年公司实现营业收入 114887.95 万元，同比增长 14.20%；实现净利润 59146.79 万元，同比增长 16.27%；管理信托规模达 2161 亿元，同比增长 15.07%。

（二）创新转型步伐加快

2014 年公司围绕差异化发展战略，组织召开创新转型研讨会暨董事长办公扩大会，明确了公司的发展战略及各部门的业务方向；不断提高创新能力与主动管理能力，努力培育新的增长点；不断提高市场敏感度，相继探索开展伞形信托、消费金融等新型业务。

（三）法人治理结构不断完善

2014 年公司以治理创造价值为理念，不断完善公司治理结构。根据《上市公司管理准则》、《公司法》以及中国银监会的有关规定，结合公司的实际经营情况，修订了公司章程和股东会、董事会议事规则，制定了独立董事制度，规范了董事、监事及经营管理团队绩效考核管理。

（四）风控体系不断升级

2014 年公司继续强化风控管理，将审计风控部分设，成立了负责事前管理的风险控制部和负责过程管理的审计法务部；进一步完善项目预审机制，通过预审适当前置、在各区域设立预审人员等方式，提高了工作效率；落实项目风控措施的全程监管，严格控制项目操作风险，加强项目过程管理。

（五）营销体系建设不断增强

2014 年公司以全面提升公司主动管理能力为目标，稳步推进营销体系建设。组织筹建了渤海信托鲲鹏财富俱乐部；与中国银行河北省分行合作，联合推出针对高端客户的渤海信托专属联名卡“渤海信托—中国银行财富管理借记 IC 卡”；组织构建 CRM 系统，整合了呼叫平台、短信平台、微信平台及网站在线客服模块，提高了客户对公司的满意度。

（六）品牌形象不断提升

2014 年公司积极打造诚信履责、可靠、值得信赖的企业形象，全面推进公司内质外形建设，先后获得“2013 年度金牌成长力信托公司”、“最具成长性信托公司”、河北省“2013 年度金融创新奖”、“2014 年最佳综合服务信托公司奖”、“河北企业社会责任杰出企业奖”、“纳税信用等级 A 级纳税人”、“2014 年中国好雇主优秀企业奖”10 项荣誉称号。

（七）信息化建设成效显著

2014 年公司完成了信托业务管理平台、内网门户系统、CRM 系统、移动审批系统的上线，提高了信息化程度；发布了《信托业务管理平台操作规范》、《单一信托业务管理平台操作手册》、《集合信托业务管理平台操作手册》等规章制度，规范了工作流程；制订并实施了集中存储与云端备份相结合的安全方案，全面提升了信息安全水平。

（八）文化软实力不断提升

2014 年公司围绕增强文化内涵和人文厚度，有组织、有计划地开展人文氛围提升工作。组织发起了“寻找最美的渤海人”评选活动，通过挖掘渤海信托历史上涌现的先进个人和突出的精神事迹，提升员工的认同感、归属感；坚持做好《渤海信托》月刊的编辑出版工作，增强了员工对公司的文化认同，展示了公司形象，提升了行业文化内涵。

二、社会责任履行情况

（一）促进企业发展，维护客户利益

公司致力于信托受益人、股东、企业权益的和谐统一，通过有效的管理体系、正确的舆论

导向、充分的信息披露，为广大投资者提供了可信赖、高质量的信托理财服务，实现了投资人、受益人利益最大化的经营理念，促进了企业发展，同时特别注重经济效益与社会效益均衡发展，承担了应有的社会责任。

（二）合规稳健经营，严控项目风险

公司在业务拓展中认真贯彻执行国家相关法律及监管机构的监管法规，建立健全反洗钱工作管理机制，加强了对反洗钱工作的指导；建立了比较完善的内部审计监督机制，定期开展内部经营情况审计，按规定开展高管离任审计。全年未发生不能按照合同到期清算的风险事件，在信托市场和投资人心中树立了稳健可信的企业形象。

（三）支持实体经济，助力地方发展

公司坚持把支持实体经济、服务经济发展作为重要的责任和任务，不断加大对相关产业的资金支持。2014 年受邀参加“廊坊国际经济贸易洽谈会”、“河北省重点项目银企对接会”、“邯郸商贸会议”、“燕赵晚报中小微企业融资活动会议”等活动。公司充分发挥信托功能，解决了众多企业的经营性资金需求，为促进河北中小企业发展发挥了积极作用。

（四）举办惠民工程，普及信托知识

公司与石家庄市政府合作，开展引进高雅艺术惠民工程，组织了“渤海信托”之夜《天鹅湖》、《大河之舞》等大型演出活动；参与了河北电台经济频道广播直播节目《创富非常道》、“第八届金融理财文化推广节”、“信托理财进驻社区”等活动，开展投资者教育活动，普及信托理财知识。

（五）支持员工发展、注重员工关爱

公司始终坚持人才强企战略，持续推动学习型企业的创建，通过岗前培训、在岗学习、轮岗、课堂培训等方式提升员工个人价值，促进员工个人职业生涯规划与公司发展战略的相互促进与紧密结合，为员工发展创造条件。坚持以人为本，进一步完善员工关爱体系，推进员工与企业和谐成长。

三、2015 年发展规划

2015 年，公司将继续坚持转型发展与风险防控齐头并进的工作思路，紧密围绕差异化发展战略，做强传统业务，做细特色业务，力争实现业务结构有新优化、差异发展有新成效、品牌

形象有新提升，树立渤海信托有理想、负责任、敢担当的企业形象。通过创新转型、差异发展、质量经营，为自身生命的延续和发展注入新动力。

（一）全面落实差异化发展战略

结合各部门特点，明确各团队的特定业务方向，形成特定业务模式，做强传统业务，做细特色业务，力争打造 1 ~2 个专业化团队；针对发展需要，配套设立运营管理、证券交易、研究中心等机构，提高主动管理能力与创新研发能力，增强市场敏锐度，努力培育新的增长点。

（二）建立健全营销平台

以“渤海信托 · 鲲鹏财富”为品牌，在河北省内、各区域总部及紧密业务合作机构所在地设立客户体验和直销门店，组建直销团队；适时引入互联网营销专业公司，实现互联网和直销门店相结合的营销模式；进一步开发机构投资者和营销合作渠道；加强与客户的沟通交流，做好增值服务，融入客户心智，沉淀一批真实稳定的目标客户群。

（三）提升风险控制与化解能力

进一步优化风险管理机制，充分发挥新架构的优势；加强项目过程管理，及早识别风险点，发现风险隐患；强化法律咨询和服务职能，提升资产保全能力；摸索综合运用法律、市场等多种处置方式化解风险，逐步建立起层次清晰的风险处置机制。

（四）提升业务获取能力

抢抓“京津冀协调发展”的机遇，聚焦河北，扎根地方，开发符合河北地方经济特色的系列产品，做大做强河北当地业务；以业务发展需要为着眼点，申请创新类业务资质。

（五）提高业务支撑能力

探索建立差异化激励机制，针对不同业务类型的特点，进行分类评价，鼓励业务创新；增加人员编制，有针对性地引进一批高层次人才，实现业务的快速拓展；根据行业发展趋势及业务变化，对原有系统进行调整优化、升级改造；着力对创新型业务进行需求分析、数据建模，完善相应信息系统的建设。

（六）提高文化和品牌建设水平

有组织、有计划地提升文化氛围，使广大员工的价值取向与公司的要求相统一；培育有高度信托责任的企业文化；继续做好《渤海信托》月刊的编辑出版工作；逐步构建公司品牌管理体系。

（七）强化社会责任，服务实体经济

继续弘扬“为社会做点事，为他人做点事”的企业文化精神，通过优异的经营业绩，服务实体经济，支持中小企业发展，逐步推进公益信托，实现国家利益、社会利益、员工利益和股东利益的共同增长。

长城新盛信托有限责任公司

一、2014 年经营概况

2014 年，长城新盛信托有限责任公司（以下简称公司）严格遵守国家各项法律法规，认真执行监管部门的各项规范要求，在各方股东的大力支持下，积极落实公司年初董事会的各项要求，加强队伍建设，提升风险控制及项目后期管理能力，稳步拓展信托业务。

2014 年公司实现营业收入 14609. 06 万元，实现净利润 5051. 41 万元。2014 年末公司资产总额为 44523. 46 万元，所有者权益为 39086. 60 万元。

（一）“三会一层”运行质量和效率进一步提高

公司经营运作效率和决策的科学化水平有所提高。经营班子严格在权限范围内开展业务，稳健经营，并积极利用股东经营网络优势开拓市场、强化管理。进一步完善运行有效且相互制衡的决策、执行和监督机制，较好地促进了公司各项工作顺利开展。

（二）人员队伍建设逐步加强

2014 年以来，公司落实董事会及股东会的相关精神，根据公司发展实际需要，按照市场化要求，本着宁缺毋滥的原则，稳健开展人员招聘。经过遴选，新增信托业务部门 3 个，重新组建了财富管理中心。进一步充实公司员工队伍，加大市场开拓力度。2014 年在员工招聘工作上侧重规范管理，严格按照公司相应制度办理。

（三）加强信托业务团队建设和管理

加强对业务团队市场化管理，一方面，落实市场化激励机制，鼓励优秀团队继续扩大战果；另一方面，加强业务团队管理，明确业务部门的信托业务营业收入指标和信托规模指标，订立考核期限，约定清算、淘汰、退出等条款。

实行团队差异化管理机制，对业务团队实行分类化管理。分别在岗位薪资、人员编制、职级职数、业务费用、项目开发等政策支持方面实行差异化管理，结合经营实际，建立升降级制度，激励先进团队扩大规模，鼓励落后团队缩小差距。

（四）加强企业文化建设与员工作风建设

加强对公司员工的管理，倡导“严控风险”和“合规经营”的企业文化，同时厉行节约，控制费用开支，增强团队的凝聚力与战斗力。强调公司组织纪律，加强员工的责任意识，提高员工的工作“执行力”。

二、社会责任履行情况

（一）守法合规稳健发展

1. 依法合规诚信运营

2014 年，公司严格按照法律规定及监管部门的要求有条不紊的开展业务，建立了较完善的合规管理体系，并将各项制度落实到实际经营过程中。

为加强反腐倡廉建设，防范金融犯罪，公司采取了一系列的管控措施：（1）制定了《反洗钱管理办法》及《信托经理问责管理办法》等管理制度；（2）大力开展反腐倡廉和防范金融犯罪的思想教育工作；（3）开展合规培训及反洗钱培训工作。

2. 全面风险管理体系

2013 年，在“一法两规”即《中华人民共和国信托法》、《信托公司管理办法》、《信托公司集合资金信托计划管理办法》等监管法规的框架下，公司基本建立了适应信托业务发展要求的风险与合规管理架构，深入认识到风险与合规控制对于金融机构所具备的重要意义，不断加强和改进风险与合规管理工作，建立了全面的风险合规管理体系。

（1）制度建设情况。按照公司章程的规定，并经股东会和董事会授权，公司管理层负责投资决策管理、人力资源管理、财务管理、运营管理和运营保障管理等制度建设，公司的风险与合规管理机制进一步完善并有效运作。在公司经营管理层层面，管理层根据股东会和董事会制定的风险管理政策、程序，负责对风险与合规控制过程实施管理。对在风险与合规控制过程中出现和可能出现的风险，制订和采取风险与合规控制措施并及时报告董事会和股东会。根据公司的要求，为规范公司业务行为，完善公司治理结构，提高公司防范和控制风险能力为宗旨，风险管理部与合规部制定了多项风险管理制度。

（2）制度运行情况和风险处理。根据上述制度要求，公司在项目受理、立项、尽调、评审、决策、执行、投后管理、风险预警和处置等方面全面实施落实风险管理制度，坚持以两个原则为指导：一是全面性原则，即风险控制必须覆盖所有业务和岗位；二是独立性原则，即涉及风险控制的部门或岗位需要具有独立性和权威性，建立和完善了“事前防范、事中控制、事后监督”的风险管理机制。

（3）风险预警和风险控制。公司信托业务部门、项目执行经理以及风险管理部、合规部，审计部、资金财务部按照职责共同承担风险预警工作。

3. 重视管理创新

（1）节能减排管理。合理控制能源消费总量，在日常工作中践行绿色办公，设立年度能源消耗总量预估值，并每月对能源消耗进行统计，以便掌握本年度能源消耗情况。

（2）社会责任管理。将企业社会责任视为企业基因的一部分，促使每位员工牢固树立社会责任的工作理念，将责任理念有机融入企业文化和价值观，实现企业社会责任与企业经营管理的有机融合。

（3）企业文化建设管理。为提升企业管理水平和员工队伍素质，探索出一条符合企业实际的中国式企业文化建设之路。规范制度文化，主要是建立规范完善的制度体系和科学有效的考评机制，加大制度文化建设力度，使之导入科学化管理轨道，从而有效规范企业管理行为，提高企业管理的科学化水平。推进行为文化，主要是抓好员工的行为养成规范，建立完善《员工行为规范》，并抓好推进落实。提升物质文化，做好环境刷新工作，运用物质形象建设手段，营造企业整体文化氛围，提升企业整体形象。

（二）全力帮助员工成长

1. 支持员工发展

公司组织培训方式主要分 E－leaning“PPT”培训和以部门牵头的专业培训。2014 年公司开展了多次培训，全体员工都参加了各种形式的培训，人员主要粗分为全体员工和部分业务人员；细分为主要以部门团队小组进行差异化培训。

2. 注重员工关爱

公司每年组织两次监事会，向股东、董事汇报公司日常工作中出现的问题。员工晋级（升）采取民主评议程序，公开、透明进行。

三、2015 年发展规划

（一）经营目标

在监管部门和公司股东的支持和指导下，完善公司法人治理，健全内部控制，坚持依法合规、讲求收益、控制风险的基本理念，大力发展主动型理财模式的信托主业，加强营销管理，各项业务稳健发展。

（二）经营方针

遵循稳健、创新、和谐、发展的经营方针，根据客户需求、风险偏好，充分发挥信托独特的制度优势，采用信托贷款、股权投资、投资理财、资产管理、财务顾问等多种方式，为客户提供多样化的综合金融服务。同时，充分发挥各股东资源优势，在机构客户和高端私人客户领域占有一席之地。

（三）战略规划

以科学发展观为指导，立足当前，着眼长远，面向全国，坚持客户至上的理念，坚持依法合规、稳健经营，专心致力于信托主业，不断提高公司市场竞争能力、风险控制能力、业务创新能力和运营管理能力，将公司发展成为规范经营、特色明显、务实创新、业绩优良，具有较强核心竞争力和可持续发展能力的国内一流的专业化金融服务机构。

（四）继续强化风险与合规管理

继续加强政策研究，综合运用风险排查、现场管理、压力测试、审计监督、风险预警等手段加强项目全过程管理。同时加强员工合规培训，组织员工认真学习并执行有关法律法规，增强合规意识，提高全员的风险识别及管理意识和风险管理水平。

（五）积极开拓高质量信托项目

公司将结合公司自身特点和年度经营计划，根据目前行业情况、宏观经济形势，加大转型力度，积极调整产品定位和业务方向。一方面，继续关注房地产类、能源矿产类等信托传统行业板块，引导业务团队在成熟、热点领域开发符合公司产品标准和风险要求的高质量信托项目；另一方面，要求业务团队练好内功，加大项目发掘力度，寻找优质客户。

（六）拓展业务领域寻求创新

公司将在做强传统信托业务的基础上，加大开展资产管理类业务的力度，寻求新的利润增长点。一是对被监管部门列入创新类业务名单的互联网金融业务及证券类投资业务，要在系统建设、队伍培养方面做好积极准备；二是在证券估值、证券管理等业务系统建设方面进行准备，招募培养相关专业团队；三是重点探索并购重组业务、资产管理业务，做好产品的研发与设计，研究市场热点，紧跟业内先进、成熟做法与产品类型，鼓励业务团队开展相关业务，并逐步加大自身研发能力，探索相关产品的可行路径。

重庆国际信托有限公司

一、2014 年经营概况

2014 年，是全面深化改革元年，也是实现“十二五”规划目标任务承前启后的关键之年，中国经济增速换挡，全面进入“新常态”，将信托业发展带入机遇与挑战并存的新局面。重庆国际信托有限公司（以下简称公司）秉承“诚信、稳健、创新、求精”的经营理念，紧密围绕“以信托业务为根本，以金融控股集团为目标”的发展战略，科学研判经济金融形势，在国内外经济形势整体下行，市场压力和政策引导的双重推动下，公司坚持可持续发展策略，严格把控风险，业务结构开始朝着“受人之托，代人理财”的信托本源方向优化，业务规模持续稳步增长，经营业绩再创新高。

截至 2014 年 12 月 31 日，公司实现营业收入 34.02 亿元，较 2013 年同期增加 64.43%；净资产 126.40 亿元，较年初增加 34.45 亿元；利润总额 29.58 亿元，较 2013 年同期增加 100.41%；净利润 24.02 亿元，较 2013 年同期增长 88.10%，为 2015 年实现跨越式发展打下了坚实的基础。

公司凭借严格的风控体系、优良的经营业绩，受到了市场、投资者和社会大众的一致好评。2014 年，公司获评重庆市人民政府“年度支持重庆经济发展成绩突出金融机构”，荣获“年度重庆市独立企业纳税 50 强”称号，被重庆市银行业协会授予“年度社会责任民生服务奖”，连续多年纳税信用等级被评定为“A 级纳税企业”；在《上海证券报》、中国证券网联合举办的“第八届诚信托”评选活动中，凭借突出的综合实力、优异的经营业绩以及稳健的服务管理荣获“诚信托”综合大奖——“卓越公司奖”；在《证券时报》主办的“第七届优秀信托公司”评选活动中，凭借较强的综合实力荣获“中国优秀信托公司”称号等。

二、创新业务案例

（一）适应经济新常态，探索发展创新业务

2014 年，金融监管政策趋严、监管力度加强，公司在保持信托业务持续稳定增长态势的同

时，密切关注经济形势的发展变化，根据自身特点，明确市场定位，在整合资产管理能力、资源调整能力和风险控制能力的基础上，不断加强金融创新，努力寻求传统业务的突破口。拓展企业并购业务、真实股权投资业务、探索家族财富管理、土地流转信托。目前，公司正积极为申请 QDII、企业年金等各项创新业务资格做准备，力争提升公司在泛资产管理背景下的市场竞争力。

（二）依法合规，进一步推进银信合作

2014 年，公司继续创新银信合作模式，借助银行募集资金的便捷条件，充分发挥信托公司资金运用灵活、投资渠道广的特点，实现优势互补，使传统银信合作由粗放式向精细化方式转变。

截至 2014 年 12 月 31 日，存续的银信合作信托项目共 22 个，信托规模 193.79 亿元，占公司存续信托总规模的 13.14%。其中，新增银信合作信托项目 4 个，信托资金 13.83 亿元。

（三）紧抓“信保合作”契机，多渠道拓宽业务市场

随着银行表外业务的收缩以及保险资金投资限制的逐步放宽，保险公司已成为信托公司极其重要的战略合作伙伴。公司继续深入与多家保险公司的沟通合作，积极为其提供优质、高效的服务，并借助大股东中国人寿的综合优势，做到投资与渠道共享，提升了相互合作、共同发展的空间。

截至 2014 年 12 月 31 日，共计约 187.18 亿元保险资金通过受让信托受益权或者认购集合信托计划的方式，与公司进行了合作；2014 年新增 3 个项目，涉及运用保险资金 71.10 亿元。

（四）联手证券、基金等机构，扩展业务合作范围

公司深刻领会政策导向，寻找市场机会，积极主动推陈出新，大力加强与证券公司、基金公司的合作。以信托资金投资证券公司或基金公司的资产管理计划，2014 年新增信托规模 100.97 亿元，占新增总规模的 14.25%；证券公司或基金公司发行定向资产管理计划、以资管资金委托公司设立信托，2014 年新增信托规模 66.94 亿元，占新增总规模的 9.45%。

截至 2014 年 12 月 31 日，公司存续此类业务规模 284.95 亿元，占存续总规模的 19.32%。

三、社会责任履行情况

公司深知回报社会是企业应尽的责任，在加快自身发展的同时，不忘热心社会公益事业，勇于承担社会责任，积极为社会作贡献。2014 年，公司大力实施发展战略的同时，积极履行企

业的社会责任，以建设和谐信托、人文信托为指引，将履行社会责任，回报股东、投资者、社会和可持续发展观念融入企业文化建设之中。通过加大支持实体经济力度，推进绿色信贷、医疗卫生事业和中小企业发展，保障员工基本权益，帮扶弱势群体，开展志愿者活动等，将塑造和谐信托、人文信托的社会责任目标落到了实处。

（一）强化责任意识，健全社会责任体系

公司以发展战略为指导，构建企业社会责任战略框架，进一步明确社会责任的概念，将社会责任理念与企业文化相结合，提出包括和谐信托、人文信托两方面内容的社会责任理念。二者相互交融、相辅相成，共同构成了公司的社会责任体系。

为确保社会责任体系的贯彻落实，公司成立了以董事长、首席执行官翁振杰为组长的社会责任工作领导小组，加强组织领导，通过年度计划会议传达发展战略，指定综合管理部为主要牵头部门，负责相关工作的协调联系、信息收集等具体事宜，要求全员积极配合，共同推进公司回馈社会、履行企业社会责任。

（二）发挥信托优势，服务地方经济发展

公司高度重视重庆市市委、市政府关于经济建设总体部署和工作要求，把支持功能区作为一件大事来抓，依据重庆市市委、市政府对“都市功能核心区”、“都市功能拓展区”、“城市发展新区”、“渝东北生态涵养发展区”及“渝东南生态保护区”五个区域功能的定位和特点，选择切入点，充分发挥信托的功能，为五大功能区建设提供金融服务和资金支持。截至2014年12月末，公司共有110余个信托项目的资金用于支持重庆市“五大功能区”的建设，规模逾460亿元，占公司信托总规模的31%。

（三）坚持扶贫济困，投身公益慈善事业

2014年，公司继续积极履行社会责任，热心公益事业，通过民建重庆市委成立的“善德基金会”向重庆市酉阳县捐赠扶贫款50万元，以帮助酉阳县人民暂时缓解生活压力。自2009年以来，公司累计为酉阳县人民捐赠扶贫款146.2万元，通过安排员工到村子里实地对村民进行慰问金发放，落实资金用途，了解并真实反映区县人民生活疾苦，以期在今后的业务开展过程中，加大对基础设施建设、旅游资源开发等项目的支持力度，带动酉阳地区贫困人群整体脱贫致富。为雅安庐山地震捐款10万元，支援灾区建设；为酉阳县天馆乡魏市村10名贫困老人发放了慰问金6000元，为魏市村整村脱贫捐赠资金50万元，展现了公司作为地方金融企业扶持地方经济、热心社会公益的决心和行动力。

（四）发挥专业优势，奉献社会公益

公司在加快自身发展的同时，从未忘记企业的社会责任和使命，多年来始终竭力支持各社会公益组织，为抗击自然灾害、支援西藏建设、酉阳扶贫、“思源工程”、“绿化长江·保护母亲河”等各类慈善活动捐款近2亿元。

近年公司积极开展“重庆信托·春蕾圆梦行动”，为年轻的梦想续航，累计捐款28万元，资助贫困女大学生70名，切实帮助她们减轻经济负担，勇敢踏上求学之路。

公司主持发起了设立全国首个以救助公安民警、武警部队英烈及其家属为目的的公益信托，也是建国以来对公安民警、武警部队英烈一次性捐赠金额最大的基金，多年来，公司在该项目上不收取任何报酬，全力推进重庆市公益慈善事业发展，受到了全市人民的充分肯定和高度赞赏。截至2014年12月31日，信托基金总额为2.97亿元，其中，捐款到账总额2.32亿元，投资收益6564.74万元，慰问救助支出10686.13万元，用于慰问全市公安英烈、因公牺牲民警家属、英模、因公伤残民警、特困民警、离退休干部等，向社会各界充分展示了公司作为信托受托人的管理业绩及社会责任。

（五）关怀员工成长，提升幸福指数

公司提倡各部门做好企业内部的传、帮、带，建立互帮互助、共同分享的企业文化传统，营造良好的工作氛围，2014年，共组织各位领导和业务骨干对新员工进行6次入职培训，针对不同批次实习生和新员工的特点，因材施教，帮助其尽快融入企业环境、了解业务知识；定期开展实习生心得体会座谈会，了解其工作情况和思想动态，传递公司关怀和企业文化，帮助其适应工作环境。通过“成长学堂”教育平台，邀请法律、税务、财务咨询等方面的专家进行了7次专题培训，以教促学，鼓励全体员工拓宽视野、加强学习，提高专业技能，帮助其成为更加优秀、合格的信托从业人员。经统计，2014年参训员工累计达800人次，培训工作初见成效。公司还组织“海归人员”加入“欧美同学会”，为公司员工拓展人际关系和开拓业务市场搭建交流平台。

四、2015年发展规划

2015年，公司将以保障受益人利益为根本出发点，以促进和实现公司经济、社会价值为导向，以进一步完善公司治理、切实提高风险管理和内部控制效能、全力打造公司核心竞争力为着力点，进一步夯实公司可持续发展的基础，寻求新的突破，为社会经济发展作出更大的贡献。

（一）严守风险底线不动摇

公司将加强对国家宏观经济政策、货币信贷政策、财政政策等领域的研究，密切关注市场变化，准确判断行业发展趋势，有效防范和化解项目风险；进一步完善风险控制组织与流程，全面梳理重点行业和重点项目管理情况，确保不发生重大项目风险；认真从近年来行业发生的风险事件中吸取教训，做到警钟长鸣，加强公司项目尽职管理能力和提升风险防范意识；坚守“宁可错过，不可做错”的风险原则，贯彻全面风险管理制度。

（二）紧抓改革机遇，科学调整业务模式

公司按照监管政策的要求，平衡风险与收益，有效分配净资本资源，引导业务发展方向回归信托本业，努力在PPP、资产证券化、QDII、家族信托、公益信托等方面取得突破；进一步深化政信合作、谋求深层次的银信合作、创新信证合作、信保合作模式，实现多方共赢。紧抓改革带来的机遇，进一步发挥投资银行的功能，在混合所有制、国企改革等领域有所突破。

例如，公司已正式启动信贷资产证券化业务，利用信托公司制度上的优势，帮助商业银行优化资产负债表结构，加强同评级公司、法律顾问、承销团队的合作，强化基础资产的尽职调查水平，并提升公司的资产管理能力，进一步拓展信托公司在信贷资产证券化业务中的主动管理水平。

与此同时，公司也在探索信托公司参与企业资产证券化业务的模式，一方面，深入挖掘企业融资需求，根据监管法规的要求，安排融资渠道和合格的证券化资产；另一方面，保证交易的合规性，稳妥监控资产的市场风险和现金流变化，保障投资者的权益。

（三）不断加大业务创新力度

公司将立足新成立的研究发展中心，加强业务创新研究工作，有效促进公司产品竞争力提升。在合法合规的前提下，紧跟市场脉搏，不断延伸和深度挖掘信托制度本身具有的灵活服务功能，加强投资型金融产品、股权与债权相结合的金融产品、基金化标准型信托产品、财富管理类型差异化产品以及参与企业兼并重组的研究，并积极寻求突破。

（四）进一步拓展同业合作空间

公司将坚持“资源共享、优势互补、增进互信”的原则，在持续推进银信证合作的同时，不断加强同保险、社保资金的合作，创造出更具价值的发展路径。充分借助保险企业在资金、平台等方面的优势，获取更多资源，促进信保合作向纵深发展；发挥公司的综合优势，寻求与社保资金在养老金管理、资产组合管理等方面的合作，在扩大信托业务市场、提升信托资产规模的基础上，进一步提高自身投资水平。

（五）着力提高资产获取和项目自主管理能力

公司拟通过建立专业化、深度区域覆盖的资产获取团队，整合行业现有资源，挖掘高质量的基础资产，提高资产获取能力；加强专业销售团队及项目管理团队建设，拓展高附加值业务，提高财富管理能力和资产自主管理能力。以高质量的基础资产强化自主管理能力，以强大的自主管理能力提升基础资产运作效率，相互促进，不断加强公司的市场竞争力，实现利润增长的可持续性。

（六）努力加强员工队伍建设

2014 年，公司将继续坚持“人才强企”战略，通过校园及社会招聘引入优秀人才，为公司发展注入新的活力，也为完善公司人才梯队建设奠定基础。继续招贤纳士、引进人才，逐步建立壮大信托业务人才队伍。同时，以成长学堂为载体，有效提升员工的能力和素质，打造一支有凝聚力、有战斗力的专业团队，成为公司可持续发展的力量源泉。

大业信托有限责任公司

一、2014 年经营概况

（一）财务状况及经营指标完成情况

2014 年以来，经济增长放缓，货币运行偏紧，市场开始分化，运营风险隐现，特别是多年来作为行业主要收入来源的融资业务面临着融资者成本下降、投资者收益上升、市场无序竞争的多重挤压，而整个行业业务结构调整前景十分不明朗，效果也十分不明显。面对严峻的经营压力，大业信托有限责任公司（以下简称公司）经营管理层带领全体员工，按照股东会和董事会的要求，从长计议，及早谋划，积极探索，坚决贯彻落实公司三年发展规划的要求，以结构优化促业务拓展，以管理提升促实力增强，不仅保持了高速的增长，还实现了有质量的增长。

截至 2014 年末，公司总资产 12.65 亿元，净资产 10.72 亿元。2014 年，公司实现净利润约 2.93 亿元，完成董事会预算 2.69 亿元的 109%。与 2013 年的 2.54 亿元相比，净利润增加 0.39 亿元，同比增幅为 15%，年内多数月份实现的利润情况均好于 2013 年同期。

（二）信托业务开展情况

1. 信托业务概况

2014 年以来，公司全面贯彻落实银监会发布的《关于信托公司风险监管的指导意见》（银监办发［2014］99 号）的精神，紧跟宏观政策和市场变化，主动调整信托业务结构，以提升专业能力和主动管理能力为核心，压缩融资类银信合作业务规模，控制房地产信托业务规模与速度，积极拓展投资类项目，大力推动结构金融业务向集合化、基金化、长期化发展，推进战略型、精细化、规模化的业务模式和盈利模式，初步形成了以主动管理业务为主导的业务发展模式。在产品方面，公司现已经形成较为丰富的产品线，信托产品投资范围涵盖了一般工商企业、房地产、金融市场、基础设施等各个领域，产品设计包括了股权投资、债权融资、有限合伙投资、应收账款收益权、产业基金等多元化的业务结构，构建了包括不同风险收益配比、不同期限结构的产品体系，以适合不同客户的投资需求。

2014 年，公司新成立信托产品 148 只，新成立项目增加信托规模 746.64 亿元，新增规模较 2013 年增加 53%。截至 2014 年末，公司已累计成立 487 只信托产品，总规模 2016 亿元。清算信托产品 272 只，清算规模 1165 亿元，存续信托产品 215 只，存续信托资产余额 867 亿元，较年初上升 66%。2014 年，在行业内风险事件频发的形势下，公司全部到期项目均正常兑付，并实现了预期收益，向信托受益人分配投资收益 55.57 亿元，实现了对委托人的“受人之托、忠人之事”的庄严承诺。

公司信托资产分布情况见表 1。

表 1　　信托资产分布情况

来源	融资类（亿元）	投资类（亿元）	事务管理类（亿元）	合计（亿元）	占比（%）
集合	110	155	217	482	56
单一	140	20	188	348	40
财产			37	37	4
合计	250	175	442	867	100
占比	29	20	51	100	

2. 信托资金投向

截至 2014 年末，公司存续信托资产的主要投向包括房地产业、工商企业、基础产业、金融机构和其他行业。投向房地产业信托资产 208 亿元，占比为 24%，投向工商企业信托资产 195 亿元，占比为 22%，投向基础产业信托资产 81 亿元，占比为 9%，投向金融机构信托资产 144 亿元，占比为 17%，投向证券类信托资产 9 亿元，占比为 1%，投向其他行业信托资产 231 亿元，占比为 27%。其中工商企业、房地产业和其他行业信托资产规模占比最大。

存续信托资产投资行业分布主要情况如表 2 所示。

表 2　　存续信托资产投资行业分布情况

投资行业	存续信托资产（亿元）	规模占比（%）	2013 年末占比情况（%）
房地产业	208	24	27
工商企业	195	22	19
基础产业	81	9	10
金融机构	144	17	9
证券	9	1	0
其他行业	231	27	35
合计	868	100	100

（三）固有业务开展情况

公司注册资本为 3 亿元，属同业最低水平。受《信托公司净资本管理办法》的约束，公司自开业以来就确立了“强化信托业务与固有业务的协同发展，突出信托业务优先发展”的思路，按照“保本增值、风险分散、强化流动性”等原则谨慎开展公司固有业务。2014 年，根据公司发展战略及统一安排，结合资金状况以及业务情况，审时度势，确立了固有资金使用确保公司流动性、维持固有基本收入、支持和扶持信托业务三个准则，在兼顾流动性和安全性的基础上实现了固有业务收入的较大提升，同时也较好地支持了公司信托业务的协同发展。

经过不断的努力，2014 年 11 月，公司获准进入全国银行间同业拆借市场，从事同业拆借业务，这对于打响公司品牌，动态调节自有资金头寸、拓宽资金投资渠道、提高资金使用效率、提升公司收益水平都将产生积极的促进作用。

截至 2014 年末，公司固有资产总额 12. 65 亿元，构成见表 3。

表 3　　固有资产构成情况

行号	项目	金额（亿元）	占比（%）
1	银行存款（含货币基金）	0. 84	8
2	信托产品投资	10. 24	81
3	其他（应收/固定资产/无形资产）	1. 57	11
4	合计	12. 65	100

截至 2014 年 12 月末，公司流动资产总额 0. 84 亿元，流动负债总额 1. 93 亿元，流动比例为 44%，流动比例相对 2013 年末有所下降，主要原因是年末增加了对 1 年期以内的持有至到期资产投资，导致货币资金减少。公司未出现流动性风险。

总体来看，固有资产配置体现了确保信托业务优先发展的思路，既保持流动性，也是公司利润的主要来源之一。

二、社会责任履行情况

公司以“盛德大业、至诚信托”的立业宗旨和“忠诚、专业、进取、务实”的价值观作为公司实现社会价值、股东价值、员工价值和客户价值的精神内核，通过加大对地方经济发展的支持，加大服务社区和社会捐助力度，打造环保型公司形象等措施，对股东、客户、员工、商业伙伴、社区、环境等利益相关者承担责任和义务，维护和增进社会利益，实现公司和社会协调发展，努力将公司建设成为受人尊敬的富有社会责任感的公司。

2014 年，公司一如既往地履行应尽的社会责任，公司上下全面强化社会责任意识，大力倡导善行义举，将社会责任意识和慈善理念进一步融汇到公司的各项经营活动中去，并不断完善社会责任管理体系，明确目标，细致规划，认真贯彻，切实维护国家、股东、员工、投资人、社区等利益相关者的合法权益，促进经济、社会与环境的可持续发展，为建设和谐社会贡献力量。

公司本着为投资客户负责的专业态度，以卓越的管理能力和专业的理财水平，与广大投资客户携手并进，到期的信托产品均实现了100%的兑付率，2014年共清算信托项目91个，清算信托规模合计694.66亿元（含部分清算项目），累计向各类受益人分配信托净利润55.57亿元，在为广大投资者提供优质信托产品以满足其理财需求方面发挥了独特而积极的作用。

公司依法诚信纳税，积极履行代扣代缴税款的法律义务，如实向税务机关反映公司的生产经营情况和执行财务制度的情况。2014年上缴各种税金超过1.8亿元，为国家财政收入和经济发展作出了应有的贡献。

三、2015年发展规划

对公司而言，适应新常态，抓住新机遇，实现新发展，必须立足于中国经济发展的现实，积极回归信托本源，为客户提供专业的资产管理和财富管理服务，同时加大创新力度，结合自身资源禀赋，发展差异化的特色业务，不断提升综合资产管理能力和财富管理能力，告别拼规模、比速度的时代，向多元化、市场化、可持续发展的经营模式转型。总体说来，在信托业“新常态”下公司的2015年工作方针可以概括为十五个字：“抢转型、促创新、拓销售、控风险、抓基础”。

一是抢转型。公司未来业务的逻辑起点，将从融资方的融资需求切换到投资方的投资需求上来，更多地立足于委托端客户的理财需求开发，设计相适应的信托产品。公司的业务模式，也将由传统的机会驱动型的私募投行为主的业务模式，转型为“私募投行+资产管理”双轮驱动的业务体系。

二是促创新。一方面创新传统业务模式，另一方面结合公司的优势和特点，努力扩展产品线宽度，开展适合公司实际情况的创新业务，通过创新加大业务的多元化。

三是拓销售。努力提高机构设置的科学性、营销人员的专业性、营销渠道的广泛性和营销手段的多元性，通过营销能力的提升，开发和形成足够数量的忠诚度高的优质客户群，努力构建以客户为核心、以专业化资产配置和财富管理为主要服务内容的信托营销模式。

四是控风险。通过提高风控机制的科学化、动态化、信息化水平，坚持稳健经营，践行科学发展。

五是抓基础。通过优化人才队伍结构，加强信息系统建设，适时谋求增资扩股，不断夯实公司的发展基础。

东莞信托有限公司

一、2014 年经营概况

东莞信托有限公司（以下简称公司）致力于成为值得信赖的专业资产管理金融机构，以实现股东和委托人利益最大化为目标，坚持合规经营、严守风险底线、强化基础管理、推进业务转型。公司上下共同努力，克服市场环境的不利影响，实现业务平稳发展，改革成效初显。截至 2014 年末，公司总资产 33.91 亿元，较 2013 年末增长 16.40%；续存信托项目 179 个，管理信托资产规模 438.26 亿元。2014 年为客户实现收益 33.36 亿元，同比增长 26%；公司实现净利润 4.24 亿元。

2014 年，公司业务结构进一步优化，在巩固现有融资类业务规模的基础上，组合类、投资类业务的比重上升。公司证券投资类项目发展态势良好，管理规模比年初增长近一倍；自营业务成绩突出，为信托业务发展提供良好支持；自主营销能力进一步增强，直销占销售总额比例超过 75%。内部管理、合规意识不断提升，风险管控能力明显增强，机构改革初见成效。

（一）强化金融服务

公司坚持“立足本地，服务东莞”，尽职管理各类信托资金。为交通、路网、能源、污水处理、园区建设等大型基础设施建设提供金融服务支持，重点扶持市内高新技术、龙头企业及朝阳产业做大做强。截至 2014 年末，公司共支持各类工商企业、集体企业、学校及卫生医疗类企业融资约 250 亿元。

（二）提升风控能力

公司视风险管理为工作重中之重，努力完善风险防控长效机制。加强制度建设，不断完善风险控制体系，全年新增或修订 13 项风险管理制度。搭建有效的风险管理架构，按照中台、后台与业务隔离的原则，调整业务风险控制委员会成员，强化委员会职能，简化业务操作流程、优化项目评审程序，提高工作效率。在项目选择上，公司严格甄选优质客户，根据市场特点制定风险政策，关注政策走向提前应对。坚持提前介入，全程参与项目设计，双线尽职调查。对续存项目，注重过程控制和项目后续管理，加强异地项目监控，着重加强对实质风险的分析和防控。加强风险排查，动态监测项目风险，通过增加抵（质）押物等方式降低部门项目风险；健全信托项目风险责任制，对每一个信托项目均安排专人跟踪，责任明确到人。

（三）加强合规管理

坚持保护投资者合法利益，按照监管要求及时、准确披露信息。强化客户安全保障，为投资者带来符合其预期偏好的风险收益。提升服务水平，利用客户信息管理系统、微信平台，实现销售管理模式转变；设置客户服务热线，健全客户投诉、建议处理机制；强化投资者教育，增强风险意识，得到客户的高度认同。

（四）人才团队建设

以实现股东利益与员工利益双赢为着眼点，完善考核与激励机制。以事业留住人才，以绩效激励人才，坚持任人唯贤，采取引进专业人才、自主培育等多种方式，不断优化人才团队结构和素质，通过建立科学合理的岗位序列、市场化的绩效考核与薪酬激励机制、完善员工培训制度等，优化人才结构、提高核心人才竞争力。截至2014年末，公司人数161人，本科及硕士以上学历人员占91.92%，其中七成以上员工金融从业年限在5年以上。

（五）良好的企业文化

持续不断地推动企业文化建设，引导树立共同的价值观，塑造战斗力强的团队。确立了“诚信、责任、进取、奉献”的企业精神，以及“成为值得信赖的专业资产管理金融机构”的企业愿景。注重员工关怀，设立文化、体育、专业沙龙等兴趣小组，促进交流互动，增强员工凝聚力与归属感。

二、创新业务案例

（一）支持政府大型项目建设

公司充分利用信托的综合金融平台优势，引导民间资金尤其是村镇集体资金通过信托计划投入优质基础设施项目，为交通、路网、能源、污水处理、园区建设等大型基础设施建设的金融服务支持。如通过“股权收购+追加投资+债权投入”多种方式相结合的运用方式发行“东莞信托—鼎信·从莞高速集合资金信托计划”，截至2014年末，募集资金39.22亿元用于从莞高速东莞段建设，实现金融创新与地方经济相结合。

（二）拓展村镇理财

公司利用信托优势搭建投融资平台，引导村镇富余资金投入市重点工程和成长性较好的企业项目，既有效缓解了重点项目融资难题，又为村镇资金找到了收益稳定、安全性高的投资渠道。

（三）发展投资业务

公司把握证券市场向好的契机，加大证券类信托产品发行、营销力度。优选优秀的基金经理作为投资顾问合作，加强投资顾问沟通管理，产品业绩出色，形成了公司品牌“汇信”系列产品，收到较好效果。其中，公司发行的惠正1号、普尔1号、华安2号等信托计划净值增长迅速，远超固定收益类产品。

三、社会责任履行情况

公司以“诚信、责任、进取、奉献”为企业价值观，以“奉献优质的金融产品和专业的理财服务，履行企业社会责任，实现客户、股东和员工价值的和谐统一”为企业使命，不断深化对企业社会责任的认知和实践，将企业社会责任融入公司发展战略、品牌建设、治理结构、企业文化和业务流程中，建立履行企业社会责任的长效机制。

（一）坚持合规自律，依法规范经营

公司严格遵守各项法律法规，认真贯彻监管要求；积极推进内部控制体系建设，加强自律管理。认真履行信息披露义务，重视年报的信息披露工作，将公司良好的业绩和稳健、规范的经营理念通过信息披露这个平台真实、全面地展现出来，逐步树立公司在行业以及投资者当中的影响力和知名度。

（二）推广信托文化，助力行业发展

大力宣传信托专家理财形象，通过举办投资报告会、中医养生等客户活动，深入与客户交流，宣传公司的独特功能和平台优势，突出表现了公司不同于银行、证券、基金等传统金融机构的财富管理专业优势。加强与金融同行的合作，发挥功能互补，为投资者提供更多的投资渠道。积极参与中国信托业协会举办的各项活动，不断提升行业的社会认知度和影响力。

（三）规范营销行为，维护投资者利益

完善《东莞信托有限公司营销管理办法》及《东莞信托有限公司产品信息披露管理办法》，加强投资者风险教育，严防虚假披露、误导性销售等行为。

（四）积极支持扶贫公益事业

开展扶贫帮困活动，组织开展贫困村镇对口帮扶工作，解决其经济发展中面临的困难和问题。利用信托专业优势为其资金运用理财，实现“输血式扶贫”向“造血式扶贫”的转变；组织公司党员干部捐资捐物，解决对口扶贫村镇切实需求，2014 年累计捐赠钱物共计 24.5 万元。

四、2015 年发展规划

2015 年，公司发展的总体思路是坚持以市场为导向，在稳定规模、确保利润的基础上，合理调整业务结构，积极推进非融资类业务发展，稳步探索业务模式转型，形成差异化的经营定位、产品模式和核心竞争能力。深耕东莞，大力拓展广东市场尤其是珠三角市场。强化内控管理和执行力提升，夯实发展基础；全面提升风险管理的有效性，在保证资产质量、有效控制风险的前提下，保持业务发展平稳。

（一）稳步促进业务转型

在稳定现有信托业务规模、收入的基础上，优化存量、调整结构，努力发展投资类业务，探索非融资类以及投融资结合的创新业务，探索并购重组等新业务模式，实现业务发展和利润增长多元化。以流动性管理为重心，继续优化自营资产配置结构。运用公司自有资金进行风险可控的业务创新尝试，支持信托业务发展。

（二）继续加强风险管理

全面落实监管政策，完善风险管理组织架构，建立与公司业务发展相适应的全面风险防范机制。强化项目准入、定期排查风险，探索多渠道、多形式处置风险资产方式，提高风险化解水平。

（三）提升营销服务水平

从以产品为中心的营销模式逐步向资产管理加财富管理的“双轮驱动”模式转变。强化营销团队建设，深化客户服务，加强投资者教育，提升服务内涵和个性化体验。

（四）强化中台、后台支持力度

继续升级信息系统支持公司业务发展，优化中台、后台支持，加强对信托项目运作风险的监控。继续推进机构改革，规范内部管理，不断完善制度、流程，形成以制度约束经营管理的合规文化，逐步提升公司经营管理能力，切实提高管理的有效性。

方正东亚信托有限责任公司

一、2014 年经营概况

2014 年，方正东亚信托有限责任公司（以下简称公司）按照年初制订的经营规划，按照信托业务治理体系建设的八项机制要求优化公司治理，培育核心竞争力特别是产品销售能力，提高风险管理水平，加强人才团队建设和软硬件支撑，提升整体经营管理能力和水平，推动公司各项业务平稳发展，取得了预期经营业绩。

（一）圆满完成全年经营指标

2014 年公司实现营业收入 15.48 亿元，完成全年目标的 101.2%，同比增长 21.08%；实现净利润 8.89 亿元，完成全年目标的 118.53%，同比增长 26.64%；人均净利润 386.65 万元；净资产收益率为 33.89%，在全行业排名前列。

（二）各项业务平稳较快发展

在信托业务方面，2014 年公司按照“严把关、建渠道、扩队伍、抓创新”的工作思路，强化交易对手及项目选择，深耕细作房地产、基础设施等传统业务，不断优化信托业务结构。同时，抢抓市场机遇，持续推进信托业务模式创新发展，稳步提升业务品质。2014 年末公司存续信托项目 333 个，规模 1333 亿元，比年初增加 227 亿元，增幅为 20%，较前两年 50% 以上的增速有所放缓；全年新增信托项目 196 个，新增信托规模 975 亿元。全年到期信托项目 190 个，清算信托规模 749 亿元，所有到期项目均顺利兑付。

在固有业务方面，2014 年新增项目 35 个，规模 27.55 亿元，且运用自有资金发放的贷款贷后管理正常，已到期贷款项目均已结清本息。同时，自有资金有力支持了公司信托产品发行，并创新开展了信托受益权转让业务和投资信贷资产支持证券次级券，收效良好。

（三）营销能力实现大幅跃升

公司已在武汉、北京、上海、广州、郑州、长沙、杭州、宁波、苏州、南京地区建立十个直销团队，形成一个基本覆盖全国经济发达地区的营销网络，并与多家银行、券商等金融机构保持良好合作。2014 年公司集合类信托产品销售总额达 282.5 亿元，同比增长 60.5 亿元，增幅为 27.2%；财富管理中心销售规模 193 亿元，占比为 68%，同比增长 55 亿元，增幅为 39.8%。2014 年新增高净值客户 7540 个，同比增长 24.3%；截至 2014 年末，公司累计客户总量为 18751 个，其中，机构客户 1186 个。

（四）业务范围得到扩充

2014 年公司获得特定目的信托受托人资格，此项业务资格的获得，不仅为公司开展资产证券化业务奠定了基础，也使公司拥有了一项提升自主管理能力、拓宽业务转型渠道、丰富信托产品品种的重要手段。2014 年末，公司净资产突破 30 亿元，跨过了与保险机构合作的门槛，为今后信保合作，获取低成本资金，扩充业务规模创造了条件。

（五）内部控制继续加强

2014 年，公司不断健全相关内部控制制度，采取多举措强化内部控制执行力，达到了预期的控制效果。2014 年公司新定制度 30 项、修订制度 23 项、废止制度 10 项，涉及薪酬延期支付管理、风险管理及机构处置、案防和反洗钱管理、营销管理以及新开展业务。公司对 52 项业务流程进行梳理，提高业务实施效率，有效控制风险。公司落实关键岗位强制轮换规定，对计划财务部、信托财务部的关键岗位进行轮岗，有效防范操作风险、道德风险。

（六）人员队伍持续壮大

2014 年公司继续增员布点，不断壮大人员队伍力量。2014 年末，公司在册员工达 230 人，比年初增长 70 人，增幅达 43.75%；同时，公司在长沙、深圳、南京等地区新增营销团队。

（七）公司形象有效提升

2014 年，公司持续加大企业文化建设和品牌建设投入，收效良好。十余篇专业研究报告在主流媒体发出声音，令同业侧目；“金融机构支持武汉经济发展贡献奖”、“湖北省金融领军人物”和“黄鹤英才”奖项受到省市政府的肯定；“成长优势奖”得到上海证券报专业媒体的认可；与第一财经研究院合作的月刊《信托行业研究报告》通过第一财经网首发及推广，形成了一定的影响力；“方正东亚信托杯国际精英帆船邀请赛”受到高净值客户和交易对手的支持；“爱·共成长”、“方正能量·幸福分享”等公益类活动受到社会各界称赞；举办摄影采风活动、徒步健身活动等深受员工喜爱。一系列重大活动通过平面媒体、网络媒体和自媒体、官方微博、微信平台等多维度广泛传播，有效提升了公司积极正面的品牌形象。

二、创新业务案例

2014 年，公司积极推动信托业务由单纯融资类向信托业务本源业务转型，逐步培养专业资产管理机构的核心竞争力，着力于推进业务模式的创新，探索切合市场需求的长期业务品种和运作模式。

公司整体业务结构持续优化，伞形信托等投资类业务加快发展，加速回归本源业务。投资类产品线不断丰富，除股权投资外，伞形信托、债券投资和并购基金业务加快布局。山西君泰和凯信地产项目，业务部门均采用了结构化投资基金模式，收取固定报酬加浮动投资收益，在投资业务上作出了有益的尝试。2014 年末，投资类信托规模 443.9 亿元，占公司存续信托总规模的 32%。投资类规模比 2013 年末增长 114%，占比相较 2013 年末的 18% 上升了 14 个百分点。

三、社会责任履行情况

截至 2014 年末，公司管理的存续信托资产规模达 1333 亿元，其中 80% 以上信托资金投向实体经济。2014 年公司继续发挥信托投融资功能，助力地方经济发展。全年新增湖北省境内项目 16 个，信托规模 48.5 亿元。年末存续湖北省境内项目 23 个，信托规模 64.2 亿元，在取得经济效益的同时，也产生了良好的社会反响。公司受到湖北省省政府和武汉市市政府的肯定，获得“金融机构支持武汉经济发展贡献奖”、“湖北省金融领军人物”和“黄鹤英才”奖。

2014 年公司继续致力于社会公益事业。“方正东亚信托‘爱·共成长’公益项目”先后多次组织帮扶对象走访活动，为困难家庭送去温暖；为 50 名贫困学子捐赠了电子书，为他们带去知识和希望；组织 20 名受资助的孩子参加公益夏令营，拓展他们的眼界，丰富孩子们的业余生活。

四、2015 年发展规划

2015 年是公司战略转型的基础年，目标是实现“六化一体、协同发展”，即业务管理专业化、信托产品模式化、公司客户立体化、业务网络全国化、固有业务协同化和组织能力系统化协同发展。公司转型期的战略业务主要围绕私募投行、传统资产管理、财富管理三条业务主线开展，具体战略措施体现为四大方面。

（一）优化组织架构体系

一是按照专业化、重要性和成熟性原则，组建“经营 + 管理”的业务组织；二是完善区域组织功能，在明确区域部门定位的基础上，建立区域管理中心；三是扩充研究发展部职能，将其改为“研究创新部”，使其既成为公司战略管理、研究发展的职能部门，也成为创新型战略业务的“孵化”部门；四是将合规与风险管理部拆分为法务部和风险管理部两个部门，以提高公司法务条线和风控条线的精细化管理水平和风控专业化审查水平。

（二）强化运营专业能力

一是引导业务部门专业化发展方向，在某个行业、领域内确定自身的专业化方向，提升专业化投融资能力。二是提升资产管理的专业化水平，一方面，调整现金流类信托产品配置结构，提高收益水平；另一方面，探索开发信托受益权转让系统。三是优化中台、后台的专业化流程，一方面，根据部门职能转换，重构人才结构，引入专业化的人才队伍，优化考核激励方式；另一方面，组建公司 IT 规划委员会，启动与公司战略转型相匹配的流程改造设计。

（三）提升固有支持职能

将固有业务作为信托业务战略性资源，实现对信托产品的销售协同、对信托受益权的流动化协同和对战略客户的投融资协同，以支持公司信托业务发展。

（四）完善财富管理中心功能

一方面，通过统一信托产品的发行权、建立产品发行的定价协调机制、实施全员营销策略等方式完善产品销售体系；另一方面，从统一客户的档案建设、建立客户的定期分析评估制度、建立分层次的客户服务体系等方面完善客户服务体系。

光大兴陇信托有限责任公司

一、2014 年经营概况

2014 年是光大兴陇信托有限责任公司（以下简称公司）完成股权重组和改制工作的元年，也是国内信托行业面临业务转型、结构深度调整的启航之年。自 2014 年 9 月正式揭牌运行以来，面对国内宏观经济增速放缓、金融业市场化改革加速、金融风险不断暴露的新常态、新机遇和新挑战，公司全体干部员工进一步增强大局意识和团队合作精神，以“建章立制、管控风险、拓展业务、锤炼队伍”为主线，牢牢把握各个阶段的工作重点和难点，统筹兼顾，推进内部资源整合，严格防范并努力化解存量业务风险，同心协力推动公司各项业务取得新的发展。

（一）圆满完成公司股权重组改制，助力集团实现金融全牌照

2014 年 5 月 28 日，经中国银监会批准，光大集团成功受让原甘肃信托 51% 股权，成为公司控股股东。6 月筹备召开了公司 2014 年度第一次临时股东大会，审议并通过了变更公司名称和公司章程等议案。7 月，完成工商变更登记相关工作，公司正式更名为光大兴陇信托有限责任公司。9 月 16 日，新公司挂牌仪式在兰州市隆重举行，至此，股权重组改制工作圆满完成。

（二）以发展为核心，依托集团联动迅速实现业务总量止跌企稳

公司重组改制完成后，坚持以发展为核心，明确以集团联动推动业务发展的战略思路，主动加强与光大集团旗下各企业的业务联动，光大证券、光大银行、光大金控等集团所属企业分别在项目推介、代理销售、定向增发及二级市场业务方面与公司开展了实质性合作。截至 2014 年末，公司管理信托资产规模达 573 亿元。

（三）加大存量风险排查力度，优化流程提高审批效率

公司高度重视业务风险把控，先后开展了三轮存量业务风险排查工作，基本摸清了存量业务的责任部门、还本付息状态，并对所有集合类项目进行了风险预评估。为推动业务平稳过渡，

制定了投资决策流程优化方案，将五级会议制更改为三级会议制，提高决策效率的同时，确保了过渡期内对项目实质性风险的有效控制。近期公司重新梳理了业务决策流程，精简优化通道类项目审批环节，实现通道类业务一天内完成评审传签，两天内完成业务合同审核，处理效率在行业内处于领先水平。

（四）建章立制，强化管理

公司以建章立制作为抓手强化内部管理，优化业务流程，提高工作效率，制定出台了一系列规章制度体系。在风险管理体系建设方面，通过制定出台《信托业务重大信用风险事件预警处置工作制度》、《重大风险事件预警处置工作实施细则》等制度办法，初步构建风险识别、风险估计、风险驾驭、风险监控等活动的基本框架准则；在业务管理体系建设方面，通过对业务环节和流程的全面梳理，制定并完善了包括《单一被动管理类项目首次付款审查流程》、《信托业务报酬管理办法》等在内的十余项规章制度，提升了管理的科学性和有效性；在行政事务管理方面，为提升综合协调能力和服务水平，确保各项工作快速、高效、协调运转和顺利推进，公司制定出台了《员工守则》、《费用支出管理办法》、《费用及业务付款授权流程》等制度办法；公司高度重视研发创新工作，设立“业务创新委员会”，实行专业化创新管理制度，逐步建立起符合自身实际的创新管理组织架构和灵活、高效的产品及服务创新团队以及以客户和市场需求为出发点的产品研发和推广流程。

（五）完善组织架构，加强队伍建设

公司按照“一个总部、两地办公”的整体思路，在对金融同业广泛调研和反复论证的基础上，调整完善了公司组织架构，建立了与业务流程相匹配的职能部门体系，并先期在北京、上海、深圳和兰州四个城市设立了业务区域中心。通过建立与市场机制全面接轨的薪酬和激励约束机制，加大资源配置力度。广纳贤才，本着“二线为一线服务，后台为前台服务“的原则，集中优势资源向一线倾斜，选聘了一批具有营销、财务、法律、金融等专业背景，并具有长期工作经验的专业人才队伍，充实到公司营销队伍和各区域中心，为公司长远发展储备了一批人才。

二、创新业务案例

中小微企业类信托“助鹰”计划。

公司推出中小微企业类信托“助鹰”计划，目的在于响应国家的金融政策与产业政策，引导资金合理流入实体经济，避免资金无效利用；通过深度开展与地方政府合作，发展中小企业

金融，服务地方经济；依托光大集团平台与人才优势，通过信托、银行与政府一起探索中小企业融资的新型业务模式。

光大兴陇信托—“助鹰”计划的实施理念为“分层设计”、“风险分散”与“外部增信”。

第一，内部增信。“助鹰”计划采用了分层结构设计，通过优先/劣后的分层设计将风险和收益结构进行重构。优先级以合格的机构客户和自然人客户为主，次级以政府产业指导基金或行业辅助基金或类似补贴性质的基金。在募集资金运用方面，通过限制单笔贷款金额以分散风险，防止风险过于集中。同时“助鹰”计划运用“收益覆盖风险”的方式来增加信托本身的抗风险能力。相对较高的信托收益将产生“损失缓冲器”的作用，以化解可能的坏账风险。

第二，外部增信。政府以增信为主导，即购买信托计划的次级，其他担保为辅。一旦借款人出现偿付困难，担保主体即可发挥其增信的功能，具体方式可分为两类：一是担保主体可根据情况向贷款人收购或指定第三方购买该笔贷款债权；二是担保主体可为中小企业的每一笔贷款承担连带责任担保，替借款人代为偿付该笔贷款，以增加担保主体的担保效力。

第三，资金投向。“助鹰”计划对于融资对象设立明确的准入和禁入标准。借款企业所在行业须符合国家相关产业政策，经营合法合规；禁入“两高一剩”行业；项目选择方式主要依托政府推荐企业。

目前，公司已与甘肃省省政府、河北省省政府达成合作意向，并与中关村科技园区紧密接洽，计划重点支持园区内具有自主创新和高新技术优势的成长性企业。

三、社会责任履行情况

公司积极热心参与公益事业，根据甘肃省省委、省政府有关安排，确立了甘肃省甘南藏族自治州迭部县为公司对口援藏单位，公司成立“对口帮扶藏区发展工作领导小组及办公室”，研究部署对口帮扶藏区发展的工作方案，积极联系有关地方政府开展实地调研与工作对接。2011年4月28日，原甘肃信托二届六次董事会审议批准了《关于对口帮扶支援我省藏区发展的议案》，决定每年安排不超过80万元资金，期限不超过5年，从支持项目建设入手帮扶甘肃省藏区经济发展。2011年7月1日，原甘肃信托在迭部县腊子口举行了“红色腊子口绿色长征公益信托启动仪式”，向“红色腊子口绿色长征”公益信托组委会捐款300万元。公司全体员工积极响应倡议，共捐款7.55万元。2011年9月，公司确定具体援藏项目为“迭部县高级中学附属设施建设项目”，该项目主要是帮助解决迭部县高级中学实验室、计算机室、多媒体教室、音体美设备配置等，工程投资预算为420万元。项目建成后，将彻底改变该中学教学设施建设严重滞后、严重不足的问题，极大地改善办学条件。截至目前，已支付高级中学项目援建资金220万元。

四、2015 年发展规划

2015 年，公司将紧紧围绕集团战略规划和发展目标，从金融控股集团建设的大局出发，进一步发挥集团背景优势，做大业务联动，增强发展活力；要认真扎实处理好“发展、转型、合规、风险”之间的关系，坚持底线思维，加强风险管控；要进一步推动转型创新，优化业务布局，加强能力建设，确保信托公司在体制重建基础上的稳健经营和持续发展。重点做好以下五个方面的工作。

（一）加大风险管控力度，提高全面风险管理水平

2015 年，公司将有针对性的加强风险合规管理、财务管理、人员管理及投后管理，进一步建立健全各项规章制度和操作规程，把经营管理和决策工作纳入制度化、规范化的轨道，强化问责，刚性执行，不留弹性，在全体干部员工中形成规范管理、卓越执行的公司文化。积极贯彻“优选模式，分类指导，全程参与，注重实效”的基本工作思路，对风险进行集中化、流程化、全面化和差异化的管理。

（二）推动转型创新，着力打造信托业务发展新模式

随着弱经济周期、大资管时代的到来及制度红利的逐渐消失，原有的粗放式、机会型业务增长模式难以为继，行业转型升级迫在眉睫。2015 年，公司将积极探索基金化、资产证券化业务模式及产业集团并购信托业务，同时，积极关注新的业务方向和模式，大力布局与新经济、国企改革与资本市场相关的业务和产品，充分运用基金化、结构化、流动化等金融技术手段，开发具有流动性和收益浮动化的产品，实现业务由融资驱动型向投资驱动型逐步转化，最大限度地弥补传统非标业务萎缩对整体业务的影响。

（三）做大业务联动，推动各项主营信托业务实现快速发展

充分依托集团内各企业的业务资源，深入挖掘信托功能优势和业务机会，全面主动地加强集团内各企业的业务联动和合作。一是加大和优化银信合作，除了要在明确业务边界的基础上做好非标准化债权业务之外，更重要的是不断优化业务结构和模式，创新标准化债权业务，满足银行对资产转让和流动性管理的要求。二是大力发展证信合作业务、资产证券化业务、PE 信托业务、股权抵押业务、房地产投资基金等业务合作。三是积极筹划和布局信保业务合作，目前信保合作的业务模式主要有保险资金投资信托计划、保险金信托、保险为信托产品提供财产保险和信用增级、联合销售等，通过不断创新业务模式，业务合作和协同发展的空间很大。

（四）努力丰富产品线，大力构建发展自主销售渠道和平台

2015 年，公司要努力全面提升自主营销能力，建立完善的销售管理机制，一是要加大直销团队的建设，提高团队销售能力，提升客户保有量，与光大银行联动，在全国重点城市的光大银行分行设立财富中心；二是积极创新利润增长点，丰富产品线，提高客户黏性，提升利润贡献度；三是基于客户需求，理顺光大系统内各金融机构代销环节，同时，加大对其他机构的营销力度；四是开展家族信托、土地流转信托等创新业务品种，丰富产品端，满足客户财富管理需求；五是建立客户分层管理和回馈体系，根据客户的综合贡献度提供差异化服务。

（五）围绕提升能力这一核心加强队伍建设，构建可持续发展的核心价值理念

一是要加强优质资产和项目的获取能力，围绕特定行业如房地产、基础设施、能源、交通、医疗等深化行业研究，提高队伍的行业专业性；二是要加强客户销售和服务能力，包括产品推销能力，客户服务能力和理财顾问能力，为客户提供定制化的产品解决方案；三是要加强产品设计能力，包括定型化的信托产品设计，个性化的信托产品设计，保持产品设计方面的先发优势；四是加强风险管理能力，审慎识别经营发展中的机会与风险，对风险进行集中化、流程化、全面化和差异化的管理；五是加强组织保障能力，包括逐步建设专业化的团队，建立市场导向、体现业务差异性的考核激励机制，吸引和留住核心人才。

广东粤财信托有限公司

一、2014 年经营概况

2014 年，广东粤财信托有限公司（以下简称公司）按照年初制定的工作方针，坚持稳中求进，加强自主创新，减少渠道依赖，强化风险管理，有效促进了公司的健康可持续发展。

截至 2014 年 12 月 31 日，公司自营业务资产总额 38.04 亿元，比年初增长 14.5%；净资产 36.29 亿元，比年初增长 13.7%。信托资产规模 1978 亿元，较年初下降 13.8%。公司营业收入 8.43 亿元，比上年同期增长 6.3%；其中，信托报酬收入 6.37 亿元，投资收益 1.24 亿元。2014 年公司实现利润总额 7.19 亿元，比上年同期增长 7.2%；实现净利润 5.58 亿元，比上年同期增长 5.9%。

公司主要工作概况有以下三个方面。

（一）顺应市场形势，证券信托业务影响力不断增强

2014 年资本市场波澜起伏，经历了从年初的大幅震荡到年末牛市的基本确立，同时，券商及同业的竞争也更趋激烈。公司及时把握机遇，大力推广以伞形信托、阳光私募为核心的拳头产品，带动证券投资信托业务迅速发展。截至 2014 年 12 月 31 日，证券信托业务规模约 168.37 亿元，较年初增长 42.11%。

公司证券信托业务产品线不断丰富，明星产品不断涌现，证券信托业务核心竞争力及市场影响力稳步增强。一是拓展新渠道，大力拓展伞形信托业务。截至 2014 年末，伞形信托产品存续规模 37 亿元，同比增长 145% 以上。二是通过阳光私募工场和 MOM 等创新方式继续加大力度拓展阳光私募产品。截至 2014 年末，存续阳光私募产品规模 42 亿元，同比增长 150%，2014 年及上半年阳光私募产品收益冠军均是粤财信托发行的产品。三是另辟蹊径，开辟股票定向增发新蓝海。截至 2014 年末，完成了吉林化纤、吉恩镍业、包钢股份等股票的定增项目。四是股票质押式回购、大宗交易过户融资和融券等创新产品先后落地。

（二）紧跟政策方向，银信合作业务调整升级

2014 年，为防范化解信托行业整体风险，银监会先后出台了《关于信托公司风险监管的指导意见》、《关于规范金融机构同业业务的通知》以及《中国信托业保障基金管理办法》等文件，相关政策对信托公司的银行同业业务、新发行的财产信托业务以及公司自营资产都带来较大影响。为此，公司迅速反应，把防范控制业务风险和操作风险作为工作重点，在此基础上努力调整业务战略，进行业务开拓和创新，较好地兼顾了风险防范和业务拓展。

一是加大标准化资产投资类信托项目的合作。为此，公司与多家银行探索开展债券投资等标准化资产投资类信托项目，截至 2014 年 12 月末此类项目存续规模约 85 亿元。二是逐步规范和调整非标准化资产业务的合作。通过与银行合作不断深化低风险类集合资金信托业务合作，并发行单一资金信托系列产品，提升银信合作业务的利润率，目前此类项目存续规模约 1000 亿元。

（三）坚守风险管理底线，全面提升内控水平

1. 完善风险防控三项机制

一是完善项目准入机制。公司面对复杂多变的市场环境及多元化的创新业务，主动提高准入风控门槛，认真梳理存续项目的合同条款，厘清相关各方权利义务。二是完善风险预警机制。公司密切关注风险较高的项目和即将到期的项目。对于房地产项目提升项目管理工作的频率和深度，建立完善的风险预警机制；对于证券信托项目严格落实盯市制度，督促达到风控线的合作方及时落实合同义务；切实了解即将到期项目融资方的真实经营情况，督促交易对手提前做好兑付资金安排。三是完善风险处理机制。公司紧密关注在运作过程中出现潜在风险的项目，采用向资产公司转让等多种市场化方式确保项目顺利兑付。

2. 强化内部审计，查漏纠偏机制

为加强风险管控、完善内控管理，公司大力加强内部审计，一是完善审计全面排查机制，努力提高审计的频率、覆盖面和质量；定期对存续项目、结束项目进行全覆盖的稽核检查和风险排查，定期组织开展相关业务和授权管理等现场检查和风险排查，对重要空白凭证、库存现金、计算机授权管理等内控制度执行情况检查，严密防范操作风险。二是健全纠偏补漏机制，公司审计部门针对在检查中发现的管理缺漏环节，督促各业务部门及时堵塞管理漏洞，严格按照合同约定履行受托人职责，并通过复查等方式确保整改措施落实到位，切实避免因不合规、不尽职等出现的瑕疵形成项目风险。

3. 提升信息系统支持及风险防控能力

一是自主开发净资本管理系统，帮助业务部门、财务部门及时掌握资本占用情况，提高资

本使用效率。二是建设完成信贷资产证券化系统一期，有效提升公司在该业务领域的核心竞争力。三是建设完成科技运行监控系统，实现对机房环境、服务器、专线等实时监控，有效提升公司对信息系统的监控能力，提高系统安全性。

二、创新业务案例

（一）实现创新突破，首单资产证券化落地

公司自2012年获银监会批复核准特定目的信托受托机构资格后，积极进行研究工作并与多家银行机构接洽，分别于2014年8月和10月成功发行了“广东顺德农商银行2014年第一期信贷资产证券化信托”（15.337亿元）以及“广汽汇通2014年第一期信贷资产证券化信托”（8亿元）项目，使公司在资产证券化业务上实现零的突破。其中，顺德农商银行2014年第一期信贷资产支持证券为国内首个农商行信贷资产证券化产品。通过信贷资产证券化，不但能盘活银行业机构的存量贷款资产，而且可有效解决银行业机构资产流动性不足和资金期限错配等问题，有效提升银行业机构在既定资本约束条件下的贷款供给能力。公司在发行资产证券化方面表现突出，荣获中央国债登记结算有限责任公司颁发的“2014年度中国债券市场优秀成员——资产支持证券优秀发行人”奖项。

（二）创新管理模式，提升财政专项资金扶持效能

公司积极推广“粤财信托·省财政资金股权投资项目单一资金信托计划”项目，配合广东省省政府转变经济管理职能工作，积极向有关部门推介省财政经营性资金通过信托方式实施股权投资的新模式，并获得广东省经信委战略性新兴产业发展专项资金、广东省节能循环经济专项资金及广东省供销社新农村网络专项资金项目股权投资的受托人资格。通过信托方式实施财政资金股权投资，替代以往政府对新兴行业的直接财政补贴，不仅提高了财政专项扶持资金使用效率，而且能有效防范滥用或者腐败行为；而与财政委托实业企业实施股权投资相比，由国有独资的信托公司作为受托管理机构，更能发挥信托公司独有的财产隔离功能，更有利于股权架构清晰管理，同时也保证了财政专项扶持资金安全。

截至2014年末，公司已完成广东省经信委节能循环经济专项资金项目2个、广东省供销社新农村网络专项资金项目2个以及广东省经信委高端电子信息及产业基地专项资金11个项目的股权投资，涉及投资额合计11.15亿元。

三、社会责任履行情况

公司一直关注社会发展与环境问题，致力于履行社会责任，并通过融合各方资源渠道，为重大基础设施建设、中小企业融资、节能环保、农业综合开发、省财政经营性资金管理方式转型等提供专业服务。一是积极开拓中小企业融资渠道。截至2014年末，公司累计向中小微企业贷款余额达383.65亿元，帮助中小微企业解决融资难问题。二是大力扶持"三农"经济发展。公司根据自身优势及业务特点，通过以下两种途径支持"三农"、服务"三农"：第一种是与各地财政部门合作，通过采用财政补贴和贷款贴息的方式向企业发放农业综合贷款，降低农业生产企业的融资成本；第二种是与各地农村商业银行等机构合作，扩大对农业生产企业的融资规模。2014年，公司累计对农业生产企业提供融资40.85亿元。三是以广东省亚行节能减排促进项目资金信托为依托大力促进绿色信托业务的开展，向节能、低碳企业提供金融支持。截至2014年末，亚行1亿美元资金已全部提取使用。本项目信托规模合计6.49亿元，扶持子项目共37个。亚行节能减排促进项目累计已发放贷款11.27亿元，扶持节能减排企业30多家。

四、2015年发展规划

2015年，信托公司将在原有业务积累的基础上，确定业务拓展重点，确保各项工作落到实处。一是积极探索PPP、产业扶持基金等新的信政合作模式，为政府融资项目拓展新的资金来源；二是充分发挥公司作为金融同业间信息交流平台的优势，探索同业合作新模式，大力拓展债券投资等标准资产业务合作模式；三是加快推进信贷资产证券化、企业资产证券化等公募市场业务，力争建立公司在公募市场业务领域的新优势；四是积极拓展证券投资信托业务，推动原有业务的推广及再创新，把握资本市场发展重大机遇；五是积极拓展行业并购整合、财务管理、融资理财等综合金融服务；六是研究推进家族信托、土地信托等创新业务；七是加强风险防控，做好风险预警和相关排查，加强信息系统建设，提升风险识别、评估、分类、分级、防控能力。

国联信托股份有限公司

一、2014 年经营概况

在董事会的领导和大力支持下，2014 年国联信托股份有限公司（以下简称公司）围绕“控风险、强管理、稳规模、谋转型、带队伍”五项重点工作，积极防控处置风险、全面理顺内部管理，强化巩固传统优势，主动探索业务转型，加快推进人才培养，为下一阶段的创新转型打下了良好的基础。

2014 年公司实现营业收入 58309 万元，同比增长 31.81%，其中信托业务收入为 28767 万元，占营业收入的 49.34%；自营业务收入 29542 万元（含投资收益 24941 万元），占营业收入的 50.66%；实现利润总额为 48710 万元，同比增长 26.97%。

截至 2014 年末，公司信托资产规模 435.14 亿元，比年初降低 2.99%；目前存续信托项目总数为 184 个，其中集合信托计划 71 个，规模为 145.6 亿元，规模占比为 33.46%；单一信托计划 113 个，规模为 289.55 亿元，规模占比为 66.52%。

截至 2014 年末，公司净资产为 328055 万元，比年初增长 24.10%。

二、创新业务案例

（一）无锡现代农业发展基金

该基金是国联信托全资子公司国联资本推出的专门为农业企业开展的一项创新业务。成立一年多以来，完成了对 4 家无锡市优质农业企业的投资，总投资金额 1.3238 亿元，为无锡市创新型、现代化农业企业的融资提供了强有力的支持。

业务创新点：一是定位清晰、市场化运营。现代农业发展基金按照现代企业制度规范，独立经营，自负盈亏，注重对行业成长性的考察和企业基本面的把握，深入挖掘农业产业投资的价值，获取稳定投资回报实现自身商业可持续的同时，培育农业产业化龙头企业。二是目标明确。基金将政策导向与市场经营有机结合，通过市场化经营，重点投资于成长型农业产业化企业和农村发展项目，并带动和引导社会资金投向“三农”；三是投资方式灵活。基金通过股权或可转债的方式向被投资企业提供资金，并附带经营管理咨询、资本市场融资等增值服务。

无锡现代农业发展基金既不同于追求利润最大化的纯商业投资，也不同于传统的财政无偿投入，而是另辟蹊径，为解决农业企业融资难问题提供了新思路和新方法，架起了农业企业和资本市场的桥梁，从而推动了无锡地区现代农业的发展和进步。

（二）无锡国联和晶并购投资基金企业（有限合伙）

该基金由国联信托股份有限公司全资子公司国联资本联合上市公司无锡和晶科技股份有限公司以及无锡国联创业投资有限公司共同发起设立。

创新点：“上市企业 + PE”型并购基金助力上市企业并购优势明显。一是可提前锁定行业内的并购标的，并在可预见的时间段内自主选择注入上市企业的时机，在确保未来增量利润的来源的同时可有效实现市值管理；二是上市企业参与设立并购基金进行收购属于杠杆收购，只需付出部分出资，且根据项目进度逐期支付，剩余资金由外部募集，即可锁定并购标的，不占用上市企业营运资金；三是，上市企业可通过并购基金提前了解目标企业，减少未来并购信息不对称风险；四是，该种基金通过上市企业并购其同行业或产业链上下游企业实现退出，有助于推动上市企业对产业进行横向或纵向整合。

三、社会责任履行情况

主动承担社会义务、促进社会和谐发展是现代企业走向成熟的重要标志，也是公司作为金融机构义不容辞的责任。公司自成立以来，始终坚持合规经营、诚实守信的基本原则，并以维护良好的金融市场环境为己任，不断提高社会责任感。根据地区经济发展的要求，发挥联结三个市场的独特作用和信托制度的优势，积极投身地方经济建设和社会事业的发展，通过引导和培育居民投资意识和财富管理理念，实现地方经济发展与公司业务拓展、居民收入增长的有机结合。

公司立足地方，支持区域经济发展，将自身成长与地方经济发展紧密结合起来，大力促进经济结构调整和产业转型升级，积极扶植中小企业发展和科技创新，为地方经济持续、健康、协调发展提供了有力的金融支持，用实际行动彰显无锡“城市转型、产业升级”的理念。

公司始终秉承客户价值领先理念，强调以客户为中心，不断努力提升服务水平。公司不断探索业务模式的创新，依托国联综合金融平台，开辟了“投 + 保 + 贷”的一条龙金融服务模式，在为企业量身定制一揽子金融产品和服务的同时，为地方百姓的财富收入增长提供了重要的投资渠道。

公司积极响应国家宏观调控，主动加强对房地产信托业务的风险综合控制，坚持节能减排，控制“两高”行业的融资；积极投身社会公益事业，组织广大干部员工开展“慈善一日捐”活动；支持教育事业发展，关心弱势群体，努力推动经济、社会与环境的和谐发展。

四、2015 年发展规划

（一）公司宗旨

建立以信托为基础的综合金融服务体系，为受益人、客户、股东、员工和其他利益相关者创造价值，并以此促进中国信托事业的发展，为社会财富的传承和积累作出贡献。

（二）愿景目标

依托国联集团区域性金融综合平台，从“资金”和“资产”两端出发，以提高资源整合能力和主动管理能力为基础，以提供综合金融服务为抓手，把公司打造成具有区域影响力和美誉度的“私人银行+投资银行”。

（三）2015 年工作计划

一是以战略规划为中心，进一步完善业务布局。2015 年是“十二五”规划的收官之年，也是“十三五”规划的布局之年。公司将围绕“转型发展”这一中心，进一步修订和细化发展规划，在并购信托、PPP 信托、财富管理以及资产证券化等业务领域加强布局和探索。二是以机制改革为抓手，进一步提升运营效率。公司将启动引入战略投资者的相关工作，以增资扩股为契机，在壮大资本实力的同时，进一步优化股权结构和公司治理，进一步提高公司的市场化程度。三是以强化制度建设为基础，进一步提升内部管理。2015 年公司要紧紧围绕“八大机制”的强化和“八大责任”的落实，强化制度建设和制度执行，加强风险管控与风险处置，进一步夯实转型发展的基础。四是以团队建设为牛鼻子，进一步锻炼和培养能力。金融机构的竞争归根结底是人才的竞争，公司将按照“前台市场化、中台专业化、后台集约化”的方向和原则，进一步完善约束激励机制，更好地吸引和留住人才。同时，通过加强培训、交流和学习，不断提升员工的职业素养以适应行业调整和公司转型的需要。

国民信托有限公司

一、2014 年经营概况

2014 年，国民信托有限公司（以下简称公司）围绕着“控风险、求创新、促发展”的九字方针，坚持强化风险管理、完善内部控制，以差异化的研发能力、可靠的信托产品和优质的金融理财服务建立核心竞争力，逐步创建公司品牌，努力实现客户利益和股东价值的最大化。公司经营管理层认真履职，在保障公司稳定经营的前提下，力求完善公司治理架构，进一步扩大业务团队规模，大力拓展信托业务，加强员工培训和产品创新力度，充实风险控制与法律合规管理力量，积极开展社会公益活动，促进公司长久发展。公司各项操作均符合法律法规、监管政策以及公司的各项制度规定，未发生影响信托财产安全及受益人利益的情形，整体向好的方向发展。

（一）法人治理结构和内控体系

1. 完善法人治理工作

2014 年，中国银监会颁布了《关于信托公司风险监管的指导意见》（银监办发［2014］99 号文），明确提出了信托业转型发展的总体要求，并指明了转型发展的具体方向。在市场压力和政策引导的双重推动下，信托行业迫切需要转型。公司部分股东对行业未来发展趋势持有不同观点，经各方股东充分协商后，个别股东提出转让股权，并已经向监管部门报送了有关请示，目前尚待监管部门的批复意见。公司治理情况也鉴于上述因素随之变化，个别董事提出离任申请，公司股东会正积极物色适当的董事人选，并拟对董事会人员组成进行调整，待获监管部门批准后，公司董事会拟将对下设各专门委员会一并进行重组，促进各专业委员会充分、专业履行职责。在经营管理层方面，原财务总监离任，公司董事会已选聘新的财务总监，且已经获得监管部门核发的任职资格并到岗履职。2014 年，公司治理各项工作依然有序开展。公司也将一如既往地按照《公司法》、《信托法》等法律法规和公司章程行事，且积极努力，不断完善法人治理工作，保障公司的稳健运行。

2. 健全公司业务制度

2014 年，公司在加大原有业务制度执行力度的基础上，制定并颁布了新的业务制度，涵盖信托业务事前、事中、事后的全过程。为进一步规范信托业务的开展，公司制定并颁布了《国民信托有限公司信托项目尽职调查工作指引》，该指引包含房地产、工商企业和政信三类主要业务类型尽职调查报告模版和尽调资料清单，有效确保尽职调查质量。在存续项目贷后管理方面，公司制定并颁布了《国民信托有限公司项目存续期现场风险检查操作要点（暂行）》、《国民信托有限公司主动管理类项目风险预警及应急处置管理办法（暂行）》、《国民信托有限公司主动管理类项目存续期管理工作操作规程（暂行）》、《产能严重过剩行业贷款暂行管理办法》及《国民信托有限公司存续信托项目动态估值管理办法》等。在信托业务审批流程方面，公司制定了《国民信托有限公司绿色通道业务审批管理办法》及《绿色通道业务认定标准》，提高了业务审批效率。通过对业务制度的不断完善，公司对信托业务的开展更加标准化和规范化。

3. 加强内部稽核审计监督

2014 年，公司审计部门积极开展内审工作，审计范围覆盖了信托项目及经营管理的各个层面。审计部全年实施审计共计 308 次，其中常规审计 213 次，包括 2014 年新增 180 笔信托项目及 2013 年新增 33 笔信托项目审计；计划审计 82 次，包括对印章管理、合格投资者认定及反洗钱、业务交易系统、内部控制制度执行情况、已结束固有业务、半年内到期存续集合信托项目进行审计，以及存续集合信托项目现场审计；专项审计 8 次，包括部门负责人离任审计、薪酬奖金费用审计及民丰 7 号专项审计；临时审计 5 次，对公司高管离任进行审计。公司各项业务均符合法律、法规及监管部门的要求且运行正常，未发现重大违规及违约情况。

4. 推进管理信息系统建设

为更好地满足业务发展，公司提高了对业务发展的系统支持，在 2014 年公司完成恒生资产管理系统及估值核算系统、信托项目投后风险管理系统和数据异地容灾备份系统的建立。年末，公司完成了门户网站改造，从完善信息发布平台、配合渠道营销和建立客户互动平台三个方面，全面提升了网站功能，建立了“我的信托”栏目下的资产查询、产品预约和转让平台，提供了整合后的业务介绍、产品专区、信息披露和研究资讯等内容，致力于进一步提升公司品牌形象和客户服务水平。

（二）业务情况

1. 信托业务方面

在信托业务方面，2014 年公司信托业务收入为 38724.66 万元，同比增长 43.47%。截至 2014 年末，公司存续信托资产总额为 7144293.84 万元，本年新增信托项目规模 5299099.13 万元，信托资产不良率为零。截至 2014 年 12 月 31 日公司管理的信托项目共计 272 个，信托项目的实收信托资金金额为710.61亿元，较2013年末的实收信托资金金额417亿元上升了70%。2014年内到期信托项目为89个，受托资产规模2070456.16万元，其中单一项目清算规模1826586.16万元，集合项目清算规模243770万元，财产项目清算规模100万元。

公司在加大力度开展业务的同时，结合自身业务发展状况，严格项目立项控制，防范风险。2014年，公司未发生影响信托财产安全及受益人利益的情形，各项操作均符合法律法规、监管政策以及公司各项制度规定。

2. 固有业务方面

2014年，公司实现净利润17380.61万元，同比下降10.70%。累计实现营业收入45700.99万元，同比上升11.30%。截至2014年12月31日，公司固有资产总额209232.15万元，负债总额30412.62万元，公司净资产为178819.52万元，股本回报率为9.99%。净资本为157576万元，净资本/净资产的比率为88.12%；净资本/各项风险资本之和的比率为182.06%，均远高于40%及100%的监管标准。公司的净资产保持稳定和充足，公司资产保持很高的流动性水平，为公司下一步大力拓展业务奠定了良好的基础。

（三）团队建设和员工绩效考核机制

2014年公司通过自主招聘、猎头渠道合作以及员工内部推荐等途径，大力推进招聘工作，并在公司内部挖掘人才进行岗位调整，补充一线力量，满足业务开展所需。公司在扩建现有地域业务团队的同时，在杭州、重庆、西安等地也增设了业务团队。且公司根据发展战略，充实了风险管理与法律合规人员，成立了项目管理部和综合风险部，提高了风控标准和中台审查效率，为业务的稳健发展打下坚实的基础。

公司不断健全和完善公司绩效考核激励机制，在2014年颁布了《国民信托有限公司2014年信托业务部门绩效考核管理暂行办法》、《国民信托有限公司2014年公司资产管理部绩效考核管理暂行办法》，对信托业务部门、公司资产管理部门员工的工作业绩进行量化衡量；财富管理中心继续沿用2013年的《国民信托有限公司财富管理中心理财经理管理办法》进行考核；逐步建立有竞争力的薪酬制度与绩效考核激励机制，更好地支持公司战略经营目标的有效实现。

二、创新业务案例

公司产品研发部于2014年初成立，经过一年的发展和实践，部门团队已经形成。面对信托行业更为严峻的市场形势和竞争环境，公司加大产品研发投入，着力探索新型信托产品及交易模式，深入市场及行业研究，进一步加强公司在泛资产管理背景下的市场竞争力。2014年，公司对公益信托、土地信托、家族信托、住房反向抵押养老信托等创新模式进行了详细研究，并付诸实践操作。

公司于2014年下半年成立了第一单公益信托——“爱心久久—贵州黔西南州贞丰‘四在小学’公益信托计划”，标志着公司在创新业务研究上取得了新的突破。此款公益信托计划用于支持贵州省黔西南州贞丰县“四在小学”活动的开展，为实现“吃在学校解食忧，住在学校受关爱，学在学校长知识，乐在学校感幸福”的目标，资助符合条件的学校加强和完善软件和硬件设施建设。该信托计划第一期共募集信托资金20.15万元，专项用于“迁建‘四在小学’珉谷镇办事处必克小学项目”围墙、校门的修建。该项公益信托计划得到了捐赠当地公益事业管理机构的审批，并获得了监管机构的认可。

三、社会责任履行情况

公司本着“以人为本、诚信敬业、专业稳健、创新共赢”的经营方针，把履行社会责任融入日常经营管理活动中。不断提高公司盈利能力和核心竞争力，确保资产保值增值，实现股东利益最大化；依法经营、规范运作，为客户提供优质产品和服务；保障员工合法权益，为员工提供学习、晋升的机会和平台；节约资源，降低能耗，关注环境治理；自觉履行纳税义务，认真履行《信托公司社会责任公约》，积极维护信托业市场竞争秩序和持续健康发展。

2014年，公司积极履行社会责任，鼓励利用信托支持慈善事业发展。公司为“爱心久久—贵州黔西南州贞丰‘四在小学’公益信托计划”举办了启动仪式，由领导带头认购本信托计划份额并现场签约，该公益信托受托人、监察人和法律顾问全部免费提供服务，确保捐赠资金全额用于特定公益目的。公司将继续借助信托法律结构推动公益事业发展，努力探索如何在践行社会责任的同时获得合理的商业价值，从而促使信托在公益领域的价值得到长足的体现和持续的发展。

四、2015年发展规划

（一）传统业务与创新转型并举，力争快速适应行业新常态

2015年将是公司大力发展的一年，在信托行业充满挑战与机遇之际，公司将进一步巩固在传统业务拓展上积累的优势，继续扩大资产管理规模，甄选优质项目，做好风险控制，不断提高对项目的主动管理能力。面对行业转型的大趋势，公司力求抓住时机进行业务创新，根据行业发展变化及公司实际情况，探寻公司特色业务与公司可持续发展方向，争取尽快申请获得资产证券化资格，并大力研究和开展证券业务、家族信托、养老信托等创新型业务。

（二）进一步落实财富管理中心发展战略

2015 年公司将继续大力发展财富管理中心，建设直销团队，吸引信托公司、银行及第三方理财机构的优秀人才加盟，同时鼓励财富管理团队的整体加盟，并支持团队裂变发展，培养一支高素质、专业化、复合型的财富管理团队。面对客户日益增强的个性化需求，在做好客户信息档案维护的同时，还应不断加强提供订制化高端理财产品的能力。

（三）持续完善内控体系建设，为公司业务发展提供有效保障

2015 年公司将围绕加强风险管理的目标，进一步优化已有的业务制度和风控标准，并及时增补新的业务风险控制标准，形成更为完善的产品风险控制方案，实现对信托业务的有效指引。公司将实施风险问责制度，把业务风险纳入考核内容，以增强全体员工的法律合规和内部控制意识，防范经营活动中可能遇到的各类风险，为股东创造更多价值，为客户创造更多财富。

湖南省信托有限责任公司

一、2014 年经营概况

（一）经营业绩

湖南省信托有限责任公司（以下简称公司）全年实现营业收入 92902 万元，较上年增长 6%，其中固有收入占比为 25%，提高 6 个百分点。实现利润总额 70983 万元，较上年增长 13%。净利润 53868 万元，比上年增长 9%，人均净利润 418 万元。

截至 2014 年 12 月 31 日，公司资产总额 308020 万元，较年初增长 26%；负债总额 56887 万元，较年初增加 29%；资产负债率为 18%，与年初持平。净资产 251133 万元，较年初增长 25%，加权平均净资产收益率为 24.6%，总资产报酬率为 25.7%，国有资产保值增值率为 125%。

2014 年公司发行信托计划 161 个，金额 288 亿元。截至 2014 年末受托管理的信托资产规模 662 亿元，其中集合规模占比为 33%，提高 6 个百分点。

（二）业务情况

1. 主营业务得到巩固

2014 年，公司为市政基础设施筹资 94 亿元，为工商企业融资 94 亿元，为安居宜居工程和商业地产融资 45 亿元。获得银行、证券 51.48 亿元的授信额度，成功引进 10.34 亿元资金购买公司产品，与建设银行、长沙银行、财富证券等金融机构的多维度合作得到加强。

2. 创新转型取得突破

公司与高校合作开展了新业务的课题研究，以预算的形式下达了创新具体任务，成功发行了证券投资集合信托、中小企业私募债、标准化资金池和公益信托，填补了公司证券投资类阳光私募领域的空白，迈出了非标信贷融资向标准化债券转变的路径，公司的盈利模式更加丰富。

3. 异地转型取得成效

公司成立了异地业务管理部，对异地业务的风险防控、尽职管理、项目审批等做了明确规定，异地业务开展更加规范。在市场竞争加剧、单一业务机会骤减的严峻形势下，单一向集合转型的异地业务发展战略得到较好执行，全年共发行7个异地集合项目，规模7.5亿元，项目数量和资产规模较往年都有较大提升，转型取得积极成效。

4. 固有投资收益提高

公司制订“年度固有业务投资计划”，出台《固有业务指导意见》，综合运用贷款、证券投资、金融产品投资等手段丰富固有业务盈利模式，积极做好股权投资项目管理。全年证券自营投资收益1797万元，金融产品投资收益11505万元，股权投资单位分红2855万元，全年固有业务共实现收入20198万元，较上年增长105%。

（三）营销客服情况

公司新出台了营销激励政策，修订了营销管理办法，营销机制得到健全。新开设了营销二部，网点布局迈出步伐。与长沙银行、宁波银行、国元证券等金融机构完成了实质性项目营销对接。引进了北京湖南大厦等机构客户。出台了《客户维护管理实施细则》，举办了各种客户体验活动。2014年，机构客户、大客户明显增加，自主销售规模75.5亿元，占集合项目的96%，其中柜台销售规模48亿元，完成预算的107%。

（四）风险控制

公司根据新形势下风险管控要求，进一步优化了内控流程，修订完善了风控制度。推行了风险考核，员工风险责任意识得到强化。对业务、财务、内控制度进行了全面审计，事后监督力度加大。根据各地财力对各地市2014年合作规模做了重新授信，区域规模风险得到有效控制。修订了信托格式合同，对单一业务、股权信托业务做了全面风险排查。出台了《舆情管理办法》、《处置舆情突发事件应急预案》，较好地化解了淮南志高项目带来的声誉风险。

二、创新业务案例

湖南信托湘信·善达农村医疗援助公益信托计划

（一）基本情况

“湘信·善达农村医疗援助公益信托计划”是公司严格遵照《信托法》等法律法规的规定开展的公益信托计划。根据湖南省省政府授权，由湖南省卫生和计划生育委员会（以下简称省卫计委）担任公益事业管理机构，由天职国际会计师事务所湖南分所担任信托监察人与审计机构，由中国建设银行湖南省分行担任保管银行。本公益信托筹集的资金用于湖南省内农村医疗卫生事业援助，帮助和支持农村医疗卫生事业的发展。本公益信托期限为60个月，信托规模不设上限，每个委托人加入本信托计划不低于100元，委托人可在信托存续的任意期间交付信托资金，加入本信托计划。

（二）运行模式

在取得公益事业管理机构的批文，并向省银监局备案后，公司启动发行公益信托，向社会机构及民众筹集资金，开展前期募集工作；公司与省卫计委成立公益信托项目专家组，省卫计委对所上报的项目进行初步筛选，公司对上报项目进行现场考察，专家组投票确定最终援建项目，并报信托监察人认可；确定援建项目后，湖南信托、省卫计委与援建点所在县卫生局签订援建协议。受援县卫生局根据专家组制定的《援建项目管理规则》开展援建项目建设等工作。在项目建设过程中，湖南信托与信托监察人将对项目进行考察，开展跟踪宣传报道，持续信息披露。项目建成后，将组织建设验收与评估。

三、社会责任履行情况

作为地方国有金融机构，公司始终坚持“自立、感恩、和谐”的核心价值观，积极发挥信托功能为经济社会发展提供投融资服务，全年共为湖南省经济建设筹集资金111亿元，为省外筹集资金177亿元，纳税1.85亿元，为投资者实现收益59亿元。在湖南省金融办牵头组织开展的金融机构支持地方经济发展融资考评中，公司获得奖励。

在发挥信托制度功能为社会发展提供综合金融服务的同时，公司主动承担社会责任，积极参与扶贫帮困、支持民生改善和公益事业发展。2014年组织员工为湖南电视台“心得乐”慈善捐赠栏目现场捐款，开展每年常规的捐献等爱心活动。同时，发行了省内首只公益信托——“湘信·善达农村医疗援助公益信托计划”，9月26日和11月17日分别在湖南省长沙市和湖南省怀化市举行了发行推介会和捐赠签约会。得到了湖南省省政府的大力支持，经省政府授权，省卫计委进行了行政审批，李友志副省长亲自出席捐赠签约会并发表重要讲话，高度赞扬了公司的善举及本公益信托的意义。目前，首期援建的包括3个乡镇卫生院和37个村卫生室的工程建设已基本接近尾声。

四、2015年发展规划

目前，国家宏观经济进入中高速经济发展“新常态”时期，可以预期国家经济将在长时间内在合理区间保持持续增长。行业过渡到稳步发展和转型升级阶段，信托登记中心落户上海自贸区、信贷资产证券化备案制、国家力推融资主体直接融资等因素利好信托业发展。公司将主动适应经济发展“新常态”，科学确定合理发展预期，坚持“稳中求进”总基调，做好各项基础工作，把内功练得更加扎实，不失时机地加快创新转型，尽快增强公司的发展后劲，促进公司的持续稳健发展。

（一）指导思路

认真贯彻党的十八届三中、四中全会和中央及省委经济工作会议精神，准确研判和把握全年发展形势，科学确定发展目标，围绕全省发展大局，坚持服务地方经济建设，助力湖南经济社会发展；坚持稳步转型，构建多元化盈利模式，促进公司持续发展；坚持风控优先，注重质量、效益的双重发展，保障公司健康发展；坚持以人为本，关心、重视员工成长和价值实现，培养构建核心竞争力。

（二）重点工作

1. 大力拓展主营业务

密切关注政府债务清理的动态，科学评估政府发债对公司的影响；依托政府、财政和股东背景，发挥信托的功能优势，以传统贷款模式及PPP、私募债、真实股权投资等新模式继续重点推进市政基础设施业务。重点做好阳煤化工、华数传媒股权投资项目的管理，确保投资收益和资金的安全退出。深化与各金融机构的多维度合作，加大力度引进银行、证券、保险资金。

2. 实质推进创新转型

定位于开展财富管理、资产管理、私募投行、特殊目的业务，提高产品研发能力、自主投资管理能力，多触角、多维度地推出创新转型。重点推进信贷资产证券化、企业资产证券化、证券投资、基础设施和房地产真实股权投资、分时度假等业务，构建标准化资金池。根据转型需求做好IT系统建设，布局互联网金融。

3. 规范异地业务开展

按照“找资金、找项目、找信息”的功能定位，引导异地办扎根当地，坚持异地业务、异地营销并进发展，坚持传统业务、创新业务有机结合，按照管理需求建章立制，根据功能定位培养团队，改变激励导向，加大约束力度，建立异地与本部的业务分成机制，做好存量项目的尽职管理和增量项目的风险控制。

4. 灵活开展固有投资

抓住可支配自有资金更多的机遇，制订科学合理的年度投资计划，灵活高效地开展固有投资。做优做实固有贷款业务，做精做专固有股权投资，做强做大固有证券投资，灵活开展固有金融产品投资，做好信托业保障基金的认缴和自有资金的流动性管理，提高固有投资收益。

5. 多途径提高营销能力

以投资者需求为导向，创新营销手段，提高高品质、定制化的财富管理水平，做好客户管理和精细化服务。发挥本土优势，积极引进省内或省内背景的机构客户，根据形势逐步扩大省内营销网点设置；走出湖南，到北上广等富人聚集地区组建财富管理团队，积极引进省外资金，打造真正属于自身的营销渠道和培育认可公司品牌的客户群体。

6. 大力加强风险防控

深化全面风险管理理念，加强风险考核，树立全员风险文化，增强员工风险责任意识。适应创新转型要求，改进风险管理方式，提高风险管理水平。加强业务、风控部门之间的沟通，合理优化审批流程，提高项目审批效率。持续完善格式合同，定期开展风险排查。强化风险预警，重点严防区域规模风险、系统性风险、项目兑付风险、操作风险和声誉风险。加强内部稽核审计，强化事后监督，及时纠正整改问题。

华澳国际信托有限公司

华澳国际信托有限公司（以下简称公司）原名昆明国际信托投资公司，成立于1992年。2008年10月24日，根据中国银监会批复，由昆明迁往上海。2009年8月21日，根据中国银监会上海银监局批复，公司完成了新牌照的换证工作，领取了新金融许可证。2009年5月27日，公司名称由昆明国际信托投资公司变更为华澳国际信托有限公司。

一、2014年经营概况

2014年公司实现总收入4.52亿元，税前利润2.05亿元，净利润1.52亿元。2014年资本回报率为25%、净资产收益率为16%。截至2014年末，公司存续信托项目共计161个，存续总规模435亿元，2014年的资产管理规模较2013年减少71.3636亿元。全年新增信托业务项目73个，新增项目规模151亿元。其中集合信托项目新增34个，新增规模78亿元；单一信托项目新增39个，新增规模73亿元。2014年到期并清算108个项目，总信托规模222亿元。截至2014年末，客户总数超过5000人，新增客户数1100人。从存续受托资金的投资方向来看，工商企业类产品占比为65.54%，基础产业类信托占比为27.07%，地产类占比为5.35%，金融市场信托产品占比为0.05%，其他占比为1.98%；从资金投向区域来看，存量业务中，河南（17.55%）、福建（17.20%）、江苏（15.10%）、上海（10.46%）四个地区的占比在10%以上；从存续项目类型来看，单一类290亿元（66.82%），集合类144亿元（34.18%）。

公司新设立资产管理部，负责存续项目投后风险管理、房地产项目现场监管、风险应急处置、法律诉讼及资产保全、监管信息处理及报送、征信系统管理及维护、抵（质）押权证管理、中小企业发展基金项目贷款审批等工作。每半年开展对所有存续信托项目的风险排查，检查内容包括但不限于项目总体风险状况、实际运行情况，交易对手的经营及财务状况、用款情况、第一还款来源、抵押物的现场状态、价值变动及权属变化、担保方的经营财务情况、总体担保能力等，并针对四大类信托项目设计压力测试情景库、完成压力测试，通过全面摸底，做到心中有数，防范潜在项目风险。

公司与上海立信会计学院合作成立华澳—立信金融研究所，围绕金融信托、资产管理、财富管理等金融创新前沿领域的风险管理问题进行系统深入地研究。充分结合市场需求，完善从产品设计到客户需求的对接，最终将研究成果落实成熟之后交由业务部门推进。华澳信托由此成为首家与国内高校合作成立研究所的信托公司，开启了此类研究所金融风险研究的先河。

公司为贯彻公司财富管理业务的发展战略、进一步推广“臻财富”品牌形象，推出了臻融、臻鑫、臻诚、臻信、臻惠、臻智、臻享、臻爱九个模块，涵盖了货币基金、并购基金、公益信托等多种投资渠道，丰富了产品线的同时满足了客户多种投资需求。公司以客户为中心，为客户提供更多的增值服务，推出了六艺：礼—“臻　教育”；乐—“臻　品鉴”；射—“臻　运动”；御—“臻　养生”；书—“臻　艺术”；数—“臻　私塾”六个方面设立臻赏会。

公司把党建工作融入到公司经营发展之中，注意挖掘和树立工作中的先进典型，让不同类型、不同条线的员工在工作中都能找到“看得见、摸得着”的党员榜样，充分发挥党员的先锋模范作用，将党建工作推上新台阶，并促进公司持续健康发展。公司党总支部获得了浦东新区2014 年“先进基层党组织”荣誉称号。

二、创新业务案例

2014 年，公司在信托业务上继续保持平稳发展，并加强信托业务发展方向性的研究，其中PPP 模式、消费信托、小微企业服务等研究与实践已初见成效，并购投融资业务和资产证券化受托业务等也已取得一定的突破。公司在支持小微企业金融的创新领域推出了多款产品，例如，中小企业发展基金、中小企业优选基金等华澳中小企业系列产品，在项目结构化设计、流程优化等多方面进行了创新，为小微企业的发展提供了流动资金贷款等多项帮助。公司还开展了 P2P 业务的创新。公司在银信合作、证券投资等不同的业务平台创建了不同的产品系列：浦西 4 期、博道 3 期等创新型信托产品的研究工作全面落地，并成功发行，获得市场认可和赞誉。同时华澳的臻财富集合资金信托计划凭借创新的产品结构、严谨的风控措施荣获“金融奥斯卡”之称的金蝉奖“2014 年最具创新力信托产品”。

三、社会责任履行情况

2014 年公司积极履行社会责任，继续从信托项目收入中提取一定比率的金额用于支持公益事业发展。公司持续对已经建成的遍布全国的十余家“华澳爱心图书室”进行后续投入和管理，并继续寻找合适学校开展此类公益项目合作。

四、2015 年发展规划

2015 年公司的总体经营思路可概括为“以客户为中心，两条腿走路，立体式发展”。

“以客户为中心”是与“以项目为中心”相对立的，只有以客户为中心，公司的业务发展才具有可持续性。

“两条腿走路”指的是狠抓“信托业务创新”和“财富管理升级”。传统业务（房地产和基础设施融资）受到越来越多的限制（政策、净资本），转型成为必然。强大的财富管理能力是业务转型的保障。

“立体式发展”指的是人才、项目、资金三个方面立体式发展。只有以人力资源为保障，用好用活固有资金，大力培育社会资金募集能力，明确业务方向，提高创新能力，华澳信托的业务转型才能顺利实现。

华鑫国际信托有限公司

一、2014 年经营概况

2014 年，华鑫国际信托有限公司（以下简称公司）在集团公司股东各方和公司董事会的正确领导下，在公司监事会的大力指导下，公司全体员工积极应对错综复杂的宏观形势，聚焦转型、发展、增效三大任务目标，深入开展党的群众路线教育活动，全力抓改革、促发展、强管理、提效率，各项工作取得新成效。

截至 2014 年末，公司管理资产总规模超过 1640 亿元，较年初增长 8%。实现各项业务收入 9.45 亿元，较上年增长 4.3%。未发生公司和员工违法和严重违纪案件，未发生对公司稳定和形象造成不利影响的事件。公司各项监管指标均符合监管部门的监管要求。

公司积极研究信托业务发展路径，探索创新业务模式，全力培育信托业务主动管理能力，促进业务发展转型。一是信托业务结构不断优化。集合信托规模占比继续提高，信托业务向主动管理型转变力度不断深入。从资金运用方面来看，投向以工商企业为主，房地产信托规模远低于行业平均水平。公司积极与大型央企建立长期稳定的合作关系，精选优质主动管理类地产项目，稳定信托业务收入来源渠道。二是固有业务增效显著。以结构化定向增发和信托产品投资双轮驱动，发挥 IPO 新股申购对收益的有效补充。三是业务开拓领域持续扩大。加大与保险资管战略合作，推进信保合作业务。公司积极融入金融行业竞合态势，加强与银行、证券、保险等机构的合作。

公司坚持把“创新不违法、业务不违规、行为不违纪”作为风险管理的重点，全面加强内控体系建设。一是围绕公司中长期发展规划和监管评级，建立公司风险偏好体系。二是重视制度和操作规范的建设，研究出台评估机构管理暂行办法等在内的 5 项规章制度，对公司项目流程工作日管理办法进行了修订。三是修订完善《信托业务尽职调查指引》，起草《地方国有投资平台公司信托业务指引》等 3 项业务指引，服务业务发展，加强风险预警提示，重视业务动态分析提出相关操作建议。四是提升项目的尽职调查水平，积极参与对高风险项目的现场补充调查工作。

公司积极完善市场化选人用人机制，加大高端人才和成熟团队引进力度，推进绩效考核和收入分配机制改革。一是加大人才引进力度。通过市场化手段，加大成建制业务团队和专业骨干人才的引进力度。二是加强人才开发力度。构建符合公司发展需要、岗位特点和人才结构的教育培训体系，鼓励和引导人员参与专业技能培训和职称评定；开设“空中课堂”网络教育培训平台，年度累计开展培训54期。三是突出绩效考核机制。通过完善市场化考核机制，按照绩效考核结果，区别对待，形成良性竞争的人才激励制度。

二、社会责任履行情况

2014年，公司以价值思维为引领，秉承“为客户、股东、社会和员工创造更大的价值”的职责使命，坚持“鼎信”文化理念，严格履行受托人职责，致力于维护受益人利益，实现全年安全运营、合规运营。

公司信托资金主要投向工商企业，支持中西部地区基础设施建设、保障性安居工程建设和地方政府产业结构调整，积极把握“一带一路”战略机遇，响应国家区域发展政策。

公司积极参与“中国信托业公益慈善基金”之“千人成长助学”公益项目，支持信托业协会参与帮扶贫困学生。

三、2015年发展规划

2015年公司工作的总体要求是以全面深化改革为统领，以稳健经营、持续发展为基础，加快推进体制机制创新，加快推进人才队伍建设，加快推进业务转型升级，持续提升项目开发与管理能力、提升整体发展质量、提升经济效益，努力实现公司的持续健康发展，做强做优华鑫品牌。

（一）严控风险、精细管理，保证公司稳健经营

一是切实严控信用风险。二是进一步加强和改进项目尽职调查工作。严格按照公司《信托业务尽职指引》等制度的要求，把好“两个关口”。加大对重大项目现场尽职调查的力度和频率。三是进一步加强业务研究，做好业务指导与建议。根据公司业务开展的需要，前瞻性的制定相关业务指引和完善优化已有的业务指引，对具体业务发展给予专业引导和规范。

（二）开拓市场、不断创新，提高核心竞争能力

公司将进一步在挖掘资金、资产来源和产品设计等方面，推进更快捷、更高效和更稳健的

创新安排，向着成长为优秀的资产管理和财富管理机构的方向迈进。信托业务方面发展总体思路是从单纯的项目融资为主转向资金驱动与投融资服务并重。一是在严控风险的基础上从通道类业务向主动管理类业务转变。二是积极关注同业公司在基础产业 PPP 模式的推广和运用，抓紧研究新常态下的交易结构设计，主动与建筑工程、电力工程类企业合作，进一步推进政信合作类业务。三是主动深化竞合关系、共谋发展的内在需求。大力推进与银行、证券、基金等金融同业的业务合作，不断拓展公司资金源和项目源。

（三）优化结构、严控风险，推进固有业务和产融结合业务发展

一是稳健推进公开市场投资业务，按照循序渐进的原则，密切关注公开市场变化，保持对资本市场的足够敏感性，逐步提高公开市场业务规模，使固有业务资产配置结构不断趋于优化。同时，通过与各金融机构的深入合作，积极探讨各类合作机会。二是积极开拓新的业务增长点，充分运用同业拆借、担保两大工具，在充分控制流动性和确保安全性的前提下，加强金融市场的投研能力，提高投资收益。三是继续将结构化定向增发做成固有业务的优势投资品种，加强与证券、基金等机构的全方位合作，主动开发优质定向增发项目。四是把支持信托业务发展放在重要位置，进一步有效配比，发挥“搭桥”作用，做好业务协同。五是在严控风险的前提下，择时、择机布局金融股权投资，追求收益稳健增长。

（四）提升品牌、加强营销，服务财富管理需求

从渠道开发、同业合作以及补齐资金来源短板四个方面入手，树立“大营销”思路和“利润中心”的定位，全面加强财富管理中心建设。一是按照监管导向，研究论证组建专业销售子公司的可行性，形成初步思路和方案，择机择时进行推进。二是加大市场营销力度，完成销售增量指标。加大对高净值客户和机构客户的开拓，深化与大型央企财务公司、商业银行等机构的业务互动。三是推进互联网营销体系的建设和完善，继续构建全方位、多渠道的营销体系，注重客户体验。四是进一步加强营销团队建设。继续加大对成熟、专业化营销人才的引进力度，构建区域营销团队，完善营销人员绩效考核机制。

（五）强化基础、提高效率，实现公司管理再提升

一是按照“化繁为简、讲求实效”的原则，继续优化项目立项、评审、审批、报备、成立、划款、清算、分配操作流程，在严控风险的同时，需完善的环节予以完善，加强管控；能简化的程序进行简化，提高效率。继续统筹做好系统建设和投产维护两大工作，针对业务开展的需求及时跟进开展新的系统、增加新的模块。二是继续优化“大运营”系统，进一步完善前台、中台、后台沟通配合机制，在工作中资源共享、信息互通、相互支撑、互为补充。三是狠抓精

细化考核，进一步强化责任制。四是强化稽核审计的监督职能，做实部门、充实人员，审计范围要覆盖业务从开始到结束的所有节点、全部业务资料。系统开展对重点业务、重点环节进行专项审计，及时揭示项目管理以及资金运作中的风险，及时提出审计意见，及时督促整改。

（六）完善机制、主动变革，提高人才支撑能力

建立以适应公司创新转型为驱动的组织架构和人才队伍。一是合理制定人才引进整体规划，确定短期、中期、长期内人才需求数量和类型。二是进一步优化业务团队组成，促进业务团队的整合和优势互补。通过制度引导，促进现有业务团队之间分工协作，发挥各自比较优势，加强资源共享和优势互补。三是以合理的薪酬和绩效考核体系引导创新转型。四是本着务实的原则，增强员工岗位培训的针对性和实效性，做好员工跨部门、跨岗位交流工作，最大限度地为员工提供发现自我价值的机会。

吉林省信托有限责任公司

一、2014 年经营概况

截至 2014 年末，吉林省信托有限责任公司（以下简称公司）管理资产总额 708.37 亿元（合并），同比上升 54.67%，其中管理信托资产规模 644.32 亿元，同比上升 54.74%；所有者权益 47 亿元，同比增长 38.52%；实现总收入 68909 万元，同比下降 20.26%；实现利润总额 29617 万元，同比下降 47.79%；实现净利润 26227 万元，同比下降 41.06%。完成省国资委利润考核指标的 168.36%，为省内融资 78.2 亿元。应当说，在宏观经济环境下行、信托行业转型阵痛、市场竞争激烈的情况下，公司克服了重重困难，全力释放存量业务风险，大力开拓低风险业务，取得了一定的成绩。

二、创新业务案例

（一）基于 TRS 的金融同业合作

TRS（Total Return Swap），即总收益互换，属于国际上应用非常广泛的信用衍生产品之一，主要用于用来分离和转移信用风险。信托公司通过与银行合作，引入这种金融衍生产品创新信托产品，打通金融同业合作链接，更好地满足不同的市场需求。

（二）新型券商与信托合作模式

2014 年资产管理市场的混业现象更加多见，公司将定向资产管理计划与股票托管相结合、将限额特定资产管理计划与集合资金信托计划相结合、将定向增发项目与定向资管计划相结合、将股票质押类定向资管计划与信托计划相结合，创新性的开展了信证合作的四种全新模式。

（三）互联网供应链金融

围绕供应链核心企业，管理上下游中小企业的资金流、物流和信息流，把单个企业的不可控风险整合为供应链企业整体的可控风险，同时引入具有国企背景的物流平台公司进行担保，将风险控制在最低。互联网物流平台信托既能有效解决中小企业融资难题，又能延伸信托公司的服务纵深，是新形势下公司服务于实体经济的新模式。

三、2015 年发展规划

2015 年公司总体工作思路是全面贯彻党的十八届三中、四中全会、中央经济工作会议和吉林省委十届四次全会精神，牢牢把握“改革创新，稳健经营”的总体工作思路，强化全面风险防控，提升稳健经营能力；积极开拓市场空间，大力发展信托主业；持续优化资产配置，创新固有业务模式；提高业务创新能力，再创吉信市场品牌；强调服务效率为先，全面提升管理能力；落实两个责任制度，扎实推进党建工作，努力开创公司平稳健康发展的新局面。公司 2015 年的工作规划有以下六个方面。

（一）强化全面风险防控，提升稳健经营能力

一是进一步强化存续信托项目的回访检查，健全完善风险预案机制，防止风险的产生。通过对逐个项目进行调度，及时发现潜在风险，及时上报，及时解决；研究制定清算工作方案和风险处置预案，将风险防范于未然。二是从源头上对风险进行控制。经济下行的系统性风险是很多风险的来源，2015 年将通过对经济形势和行业形势的提前预判，前置风险防范措施，从源头上降低风险发生的可能性。三是探索建立内部分类管理及评价机制。由相关职能部门分别制定相应的业务部门考核指标，并根据考核情况从尽职调查、立项审核、项目评审、合同拟定、签约登记、贷后管理等方面对业务部门进行分类监管评价，采取差异化的风险管理措施。

（二）积极开拓市场空间，大力发展信托主业

2015 年，公司将继续坚持市场化导向，做精信托主业，实现公司信托业务的稳健增长。一是结合吉林省老工业基地建设与长吉图开发开放先导区发展战略，积极开辟创新业务。通过引入 PPP 模式，在寻找与省市及国家级经济开发区政府合作中适时提供投融资支持。围绕吉林省农业产业化和农村土地流转，探索和尝试以农业生产管理公司为依托的农地流转信托业务，加大新型城镇化建设资金参与力度。开发利用产业及重组基金和夹层融资等信托模式，为省内汽车、医药、农产品深加工等新兴产业提供全产业链金融服务。二是探索信托转型创新业务。从家族信托业务、股权投资业务、PE 并购业务、信贷资产证券化业务、类基金业务、公益信托业务等方向上寻求创新发展道路。将抓住银行间市场资产证券化大规模启动的机会，尽快获得资产证券化业务资格，开发银信合作新模式。三是不断拓展信托业务市场空间。加强在全国市场

的业务布局，拓展公司业务空间，提升市场覆盖能力，培养新的利润增长点。积极谋划“线上P2T＋线下财富管理”一体化财富管理平台，实现资金端与资产端快捷精准对接，使其成为公司未来信托业务新的增长点。同时适时开展与基金、券商、私募机构联手合作结构化证券信托投资业务。

（三）持续优化资产配置，创新固有业务模式

2015年，公司将进一步拓宽固有业务渠道，优化股权投资和资产配置，提升创利水平，继续发挥固有业务对公司业绩的支撑作用。自营贷款重点以开展短期贷款业务为主攻方向，在强化对贷款企业跟踪管理和风险控制的同时，创新贷款业务盈利模式，特别是在省内重大项目、涉农贷款、中小企业、节能环保等领域，为地方经济发展提供资金支持。金融股权投资业务将寻找收益持续稳定增长的有效途径，进一步优化投资结构，逐步实现公司金融参控股架构内的银行、保险、期货、基金、证券有效融合、优势互补、协同发展的格局。证券业务将密切关注宏观经济走势，利用结构性牛市的市场契机，把握定向增发和新三板市场的机会和热点，达到投资收益最大化。资金市场业务将重点保障融资渠道畅通，及时满足公司短期流动性的需求，尽可能发挥银行间市场的杠杆作用，灵活运用自有资金，形成常态的固定收入模式。

（四）提高研发创新能力，再创吉信市场品牌

2015年，公司将提高研发创新能力，拓展新的市场，培育新的利润增长点，提升吉信市场品牌。研发工作从宏观经济形势追踪研究、行业监管政策追踪研究、信托行业发展趋势研究、金融同业借鉴研究、公司战略研究、新产品创新研究六大方向上进行体系改造，提升研发成果的及时性、针对性和前瞻性，做到宏观上看清形势，微观上强化产品针对性和创新性。2015年将在控制风险的前提下，逐步丰富长白山、松花江、增盈、财富精品四大系列品牌产品，进一步开拓资产管理和财富管理类系列产品，再创吉信市场品牌。同时，将整合公司不同金融平台资源，区分客户不同偏好，根据客户的投资需求，研发资产配置产品。

（五）强调服务效率为先，全面提升管理能力

2015年公司要以强调服务效率为重点，全面提升管理能力。一是信托资产管理工作，加大信托项目中后期管理力度，强化、规范事前审核流程，严把放款审核关，切实提高资产管理水平和风险管控意识和能力。同时，强调服务效率，避免因管理影响业务效率的情况发生。二是人力资源管理工作，要加大员工教育培训力度，注重业务流程学习，提高员工岗位技能，加强在业务创新、风险防范、流程管理等方面的培训力度；改进员工考核方式，以工作效率和工作业绩为标准，以正向激励为手段，将考核结果与薪酬激励挂钩；市场化选聘公司业务转型发展

需要的高素质人才，改善员工队伍的年龄结构、知识结构和能力结构。三是财务管理工作，强化风险控制意识，加大防范资金风险力度，建立健全有效的内控管理制度，最大程度的防范资金风险和经营风险。要强化费用控制，对资金进行科学、有效的配置，使资金发挥最大的使用效益，同时对公司的银行账户根据资金来源及使用重新定位。四是完善信息化系统管理。继续做好现有系统的维护工作，建设完善新增业务系统；关注并研究开发互联网金融相关产品。

（六）落实两个责任制度，扎实推进党建工作

公司党委将紧紧围绕创新与发展这个主题，以继续加强作风建设为重点，切实落实中央八项规定，全面加强从严治党工作，确保公司党委主体责任和纪委监督责任的实施，为公司稳健发展提供坚强的思想、纪律和组织保证。建立并实施《党委主体责任和纪委监督责任双报告制度》、《诫勉谈话制度》、《约谈制度》、《检查考核制度》、《责任追究制度》、《“一案双查”制度》、《通报曝光制度》等党风廉政建设制度，进一步确保党委主体责任和纪委监督责任的履行。同时，以加强领导班子的履职能力建设、加强党员队伍建设等方面为出发点和落脚点，努力打造公司核心竞争力。

建信信托有限责任公司

一、2014 年经营概况

2014 年，信托行业整体增速下滑，市场竞争日趋激烈。建信信托有限责任公司（以下简称公司）积极应对内外部变化和挑战，按照“守牢风险防范一个底线，在经营上推进业务转型、在管理上实施市场化改革两大战略”的总体思路，锐意进取，开拓创新，扎实推进各项措施，努力开创工作新局面，取得了较好的经营业绩。

一是全年实现净利润 8.73 亿元，同比增长 34%，行业排名上升 3 个位次。资本回报率达 12.68%，较上年提升 1.62 个百分点，行业排名上升 7 个位次。

二是信托资产规模达 6658 亿元，行业排名跃居第 3 位，上升 3 个位次；其中集合信托规模 1784 亿元，同比增长 150%。

三是固有资产不良率保持为 0，信托项目按时分配、正常清算，均达到或超过预期收益水平，存续项目运行正常，总体风险可控。

（一）风险防范机制运作有效

风险管理体系建设有序推进。风险偏好与建设银行集团总体保持一致，针对房地产等 6 大类重点业务领域进行深入分析，及时修订风控要点。建立专职审批人制度，实施差别化审批方式。建立“三个层级”后期管理会议制度，开展风险排查和交叉检查，加强全流程风险管控。全年没有发生重大风险事项，在《证券时报》组织的中国优秀信托公司评选活动中，被评为“最佳风险管理信托公司”。

内控合规能力得到提升。制定或修订 31 项规章，完善了制度控制体系。加强事后评估，通过内控评价、案防评估、监管评级“三评”工作对内控作出全面检视。对业务项目合法合规审查做到全覆盖，有效防范了从项目设计到商务操作各环节的合规风险。实现对合同审核、用印审批等 26 项流程的电子化控制。全年组织实施审计项目 16 个，首次采取突击审计方式。全员风险防控意识增强，公司内控能力得到提升。

（二）业务转型开端良好

实业投行型业务破题。多种模式参与国企改革，开拓了新的业务增长点。与广东省国资委合作，首批50家试点企业已经完成尽职调查，即将进入实质操作阶段；在深圳、厦门以投资基金方式参与国资国企改革，已实现项目落地；在中西部省份，主动选择优势龙头企业重点突破，与贵州茅台集团深入合作，共同设立的并购基金已进入投资期；与上海宝钢集团，以单项业务破冰，奠定后续合作基础。积极营销大型央企，产业基金业务收获颇丰，在8家建筑施工类央企中有7家与公司设立了产业基金。投资车联网高科技企业实现成功上市，石家庄水务投资项目运作顺利，深圳、沈阳等地公用事业类国企营销取得积极进展。

财富管理型业务加速发展。当年新设立项目19个，2014年末规模达22亿元，较上年增长53.4%；在不断覆盖建设银行私人银行客户基础上，加大其他渠道及公司直营客户的开拓力度，组建专业团队，通过业务创新、渠道拓展与客户储备，财富管理型业务放量增长条件基本成熟。

资产管理型业务规模增长较快。抓住债券市场机遇，大力拓展债券类信托产品，当年新设项目11个，2014年末规模达522亿元，增幅达221%；设立“梧桐树”集合资金信托计划，创新性实现信托受益权流转。

（三）市场化改革开始推进

改进人事管理，加强激励约束，促进人岗相宜。完善职务序列体系，设立总监岗位，设立专职审批人专业技术职务，聘任不同层级审批人5人。加强对部门负责人的考核管理、动态调整，实现了能上能下，能进能出。组织开展员工岗位双向选择，10名员工实现岗位调整，全部充实到了业务一线。

优化考核机制，逐步与市场接轨，更好地发挥绩效考核的引导作用。首次实行费用包干制，加大财务资源与收入创造的挂钩力度。强化净资本管理，引导业务部门有效益、有质量地发展。建立KPI指标体系，优化对业务部门的考评。

（四）各项营销活动成效明显

明确重点客户和产品，开展专项活动。开展“开门红”营销竞赛、“百行千户”营销活动、“三个一工程”产品创新专项活动，取得较好效果。与一大批优质客户建立了业务联系，与128家新客户开展了项目合作，客户结构、行业结构、产品结构得到优化。

加强与集团协同联动，推动业务发展。先后与建设银行北京市分行、重庆市分行、河南省分行等分行签订战略合作协议，与云南省分行等分行建立程序化项目推介流程。2014年，建设银行各分行推荐并成功设立项目116个，规模497亿元，较上年增长82%；与集团合作的银信理财类信托规模达4681亿元，较上年增长97%。

完善产品销售体系，提升发行能力。加强销售队伍建设，加强市场拓展，新增渠道客户8家、机构客户19家、高净值客户1205个。开通微信平台，丰富了推介渠道。全年主动管理类信托产品的销售规模1076亿元，较上年增长127%，人均销售规模居行业前列。

二、社会责任履行情况

2014年，公司认真贯彻国家经济金融政策和监管要求，坚持服务实体经济、服务民生、服务投资者，不断推动产品创新、实施业务转型，满足客户多样化金融需求；公司始终坚持依法合规、稳健经营，不断完善风险防控体系，有效履行受托人职责和义务，维护受益人利益最大化，所有到期信托产品均实现了按期清算、足额兑付，全年共为受益人创造收益414亿元，较上年增长172.56%。

三、2015年发展规划

2015年总体工作思路：认真贯彻落实股东要求，主动适应新常态，坚持守住风险防范底线，继续深入推进业务转型和市场化改革，把公司建设成为市场份额大、创新能力强、业务有特色的综合金融服务平台。

（一）加大客户营销力度

继续重点营销113家大型央企、各省分行前10大客户、行业龙头等优质客户；积极发展符合国家转型升级方向，契合公司转型目标，具有良好IPO前景的准上市企业；高度重视财富管理类客户的营销和培育，大力拓高净值个人直销客户，深入挖掘具有产业投资需求的企业家及家族客户等作为产业投资人。

（二）重点拓展八个业务领域

旗帜鲜明地将业务重点放在国家建设的主战场，重点拓展城市基础设施领域、综合交通基础设施领域、民生保障领域、现代服务业及现代农业领域、战略性新兴产业领域、深化改革领域、资产管理领域、对外开放领域八个业务领域。

（三）以创新驱动转型改革

把创新放在公司发展全局的核心位置，依托创新引领公司加速转型发展。通过开展创新沙龙活动，建立创新孵化机制和配套机制，重点推进实业投行、资产管理、财富管理三个领域的业务创新，让创新成为公司发展新常态。

（四）守住风险底线

审慎处理好风险防控和业务拓展的关系，确保不发生重大风险事项。加强重点业务、创新业务、重点岗位、关键环节的管理，规范经营行为，防范操作风险，进一步推进风险预警体系建设，持续强化审计评价和监督，不断加强法律合规工作。

（五）打造科技优势

探索依托科技手段独立盈利的模式，通过打造领先的线上金融平台，积累和挖掘商务数据，开展精准营销，提升客户体验。

（六）夯实基础管理

一是建设职业经理人队伍；二是完善激励约束机制；三是加强子公司管理；四是进一步强化企业文化建设。

陆家嘴国际信托有限公司

一、2014年经营概况

2014年是陆家嘴国际信托有限公司（以下简称公司）复业以来的第三个年度，公司全年实现净利润3.58亿元，较上年2.7亿元同比增长32.59%。公司存续信托项目221个，2014年末公司存续信托规模946.88亿元，较年初净增274.32亿，增幅40.79%。公司全年实现营业收入8.45亿元，较上年5.66亿元同比增长49.29%；其中信托业务收入7亿元，较上年5.03亿元同比增长39.17%。

2014年公司新增信托业务规模558.57亿元，年内结束或部分结束的项目规模284.26亿元。2014年新增信托业务实现收入为4.61亿元。2014年新增信托业务规模中，单一资金信托规模为277.28亿元，占比为49.64%，集合资金信托规模为281.29亿元，占比为50.36%。从资金投向来看，投向基础产业170.85亿元，占比为30.59%，投向工商企业121.56亿元，占比为21.76%，投向房地产67.53亿元，占比为12.09%，投向金融机构20.76亿元，占比为3.72%，投向其他方面（资管计划等）177.87亿元，占比为31.84%。

二、创新业务案例

2014年在业绩面临巨大压力的同时，公司还积极谋划转型发展，努力布局创新类业务。

（一）在房地产业务方面

公司积极推进城市发展基金类、房地产基金，与优质房地产企业探讨展开房地产基金模式的合作；结合不同区域、城市的市场情况，与实力较强的交易对手展开并购基金的合作模式研究。其中，公司配合股东于2014年12月顺利取得上海浦东前滩商务区52#土地，后续将发挥综合金融的优势，采用基金运作的模式进行开发运营。同时，针对浦东新区优质商业地产项目，公司会结合股东优势，有选择性地展开收购业务，并研发出准REITs产品，选择机构客户展开合作。

（二）在资本市场及股权投资业务方面

公司推出的伞形结构化证券信托运营稳定，常态开放，作为切入点全面铺开与各实力券商业务合作。同时，继续推进与行业领先私募机构深层次合作，结构化定增基金及证券投资类私募基金首单业务正稳步推进中，通过此类业务进一步发展主动管理能力，加强一二级联动机会的挖掘，为下一阶段资本市场基金类产品的研发及管理奠定基础。与此同时，公司组建股权投资业务团队及投研团队，启动并购、新三板等新型投资业务。

（三）在创新业务方面

2014 年，公司已与一系列优质重点客户和合作伙伴签订战略合作协议，为后续深化合作打下基础。其中，与部分战略客户成立合资平台，推进新型信托业务探索。

三、社会责任履行情况

（一）强化风控体系，注重制度管控

总体而言，公司风控标准在行业内较为严格，因此，尽管信托行业内项目风险持续暴露，公司业务依旧保持风险可控，全年信托项目实现零风险。

一是修订业务指引，规范各类业务开展。2014 年公司修订了包括单一信托业务、股票及股票收益权、政信类业务等业务指引，制订了证券投资信托业务指引、风险及流程管理办法。

二是明确业务准入要求及风控口径，制订信托业务准入要求一览表。公司研发了交易对手评级模型，提升风险量化管理水平，目前已公布房地产行业的交易对手评级模型。

三是加强项目评审。修订评审会工作规则，调整业务审批权限，对评审会委员名单进行更新，增强评审委员会专业性。

四是完善合同库、律师库。建立和完善公司合同模版库，增强公司各类合同的统一性和规范性，并对公司信托项目名称进行统筹管理。根据市场和公司北方业务开展情况，及时调整公司律师库、评估公司库，增加律师、评估配套体系的全国覆盖广度。

（二）加强过程控制，落实监管要求

一是提升期间管理质量。修订了项目期间管理办法，对存续期项目交易对手舆情、担保品价值、资金归集等情况进行跟踪，并要求各业务部门定期提交期间检查报告。此外，还修订了

外派人员及第三方企业印章管理指引。

二是增强监管沟通。2014 年，公司始终与青岛银监局、人民银行青岛支行积极保持沟通，认真贯彻落实监管的各项要求，采取有效措施防范风险。2014 年 4 月，公司完成现金管理类产品的全面梳理。5 月，公司对存续项目，特别是房地产和民营企业进行了全面风险排查。8 月，公司对重大事项报告执行情况进行专项检查。8 月中旬，公司配合青岛银监局对公司实施现场检查，并落实审查意见。11 月，公司配合人民银行青岛市中心支行顺利完成反洗钱现场巡检。11 月上旬，根据国务院 43 号文，公司对所有交易对手、担保方为政府平台的项目发出《公函》和《提示函》，进行债务确认。11 月下旬，公司对各业务部门信托项目进行事前报告执行专项检查。

（三）树立专业品牌形象，扩大社会影响力

2014 年 4 月，公司首次向社会公开发布《陆家嘴信托二〇一三年社会责任报告》，报告公司在合规经营、财富管理、改善民生、回馈社会等方面开展的大量工作，受到社会好评。7 月，公司发布成立以来第一版年报画册，为业务部门介绍公司情况提供宣传材料。10 月，公司首次参展第十二届理财博览会，全方位展现了金融机构专业、高端的品牌形象，提升公司影响力。此外，公司还与东方艺术中心合作，独家冠名赞助 2014 年及 2015 年东方市民音乐会，通过媒体宣传和公益活动等形式，有效提升公司在社会大众和客户中的品牌形象。

四、2015 年发展规划

展业三年来，公司一直保持高速发展，但公司经营形势依然严峻，战略转型任重道远。2015 年公司计划实现营业收入 14.4 亿元，其中固有业务收入 2.6 亿元，信托业务收入 11.8 亿元，新增信托规模 1143 亿元。为切实贯彻公司发展战略目标，全面完成年度任务，2015 年公司将重点要做好以下五个方面的工作。

（一）完善组织运作机制，提升业务发展等级

随着增资后公司业务发展进入新的阶段，公司将进一步扩充业务团队，为达成经营业绩提供支撑。以深耕战略客户为切入点，为客户提供全方位、多样化的金融服务。为培育并发展投资型业务，公司将在 2015 年组建公司投资决策委员会，建立投资决策流程，保障投资决策科学、专业、高效。

（二）信托主业提质增效，盈利模式多元化

在政信业务方面，推进 PPP 模式、城市发展基金等新型业务模式，推进政府平台业务升级；

在房地产业务方面，开拓类REITs、仓储及物流等产业地产、旅游及养老地产等创新型房地产业务，积极探索新的业务模式和投资领域；在证券投资业务方面，重点开展伞型信托及结构化定增信托业务，与业内领先私募合作开展主动管理型基金；在创新业务方面，开发创新型现金管理产品、私人定制财富管理产品等，实现并购/直投类基金或项目落地，培育公司新的盈利增长点；在自有资金方面，做好自有资金使用规划，在安全性、流动性的前提下实现良好盈利。

（三）完善营销体系建设，提升营销力量支持

要以培育低成本机构销售作为突破点，以拓宽各类渠道作为扩大销售规模的切入点，以开展全员营销作为降低发行成本的立足点，全面提升公司营销实力。2015 年，公司计划在上海、青岛、郑州等地设立财富中心，争取建立 5 支、40 人以上的销售团队。搭建并完善 CRM 系统、网上预约系统、绩效考核系统、微信互动平台、呼叫中心等，全面增强对客户的接触点和服务面。

（四）提高中台、后台管控效率，搭建综合运营平台

开展公司制度专项合规检查，全面梳理现行制度的完整性、适用性、有效性；完善公司授权体系建设，进一步明确二级、三级授权管理流程。为适应业务发展需要，调整优化立项审批机制、及时沟通机制、事前报审流程及授权审批流程等，进一步提高立项操作的规范性、时效性。运营管理部将逐步完成信息披露、收入款项、收益分配等存续期事务管理交接，增强运营保障能力，解放业务团队生产力。

（五）树立全面管理理念，提升服务支持职能

2015 年将实行相对严格的全预算管理，对人力配置、费用支出等加强预算规划与管理，在营销建设、创新业务、IT 系统、员工培训、文化建设、品牌宣传等方面增强资源投入。重点推进股指期货业务系统、营销平台系统、信托现金流风险管理系统、数据中心、人力资源管理系统等建设，优化统计分析报表平台、云协作系统、舆情监控系统、门户网站及 OA 系统等。

陕西省国际信托股份有限公司

一、2014 年经营概况

2014 年，陕西省国际信托股份有限公司（以下简称公司）全体员工面对经济转入新常态及信托行业转型带来的挑战，坚持“稳中求进、转型升级”的工作主线，以深化全面改革为总抓手，一手抓市场，另一手防风险，积极发挥信托投融资功能，着力支持实体经济，全年实现营业收入 8.35 亿元，比上年有一定增长；计提 1.2 亿元资产减值准备后实现利润总额 4.68 亿元，同比增长 11.74%；实现净利润 3.51 亿元，同比增长 12%；全年新增信托项目 215 个，规模 669 亿元，同比增长 143%。到期兑付信托项目 110 个、金额 352 亿元，向信托客户分配信托收益 68.69 亿元；截至 12 月末，公司存续信托规模 1216 亿元，同比增长 35.74%，为历史最高。

（一）积极谋划战略发展，大力实施战略任务

在信托行业面临转型的新形势下，公司组织研究并审议通过了新的发展规划，以此指导战略转型和业务创新。以此为基础，公司着眼于长远发展，适时启动了新一轮增资扩股，本次发行不超过 4.5 亿股，募集不超过 32 亿元。若顺利完成，公司资本金将增至 70 亿元以上，资本实力和持续发展能力将进一步增强。与此同时，公司增持了永安保险和长安银行股份，以求不断扩展资源布局。

（二）克难攻坚力拓市场，狠抓业务转型创新

2014 年，信托行业在“五期叠加”、政策调整、竞争加剧等因素的影响下，增速放缓、市场收益率整体下降。为确保公司持续稳定发展，公司一方面着眼于转型升级谋创新，另一方面深挖传统业务保增长。经过不懈努力，全年新增集合资金类信托产品 89 个，规模 157.75 亿元；单一资金信托 126 个，规模 512 亿元。信托主业在规模上实现了较大突破，尤其是为省内投融资创历史新高。同时，公司积极推进业务转型创新，针对土地流转信托、资产证券化、科技引导基

金、有限合伙基金、互联网金融、现金管理等业务的探索取得一定进展，公益信托实现有效破题，为下一步转型升级奠定了较好的基础。

（三）调整自有业务结构，拓展多元投资布局

针对公司长远发展的内在需求，公司在自有资金运作上以保流动性为前提，以多元化运作为重点策略。一是以优质政府融资平台为主的贷款业务，确保当期业绩；二是加大资本市场运作力度，对中长期股票投资也加大了投入；三是积极捕捉金融股权投资机会；四是支持夹层信托等业务探索；五是积极开展同业拆借、购买券商理财产品等短期运作，提高了资金效益。经过努力，自有业务实现收入3.88亿元。

（四）全力强化风险管控，积极应对风险压力

2014年，在经济下行背景下，金融业风险积聚，不良率上升，风控压力增大。为有效应对复杂多变的外部环境，确保平稳运行，公司采取了一系列措施预警、化解风险。一是从源头入手，严把项目“入口”关，强化了尽职调查责任；二是突出强化业务与风控指引，有效指导业务一线更好地拓展市场；三是建立健全了立体化、交叉式风险排查机制，防患于未然；四是主动提前结束多个项目，尽管在一定程度上影响了当期效益，但后续发展的基础更加坚实；五是成立专门部门处置河南裕丰和南方林业项目问题。

（五）深化改革强化管理，提升效能力促经营

公司将“抓改革”放在工作主线的首位，以改革理念和措施全面强化内部管理。一是坚持问题导向，结合流程再造对经营管理中的问题进行全面梳理、整改，着力提升管理的系统化、规范化、高效化；二是通过多重措施着力改进经营班子工作作风，切实发挥示范带动效应，以求提升整体执行力；三是突出强化全面风险管理理念，制定、修订20多项相关制度，调整强化了业务管理部职能，切实落实全业务链风险责任，建立健全制度约束体系，着力强化问责机制。同时，以接受银监局和证监局现场检查、审计厅专项审计为契机，进一步完善了公司的内控体系和机制；四是稳步推进省外尤其是北京业务部门布局，增设了创新业务一部、二部，培育新的增长点；五是设立博士后工作站引领创新，创办内刊，申报创新资格，拟定业务指引，积极促进公司转型发展；六是积极推动并实施公司整体信息化建设工程，先后完成了TA、CRM、反洗钱、项目管理等系统的招标和网站改造等，信息技术的支撑和引领功能将有效发挥。

二、创新业务案例

（一）陕国投·贫困地区教育援助公益信托

项目规模10万元至1亿元，期限10年，全年开放接受委托人的信托资金，以金融创新方式加强信托资金运作，收益全部用于帮助贫困地区改善教育条件，向贫困地区在校学生和学校进行系列化的教育援助。5月30日，该公益信托项下首个助学活动在周至县竹峪乡丹阳小学、岭梅小学等学校进行，400多名小学生欢喜雀跃地收到了崭新的爱心书包、文具、电脑等“六·一”儿童节礼物。他们当中近80%的孩子为留守儿童，40%左右为单亲家庭子女，每个孩子平均每顿餐费仅为7毛钱，多数孩子甚至从未进过县城。

（二）陕国投科技企业成长基金

公司设立“陕国投小科技企业成长信托基金”，整合西安市科技发展引导基金、社会资金及金融同业资金资源，发挥政府引导基金的倍数放大作用，引导社会资金，促进西安市科技成果转化，支持区内科技中小企业快速成长，从而推动陕西省优势产业的技术创新和产业升级，有效破解资源型经济持续性差及科技投入不足、转化有限等问题。基金规模：5000万元≤每期；期限：3～5年；运作流程如下图所示。

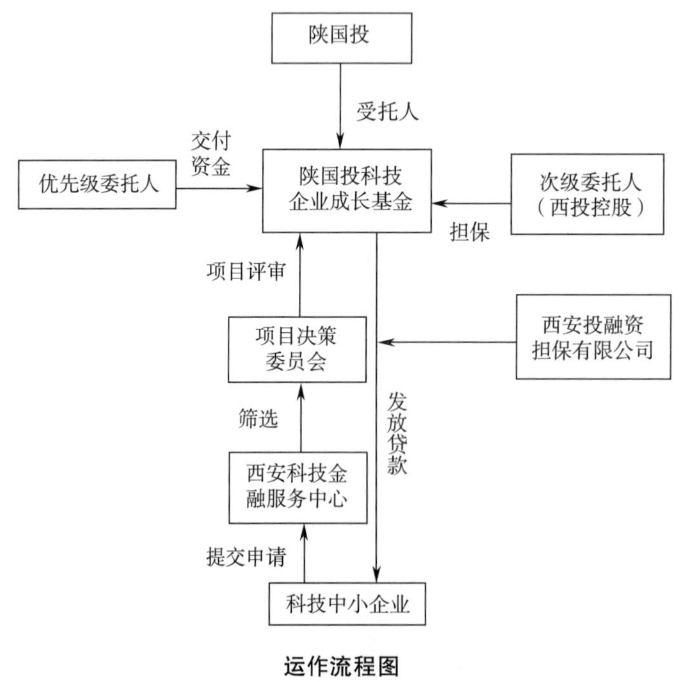

运作流程图

三、社会责任履行情况

（一）履行法律责任，合规稳健发展

1. 优化治理结构

一是完善公司治理架构。公司建立了以“三会一层”相互制衡为核心的内部法人治理结构。董事会、监事会及各专门委员会各司其职，勤勉尽责，科学决策，2014 年共召开股东大会 1 次，临时股东大会 2 次，董事会会议 15 次，监事会会议 8 次，审议议案内容涵盖战略发展、资本规划与管理等一系列对公司持续经营发展具有重要意义的事项。

二是提升投资者关系。2014 年，公司坚持以投资者为中心，以积极、主动、开放的态度开展投资者关系沟通活动；建立了投资者关系管理信息化平台，并通过召开业绩说明会、接待股东来访等多种形式向投资者及时、全面、客观地传递公司战略、经营业绩、业务亮点及投资价值等，自觉接受投资者的评议和监督。

三是切实履行信息披露义务。2014 年，公司完成定期报告和临时公告披露共 93 次，定期报告 4 份，报告期内未发生一起因疏忽或数据有误造成的更正公告，较好地履行了上市公司信息披露义务，有效保障了广大投资者的信息知情权。

2. 完善风险管理体系

一是进一步加强风控文化建设，修订完善了公司业务流程、项目评审决策制度、评审标准和指引等，落实全业务链风险责任，使风险控制人人有责、人人有份，完善风险保证金共济共担机制；二是出台实施了《经营管理问责制度》，严格落实风险责任制，促使全员树立合规风控意识，有效履职尽责；三是组织全面风险排查，全面梳理风险点，统筹安排好风险项目排查、内控审计、财务审计等工作，加强项目事中管理措施，提早做好项目到期兑付工作；四是进一步优化管理体制机制，强化了应急领导小组和办公室职能，提升应急处置能力。

3. 加强内部审计

2014 年，公司继续实施审计关口前移，加大事中审计力度，突出重点，紧盯信托项目运作过程中风险防范措施的落实情况及信托文件中有关约定的执行情况，共发现问题 108 个，提出建议 29 条，真正发挥了以审计防风险、强管理、促发展的积极作用。

4. 依法合规经营

一是严格遵守法律法规。公司通过严格遵守相关法律法规和行业监管规则，严格执行制度流程、业务规范流程，强化监督制约机制，提升员工对金融犯罪防范程序的理解，保证决策科学规范、业务开展依法合规。

二是履行反洗钱义务。2014 年，公司进一步加强反洗钱内控制度建设，开展反洗钱内部审计，完善反洗钱体系；加强 TA 系统和 CRM 系统的建设，使客户身份识别及交易记录留存制度、大额和可疑交易报告制度等的执行更为高效，报告、报表的报送等更为准确、便捷；积极开展反洗钱宣传、培训活动，先后组织了三次反洗钱内部专题培训和多次户外宣传活动，不断提高员工和社会公众反洗钱意识。

三是开展廉洁从业教育。2014 年，公司以巩固群众路线教育实践活动成果为契机，以贯彻落实中央“八项规定”精神为切入点，聚焦“四风”，开展了形式多样的廉洁从业宣传教育，不断强化全体员工的廉洁从业意识，公司连续多年保持违法案件零案发率。

（二）推进经济责任，助力实体经济

1. 依法诚信纳税

公司坚持依法按时缴纳税款、积极履行扣缴义务人代扣代缴税款的义务；依法进行税务登记、设置账簿、保管凭证、纳税申报，并按有关规定提供报表和资料，从未有隐瞒和弄虚作假。2014 年，上缴国家和地方税费 2. 08 亿元，连续第三次被国家税务局、陕西省地方税务局联合授予“纳税信用 A 级纳税人”称号，树立了诚信纳税的良好企业形象和品牌信誉。

2. 支持地方经济建设

公司坚持植根陕西，服务陕西，着力围绕省内重点区域、重点产业、重大项目、大中小微企业等，综合运用信托资金、自有资金开展股权投资、贷款、融资租赁、基金等多元化金融服务。全年新增陕西省内投融资项目 85 个，新增省内投融资规模 334 亿元，实现了逆势增长，在陕西省信托公司中继续大幅领先。

3. 支持产业优化升级

公司积极贯彻国家产业结构调整政策，关注矿产能源行业资源整合及产业升级，利用信托灵活性的优势，积极优化金融资源配置，为矿产能源企业转型升级、资源优化提供融资服务。2014 年，通过信托贷款、股权投资等形式为陕煤化集团、陕北能源化工基地等企业和能源化工升级项目提供融资支持 100 多亿元。

4. 支持文化产业发展

2014 年，公司通过发行集合资金信托、银信合作等方式，将社会资本与文化旅游产业对接，为太白山旅游集团、楼观台道文化展示区、法门寺景区等文化旅游产业企业和项目提供资金 30 多亿元，助推陕西文化旅游产业发展，项目涉及文化生态园、景区建设以及索道、旅游公路等景区配套设施建设等。

5. 助力小微企业发展

公司先后创新性地采用收费权资产证券化、融资租赁、买入返售、中小企业发展基金、产

业基金等方式为小微企业建设发展提供形式多样的投融资服务。此外，通过开设绿色通道、费率优惠等措施加大对陕西省内小微企业的金融支持。2014 年，为中小微企业融资 20 多亿元。

（三）持续提升服务品质，保障投资者和消费者权益

1. 提升服务品质

公司扎实推进服务体系建设，不断完善配套机制，扩大服务涵盖范围、优化服务环境、持续提升服务品质，努力为客户提供“个性化、快捷化、品质化、专属化”服务。

2. 维护消费者权益

一是不断完善消保工作的组织架构和制度体系，使之与自身的经营规模和业务性质相匹配；二是加强信托产品销售行为监管，保障消费者的自由选择权；三是通过主题宣传活动，向广大群众宣传金融消费知识；四是严格遵守受益人利益最大化原则，尽职尽责管理好信托财产，保障消费者的财产安全；五是大力推行信息公开，有效保障消费者知情权。2014 年未发生消费者权益相关重大突发事件及负面舆情。

3. 增加受益人收益

2014 年，公司积极履行受托人责任，为广大受益人创造了理想收益。全年到期清算集合资金信托项目 110 个，信托规模 352 亿元，到期清算项目全部实现了预期收益，并顺利兑付，累计向受益人支付信托收益 68.69 亿元，有效增加了广大信托消费者的财产性收入。

4. 积极回馈股东

为了更好地回馈股东和广大股民，2014 年 6 月，公司实施了 2013 年度权益分派方案：以公司总股本 1214667354 股为基数，向全体股东每 10 股派 0.30 元现金（含税）。

（四）推动公益事业，传递温暖能量

1. 推进公益信托

公司以服务社会为己任，积极探索信托制度优势与慈善公益事业相结合的有效模式，致力于将信托的价值延伸到社会事业领域。在公益信托相关配套政策尚未完善的条件下，陕国投加强对公益信托的探索，成立了“陕国投·贫困地区教育援助公益信托”。

2. 公益回馈社会

一是开展员工驻村扶贫工作。成立了对口扶贫村帮扶工作组，明确了驻村人员，帮助研究制定扶贫规划，申请获得以工代赈资金 30 万元，修建村内学校至王家河 1.65 公里主干道路，解决村民出行难、农副产品销售难问题；为村支部和村委会购置了办公家具，改善办公环境。

二是爱心捐赠送温暖。积极参与“关爱工程进校园，我为孩子捐本书”活动，为帮扶村的 112 名学生捐赠书籍、书包等学习用具；春节前为 30 个贫困户送去米面油等慰问品和慰问金，

走访慰问了十几个特困户和特困学生家庭。

三是积极参加社区活动，实现企业与社会的和谐互动。

（五）坚持以人为本，搭建员工发展平台

1. 保障员工权益

一是不断完善薪酬福利机制。公司严格执行国家有关规定，实现了劳动合同、社会保障的100%覆盖，同时建立健全了补充保险、企业年金方案，提高保障水平；建立了符合岗位工作需求、明确岗位工作标准和突出岗位工作业绩的员工基本工资制度和绩效考核制度，有效激发了员工工作积极性。

二是维护员工民主权利。建立并不断完善民主管理和沟通机制，开展司务公开，充分发挥工会参与公司管理的民主决策、民主管理、民主监督等职能作用。同时，通过开展职代会、座谈会、民意调查等形式，积极听取并实现员工诉求，为员工解决实际困难。

2. 支持员工发展

公司将打造高素质人才队伍作为提升企业核心竞争力的关键，注重提升员工综合能力，持续优化员工培训，为员工提供成长发展的平台。全年共组织员工参加培训次数达700余人/次，有效提高了员工专业素质和执业水准。

3. 关爱员工生活

一是丰富员工文化生活，打造活力和谐团队。组建公司羽毛球队，组建登山、声乐、舞蹈、诗朗诵等兴趣小组，聘请专业老师，进行基础知识和专业技能训练；先后组织员工参加书法美术摄影活动，参加篮球、羽毛球比赛、“书香陕国投知识伴我行”读书活动、登香山、登慕田峪等一系列文体活动，增进员工交流，凝聚员工精神力量，打造丰富企业文化。

二是开展女员工特别关爱活动。“三八妇女节”之际，组织女职工聆听柴可夫斯基经典芭蕾音乐会，陶冶情操。

三是做好困难职工帮扶救助工作。建立了困难职工档案，设立帮扶专项资金；通过发放生活补助、节庆日、生日送温暖等活动，促进企业向心力和凝聚力不断提升。

（六）打造绿色金融，践行低碳环保

1. 推进绿色金融

2014年，公司持续加大对节能减排、循环经济、清洁能源等节能环保企业和项目的信贷支持力度，先后为创源煤电循环经济项目、西安黑河供水、重庆荣昌荣峰河道整治项目等一批绿色产业企业和项目提供融资近30亿元，支持新能源、新技术产业建设，推动垃圾、污水处理、再生水回用等基础设施建设。

2. 践行绿色办公

公司建立起包括OA办公系统、视频会议系统等电子化传输交流模式，利用信息共享资源推行无纸化办公；不断完善办公环境管理政策，对办公区域进行节能灯管改造、设置空调运行温度，开展水、电、汽油消耗量定期统计工作；提高员工环保意识，尽量降低对能源的消耗，践行与环境和谐可持续发展。

四、2015年发展规划

2015年是全面深化改革的关键之年，也是全面完成“十二五”规划的收官之年。公司将以“创新驱动、深谋转型、稳中求进”为总基调，以“主动适应新常态、强力转型稳增长”为主线，努力确保公司在经济金融新常态下实现新发展。

（一）精耕创新传统业务，力保业绩支持转型

2015年，公司将围绕传统业务领域深挖机会，优化传统业务；大力强化与银行、保险、证券、基金等金融同业的合作；进一步大力强化证券投资信托业务，以北京、上海、深圳为主，打造更强的证券信托业务团队，促进此特色业务不断做强做大。

（二）强化顶层设计，创新驱动，大力转型

优化的私募投行业务、资产管理、财富管理交叉推进、逐步升级。成立家族信托办公室、土地流转信托创新工作组等多个创新业务专业团队，以专业化团队的体制保障推动业务破题并逐步扩大。同时，强化激励约束及运行机制，着眼长远，把创新纳入考核奖惩。

（三）实施“九大工程”，打破营销瓶颈

积极落实团队市场化、管理制度化、服务规范化、品牌明确化、推介常态化、布局全国化、定价市场化、考核精细化、业务高端化的“九大工程”建设任务。

（四）多元配置自有资金，提升自有资金运作能力

大力加强对资本市场的研究与有效把握，保持贷款的合理比重，积极开发一些低风险项目，确保当期收益。从战略层面推进金融股权、PE子公司等的投资事宜，布局金控，整合资源，形成协同，助推主业。

（五）更新理念，主动管理，严控风险

以“八大责任”为指引，从理念、制度、机制等方面入手强化全面风险管理责任，进一步

建立健全公司内部的相关制度约束体系，强化责任落实；积极探索践行“全攻全守”型风险管理理念，变被动型、监督型为主动式、参与式风险合规管理。

（六）大力强化内部管理，围绕公司转型全面深化改革

一是大力实施人才引领战略，着眼于转型大力延揽高素质专业人才；二是适度稳妥地扩充业务部门尤其是省外业务部门，以增加新的利润生成点；三是鼓励各业务部门走专业化之路，积极探索事业部制改革思路，研究相应的激励约束机制；四是进一步发挥博士后工作站应有的作用，加强理论与实务有机融合互动研发，有力支持转型；五是继续抓紧实施“信息化陕国投”战略，将品牌推广、互联网金融、产品营销、项目管理、客户管理及内部管理等多元化功能有效整合，发挥强有力的支撑与引领作用。

上海爱建信托有限责任公司

一、2014 年经营概况

2014 年，上海爱建信托有限责任公司（以下简称公司）围绕“以深化城镇化改革和推进自贸区建设为契机，加快转型和创新，强化流程重塑和制度执行，完善激励约束机制，实现公司长期稳健发展”的总体要求，审时度势，积极应对多种外部挑战，深入推进业务转型，经营业绩稳步增长，内部管理持续改进，整体发展水平呈现良好发展态势。2014 年，公司参评并获得上海证券报主办的第八届“诚信托”——投资回报奖；《21 世纪经济报道》主办的 2014 中国资产管理金贝奖“最佳综合服务信托公司”。

公司通过加快传统业务转型，提升资产管理综合能力，推进产品线创新，搭建了现金管理业务、自贸区业务、资产证券化业务、组合配置产品线，实现业务结构进一步优化，业务规模迅速增长。2014 年，公司实现营业收入 85324. 63 万元，较 2013 年同比增长 29. 72%；实现净利润 45496. 70 万元，较 2013 年同比增长 24. 62%；实现受托资产规模 584. 61 亿元，其中集合信托规模 275. 20 亿元，单一信托规模 309. 41 亿元。

（一）信托业务

1. 转型发展传统业务

2014 年，公司传统业务转型发展的路径为从单体项目产品管理向私募投行管理模式转型，提升资产业务综合管理能力；提升传统业务的精细化管理，加强与交易对手的合作深度。对开展房地产业务加强市场调研和引入外部并购机构，在开展政信合作业务、提高金融机构对接能力和增加政府信用引入模式、业务风险管控体系方面，加强存续项目管理，提升交易对手管理层级，提升区域市场趋势研究及短期市场波动监控能力。通过以上举措，公司不但新增业务规模 442 亿元，而且进一步优化了信托业务结构。

2. 积极开拓创新业务

2014 年，公司加快业务创新，以组织架构先行为基础，积极推进产品线创新，搭建了现金管理、自贸区业务、资产证券化业务、组合配置产品线。2014 年，公司完成了自贸区基金子公司的创设工作；配置型信托计划通过银监报备程序后顺利发行；公司申报了新股申购资格，新股申购业务进入操作阶段；申请公司同业拆借业务资格，提高公司资金运用效率及充裕公司资金流动性；公司资产证券化业务资格申请已报至北京银监会并完成了答辩。在业务资格申请处于审批流程中的背景下，公司已组织实施及正在实施若干类资产证券化业务，如江铃财务汽车贷款收益权集合资金信托计划、远东租赁资产收益权集合资金信托计划等。同时已完成或正在开展的多篇资产证券化专题研究，包括资产证券化现状与信托业务机会概述、房地产信托投资基金 REITs 研究、融资租赁现状与资产证券化研究、加油站资产开展证券化可行性研究等。

（二）固有业务

1. 自营贷款业务

公司始终将自有资金的安全性放在首位，各项目保障程度较高，全年收入超过 2.14 亿元，较上年增长 11.51%，年化收益率达 12.89%，提高了自有资金使用效率。

2. 固定收益业务

公司在固有资金运作上充分考虑宏观经济政策与市场环境变化，相机抉择，采取了灵活的投资策略，在保证资金安全的基础上努力实现收益最大化，较好地完成了年度目标。

3. 证券投资业务

公司经过对市场的研究论证、搭建投资决策机制，于 2014 年 6 月开始证券投资业务，通过核心卫星策略取得了可观稳健的收益。

（三）营销业务

2014 年，由于市场环境的变化，利率市场化的预期以及行业负面报道频次提高等因素调整了投资者的预期，客观加大了信托产品的销售难度和客户服务压力。鉴于此，公司加强了对财富管理核心能力的培育，并通过明确流程、理顺机制，做大规模来进一步优化营销体系。

1. 营销能力提升

2014 年，公司面对逆转的市场环境，加强了财富管理核心能力的培育，通过开设浦东网点扩展营销半径，优化团队结构、增设团队长职级以及相关人员的补充等举措应对市场挑战。使公司信托直销业务规模、渠道创收等各项核心的经营性指标，达到甚至超过公司年初制定的经营计划指标。

2. 进一步完善营销体系

2014 年，公司通过明确流程、理顺机制，做大规模来进一步优化营销体系。对应监管部门的要求，公司进一步明晰了销售管理流程，确保所有产品能做到合规有效推介；着重引导和培育私财干部梯队的建设，清晰任职资格，体现营销管理作用和效率；建立了合理的营销激励约束机制，向市场化方向靠拢；强化营销服务、方式多样化，重视新媒体功能，提升公司整体品牌形象。

（四）风控管理

2014年，公司进一步提升全面风险管理体系，管控模式从定性转向定量化，实施风控前移；深化传统业务综合信用风险管控模式，提高风险识别能力；风险管理精细化，建立岗位操作风险识别评估机制。

1. 风险管理的动态调整和制度优化

2014年，公司为适应市场环境变化及提高整体风险管理水平，以“风控前移”为核心，形成了三个体系：一是风险政策底线，其目标为主要业务类型和风险措施及合同条款的标准化和规则化；二是风险政策指导意见，动态调整风险政策，引导业务拓展；三是业务拓展指导意见，根据案例及业务经验，优化业务的交易结构，指导业务开展，为业务的标准化创造条件。

2. 深化传统业务综合信用风险管控模式

政信业务。公司密切关注地方财力收支的变化趋势，评估变化趋势及地方政府发债政策变化对还款和平台再融资能力的影响；跟踪监控平台的收支、经营和现金流变化情况，严格执行分期和分步还款；通过预警提前预防和应对可能出现的还款风险。

不动产业务。在业务准入方面，公司从三个维度加强了业务准入的管理：一是提高交易对手层级，加强交易对手管理。公司加强了对交易对手的尽职调查，建立了房地产企业（集团）的信用评级模型，先评级再开展业务，交易对手的层级明显提高；二是加强了区域房地产市场的动态监控和趋势分析，精准选择展业区域；三是加强房地产行业的研究，动态调整风险政策。在存续项目管理方面，延续了与爱建资产合作进行现场管理的模式，并在中台运营管理总部设立了专业的房地产运营团队，集中管理不动产业务，严格执行房地产项目的开发、销售节点管理和期间现金流管理，加强项目的预警管理，针对出现的风险信号及时实施风险预案。

3. 建立岗位操作风险识别评估机制

落实了评审委员问责机制，通过评审委员分工审查项目和评审职责认定，提升项目评审质量；再造项目审批流程，建立预审退回机制，严格准入；进一部推进风险管理执行体系建设，加强对交易对手风险状况的持续评估。

（五）协同促效率

2014年，公司以信息技术手段为抓手，细分协同架构，多向沟通整合，提高流程绩效；清晰公司流程链各岗位职责，为流程总目标服务。

1. 强化运营管理职能

2014 年，公司组织架构不变，协同架构细分，多向沟通整合，提高流程绩效；清晰职责，为流程总目标服务；建立协同管理新架构，加强运营管理总部对前台、中台、后台协调配合，提高业务效率，加强对业务部门的专业服务与支持，使得业务部门更专注于市场及客户的开拓；通过前台与中台分离，达到对业务部门的制衡与监督，实现信托业务交易实施、业务流程管理的专业化，降低操作风险与道德风险，降低受托人的责任风险。

2. 系统建设提供技术保障

为完善和提升公司业务系统处理能力，强化公司管理，促进公司信托业务的开展更规范、更安全，满足公司长远发展的需要，2014 年公司建立了完整的、业务全覆盖的业务处理系统。新的业务处理系统与流程重塑相勾连，降低操作风险，提升了公司整体效率。

3. 完善长效激励考核机制

以组织架构调整和管理深化为依托，明确公司价值链各环节的贡献权重，建立长效考核机制；考量投入产出比，鼓励业务部门超额完成目标任务以及参与渠道营销；统一历年信托业务考核方案中的计奖比例，对创新业务进行激励倾斜；继续深化前台、中台部门二次分配细则的落实，监督分配的合理性。

（六）文化促发展

2014 年，公司党政工团将根据上级党组织的精神，开展各类主题教育活动，进一步提升公司的企业文化；进一步贯彻落实股份公司党的群众路线教育实践活动的精神，达成群众路线教育实践活动制订的目标；丰富员工的培训教育活动，将企业文化建设与公司的具体经营管理工作相结合。

二、社会责任履行情况

2014 年，公司在各项工作任务重、压力大的情况下，切实履行应尽的社会责任，为各方面的可持续发展作出了不懈努力。

公司在 2014 年为股东创造了 45496. 70 万元利润的基础上，为国家创造税收 21790. 23 万元、向员工支付工资 9152. 82 万元、交纳社会保险统筹金 1472. 94 万元，为员工健康体检支付 23. 73 万元，向公司退休员工中的困难群体送上了 6. 17 万元补助金。

2014 年，公司为信托受益人累计分配信托利益 279. 78 亿元。2014 年，公司新发行集合资金信托计划 54 个，募集资金合计 182. 89 亿元，由于公司推出的集合信托产品预期收益率较高，风控措施到位，受到众多客户的信赖，产品推介发行顺利。年内公司清算信托项目 73 个，共计

205.98 亿元，其中，集合资金信托计划 25 个，共计 84.01 亿元，以上兑付的集合信托计划均达到预期收益。

根据公司“2014 年度人力资源配置计划”，人力资源部通过以外网招聘为主、内部选拔为辅的方式开展了多轮阶段性招聘工作，共引进各类新员工 59 名（含劳务派遣）。此外，为了进一步丰富用工形式，公司 2013 年与外服公司合作，以劳务派遣制形式录用了以理财经理岗位为主的直销人员，2014 年招录 18 名，进一步扩大公司营销队伍，开辟更为顺畅的机构和个人投资者的营销渠道，为公司的可持续发展积蓄能量。近两年，随着公司员工队伍的不断壮大，用工形式多样化，为更多的金融人才创造了施展才华的舞台，2014 年公司的业绩也随之蒸蒸日上。

三、2015 年发展规划

（一）2015 年工作指导思想及目标

紧密围绕控股股东“成为国内优秀的财富管理和资产管理综合服务提供商”的发展战略，全面提升财富管理、资产管理能力，加快公司深化转型和创新，通过攻创新、调结构、重管理、构机制、促发展，实现公司长期稳健发展。

（二）2015 年工作开展着力点

1. 攻创新

在创新方面，2015 年公司将着重在证券类业务、非标资产标准化以及自贸区业务方面取得突破。在证券类业务上，信托公司将重点打造证券投资业务平台，通过扩大自营投资规模、开拓投顾类业务、开发自主管理型产品等多种途径分享资本市场红利，力争实现证券业务规模、利润以及主动管理能力的共同提升。在非标资产标准化上，2015 年将重点研究信托资产通过资产证券化的方式实现在交易所上市的路径，同时积极跟进信托登记平台的建设进展，提高信托资产的流动性。在自贸区业务上，在跟踪政策动向的同时，积极自下而上摸索自贸区内的各种业务机会，利用自贸区平台寻找境内外资金资产的对接途径，为未来开展国际业务进行布局。

2. 调结构

在调结构方面，2015 年公司将着力推进三方面平衡：一是非标资产和标准化资产的平衡，主要通过主动增加标准化资产、探索非标转标（如资产证券化）等途径增加标准化资产的比重；二是融资类和投资类业务的平衡，扩大投资类业务的比重。传统房地产、政信等业务要做深做细，重点尝试房地产基金化、PPP 等创新业务模式；三是个人客户与机构客户的平衡。在继续提升直销能力的同时，着力加强渠道管理，培育机构客户，扩大资金来源并降低长期资金成本。

3. 重管理

在重管理方面，2015 年将重点构建标准化资产投资平台，一是要加强信息系统建设，使之能够基本支撑市场主流证券投资业务的开展，如伞形信托、股指期货等；二是要加强投研体系建设，扩充证券投资的专业化团队；三是要建立与证券业务开展相匹配的机制流程。在传统业务领域，要进一步强化内部管理。一要提高风险管理能力，包括风险预警、风险识别、风险预案、风险处置等方面的能力，严防兑付风险；二要整合现有组织架构，整合公司内外部资源，进一步提升协同能力和管理效率，如针对创新业务，可在内部建立覆盖前中后台的跨部门联合小组，以加快创新产品的落地。

4. 构机制

在构机制方面，2015 年公司重点将加强激励约束机制的透明度，对于不同业务类型根据其风险大小、资本占用情况采取不同的激励办法；对于公司重点布局和着力突破的创新类业务，要适度加大激励比例，提高业务团队创新的积极性。在业务团队建设方面，要根据业务特点建立相应的机制体系，努力提升各项业务的专业化水平。

四川信托有限公司

一、2014 年经营概况

2014 年，国内经济步入“新常态”发展时期，呈现“三期叠加”的阶段性特征。金融市场改革创新力度加大，信托行业在转型中稳步发展。在新形势下，四川信托有限公司（以下简称公司）以“机制与管理并行，风险与发展并重，合规与拓展并存，创新与监管相融”为指导思想，秉承“川汇沧海，信达天下”的企业文化，恪守“实现受益人利益最大化，为股东创造财富，为社会作出贡献，为员工创造价值”的经营宗旨，围绕“巩固、提高、创新、发展”的工作方针，稳健开展信托业务，准确把握市场规律，持续学习创新，取得了良好的经营业绩，各项经营管理工作稳步推进。2014 年公司管理信托资产规模突破 2600 亿元，经营收入突破 20 亿元，主要经营指标排名进入行业前列。

（一）收入利润情况

2014 年，公司本部实现总收入 21.92 亿元，同比增长 4.83%。其中信托业务收入 19.16 亿元，固有业务收入 2.75 亿元。利润总额 13.64 亿元，净利润 10.24 亿元。

（二）固有业务情况

2014 年，公司在确保自有资金安全性、流动性的前提下追求风险可控的收益性，实现自有资金的保值增值。全年公司固有业务实现收入 27533.69 万元，同比增长 48.55%。

（三）信托业务情况

截至 2014 年末，公司存续信托项目 904 个，规模 2666.17 亿元，同比增长 23.21%。其中，年内新增项目 555 个，规模 2116.49 亿元；年内清算项目 382 个，规模 1614.25 亿元，全部平稳兑付。

（四）净资本情况

截至2014年末，公司净资产38.87亿元，净资本34.31亿元，净资本覆盖率为205%，实现净资本达标。

二、创新业务案例

2014年，公司根据国家方针政策及监管导向，以合规管理为基础，重点研究新常态下金融同业合作、新型房地产业务、证券投资信托业务等业务发展方向，积极探索家族财富管理、资产证券化、消费信托、互联网金融等新型业务模式，不断丰富公司信托产品种类，带动公司资产管理能力和信托收入的双重提高。

在理论方面，公司组织了多项创新业务课题的研究，发布了《影视剧产业信托可能性探索》、《关于农村土地流转信托盈利模式的思考》、《转型背景下家族信托业务发展建议》、《消费信托业务模式分析》等13期研发报告，报告内容覆盖了创新产品、实务指引与行业理论研究三大领域，推动公司业务创新升级。

理论的研究要切实落实到业务发展中，研发力量必须要转化为生产力。2014年，公司陆续推出了嘉盛置业股权投资1号集合资金信托计划、锦绣前程专属财富账户系列单一资金信托计划、中国信托业·公益慈善定向捐赠信托计划等多项创新产品。另外，公司特别结合四川属地文化和公司文化推出了“锦绣财富品牌”，致力于打造最专业的财富管理和金融咨询服务平台；以市场行情为基石，重点发力资本市场业务，为业务的转型升级进行了多项有益尝试和积极探索。

公司在2015年将继续加强创新业务领域的研究，努力申请创新业务受托人管理资格，积极推动创新业务落地开展实施，以最终实现“转型升级”的经营管理目标

三、社会责任履行情况

（一）支持实体经济

1. 积极助力西部金融中心打造，支持地方经济发展

作为本土企业，公司始终坚持“立足四川、面向全国”的经营定位，把服务四川、支持省内经济发展作为己任，积极为省内重点企业和项目提供综合金融方案，解决资金需求，开业以来与包括城投集团、四川铁路集团、四川高速、成都建工集团、成都投控、二滩水电、成都置

信、国电大渡河在内的多家省、市大型企业建立了广泛良好的合作关系，也为社会各界的投资者提供了一个风险可控、收益可观的理想投资渠道。

2014 年，面对成渝经济区域建设、成都西部金融中心打造、城乡统筹规划、天府新区建设等历史机遇，川信充分发挥信托制度优势，大力拓展信托业务，年末投向实体经济资金规模达 1232.66 亿元，占比为 46.23%；年末四川省内业务规模 779.53 亿元，占比为 34.97%，新增占比为 50.69%。

2. 积极扶持中小企业发展，着力破解融资难问题

中小企业在经济和社会协调发展方面发挥着巨大的作用。公司坚决落实国家对中小企业的扶持政策，创新服务模式，提升服务效率，加大信贷投放，帮助中小企业渡过难关，为扩大城乡就业、促进经济增长、维护社会稳定作出积极贡献。此外，川信还就如何解决中小企业融资难的问题，初步与省内各家大型国有银行、股份制银行及资产管理公司建立了全面的合作关系，扬长避短优势互补，为中小企业的融资搭建银信通的桥梁。2014 年，川信累计为中小企业提供资金支持 629.37 亿元。

3. 忠实履行企业公民义务，依法诚信纳税

依法纳税是每一个公民的责任和义务。公司作为企业公民依法按时缴纳税款、积极履行扣缴义务人代扣代缴税款的义务；依法进行税务登记、设置账簿、保管凭证、纳税申报；如实向税务机关反映公司的生产经营情况和财务制度执行情况，并按有关规定提供报表和资料，没有隐瞒和弄虚作假。2011—2013 年，公司连续三年荣获“四川省纳税大户”称号；2014 年，公司缴纳各种税款总额逾 6 亿元，为四川经济社会的发展作出了积极贡献。

（二）支持公益事业

1. 投身公益，积极支持贫困边远地区经济发展

公司始终坚持服务社会、奉献社会、回报社会。2014 年，公司发起暖冬行动，向西藏自治区日喀则拉孜县热萨乡萨贝村及阿里地区的贫困儿童、孤寡老人等捐赠逾 10 万元的学习用品及御寒衣物，让这些需要帮助的藏民朋友过上了一个温暖的冬天。

2. 坚持服务社会、回报社会，积极参与救灾抗灾工作

在 2013 年 4 月 20 日四川省芦山县发生地震后，中国信托业协会倡议发起设立中国信托业公益慈善信托，公司作为牵头受托人，深度参与了该公益信托产品的研发管理以及与监管部门协调的工作，以捐赠人身份与四川省慈善总会签署了《定向捐赠协议》，将信托财产捐赠给四川省慈善总会，并在四川省慈善总会成立了“中国信托业公益慈善基金”。

2014 年 8 月 22 日，中国信托业协会、四川信托有限公司与四川慈善总会共同协商决定，从“中国信托业公益慈善基金”中，定向捐助 300 万元，用于联合实施“千人助学计划”公益项

目，并将其作为第十届“放飞梦想，托起四川希望的明天”——2014 四川慈善·福彩帮困助学活动的子项目，定向资助1000名高中新生，为这些贫困学子在求学路上扫除荆棘。

2014 年 9 月 29 日，公司再次走进地震受灾最为严重的四川雅安芦山中学，开展“读万卷书、绘锦绣未来——金融知识进校园”活动，并向学生捐赠金融理财漫画、金融基础知识读本及课外读物逾千本。

（三）支持绿色环保

1. 认真落实环境保护政策法规，推进低碳金融

公司认真贯彻落实国家有关节能减排和环境保护的政策法规，将“低碳金融”理念融入到信贷政策、制度和信贷流程中，支持低碳经济发展。在授信审批中提高对高耗能高污染行业的信贷准入标准，明确节能减排的具体要求，实行“环保”一票否决制。实行“名单式管理”，把符合国家政策中落后产能标准的贷款客户一律列入主动退出客户名单，对环保违规企业实行限贷停贷。积极向商业伙伴传递相关环保理念，督促贷款企业重视环境保护，积极开展节能减排工作。

2. 持续推进节能减排管理，努力打造绿色信托

公司重视加强内部节能减排管理，积极推行环保办公、节约办公，号召员工节约用电，养成电灯不用时随手关闭、下班关闭所有电源的习惯；无人使用的会议室及时关闭电灯及空调，打造低碳工作环境。提倡办公用品循环使用、纸张双面使用；优化 OA 办公系统，减少纸质文件的印发量；完善视频会议设备，有效减少会议成本和碳排放量。办公区域内放置适度的绿化、空气净化器，改善空气品质和舒适度；禁止在办公区域吸烟；放置废旧电池回收箱，提高员工环保意识。

（四）金融消费者、员工、股东权益保护

1. 金融消费者权益保护

公司针对金融消费者缺乏专业知识，风险防范能力薄弱现状，积极推进公众教育。2014 年，公司积极参与了由四川省金融办主办的“送金融走基层”活动、认真开展了为期 30 天的“金融知识进万家”宣传服务月活动。通过这些活动，面向社区、企业、校园等不同金融消费者，开展形式多样的教育、培训、宣讲活动，增强消费者金融知识，提高风险意识和风险识别能力，切实保障金融消费者权益。

2. 员工权益保护

公司坚持以人为本，把人才战略作为企业发展的重点，充分尊重员工权利，高度重视人才培养，努力实现员工与企业的共同成长。2014 年，组织举办了“‘新常态’下的中国 A 股市场

前瞻与信证合作机会"、"海域使用权法规总结及填海造地模式探讨"、"房地产信托实务"等专题培训20期，在公司内部开展了"核保核签"、"信托行业前景展望及公司内部管理制度"、"证券业务"、"审计知识"、"税务知识"、"公文写作与处理"等专题培训40余次，其他各类培训85次（含新员工培训35次），参训人数共计3400人次。进一步加强了复合型人才队伍建设，提升人员专业素质。

为营造健康向上的企业文化，增强团队凝聚力，2014年公司主办了2013年总结表彰大会、"三八妇女节"女职工代表座谈会、以"共塑川信特色文化　打造川信百年老店"为主题的企业文化建设研讨会、以"雄关漫道　攻坚克难"为主题的文化活动、以"向往革命圣地　实现川信梦想"为主题的纪念建党93周年系列活动等形式多样、内容丰富的主题文化活动；组织参与了金牛财富管理论坛、2014中国信托业峰会暨第七届中国优秀信托公司颁奖典礼、第九届北京国际金融博览会等行业知名、影响深远的社会活动。公司非常重视员工健康与安全保障，定期组织员工进行健康检查，提倡科学的生活方式，长期为员工租赁羽毛球、乒乓球、篮球活动场地。

四、2015年发展规划

2015年，信托行业形势空前严峻，竞争空前激烈，市场化全面来临。公司经过四年多的发展，初步形成了较完善的法人治理、内部控制和风险管理体系，奠定了坚实的业务基础，积累了丰富的管理经验，储备了优质的客户资源，并树立了良好的市场口碑。面对全新的挑战和困难，2015年，公司将以"合规经营、强化管理、防范风险、转型发展、提升核心竞争力"为工作指导方针，严格按照监管要求，统一思想，认清形势，齐心协力，攻坚克难，走出川信特色的发展之路，实现五年发展战略规划的宏伟目标。

万向信托有限公司

万向信托有限公司（以下简称公司）秉承“诚信、专业、精致、协作”的理念，坚持以专业化特色为导向，风险控制为核心、产品战略与财富战略双向驱动的战略，实现转型升级，持续优化业务结构，各项业务稳健发展。

一、2014 年经营概况

（一）经营业绩飞速增长

截至 2014 年末，公司总资产 15.74 亿元，净资产 15.01 亿元。全年共实现营业收入 3.14 亿元，净利润 1.29 亿元，营业收入同比增长近 90%，净利润同比增长 84%。存续管理信托资产达 568.88 亿元，同比增长 256%，公司业务产能迅速扩张。

（二）业务结构持续优化

公司在实现业务规模增长和主动管理能力提升的同时，不断深化经营内涵，打造多元化、特色化、综合化、差异化的业务结构。公司持续重点构建基础设施建设、房地产、产业引导、证券投资、企业资产证券化五大类系列化基金，特别是基础设施建设基金已具备较好的市场品牌和市场占有率，为资产管理规模的稳步增长奠定基础。

（三）财富管理布局形成

2014 年，公司财富管理业务资金募集能力稳步提升，发行机制步入轨道。先后成立萧山、上海和绍兴财富中心，公司日常发售量较年初增长 400%。同时，公司以财富增值、保值和传承为发展目标，在财富管理端初步构建了“一个私信账户、一个投资平台，一套服务体系”的财富管理体系。通过近一年的实践、优化和升级，私信账户已经初步具备了独立账户管理能力，基本实现了跨市场、跨领域、跨品种、跨期限的资产配置。公司致力于构建多元化的财富管理体系，不断丰富涵盖资产配置、投资增值、财产保全、综合生活服务、家庭公益、家族信托等金融服务和生活与法律事务类非金融服务的全套服务体系。

（四）内控制度持续完善

公司坚持贯彻“大风控、全流程”的风险管理理念，制定并出台了一系列标准化的风险管理制度与工作模板，优化了尽调、评审、决策等主要流程，全流程风险管理体系得到了进一步的完善。从尽调、评审、期间管理、清算管理四大环节入手，实行业务、风险管理、内审三道风险管理防线，为公司业务发展提供了坚强有力的保障。

（五）品牌声誉显著提升

2014 年，公司启动官方微信平台，目前发布频率、粉丝数、图文阅读量和点赞率都已取得显著提升。同时，公司启动内刊《翡石快讯》，重点向投资者及同行传递最新金融资讯、投资建议及公司动态，增强了公司与投资者的互动与交流，使公司品牌形象得到稳固提升。

凭借良好的经营业绩与公司声誉，在《证券时报》主办的“2014 中国信托业峰会暨第七届中国优秀信托公司颁奖典礼”上，公司荣获中国最具成长性信托公司、年度最具创新信托计划奖项。在《都市快报》主办的 2014 中国（杭州）金融产品创新大会上，公司荣获“最佳信托服务奖”奖项。

二、创新业务案例

自 2014 年以来，公司创新业务主要集中在土地信托、公益信托和财富管理等领域。

（一）土地信托

2014 年 4 月，公司在湖州市设立“希望田原系列”土地流转信托和“美丽家园系列”拆迁安置财产权信托。7 月，在浙江省龙泉市设立了生态公益林信托——“万向信托—绿色摇篮 1 号”，成为全国首单林地信托。以上信托计划利用信托制度优势，通过金融创新工具满足广大农户的资金信贷需求，有效、全方位地为农户提供更好的金融服务体系，为解决“三农”问题，践行普惠金融政策，探索农村金融新模式提供典型样本。

（二）公益信托

2014 年 6 月，公司与大自然保护协会（TNC）合作设立了国内首个自然保护公益信托——“万向信托—中国自然保护公益信托”。该项目将信托模式引入环境公益事业，所募集的资金将无偿捐助给中国境内自然保护和生态保护公益项目，开创金融机构在环境保护方面履行社会责任的全新模式，将较为封闭的公益活动升级为开放式、公开化、大众参与的社会化活动。

（三）财富专享计划

在财富管理领域，公司以财富增值、保值、传承为发展目标，公司推出定制化的“财富专享”私人财富管理信托产品。充分满足了投资者分散投资、集中管理的理财需求，受到了广大投资者的喜爱与好评。

三、社会责任履行情况

2014 年，公司认真落实法律法规的各项监管要求，努力培育履行社会责任的企业文化和机制，不断丰富企业社会责任的实践内容，以高度的社会责任感，积极履行受托人的责任。

一是积极履行“受人之托、代人理财”的信托职责，认真履行诚实、信用、专业和有效管理信托财产的受托人义务，为受益人提供了安全高效的财富管理服务，并确保每一位受益人的资产安全和稳定收益。报告期内清算信托项目 61 个，清算规模 92.13 亿元，全部实现足额、按期兑付。

二是利用自身优势，积极关注民生建设，回馈社会大众。公司充分利用信托优势及金融技术，通过灵活多样的产品设计，重点构建的基础设施建设、房地产、产业引导三大信托基金，有效引导社会资金投向市政工程建设、五水共治、保障房、安居房和农业现代化等国家政策扶持的产业，帮助地方政府开辟投融资渠道，积极促进城镇化公共设施的配套建设。

三是积极参加公益活动，用实际行动支持公益环保事业。公司与全球著名的大自然保护协会（TNC）建立合作关系，成功设立中国首个自然保护公益信托，将信托模式引入环境公益事业，充分发挥金融制度优势，开创了金融机构在环境保护方面履行社会责任的一种全新模式，也体现了公司支持环境保护事业的态度。

四是全面维护职工权益，关心员工福利和成长。公司提倡员工民主协商和员工参与，建立员工的平等对话机制，设定年度培训计划，帮助员工提升能力与职业发展。

五是保护股东权益，促进固有资产保值增值。报告期内，公司净利润大幅增长，所有者权益进一步提升，公司市场竞争力与可持续发展能力不断增强。

六是坚持合规自律，依法规范经营。公司严格遵守各项法律法规，认真贯彻监管要求。报告期内，动态修订信托法规汇编和公司内部规章制度；积极推进内部控制体系建设，加强自律管理；严格按照有关法律、法规、规章履行信息披露义务；自觉履行纳税义务，依法及时足额纳税。

四、2015 年发展规划

2015 年，公司继续坚持专业化特色为导向、风险控制为核心、产品战略与财富战略双向驱动的“一体两翼”战略。通过专业驱动和创新引领，在特定产业领域和新兴业务领域形成核心竞争力和新的增长点。

一是在私募投行端以项目为载体提供个性化金融解决方案，改变过去单一、零散的业务模式，实现私募融资类型化、标准化、模块化管理；进一步提高传统业务效率、增加个性化内涵，为优质资产和交易对手提供体系化的金融服务；积极拓展资产证券化、并购及其他投行业务。

二是在资产管理端以信托基金为载体提供特定领域投资管理服务，积极挖掘产融结合点，构建对特定产业的主动投资管理能力；践行“基金化”、“产品化”发展战略，显著提升产品设计能力，形成若干系列产品和类型化的解决方案。

三是在财富管理端采取私人客户和机构客户并重，产品供给和客户需求驱动并重的策略；结合市场情况进行营销拓展，一方面充分发掘私人客户需求，提高客户黏性，另一方面加强机构客户营销，实现机构及个人客户的同步增长；逐步从单纯产品驱动过渡到产品和客户驱动并重；重点完善私人定制、短期理财产品，推动公益信托活动和与纽约私人银行的高端服务合作。

西部信托有限公司

一、2014 年经营概况

截至2014 年末，西部信托有限公司（以下简称公司）总资产达672 亿元，比年初增长27%。其中，固有资产总额20 亿元，比年初增加2 亿元；净资产17 亿元，比年初增加2 亿元，管理信托资产652 亿元，比年初增加141 亿元；实现营业收入4 亿元，完成全年计划的120%，其中，实现信托报酬收入2. 91 亿元；各项费用支出1. 5 亿元，完成全年计划的98. 15%。实现利润25110 万元，完成全年利润总额任务的138. 71%。超额完成董事会下达的利润指标。在管理信托资产规模指标上，达到了历史最好水平。

公司信托资产规模由2014 年初的501 亿元增至年末的642 亿元。其中，发行集合类项目30 个、金额44. 06 亿元，发行规模较上年增加11. 46 亿元；发行单一类信托项目98 个、金额355. 62 亿元，较上年发行数量增加14 个，金额增加84. 9 亿元。

完成到期信托项目兑付。兑付到期集合类信托项目31 个，金额48. 8 亿元，其中，本金44. 7 亿元，收益4. 1 亿元；兑付收益集合类信托项目29 个，兑付金额2. 5 亿元。

固有资金运用。2014 年累计实现收入1. 14 亿元，资金运用年化收益率9. 14%。其中，固有资金贷款利息收入1402 万元；金融产品投资收入2656 万元；货币类业务利息收入1946 万元；收到投资企业分红2125 万元；出售兴化股份收益3271 万元。

二、创新业务案例

“西部信托—北京中小企业贷款集合信托计划”

（一）项目背景简介

北京市朝阳区区政府为了解决中小企业融资难的问题，设立专项财政资金对中小企业贷款进行贴息补助，该专项财政资金托管在北京中科智担保有限公司。北京中科智担保有限公司与合作机构一起发起设立信托计划，募集资金贷款给相关中小企业。公司被建设银行北京市分行推荐给北京中科智担保有限公司，作为合作机构参与项目运作。

（二）项目运作模式

1. 项目模式：结构化信托贷款。
2. 项目规模：7700 万元。
3. 项目期限：1 年期。
4. 信托贷款利率：8%/年。
5. 信托报酬率：1.5%/年。
6. 交易结构：本项目采用集合资金信托计划模式，并设计成结构化受偿顺序，分为优先级信托单位和次级信托单位。

（1）次级信托单位由北京市朝阳区财政局或其出资的基金（朝阳区中小企业扶持基金）以现金认购，出资金额为 1540 万元，占整个信托计划规模的 25%。次级信托单位的信托本金受偿顺序次于优先级信托单位的受益人。

（2）优先级信托单位预计 6160 万元由西部信托向社会投资者募集。

（3）本信托计划募集的信托资金全部用于向符合条件的中小企业发放信托贷款。

（4）北京中科智担保有限公司为西部信托向中小企业发放的信托贷款提供连带责任担保；各贷款企业提供包括房产抵押、股权质押、保证金等方式向北京中科智担保有限公司提供反担保。

（5）借款人偿还信托计划项下的贷款本金及利息，以及朝阳区财政按期支付的利息补贴，用于支付受益人的信托本金与信托收益。

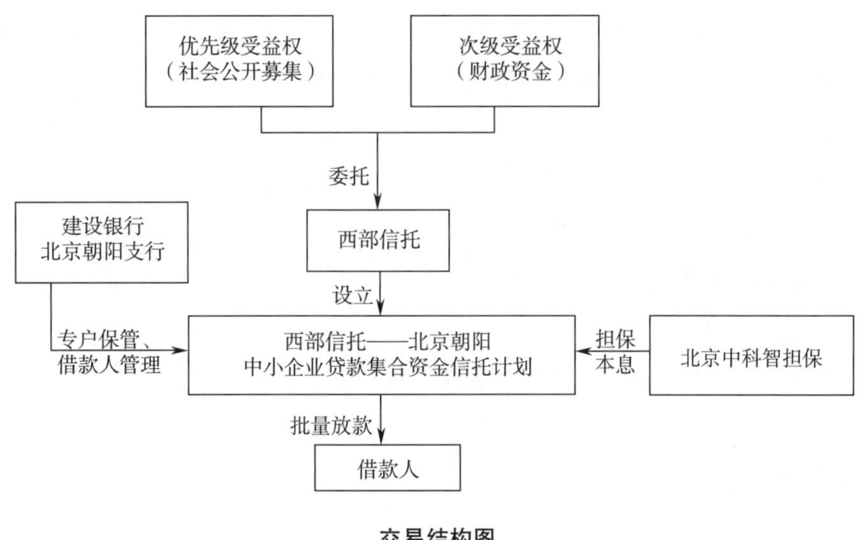

交易结构图

（三）创新亮点

1. 政府财政资金贴息，企业负担成本低

朝阳区区政府拿出信托规模的 3.5% 进行补贴，其中包括优先受益人信托收益补偿、受托人报酬、担保费、银行监管费等；企业实际承担的贷款利率仅为 8%，有效降低了企业财务负担，起到了扶持作用。

2. 政府信用支持，有效降低信用风险

朝阳区财政局认购本信托计划的 25% 作为次级委托人，在支付完全部优先受益人信托利益、各项信托费用后剩余部分作为次级收益。若出现个别企业无法及时还款，该次级资金可以作为代偿资金，有效降低了本项目的信用风险。

3. 贷款企业集中度低，期限短，信用风险较低

本项目共向 12 户企业发放了贷款，户均贷款 641 万元，分散在传媒、环保、儿童教育、水务、文化、服装出口、电子商务、IT 系统、汽车零配件进口代理等多个行业，客户集中度低，期限仅为一年，可以有效降低信用风险。

4. 入围贷款名单审核标准严，有效降低操作风险

北京市朝阳区发展改革委、朝阳区财政局、建设银行北京朝阳支行、北京中科智担保有限公司共同确定融资企业名单及金额，融资企业入围标准有严格、规范要求，在各自行业有一定的代表性，经营业绩优良，企业管理规范，抵（质）押措施到位。最终名单及金额由朝阳区发展改革委审定并核准，公司对入围企业进行筛选审查，并征求建设银行意见。

5. 机构协作，各负其责，共同监督，可有效降低操作风险

建设银行北京市分行推荐客户并监管账户，北京中科智担保有限公司进行尽职调查并承担监管、督促、担保责任，公司对企业进行二次尽调并承担借款人职责，而朝阳区发展改革委对最终入围融资企业有决定权。四家单位各负其责，能够有效监督项目运行。

6. 可以复制并持续

该项目得到了北京市朝阳区区政府的认可，并作为政府扶持中小企业的一项具体政绩，将长期持续执行。项目推出后社会反映良好，经过第一期成立运作，后期复制运作成本将会降低和快捷。公司目前正在做第二期的准备工作。

7. 首只北京本土项目

本项目为公司首只为北京地区企业融资服务的集合资金信托计划，有象征意义。

三、2015 年发展规划

2015 年公司将以“加强管理保存量兑付，开拓创新谋业务发展，苦练内功创业务特色”为

指导思想，落实《战略规划》的要求，核心思路包括：一是主营业务向专业财富管理和资产管理机构转型，开拓新的业务领域；二是传统市场力求深耕细作，产品设计突出灵活性和创新性；三是立足于陕西实体经济，加强国内一二线城市业务拓展；四是加强主动管理能力，严密把控项目风险，推进合规管理；五是重视与省内外金融机构的战略合作，加强同业交流；六是引进高端人才，继续打造内控管理体系。

公司年度经营目标是计划实现收入 40085 万元。其中，信托报酬收入 25000 万元，固有业务收入 15085 万元，实现利润 25146 万元。

西藏信托有限公司

一、2014 年经营概况

（一）主要工作

2014 年西藏信托有限公司（以下简称公司）保持了与兴业银行、北京银行、建设银行、广发银行等渠道的合作，业务规模保持增长态势。同时，以中信银行信贷资产转让业务为契机，建立与中信银行各分行的联系，并将合作拓展至存单质押、过桥项目合作等多种业务合作模式。

2014 年公司开展了与天津金融交易所、上海陆金所等交易所的合作，形成了非标资产转让、信贷资产转让、资产证券化或准证券化的新模式。

2014 年公司深化了与地产类客户的业务合作，通过附加服务开拓了与供销集团的财务顾问业务；与多家金融机构建立了联合投资的业务模式；与多家国内领先或有特色的地产公司建立了直接的业务联系。

2014 年，公司在证券资产管理业务领域，在主动管理类产品与结构化融资类产品上，均取得了突破性的进展。由公司担任管理人的主动管理类证券投资产品蕴泽 1 号与蕴泽 2 号，2014 年的年收益率分别为 155% 和 136%，大力发展了结构化融资证券产品项目，与 8 家证券公司（国泰君安、申银万国、长城证券、齐鲁证券、兴业证券、宏源证券、安信证券、信达证券）开展了业务合作，在国内市场形成了一定的影响力。

（二）信托业务状况

截至 2014 年 12 月 31 日，公司存续信托产品总数 887 个，余额 2562.85 亿元，较 2013 年末增长 98.74%，高于行业 28% 的增长速度。其中单一信托计划 714 个，受托资产余额 2123.55 亿元；集合信托计划 82 个，受托资产余额 214.16 亿元；财产权信托计划 91 个，受托资产余额 225.14 亿元。

公司全年累计分配信托利益 945.61 亿元，其中本金 815.42 亿元，收益 130.18 亿元，客户平均收益率为7.94%。

公司全部受托资产中，按照功能分类，融资类占比为2.11%，投资类占比为12.93%，事务管理类占比为84.96%。

按照运用方向分类，信托贷款类占比为38.16%，债权收益权占比为17.50%，理财产品投资占比为16.10%，财产权占比为8.66%，股权投资占比为5.89%，证券投资占比为3.72%，其他合计占比为9.97%。

按照投向的行业分类，工商企业占比为18.68%，基础产业占比为19.98%，房地产占比为2.43%，金融机构占比为42.79%，证券占比为1.83%，其他合计占比为14.29%。

（三）营业收入、费用、利润状况

公司2014年实现营业收入7.31亿元，其中利息净收入1542万元，手续费及佣金净收入2.51亿元，投资收益1.89亿元，公允价值变动损益2.76亿元。

公司营业支出3.17亿元，其中营业税及附加2678万元，业务及管理费1.29亿元。为体现审慎原则，计提资产减值损失1.61亿元，营业利润4.14亿元，营业外收入2308万元，合计利润总额4.37亿元，交纳所得税6396万元，净利润3.73亿元。

（四）资产负债情况

公司2014年末总资产17.86亿元，较年初的10.51亿元增长7.35亿元，主要增加项是存放同业存款从1089万元增加到6.63亿元，增加6.53亿元；交易性金融资产从3.55亿元增长到5.21亿元，增加1.66亿元；发放贷款增加2.08亿元；减少较大金额的有持有到期投资从6.28亿元减少到2.96亿元，减少3.32亿元。

公司2014年末负债总额从年初的2.94亿元增长到5.28亿元，增长2.34亿元。主要增加的负债包括预收账款从2.52亿元增长到3.60亿元，增长1.08亿元；应付职工薪酬从3099万元增长到9403万元，增长6304万元；应交税费从847万元增长到3663万元，增长2816万元。

随着业务收入、净利润的增加，公司净资产也大幅度增加。2014年初，公司完成一次增资，注册资本从4亿元增加到5亿元，增加实收资本1.5亿元（其中注册资本增加1亿元，资本公积增加0.5亿元），加上净利润的增加，2014年末公司净资产12.57亿元，较年初的7.55亿元增长66%，全年平均净资产收益率为37%，大大高于15%～18%的行业平均水平。

公司盈余公积金从9097万元增加到1.28亿元，一般风险准备从5014万元增加到1.24亿元，信托赔偿准备从6218万元增加到8084万元，抗风险能力大大提升，为投资人提供了更多、更好的保障措施。

二、创新业务案例

（一）房地产领域

1. 与 WK 的股权合作＋结构化分层融资

2014 年 10 月，公司联合 3 家机构投资人，组建一家有限合伙企业，投资 10 亿元，与深圳 WK 成立合资公司，持股比例为 20%，共同开发深圳某综合体项目（见交易结构图）。本项目的特点是：

一是与 WK 的合作为真实股权合作，双方按照股权比例承担责任、享受权利；不额外设定抵押担保，土地用于向银行申请项目开发贷款。

二是在有限合伙层面进行结构化分层处理，区分优先/次级合伙人，次级合伙人提供额外担保，享受超额收益，优先合伙人享受固定收益。

三是未来某实业机构有权采用公司分立的方式，分取房产自持，规避房屋销售的税费问题。

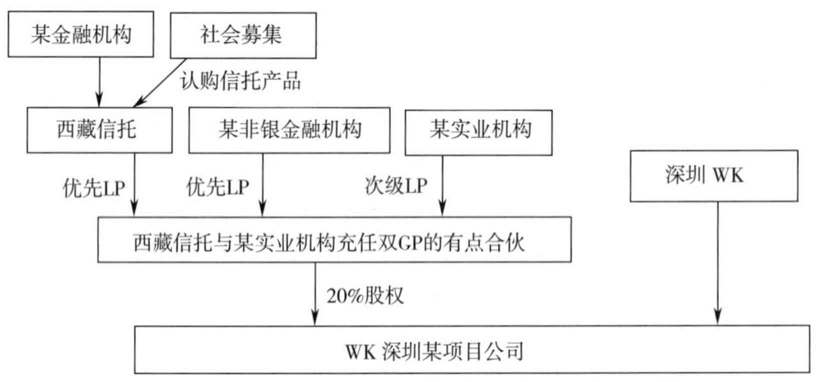

交易结构图

2. 三层接力融资项目

公司与某大型金融机构合作，为广东某地产集团并购山东某项目提供过桥融资，并最终在香港实现退出。

一是公司为客户提供融资杠杆，共同组建并购基金收购标的资产，收购价格为评估值的 50%，预期回报率为银行同期贷款利率 4 倍以上。

二是收购完成后，标的资产抵押给某大型金融机构，该金融机构按照评估的一半提供贷款，利率为银行同期贷款利率 2 倍以上，实际上公司与实业机构前期资金绝大部分收回，保留部分用于项目开发。

三是项目用半年时间完成精装，部分出售回收现金流，其余作为度假公寓出租，因地处核心海景风景区，出租率极高。公司与某大型机构联合某国际投行，将该项目包装为准 REITS 项目在香港发行，利率为 7.2%，签署金融机构全部收回贷款。

（二）证券市场领域

一是公司自主管理的证券投资类产品蕴泽 1 号、蕴泽 2 号，2014 年的收益率分别为 155%、138%，超越所有的公募基金，在全国阳光私募业绩中排名第四位和第六位；

二是公司募资参与了中广核香港 IPO 的基石投资，通过基金管理公司的 QDII 额度出境，获得了很好的收益。

三、社会责任履行情况

2014 年公司将履行承担社会责任与企业经营管理相结合，在积极拓展和创新信托业务的同时，立足诚实、信用的原则对客户负责，严守风控合规的底线稳健经营，为营造优良的金融生态环境、推动经济和谐发展作出了积极的贡献。公司在 2014 年累计为 300 多家企业实现融资约 700 余亿元，响应了国家助力扶持新兴企业的号召，进一步加强对战略性新兴产业发展支持力度，特别是积极支持节能减排，推动低碳产业、环保产业、创新型产业发展；加大对拥有核心技术企业的融资支持力度，积极支持企业技术改造和淘汰落后产能；严格项目准入，禁止对国家已明确为严重产能过剩产业中的企业和项目盲目发放贷款，使绿色信贷理念在本行信贷业务中得以全面、动态地体现。

公司始终秉承投身公益事业是践行社会责任，更是回馈社会的信条，践行一个企业公民的社会责任。2014 年 6 月，公司策划并发起了“图书馆计划”。公司在当地政府相关部门和中国人口福利基金会的协助下为西藏自治区山南地区绒乡第二完全小学和道布龙幼儿园捐建了两个图书馆，并捐赠图书共计 1200 余册，以及配套的教具、书架、电子设备、桌椅等教学用品，使 230 名小学生、22 名幼儿园学生实现了拥有一个图书馆的梦想，为他们打开了一扇认识世界的知识之窗。

此外，公司在 2014 年累计实现总利润 4.37 亿元，纳税额达 6396 万元，有力地支持了西藏地区的经济发展。

四、2015 年发展规划

继续加强风险控制，对新项目按照从严的标准严格审核把关，继续收缩房地产融资项目；

对存续项目加强管理，密切关注融资人的资信、经营变化情况，提高项目现场巡视的频率，加强与同业的信息沟通，防止融资人信用的突然恶化，做好存续项目的风险预防与预警工作，将存续项目管理能力上一个台阶。

公司固有财产的配置以高流动性的配置为主，尤其注重现金类资产的配置，保持充裕的流动性。严格审核、存续项目加强管理，配置上以现金为主，保持充裕的流动性。

完善业务资格，年内完成公募基金管理公司的设立开业工作，尽快取得资产证券化的受托人资格，为争取年金管理、保险资产受托人资格做好准备。

继续培养人才，加强团队建设，建立完整的立项、尽调、过会、实施及投后制度与流程，并严格执行。系统的加强专题研究工作，并在公司范围内广泛分享。增加团队活动，进一步注重团队凝聚力的建设。

探索业务创新，业务拓展。非标业务延续 2014 年的总体方针，积极接触，多看少动，进一步成熟队伍。对于证券类业务尤其是一级和一级半市场，加强关注及拓展，创造业务机会。开拓传统投行及财务顾问业务，深化对融资企业的金融服务。积极探索海外资产配置的机会，力争落地一单海外投资信托业务。

继续改进信息技术系统，升级与各证券公司互联的网络系统，扩容并优化配置，为证券类业务需求做准备；完成与公司各派驻机构的通信连接部署；初步完成 CRM 系统的需求调研与选型上线工作，完成公司网站的改版与400 统一客户服务电话的上线工作，提升财富管理的信息化程度。

进一步完善公司组织框架，逐步实现承揽与承做的分离、承做与项目管理的分离。在合理控制人员增长的大前提下，适当引入新的人才，细化分工，同时主要人员的通才化培养，岗位的专业化分工。

财富管理能力需要有显著提升，能系统地为客户配置各种不同市场的产品。

厦门国际信托有限公司

一、2014 年经营概况

2014 年，实体经济延续结构性减速趋势，在行业监管政策趋严、行业竞争激烈的形势下，厦门国际信托有限公司（以下简称公司）严守风险底线，整合资源配置，积极主动转型。在政府各相关部门、股东及监管部门的关心和大力支持下，公司进一步提升了风险控制水平和综合管理效率，实现固有资产稳步增值，信托业务平稳调整。截至 2014 年 12 月 31 日，公司实现总收入 78074. 27 万元，其中固有业务收入 30954. 61 万元，信托业务收入 47119. 66 万元；实现利润总额 59008. 63 万元，实现税后净利润 47478. 85 万元；创造税收 18300 万元；净资产收益率为 18. 38%；风险准备拨备全部到位。公司期末总资产 1191. 74 亿元，其中，自有资产总额 37. 8 亿元（含委托业务 0. 33 亿元），净资产 34. 81 亿元；管理的信托资产总额达 1153. 94 亿元。未发生集合类信托兑付风险事件。

（一）自有资产业务方面

2014 年，在董事会下达的授权范围内，公司固有业务以稳健经营为前提，以创新产品为试点，探索多元化投资。截至 2014 年 12 月 31 日，公司投资金融产品余额为 133435. 60 万元。自主研发投资证券二级市场的金融产品运作情况良好，其中“证券市场系列产品整体组合”自 2014 年 5 月 14 日正式开始运作，起始运作资金为 5000 万元，运作至 7 月末，组合盈利 142. 04 万元，实现资金收益率为 2. 84%，年化资金收益率约 13%，其中跌停板投资策略组合实现资金收益率为 4. 43%，年化资金收益率约为 20%，有效提高了固有资产的收益率。公司加强对南方基金、华夏电力、申银万国证券公司及省能源财务公司的股权投资项目的跟踪、反馈、预警、应对等日常管理工作。通过对不同项目的投资收益测算，进行差异化的管理。象屿期货股权完成整体转让；向南方基金新增投资 2250 万元；向省能源财务公司新增出资 5000 万元。2014 年，公司作为第一发起人与台湾永丰证券投资信托有限公司合资设立的圆信永丰基金管理有限公司正式开业。截至 12 月 31 日，圆信永丰已完成了 2 只公募、12 只特定专户产品的募集工作并投入运营。其中，发行的首只混合型公募基金募集规模超10亿元，创下近年新成立基金公司发行的首只投向于股票市场公募基金的最大规模。

（二）信托业务方面

2014年，公司顺应形势加快转型，在风险可控的前提下适度加大集合类、投资类信托业务的开发力度，调整优化业务结构，将证券投资、股权投资等投资信托业务和金融股权、股票受益权、保障房等融资信托业务作为自主管理的重点方向，提升自主管理能力。加大创新力度，获批特定目的信托受托机构资格；获准加入全国银行间同业拆借市场，正式成为全国银行间同业拆借市场会员；股指期货业务资格在申报之中。自主研究课题《信托公司固有资产配置与信托业务流动性风险管理的实证研究》入选中国信托业协会组织的行业重点课题研究，并获2014年信托业专题研究报告收编；《信托公司IT治理结构建设实践研究》获中国银监会金融科技治理与研究期刊采用。同时，公司组织机构强化升级，新设江苏业务部和上海财富中心，进一步培养直销能力。多项举措共同保证了信托业务的平稳转型。截至12月31日，公司存量集合资金信托规模321.07亿元，较年初增加191.09亿元，增长147.01%；集合资金信托规模占信托资产总规模比例由年初9.81%提升至27.82%；投资类信托资产规模492.44亿元，较年初增加171.98亿元，增长53.67%；投资类信托资产规模占信托资产总规模比例由年初24.20%增加到42.67%。新增信托规模投资类及事务管理类占比为77.06%（投资类占比为60.14%，事务管理类占比为16.92%），远超融资类信托新增规模占比。证券投资信托资产余额246.91亿元，较年初净增加了178.76亿元，增长了262.30%。公司自主管理类信托有效增长，业务结构显著优化，推进信托业务平稳转型取得阶段性成果。

（三）内部控制与风险管理方面

公司为适应业务主动转型、严格控制风险所需，启动各项制度的制定与梳理工作。继续强化制度执行力和操作风险管理，强化事前控制、事中管理和事后监督，不断完善风险评审流程和标准，提高尽调水平和风险识别能力，有效防范信托项目风险。继续强化项目后续跟踪与管理，加强对抵（质）押物市场价格变化的跟踪，力求各类风险“早发现、早预警、早报告、早处置”。年内先后制定与修订了《关于实施〈项目名称与合同编号管理细则〉的通知》、《关于〈实施综合业务系统操作规定及说明〉的通知》、《关于发布实施〈证券投资信托业务委托人电话回访制度〉的通知》、《关于实施〈异地业务部门管理办法〉的通知》、《关于修订〈厦国信字[2013] 172号关于加强信托资金用途监管的通知〉的通知》、《关于修订〈证券投资集合资金信托业务管理办法〉的通知》等30余项规章制度。公司高度重视案件防控工作，加强案防机制体系建设。进一步完善了案防工作评分制度，将案防工作表现与员工年度考核相挂钩。通过与各部门签订《案件防控目标责任书》的方式，将案件防控责任细化分解到各部门、各级员工，形成了一级抓一级，一级盯一级的全员案防工作机制。同时，加强对全体员工的合规管理、风险识别、行业专业知识、案防意识的培训。

二、创新业务案例

（一）创新业务案例一

厦门信托泛亚一号集合资金信托计划为公司 2014 年推出的现金管理型集合资金信托计划，该信托计划首期共募集资金 4285 万元，根据投资顾问指令参与昆明泛亚有色金属交易所铟现货交易，通过资金受托业务获取收益。该信托计划的创新点在于：投资端对接泛亚有色金属交易所产品；资金端为委托人提供期限灵活，并可开放申赎的交易结构设计，使受益人在其受益期间获取稳定收益。

（二）创新业务案例二

厦门信托—汇金 1407 号惠农资本员工激励集合资金信托计划为公司 2014 年推出的集合资金信托计划，该信托计划共募集资金 6000 万元，是惠农资本提供给核心员工和管理人员的一个具有激励性质的信托计划。此信托计划的创新点一方面在于避免员工跟投时复杂的程序，通过信托计划持有收益权实现灵活和简洁的处理方式。另一方面帮助惠农资本解决了员工激励的问题，通过信托受益权分级的设定（信托计划收益权分为 A、B、C、D 四个等级）可以针对不同职级、不同贡献的员工提供不一样的员工激励方案。

三、社会责任履行情况

2014 年，公司依照“诚信服务社会、有效回报股东、实现员工价值”的企业使命，诚实守信，合规经营，依法纳税，维护受益人的利益。严格按照《信托公司社会责任公约》的约定，积极维护信托业市场竞争秩序、行业声誉和良好社会形象。公司热衷公益活动，组织员工参加“慈善一日捐”、重阳慰问老人、无偿献血等各类活动；持续推动公益信托实践，努力履行作为一名企业公民所应承担的社会责任。

四、2015 年发展规划

（一）发展愿景

成为值得信赖的财富管理人。

（二）公司使命

诚信服务社会、有效回报股东、实现员工价值。

（三）经营宗旨

稳健经营、诚实守信、开拓创新、有效回报。即以稳健经营为前提，以诚实信用为根本，以开拓创新为动力，以有效回报为目标。

（四）总体发展战略

依托国务院关于支持福建省加快建设海峡西岸经济区的发展契机，在集团金融发展战略指引下，以开拓创新为先导，以专注主业为核心，以风险控制为保障，加强与银行、政府、集团成员机构以及海峡两岸其他金融机构和第三方机构之间开展各种形式的合作，逐步实现信托业务从平台型为主向自主管理型为主的转变，增强企业竞争力，提升公司在集团金融板块的行业价值；建立健全有效的激励和约束机制，实施有效的人才战略，为公司可持续发展创造条件；着力提升公司的投融资能力、项目开发能力、资产管理能力和市场营销能力；在确保安全性的前提下适当调整自有资产结构，提高自有资产的运作效益，成为集团金融资源整合的重要平台；积极获得股东支持，通过增资或引进战略投资者方式，提升公司净资本水平；规划期内确保在信托业务主要指标行业排名上有所进步，推动公司业务规模、经营效益、管理水平的全面提升，初步形成自身的核心盈利模式并成为国内具有一定竞争力的信托机构。

新华信托股份有限公司

一、2014 年经营概况

2014 年，新华信托股份有限公司（以下简称公司）面对错综复杂的外部环境，结合公司实际情况，明确公司工作目标为：理顺机制，符合客观，完善法人治理；严控风险，狠抓薄弱环节，提高资产保全能力，加强资产处置力度和速度，盘活资产；加快转型，培育新的利润增长点；集合各种资源，确保项目风险化解，保证委托人利益，实现公司可持续发展。

在监管部门的大力支持下，在股东会、董事会、监事会和经营班子的正确领导下，经过公司前台、中台、后台部门的共同努力，公司顺利完成 2014 年工作目标。

（一）总体经营指标完成情况

2014 年，公司实现各项业务收入 9.93 亿元，其中信托收入 13.27 亿元，实现利润总额 1.19 亿元，净利润 1.07 亿元，每股收益 0.09 元。

（二）固有业务情况

2014 年固有业务主动投资共实现投资收益 1.61 亿元，其中，已实现收益 1.22 亿元，浮盈 0.39 亿元，超额完成全年主动投资预算。固有业务收入主要来源于逆回购、货币基金、债券、可转债、认购信托计划、新股、证券投资基金、定向增发股票及二级市场投资等。

公开市场操作取得收益。固有资金认购定向增发股票已实现收益 2025.45 万元，投资证券投资基金已实现收益 295.70 万元，申购新股已实现收益 205.73 万元，投资二级市场已实现收益 1874.76 万元，投资逆回购及货币基金已实现收益 399.50 万元，认购信托产品已实现收益 4887.46 万元，投资债券已实现收益 1378.82 万元，可转债投资已实现收益 1153.80 万元，共计 1.22 亿元。

（三）信托业务情况

2014 年信托业务实现收入 13.27 亿元，管理信托规模 1769.48 亿元，比年初增加了 9.03%。

资金投向主要以基础产业、实业为主，这两项占公司总受托资产规模的59.35%。

截至2014年12月末，公司存续项目515个，规模1769.48亿元。其中，单一项目290个，规模1235.74亿元；集合项目208个，规模464.93亿元；财产权项目17个，规模68.81亿元。

从资金投向来看，基础产业存续规模590.15亿元，规模占比为33.35%；工商企业存续规模460.10亿元，规模占比为26%；房地产存续规模332.51亿元，规模占比为18.79%；金融机构存续规模380.74亿元，规模占比为21.52%；证券市场存续规模5.76亿元，规模占比为0.33%；其他类存续规模0.22亿元，规模占比为0.01%。

从资金运用方式来看，持有至到期投资975.84亿元，规模占比为55.15%；贷款及应收款555.48亿元，规模占比为31.39%；长期股权投资189.27亿元，规模占比为10.70%；交易性金融资产规模5.12亿元，规模占比为0.29%；货币资产11.51亿元，规模占比为0.65%；可供出售金融资产投资8.83亿元，规模占比为0.50%；其他类规模23.43亿元，规模占比为1.32%。

从新增项目来看，2014年公司新增项目186个，规模837.23亿元。其中，单一项目126个，规模687.01亿元；集合项目54个，规模126.62亿元；财产权项目6个，规模23.60亿元。

从到期项目来看，2014年公司到期清算项目213个，规模690.72亿元。其中单一项目139个，规模406.01亿元；集合项目62个，规模256.79亿元；财产权项目12个，规模27.92亿元。

（四）公司建设

1. 组织架构调整

根据公司经营管理实际需要，为达到隔离风险、明晰责任、提升效率的目的，对公司组织架构及部门职能进行了升级和优化，整合前台部门，实行大区化管理，以区域总部制的管理模式，提升区域管理能力；中台部门强化风险控制，提升审批效率，加强后续管理体系的监督和落实；加强研发及产品管理能力，增加业务发展支持中心的产品规划职能，负责公司产品政策规划管理，探索产品线开发及产品标准化建设。

2. 审批体系调整

为提高工作效率，明确责权，2014年公司成立了总经理及首席风险官牵头的流程改造专项工作小组，严格遵循审批做实、责任清晰、控制风险、提高效率的原则，完成了对公司流程的全面改造。进一步明确了主审（办）部门，强化了主审（办）部门责任制，从而提升了流程质量与效率。一是区分了运营与审批流程，实现管理层级化，强化了部门层级对运营类事项的负责制。二是引入了新的管理思路，实现中台、后台主动管理。三是填补了管理空白，并针对目前项目风险暴露之后被动应对的困境，强化了过程中的风险识别。四是引入了预警与预案管理，以做到风险的早识别、早预警、早防范。

3. 营销体系调整

构建营销体系，严格实行管理部门和销售部门分开，由营销管理部负责营销政策的制定以及销售过程中的监督管理，由销售部门（财富管理中心）负责信托产品的具体销售。

规范营销行为，停止与第三方销售的合作，严禁第三方非金融机构代销公司信托产品；加强销售合同面签行为规范，对事前报告工作进行了整改，加强信托产品异地推介向当地银监局报告制度。

二、创新业务案例

2014 年公司继续推进包括普天核心资产并购基金、普天东方核心资产投资基金集合资金信托计划等。

普天核心资产并购基金有效借鉴新华普天系列产品、汇源并购系列产品等的项目甄选、风险控制，以及运营管理经验，着眼于产业投资领域内的优质投资机会，继续贯彻严格的投资策略及投资标准。普天核心建立在稳定而持续的销售能力之上，充分利用结构化设计，在满足了融资方资金需求的同时，合理分配了各类投资者的收益及其应承担的风险。

普天东方核心资产投资基金集合资金信托计划，既是新华信托在投资管理模式上的一次创新尝试，又是与中国东方资产管理公司建立长期战略合作关系的有益探索与实践。这款产品将信托和有限合伙模式结合起来，开创了新型投融资结构。同时，通过整合不同金融机构之间的资源，实现优劣势互补，打造大战略合作平台。产品构建能有效分散风险的资产组合，构建基金化、主动化的运营管理的核心资产并购基金，在严格把控投资风险的前提下，为投资者提供具有优先股性质的投资产品，使高净值客户能够分享稳健收益。2014 年，普天东方核心资产投资基金通过成熟的有限合伙架构，投资佛山项目，同时引入国际通行的资金托管银行，监控资金流向。该项目属“三旧改造”范畴，加速城市升级，意义重大。“三旧改造”是国土资源部与广东省合作推进节约集约用地试点示范省工作的重要措施，包括对旧城镇、旧厂房、旧村庄的改造，项目建成将对周边发展产生积极作用。

三、社会责任履行情况

2014 年，公司继续推进企业文化建设，在继续贯彻“兼容并包、崇尚道德、负有责任感和使命感”企业文化精神的基础上，树立“苟利国家生死以，岂因祸福避趋之”的责任意识，做到“有责任、有担当”。通过准确研判和把握，严守系统性区域性风险底线，进一步有效服务实体经济，促进区域经济金融稳健与可持续发展，为公司社会责任的履行打下基础。

积极支持地方经济发展，公司荣获“2013 年度重庆市独立企业纳税 50 强”称号，获重庆市市政府颁发的“2013 年度支持重庆经济发展金融贡献优秀单位”，获重庆市金融学会“2013 年度‘招标课题’三等奖”。

将投资者利益放在首位，秉承“受人之托，为人尽责”的精神，获《上海证券报》第八届中国诚信托奖——2013 年度“诚信托”投资回报奖，获《中国证券报》“2013 年度金牛集合信托公司奖”，获《证券时报》“2014 中国优秀信托公司奖”，获《每日经济新闻》“2014 最具影响力信托公司奖”，获《国际金融报》“2014 最具竞争力财富管理奖”，获前程无忧“2014 年人力资源管理杰出奖”。

2014 年 6 月 23 日，依托于重庆慈善总会平台，新华信托普照一号集合资金信托计划开展了成立以来的首次公益活动，出资 10.5 万元，向重庆市酉阳县 300 名贫困小学生每人捐赠一套床上用品，帮助重庆市贫困地区留守儿童改善生活条件，顺利完成学业，为公司公益信托的运作打下良好开端。

2014 年 8 月 26 日，在由重庆商报社和重庆市慈善总会联合发起的“‘为希望续航’——援助优秀贫困新生上大学大型慈善活动”上，新华信托普照一号集合资金信托计划捐出 10.5 万元善款，帮助 21 名贫困学生走进大学校门。

四、2015 年发展规划

2015 年公司整体发展思路是：“稳健”经营，调整业务结构，探索业务转型；加紧清收，盘活资产，加快风险项目处置化解；明晰业务种类，健全业务标准，积极开展低风险业务；全面调整机构和人员设置，改革绩效考核机制，完善公司治理，切实加强执行力建设。

确保委托人合法权益。合理安排公司现金流，加强与投资者联系沟通，委派专人定期现场检查，提升存续项目管控力度。

加快风险项目处置化解。2015 年公司将投入更多的资源，集中精力处置风险项目，加大拨备力度，加强资产保全力量，加快资产处置速度，提高资产质量。

审慎开展新业务。兼顾风险，调整业务结构，加强同业合作，向低风险业务倾斜，确保业务开展速度与内部控制能力相适应，促进业务平稳开展。

切实提高经营管理工作质量，优化人力资源管理，构建运转高效的管理体系、科学完备的管理制度、顺畅有序的管理流程、充满活力的企业文化，提升公司在管理上的优势，增强公司核心竞争力。

新时代信托股份有限公司

一、2014 年经营概况

新时代信托股份有限公司（以下简称公司）的前身是包头市信托投资公司，1987 年经中国人民银行批准正式成立，2003 年 12 月经中国银行业监督管理委员会核准重新登记并更名为新时代信托投资股份有限公司；2009 年 6 月，经中国银行业监督管理委员会批准更名为新时代信托股份有限公司，并换领新的金融许可证；2013 年，公司注册资本增至 12 亿元。

近年来，公司秉承审慎合规的经营理念，以内涵型深耕式发展为指导思想，以主动管理信托资产为基本原则，以净资本管理风险指数为发展导向，打造投融资等多种手段组合的竞争优势，构建集约化、专业化、规模化、基金化和高附加值信托产品线为支撑的业务模式，整体业务驾驭能力、投资决策能力，以及风险识别、判断、防范和控制能力不断加强，资产实力与经营效益持续提升。截至 2014 年 12 月 31 日，公司自有资产总额 34. 13 亿元，负债总额 0. 99 亿元，股东权益 33. 17 亿元。

作为中国信托业内一名成员，公司忠实而积极地践行信托制度，坚持以高标准、高起点、专业化服务和对客户负责的理念开发信托产品，精心构筑信托产品结构和生产线，审慎规范运作，成功打造锦程系列、慧金系列、聚金系列、嘉盛系列、鑫业系列等信托产品，具有较强市场影响力和竞争力的信托产品品牌，丰富了金融理财和投融资市场，在金融市场树立了良好的口碑。截至 2014 年末，公司存续信托计划 636 个，管理的信托资产总规模 1652. 19 亿元。极大地丰富了金融理财产品，有力地支持了经济建设和发展。

公司将继续坚守金融服务理念，坚定社会责任，勇于开拓创新，不断超越，努力塑造良好的社会形象，精心培育核心竞争力，致力于建设理念先进、制度科学、技术领先、影响广泛的专业信托公司。公司愿与社会各界精诚合作、共谋发展，携手开创公司的美好未来。

二、创新业务案例

2014 年，公司获得同业拆借资格，并成为合格保险投资受托机构，逐步迈开了保险机构公司集合信托计划的步伐。2014 年新增集合资金渠道中，保险资金认购占比达 31.47%，是新增资金规模中占比最高的渠道。公司还获得网下配售资格，开展了一级市场的新股申购业务。

三、社会责任履行情况

一是在持续健康稳步发展的同时，公司更加注重践行社会责任，助力和谐社会建设与发展。通过大力拓展信托业务，积极支持城市基础设施建设和产业发展；尽可能把信托资金更多地投向战略性新兴产业、中小企业、低碳经济等领域，努力为机构和社会公众提供多元化金融服务。

二是公司严格履行信托合同，切实保证信托项目的安全运营和信托资金的安全。2014 年，公司到期信托产品全部达到了预期收益，并全部按期兑付了本金和分配了收益，全年金融消费者获取 7.65% 的年化综合平均收益的回报，实现投资者收益 139.08 亿元。充分遵循了“受益人利益最大化的”原则，为金融消费者创造了更多的理财收入。

三是为稳定金融秩序，提高社会公众金融投资意识，普及金融知识，公司认真履行公众教育服务的社会责任和义务。2014 年，公司参与当地银监管部门、银行业协会组织的各类公益活动，开展打击非法集资宣传、反洗钱宣传和金融知识宣传等公众教育活动，提升公众金融安全意识。

四是公司与包头市固阳县乡镇结成帮扶对象，长期给予经济援助，支持新农村建设，多次得到市县政府部门的称赞和表扬。2014 年，公司资助贫困山区 5 万元，用于新农村建设；2014 年，公司组织开展了“新时代信托—筑梦基金”助学活动。

四、2015 年发展规划

公司将继续发挥金融信托的独特优势，有效拓展公司的业务领域，培育核心盈利模式和盈利能力。依托内蒙古自治区资源型区域经济优势，有效地将金融服务优势和内蒙古自治区资源优势结合起来，发挥强强效应，逐步形成“金融服务 + 资源”、具有公司特色的业务发展方向和模式，形成“立足内蒙、辐射全国”的业务和发展格局；公司将树立“审慎经营、内控优先”的意识，建立决策科学、运营规范、管理高效的公司组织、制度建设体系，形成完善的员工培育和发展模式，促进员工向个性化理财专家方向发展，始终保持公司持续、稳定、健康发展，为将公司建设成一个全国一流的信托公司不断努力。

一是积极落实国家宏观政策，促进公司健康持续发展。要深入领会经济新常态精神及并认真落实国家宏观政策，高度重视各级监管部门的监管指导意见，通过在日常经营实践中认真逐项地落实，努力保持与国家产业政策、监管政策步调一致，促进公司内控长效机制不断健全和完善；不断优化公司业务结构，关注市场变化，明确合理的公司市场定位，积极寻找适合公司自身发展的特色及利润增长点；坚持以客户为中心，培育公司忠实的核心客户群，进一步提升信托产品的创新能力，深化对金融消费者的服务能力，积极发挥公司现有业务优势，不断提升公司业务向特有的方向发展。

二是强化风险理念和合规意识，严守风险底线。风险为公司生存之根本，严守风险底线是公司业务开展的根本基石。高度重视存续项目后期管理，着力加强风险防范的前瞻性；掌握项目的可能风险点，加强风险预测预判预警，及时制订妥善处置预案；科学谨慎开展新业务，确保业务开展质量。为公司健康发展、稳健运行打下坚实的业务基础。

三是夯实公司基础管理工作，促进公司改革、创新和发展。大力加强基础建设，从人才入手，积极开展对内、对外学习，提高公司各个业务模块和团队的创新能力，通过建立科学完善的规章管理制度，夯实公司业务发展的管理基础，以管理规范业务的流程化兼顾人性化的管理模式。加强各业务系统支持工作，保障公司各系统稳定、安全运行。充分调动公司全员的积极性和能动性，恪尽职守，练好业务本领，让公司在新常态下获得新发展。

云南国际信托有限公司

一、2014 年经营概况

2014 年，云南国际信托有限公司（以下简称公司）积极落实股东及董事会的工作要求，在合规与稳健经营的基础上，狠抓内部管理，灵活应对行业变化，积极调整业务结构，在信托业务规模、信托业务收入、净利润等方面继续实现增长。公司有效控制风险，未出现业务风险及监管违规事项。年内，云南银监局对公司年度现场检查工作取得圆满结果，未给予公司负面的评价乃至处罚。

（一）公司经营基本概况

1. 自营业务经营概况

截至 2014 年 12 月 31 日，公司总资产规模达到 18.6 亿元，较年初增长 2.5 亿元，增幅为 15.5%。净资产规模 16.2 亿元，较年初增长 2.2 亿元，增幅为 15.5%。净利润 2.6 亿元，较年初增长 1.7 亿元，增幅为 7.2%。净资产收益率为 17.01%，较年初时略有下降，主要因为年末净资产的大幅提升。

2. 信托业务经营概况

截至 2014 年 12 月 31 日，公司管理信托资产规模达 2701 亿元，较年初的 2251 亿元增长 450 亿元，增幅为 20.0%。存续信托项目 908 个，较年初的 605 个增加 303 个，增幅为 50.1%。

年内，新增项目 683 个，新增信托规模约 3217 亿元（包括存续项目），终止信托项目 380 个，减少信托规模约 2867 亿元。

年内，实现信托业务收入 47747 万元，占公司业务收入比例的 84.5%，信托业务收入是公司收入的主要来源。

（二）公司经营基本概况

一是信托管理资产规模稳步增长。公司 2014 年信托资产规模从年初的 2251 亿元增加至年末的2701亿元，同比增长20.0%，在全年行业发展增速放缓的背景下，继续保持着信托管理规模的稳步增长。但从具体数据可得，年内规模的增长主要是项目数量提升，项目平均规模有所下降。

二是证券投资类业务规模迅速提升，主动管理能力不断加强。截至2014年12月31日，公司证券类信托规模达368亿元，较年初的88亿元增长280亿元，增幅为318.2%。

2014年，在行业单一类业务受到极大影响的情况下，公司积极应对，加快业务转型创新，继续围绕证券类信托业务进行深耕和挖掘，研发并创设了“汇赢”、“汇通”等创新型证券投资类信托系列。

三是创新能力有所加强，行业影响力逐步提升。2014年，公司充分发挥自身优势，通过证券投资类信托产品的创新，在信托行业内影响力逐步提升。以“汇通”系列创新型产品为例，目前已被业内誉为“云信模式”，在行业内广受好评。

四是加强未来业务战略布局，发展方向逐步明确。2014年，在信托行业整体迷茫的大背景下，公司结合自身特点，通过不断的业务探寻与摸索，确立了以证券投资类信托业务与资产证券化业务为主的未来业务发展方向，并适应时代变化，结合互联网发展，不断提升核心竞争力。公司已于2014年提交了资产证券化资格申请并获得受理，并在资产证券化团队建立方面取得了巨大突破。

（三）公司内部管理概况

一是组织架构逐步健全，中高层管理序列不断强化。2014年，一方面，公司重点推进了合规风控部门的重构，提升了合规风控队伍的整体素质。同时，资产证券化业务团队的组建工作正在不断的推进当中；另一方面，公司已在内部讨论并拟确定对高管序列进行补充，调整管理组织架构，充分发挥管理效率。

二是与监管沟通不断加强，各项工作取得较好成果。2014年，云南银监局对公司的年度现场检查工作，得到了一个圆满结果，未给予公司负面的评价乃至处罚。同时，公司努力推动业务资格的申报和监管评级工作，资产证券化业务资格已经进入到审批程序，监管评级基本确定了“三级”的评级结果，给公司资格申报、业务开展奠定了较好的基础。

三是扎实稳步推进其他内部管理各项工作。人力资源体系有所提升，大力开展人才招聘与储备工作；风险及合规管理水平大幅提升；IT系统架构日渐完善，功能逐步增强；审计稽核工作有序开展；企业文化建设、党组织建设、工会等工作有序开展。

二、创新业务案例

2014年内，在行业单一类业务受到极大影响的情况下，公司积极应对，加快业务转型创新，继续围绕证券类信托业务进行深耕和挖掘，研发并创设了“汇赢”、“汇通”等创新型证券投资类信托系列。

三、社会责任履行情况

（一）开展志愿服务活动

2014 年 5 月 30 日，公司党委、工会组织公司 13 名志愿者赴五华区西翥希望小学慰问学生，参与学生互动游戏、表演节目、共同娱乐，欢度“六一”，并且向学生们捐赠了精心准备的篮球、羽毛球、乒乓球、跳绳等体育用品以及书包、文具、笔记本等日常学习用品，送去云南国际信托人的暖暖祝福。公司还组织志愿者参加了清扫南屏步行街、由党委书记亲自带队慰问辖区贫困户等一系列志愿者活动。

（二）“爱心水窖”捐赠

为缓解云南省山区、半山区、贫困地区群众饮水困难，努力提升其抵御干旱灾害能力和农业综合生产能力，云南省省委、省政府决定从 2012 年起，用 4 年时间建成了 160 万口“爱心水窖”。每年定向向企业筹集 1.5 亿元，连续四年，用于“爱心水窖”建设的捐赠支出。该活动得到了公司高层的高度重视，为响应云南省金融办、省委、省政府号召，为根本解决山区群众的生活生产用水难题，特批示了每年 10 万元的捐赠额度，2014 年的捐赠款项已落实到位。

（三）昭通鲁甸“8·03”地震灾区捐赠

2014 年 8 月 3 日在云南省昭通市鲁甸县发生 6.5 级地震，震源深度 12 千米，余震 1335 次。共造成 617 人死亡，112 人失踪，3143 人受伤，22.97 万人紧急转移安置。共 108.84 万人受灾，8.09 万间房屋倒塌。“一方有难，八方支援”，公司积极为云南省鲁甸县地震灾区伸出援助之手，捐赠 15 万元款项，帮助灾区同胞抗震救灾和重建美好新家园。

（四）开展公益信托

公司曾于 2006 年与云南省青少年发展基金会合作，推出了“爱心稳健收益型集合资金信托计划”，并运营至今，是国内首家推出具有公益性质的资金信托计划的信托公司。

公司通过对该项目的专业投资管理，为委托人谋取相应收益，并根据委托人与受益人的意愿将部分收益捐赠给云南省青少年发展基金会的“爱心成就未来”特别助学行动。该信托计划已捐建了包括“云南省德宏州梁河县勐养镇芒回公益信托希望小学”、“云南省楚雄州大姚县公益信托希望小学”在内的5所希望小学。

而所有参与本信托计划的投资人除获得相应收益外，也都得到了由共青团云南省省委、云南省实施希望工程领导小组和云南省青少年发展基金会所共同撰写的一封感谢信以及颁发的一本《捐赠证书》。公司在实现客户价值、员工价值与股东价值的同时，也积极履行了社会责任。

四、2015年发展规划

（一）业务发展规划

1. 积极推进业务的全国性战略布局，特别是经济发达地区的业务开展与管理水平

随着近几年来的“恢复性”发展，公司业务开展、各级组织架构建设已逐步扩展到全国范围。2015年，公司管理层将对业务布局进行全国性的统筹考虑，特别是对于北京、上海等经济发达地区，将加大力度推动组织架构建设与业务开展，并兼顾经济较为不发达地区的协调布局，逐步形成以上海、昆明、北京三地为核心的联动发展方式，带动其他地区的发展，从而实现公司业务布局的整体提升。

2. 不断探索原有信托业务模式，大力推进业务转型与创新

一是深入研究传统“通道类”业务发展趋势，继续通过“深耕、精管、细作”开展融资类业务。2013年初开始，单一类业务受资产管理行业竞争影响较大。同时，随着银监会等监管机构127号文、99号文等各类监管政策的陆续出台，此类业务模式也受到了巨大的挤压。因此，在传统单一类业务发展方面，公司2015年将进一步深入研究发掘该类业务模式的内涵与价值，通过“深耕、精管、细作”努力形成此类业务的发展特色，转变原有粗放式的发展方式。

二是全力推进发展证券投资类信托业务，不断提升公司主动管理水平。证券投资类信托业务是公司的传统业务之一，在过去一年的发展中有了长足的提升，总规模目前已超过300亿元。虽然证券投资类信托业务模式较为复杂，人力消耗较大，但却能使公司收入与管理水平得到较大的提升：其一是提升了业务收入水平；其二是提高了信托业务的主动管理能力；其三是优化了公司内部各项管理流程。2015年，公司将继续推进证券投资类信托业务的发展，在人员、部门配置及资源方面，给予倾斜。

三是着力培育资产证券化业务，形成未来业务转型与创新的重要突破口。信托行业自2011年以来，银行同业大发展的历史机遇给整个信托行业带来了巨大的制度红利。然而随着2013年以来资管行业的竞争加剧，各类政策文件的出台，整个信托行业的发展受到了极大的影响。在这样的行业发展情况下，资产证券化业务既是在外部环境压力下公司自身转型的重要一步，更是对公司自身业务模式的丰富与充实。因此，公司将在2015年着力培育资产证券化业务，专设

资产证券化业务部门，希望经过一段时间的努力，将该项业务培育成公司的核心竞争力，从而带动公司朝着差异化与专业化的方向转型。

（二）内部管理发展规划

1. 大力优化内部组织架构，精细化前台、中台、后台职能分工

公司将增设业务部门，有针对性地开展相关业务。随着公司业务的不断发展，业务部门的新设无疑将推动公司业务水平提高一个新台阶。2015 年，针对公司现行业务发展的特点，目前主要为证券投资类信托业务，公司计划将增设新的业务部门开展此类业务。同时，对目前发展规模较大，整体较为成熟的部门，将推动部门在条件成熟的时候，结合内部人员的诉求，考虑分离新设业务部门，从而达到“1 +1 >2”的目的。

2. 深入贯彻“以人为本”的理念，加强人力资源体系建设

一是推进人力资源体系建设，筹建人力资源部门。公司经营管理层在不断的思考与摸索中，深刻地意识到人力资源体系建设在公司未来发展中的重要性。业务发展、管理提高，归根结底，“人”的问题决定了公司的未来，而解决好“人”的问题，根本途径在于构建公司的人力资源管理体系。基于此，公司 2015 年将考虑设立人力资源部，推动建立完善的人力资源管理体系。

二是继续开展人才招聘与培养工作。公司将结合自身实际情况，既要通过积极的内部培养，给公司优秀员工以发展的平台，又要不断通过外部招聘，引入新鲜血液与先进的业务与管理经验，使公司的人力资源实现合理有效的配置，打造一支专业水平过硬、协作能力突出的高效团队，进一步提高公司的核心竞争力。

3. 继续提升合规风控能力，不断完善相关体系建设

公司的合规风控水平年内已经得到了极大的提升，各项合规风控工作逐步条理化与制度化。但由于公司合规风控基础较为薄弱，需要梳理与优化的环节较多，致使当前一段时间的工作仍以解决历史遗留问题为主，而对新业务的适应稍显不足。2015 年，公司将继续推进合规风控体系建设，提升合规风控人员水平，特别是加强对新业务种类的合规风控能力，在把握好制度红线的前提下，大力支持业务的开展、转型与创新。

浙商金汇信托股份有限公司

一、2014 年经营概况

2014 年，浙商金汇信托股份有限公司（以下简称公司）紧紧围绕“管理提升、创新驱动”的年度工作主基调，按照既定战略方向，在合规经营和严控风险的基础上，努力做好展业务、控风险、抓管理、求创新、促发展等各项工作，公司总体运行平稳有序。

2014 年公司实现营业收入 2.92 亿元，利润总额 1.05 亿元；到年末公司管理的信托规模余额 243.51 亿元。

二、创新业务案例

2014 年，公司根据自身业务战略安排，继续加大企业私募债等业务的创新力度，积极探索业务新模式。公司进一步加强与浙江股权交易中心、保险公司、互联网金融服务商等机构的合作，作为债券承销商和受托管理人，推出了“浙江网新联合工程有限公司 2014 年私募债券”、“浙江允升投资集团有限公司 2014 年私募债券”和“浙江湖州环太湖集团有限公司 2014 年私募债券”。

三、社会责任履行情况

2014 年初，公司组织广大党员和员工踊跃为浙江省“五水共治”工程捐款，贡献一份力量。

四、2015 年发展规划

2015 年，公司的工作主基调确定为“调整业务结构、提升专业能力”，在充分评估和正确认识自身行业地位和市场竞争力的前提下，扬长避短，努力发挥自身资源禀赋优势，踏踏实实地向差异化发展、专业化运作、精细化管理的道路迈进，力争业务创新取得实效，发展“瓶颈”实现突破。与此同时，公司将在2014年管理提升工作取得较大进展、全面风险管理体系基本形成的基础上，进一步平衡质量与速度、风险与收益的关系，全力推动管理能力与发展速度、风控能力与收益水平的同步提高。

2015年公司的重点工作为：一是完善公司治理和战略规划，优化管理机制。二是切实抓好存续信托项目管理。三是把好项目审批关，提高对信托项目的整体风险把控能力。四是围绕行业发展趋势和监管政策导向，结合自身优势和实际情况，进一步明确和细分重点业务领域，努力探索拓展各项业务。五是通过内引外联，推进外部资源整合，构建外部战略合作伙伴联盟。六是加强风控、合规、内审稽核、人力资源、信息化、财务及行政等各项内部管理工作。

中国金谷国际信托有限责任公司

一、2014 年经营概况

2014 年，中国金谷国际信托有限责任公司（以下简称公司）在国家宏观经济下行压力进一步加大、信托行业增速持续放缓、市场竞争越加激烈的形势下，一方面，及时调整业务发展方向，提高业务准入标准，拓展传统类融资业务，做大做实资产证券化业务，加大集团协同力度，推动公司业务规模持续稳健发展；另一方面，以风险管控工作为重点，全面强化风险管理，重点防控到期项目清算风险，确保公司稳定运行。截至 2014 年末，公司信托资产规模余额 885 亿元，全年实现营业收入 7.55 亿元，实现净利润 1.03 亿元。

2014 年公司经营亮点主要体现在以下五个方面：

一是资产证券化业务发行规模在行业名列前茅。2014 年公司资产证券化业务以 222.65 亿元发行规模排名行业第三，无论是市场占有率还是发行单数均位列行业前茅。

二是协同业务有了突破性进展。公司在集团协同上做了新的探索，不再仅是组织上的协同，而是通过契约完成商业化的协同，开发了一系列重大协同项目。

三是核心制度得到了完善和优化。2014 年公司组织对核心业务流程和审批流程进行了梳理和完善，对业务开展过程中核心环节进行重点关注，加大了对主动管理类项目尽职调查、审核审批、期间管理、风险防范等方面的管理力度，使公司的风险控制和管理进入了更加有序的阶段。

四是风险管理工作上了新台阶。随着行业环境的急剧变化，公司及时调整了业务发展方向，全面强化风险管理工作，提高了高风险、高收益的集合信托项目的客户准入标准，不断加强对项目的风险排查力度，有效防范和化解风险。

五是基础建设得到了发展。2014 年公司持续强化基础管理能力，加强了员工培训，强化了合规内控管理和财务管控，加快了信息技术建设。

二、创新业务案例

公司取得资产证券化创新业务资格以后，以“做实资产证券化创新业务资格”为目标，高度重视该类业务的发展动向，积极从市场开发、业务操作、期间管理、理论研究等方面全方位推进资产证券化业务，并取得明显成效。

2014 年公司共组织投标 13 余次，总投标金额近 1000 亿元，覆盖了政策性银行、国有商业银行、股份制银行、城市商业银行、金融租赁公司等主流金融机构。通过上下齐心协力，公司中标金额为 232. 76 亿元。截至 2014 年 12 月末，公司实际发行资产证券化业务规模共计 222. 65 亿元，在 68 家信托公司历年累计规模中位列前茅。

三、社会责任履行情况

公司自重新开业以来，秉承诚信、高效、专业、创新的经营理念，恪守谨慎、稳健的经营方针，以受益人的利益最大化为宗旨，专注于信托业务的拓展，积极履行社会责任。

（一）为投资人做好资产管理，全力保障信托财产保值增值

公司以受益人利益最大化为宗旨，信守承诺，勇于承担社会责任，最大限度地为信托投资者分配收益。公司 2014 年共向投资者分配信托收益 65. 51 亿元。

（二）积极践行金融工具的创新与尝试，在人员、制度、储备项目资源方面做好了充分准备

公司积极响应国家优化金融资源配置、盘活存量资金，更好支持实体经济发展的政策，结合自身业务战略转型，自 2013 年获得银监会核准的“特定目的信托受托机构资格”以来，先后与中国银行、国家开发银行、华商银行及中国进出口银行等机构合作开展信贷资产证券化业务。2014 年，公司先后发行中银 2014 年第一期信贷资产证券化信托资产支持证券项目、2014 年第四期开元信贷资产证券化项目、中国进出口银行 2014 年第一期信贷资产证券化项目等，在资产证券化领域逐步提升了公司的品牌效应。这是公司响应国务院“发挥债券市场避险功能，稳步推进债券市场交易工具和相关金融产品创新”的号召，在“加大风险较低的固定收益类证券产品的开发力度，为投资者提供储蓄替代型证券投资品种，积极探索并开发资产证券化品种”方面积极努力的成果。

四、2015 年发展规划

公司 2015 年经营方针为“稳中求进、进中求变”，发展基调是“稳健经营，稳步发展”，并坚决贯彻四个“坚定不移”，即坚定不移地坚持“三性”原则、坚定不移地坚持全面风险管理、坚定不移地坚持有质量有效益的发展、坚定不移地推进业务转型。

（一）鼓励转型创新，积极推进各项业务开拓工作

一是在产品线规划梳理的基础上，调整业务结构，推动盈利模式转型，审慎开展传统融资类项目。二是稳步推进证券投资信托业务，丰富公司产品线。三是加大对资产证券化业务的投入，巩固和提升公司在资产证券化领域的行业地位。四是积极探索消费信托、家族信托等创新类信托业务。

（二）采取内部协同和外部协作并重的方式，加强营销渠道的建设

一是依托信达集团金融控股大平台的协同优势，在信达集团内部与保险、证券、基金协同合作，共享高净值客户资源，以市场化的机制建立信达系统内交叉营销渠道。二是依托互联网金融，抓住未来金融产品营销的制高点，通过与陆金所等互联网金融平台的外部协作，利用互联网的无限延展性和扩充性，逐步建立公司在互联网金融中的营销渠道和优势。三是借鉴、学习行业内财富管理发展模式，结合公司业务发展搭建营销团队，有序地引进市场化的专业营销人才，迅速提升自主营销能力，积累客户资源。

（三）提高门槛，加强排查，提升风险管理水平

一是坚持统一的业务和客户标准，提高融资类集合信托项目的准入门槛，牢牢守住不发生系统性风险、避免重大风险损失、杜绝道德风险的底线。二是将项目风险检查工作作为常态机制，加强对项目的动态风险管理工作，强化项目的风险识别和化解工作，提高信托经理勤勉尽责的履职义务，确保项目安全运营。三是在业务操作各环节进一步加强“守住底线，主动管理”的意识，加强队伍建设，把住立项门槛，完善尽职调查，做实资产评估，做好期间管理，重视风险预警，在项目审查审批的各个环节把住风险点。

（四）继续积极稳健推动公司基础建设，确保健康可持续发展

2015 年是公司的能力建设年，公司将从新的经营环境和监管要求出发，加快推进管理机制建设，进一步完善资本、风险、内控和考核体系，全面提升公司经营管理能力。一是根据新的

业务流程，调整优化组织结构和职能。二是进一步优化激励约束机制，使之符合公司现阶段发展特点。三是加快信息化建设。四是加强合规内控建设。

2015 年，公司全体员工将上下一心，聚精会神，狠抓落实，以更加振奋的精神，更加高昂的热情、更加务实的作风，推动公司持续稳健发展。

中国民生信托有限公司

一、2014 年经营概况

2014 年，中国民生信托有限公司（以下简称公司）在资本实力、业务拓展与创新、财富管理、团队建设、管理体系建设等方面都取得了一定的进步。公司大股东对公司给予大力支持，在第一个完整的会计年度就大幅增资，公司 2014 年注册资本达 20 亿元，净资产规模一举突破 30 亿元，迈进了业务发展的第一个重大资本门槛，为全年发展奠定了强大的基础。

为适应新的发展要求，公司为经营转型提升探索新的业务形式；公司加强了财富条线的建设，缓解了资金瓶颈；公司通过调整部门架构，使得各部门职责更加清晰、定位更加准确；公司系统梳理了各项管理制度，优化了各项业务流程，提升了制度体系的执行效果。总体上，公司整体作业能力较上年有明显提升。

公司 2014 年新增业务量达 441 亿元，业务规模达 617 亿元，业务收入实现 4.68 亿元，净利润为 18744 万元。

从资产质量来看，审计结果显示，2014 年的资产运行基本保持平稳，不良资产率为零。

从业务结构来看，主动管理类业务无论从业务规模，还是业务收入，均接近了行业正常或较好水平，比 2013 年有了非常明显的改善和提升。

从产品结构来看，2014 年融资类业务涉及的行业增多，从地产、政信向工商企业及其他行业延伸。2014 年下半年，公司证券投资类产品的落地是在业务结构上作出的重要突破，朝着真正有技术含量、有主动管理含量的业务延伸。

风险是业务审查的核心关口，所有业务都要经过风险管道的流程化处理。自 2014 年开始，公司不断优化业务的审批体系、授权标准和业务流程。公司在业务上的风险审查、审批的能力和效率在不断提高。风险管理团队作业的质、量、速均有较大程度的改善和提高。

面对经济周期下行，企业流动性普遍困难的背景下，公司资产运行始终保持平稳，使公司的主动风险管理能力有了实践与提高，对快速提高业务规模至关重要。

2014 年，公司设立了财富管理总部，在组织层面上明确了产品发行与销售管理的重要性，并设置了渠道销售、自营直销与客服管理的三大功能。公司形成了前台、中台、后台各个部门清晰有序的布局，从团队招募到组织架构都有了大幅提升。公司加强了绩效考核体系建设，形成精细化的考核体系。

2014 年公司财务核算与管理比较平稳、健康。严格执行了固有、信托分离管理与核算的要求，明确统一归口的业务数据的统计与报送，在外部，特别是在监管部门，树立了良好的经营形象。

公司高度重视信息化工作，在保障信息技术基础设施和信息系统安全稳定运行的同时，以信息技术支撑、推动公司业务运营和管理能力提升为目标，大力推进信息化基础设施和应用系统建设，促进信息化工作又上一个新台阶。公司还积极参与《非银行金融机构信息科技监管指引》的起草与修订工作，配合“信息科技非现场监管报表2014 版”监管报送系统的技术测试等工作，发挥自身优势，为提升行业监管水平贡献力量。

公司开通了微信公共平台、微博公共平台，品牌建设工作上了一个新的台阶。

二、社会责任履行情况

公司一直以来切实履行社会责任，在促进行业发展方面积极配合信托业协会开展工作，以实际行动响应信托业协会的“自律”号召，高度深化“自律”意识，自觉加强风险控制措施，坚决恪守行业公约与业务准则，树立了良好的公司形象。

公司严格履行对客户资金安全、社会经济稳定的责任，秉承“得益于社会，奉献于社会”的核心价值观，“目标、责任、利益相统一”的经营理念，以及“热情、快捷、细致、高效”的客户服务理念，努力提高公司整体服务水平，自觉维护信托受益人利益和股东权益，坚持在“稳中求进，严控风险”的经营管理思路下稳健发展，切实保障了股东及受益人的权益。

公司积极践行对环境保护的社会责任，大力倡导绿色办公，积极建设无纸化办公环境。公司已建设部署了 17 个信息系统，主要包括以信托业务综合管理平台系统、信托计划登记过户系统、资产管理系统为主的业务信息系统和以财务核算系统、预算报销系统、协同办公系统为主的管理信息系统两大类，覆盖了公司管理及业务处理的方方面面。目前，公司几乎全部工作流程均可通过上述系统在线处理，基本实现无纸化办公全覆盖。

公司坚决维护全体员工的合法权益，认真履行员工责任，通过社保参保、补充保险和定期体检等方式保障了员工的身体健康，并提供午餐补贴、生日祝福及礼品卡、过年过节礼品等多项福利。公司还组织各类拓展与培训活动，提高员工的综合素质和展业技巧，帮助员工制订个人的职场发展规划。此外，公司积极关注员工业余生活与兴趣爱好，致力培育团结向上的企业文化，组织篮球、羽毛球等多种文体活动及赛事，促进员工业余健身及融合交流。

三、2015 年发展规划

2015 年，公司计划在整体经营管理上稳中求进、严控风险、提高效益、夯实基础，积极应对未来产业环境、客户偏好、监管政策等方面的变化，在项目研发、项目管理、风险控制等方面做到与时俱进，有所作为。通过理顺机制、强化考核，大幅提升公司的市场营销能力与风险管理能力，力争在规模、特色、效益、品牌四个维度上，为公司的长期发展打下坚实的基础。

2015 年，公司将进一步完善经营和管理举措。一是要加强市场形势和竞争环境变化的整体把握能力，打造“揽、做、销”的项目综合能力，提升项目落地率。二是加强财富管理端的建设，明确财富销售与业务拓展同等重要的地位。三是要丰富对项目全过程的风险管理手段，提升全面风险管理能力。四是要继续加强信息化基础建设，以 IT 技术推动公司业务运营和管理能力提升。五是要认真学习信托业监管法律法规并严格执行，持续完善治理制度，优化管理流程。六是做好公司企业文化和品牌建设工作，在内部加大对员工的关爱和团队建设，增加凝聚力；在外部做好品牌宣传，为业务拓展提供声誉支持。

2015 年，公司继续以保障委托人的合法利益为最高准则，秉承合规、稳健的经营思路，着力开发优质项目，推行严格、高效的风险控制措施，保持适度且健康的增长规模，提高效率和效益，扎扎实实打基础，稳进有为，厚积薄发，为客户创造价值，为中国金融业的创新发展作出贡献。

中建投信托有限责任公司

一、2014 年经营概况

2014 年，是中建投信托有限责任公司（以下简称公司）实现“跨域式转型”发展的重要一年。公司紧跟行业发展趋势，以精细管理为切入点，围绕战略规划、业务经营、风险防范、运营保障、品牌文化五大领域深耕细作，实现各项经营管理工作快步有序推进。公司进一步拓宽展业半径，随着 3 月以成都为支点的西南展业区域的正式设立，全面形成以杭州、北京、上海、深圳、成都五大城市为支点的全国性展业布局，实现信托财产规模的快速提升和盈利水平的持续提高，综合实力和业务能力显著提升。

2014 年，公司实现营业收入 11.6 亿元，同比增长 13%。其中，信托业务收入 7.6 亿元，同比增长 5%；固有业务收入 4 亿元，同比增长 32%；实现净利润 5.8 亿元，同比增长 10%；净资产收益率为 15.55%。截至 2014 年末，公司存续信托项目 281 个，信托总规模 998 亿元，同比增加 21 亿元，增长 2%。

2014 年，公司积极拓展市场，主动管理能力进一步提升。新增集合信托规模实现较大增长，产品销售能力显著提升，机构客户营销取得重大突破，初步形成“五地八中心”的营销布局。同时，全面梳理和优化财富管理条线组织架构，设立财富管理部，全面统筹公司产品营销、客户管理工作。

二、创新业务案例

公司积极应对行业转型带来的挑战，深入研究创新业务模式，探索开拓创新型业务，深度挖掘产业投资机会，提升投资能力和价值研判能力，加快从融资驱动型业务为主向投资驱动型业务与融资驱动型业务并重的转变，不断加强与证券、银行等金融机构交流，搭建互利合作平台。

加大创新业务的拓展力度，积极开拓土地信托、并购融资、PE 投资、产业基金等创新型业务。2014 年 7 月，公司成功设立首单土地流转信托“中建投·镇江新区·森禾一期土地流转财产权信托”，成为继中信信托、北京国投后行业内第三个“吃螃蟹”的信托公司。2014 年共设立土地流转信托项目 3 个，位列行业第二，有效提升了公司影响力。

2014 年，公司成功设立信达并购基金 1 号、景瑞集团并购、新药王山水泥并购、联东产业地产并购项目、天堂硅谷项目、新能源 1 号等 7 个项目，合计规模 26 亿元，占新增集合信托规模 11%，实现收入 1588 万元，占新增信托收入的 5%。并购业务逐渐发展为公司较为成熟的业务品种之一。在业务开展模式上，持续探索并初步形成了项目并购贷款（顺风光电项目）、并购标的资产代持（药王山水泥项目）、基金化投资（天堂硅谷基金化项目）、并购 + PE 模式（华数传媒项目）四大业务模式，进一步确立和巩固公司在信托型并购业务中的优势地位。

公司还积极推进信贷资产证券化、股指期货两项创新业务资格申请工作，为 2015 年各项业务开展提前做好准备。

三、社会责任履行情况

2014 年，公司以全面协调可持续发展为原则，秉承“受人之托、代人理财”的信托宗旨，积极探索公司与股东、员工、客户、社会的共同发展，在创建和谐的企业发展环境同时，严格履行社会责任，力求经济效益和社会效益的统一。

（一）股东回报稳定，国有资产保值增值

2014 年公司营业收入、净利润、信托业务收入和信托业务规模均实现稳定增长。公司连续八年保持向上的发展势头，行业影响力和竞争力不断巩固和提升。股东获得良好投资回报，有效实现国有资产的保值增值。

（二）加强精细化管理，增强公司综合实力

2014 年，公司在“精细管理年”思路指导下，全面推进发展规划、业务经营、风险控制、运营保障和党建文化五大领域精细化管理建设，进一步促进实现内部准确、高效、协同运转，基础运营保障得到有效规范和细化，实现各项经营管理工作快步有序推进。2014 年，公司荣获浙江银监局非现场监管报表考核一等奖，是杭州地区唯一获此殊荣的信托公司；公司凭借近年来在信托项目风险调查、控制及管理能力上的卓越表现，荣获“2014 年最佳风险控制信托公司”金贝奖殊荣。随着公司综合实力的不断增强，公司在促进自身可持续发展的同时也为促进区域实体经济发展贡献一份力量。

（三）成立土地流转信托，支持民生工程

2014年7月，公司与江苏省镇江丁岗镇集体资产经营管理中心、浙江森禾种业股份有限公司签署三方框架协议，标志着公司首单土地流转信托——“中建投·镇江新区·森禾一期土地流转财产权信托”正式宣告落地。这也是继中信信托、北京国投后，行业内第三个成功设立土地流转信托的案例。10月，公司第二单土地流转信托项目在四川省成都市龙泉驿区正式落地。“土地流转信托”的成功落地，在提升农地使用效率为农民创造价值的同时，也实现了以信托机制践行社会公益、普惠金融。

（四）建立“JICT·悦读”品牌，倡导全民阅读

公司倡导全民学习氛围，自2013年以来逐步建立起自有专属品牌读书活动，目前已基本形成成熟品牌系列。2014年，公司相继在上海、北京、成都、深圳四大城市举办专场读书会活动，累计参与学习的读者达3100余人。活动以不同社会经济主题，邀请投资者等社会大众参与专家学者们观点讨论，分享“悦读”的乐趣，最终成果共享至公司微信公众账号约5000余名粉丝。

（五）提升信用品质，大力保护投资者权益

2014年，公司结合信托行业特性和实际情况，以浙江银行业深化“提升信用品质　服务实体经济”主题活动为载体，坚持“诚实守信、合规经营”的核心理念，积极组织开展主题活动，切实提升公司信用品质，积极推进“普惠金融、绿色金融、平安金融”建设。在履行社会责任的同时，积极推广信托知识，加强投资者教育活动，努力为浙江省银行业金融环境贡献自己的力量。

（六）热心慈善事业，参与“千人成长助学”项目

继2013年四川雅安地震后，中国信托业协会牵头设立“中国信托业公益慈善基金”，其中“千人成长助学”公益项目已于2013年正式启动。2014年5月，中国信托业协会制定“中国信托业公益慈善基金”之“千人成长助学”公益项目工作方案，作为信托业一份子，公司正积极联系参与此项公益活动，以捐款资助灾区困难学生学业的形式参与其中，具体进程将按公司内部公益捐赠相关授权流程跟进。

（七）积极依法纳税，支持当地经济社会发展

公司作为企业公民，依法按时向政府缴纳税款，积极履行扣缴义务人代扣代缴税款的义务，如实向税务机关反映公司经营情况和财务执行制度情况。2014年，公司共上缴税收达3.02亿元。

四、2015 年发展规划

2015 年，是公司六年发展规划的起步之年。公司将全面推进转型步伐，深入优化业务结构、不断创新业务模式，推动公司实现健康、持续、科学发展。

（一）2015 年工作基本思路

公司以坚持 2015—2020 年发展规划为统领，着力构建客户拓展、产品创新、资产配置及资源整合四大能力体系，实现从融资驱动型业务为主向投资驱动型业务与融资驱动型业务并重的转变，从单纯的信托产品销售向综合性财富管理业务的两大转变，提升综合金融服务能力，打造国内一流的资产管理平台。

（二）2015 年工作重点

围绕这一目标，公司将重点做好以下三个方面的工作：

1. 加强业务拓展与创新

一是着力构建房地产、基础设施建设、投资银行、证券交易四大业务板块，逐步实现从融资驱动型业务为主向投资驱动型业务与融资驱动型业务并重的转变。二是加大对新型信托产品的开发力度，积极开拓房地产投资基金、并购业务、互联网金融、类资产证券化四大创新业务领域，培育公司新的利润增长点。

2. 提升财富管理能力

2015 年，公司将进一步加强直销体系建设，促进实现以过去产品营销为驱动的商业模式过渡到以客户关系为导向的全能平台模式中来。计划以 9 个财富中心、5 个机构业务部为基础，强化个人客户和机构客户并重的营销策略，加大团队建设力度，建立一支专业、精干的财富管理队伍，扎实综合财富管理平台组织基础。同时，不断优化自身形象与口碑的建立，树立财富管理的品牌效应，形成一个财富管理平台不断发展壮大的良性循环过程。

3. 强化内部运营管理

促进人力培训精准化，建立分层分类培训体系，从管理层、人力资源部门、用人部门三个维度开展工作；提升风险合规专业化，积极探索风险控制的长效机制，重点在行业内率先推行合同文本专业化制作，提高合同文本质量，进一步优化外部评级管理，提升自身评级能力，加强对客户的分类管理；强化流程管理规范化，加强项目审批、财富管理、信后运营、系统建设等工作；秉承研究创新实务化，提升产品创新对业务发展的支持力度；提升审计稽核标准化，积极推进实行审计发现问题按风险程度分类评价方案，打造科学审计新体系。

中江国际信托股份有限公司

一、2014 年经营概况

（一）经营利润

中江国际信托股份有限公司（以下简称公司）全年实现营业收入 12.36 亿元，实现利润总额 7.93 亿元，分别较上年增长 3.34% 和 5.17%。

（二）资产情况

截至 2014 年 12 月 31 日，公司总资产为 49.15 亿元，较年初增长 19.79%；净资产 44.86 亿元，较年初增长 19.53%。

二、创新业务案例

公司与民生银行合作的民生同创系列，总规模为 50 亿元，信托期限为 5 年，在传统银信合作的单一项目基础上通过组合投资的方式投资多笔资产，在提高信托报酬的同时为公司创收实现了长期规模效益。

公司以“股权 + 债权”操作模式设立了金龙 52 号金麒麟世家项目，该信托项目总规模为 4 亿元，期限 2 年。

2014 年公司继续与多家保险公司合作，根据保险公司的投资偏好和合规要求，陆续推出了多个信保合作信托项目，规模达 50 亿元，实现了双赢。

2014 年，证券市场回暖，公司与国盛证券公司合作，推出了锐增系列信托产品，资金用于购买证券公司的融资受益权。

三、社会责任履行情况

作为扎根江西本土、横跨货币和资本、产业三大市场的非银行金融机构，公司自2004年新班子成立以来，积极履行社会职责，始终坚持“突出金融主业、服务地方经济”的经营宗旨，充分发挥信托的投融资功能，积极承担金融机构的社会责任，支持江西经济建设和社会事业的发展。在政信合作方式方面，公司为各级政府提供融资服务，支持江西基础设施、民生工程、重点产业、重点项目建设。2014年为全省各级地方政府提供信托融资190.64亿元，有力地支持了江西地方经济发展。此外，公司为支持港澳台和平发展基金会共捐赠金额300万元。

四、2015年发展规划

（一）指导原则

坚持风险第一、效益第二，立足稳健经营、持久发展，全面推进业务转型创新和融合，进一步完善风险管理、内部控制和激励约束机制，提升公司的基础管理水平和核心竞争力，构建更加规范、更加稳健、更具活力的中江国际。

（二）总体目标

一是实现业务收入8.4亿元以上，利润总额4.5亿元以上。

二是在符合融资条件的情况下，筹措发展资金36亿元。

三是年末信托资产余额不低于1900亿元，当年新增信托资产800亿元，累计管理资产6500亿元以上。

中粮信托有限责任公司

一、2014 年经营概况

2014 年，中粮信托有限责任公司（以下简称公司）积极适应国内外经济形势变化，坚持以创新为驱动，产融结合为依托全面完成预算，各项经营指标较 2013 年均有稳步增长：营业收入 5.41 亿元，净利润 3.06 亿元。

依靠中粮集团在农业食品全产业链的优势以及股东的海外资源，形成以资产证券化、农业金融、投资基金类以及跨境财富管理类产品为核心竞争力的信托公司，满足机构客户、高净值客户的资产和财富管理需求。

公司坚持“诚信、融合、定位、创新”的理念。“诚信”是公司的立命之本，渗透至公司业务拓展和管理运营的方方面面；“融合”体现在“以融助产、以产带融”，积极发挥对金融业务和农业产业的双重优势，促进与集团相关业务板块的产融结合、融融结合；“定位”即公司坚持发展特色化农业金融，做精、做专、作出品牌；“创新”则是希望公司利用集团现有全产业链优势构建农业金融创新平台。

二、创新业务案例

创新农事服务一体化信托，助推农种产业升级。

打造农业金融创新服务平台一直是公司的战略使命。截至 2014 年，公司累计成立农业金融信托项目 120 个，累计发行规模 133 亿元，服务农业企业 193 家，涉及耕地面积 30 余万亩，惠及上万农户。

公司的农业金融业务经过 5 年的发展，已经基本形成了包括农业食品供应链信托、土地流转信托、养殖投资信托、农业股权投资信托等较为完整的农业金融服务。

（一）农事服务一体化信托成立背景

随着长期粗放式经营积累的深层次矛盾逐步显现，农业持续稳定发展面临前所未有的挑战，必须靠推进农业现代化、产业化才能适应农业发展新常态。农业部《2014 年种植业工作要点》提出"选择 10 个高产创建整建制推进试点县，与相关企业和信托投资公司合作，开展粮食生产供应链试点，探索我国粮食生产管理的新路径"，为信托公司服务粮食生产供应链指明了方向。

粮食种植一体化信托是公司根据国家战略和我国粮食种植的发展需要，经过近一年的调研，结合信托公司业务特点推出的创新信托产品。

粮食生产供应链是对粮食加工环节的信息流、物流、资金流进行系统性管理。有效的系统性管理来源于将各生产要素有机整合为围绕生产者的一体化农事服务。公司与粮食收购加工企业合作，在吉林省基于玉米作物开展试点，多次实地走访，深入了解生产者（合作社）和加工者（粮食收购企业）的需求。

对于合作社而言。合作社集约土地是政府支持的流转方式，但受限于缺乏抵（质）押物，较难融资扩大耕种面积。吉林省的玉米单产居中国首位，2012 年平均 6977 千克/公顷，而试点区域的玉米单产已稳定在 10000 千克/公顷，达到美国等发达国家水平，增产潜力有限。合作社缺少仓储、烘干设施，粮食无法存放，收割后需尽快销售。

对于粮食收购企业而言。消费升级、消费者对食品安全可追溯的要求，既是挑战，也是提高产品附加值的机遇。如何能在收获季保证稳定、适合生产的潮粮供应，降低生产成本，提高产品质量成为粮食收购企业目标。

（二）农事服务一体化信托模式

面对生产者（合作社）和加工者（粮食收购企业）的现实短板及需求，单凭中粮集团一己之力已经难以解决诸如抵（质）押物变现、农业信息化、农技指导等问题，需要创造性的引入合作方，整合农业服务资源。具体参与分工如下表：

参与方	职责分工
信托公司	设立信托计划，募集资金，发放贷款，确定农事服务模式，项目协调
合作社	按照要求使用贷款资金，从事粮食种植
原承包方	土地流转流出方
农事服务公司	按照信托公司和粮食收购方的要求提供农事服务（如农事管理报告、技术指导、农资采购、农机服务、售粮服务等）
保证方	保障土地流转合法合规，对合作社还款义务承担连带责任
粮食收购方	粮食收购，代扣粮款

农事服务一体化信托整合和统筹了各项生产要素，从玉米种植的产前、产中、产后提供全方位的农事服务。

1. 产前的土地流转环节

物权公司协助规范合作社的土地流转，保证土地流转合法合规，维护农民利益；中粮信托为合作社提供流转资金，助力合作社适度扩大流转规模。

2. 产中的粮食种植环节

试点区域的玉米单产接近极限，边际收益低，必须在生产全流程的精细化管理上下功夫。农事服务公司通过为合作社提供技术指导、农资采购等服务，增加技术支持、降低农资投入，在产量稳定的前提下提升品质和收益。农事服务公司为粮食收购企业提供农事服务管理报告，提升农业信息化水平。

3. 产后的粮食销售环节

粮食收购企业为合作社提供订单支持，保障粮食收购，合作社集中收割后直接用于工厂当期使用，至少为合作社节省5% ~10%的粮食损耗。

第一期农事服务一体化信托服务于公主岭市的多家合作社，农地近万亩，后续将在吉林省其他玉米主产区复制推广。

（三）农事服务一体化信托的意义

1. 尊重农民意愿，保障农民权益

农民主要关心流转土地能不能按时收到流转费，流转环节和土地用途合不合法。这些难点都能通过一体化的农事服务信托解决。合作社的贷款主要用于支付流转费，资金将在中粮信托的监管下完成，确保每位农民按照协议收到流转费。土地流转过程在农经办、担保机构的监督下进行，充分保障农民权益。

2. 协助粮食收购企业延伸产业链，为原料可追溯打基础

粮食收购企业与为合作社提供粮食代售服务的农事服务公司签订单，提前锁定周边优质粮源。农事服务管理报告的提供将协助粮食收购企业逐步建立原料可追溯系统，提高原料生产的信息透明度，全面优化玉米原料供应链。

随着农事服务标准化和大数据采集能力的提高，未来可按照粮食收购企业对原料的加工需求和种植标准要求，通过农事服务公司组织合作社进行科学化、规模化种植，发挥龙头企业的带动作用。

3. 利用信托制度优势整合资源，形成可复制的农事服务模式

近两年土地流转信托成为行业热点，但具备可复制、可持续的产品较少。专业化程度日益加深的农事服务已成为农业现代化的关键驱动力，随着土地向更有生产效率的生产者流转，农业生产效率的提升主要体现在生产者对各类农事服务的综合利用效率上。信托公司以其制度的灵活性，具有作为资源集成平台的天然优势，有助于整合包括农业金融服务在内的各类农事服

务，为农业系统化地注入先进生产要素，打造农事服务一体化的商业模式。

4. 打造农业全产业链模式，助推产业升级

保障粮食安全是国家战略，作为国家粮食食品行业的重要企业，农事服务信托模式可以助力农业企业向产业上游延伸，实现全产业链，不是简单地替代农场、合作社的种植环节，而是把生产者纳入全产业链，为生产者提供有价值的服务。农事服务一体化的过程实际上是精细化管理的过程，首先需要转变思维，将生产者变为用户，将用户需要的服务梳理出来，整合资源提供最优解决方案，所谓精准农业、智慧农业也将瓜熟蒂落。农事服务一体化将成为农业产业链所必需的一种商业业态，是农业产业升级不可或缺的推动力。

三、2015 年发展规划

一是提高盈利水平；二是稳固事务管理类业务，扩大资产证券化规模，大力发展农业及产业链金融，扩充团队规模，并深入研究互联网金融等产品销售方式，扩大财富管理直销平台，提高盈利水平。调整公司管理资产配置结构，逐渐向标准化、差异化、久期化和多元化转变；三是开发机构资产管理业务，探讨发展跨境财富产品，扩大差异化财富管理产品规模；四是有选择地建立不同行业的股权投资基金，同时发展标准化产品，以及债券类的市场承销业务和基金类管理业务，扩大资产管理规模。五年内公司的资产管理能力和盈利能力达到行业中间水平。

中泰信托有限责任公司

一、2014 年经营概况

2014 年，中泰信托有限责任公司（以下简称公司）信托资产规模、信托业务收入和净利润等主要经营指标，均创造了历史新高。在人力资本建设、“大风控”和“大运营”体系建设、信托产品销售能力建设、系统化建设等公司基础建设方面，也取得了可喜的成果。

（一）主要业务指标

截至 2014 年末，公司受托管理信托项目 228 个，管理信托资产规模 760. 32 亿元，比年初增加 143. 42 亿元，增长 23. 25%。其中，集合信托占公司存续信托规模的 37. 60%，较全行业总体水平高 6. 9 个百分点。2014 年，公司固有业务运行稳健，取得了较高的盈利水平，全年固有业务共实现收入 3. 57 亿元。信托业务和固有业务的稳健表现，使得公司营业收入和利润在 2014 年获得了持续增长。全年公司实现营业收入 7. 44 亿元，实现利润总额 5. 11 亿元，实现净利润 4. 1 亿元。

（二）公司基础建设取得了可喜的成果

1. 公司组织体系和人力资本建设扎实推进

2014 年，按照打造中等规模、具有业务特色的信托公司的目标，公司以系统化建设带动公司内控体系完善和组织效能提升，以市场化的绩效考核体系推进人力资本建设。2014 年，公司的系统化建设工作全面推进。业务管理、协同办公和人力资源管理三大信息系统实现全面上线试运行，同时启动了档案管理系统、知识管理系统、客户信息系统等模块的建设。新信息系统的上线，大幅度提升了业务运行效率，明晰了审批过程，员工使用体验明显改善。以系统化建设为契机，公司在 2014 年同时梳理和优化内部审批体系，在防范风险的同时最大限度地提升审批效率。按照节约成本、保障效能的原则，公司充实了人员队伍，优化了员工分布结构，使得前中台、后台以及各功能板块的人员分布配比更加合理，业务开拓能力和支撑能力得到提高。

针对信托业务创新转型的现实需求，公司提出了“大研发”的理念，从研发人员团队建设和研发参与产品设计入手，着力强化研发能力建设。2014 年，公司制订了年度培训计划，推进员工全面培训，强化员工履职能力建设。

2. “大风控”、“大运营”体系建设全面推进，业务综合产能和展业效率进一步提升

2014 年，公司系统加强了“大风控”、“大运营”体系的基础设施建设，显著提升了中台、后台的承载能力，为业务开展提供了积极支持。通过对信托产品进行分类、增设信托业务评审会办公室、完善业务预评会制度、优化评审流程设计等方式，公司信托业务评审机制得到进一步优化。2014 年，公司从业务标准和风险评估方法入手，最大限度平衡风险与展业的矛盾，完善了信托项目尽职调查、可研报告要求，提高了公司内部标准的规范性和可操作性，初步建立了内部主体评级体系，开展了风险资本管理体系方面的探索。2014 年，针对集合信托规模显著增长的情况，公司根据需要和监管要求，推进信托项目后期风险管理体系建设，建立信托项目风险监测和预警机制。为落实“大运营”体系要求，进一步落实运营部门“服务 + 监督”的定位，形成运营贯穿项目开展全过程、前中后台全面协同参与项目运营管理的工作架构。同时，发挥前中后台协同作用，积极探索业务创新转型。

3. 产品营销能力进一步提升

在加强项目端业务开拓的同时，公司始终高度重视产品营销工作。2014 年，公司从日常经营层面积极组织推动产品营销，营销业绩取得了显著进步。建立营销提前介入产品设计的工作机制，提高了产品的市场适应性。通过强化直销和全员营销，加快直销人员考核流动、建立全员营销机制等措施，全方位大力提升产品去化能力。2014 年公司完成信托产品销售规模较 2013 年的销售规模提高了 55.25%。其中，直销规模较 2013 年的直销量增加了 159.34%；渠道销售规模较 2013 年提高了 51.12%。为优化客户管理，公司在系统化建设中前瞻性地布局了客户资源管理（CRM）系统，为将来公司财富管理能力的提升奠定了基础。

经过 2014 年的发展和努力，公司获得了监管部门的充分肯定，外部形象得到进一步提升。在金融统计工作、企业征信工作等事务上，公司多次获得监管机构的通报表彰。在与上海银监局的年度监管谈话中，公司也获得了积极的评价。2014 年，公司在优势金融媒体主办的评奖活动中大有斩获，获得了《上海证券报》评选的中国“诚信托”成长优势奖；获得了《证券时报》评选的“中国最具成长性信托公司”和“最佳房地产投资信托计划”称号，公司总裁周雄获评“信托业领军人物”称号。

二、创新业务案例

为了响应国家关于“优化资源配置，盘活存量，用好增量”的宏观金融政策导向，推动公

司的业务开展与业务创新，用资产证券化手段拓展和升级传统信托业务，积极参与银行存量资产的信贷资产证券化，发挥资产证券化在优化金融资源配置、存量结构调整、提升金融效率和完善信托功能方面的作用，公司已就关于获得特定目的信托受托机构资格之事宜向中国银行业监督管理委员会上海监管局提出申请。

在新型城镇化融资模式中，投融资主体和方式将发生转变，且城镇化建设项目将会具有差异化与地方特色。因此，针对更具地方特色的城镇化项目，公司针对此类长期项目积极研发出期限匹配、股权清晰的信托产品结构，如区域发展基金产品、PPP 项目，并组织业务部门在实际操作过程中进行实践性探索，以此对接各具地方特色的城镇化新型融资需求，围绕城市经济特色的核心，让资源充分发挥产业优势和资源优势。

三、社会责任履行情况

公司始终坚持市场化、差异化、规模化的发展路线，致力于在明晰的发展战略指导下，依托优秀的企业文化和价值观、人力资本体系、法人治理结构，构建运转流畅的资产管理体系、风险运营体系和财富管理体系，将公司打造成为可持续创新的综合性金融服务平台。

公司通过资金信托、财产权信托等方式涵盖信托贷款、金融租赁等法律法规所许可的全品类。目前公司已经与越来越多的金融机构开展更为紧密的合作，业务条线齐全，布局合理，全面覆盖资本市场、货币市场、实业投资市场各产品，包括加工制造业、新型能源等实业领域及房地产、基础设施和新型城镇化，为机构客户及个人客户提供投资回报有竞争力的产品。

截至 2014 年末，公司管理的信托资产规模 760.62 亿元，同比增幅为 22%，目前公司所管理的信托计划全部如期兑付，长期以来为集合项目投资者提供了平均 10% 左右的投资收益。

公司积极参加协会倡导发起的“中国信托业公益慈善基金”之“千人成长助学”公益项目，并承诺作为固定资助捐赠人、在协会统一部署下开展相关资助工作。

四、2015 年发展规划

为达成经营管理目标，公司计划在 2015 年做好以下重点工作：

一是促进信托业务转型及结构优化。2015 年，公司将继续巩固传统业务（通道类和融资类业务），加强与金融同业的各种业务合作和集团资源整合，关注资本市场、产业市场、“新型城镇化”及养老产业带来的业务机会，重点关注存量金融资产流动化和能产生稳定现金流的各类资产，将业务重心转向基金化和主动管理业务方向，以专业能力提升为依托，打造可持续的产品研发能力和投资管理能力，致力于成为真正的资产管理机构。在产品创新保障方面，公司将结合风险管理组织架构创新、人员充实和系统升级，实现风险管理与业务发展高度匹配的动态机制，打造出风险识别有效、计量准确、监测完善、控制到位和缓释充分的精确制导的风险管理平台，逐步培育业务标准化的能力，嵌套制度、提升审核效率和进行复制。

二是积极推进全面能力建设。以研发为引领，整体联动，围绕规划配置资源和政策，积极推进资产证券化等创新业务的拓展；深化薪酬配套，推行连贯、有效的市场化薪酬激励机制，充分激发团队创业激情；加强团队建设，做好全国布局，积极构建多极收入增长点；加快财富中心实体建设，整合客户资源和渠道资源，提高自主营销能力；倡导全员风险意识，建立统一的业务管理平台，加强风控、运营对业务的支撑；推进企业文化塑造，加强执行力建设，为公司全面发展提供文化、组织及制度保障。

中原信托有限公司

一、2014 年经营概况

2014 年，我国经济增速继续趋于放缓，经济下行压力较大，信托业面临着经济增速换档期、结构调整阵痛期、前期刺激政策消化期以及利率市场化推进期、资产管理业务扩张期“五期叠加”的复杂形势，中原信托有限公司（以下简称公司）认真贯彻中国银监会各项监管部署以及股东、董事会工作要求，深入分析宏观经济金融形势，加快推进业务转型，努力提升管理水平，各项工作取得积极成效，主要经营指标再创历史最好水平。

截至 2014 年末，公司管理的信托规模余额达 1285 亿元，较上年同期增加 110 亿元，增长 9%。全年实现总收入 139253 万元，同比增长 44%。实现利润总额 106257 万元，同比增长 44%。实现净利润 80697 万元，同比增长 45%。资本利润率达 53.13%，同比提高 4.07 个百分点；净资产收益率达 29.94%，同比提高 3.06 个百分点。

（一）信托业务转型发展成效显现

2014 年，公司着力信托业务转型，自主研发类业务转型发展成效显现。一是自主研发类信托业务占比上升。在全年新增信托业务规模中，自主研发类业务占比由 2013 年的 19% 提高到 38%。在年末存续信托业务规模中，自主研发规模占比由 2013 年的 20.6% 提升到 2014 年的 31.8%，由低于行业平均水平提升到超过行业平均水平。二是资产管理能力得到了提升。股权投资类业务大幅增加，“股 + 债”结构化信托明显增长。

（二）多措并举破解营销瓶颈

2014 年，公司通过深化营销体制机制改革，多措并举，强力推进营销工作，取得较好成绩。一是实施“走出去”销售战略，设立了财富管理中心北京业务部和上海业务部，积极拓展省外销售市场，筹备并即将正式运营洛阳财富中心。二是开辟了银行与互联网结合代理销售信托产品新渠道，与商业银行合作，开展“互联网 +”业务，拓宽信托产品销售新领域。三是创新营销手段，提升营销能力。建立微信公众平台，提高新老客户对公司的关注度；开设营销 QQ 平台，拓宽客户交流渠道；举办了红酒品鉴、养生讲座及理财沙龙等一系列形式多样的营销活动，促进营销工作顺利开展。

（三）固有业务稳健发展

一是金融股权投资回报优良。三个金融股权投资项目全部实现回报，固有业务收入更加稳定。二是流动性风险防范能力增强。加大高流动性资产的配置比例，开展国债逆回购等业务，提高公司资产的流动性。三是业务领域不断扩大。综合运用公司资源，加强与券商、基金公司合作，拓展业务运作空间。2014 年公司实现固有业务收入 24996 万元，增长 61%；固有业务的收益水平进一步提升，公司发展的“稳定器”作用得到增强。

（四）坚守风险管理底线

2014 年，公司到期或部分到期清算信托项目 539 个，兑付信托本金 540 亿元，分配信托收益 112.6 亿元，全年自主研发类信托项目到期清算率和收益兑付率均为 100%。一是完善公司全面风险管理体系组织架构。成立了法律事务与合规管理部，加强合规管理，提高法律文本的制作效率和制作质量，强化对法律风险和操作风险的防范。二是加强风险事前防范，把好项目准入关。充分发挥项审会“民主决策、科学决策”机制，从源头上把控各类项目风险。三是加强风险事中管理，动态监控项目运行。按季组织风险排查，全面分析项目风险，对出现风险苗头的项目及时采取措施，确保信托资金安全。四是强化审计监督。颁布实施了公司有限公司内部审计处罚办法，加大对尽职管理不尽责、业务操作不合规等行为的处罚力度，并进行违规公示。

二、创新业务案例

（一）业务创新

2014 年，公司紧抓业务创新，确定了 9 个关系公司长远发展的重点课题，由高管人员带领课题组开展研究，课题完成后召开专题会议，安排部署对研究成果的运用，明确责任领导和时间要求，着手制定激励性薪酬延期支付办法等 4 项新制度，修改完善绩效考核制度。公司开展信贷资产证券化业务取得突破，项目已上报中国银监会审批；通过房地产投资基金信托、股权信托和并购信托等多种创新模式，实现了房地产信托业务的健康稳定发展；开发了安融系列短期理财产品，满足客户多层次理财需求，提高了公司产品发行能力。

（二）管理创新

一是开展精细化管理，针对各部门、各岗位、各流程，明确标准，严格执行，促进管理水平提升。二是加强信息化建设，实施了新一代信托业务综合系统的整体上线工作，支撑业务发展。三是出台了不同业务类别的标准化法律合同文本，提高文本制作质量和效率，防范了法律风险。

三、社会责任履行情况

（一）管理和服务责任

一是落实“三重一大”制度，完善分工合理、制衡有力、监督到位、运行顺畅的法人治理结构。二是按照“行为有规、授权有度、检查有力、控制有效”的内控合规总体要求，健全内控体系，实现了对风险进行事前防范、事中控制、事后监督。三是坚持“以客户为中心”的服务理念，竭诚为客户提供优质、高效的服务。

（二）经济和服务责任

公司在“稳增长、促转型、强营销、控风险”战略领导下，创新业务模式，推行营销体制改革，优化固有业务结构，推进信息化建设，提升研发能力，经营业绩持续提升，为股东创造了卓越的价值。一是紧抓“中原经济区”建设机遇。公司围绕河南省内基础设施、能源交通、节能减排、产业转型等重点建设项目，深入挖掘业务机会，支持地方经济发展。二是落实反腐倡廉建设各项工作。加强反腐倡廉教育，增强拒腐防变的意识和能力，夯实道德和法纪防线，落实民主监督机制。三是荣获多项荣誉，得到社会各界认可。先后获得“中国金融机构金牌榜——2014 年度最佳客户服务信托公司”、“第七届优秀信托公司评选——中国最具成长性信托公司”、“2014 中原十大最受尊重企业”以及“助力中原十大活力金融企业”等奖项。荣获中共河南省人民政府国有资产监督管理委员会颁发的“先进企业党委”荣誉称号。

（三）员工责任

一是保障员工基本权益，关注员工身体健康。在招聘、录用、岗位调动、薪酬待遇、职业规划各环节，对全体员工一视同仁，保障员工重大事项的知情权、参与权和监督权。为全体员工提供健全的保险保障，定期组织员工进行体检。二是加强员工专业培训，丰富员工业余生活。全年开展了 9 个内部培训项目和 38 个外部培训项目，累计参训 800 人次，包括岗位合规培训、信托业务法律培训等专业培训。倡导并组织员工参与形式多样的文体活动。三是关爱退休员工，积极组织退休员工参与活动。如重阳节登高、健步走等，坚持对老员工和困难员工"三必访"和节假日拜访，为其提供生活保障和关爱。

（四）环保和公益责任

1. 推行绿色金融，支持低碳经济

积极倡导绿色金融，支持节能减排项目建设，对高耗能、高污染和落后产能项目实行"一票否决"；加强内部节能减排管理，降低水、电、汽油消耗，努力减少自身运营对环境的影响。完善升级 OA 公文处理系统、信托业务系统等，打造手机 OA 便捷管理 APP 软件，实现电子公文、信息文档、盖章签报电子流转、手机公文办理，提倡双面打印、双面复印，鼓励使用视频会议、电话会议等绿色办公方式。

2. 慈善捐赠回馈社会，"结对帮扶"奉献爱心

公司秉承"回馈社会、服务社会"的宗旨，积极履行信托公司社会责任，积极开展"冬日暖阳"活动，为河南残联残障人士送温暖；"结对帮扶"协助灵宝市西闫村文化大院建设，高质量完成第三轮结对帮扶工作任务，得到省直文明委及帮扶村的高度评价。

3. 公益服务社区，普及信托知识

2014 年 7 月至 10 月，在中国银监会和河南银监局的全力支持下，积极开展"金融知识进万家"宣传教育活动。一是携手地方主流媒体，在《大河报》、《东方今报》、《郑州晚报》、《河南商报》、映象网等媒体先后发布了《如何选择优质政信类信托项目》等多篇普及信托知识的稿件，从投资者角度出发，向社会公众普及信托投资知识，文章受到了读者的普遍关注。二是携手《大河报》、《东方今报》开展了投资者调查问卷活动。三是举办了"中原精英理财沙龙"客户理财讲座，解答客户在日常投资理财中遇到的各种问题，提示广大消费者理财风险。四是通过电影映前广告普及金融理财知识，活动期间在郑州二七万达、中原万达、洛阳万达电影院投放方映前广告约 460 场次，观影人数 4.72 万余人。五是在街巷定点宣传金融知识，9 月，公司统一安排在郑州 CBD 主要街道向来往行人发放《银行业消费者权益保护》、《预防洗钱、维护金融安全》等宣传资料，宣传信托知识，活动期间共计发放宣传资料 1000 余份。

四、2015 年发展规划

（一）信托业务开拓创新

2015 年，公司将进一步注重业务转型，提升发展质量和发展的可持续性。坚持创新，推动

业务转型升级。首先，是重视创新，在思想上打破旧的思维定式，勇于开拓新的业务品种，敢于尝试新的业务模式，探索新的交易结构。其次，是把创新成果落实为业务模式和管理方法，落实到项目上，落实到制度上，把创新转化成业务的增长点和管理的提升点。最后，是把创新作为推动转型的助推器，通过创新交易结构，提高股权投资、资产并购等业务模式在自主研发信托规模中的比重，推进业务转型升级，进一步提升发展质量。

（二）固有业务稳健发展

按照"确保安全性、保障流动性、提高收益性"的总体要求，合理配置固有资产，做好存量和新项目投资管理，实现固有资金使用效率最大化。一是在短期投资方面，适度增加债券等高流动资产配置额度，保持银行间同业市场拆借渠道畅通，提高短期投资产品的流动性，保障信托产品发行和化解项目风险应急需要。二是在长期投资方面，继续做好金融股权投资管理，切实维护公司合法权益，深化与 3 家公司的合作关系，扩大合作领域，发挥业务协同效应。三是综合运用信托公司的制度优势，积极拓宽固有资金运用领域，不断优化资产配置结构，最大化发挥固有资金的作用，努力提升收益水平。

（三）风险管理常抓不懈

加强宏观形势和政策研究，适时调整风控策略。持续加强宏观形势和政策研究，顺势而为，适时调整风控策略，及时修订完善各类业务授信原则和风控标准，增强风险管理工作的前瞻性和敏锐性，积极应对各种变化带来的挑战。一是严格筛选项目，认真做好尽职调查和评审，严把业务准入关。严格筛选交易对手，加强与银行等金融同业的交流，全面、深入做好尽职调查。二是精细化管理。以新业务系统的上线为契机，按照"化繁为简、制衡有序、讲求实效"的原则，不断优化、细化项目立项、评审、成立、划款、清算、分配等各个环节操作流程，不断完善信息化管理系统。三是切实履行受托人责任。按照信托业务尽职指引和信托登记管理办法要求，以维护受益人最大利益为原则，切实履行受托人尽职管理职责，防范合规风险和法律风险。

2015 年，公司成立 30 周年，公司将努力把握经济发展"新常态"和行业发展"新态势"，挖掘产业结构调整、城镇化和中原经济区建设带来的机遇，加强项目开拓和营销能力建设，继续深入推进业务转型和结构调整，严守风险底线，稳中求进，确保公司持续健康发展。

紫金信托有限责任公司

一、2014年经营概况

2014年是紫金信托有限责任公司（以下简称公司）新三年战略规划实施的第一年，也是宏观经济继续弱势波动，经济金融风险积聚，行业竞争持续加剧的一年。公司坚持“稳中求进”发展思路，以“稳增长、调结构、控风险、微创新”为主线，把握形势，拓展业务，积极创新，提升团队能力，筑牢风险底线，优化经营管理方式，全面完成了年度经营目标，新三年战略规划良好开局。全年实现营业收入5.08亿元，利润总额3.61亿元，净利润2.65亿元，净资产收益率达17.40%。

（一）业务平稳发展，规划逐见成效

公司充分发挥信托作为综合金融服务供应商的制度优势，在严控风险的前提下大力拓展业务。截至2014年末，信托资产规模520.53亿元，较2013年增长33.17%。与此同时，业务结构持续优化。信托运用方式更加多样，行业分布逐步扩展，业务集中度风险进一步降低。公司存续集合信托资金占比从2013年的37.22%提高到2014年的47.75%，体现了公司主动管理能力的增强，而且有效提升了公司的信托报酬收入。在公司整体规划和部署下，立足南京，面向华东，辐射全国的战略布局初见成效。公司异地队伍管理经验逐步积累，跨区域发展能力大大增强。继2014年初上海财富管理中心设立后，北京、苏州、无锡、常州的财富管理中心也相继在2014年铺设完毕。

（二）推进客户服务工作，呈现体系化运作

公司致力于成为“一个有信、用心的财富好伙伴”，为客户提供全方位的关怀，在提供专业财富管理服务的同时带来更多增值服务体验。

伴随着公司业务的持续发展，客户服务体验需求的不断提升，2014年财富管理条线持续举办了一系列大型的客户服务（体验）活动，都取得了圆满成功，客户反馈良好，为公司的品牌

宣传和客户体验提升，起到了较好的推动作用。下一步，财富管理条线将继续着力打造一个全覆盖、多层次、有重点、富有紫金特色的客户服务体系。

同时，公司通过各种技术手段完善平台建设，提升客户体验。完善现有微信订阅号，微信网上签约等服务功能全面上线。进一步挖掘新媒体在营销方面的潜力，推出线上线下相结合的多种营销推广活动，实现“客户—微信粉丝—新客户”之间的良性互动。

（三）建立全面风险管理体系，指引业务开展

公司的风险管理主要集中在对项目信用风险、市场风险、流动性风险和操作风险等的管理，主要通过建设风险管理制度、培养风险分析和识别能力、统一前台、中台、后台风险意识等方式进行全面风险管理。

公司根据有关法规和监管规定，结合现代金融企业风险管理的基本原则，建立并逐步健全了各类规章制度，设立了职责分工合理的组织机构，利用现代风险管理技术与传统风险管理方法相结合等手段，对可能产生的风险进行了评估，并采取了事前、事中、事后的有效控制与管理，构建起覆盖全流程的全面风险管理体系。目前业务管理制度和操作流程覆盖了公司所开展的主要业务类型，并根据业务扩展的需求，积极研究新业务的管理制度和操作流程。通过业务管理制度的制定和推行，使公司各部门和各级员工明确了公司风险管理的政策和要求，为各项业务的开展提供了明确的指引；实现了业务操作过程中前台、中台、后台部门的良好衔接和沟通，通过项目立项、尽职调查、审批、执行过程管理等环节的明确划分和职责分离设置，形成了各部门、各环节间的牵制机制。并按照监管精神，逐步探索激励性薪酬回扣机制、红利回拨或限制分红制度、业务的分割与恢复安排、机构的处置与处理预案，包括流动性支持和资本补足。通过上述机制安排，使风险管理与团队、股东利益紧密挂钩，形成未雨绸缪的风险管理理念。截至目前，公司风险资产余额为零。

（四）提升发展质量，业务创新亮点频出

在信托行业大转型的背景下，公司高度重视创新业务的发展，把创新视为推动转型的关键。为此，公司在夯实以房地产、基建为主的传统业务的同时，抓住行业发展面临的重大机遇，积极推出了一系列创新业务，同时加强研究，优化组织机制为业务创新长期开展提供有效支持。

首先，试水资产证券化业务。资产证券化业务属于公司战略层级创新业务。前期，公司已在私募市场资产证券化业务领域有了良好的业务积累。随着公募市场信贷资产证券化业务由试点逐步转向常态化、规模化方向发展，公司加快了对于公募市场业务布局。2014 年公司成功获批“特定目的信托受托机构资格”。

其次，推出定制式单一账户信托，探索家族信托蓝海。2014 年，公司设立了“紫金·私享”

系列，作为公司家族信托业务的雏形。该系列产品结构设计灵活，单一委托人可根据资产状况进行信托财产的追加与赎回和期限调整；信托财产范围广，涵盖了客户合法持有的现金、其他金融资产以及财产性权利等。在“紫金·私享”系列架构设计中，公司还为客户特别设计了部分信托受益权的转让与约定式回购，在一定范围内解决部分信托受益权的流动性问题，提高客户的预期投资收益。

最后，成立“紫金·厚德系列”公益信托计划，将信托制度引入社会公益事业，在最大限度便利公众捐赠、围绕既定公益目的持续实施以及公益形式多元化等方面进行了积极创新。作为开放式的公益救助创新模式，“紫金·厚德系列”公益信托计划以“捐助、救助困难家庭中罹患大病的儿童”为信托目的，将信托模式引入社会公益事业，充分发挥信托专款专用、封闭管理、信息披露严格的平台制度优势，汇聚各方力量扶危助困、帮扶大病儿童。截至2015年3月，“紫金·厚德系列”公益信托计划累计募集资金268.2万元，已救助149名困难家庭大病儿童。

与此同时，为了保持长期创新的活力，公司加强研究力量并对创新组织机制进行优化。第一，公司建立了多频次、广覆盖研究体系，按照周、月、半年、年等不同频次及时提供研究成果。第二，公司以创新小组形式搭建起跨越前台、中台、后台矩阵型组织，形成推进创新的跨部门联动机制。通过流程优化与网络平台技术，加强前台、中台、后台的内部交流与合作，有效提高创新业务推进效率。这些举措为业务创新长期开展提供了保障。

（五）重视员工发展，加强团队建设

公司在“责任、专业、开放、分享”的企业文化指导下，视员工为企业经营发展的基石，责任为先、专业为凭，鼓励创新，尊重员工诉求，授权和激励并重，优化人力资源管理、重视员工发展，实现员工晋升双通道，在行业的高速发展和变化中收获人与组织持续的优质成长。

倾力打造“紫金学堂”，制订系统的培训计划，全面提高团队素质。新员工入职培训全面周到，帮助新员工在较短的时间内更好地融入大家庭。业务培训紧贴实战，注重案例式教学，极具专业性、实用性。优选外部培训，帮助员工开阔视野，把握市场大势。借助E-Learning学习平台，实现网路学习和网络考试，提升培训效率，实现学习效果实时评估。

完善科学绩效考核机制。根据不同团队的工作性质，分别制定绩效考核目标，具体落实到每一位员工，将考核结果与薪酬直接挂钩，充分调动员工主动性、积极性。

发展通道透明化。公司内部通过“好人举手”、“管理岗位竞聘”、“非管理岗位双选”等方式，以优胜劣汰的方式逐层筛选，将员工分配到最适合岗位上去，实现内部人员配置的市场化。

团队活动丰富多彩，团队凝聚力不断增强。趣味运动会、国际妇女节亲子活动、“不忘初心”四周年户外拓展等团队文化活动，注重企业文化的传导和员工的参与，进一步提升了团队凝聚力和战斗力。

（六）塑造品牌影响力，提升品牌知名度

在公司新三年发展战略的指导下，切合未来发展需求，公司品牌定位和品牌战略逐步清晰。面向社会大众，秉承“行远者，必有信”，努力成为一家有社会责任感的好企业；针对高净值客户，定位在成为“有信、用心的财富好伙伴”。与此同时，公司“与坚持梦想者同行”理念，致力成为所有员工实现个人理想和抱负的平台，与那些有梦想的伙伴们共同创造价值。

2014 年公司先后荣获《上海证券报》“‘诚信托’·成长优势奖”、《证券时报》“中国最具区域影响力信托公司”、《21 世纪经济报道》“2014 年最佳风险控制信托公司”、《金融时报》“2014 年中国最佳社会责任信托公司”、《理财周报》“2014 年中国最佳财富管理信托公司”、“2014 年中国最佳创新设计信托产品”、“年度最佳社会责任信托公司”、《现代快报》“财富管理最赞奖”，影响力不断扩大。

二、创新业务案例

公益信托作为近年来国内出现的一种新的慈善模式，逐步被社会公众所熟悉与认可。通过将信托制度引入到社会公益事业中，充分发挥信托财产管理制度优势、金融机构专业化管理优势以及严格规范监管优势，确保信托计划始终保持社会公益属性以及透明高效运作。“紫金·厚德”系列信托作为公司推出的公益信托计划，为了实现预定的社会公益目的，在最大限度便利公众捐赠、围绕既定公益目的持续实施以及公益形式多元化等方面进行了积极创新。

（一）信托计划背景

作为一家国有控股的金融机构，公司自开业以来，就将承担社会责任、奉献公益事业视为自身的光荣使命。出于对儿童的关爱，公司以“捐助、救助困难家庭中罹患大病的儿童”为信托目的，成立了“紫金·厚德”系列公益信托项目。

（二）信托计划基本要素

“紫金·厚德”系列公益信托计划为开放式信托，随时接受委托人捐赠，不设最低、最高规模限制。“紫金·厚德”系列公益信托计划累计成立 3 期，收到来自机构、自然人的委托，募集资金主要用于捐助、救助困难家庭中罹患大病的儿童。

（三）信托计划交易结构

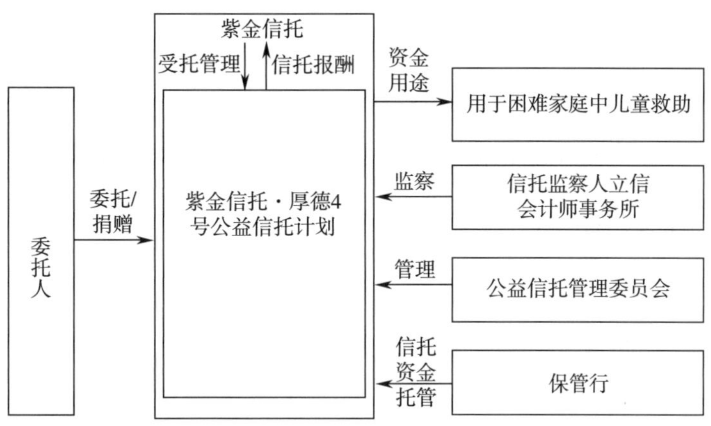

（四）信托计划管理

1. 信托计划科学管理

（1）设置信托管理委员会

“紫金·厚德”系列公益信托计划专门设立了公益信托管理委员会，是公益信托的最高权力机构。负责审议批准信托财产的年度使用计划、信托财产对外投资或对外捐赠的具体方案，包括但不限于批准捐赠对象、捐赠数额以及捐赠流程、财产闲置期间的投资策略、投资范围及投资方案等，保障了公益信托科学决策。

（2）与专业机构合作

公司与南京市儿童医院、南京市慈善总会签订了合作框架协议，由儿童医院和慈善总会根据公益信托管理计划书要求，选取符合救助条件的大病儿童，确保每一份善款都能提供给最需要帮助的儿童。

2. 设置信托监察人实施监督

公益信托通过设置信托监察人，在内部治理机制上形成了对受托人有效的监督和制衡，防范受托人道德风险和管理风险。公司选择立信会计师事务所（特殊普通合伙）江苏分所作为公益信托的监察人。

3. 按时披露管理报告

在公益信托存续期间，公司按照信托合同约定定期发布信托事务管理报告，就信托财产管理运用、捐助项目的实施进度等进行信息披露。在公益信托终止阶段，公司出具清算报告，就信托财产使用情况、剩余信托财产确认、归属进行说明。

委托人可以通过信息披露了解公益信托进展。如果存在疑问，委托人还可以要求受托人提供相关账簿、报表等信息以便进一步核实。有效保障公众对于公益信托监督权。

4. 接受严格的双线监管

信托公司开展公益信托，需要接受“双线”监管。不仅要接受银监体系监管，同时也要接受公益事业管理机构监管。“紫金·厚德”系列公益信托计划，一方面接受中国银监会和江苏监管局监管，另一方面接受公益事业管理机构——南京市民政局监督检查。

（五）信托计划的创新点

1. 最大限度便利公众捐赠

“紫金·厚德”系列公益信托认购方式灵活，包括本金捐赠和收益捐赠两种方式。委托人可以选择直接进行本金捐赠，也可以通过认购公司发行的优质信托产品并指定将对应信托产品的部分预期收益进行捐赠，最大限度便利公众捐赠。

2. 围绕既定公益目的持续实施

汇聚社会爱心、共镶公益善举是“紫金·厚德”系列公益信托计划的一贯宗旨。公司确定“捐助、救助困难家庭中罹患大病的儿童”的公益目的，持续设立了3期公益信托，充分发挥民间慈善力量与金融行业的制度优势，汇聚各方力量扶危助困、帮扶大病儿童。“紫金·厚德”系列公益信托计划不设信托报酬，信托财产全部用于公益目的。

3. 公益形式多元化

让患儿得到全面的关怀，让更多人有机会参与公益，身体力行支持公益是“紫金·厚德”系列公益信托重要特色。公司在提供医疗救助、解决身体疾患同时关注患儿及家庭的融入社会需求，引导社会爱心人士直接参与公益活动。为此，公司专门安排了慈善拍卖活动、爱心课堂、患儿家访、观影观景、紫金圆梦等一系列的公益活动，加强患儿与社会交流互动，让患儿家庭感受社会爱心，让公众感受患儿自强不屈精神力量。

三、社会责任履行情况

“责任”是公司文化理念的根基。公司秉承“责任、专业、开放、分享”的企业文化，认真贯彻各项法律法规的要求，严格履行受托人职责，坚持为客户提供最佳增值，为股东创造最大价值，为员工搭建实现自我价值的平台，为社会作出最大贡献，将社会责任理念和要求融入公司发展过程中。

（一）奉献公益事业，践行企业公民社会责任

奉献公益事业，承担社会责任作为国有企业的光荣使命，公司一直矢志不渝，持之以恒地

坚持并践行着。公司与南京市慈善总会、南京市儿童医院及监察机构立信会计师事务所、信托资金保管银行通力合作，创新设立江苏省首例公益信托计划——“紫金·厚德”系列公益信托，专项救助困难家庭大病儿童。每年的11月28日既是公司的司庆日，也是厚德系列新一期公益信托计划的成立日。2014年11月28日，“紫金·厚德”系列公益信托计划进入到了第4号产品，新的合作伙伴交通银行江苏省分行加入，截至2015年3月，“厚德4号”公益信托计划共接受95位客户捐赠，募集信托资金887841.01元，捐助40位罹患大病的儿童，后期将持续开放。

厚德系列公益信托计划自成立以来累计募集资金268.2万元，已救助149名困难家庭大病儿童。《中国证券报》、《21世纪经济报道》、《现代快报》、南京电视台等国内、省内知名媒体均成为厚德系列的媒体合作伙伴，影响力不断扩大。

未来，公司将继续充分发挥公益信托的制度优势，搭建平台，汇聚爱心，与社会热心人士一道，坚持以捐助、救助困难家庭中罹患大病的儿童为目的，将“紫金·厚德”系列公益信托继续进行下去。

（二）发挥信托制度优势，履行金融机构责任

公司充分运用信托横跨资本市场、货币市场和产业市场三大领域的制度优势，促进社会资本与优质项目高效对接。2014年，公司为实体经济融资269.64亿元，成立相关信托项目60个，涉及领域涵盖水利、环境和公共设施管理业，房地产业，信息传输、计算机服务和软件业，建筑业，租赁和商业服务业，批发和零售业，制造业，住宿和餐饮业等方方面面。

（三）稳健经营，忠于所托，严格履行受托人责任

公司严格履行受托人职责，不断加强全面风险体系建设，确保委托人利益。截至目前，公司所有项目均按合同约定顺利兑付，未发生任何风险。

（四）与员工共成长，履行企业对员工责任

企业核心竞争力越来越表现为对作为第一资本的人才的培育、拥有和运用能力。人才是推动企业健康发展的力量源泉，无论从宏观角度，还是从微观角度来看，人才是企业发展的决定性因素。人才是企业的生命和未来，是企业长久发展的基础。公司将人才视为企业最有价值的财富，注重员工权益和员工个人成长。

一是支持员工成长。公司建立了“以人为本、共同成长”的人才发展战略，从职业发展规划、发展通道、员工培训、团队建设等方面建立了完善的员工培养机制，关心员工成长。二是注重员工关爱。公司关注员工身心健康成长，组织年度体检，举办丰富多彩的文体活动，共建温暖、和谐的工作环境。三是维护员工权益。公司加强工会建设，定期开展民主生活会，积极

倾听员工诉求，维护员工各方面权益，保障员工在开放、团结、协作的公司氛围中不断进步。

四、2015 年发展规划

2015 年，中国宏观经济运行保持“新常态”，经济增速继续下行。泛资产管理快速推进，行业竞争日益加剧与政策变动都对公司转型发展提出新的挑战。为此，公司将按照“重质量、优管理、育特色、促转型”的整体发展思路，推动各项工作迈上新台阶。

（一）深度挖掘业务增值空间，实现有质量的增长

2015 年，公司计划通过升级发展基石业务，探索培育创新业务，整合资产管理、投资银行、受托服务三大板块，提升整体发展质量。其中，资产管理板块要着力发展基础产业业务、房地产业务、证券投资业务；投资银行板块将以资产配置业务、产业基金业务为支撑，通过统筹调动公司股东、固有、客户及金融机构的资源，将资产配置业务发展成为公司的品牌业务，并以城市基础设施建设、房地产行业、医疗养老产业等为重点，积极探索开展产业基金业务；受托服务板块则致力成为中小金融机构优质产品供应商，促进金融同业业务，同时大力发展信贷资产证券化和公益信托业务。

（二）优化公司战略、组织流程，提升整体管理水平

2015 年，公司的组织流程优化主要涉及异地机构治理、创新机制设计以及风控、合规管理三个方面。首先，公司需要理顺本部和异地团队之间的管理衔接，在有条件的区域探索以区域市场为中心的各类业务资源整合，提高管理、运营效率。其次，公司内部将全方位推动“微创新”开展，鼓励全员参与创新，升级创新小组工作机制，在条件成熟时成立专门的创新业务部。最后，进一步夯实风控与合规体系。其中，风控从信用风险管控为主向信用风险、市场风险、流动性风险全方位覆盖转变；合规则需要全面建立受托人职责体系，降低业务转型的法律风险。

（三）培育公司的经营特色，打响紫金品牌

2015 年，公司将推进资产管理、投资银行、受托服务三大板块信托业务资源聚集，加强特定领域管理能力塑造，培育公司的经营特色。公司将在三年战略规划的指导下形成符合公司未来发展需要的品牌发展战略打造紫金信托统一、持久的品牌形象。通过公益信托打造良好的社会责任形象，通过新媒体提升客户体验与品牌忠诚度，以及加强与主流媒体合作，提升品牌的社会影响力。

（四）促进信托业务转型，化解外部环境挑战

2015 年，公司将促进信托业务开展由依赖私募投行模式转为建立起私募投行、资产管理和财富管理更加合理的业务架构。为了保障业务转型发展，公司将研究设立相关专业子公司。通过设立子公司加强私募股权投资业务、财富管理业务的展业能力。

专题研究与思考

2014 年第一季度中国信托业运行情况报告

中国信托业协会

一、季度信托业总体运行情况

2014 年第一季度，信托业总体运行平稳，开局良好，呈现出“三平稳四优化”的格局。

（一）信托资产规模增长平稳

截至 2014 年第一季度末，全国 68 家信托公司管理的信托资产规模 11.73 万亿元，比年初增长 0.82 万亿元，增幅为 7.52%。自 2013 年第一季度以来，信托资产环比增幅一直维持在 7% ~ 8.3%，结束了 2010 年至 2013 年第一季度平均单季增幅 11.77% 的高速增长，增速有所放缓，冲规模的势头有所遏制。

（二）信托公司资本实力提升趋势平稳

截至 2014 年第一季度末，信托公司全行业固有资产总规模为 2984.63 亿元，所有者权益为 2683.68 亿元，环比分别增长 3.94% 和 2.18%，继续保持了近年来固有资产规模和所有者权益规模逐季平稳上升的趋势，增强了行业风险抵御能力，为信托业健康发展奠定了良好基础。

（三）信托产品收益率波动平稳

2014 年第一季度清算的信托产品平均年化综合收益率为 6.44%，低于 2013 年的 7.40%，仍处于近年来 6.30% ~7.50% 的平稳波动区间。这一收益率在理财市场上仍处较高水平。在近期经济下行压力较大、资本市场低迷的背景下，实现这样的收益率实属不易。其中一个重要原因是在市场竞争压力加大、利率市场化加速的环境下，信托公司为适应市场发展需求，主动让利于客户，正因为这样，2014 年第一季度已清算的信托产品平均年化综合信托报酬率为 0.44%，环比下降 0.27%，降幅达到 38.02%。

（四）信托资金来源结构有所优化

截至2014年第一季度末，信托财产中主要由信托公司主动管理的集合资金信托计划规模占比为24.97%，环比增长0.07%，同比增长0.97%；单一资金信托占比为69.48%，环比下降0.13%，同比下降0.33%。这说明信托资产中集合资金信托计划规模占比逐渐提高，单一资金信托占比逐渐下降，信托资金来源结构有所优化。

（五）信托资金运用方式进一步优化

截至2014年第一季度末，信托资金运用方式中，贷款等业务占比为62.51%，环比减少0.78%，同比减少2.15%，金融资产投资和长期股权投资合计占比为37.49%，环比增加0.78%，同比增加2.15%。从整体来看，信托资金运用于长期股权投资和金融资产投资的占比有所提高，对实体经济的支持效能进一步提升。

（六）信托资产投向结构趋于优化

截至2014年第一季度末，工商企业、基础产业等实体经济重点领域仍是信托资产的前两大投向领域，占比分别为27.85%、24.78%，合计占比高达52.63%，保持了平稳态势。

（七）信托业务功能得到优化

截至2014年第一季度末，融资类信托业务占比延续了近几年来逐季下降的趋势，从2010年末的61.55%降至2014年第一季度的43.94%。事务管理类信托业务占比23.58%，较2010年末增长了6.44%。以上占比变化说明信托的受托服务功能得到进一步发挥。

二、信托业发展趋势与展望

总体来看，信托业整体上继续保持了持续健康发展态势，为丰富我国金融市场、支持实体经济发展发挥了积极作用。与此同时，也要清醒地认识到，信托业未来发展仍面临诸多困难与挑战。一方面，发展环境“五期叠加”。当前，我国经济正处于增长速度换档期、结构调整阵痛期和前期刺激政策消化期，对信托公司来说还要加上两期，一个是利率市场化的推进期，一个是资产管理业务的扩张期。另一方面，受“五期叠加”影响，信托业现有发展模式可能面临“三个难以为继”的压力：一是信托产品“高收益、低风险”特性将难以为继；二是信托行业“冲规模、轻管理”的发展路径难以为继；三是以信贷类、通道类为主的业务结构难以为继。

目前，信托业转型发展到了关键时期，如逆水行舟，不进则退。为巩固信托业良性发展势头，切实解决行业存在问题，防范与化解潜在风险，真正发挥信托业的优势，开创信托业又一个黄金时期，监管部门和信托行业作了很多努力，从第一季度的数据来看，已经取得了一定成效。下一步工作的重心在于如何因势利导，趋利避害，推动信托业加快转型发展。在这方面，银监会发布了《关于信托公司风险监管的指导意见》（以下简称99号文），已经给出了明确的方向、系统的方法和一系列政策利好。

（一）初步绘就信托业转型发展的蓝图

主要是明确了“五个定位”：一是明确了发展目标定位，即推动信托公司发展成为风险可控、守法合规、创新不断、具有核心竞争力的现代信托机构；二是明确了发展路径定位，即在总体原则上坚持风险防范化解与推动转型发展并重，在具体方法上综合运用市场机制、法律手段等解决问题、化解风险，为转型发展创造空间和条件；三是明确了功能定位，即“受人之托、代人理财”的金融功能；四是明确了业务定位，即将资产管理、投资银行、受托服务等多种业务有机结合，走差异化发展道路；五是明确了服务定位，即服务投资者、服务实体经济、服务民生。

（二）明晰了受托人的勤勉尽责要求

“受人之托，忠人之事”不仅是做人的准则，更是信托业生存发展的基本法则。对此，99号文提出了明确的具体要求，即信托公司的业务运营中必须做到“七个尽责”：一是产品设计尽责，不得“埋地雷”；二是尽职调查尽责，防止存盲区；三是风险管控尽责，避免有漏洞；四是产品营销尽责，不得有欺诈；五是后续管理尽责，不得有疏忽；六是信息披露尽责，不得有隐瞒；七是风险处置尽责，不得谋私利。同时，信托公司应对这“七个尽责”进行全方位、全过程、动态化管理。

（三）强化了信托公司股东责任要求

信托业与其他金融行业一样，有很强的外部性。正因为如此，无论是监管部门、经济部门，还是社会大众，都希望金融企业持续稳健发展，能办成“百年老店”和“常青树”。这也是信托公司股东获取特许牌照、实现长期价值的“不二法则”，自然也就要求股东平衡好短期与长期的利益，速度与质量的关系，对所投资的金融机构有清晰、长远的战略发展规划，做好信托公司风险防范与化解，防止风险外溢，切实维护金融稳定。在这方面，99号文突出强调了三大责任：一是出现流动性风险时，需要提供流动性支持；二是资本不足时，应推动压缩业务或补充资本；三是经营管理出现重大问题时，更换股东或限制权利。

（四）严格规范了产品营销的四条标准

信托产品营销问题一直是市场诟病最多、反映最突出的问题之一，也是广大投资者最关心的问题之一。对此，99 号文从保护投资者合法权益出发，进一步严格了四条标准：一是严格核实投资人标准，明确不得违规汇集他人资金购买信托产品；二是严格私募标准，不得公开销售，即不得以任何形式向不特定客户发送产品信息；三是严格操作标准，不得误导销售，要充分揭示风险，并逐步实现录音或录像保存营销记录等；四是严格代销标准，禁止信托公司委托非金融机构推介信托计划。

目前，这些工作已有了行动，并初见成效。通过中央电视台澄清“百元信托产品疑云”，发布风险提示，提醒社会公众远离非法金融活动，警惕各类虚假宣传，引起了广大投资人的良好反响。

（五）落实中央简政放权的精神

一是对具体产品实行报告制，在报告期结束后即可自主展业，不需要监管部门的前置审批；二是简化报告要求，仅要求报告不超过两页纸的《信托公司固有业务、信托项目事前报告表》；三是优化报告渠道，99 号文要求专门推进建设信托产品登记信息系统，将相关信息登录进入该系统，即算作报告工作完成。

（六）加强信托从业人员管理，严防道德及案件风险

人才是信托公司的核心竞争力，“管好人”是行业健康发展、防治案件风险的根本手段。其核心有两条，“谁可以进来，谁应该出去”。对此，99 号文要求把握好三个环节：一是“准入”环节，设立“资质门槛”，推动开展从业人员考试和资质准入工作；二是“持续管理”环节，实施“履职评价”，建立从业人员诚信履职情况的评价机制；三是“退出”环节，建立“黑名单”制度，严格实施违规问责和案件问责工作。启动对甘肃信托个别员工涉嫌违法犯罪的调查，就是信托业清除行业“害群之马”、严防道德风险的主要行动之一。下一步，我们还将继续对案件防控等保持高压态势，整顿市场，净化环境，维护行业形象。

（七）清理非标准理财资金池业务，加强影子银行监管

在 2013 年下半年，我们就已经开始了这项工作。99 号文在摸索规律、总结经验的基础上，对清理非标准理财资金池业务提出了科学严密的工作推进方针，那就是要求“各信托公司要结合自身实际，循序渐进、积极稳妥推进资金池业务清理工作”。具体来讲，主要有三条要求：一是必须尽快推进清理工作，不许拖延，更不许新开展此类业务；二是不搞“一刀切”，而要各家

信托公司依据自身实际情况，“因地制宜、因司制宜”，自主自行制定清理整顿方案；三是不搞“齐步走”，而要各家公司遵循规律，循序渐进，不设统一时间表，不设标准路线图，确保清理整顿工作不引发新的风险。

（八）确立信托公司“生前遗嘱”计划，建立恢复与处置机制

所谓“生前遗嘱”，就是在活着的时候把遗嘱写好，目的是让人“居安思危，未雨绸缪，防患于未然”。“生前遗嘱计划”也叫恢复与处置计划，是在充分汲取国际金融危机教训的基础上形成的国际重大机制改革成果。借鉴这一成果，制订信托公司的“生前遗嘱计划”，是维护信托行业稳健发展的核心机制之一。其主要内容有：一是“薪酬回吐”。要求信托公司建立与风险责任和经营业绩挂钩的科学合理的薪酬激励机制。二是“红利回拨”。股东承诺或在章程中约定，在信托公司出现严重风险时，要减少分红或不分红，必要时应将以上一年度分红用于信托公司补充资本或风险化解。三是“业务分割”。就是说在某些业务出现问题之后，要有壮士断腕的勇气，马上把这部分业务“砍掉”或者托管出去，以免影响公司整体。还有，如果公司不行了，怎样让好的业务继续经营下去。四是“机构处置”。就是要事先写好公司风险处置的安排。这个机构真要是不行了怎么办，是股东救助，还是兼并重组，谁来出资，谁来安排，采取什么措施都要事先写清楚。

（九）探索设立信托行业稳定基金，建立风险防控长效机制

市场法则告诉我们，市场竞争肯定是优胜劣汰。怎样使被淘汰的机构不至于影响行业整体，这就需要有一个行业稳定机制。对此，99 号文作出了重大创新，就是指探索设立行业稳定基金，发挥行业合力，消化单体业务及单体机构风险，避免单体机构倒闭给信托行业乃至金融行业带来较大负面冲击。这是化解行业风险的核心机制，也是行业稳健发展不可或缺的制度安排。

（十）明确转型方向，推动信托公司业务转型发展

信托公司转型对信托业的长远健康发展是至关重要的，已讨论了很长时间，但很多机构对“向哪里转、怎么转”还在探索之中。对此，99 号文释放出六大“利好”。

一是改造信贷类集合资金信托业务模式，研究推出债权型信托直接融资工具。这将使信托公司真正回归管理人、受托人的角色，同时也使得信贷类集合资金信托业务透明化、标准化。

二是大力发展真正的股权投资，支持符合条件的信托公司设立直接投资专业子公司。这对于充分发挥信托工具的优势，拓宽产品线，完善盈利模式，对于促进全社会股权投资增长，优化社会融资结构将发挥积极作用。

三是鼓励开展并购业务，积极参与企业并购重组，推动产业转型。这将为新兴产业和中小

企业的发展提供创新融资工具，为传统行业的整合提供更好服务，为国民经济的结构调整和产业升级提供助力。

四是积极发展资产管理等收费型业务，鼓励开展信贷资产证券化等业务，提高资产证券化业务的附加值。这不仅有利于盘活存量信贷资产，还将为信托公司发展提供新的业务增长点。

五是探索家族财富管理，为客户量身定制资产管理方案。这是家族财富进行长期规划和风险隔离的重要金融工具，是信托回归本源的重要业务之一。

六是完善公益信托制度，大力发展公益信托。这将更好地推动信托业履行社会责任。

综观信托业 2014 年第一季度运行情况及发展趋势，马年开局平稳，转型发展可期。机遇与挑战并存，发展机遇大于挑战。在 99 号文指导下，坚持风险防控与转型发展齐头并进总体发展思路，伴随着各项机制建设与制度创新的落实与深化，信托业将在加快转型中持续稳定健康发展。

2014年第二季度中国信托业发展评析

——转型发展下的平稳增长和结构优化

中国信托业协会专家理事　周小明

一、信托业总体运行继续保持平稳增长态势

2013年，全国68家信托公司管理的信托资产规模达10.91万亿元，首次突破10万亿元，信托业步入“后10万亿时代”。与此同时，信托业也遭遇了前所未有的挑战：经济下行增加了信托业经营的宏观风险，“泛资产管理”加剧了信托业的竞争，金融自由化萎缩了传统融资信托的市场空间，金融机构同业业务的规范减少了简单通道业务的市场机会。在此背景下，信托业也结束了2008年以来信托资产高达50%以上年复合增长率的高速增长阶段，自2013年起增速开始放缓，2014年第二季度增速继续放缓，但发展总体平稳，表明信托业已进入平稳增长阶段。

（一）信托资产规模平稳增加，增速继续放缓

2014年第二季度末，信托业管理的信托资产总规模为12.48万亿元，再创历史新高。较第一季度环比增长6.40%，较2013年末增长14.40%，但较上月下降了0.24万亿元，首次出现月度负增长；与2013年同期26.56%的增幅相比，下降了12.16个百分点。就季度环比增速而言，2013年度开始呈现放缓势头，前3个季度环比增速连续下降，第四季度环比增速为7.66%，小幅回升0.5个百分点。2014年前2个季度信托资产环比增速延续放缓势头：第一季度为7.52%，较2013年第四季度下降0.14个百分点；第二季度为6.40%，较第一季度回落1.12个百分点。

（二）经营效果总体良好，增幅回落较大

2014年第二季度末，信托业实现经营收入398.79亿元，较2013年第二季度末的350.79亿元，同比增长13.68%；较2014年第一季度的178.65亿元，环比增长123.22%，但与2013年同期同比35.44%的增长率相比，同期增幅大幅回落了21.76个百分点；与2013年同期环比

130.16%的增长率相比，同期环比增幅也小幅下降了6.94个百分点。2014年第二季度末，信托业实现利润总额289.69亿元、人均利润146.96万元，与2013年第二季度相比，利润总额同比增长12.39%，但与2013年同期同比35.69%增长率相比，同期增幅大幅回落23.3个百分点；人均利润同比首次呈现负增长，较2013年第二季度的155.66万元，下降了8.7万元。与2014年第一季度相比，第二季度利润总额环比增长128.80%，但与2013年同期环比132.89%的增长率相比，环比增幅回落了4.09个百分点；第二季度人均利润环比增长121.49%，与2013年同期118.32%的环比增长率相比，同期环比增幅则小幅增加3.17个百分点。就已清算信托项目为受益人实现的年化综合实际收益率而言，2014年第二季度为6.87%，与2013年第二季度的7.80%相比，同比回落0.93个百分点；与2014年第一季度的6.44%相比，环比提高了0.43个百分点，信托产品收益率波动总体平稳。

（三）固有规模稳步增加，风险抵御能力进一步增强

2014年第二季度末，信托业固有资产总规模3058.57亿元，相比2013年末的2871.41亿元，增加6.52%；平均每家固有资产44.98亿元，与2013年末平均每家42.23亿元相比，每家增加了2.75亿元，增幅为6.51%。第二季度末，全行业实收资本总额为1188.66亿元，与2013年末的1116.55亿元相比，增加6.46%；平均每家实收资本为17.48亿元，与2013年末平均每家16.42亿元相比，每家增加了1.06亿元，增幅为6.46%。第二季度末，全行业所有者权益总额为2749.61亿元，每股净资产为2.31元，平均每家公司净资产为40.44亿元，与2013年末的2555.18亿元所有者权益、2.29元每股净资产和37.58亿元平均每家净资产相比，分别增加7.61%、0.87%和7.61%。

二、信托业运行特点及发展趋势：转型发展下的结构优化

受经济、金融和竞争环境发生深刻变化的影响，信托业原来的主导业务模式即具有私募投行性质的融资信托业务受到了巨大挑战，迫使信托业不断挖掘信托制度的市场空间，加快转型创新步伐。特别是2014年4月中国银监会颁布了《关于信托公司风险监管的指导意见》（银监办发［2014］99号），明确提出了信托业转型发展的总体要求，并指明了转型发展的具体方向。在市场压力和政策引导的双重推动下，信托业的业务结构开始朝着更加符合信托本源的方向优化。

（一）信托客户的高端化

2008年银监会出台“新两规”，特别是2014年4月银监会99号文颁布以后，信托公司的功

能定位进一步明确，即定位于为高端客户（以“合格投资者”为基本标准）提供资产管理和财富管理的现代信托机构和资产管理机构。因此，信托公司的转型以客户的高端化为基础。据统计，截至2014年6月末存续的12.48万亿元信托资产中，来源于各类金融机构自有资金的投资为4.40万亿元，占比为35.26%；来源于以各类金融机构为主体的理财资金的投资为4.23万亿元，占比为33.89%；来源于普通合格投资者（非金融机构和个人）的投资为3.85万亿元，占比为30.85%，其中个人投资者最低投资金额起点在100万元以上，实际上大都是300万~500万元。信托资产的上述投资者结构，以机构为主导、以个人合格投资者为辅助，信托客户的高端化结构已经初步显现。这从信托资产的来源上也清晰地体现出来。第二季度末，以机构客户主导的单一资金信托规模占比仍居首位，达67.99%；以个人合格投资者为主导的集合资金信托规模位居第二，占比为26.36%；管理财产信托规模（机构为主）位居第三，占比为5.65%。

（二）信托功能的多样化

信托的制度设计赋予了信托运用和功能具有相当的灵活性，从大的类别说，信托可以分为理财信托和服务信托两大类。从信托运用的实践来看，信托业务目前仍然以理财信托为主，而在理财信托中，又以融资类信托为主、投资类信托为辅，这与国际上成熟的理财市场上投资类信托为主、融资类信托为辅恰恰相反。但可喜的是，虽然目前融资信托仍然为主，但比例逐步下降，这在2014年第二季度的运行情况中表现得尤为突出。第二季度末，融资类信托规模为5.07万亿元，占比40.64%，与2013年末47.76%的比例相比，大幅下降了7.12个百分点。与此同时，投资类信托占比则有所提升。第二季度末，投资类信托规模为4.12万亿元，占比为33.01%，相比2013年末的32.54%，上升了0.47个百分点。

在成熟的理财市场上，服务信托与理财信托一直比翼齐飞。但在我国，相比于理财信托而言，服务信托的发展则一直比较缓慢。服务信托的主要功能不是投资理财，而是利用信托的制度优势为客户提供财产的事务管理和相关服务，统计口径上表现为事务管理类信托。2010年末，信托公司全行业服务信托的规模仅为5201.29亿元，占比为17.11%，以后年度规模虽有所增大，但占比一直没有超过20%。2014年第二季度末，服务信托规模达3.29万亿元，占比首次超过20%，达26.35%，相比2013年末的19.70%的比例，大幅提升了6.65个百分点。这不能不归功于业界深挖信托功能潜力、推动转型发展的努力。

（三）信托投向的市场化

从信托财产的运用领域来讲，信托公司以其“多方式运用、跨市场配置”的灵活经营机制，总能根据政策和市场的变化，适时调整信托财产的配置领域。2014年第二季度数据表明，就11.77万亿元的资金信托投向看，依然主要分布在以下五大领域，但信托投向占比有不同程度的变化，体现出受市场变化影响和市场的导引作用。

工商企业是资金信托的第一大配置领域，规模为3.22万亿元，占比达27.36%，相比2013年末28.14%的比例，小幅回落0.78个百分点。基础产业是资金信托的第二大配置领域，规模2.72万亿元，占比为23.10%，相比2013年末的25.25%的比例，下降2.15个百分点。其中，信证合作业务规模1.11万亿元，占比为8.88%，与2013年末的8.81%基本持平。资金信托投向工商企业和基础产业占比的回落和下降，主要是受经济下行、实体经济加快结构调整、部分行业风险加大、基础产业过度投资风险显现的影响，信托公司顺应市场变化审慎应对的结果。金融机构是资金信托的第三大配置领域，规模1.64万亿元，占比为13.93%，相比2013年末的12.00%，提升了1.93个百分点。证券投资是资金信托的第四大配置领域，规模1.50万亿元，占比12.75%，相比2013年末10.55%的比例，提升了2.2个百分点。信托投向金融机构和证券投资占比的提升，主要缘于信托业强化金融协同、扩大金融机构投资以及资本市场投资价值的显现，也反映出金融市场变化引导的作用。房地产是资金信托的第五大配置领域，规模1.26万亿元，占比为10.72%，相比2013年末的10.03%的比例，小幅上升0.69个百分点，这与2014年第一季度房地产行业的平稳发展有关，但随着2014年第二季度开始暴露的房地产行业风险，资金信托投向房地产领域将更为谨慎。

2014 年第三季度中国信托业发展评析

——“增减”背后的变化之道

中国信托业协会专家理事　周小明

自 2013 年以来，在经济下行和竞争加剧的双重挑战下，信托业结束了自 2008 年以来的高速增长阶段，步入转型发展的阶段。中国信托业协会（以下简称协会）发布的“2014 年第三季度信托行业主要业务数据”表明：第三季度，信托业总体发展平稳，信托规模继续稳步增长，信托风险总体可控，信托产品收益率稳中有升，信托业务结构不断优化。但是，与此同时，行业发展也出现了不容忽视的隐忧：信托资产增速持续放缓，信托产品的个体风险暴露增加，信托业经营效益开始出现下滑，业务转型发展面临诸多挑战。第三季度，信托业运行呈现以下变化和特点。

一、信托资产增速放缓与固有资本增速加快

（一）信托资产规模平稳增长，但增速明显放缓

总体来看，第三季度全行业信托资产规模平稳增长，并再创历史新高。信托业管理的信托资产规模为 12.95 万亿元，较 2013 年末的 10.91 万亿元增长 18.70%，较 2014 年第二季度末的 12.48 万亿元环比增长 3.77%。但是，从季度环比增速来看，2014 年第三季度不仅延续了自 2013 年第一季度开始的持续回落态势，而且回落幅度明显增大。2013 年第四季度全行业信托资产季度环比增速为 7.66%，2014 年第一季度为 7.52%，下降 0.14 个百分点；2014 年第二季度环比增速为 6.40%，较上一季度回落 1.12 个百分点；而 2014 年第三季度环比增速仅为 3.77%，较第二季度回落 2.63 个百分点，回落幅度明显增大。弱经济周期和强市场竞争对信托业的冲击效应明显加大。

（二）信托公司固有资本增速明显加快，抵御风险能力增强

2013 年第四季度末，信托业实收资本（固有资本）为 1116.55 亿元，2014 年第一季度增加

到1144.66亿元，较前季度环比增长2.52%；2014年第二季度信托业实收资本增加到1188.66亿元，较前季度环比增长3.84%，增幅为1.32个百分点；2014年第三季度，信托业实收资本增至1293.25亿元，较第二季度环比增长达8.80%，增幅达4.96个百分点。由此推动，2014年第三季度信托业的所有者权益增至2882.43亿元，比2013年末的2555.18亿元增长12.81%，比2014年第二季度末的2749.61亿元环比增长4.83%；与此同时，第三季度末信托业的固有资产规模增至3198.91亿元，比2013年末的2871.41亿元增长11.41%，比2014年第二季度末的3058.57亿元环比增长4.59%。

信托业正在采取积极应对措施，通过加快业务结构转型和优化力度，通过加快增资扩股步伐，增厚财务实力应对“匹配度”挑战，借此不断增强风险抵御能力，并为业务转型奠定资本基础。截至2014年第三季度末，平均每家信托公司实收资本已达19.02亿元，所有权者权益达42.39亿元。虽然转型中的信托业单体产品风险暴露增大，但是信托产品之间风险隔离的制度安排以及信托业雄厚的整体资本实力，正是信托业能够控制整体风险、不大可能引发系统性风险的两大根本抓手。

6~9月，信托风险项目规模从917亿元降至824亿元，其占全部信托资产比率从0.73%降至0.68%。信托业务风险资产规模、风险资产比率较第二季度实现“双降”，信托业风险状况总体平稳。

二、信托公司效益增速下滑与受益人收益稳中有升

2014年前三季度，信托业累计实现经营收入608.60亿元，与2013年前三季度的539.39亿元相比，同比增长12.83%。2014年前三季度，信托业累计实现利润总额434.43亿元，比2013年前三季度的389.84亿元同比增长11.44%。

2014年第三季度全行业经营业绩增长趋缓。2014年第二季度、第三季度实现营业收入分别为220.14亿元、209.81亿元，环比增速分别为23.22%、-4.69%。2014年第二季度、第三季度实现净利润分别为127.8亿元、112.54亿元，环比增速分别为29.97%、-11.94%。

与信托公司经营效益增速下滑情况相反，第三季度信托业给受益人实现的信托收益率却稳中有升。就已清算信托项目为受益人实现的年化综合实际收益率而言，近年来一直比较平稳，大致在保持在6%~8%，2014年以来则呈现出“稳中有升”势头。2014年第一季度为6.44%，第二季度为6.87%，第三季度则达7.92%。相比之下，信托公司实现的平均年化综合信托报酬率则呈现持续下降的势头：2013年第一季度至第四季度分别为0.85%、0.78%、0.76%、0.71%；2014年第一季度为0.54%，第三季度为0.55%（与第二季度基本持平）。

2014年以来，导致信托业经营业绩下滑的主要原因有两个：一是信托资产增速持续放缓，

增量效益贡献下滑；二是信托报酬率呈现下降趋势，信托报酬的价值贡献下滑。这说明信托业转型发展所需的内涵式增长方式尚未最终成型，新增长方式下的业务不仅还没有“放量”，也没有“放价”，信托业转型发展尚处于伴随着诸多隐忧和挑战艰难前行阶段。但是，也应该看到，在信托公司业绩下滑的同时，信托产品受益人的收益率却“稳中有升”，这说明在追求自身利益与受益人利益之间，信托公司作为受托人恪守了信托的本质，忠实于受益人的最大利益，以受益人利益为先，表明信托业作为专业的信托机构在经营理念上已经整体成熟，受益人利益为先、为大的信托文化已经根植于信托行业。

三、市场需求的变化与业务结构的优化

实践表明，市场需求变化对信托业务结构和模式的影响至关重要。回顾2008—2012年信托业的高速增长，当时市场需求结构的变化起到了决定性的作用。一是主流融资市场（银行信贷市场和资本市场）因金融压抑而难以满足融资需求，高质量的私募融资需求巨大，由此催生了信托业私募融资信托为主导的业务模式；二是金融同业理财（特别是银行）因跨界经营的限制而难以满足其理财需求，由此形成了信托业通道型单一资金信托（银行主导）为主的业务模式；三是资本市场因长期低迷而难以满足投资者的收益风险偏好，由此催生了信托业类信贷为主的业务模式。但是，自2013年后，信托业发展所依赖的市场需求结构开始发生巨大的变化。一是主流融资市场因压制因素逐步消除而日益扩大其融资功能，私募融资市场开始萎缩，信托业私募融资信托的业务模式发生动摇；二是银信合作业务不断规范和金融业跨界经营限制逐步放松，信托业以银信合作业务为主导的通道型单一资金信托业务模式基础开始瓦解；三是资本市场开始走出低迷局势而转向长期趋好，赚钱效应日益显现，信托业类信贷业务开始受到冲击。

市场需求的上述变化，使信托业原来的主导业务模式受到了巨大挑战，迫使信托业不断挖掘信托制度的市场空间，加快转型创新步伐。特别是2014年4月中国银监会颁布了《关于信托公司风险监管的指导意见》（银监办发［2014］99号），明确提出了信托业转型发展的总体要求，并指明了转型发展的具体方向。在市场压力和政策引导的双重推动下，信托业的业务结构开始朝着更加符合信托本源和市场需求变化的方向进行优化。

第三季度数据表明，信托业务的结构优化呈现明显提速的迹象，主要表现如下。

（一）集合资金信托占比创历史新高

第三季度，全行业集合资金信托规模为3.77万亿元，占12.93万亿元总规模的29.16%，相比2013年末24.90%的占比，提高了4.26个百分点；相比2014年第二季度26.36%的占比，提升2.8个百分点。从历史数据来看，2014年第三季度集合资金信托的占比创历史新高。历史

上，集合资金信托占比最高的年份是 2011 年，为 28.29%，以后年度一直在 20% ~25% 波动。与此同时，第三季度单一资金信托占比则创了历史新低。第三季度，单一资金信托规模为 8.42 万元，占比为 65.01%，虽然仍然是信托财产的主要来源，但占比已经创下历史新低，相比历史上的最高占比即 2010 年的 74.51%，下降了 9.5 个百分点；相比 2013 年末 69.62% 的占比，下降了 4.61 个百分点；相比 2014 年第二季度末 67.99% 的占比，下降了 2.98 个百分点。

（二）信托功能“三分天下”格局形成

从信托功能看，第三季度，融资类信托占比继续下降，首次降到了 40% 以下，为 37.91%，相比历史上的最高占比即 2010 年的 59.01%，降幅达 21.10 个百分点；相比 2013 年末 47.76% 的占比，降幅达 9.85 个百分点；相比 2014 年第二季度末 40.64% 的占比，下降 0.73 个百分点。与此同时，投资类信托和事务管理类信托的占比则稳步提升。第三季度投资类信托占比为 34.63%，相比历史上的最低占比即 2010 年的 23.87%，增幅达 10.76 个百分点；相比 2013 年末 32.54% 的占比，提升 2.09 个百分点；相比 2014 年第二季度 33.01% 的占比，提升 1.52 个百分点。第三季度，事务管理类信托占比为 27.46%，相比历史上最低占比即 2011 年的 12.75%，增幅达 14.71 个百分点；相比 2013 年末 19.70% 的占比，提升 7.76 个百分点；相比 2014 年第二季度 26.35% 的占比，提升 1.11 个百分点。

（三）信托投向的市场化驱动因素明显

从信托财产的运用领域来讲，信托公司以其“多方式运用、跨市场配置”的灵活经营体制，总能根据政策和市场的变化，适时调整信托财产的配置领域。2014 年第三季度数据表明，从 12.82 万亿元的资金信托投向来看，依然主要分布在工商企业、基础产业、金融机构、证券投资和房地产五大领域，但资金信托投向在上述领域的占比有较大程度的变化，市场化对信托资产配置领域变化的驱动非常明显。

一是工商企业。第三季度，工商企业仍是资金信托的第一大配置领域，规模为 3.15 万亿元，占比为 25.82%。但是，占比下降趋势明显，相比 2013 年末的 28.14% 的占比，下降了 2.32 个百分点；相比 2014 年第二季度末 27.36% 的占比，下降了 1.54 个百分点。特别是在规模上，第三季度首次出现了负增长。第二季度规模为 3.22 万亿元，第三季度为 3.15 万亿元，减少了 0.07 万亿元。显然，由于经济下行的影响，信托业对工商企业的资金运用开始偏向谨慎。

二是基础产业。第三季度，基础产业仍是资金信托的第二大配置领域，规模为 2.66 万亿元，占比为 21.80%。但是与工商企业一样，占比也呈下降趋势，规模也出现负增长。相比 2013 年末 25.25% 的占比，下降了 3.45 个百分点；相比 2014 年第二季度末 23.10% 的占比，下降了 1.3 个百分点；相比 2014 年第二季度末的 2.72 万亿元规模，规模减少了 0.06 万亿元。资金信托对基础产业配置的减少，与基础产业过度投资、地方债务风险显现有密不可分的关系。可以预见，2014 年国务院出台的关于地方政府债务融资方式和存量债务管理方式改变的政策，将进一步压缩信托业对基础产业的投资，信托公司对政信合作业务也将更加审慎。

三是金融机构。金融机构是资金信托的第三大配置领域。第三季度，资金信托对金融机构的投资规模为 1.92 万亿元，占比为 15.73%。与资金信托对工商企业和基础产业配置减少趋势不同，资金信托对金融机构的配置则呈现上升趋势。相比 2013 年末 12.00% 的占比，提升了 3.73 个百分点；相比 2014 年第二季度末 13.93% 的占比，提升了 1.8 个百分点。资金信托对金融机构投资的增加，主要源于信托业强化金融协同、金融业投资波动不大和回报稳定等市场因素。

四是证券投资。证券投资是资金信托的第四大配置领域。第三季度末，规模为 1.74 万亿元，占比为 14.27%。与金融机构一样，资金信托对证券投资的配置 2014 年来一直呈现上升趋势。相比 2013 年末 10.55% 的占比，上升 3.72 个百分点；相比 2014 年第二季度 12.75% 的占比，提升了 1.52 个百分点。资金信托对证券投资占比的提升，主要缘于资本市场投资价值的显现以及投资多元化资产配置需求等市场因素。

五是房地产。房地产是资金信托的第五大配置领域。第三季度规模为 1.27 万亿元，占比为 10.38%。与其他领域的配置不同，资金信托对房地产的配置近年来一直表现为比较平稳。相比 2013 年末 10.03% 的占比，小幅上升了 0.35 个百分点；相比 2014 年第二季度末 10.72% 的占比，小幅下降了 0.34 个百分点。资金信托对房地产配置的上述特点，与房地产市场的短期波动平稳、中长期风险暴露增加的特点有关。随着 2014 年第二季度开始暴露的房地产行业风险，预计资金信托投向房地产领域今后或将更为谨慎。

2014 年度中国信托业发展评析

——转型发展中的结构之变

中国信托业协会专家理事　周小明

2014 年，在经济下行和竞争加剧的双重挑战下，信托业结束了自 2008 年以来的高速增长阶段，步入了转型发展的阶段。2014 年 4 月 8 日，银监会办公厅颁布的《关于信托公司风险监管的指导意见》（银监办发［2014］99 号）明确提出了信托业转型发展的目标和路径。可以说，2014 年是信托行业全面布局转型发展的“元年”。中国信托业协会发布的 2014 年第四季度末信托公司主要业务数据表明：在新的历史发展阶段，信托业主要业务数据发生了较大的结构性变化，信托规模再创历史新高，业务结构继续优化，系统风险可控，行业发展平稳，转型态势良好，同时，信托业也面临着增幅放缓、业绩下滑、个案风险增加等方面的挑战。

一、增速放缓下的平稳增长

2014 年末，68 家信托公司管理的信托资产规模和经营业绩（收入总额、利润总额和人均利润）增幅均有较大幅度回落，但总体实现了平稳增长，并再创历史新高。

（一）信托资产

2014 年末，信托行业管理的信托资产规模为 13.98 万亿元（平均每家信托公司 2055.88 亿元），较 2013 年末的 10.91 万亿元同比增长 28.14%；较 2014 年第三季度末的 12.95 万亿元环比增长 7.95%。但是，资产规模的增幅明显回落，较 2013 年末 46.05% 的同比增长率，2014 年同比回落了 17.91 个百分点；从年内季度环比增速来看，2014 年前三季度也一直延续了自 2013 年第一季度开始的持续回落态势：2014 年第一季度为 7.52%，第二季度为 6.40%，第三季度为 3.77%，第四季度环比增速则有大幅度回升，为 7.95%，企稳迹象明显。信托资产增幅放缓有两方面原因，一方面，是弱经济周期和强市场竞争对信托业传统融资信托业务的冲击效应明显加大；另一方面，是旧增长方式的萎缩速度与新增长方式的培育速度之间的“时间落差”，即新业务培育需要一个过程，其培育速度目前尚滞后于旧业务萎缩速度。如何加快转型进程，是信托业未来发展的核心挑战。

（二）经营业绩

从营业收入来看，2014 年末，信托业实现经营收入 954.95 亿元（平均每家信托公司 14.04 亿元），相比 2013 年末的 832.60 亿元同比增长 14.69%，但较 2013 年末 30.42% 的同比增长率，同比增幅回落了 15.73 个百分点；从利润总额来看，2014 年末，信托业实现利润总额 642.30 亿元（平均每家信托公司 9.45 亿元），相比 2013 年末的 568.61 亿元同比增长 12.96%，但较 2013 年末 28.82% 的同比增长率，增幅回落了 15.86 个百分点；从人均利润来看，2014 年末，信托业实现人均利润 301 万元，相比 2013 年的 305.65 万元小幅减少 4.65 万元，首次出现了负增长。2014 年信托业经营业绩下滑的主要原因有两个：一是信托资产增速持续放缓，增量效益贡献下滑；二是信托报酬率呈现下降之势，量降的同时，价也开始下降，信托报酬的价值贡献下滑。这说明信托业转型发展所需的内涵式增长方式尚未最终成型，新增长方式下的业务不仅还没有“放量”，也没有“放价”，这也是信托业转型发展道路上的巨大挑战。

二、效益下滑下的文化坚守

与信托公司经营效益增速下滑的情况相反，2014 年，信托业给受益人实现的信托收益却稳中有升。就已清算信托项目为受益人实现的信托收益总额而言，据银监会统计，2014 年，信托行业共为受益人实现 4506 亿元的收益，相比 2013 年的 2944 亿元增加了 1562 亿元，增幅达 53.06%，远高于信托业自身业绩的增幅；就已清算信托项目为受益人实现的年化综合实际收益率而言，近年来一直比较平稳，大致保持在 6% ~8%，2014 年则呈现出“稳中有升”的势头：第一季度为 6.44%，第二季度为 6.87%，第三季度为 7.92%，第四季度为 7.52%，全年平均达 7.19%。相比之下，信托公司实现的平均年化综合信托报酬率则呈现出持续下降的势头：2013 年第一季度为 0.85%，第二季度为 0.78%，第三季度为 0.76%，第四季度为 0.71%；2014 年第一季度为 0.54%，第二季度为 0.62%，第三季度为 0.55%，第四季度为 0.51%，全年平均为 0.56%（以上数据取每季度最后一个月的数值为样本）。2014 度平均信托报酬率仅占当年平均信托收益率的 7.79%，换言之，信托行业每为受益人创造 100 元收益，信托报酬仅取 7.79 元。“若水三千，只取一瓢饮”，正是信托的文化精髓所在。

在信托公司业绩下滑之时，信托产品受益人的收益额和收益率却“稳中有升”，此乃信托业之“喜”。这说明在信托公司自身利益与受益人利益之间发生冲突时，信托公司作为受托人恪守了信托的本质，忠实于受益人的最大利益，以受益人利益为先，表明信托业作为专业的信托机构在经营理念上已经整体成熟，受益人利益为先、为大的信托文化已经根植于信托行业。本着这一经营理念，信托业转型发展中所遇到的挑战和困难都只是暂时的，增长方式的转变只是时间问题，这也正是我们对信托业能够跨越不同历史阶段而获得长期发展的根本信心所在。

三、风险增大下的整体风险可控

2014 年，因经济下行传导，信托行业个案信托项目风险事件虽然有所增加，但继续保持了平稳运行，整体风险可控，守住了不发生区域性、系统性风险的底线。截至 2014 年末，有 369 笔项目存在风险隐患，涉及资金 781 亿元，占比为 0.56%，低于银行业不良水平，相比 2014 年第二季度末风险项目金额 917 亿、占比为 0.73%，余额和比例均有所下降。信托业系统风险可控，得益于三道风险防线的不断构筑。

（一）固有资本实力增厚

与信托资产增速放缓的情况相反，2014 年信托行业固有资本的增速却明显加快。2014 年末，信托业实收资本为 1386.52 亿元（平均每家信托公司达 20.39 亿元），相比 2013 年末的 1116.55 亿元增加 269.97 亿元，同比增长 24.18%，较 2013 年末 13.93% 的同比增长率提高 10.25 个百分点。在实收资本增加的推动下，2014 年信托业的所有者权益增加到 3196.22 亿元，较 2013 年末的 2555.18 亿元同比增长 25.09%；与此同时，2014 年末信托业的固有资产规模则增加到 3586.02 亿元，相比 2013 年末的 2871.41 亿元同比增长 24.89%。信托公司固有实力的不断增强，反映了信托业未雨绸缪，主动增加迎接挑战的筹码，借此不断增强风险抵御能力，并为业务转型奠定资本基础。

（二）风险处置能力增强

当个案信托项目出现风险特别是流动性风险时，通常有两种解决方式：一种是简单的“刚性兑付”，另一种是市场化的处置。以往的个案信托风险，信托公司较多地采用了“刚性兑付”策略，这也是信托业遭致诟病的原因之一。然而，这种情况在 2014 年有了明显的改变，更多的信托风险事件开始采用市场化风险处置方式，并且效果良好，这反应了信托业风险处置能力的提升。通过并购、重组、法律追索、处置等不同方式，对信托项目风险进行市场化化解，原本就是信托业尽职管理的题中应有之义，既能提升信托业作为受托人的主动管理能力，又能逐步弱化“刚性兑付”，推进行业的成熟，从而从根本上防范信托业的风险。

（三）行业稳定机制建立

2014 年，银监会推进信托业“八项机制”建设，即“公司治理机制、产品登记制度、分类经营机制、资本约束机制、社会责任机制、恢复与处置机制、行业稳定机制和监管评价机制”。“八项机制”每一项均能提升信托业的风险控制能力，特别是2014年末以“信托业保障基金”及其管理公司成立为标志的“行业稳定机制”的建立，更是将信托业的风险控制机制从公司层面提升到了行业层面，借此可以有效防范信托业的系统性风险。

虽然转型中的信托业单体产品风险暴露增大，但是信托产品之间风险隔离的制度安排以及信托业雄厚的整体资本实力、风险处置能力的整体增强、行业稳定机制的建立，正是信托业能够控制整体风险、不引发系统性风险的根本抓手。

四、市场变化下的结构优化

（一）信托客户的“三足鼎立”

从信托财产来源看，2014年度仍然以资金信托为主、财产信托为辅。2014年末，资金信托规模为13.04万亿元，占比为93.28%；管理财产信托规模为0.94万亿元，占比为6.72%。这反映我国目前的主要信托财产类型仍然为资金，非资金类的信托财产尚较少。原因主要有两个：一个是我国目前非资金类财产主要属于生活资料（如住房）和生产资料（如股权、固定资产等），其中有一些信托需求不明显；另一些有较强信托需求的非资金类财产，如不动产、股权、应收账款等，由于信托财产过户制度、信托财产登记制度以及信托税收制度等不健全等制度障碍，阻碍了其进入信托市场，其信托需求被抑制。近年来，财产信托占比一直徘徊在3%～7%（2010年的占比为4.86%，2011年占比为3.55%，2012年占比为6.50%，2013年占比为5.49%，2014年占比为6.72%）。不过，随着制度不断健全和金融创新不断推进，预计财产信托的比例将逐步提高。

从资金信托的客户结构来看，“单一大客户驱动的单一资金信托+合格投资者驱动的集合资金信托+银行理财客户驱动的银信合作单一资金信托”构成的“三足鼎立”的布局继续呈现。2014年，单一大客户驱动的单一资金信托占比为40.44%，集合资金信托占比为30.70%，银信合作单一资金信托占比为22.14%。特别值得一提的是，2014年集合资金信托占比有了明显的提升，相比2013年末24.90%的占比，同比增幅提高了5.80个百分点；从历史数据来看，2014年集合资金信托的占比还创了历史新高。历史上，集合资金信托占比最高的年份是2011年，为28.25%，以后年度一直在20%～26%波动，2014年占比首次突破了30%。与此同时，2014年单一大客户驱动的单一资金信托占比有明显下降，较2013年末49.59%的占比，下降了9.15个百分点；而银信合作单一资金信托占比则与2013年末20.03%的占比，仅有小幅上升。长期以来，信托业遭致诟病的一个主要原因就是主动管理能力不足，而判断的基本标准就是集合资金信托的比例不高。2014 年在信托资产总规模增速下滑的同时，集合资金信托比例却加速提升，并创历史新高，表明信托业为适应市场变化而加快了提升主动管理能力的步伐，转型效应明显。

（二）信托功能的“三分天下”

从信托功能来看，2014 年，融资类信托占比继续下降，首次降到了 40% 以下，为 33.65%，相比历史上的最高占比即 2010 年的 59.01%，降幅高达 25.36 个百分点；相比 2013 年末 47.76% 的占比，降幅达 14.11 个百分点。与此同时，投资类信托和事务管理类信托的占比则稳步提升。2014 年投资类信托占比为 33.70%，相比历史上的最低占比即 2010 年的 23.87%，增幅高达 9.83 个百分点；相比 2013 年末 32.54% 的占比，提升 1.16 个百分点。2014 年，事务管理类信托占比为 32.65%，首次突破了 30%，相比历史上最低占比即 2011 年的 12.75%，增幅高达 19.90 个百分点；相比 2013 年末 19.70% 的占比，提升 12.95 个百分点。由此可见，2014 年，过去融资信托一枝独秀的局面已经得到根本扭转，融资信托、投资信托和事务管理信托“三分天下”的格局得以形成。

此前信托业融资信托业务一枝独秀的发展模式，是由当时的市场需求结构决定的。一是主流融资市场（银行信贷市场和资本市场）因金融压抑而难以满足融资需求，高质量的私募融资需求巨大，由此催生了信托业私募融资信托为主导的业务模式；二是资本市场因长期低迷而难以满足投资者的收益风险偏好，由此催生了信托业融资信托业务以具有固定收益特征的非标准化债权资产为主要的配置模式。但是，2013 年后，信托业融资信托业务模式所依赖的市场需求结构开始发生巨大的变化。一方面，主流融资市场的融资功能因金融压抑因素逐步消除而日益扩大，私募融资市场开始萎缩，信托业私募融资信托业务模式的市场发生动摇；另一方面，资本市场开始走出低迷局势而转向长期趋好，赚钱效应日益显现，加上高净值客户个性化资产配置的财富管理需求日益强烈，信托业固定收益特征的非标准融资信托业务已难以满足投资者多元化的理财需求，客观上要求信托业谋新、谋变。

2014 年，信托业务功能“三分天下”的形成，正是信托业适应理财市场需求结构变化、主动谋求转型的结果。在降低融资信托业务占比的同时，加大了具有浮动收益特征的权益性产品的开发，现金流管理业务、私募基金合作业务、私募股权投资信托业务、基金化房地产信托业务、资产证券化业务以及受托境外理财业务等资产管理产品均有明显的发展；与此同时，以事务管理驱动的服务信托业务，比如土地信托、消费信托、年金信托、养老信托、公益信托等也均有显著发展。信托功能的多元化，对于信托业的转型发展具有重大意义。一是融资信托的大幅度下降，在微观上适应了私募融资市场萎缩的变化，在宏观上消除了长期笼罩在信托业头上的“影子银行”阴影；二是投资信托和事务管理信托的稳步提升，微观上适应了投资者的多元化资产管理需求和高净值客户的财富管理需求，宏观上预示了信托业转型发展的根本方向。

（三）信托投向的“五大领域”

从信托财产的运用领域来讲，信托公司以其“多方式运用、跨市场配置”的灵活经营体制，总能根据政策和市场的变化，适时调整信托财产的配置领域。2014 年第四季度末信托公司主要业务数据表明，13.04 万亿元的资金信托主要投向工商企业、基础产业、金融机构、证券投资和房地产五大领域，但资金信托投向在上述领域的占比有较大程度的变化，市场化对信托资产配置领域变化的驱动非常明显。

1. 工商企业

2014 年，工商企业仍是资金信托的第一大配置领域，规模为 3.13 万亿元，占比为 24.03%。但是，占比有明显的下降，相比 2013 年末 28.14% 的占比，同比下降了 4.11 个百分点；相比 2014 年第三季度末 25.82% 的占比，环比下降了 1.79 个百分点。特别是在规模上，2014 年第三季度和第四季度连续两个季度出现了负增长：第二季度规模为 3.22 万亿元，第三季度为 3.15 万亿元，第四季度进一步减少为 3.13 万亿元。这主要是因为受经济下行影响，工商企业普遍经营困难，信托业对工商企业的资金运用开始偏向谨慎。

2. 基础产业

2014 年，基础产业仍是资金信托的第二大配置领域，规模为 2.77 万亿元，占比为 21.24%。与工商企业相同，2014 年基础产业投向占比也呈下降趋势，规模也呈现负增长。相比 2013 年末 25.25% 的占比，同比下降了 4.01 个百分点；相比第三季度末的 21.80% 的占比，环比下降了 0.56 个百分点。其间，2014 年第三季度末规模为 2.66 万亿元，相比第二季度末 2.72 万亿元的规模，减少了 0.06 万亿元。资金信托对基础产业配置的减少，与基础产业过度投资、地方债务风险显现有密不可分的关系。可以预见，随着国务院出台的关于地方政府债务融资方式和存量债务管理方式调整政策的实施，信托业未来将进一步压缩对基础产业的配置，信托公司对政信合作业务也将更加审慎。

3. 金融机构

金融机构是资金信托的第三大配置领域。2014 年，资金信托对金融机构的运用规模为 2.27 万亿元，占比为 17.39%。与资金信托对工商企业和基础产业配置减少趋势不同，资金信托对金融机构的配置则呈现上升趋势。相比 2013 年末 12.00% 的占比，同比上升了 5.39 个百分点；相比 2014 年第三季度末 15.73% 的占比，环比提升了 1.66 个百分点。资金信托对金融机构运用的增加，主要源于信托业强化金融协同、金融业投资及其资产运用波动不大和回报稳定等市场因素。

4. 证券投资

证券投资是资金信托的第四大配置领域。2014 年，资金信托对证券市场的投资规模（按投向统计）为 1. 84 万亿元，占比为 14. 18%，其中，债券投资占比为 8. 86%，股票投资占比为 4. 23%，基金投资占比为 1. 09%。与投向金融机构相同，资金信托对证券投资的配置近年来一直呈现上升趋势。相比 2013 年末 10. 35% 的占比，同比增加 3. 83 个百分点；相比 2014 年第三季度末 14. 27% 的占比，环比基本持平。资金信托对证券投资占比的提升，主要缘于资本市场投资价值的显现以及投资多元化资产配置需求等市场因素。

5. 房地产

房地产是资金信托的第五大配置领域。2014 年，资金信托投向房地产领域的规模为 1. 31 万亿元，占比为 10. 04%。与其他领域的配置不同，资金信托对房地产的配置近年来表现一直比较平稳。相比 2013 年末 10. 03% 的占比，小幅上升了 0. 01 个百分点，基本持平；相比 2014 年第三季度末 10. 38% 的占比，环比又小幅下降了 0. 34 个百分点。资金信托对房地产配置的上述特点，与房地产市场的短期波动平稳、中长期风险暴露增加的特点有关。随着 2014 年第二季度开始暴露的房地产行业风险，预计资金信托投向房地产领域今后或将更为谨慎。

从信托资金投向来看，2014 年投向非实体经济部门的规模为 4. 11 万亿元（包括金融机构及证券投资），占信托总规模的 29. 40%；投向实体经济部门的规模为 9. 87 万亿元（包括工商企业、基础产业等），占信托总规模的 70. 60%。信托业依然是实体经济的坚定支持者。

2014 年信托业专题研究报告摘要合辑

行业研究课题一　信托公司尽职管理行业标准研究

根据我国《信托法》的规定，受托人违反信托目的处分信托财产或者因违背管理职责、处理信托事务不当致使信托财产受到损失的，委托人有权申请人民法院撤销该处分行为，并有权要求受托人恢复信托财产的原状或者予以赔偿。据此，受托人要避免承担不利后果，就必须证明自己的行为符合信托目的，没有违背管理职责且处理信托事务恰当。但《信托法》关于受托人义务的规定较为笼统，对于受托人的职责边界并未予以明确。因此，信托公司作为受托人应当履行哪些义务，怎样判断信托公司是否履行了这些义务，成为当前信托业亟待解决的问题。本报告梳理了英国、美国、日本、中国台湾等国家和地区信托立法及信托业立法关于受托人义务的规定，结合我国现行法律法规与其进行了比较研究，总结了相关司法案例，并对多家信托公司进行了实地调研，最后提出由中国信托业协会在整合现有法律法规的基础上制定实施信托公司尽职指引的总体建议，并就指引的制定提出了五项具体建议：一是区分主动管理类与非主动管理类信托的受托人义务；二是明确信托公司的投资者适当性管理义务；三是区分管理性义务标准与事务性义务标准；四是以信托业务流程为基础确定信托公司尽职管理标准；五是将强行性规范与任意性规范相结合。在此基础上，课题组起草了《信托公司集合资金信托计划尽职指引（建议稿）》，供协会参考。

课题牵头单位：中盛律师事务所

课题组成员：

李　佳　李光涛　熊　侃　谭琦媛　中盛律师事务所

汤淑梅　王玉国　吕玉丰　马　亮　中诚信托有限责任公司

江赛民　曲晓燕　吴　娜　王和俊　中融国际信托有限公司

冯露君　戈佳琦　洪　枫　云南国际信托有限公司

殷　燕　孔　杨　曾良子　周朝琼　中江国际信托股份有限公司

行业研究课题二　建立信托受益权流通机制与平台探索研究

截至2014年上半年，信托资产管理规模超过12万亿元，信托产品流动性缺失成为困扰行业发展越来越大的问题。整个信托行业已经意识到信托产品流动性的重要性。当前中国信托业协会已经牵头主导相关信托登记制度及系统等“基础设施”的建立工作。建立信托登记制度的目的之一是为了实现信托受益权的流通。因此，本课题重点放在信托登记制度建立后如何建立并完善信托受益权的流通机制和信托受益权交易平台。

本课题组调研了北金所、上海信托登记中心、银行间交易商协会等多个交易所和组织机构，并结合国内信托公司进行信托受益权流转的实践经验，主要从信托产品及交易平台两个方面提出了相关实际操作思路，并提出了相关政策建议，从而对提升信托产品流动性建言献策。

本文主要开展信托受益权交易方面的研究，旨在提高信托产品的流动性，满足投资者的需求，促进信托产品由非标向标准化的转变。另外，通过盘活存量，完善信托产品的金融属性等方面，化解行业内潜在的流动性风险，促进信托行业的健康发展。

在具体内容上，本文研究和探索了信托产品流动性需求、缺失原因，分析产品筛选及定价模式，借鉴各类交易平台，并提出建立信托受益权交易平台的思路和相关选择方案。

本文在相关金融产品交易理论研究的基础上，提出了信托产品标准化的可行性，信托受益权定价讨论，交易平台的产品及参与方准入规则，场内、场外的信托受益权交易方式探索等，提出了加入经纪角色、做市商参与等多种交易方式。本文还结合互联网金融的发展特点，探索互联网金融在受益权流通中发挥的作用和优势，为未来的信托行业转型提供方向。

课题牵头单位：华宝信托有限责任公司

课题组成员：

卢晓亮　宋　军　况　冲　华宝信托有限责任公司

宋啸啸　邓　婷　长安国际信托股份有限公司

王玉国　王　琛　中诚信托有限责任公司

孙李众　张　旦　兴业国际信托有限公司

薛晓峰　陈　曦　紫金信托有限责任公司

李　宁　俞芳楚　季　晶　新华信托股份有限公司

行业研究课题三　互联网金融与信托行业发展研究

2012 年兴起的互联网金融正以星火燎原的态势在整个金融界掀起波澜，互联网金融的兴起正是中国经济、金融走向成熟，互联网技术应用日益广泛的外在体现。

本文以互联网金融的视角研究对信托行业的影响，清晰地界定了互联网金融等核心概念，搭建了完整的信托行业发展在互联网金融环境下的研究框架，为持续深入研究奠定了坚实的基础。本文采用跨学科综合分析法，定量分析和定性分析相结合，静态、比较静态到动态分析等多种方法开展互联网金融对信托行业发展的影响。通过分析，我们认为信托行业在受到互联网金融冲击的同时，收获更多的是机遇，是营销、风控以及经营管理的全面提升，是在谋求转型下的又一次重大机遇，通过引入互联网金融的优势，实现信托商业模式重构下的成功转型。

当然，互联网金融对信托行业发展的促进作用，除了需要相关制度建设及监管政策协调外，仍需要信托公司加强信息系统建设、人才队伍建设。互联网金融对信托商业模式的改变并非一蹴而就，更多的是干中学，从实践中来，并用来丰富和完善对实践的指导作用。

课题牵头单位：中铁信托有限责任公司

课题组成员：陈建超
朱晓林
陈　恪
李　刚

行业研究课题四　信托营销体系建设研究

监管层通过《中国银监会关于规范信托产品营销有关问题的通知》（征求意见稿）和《关于信托公司风险监管的指导意见》为信托营销体系的建立作了清晰的指引，要求信托公司构建与以客户为核心及以专业化资产配置和财富管理为主要服务内容相匹配的信托营销模式，这是我们研究信托营销体系建设的基本出发点。

目前，信托行业正朝着“受人之托，代人理财”的业务本源回归，大力发展财富管理业务。本文在此背景下，通过研究国外成熟市场上的另类投资管理公司、国内商业银行、证券公司和保险公司的各自的营销体系，结合国内信托行业一般采用的营销模式，探讨如何建立与之相适应的信托营销体系，提出建设性的思路。

面对竞争日益激烈的资产管理业务和尚处于蓝海的财富管理业务，信托公司应当顺应监管机构政策指引，以创新思维和大胆尝试来突破僵局，迎头赶上，以设立财富管理子公司为契机，构建符合实际需要的营销体系。本文研究和探讨的信托营销体系，除了包括信托营销模式之外，还应该包含信托公司财富管理品牌的建设、中后台支撑系统和管理平台的建设、销售团队的建设和管理、客户服务理念的提升，以及客户体验反馈的改善等更广泛的含义。基于上述观点，我们认为，信托营销体系的建立应当确立“受人之托，代人理财”的理念，遵循“销售+服务+管理”统筹规划战略，以建立财富管理中心，培育直接销售业务能力，关注人员管理及团队建设、财富管理品牌建设、营销管理平台建设以及客户服务能力的提升，并据此思路提出具体的操作办法。

课题牵头单位：新华信托股份有限公司

课题组成员：

孟红忠　新华信托股份有限公司

张　君　华能贵诚信托有限公司

季　晶　中泰信托有限责任公司

行业研究课题五　家族信托研究

随着中国经济的迅速发展，富裕人群的急剧增长及财富观念、文化的变迁，越来越多的个人或家庭开始重视对家族财富的长期规划，通过设立家族信托的方式实现家族财富和事业的百年长青。本研究报告在阐明境内对家族信托的需求、家族信托的经济价值与社会价值以及开展家族信托的作用与意义的基础上较为系统地梳理和阐释了家族信托的概念、分类、构成要素和设立流程等基本知识和原理，给出了家族信托三种基本的产品设计方案并分析了潜在的各种风险；然后介绍海外家族信托发展、分析美国生前信托与A/B/C家族信托、澳大利亚家族信托等典型模式的特点，并简单剖析我国港台和大陆富豪在海外设立家族信托的成功案例，为在境内开展家族信托实践提供有效借鉴；报告还对境内金融机构正在开展的家族信托最新尝试作了模式归纳和对比分析，重点对北京信托、平安信托和外贸信托的家族信托业务进行了深入的案例研究。最后，在以上理论层面和实务操作层面的体系化研究的支撑下，报告指出了目前境内家族信托业务开展过程中存在的障碍，从宏观、中观以及微观多个角度提出切实可行的建议，为信托业未来在家族信托业务领域的实践创新提供参考借鉴。

课题牵头单位：北京国际信托有限公司

课题组成员：刘向东　罗　凯　杨凯育

行业研究课题六　土地流转信托研究

本文首先从总体规模小、政策法规不完善、农民权益受损、农地用途发生改变四个方面，概括了我国农村土地流转中存在的主要问题，进而归纳、介绍了六种非金融主导的土地流转模式，即转包、出租、互换、反租倒包、股份合作制、“两分两换”，以及四种金融主导的土地流转模式，即土地承包经营权抵押、土地信用合作社、土地银行、土地信托，并详细论述每一种流转模式的交易流程。紧接着，通过选择、设计和度量与土地流转紧密相关的九项综合指标，构建了农村土地流转综合评价三级体系，并借助第二次全国农业普查数据，采用等权重法对全国31个省、市、自治区的农村土地流转现状、农民知识占有量、农村市场发达程度、金融服务、社会保障进行了综合评价与比较分析。同时，运用结构方程模型（SEM）对影响农民土地流转意愿的因素进行了系统性分析。基于此，我们从土地流转信托的本质、内涵、优势、意义的角度，揭示了土地流转与信托化的契合点，并以“安徽宿州农村土地承包经营权信托计划”为实例，从产品设计、交易结构设计、风险分析与项目启示三个大的方面详细介绍了该土地流转信托项目的运行机制，并重点讲述了该信托项目中农民、投资人、政府、产业方的权利、义务、利润分配方案与风险保障体系。然后，借鉴互联网与物联网思维，基于“云信托＋地信托”的内涵，本文从包括农产品产前、产中与产后的供应链角度讲述了农村土地流转的盈利模式。最后，我们对土地流转信托模式的未来延伸——土地信托银行的运作模式、风险管理、配套机制与运行功效进行了展望。

课题牵头单位：中信信托有限责任公司
课题组成员：陈一松　王道远　周　萍　董　禹　秦　岭　张明玺

行业研究课题七　公益信托研究

信托制度内涵丰富，法律构造独特，机制灵活，运用于公益领域具有安全、高效、运营成本低的优势。相比于基金会的制度，公益信托设立简便，成本低，管理规范透明，注重受托人责任和义务。公益信托对改善人与人、人与财富的关系，增进社会福利，缓解社会问题有着积极的作用。

我国信托行业处于创新和转型关键阶段，不少信托公司已经在着力探索公益信托的有效业务模式。公益信托被监管部门列为信托公司转型的鼓励方向，各界对我国公益信托的发展已有不少呼声。中国的公益信托还处在一个社会认知程度低、有法但难落实的发展尴尬期。公益是好事，但是信托公司参与其中却着实不易。

从世界范围来看，以英国为代表的普通法系国家，公益信托制度较为成熟，公益信托事业得到了很好的开展。大陆法系的日本，在公益信托引入后，曾因制度整合困难、文化传统差异等原因影响过其发展，但随着信托法的重新修订和政府的适当引导，公益信托事业在日本也得到了较快发展。我国公益信托法律制度的完善，可对英美法系和大陆法系发展公益信托的经验予以甄别，从中汲取适合我国信托法律体系及现实情况的办法和思路。

公益信托是一种既能履行社会责任，又能促进信托业向本源业务转型的业务模式。信托公司与专业的社会公益组织有效合作，“管钱”与“管事”专业分工，是开展公益信托业务的切入点。

研究旨在“提升公益信托意义、完善公益信托制度、发展公益信托业务”，关注的是在“现有政策和市场环境下”信托公司如何厘清公益信托的性质、发展思路、业务模式和潜在的问题，进而寻求政策边际突破的可能。期望研究成果能够对公益信托增加政策认同和社会认知、细化政策修订、信托公司发展业务起到积极的推动作用。

课题牵头单位：万向信托有限公司

课题组成员：

李元龙　叶　春　陈　浩　谢　赟　万向信托有限公司

王丙辉　杨　素　阮赢震　丁　锐　新华信托股份有限公司

和晋予　林　寅　昆仑信托有限责任公司

宋　军　况　冲　华宝信托有限责任公司

周建蕖　王　旭　山东省国际信托有限公司

张光辉　姜太鑫　西部信托有限公司

郭新华　张军峰　德勤华永会计师事务所

行业研究课题八　个人养老投资信托产品可行性研究

截至2013年末，我国65岁以上老人占总人口比例已达9.7%，按照联合国的标准，我国已经步入老龄社会。在过去几十年间，人口红利曾作为重要驱动因素推动我国经济快速增长。然而随着人口抚养比的逐渐上升，人口红利将逐渐衰减。加速推进的老龄化进程给家庭和社会都会带来一定冲击，使我国传统的养老金制度也面临巨大挑战。目前，我国养老金保险结构不够合理，覆盖度不高，国家养老相关财力准备不足，公共服务体系薄弱，养老金运作市场化程度较低，投资回报不足，养老金相关法律法规和监管制度不够健全。随着我国人口老龄化程度的快速加深，养老金缺口将快速激增，这些问题如果不能妥善解决，将会严重制约我国经济的健康发展。

面对我国刚刚起步的养老产业及其巨大的需求潜力和发展空间，金融机构有望凭借其在资产管理方面的特长深度介入养老市场的发展，而信托公司开展养老金业务更加具有天然的优势。在制度方面，信托财产独立运作，具有破产隔离功能；信托关系以信托财产为中心，一经成立信托契约便具有长期性和连续性，与养老金安全性高、期限长等特点相吻合。同时，信托公司在投资方向和经营领域的选择上非常灵活，投向可以跨越货币市场、资本市场和实业投资市场，能够在更大的范围内分散风险，确保养老金运作安全并获得可靠的收益。此外，信托业经历了几十年的发展，在人才储备、运营管理等方面都积累了一定的优势。

我们设计的个人养老投资信托属于契约开放式结构化组合集合资金信托投资基金。委托人为符合法律要求的合格自然人、机构。委托人可以是有自身养老需求的自己，也可以是履行赡养义务的子女，以及提供资助的第三人或机构，也可以是理财投资者。受益人可以是有自身养老需求的自己，也可以是亲属、第三人或机构。信托财产可以包括现金、可转让的金融资产，以及可实现收益和确定权属的资产。信托公司作为受托人和投资管理人对信托财产进行管理，或将部分投资管理职责委托于其他专业机构代为投资管理。个人养老投资信托在交易结构设计上采取 TOT 形式，具有组合交易管理的结构，即资金来源上由个人、机构组合构成，资金运用上由金融产品投资和股权投资组合构成，产品目标设定上由养老保障和理财获利组合构成。在进行投资策略选择时，需要充分考虑收益目标和风险容忍度，妥善将信托财产在固定收益、权益、另类投资等领域进行配置，以谋求信托财产的保值和增值。

为保证养老金投资信托业务的开展，建议选择在整体经营管理风控实力强的信托公司中开展此类业务。这些信托公司应该具备良好的市场声誉、风控能力、资产配置能力、创新能力。

为促进养老金投资信托的顺利实施，建议相关行政部门对于不动产和企业股权等设立为信托财产的交付、管理和分配环节中，进行非交易性质认定，给予信托财产对应的信托财产有效合法登记确权，以及给予相应的税费免征政策支持，与国际惯例接轨，从而达到培育扶持养老金投资信托市场发展的目的。

课题承担单位：中国对外经济贸易信托有限公司
课题组成员：魏晓雪　朱闵铭　丁　智

行业研究课题九　养老信托与养老产业发展研究

未来一段时间，我国人口老龄化将呈现加速发展态势，也是人口老龄化问题最为突出的时期。人口老龄化既是我国社会经济政策无法回避的问题，更是千家万户必须正视的严峻问题。我国的养老观念和养老政策从传统的家庭养老为主，逐步完善为个人、企业和社会统筹相结合的养老方式，其中“机构养老”在养老体系中的地位和作用不断提高。庞大的养老市场蕴含巨大需求，然而我国养老产业供给明显不足。国务院和各地方政府出台了一系列支持养老服务业发展政策措施，养老产业将成为富有潜力的“朝阳产业”。

我国居民收入和财富分布情况的现实表明，中高收入阶层可以而且必须安排家庭养老资金。除养老保险、养老储蓄外，养老信托也是家庭养老资金管理的重要方式。养老信托是信托制度在养老金管理和养老服务业发展上的具体运用。养老金管理信托指的是个人和家庭将养老金委托给受托人，由受托人按委托人的意愿，为委托人指定的受益人的养老服务进行资金管理和服务的行为和制度安排。信托公司可以利用信托独特的制度优势，根据养老服务业发展的前景和中老年人的养老需求，发起设立养老服务信托业务，开发建设养老服务产业，委托人可以获得养老服务业的消费权益和投资的增值收益；信托公司还可以根据特定的养老需求，开发附加保障功能的养老信托和养老消费型信托，促进社会各界加大养老产业的开发建设，提高我国养老服务供给能力。其中，养老地产是养老服务业的核心，养老地产信托的发展，可以带动其他各类养老产业的发展。

我国社会养老金管理制度中也可以进一步发挥信托制度优势，完善各类养老金管理制度，提高居民养老资产储备的积极性，促进养老资产配置优化，加快养老公益事业发展。

为了更好地发挥信托业务创新动力，提升信托功能空间，本课题提出以下几点建议：一是我国各部门各地区应统筹安排各类养老资源，完善养老资产管理的顶层设计；二是完善信托财产登记等制度，进一步利用信托制度统筹中老年人的各类财产或财产权服务于养老服务需求；三是统筹规划，推动“以房养老”信托探索；四是完善养老产业发展政策，支持养老信托产品创新。

课题牵头单位：中诚信托有限责任公司
课题组成员：
王玉国　王　琛　中诚信托有限责任公司
马　勇　杨晓东　中国民生信托有限公司
曲晓燕　郑婉新　中融国际信托有限公司
李　勇　张路阳　兴业国际信托有限公司

卢晓亮　宋　军　华宝信托有限责任公司
简永军　许铁民　上海国际信托有限公司
和晋予　林　寅　昆仑信托有限责任公司
周东海　伍　伟　华融国际信托有限责任公司
陈建超　王　跃　中铁信托有限责任公司
刘文雯　章　隽　交银国际信托有限公司

行业研究课题十　信托税收制度探讨

近几年来，我国信托业得到了突飞猛进的发展，截至 2014 年第二季度末，信托业管理的信托资产总规模为人民币 12.48 万亿元，再创历史新高，成为仅次于商业银行的中国金融服务业第二大主体。

随着行业的快速发展，信托行业目前也广受监管机构、社会公众投资者、媒体等多方关注，因此无论从对社会公众投资者负责和力促行业规范发展的角度，都亟须进一步提高风险管理水平和风险应对及处置能力，做好行业自律与合规管理，树立信托行业的良好的社会形象。

本文仅就信托行业发展过程中遇到的税收相关实务与税收制度进行探讨。我们知道，信托各方在信托设立环节、信托存续环节、信托终止环节会涉及企业所得税、个人所得税、营业税、增值税、契税、印花税、房产税等税种，目前各个税种的实体法规基本未涉及信托业务的税务处理。

本文在借鉴现有的税收制度的基础上，立足信托业务实际，对信托相关的税收制度进行初步探讨并提出相关建议。

课题承担单位：德勤华永会计师事务所
　　　　　　　英大国际信托有限责任公司
课题组成员：
郭新华　张　捷　徐继厚　张军峰　宛冠宇　德勤华永会计师事务所
盖永光　张传良　刘卫东　徐　军　周丰收　张平丽　英大国际信托有限责任公司

自主研究课题一　区域发展基金的演变、构建与信托实践研究

区域发展基金对特定区域内部的综合发展和区域的社会、经济资源的融合发挥重要作用。本文阐述了世界主要经济体在区域发展基金的演变与现状，给出了我国发展区域发展基金的启示，并阐述了信托在构建区域发展基金中的作用，给出了在监管、运作和政策上的相关建议，对我国发展区域发展基金进行了积极的尝试。

课题单位：中泰信托有限责任公司
课题组成员：陈乃道　李为冰　王　珍　郑弘平

自主研究课题二　基于博弈论视角的信托刚性兑付及其化解

刚性兑付现象的存在，使得信托行业定位错误的历史遗留问题得不到根本的解决。那么谁愿意成为打破潜规则的第一人，对于那些信托计划的各方当事人来说，这应该是一个各方博弈的结果。本文通过市场博弈方法对信托公司的刚性兑付问题进行分析，结果显示：所有信托公司维持刚性兑付的前提是，声誉的价值要大于兑付损失；在有信托牌照限制的前提下，对信托公司来说，监管者承受的外界压力更大，所以降低刚性兑付的前提是加大监管成本，同时使得监管者能够依法监督信托公司的经营，而不是迫于外界压力；当信托公司选择是否刚性兑付的参考依据是信托产品价格时，在信托公司和投资者的博弈过程中，信托公司发行产品风险越低，越会将兑付作为其理性选择，那么投资者必然也会选择信托公司发行的低风险信托产品。最后，在以上分析的基础上，我们提出了改进信托业刚性兑付现状的一些建议。

课题单位：新华信托股份有限公司
课题组成员：
张海洋　中国银行业监督管理委员会非银行金融机构监管部
孙新宝　新华信托股份有限公司

自主研究课题三 债权型信托直接融资工具之信托型企业私募债模式创新研究

信托高速增长背后面临挑战，信托产品的制度优势受到挑战，具有从非标向标准化转型的内在需求，银行理财监管规定促进规范化，标准化资产将成为理财产品的主要投资标的，有利于推动标准化产品的创新，引导金融产品创新重点回归标准化工具的轨道，在这种背景下，信托公司亟待通过业务创新从非标向标准化的新商业模式探索转型，债权型信托直接融资工具的推出迎来监管利好机遇。本课题报告是关于信托型企业私募债这一业务创新的模式研究成果。报告主要借鉴美欧高收益债券和国内中小企业私募债发行案例及模式的经验，在国内现行中小私募债模式的基础上进行转型创新，构思设计债权型信托直接融资工具——信托型企业私募债这一“标准化”业务创新的可行模式，并就加快推出推广信托型企业私募债产品和模式，推进债权型信托直接融资工具提出切实可行的建议，如加快与相关债券交易市场的沟通协商，及时推出标准化信托产品，及强化违约惩戒机制，设计多种违约状态下的强制性契约条款以及完善投资者利益保护机制等。

课题单位：北京国际信托有限公司
课题组成员：刘向东
罗 凯

自主研究课题四 信托公司固有资产配置与信托业务流动性风险管理的实证研究

本文针对信托行业当前所面临的信托业务流动性风险管理问题，运用实证分析方法，分析了行业活跃的30家信托公司在2012年和2013年的数据，验证信托公司固有资产配置行为与其集合资金信托规模之间的紧密关系，探寻当前信托公司如何协调固有业务战略和信托业务战略，搭建信托业务流动性风险缓释的第一道防线。

本文认为，信托公司从传统的被动管理业务战略向主动管理业务战略转型的同时，有必要重新审视固有资产的配置策略，加大高流动性资产的配置比例，为信托业务的流动性风险管理提供支持。本文的成果是为信托行业内企业提供一个基于集合信托业务目标的固有资产配置模型，这一模型的结论既验证一些传统的直觉判断，也颠覆了一些传统的认识，更重要的是为信托公司协调固有业务和信托业务战略提供了一个新的量化框架。这些结论对于处于转型中的信托公司具有普遍的借鉴意义。

课题单位：厦门国际信托有限公司

课题组成员：胡荣炜

王　波

自主研究课题五　上海自贸区助力信托业转型研究报告

上海自贸区的设立作为我国对外开放合作的又一个里程碑事件，既为人民币国际化提供了重要契机，也为包括信托公司在内的众多金融企业提供了重要业务机会。本报告旨在研究信托公司基于上海自贸区改革的转型与业务机会，以及上海自贸区内的金融同业合作模式。

第一部分研究上海自贸区设立的背景和理论依据，核心是以人民币国际化为核心，以贸易自由化、投资自由化、行政管理精简化为重要内容的改革。

第二部分对上海自贸区政策特别是“央行 30 条”进行解读，主要包括创新有利于风险管理的账户体系、探索投融资汇兑便利和扩大人民币跨境使用等。

第三部分研究基于上海自贸区改革的信托公司转型机会。包括：（1）私募投行业务机会（信托公司可以参与 PE 业务积累经验和资源，还可以通过拓展境外业务丰富产品线、吸引投资者，成为转型的突破口）；（2）资产管理业务机会（以境内资产投资能力为支撑，提供强有力的产品供给，尤其在股票、债券、期货、PE 等领域；以境外优秀资产管理机构的资产配置能力为依托，打造不同投资方向的投资产品和优秀团队），并提出信托公司参与收益互换产品的模式；（3）财富管理业务机会（对财富相关事务的操作能力、资产配置能力）。

第四部分研究上海自贸区内金融同业合作机会，包括信托公司与融资租赁的合作（融资租赁集合信托模式、租赁资产收益权受让集合信托模式、租赁资产证券化模式）、信托公司与保理公司的合作（与“融信”合作业务类似，信托计划主要扮演融资渠道的角色）。

课题单位：方正东亚信托有限责任公司

课题组成员：杨　帆

邹晓磊

董真理

自主研究课题六　城市分化与去化风险评估

我国房地产市场将呈现城市分化的特征。由于中央行政政策的淡出，使得类似于 2008 年、2011 年商品房价格从一线城市开始降价向二三线城市蔓延的情况出现的概率很小，而城市及其不同区域的供需结构与政策调控差异都将推动城市之间房地产市场加剧分化。因此，我们需要甄别城市风险，尤其是商品房库存去化风险。

那么如何准确评估城市去化风险？在考量城市的库存或去化压力时，最常用的指标是去化速度，该指标直接反映商品房短期供需关系，但偏于短期。不同的城市化进程、人口流入情况以及土地供应总量与新开工的情况差异使得不同城市商品房供应的潜在需求与潜在供给呈现较大的差异，简单地以去化速度对城市之间进行横向比较显然不够。我们还需要从人口因素的角度去评估潜在需求，从新开工角度去评估短期潜在供应，从住宅土地供应的角度去评估长期潜在供应，从而综合地判断一个城市或区域房地产市场的供需关系、去化风险与发展空间。

我们测试了一线城市、大部分二线城市以及部分三四线城市，根据去化评估指标的横向比较，我们发现，与以往的调整不同，当前二线城市的库存压力超过一线城市，而二线或者三四线城市之间，根据各自的人口因素、土地因素及库存情况，分化情况也将较为明显。杭州、宁波、大连是风险释放可能性较高的城市，武汉、苏州、呼和浩特是需要重点关注的城市。

对应于不同去化风险类别的城市，对应不同的市场策略。由于我们投向房地产项目的信托资金期限大部分为 12 ~ 60 个月，对于已有项目，我们更加关注的是短期市场变化情况即去化速度，对于准备投资的项目，则应关注三年后的市场变化预期，就必须要考虑到城市中长期的去化风险。对于低风险城市，则应增加此类城市的资金进入；对于高风险城市，则应减少新项目的进入，注重已有项目的回款。

课题单位：中诚信托有限责任公司

课题组成员：邹文军

王玉国

自主研究课题七　私人财富管理市场前景展望与策略分析

中国经济持续多年的高速增长，带来了中国居民个人财富的迅速积累。特别是近 5 年，规模庞大的私人财富存量激发了财富管理市场需求的膨胀，由此催生大量财富管理机构的出现，而近年来经济结构与增长方式的转变，资本回报水平的下降以及人口老龄化的提速都推动着私人财富管理需求的增长。

与此同时，当前我国开拓私人财富管理市场已具备充分的制度基础：一是以《物权法》、《担保法》、《合同法》、《民法通则》为代表的民事法律体系不断完备，公民财产权的保障程度不断加深，从而奠定了私人财富管理市场的制度基石；二是以《中国人民银行法》、《商业银行法》、《证券法》、《保险法》、《信托法》、《票据法》等为核心的金融机构组织法、金融业务经营法、金融宏观调控法以及金融监督管理法的法律规范系统的全面构建，为我国私人财富管理市场提供了规范化和法制化保障。作为一种优秀的财产转移与财产管理制度，信托所独有的"复合性"、"灵活性"和"稳定性"等特性，使其在私人财富管理中与其他传统的财产管理工具诸如"赠予"、"继承"、"买卖"、"委托代理"、"行纪"、"有限合伙"相比，具有优越的制度功能。

不过，本文的目的不仅在于分析以信托为基础的私人财富管理服务的业务前景。与传统金融服务相比，财富管理业务所提供的服务涉及财富保值、增值和传承服务，其复杂多样的内容与风险都对相关业务的质量与策略提出了高度专业化的要求。因此，本文针对客户的客观收益要求、主观服务要求和监管机构的监管要求三个方面加以分析论述，对私人财富管理业务的开展进行了策略分析，提出切实可行的对策建议，以期对财富管理机构的未来展业有所裨益。

课题单位：新华信托股份有限公司
课题组成员：赵　暖
王丙辉
岳翔宇
刘晓进
孙新宝

自主研究课题八　农村土地流转综合评估与大数据监测报告

深化农村土地制度改革，推动土地资源有序流转需要全面、综合、系统的评估。本报告整合多种权威数据资源，对土地流转的发展过程、结构特征与区域分布进行系统分析解读，对区域土地流转状况与关联要素进行综合评估与聚类分析。基于百度这一全球最大的中文检索引擎，对社会公众对于农村土地流转的关注与检索进行大数据监测，为土地流转提供舆情信息支持。

本文实证发现，当前农村土地流转并不充分和顺畅，土地流转面积、参与农户比例均比较有限，放弃农地经营的农户比重较低，诸多因素与土地流转负相关，存在显著阻碍作用。

农村土地流转，归根结底是“人”的问题。党的十八届三中全会后，农村土地制度改革进入关键时期与攻坚阶段，这是一项涉及面广、关联要素多的系统工程，需要凝聚人心、整合资源、形成合力。启发于《道德经》“委则全、枉则直、洼则盈、蔽则新、少则得、多则惑”，土地流转的突破口不妨从欠发达地区入手。这些地区发展矛盾比较突出，对于规模化、集约化、科技化经营的需求更加迫切，阻力更小，两者的契合点与互补性更高，更容易凝聚共识，形成合力，土地流转会更加顺畅，更容易调动各方智慧，突破发展瓶颈，实现共赢。

课题单位：中信信托有限责任公司　中国国际经济咨询有限公司
课题组成员：车　耳
　　　　　　谷　彬

自主研究课题九　信托公司跨境资产管理业务初探

信托公司经过数十年的发展，已经成为具有鲜明特色和重要影响力的资产管理机构。由于国家一直以来对跨境投资实施较为严格的监管，信托公司在对外投资和引进境外投资方面的业务发展相较其他资产管理机构严重滞后。随着国家金融改革的加速深化，以及跨境投资需求在中国金融体系对外开放的过程中快速释放，信托公司正面临开展跨境资产管理业务的历史机遇期。本文从信托公司跨境资产管理业务的需求动力、美国信托机构的全球化发展经验、跨境资产管理的市场机遇，以及信托公司跨境资产管理的可行业务类型这四个方面，进行了初步分析和探讨，为信托公司跨境业务的创新发展提供思路。

课题单位：中国对外经济贸易信托有限公司
课题组成员：寿　翀

自主研究课题十　《论语》：继受信托制度的中国文化土壤

“富而好礼”，已经取得了长足进步的信托业，有条件、有必要大力推进信托文化建设。而信托文化之精要，在于受托人自觉拥有履行其忠实义务和注意义务等基本信托义务的强大意愿，而社会则有热情鼓励和严格监督受托人恪尽职守的文化氛围。在移植和继受国外发达的信托制度和信托文化的同时，深入挖掘华夏文明最重要的文化经典——《论语》中关于“忠信”、“临事而惧，好谋而成”等方面的重要论述，使作为英美普通法精粹的信托精神与民族文化血脉相互融合，彼此贯通，有助于培育和弘扬信托文化，帮助信托业和信托公司塑造出鲜明的不同于其他金融行业的行业文化、企业文化，促进信托事业长期健康可持续发展。

课题单位：中铁信托有限责任公司

课题组成员：陈赤

自主研究课题十一　资管新政下信托业的变革之路

在 2007 年信托业的新“一法两规”指引下，中国信托业得到鼓励优先开展资产管理类业务、私人股权投资信托、产业投资信托、资产证券化、受托境外理财等新业务。使原有“金融百货公司”之称的信托业，回归于信托本源，使信托公司成为“受人之托，代人理财”的专业理财公司。一些优质的信托公司利用这一契机，迅速扩大了市场规模，并在产品投资领域、资产配置和收益分成方面形成了品牌特色，树立了其在信托行业的领先优势。资管市场未来竞争格局发生了显著的变化。2012 年，证监会、保监会等监管机构相继出台了一系列资管新政，极大地拓展了证券业、基金业、保险业的业务范围，使其资管业务与信托业务之间产生了很强的替代性。面对新形势，信托业无论从经营范围还是产品特点来看都不具有竞争优势，这就倒逼信托业反思当下，提升金融服务的专业性、多样性和有效性，进而把握金融发展的未来。资管行业的生态多样性决定了信托公司必须锻造属于自身的核心竞争力，在立足自身发展的内在规律的情况下，走上大资管时期信托业的突围之路。本文主要从以下几个方面展开。第一章介绍了信托的概念和中国信托业的发展历史；第二章分析了中国信托业目前发展的现状及存在的问题；第三章介绍了西方发达国家信托业发展的模式，并提出借鉴意义；第四章指出未来信托公司发展的三大方向，分别是成为信托银行、金融控股公司、财富管理类的事务性信托公司；第五章对本文进行了总结。

课题单位：英大国际信托有限责任公司

课题组成员：盖永光

适应新常态，建立新机制，探索新发展

北京国际信托有限公司　李民吉

过去十年间，信托业从一个拾遗补阙的边缘金融机构，迅速成长为拥有超过 13 万亿元资产的主流金融业态。回顾 30 年的发展历程可以发现，信托业在中国金融改革进程中承担着金融行业边缘革命发起人的角色。今天的信托业应该摆脱过去单纯对资产规模、市场份额与经营业绩的追求，而将目光集中于自身良性生态系统的构建上。信托行业需要探索新的商业模式，从而实现可持续发展。经济去杠杆化、新的资产配置体系、要素市场改革、互联网金融等将成为信托业未来增长的主要驱动力。

一、边缘革命——信托业崛起成为主流金融业态

（一）信托业的成长源于经济改革

1. 信托业的发展是与我国经济发展互相成就的结果

罗纳德·科斯在对中国经济改革的分析框架里提出，在政府所引导的自上而下的改革路径之外存在着另一条独立的改革渠道，包括家庭联产承包责任制、个体经营、乡镇企业在内的各经济参与主体自发的市场行为，在政府力量主导之外、自下而上地推动了中国的经济改革。

回顾信托业 30 年的发展历程可以发现，信托业在中国金融改革进程中承担了金融行业边缘革命发起人的角色。1980 年 6 月，国务院颁布《关于推动经济联合的通知》，首次提出“银行要试办各种信托业务，融通资金，推动联合”，在传统银行体系之外催生出信托资金融通方式。

边缘革命起始于第五次清理整顿，《信托法》和“两规”之后，信托业拥有了较为完善的法律基础，迈入了相对稳定的发展阶段。边缘革命的深入发展源于 2008 年金融海啸后，国家实行宽松的货币政策注入大量的流动性刺激经济增长。2009—2013 年，我国 M_2 由 61 万亿元增长至 110 万亿元，在银行主渠道之外，巨额的流动性以信托贷款形式注入社会融资体系，信托业一跃成为我国仅次于银行业的第二大金融产业。2014 年 11 月末，信托业资产规模达到 13.28 万亿元。

2. 信托业的发展得益于利率市场化

由于利率管制的存在，商业银行在借贷对象的选择上往往集中于少数优质企业。而在债券市场与股票市场中，则存在着行政审批和较高的进入门槛，一般企业很难满足要求。随着金融改革的深化，相当部分企业的融资需求转向信托市场，这些企业中有不少经营于短缺市场，包括房地产、矿产能源和基础设施等。过去几年，这些领域由于利润空间较大，能够承受较高的融资成本，成为了信托业青睐的交易对手。

信托业依托经营灵活性和较少受价格型政策工具的影响，使得信托资金的定价更好地体现了真实资金成本，从而更加接近资金市场上的供求平衡点。2013 年，银行贷款利率水平为 6%，信托业的平均收益率为 8.8%，在满足社会融资需求的同时促进了信托业的发展。2009—2014 年，信托业资产规模增长 6.5 倍，同期银行业与保险业的资产规模增长为 2～3 倍。可以说，信托业是利率市场化的最初和最大受益者。

3. 信托业的发展得益于国民财富积累和稳定的投资者关系

改革开放以来持续的高速发展，使我国成为了世界第二大经济体，国民财富大幅增加。积累的财富需要丰富的金融产品供应，信托业依据利率市场化将资产配置在相对短缺领域，吸引了大量高净值投资者购买信托产品。

同时，信托公司高度专业化的组织结构、作为金融中介参与尽职调查及后期管理，连接了个人投资者与融资市场，降低了投资者直接参与融资市场的交易成本，提高了融资效率，在壮大自身规模的同时也为投资者带来了丰厚的收益，与投资者的关系更加稳固。

（二）信托业对宏观经济有重要贡献

1. 重要的直接融资手段

一直以来，我国的社会融资体系中，银行贷款占有绝对优势的地位，2009—2013 年，我国社会融资结构中的银行体系融资（含银行贷款、外币贷款折合人民币及人民币委托贷款）占比由 80.5% 降至 69.5%，而信托贷款占社会融资比重从 3.1% 增长到 10.6%。这一增一减，充分揭示了信托产品作为主要直接融资手段承接了银行资金的大量外溢。2013 年，信托贷款又超越企业债券融资成为我国银行体系外规模最大的融资渠道。

2. 有效支持了我国实体经济和中小微企业的发展

2010—2013 年，信托业服务于实体经济的规模（涵盖房地产、基础产业、工商企业等）共计 19.57 万亿元，占信托资产总规模的 74%，年均增长率为 48%。2013 年，中国信托业总资产规模的 78.27% 共计 8.54 万亿元投向实体经济领域，为中小企业提供资金超过 7710.41 亿元，合作开展项目 3950 个，支持了 6377 家中小微企业发展，投资范围涉及科技、文化、农业、服务业等多个领域。通过多种方式，为中小微企业量身定制信托融资产品，通过信托贷款、股权投资、特定资产权益投资、应收账款收益权融资等多种方式实现对中小企业的资金支持。

3. 灵活的投融资模式成为宏观调控缓冲器

当出台政策拉动经济的积极宏观时，信托业由于市场化程度较高而且投融资模式更加灵活，能迅速作出反应并走在融资体系的前列。同时，部分信托业务通过股权融资为项目提供资本金，并带动更多的债务融资，从而可以在经济繁荣时期通过加杠杆的方式实现利益最大化。

当带有“急刹车”性质的宏观调控政策出台后，其他金融行业由于政策工具与监管指标的限定往往会产生“一刀切”的反应，为经济带来“硬着陆”的风险。信托业虽然也受到相应的监管限制，但是会根据政策环境与市场需要迅速重新定位业务领域与创新方向，而较少出现骤停信托贷款的情形。

基于信托制度能够横跨货币市场、资本市场与实业市场的灵活性，2010—2013 年，信托业资产规模从未出现超过两个季度环比增速下降的情形，即使增速下滑，往往会强劲反弹，这体现了信托业快速的自我修复能力。

（三）信托业的社会价值日益凸显

1. 实践普惠金融理念，为投资人提供了安全的财产增值途径

2010—2013 年，在信托收益分配中，向投资者分配的收益约占信托资产实际总收益的 90%。信托业将信托收益尽可能多地分配给受益人，“金融普惠”已转变为信托业根深蒂固的行业文化。

2013 年，信托业面向中等投资者的集合信托资产规模为 2.71 万亿元，约占信托资产规模的 1/4，以单个投资者平均投资金额 300 万元估算，所覆盖的投资者数量接近 100 万。全行业 68 家信托公司分配给投资者的信托收益为 5955.33 亿元，信托受益人实现的实际年化收益率为 7.04%，超过了银行理财和保险公司平均 5% 左右的年化收益率水平，也超过了除股票型基金（17.26%）和混合型基金（13.67%）之外的所有公募基金产品。

与此同时，信托业的资产质量得到了很好的控制。截至 2014 年 11 月末，信托业全口径风险资产仅有 757 亿元左右，不良率为 0.57%，其中有相当部分表现为流动性风险而非财产性损失。对应看，2014 年第三季度末的银行资产不良率为 1.16%，为信托业的两倍。

2. 顺应经济发展需要，推动相关行业发展壮大

信托业过去高速增长的根本原因，在于既满足了我国经济不同领域的需要，又推动了相关领域的快速发展。以房地产与固定资产投资为例，2010—2013 年，随着房地产与固定资产投资的增长，信托业对于这两个领域的支持力度稳步增加，且更多向关系国计民生的基础产业领域倾斜。信托资产占房地产投资规模从 9% 增长至 12%，占固定资产投资规模从 8.5% 增长至 16.4%，信托业在这两个领域的投向与其各自投资规模变化的相关系数分别达到 0.96 与 0.99，

而这两个领域恰恰是过去几年经济增长的关键领域。

二、知时嬗变——信托业生态系统的演化

信托业经过多年高速增长，已成为我国投融资体系中举足轻重的金融部门。我们认为，今天的信托业应该摆脱过去单纯对资产规模、市场份额与经营业绩的追求，而将目光集中于自身良性生态系统的构建上。结合信托业自身的特点，一个完整的信托业生态系统应包括以下因素。

首先，宏观经济形势构成了信托业的生态环境，信托业未来的生存方式既取决于当前的宏观形势，又取决于未来的发展趋势。其次，信托业有其自身的发展规律，通过认清自身的发展驱动力与制动力，做出符合行业演变规律与生态环境变化的战略选择。最后，监管环境确定了信托业生态系统中的生存法则，好的监管环境既应促进个体向正确的方向演变，也应形成生态系统内的自然选择机制。

（一）宏观生态环境发生重要变化

1. 中国经济“新常态”

“新常态”更多意味着我国经济增长方式的调整而非趋势的改变。在经济增长层面注重发掘新的增长点，尤其是增加创新成果的转化率，提高创新驱动在经济增长中的作用。而结构调整的要点，一是产业结构，体现为传统产业由于过度投资导致的产能过剩，而战略型新兴产业亟须加大投资力度从而增强对经济的支撑作用。二是产品结构，现有的产品供给同质化严重，未来产品的差异化供给尤其是可以“创造需求的供给”将有很大的发展空间。

2. 货币政策适应性调整

与“新常态”下的经济政策相适应，未来我国将实行积极的财政政策与松紧适度的货币政策。积极的财政政策主要应用在基础设施建设与新兴战略产业的投资，从而强化对于新的经济增长点的支持。货币政策由“稳健”变为“松紧适度”，说明未来将继续以“定向宽松”为主旋律，同时也存在着“降息”、“降准”的可能性，从而缓释经济下行压力、平滑经济增长趋势。

3. 全面推进经济领域改革

以信托人的眼光来看，“新常态”下的经济改革首先是政府投资体制改革，通过推行 PPP 模式，引入社会资本，使得投资行为更加透明化、市场化。

其次，是区域经济改革，包括“一带一路”、京津冀协同发展与长三角经济带等区域经济规划，加强区域互联互通与“多规合一”，促进规模效应与协同发展。

再次，是国企改革，混合所有制、企业并购、打破行业垄断、鼓励民间资本进入将是改革的主旋律。

最后，是“三农经济”，将建立现代化的农业发展方式，完善农产品价格形成机制，提高农民收入水平，继续完善农村土地经营权流转，服务“三农”。

（二）信托业“新常态”具有三大特点

1. 信托业资产规模增速放缓

信托业高增速、低不良是基于经济景气周期的特殊表现。最新数据表明，信托业即将告别超高速增长，转而进入正常增长，甚至在某些年份低速增长或下滑。如果宏观经济政策不作大的调整，加上新的信托监管政策出台，未来五年增速放缓是大概率事件。根据我于与波士顿咨询研究的结果，未来五年信托资产规模年均增长率有可能放缓至11%～18%（不考虑设立信托业保障基金的影响）。

2. 利率市场化深入，资产管理竞争加剧

随着利率市场化程度的提高，存贷款利率向市场真实水平靠拢，银行未来在投资端将会放开更多权限。券商、基金、保险等过去与信托业不存在直接竞争关系的金融部门，可以通过资产管理计划或子公司等方式与信托业形成正面竞争。

可以预见，在技术含量较低的如通道类业务领域，信托业原有的份额将被逐渐蚕食，并更多地陷入低效的价格战之中。即使是在信托业具备技术优势的领域，也避免不了越来越激烈的竞争局面，信托业原本所从事的是风险与收益适中的业务领域，由于银行、券商、基金和保险等机构的介入，形势也将日趋紧张，部分信托公司将被迫向更高风险的领域移动，从而造成了潜在违约率上升。

3. 破解“刚性兑付”，带动信托业的无风险收益率理性回归

无论是从经济基本面、信托业发展周期，还是从市场竞争态势上分析，可以确定未来信托业风险事件将较以往更加常态化，从而逐渐改变信托产品的“刚性兑付”属性，带动信托业的无风险收益率理性回归。这对于信托业来讲，在短期将会形成转型阵痛，在长期则是刮骨疗伤式的长效发展机制。

长期以来，在“刚性兑付”与“预期收益率”的束缚下，信托产品在营销方面存在缺陷，信托公司没有足够的动力作精确的风险揭示，投资者也没有足够的动力充分了解产品的风险属性，从而养成了一大批风险—收益观念严重扭曲的“合格投资者”，而投资者是信托业生态系统的土壤，当土壤恶化时，生态系统内的个体是不可能健康成长的。尽管风险事件将常态化，但是长远来看却利于行业可持续发展。违约现象的出现是信托业正常的“新陈代谢”与“自我更新”。

（三）信托业的生存法则

监管制度就是信托业的“生存法则”。信托业区别于其他金融行业的发展特点，在于监管者

与被监管者之间更高效的互相促进、互相影响。从信托业历史上数次重要转折来看，每一次的清理整顿，均伴随着对信托制度与信托本源更透彻的理解并使得信托业发展迈上新台阶。因此，信托业作为富有高度灵活性与生命力的金融业态所依赖的发展基础，除了一般的构成要素如资本、人力、市场的供给外，还有一个不可或缺的基本要素——制度供给。

1.《信托法》修订

从信托业诞生日起，信托制度便处于不断完善的过程中，也正因为如此，信托业可以在合理的制度基础之上维持过去近十年的快速增长。然而，在经济新常态、金融体制变革加快与行业间竞争加剧的情形下，《信托法》修订亟须提上日程。

在《信托法》修订方面，应着重于完善信托产品登记制度、税收制度、交易平台、跨境外汇信托、公益信托、民事信托等，这些基本制度无论是在资产管理还是在财富管理方面均是重要的法律基础，否则，如家族信托、公益信托等信托业尚未开发的蓝海就不可能真正驶入，影响信托业的进一步发展。

2. 设立信托业保障基金

2014 年 12 月 19 日，中国信托业保障基金及保障基金管理公司成立，这是信托行业的一个重大事件。设立保障基金会略微加大行业运行成本。但是与成本相比，最重要的是稳定建立在风险识别基础上的投资者信心，对金融机构而言，信心远比黄金更珍贵。

与此同时，作为未来监管布局的重要协同组成部分，监管当局正在研究推出《信托登记管理办法》、《信托公司信托业务尽职指引》、《信托公司监管评级与分类监管指引》，并拟调整信托公司净资本计算标准，通过全方位、立体化的监管“组合拳”，以期全面提升行业抗风险能力并建立信托业的长效发展机制，反映出监管当局对行业制度供给和“基础设施”的高度重视，虽然会带来一些前期启动成本，但却是基业常青的重要保障。

3. 恢复信托公司的固有资产投资权限

恢复信托公司固有资产投资权符合逻辑，有现实需要。随着社会投资者理财愿望的增加，将会催生更多的资产管理与财富管理需求，信托业的规模增长与风险处置也需要有强大的资本实力作为支撑。如果仅依赖股东增资维持资产规模增长，则需要股东具备持续的增资意愿与能力，形成了信托公司发展过程中的“增资悖论”，无形中增添了障碍。

信托资产中包括债权、股权等多种资产，允许交易对手以股权质押，就意味着要做好实现质权的准备，也就意味着信托公司要有股权管理能力，继而要有投资运营能力。因此，信托公司固有资产不得从事投资活动本身也是一个悖论，有必要恢复信托公司的固有资产投资权限。

4. 监管评级的角色转变

很多人在不同时期都呼吁过，信托监管要从机构监管逐步向功能监管转型。从构建信托业生态系统的角度来说，监管思路应以功能监管为导向，更多关注合规性审查与投资者保护等基础领域，减少对系统内个体行为的细节干预。

同时，监管环境的调整应充分考虑各信托公司的层次性特点，通过差异化的监管引导体系，确定不同层次信托公司的发展方向，防止实力不足的信托公司盲目从事创新业务导致行业风险的出现，这种差异化引导体系的基础是信托业监管评级体系的建立。

为建立更适合转型期的监管评级体系，需对传统的监管评级标准做出调整。在关键指标的选择上，应弱化规模相关指标的作用，而将与公司的主动管理能力及内生发展潜力有高度相关性的指标赋予更多的权重，如资产质量、资产结构、公司成长性、创新业务等。同时，为了加强监管评级对信托公司的约束作用，评级应直接与经营许可关联。通过以上措施引导信托公司向正确的转型路径发展，而不是一味地追求规模扩张与短期效益。

三、守正出奇——信托业的生存方式选择

（一）信托公司探索新的商业模式

1. 商业模式选择的三个基本依据

信托公司在风云变幻的金融环境中顽强地生存下来并发展壮大，但是以传统信托业务为主业的信托行业已走到十字路口，亟待转型。未来信托行业需要探索新商业模式从而实现可持续发展，而信托公司新商业模式的选择依赖三个基本面。

一是“走正道”：卖者尽责、买者自负。从信托产品兑付的逻辑上看，“买者自负”必须建立在“卖者尽责”的基础上，其内涵在于清晰地界定权责归属，确保由投资者自行承担的是市场风险而不是因信托公司未能尽职尽责而导致的相关风险。

二是“回本源”：受人之托、代人理财。所谓“受人之托”是说信托产品应该由委托人发起，明确信托事由。所谓“理财”，应从狭义上的产品层次及广义上的组合层次深入理解。产品层次属于产品管理，表现为向投资者推荐一种或多种产品满足其风险偏好和实际需求；组合层次属于全方位理财，表现为统筹投资者的理财目标和风险承受能力，为客户量身定制整个投资组合配置，最大限度地满足客户的金融需求。

三是“双轮驱动”：“资产管理 + 财富管理”。信托制度赋予了信托公司全品种和跨平台优势，资产管理以投资为核心，使投资者获得最优的投资体验。财富管理的核心在于资产配置和组合运用，要求信托公司加强主动管理能力，改善产品供给能力，坚持从客户需求出发进行产品的开发设计，以服务锁定客户。

2. 信托业转型与定位

信托业能否做到基业长青，取决于信托公司自身战略定位的适当性与前瞻性，基于对宏观

形势的判断、信托制度的理解与商业模式的选择，信托公司在转型期的定位应着重做到以下六点：

一是诚信、稳健。诚信是客户对金融机构的根本要求，是信托业的经营之本。

二是适变应变。优化内部创新机制，从组织、激励、文化、流程等全方位保障创新，由此提升对市场的洞察力和反应速度，并建立大局观，适当引导行业创新。

三是专业化。设定短期、中期、长期三类专业化目标——短期实现行业专业化，在房地产、基础产业、工商企业等核心行业精耕细作，做深、做专产业链，聚焦发展潜力高的细分产业，深入挖掘投资吸引力高的资产；中期打造产品专业化，发展成为领先的投融资产品专家，首先聚焦夹层融资，并购/重组融资、债权基金、房地产投资，进而发展 PE 投资、组合式基金等；中长期成为客户专业化，通过全面围绕客户需求的财富管理思路，持续深化自身发展。

四是特色化。在国企改革、科技/绿色金融、离岸投资、农地流转等领域打造特色业务，实现差异化。

五是放眼全球。开展 QDII 业务，积极推进“一事一议”，参与海外投资，特别是非标投资；与合适的国外领先机构建立战略伙伴关系，待监管条件成熟后，建立海外非标资产投资专业，服务客户的离岸资产配置需求。

六是领先的广义投行。高质量的规模领先，以专业私募投行和另类资产管理为主要业务模式，长期结合财富管理，以各类机构客户和高净值客户为主要客户。

（二）信托业的“新动力”

1. 经济去杠杆化

我国的社会融资结构仍然呈现失衡状态，直接融资比重偏低，未来仍面临着较大的去杠杆的压力。此外，我国的特殊国情是政府部门杠杆比率高而居民部门杠杆比率低，政府部门需要去杠杆控制债务风险，而居民部门则需要适度加杠杆提振消费与增加财产收入。因此，资产证券化将成为化解社会融资结构难题的主要工具，通过信贷资产证券化、政府资产证券化、企业资产证券化的方式协助银行、地方政府与企业缩减资产负债表规模，盘活流动性较差的存量资产。

同时，混合所有制改革、PPP 模式，将为政府部门引入社会资本，从而降低其杠杆率水平，并为社会资本带来新的投资选择和收益来源。此外，股权投资类业务将更符合未来社会融资结构优化的需求，并可同时通过兼并重组等方式，整合资源达到更优的资本结构。

2. 新的资产配置体系

与经济高速增长和货币政策相对宽松时期集中配置于预期高速增值资产不同，结构调整的背景之下，在相同的时间长度内产业周期性将更加明显，因此应着力发展资产配置能力、多样化资产组合以对冲风险。

在发展的层次上，一方面，应以维持增长与促进转型并重，在一定增长速度的基础上才能够稳步推进转型，否则将会造成行业动荡，反而拖累长期表现。因此，在资产配置体系下仍然需要相当大程度专注于过去信托业最熟悉的领域如房地产、工业地产、基础设施等，但在交易结构上需要有所创新，通过 REITs、证券化、夹层融资等模式，推动房地产类产业发展模式的重建；另一方面，对于部分由于转型期受限的业务要通过新模式寻找新的增长点，如将传统的信政合作业务转型为正向与逆向 PPP 模式等。另外，信托业应勇于探索符合经济发展需求但是之前较少涉及的业务，如低碳经济、信息产业、新型工业等，寻求未来可快速增值的资产类别。

在投资结构上，我国历来既是高储蓄率国家，又是高投资率国家，同时还有一个独特之处在于，虽然我国的国民储蓄率常年维持在 50% 以上，位居世界第一，但是居民储蓄率仅 20% 且 20 多年间无明显增长。因此，未来投资结构的变化将体现在以下两个方面。

一是国内投资结构的变化。政府主导的投资比重下降，家庭部门可支配收入增加，企业部门的市场化投资行为占比提高，这种变化意味着要疏通国内的投资渠道，其中的一个重要举措是激活国内的股票市场，因此，2015 年后证券类信托计划会迅速增加。

二是海外投资规模的增长。通过 ODI 等多种方式提高我国的海外投资规模，将国内的过剩储蓄在资本项下以资本输出的方式进行海外资产配置，从而消化经常项目下的巨大盈余。中国将由一个庞大的“产品输出国”转变为“资本输出国”，“中国资本”有望取代“中国制造”成为新的名片。信托业应根据条件尝试境外资产配置尤其是所擅长的另类资产投资，且与合适的国外领先机构建立战略伙伴关系是信托业“走出去”的优选方案。

3. 要素市场改革

当前我国要素市场改革有三项重要的基本内容：土地、资本及劳动力。改革的成效事关我国经济增长潜力，其中最重要的基本问题是“三农”问题，包括土地制度、农业金融服务与农村劳动力等组成要素。

土地流转制度的创新是新时期土地制度改革这项伟大事业的可贵尝试，顺利启动并不断推进这一制度创新，有利于推进新型城镇化和农业现代化，实现农业高效健康发展，保障国家粮食安全。

金融机构以农业生产管理公司为对象提供金融支持，农民和农户这些实力较小的种植主体作为产业链的一环则可以向产业链的组织者即农业生产管理公司申请资金支持，类似于工业生产中的供应链金融，形成多层级多部门分工合作的产业金融体系，农业生产管理公司是规范管理的大企业且风险可控，这种新型的农业经营体系，有利于在完善农村和农业金融体系，加快农村金融创新，强化金融机构对“三农”领域服务的同时降低风险。该体系的建立将提高农业部门的生产效率，解放生产力，实现实体经济与金融资本的完美结合。

4. 互联网金融

2013年以来，货币基金、在线支付、P2P、众筹等互联网金融模式令人耳目一新。但是，互联网金融对传统金融的影响几何，哪些方面值得传统金融借鉴还需要仔细考量。

从客户划分来看，大多数互联网金融模式的客户群体为一般客户，而信托业的客户群体主要是高净值客户，资金规模的区别决定了信托业客户的收益预期与议价能力均高于互联网金融客户，因此信托业需要更专业的投资研究与风险管控能力。

从本质上来看，互联网金融主要属于渠道创新，虽然可以带来更便捷的信息传递与客户体验，但是无法改变金融的本质。金融交易本身的交易成本由非常多的因素组成，信息沟通成本与交易便捷成本仅仅是其中的组成部分，更为重要的交易成本在于投资者与市场之间的专业知识与技能的壁垒。互联网金融当前的主要发展领域集中于通过扩大集聚效应、提供支付手段、建立线上平台等方式发展自身规模，而没有深入高度专业化的投融资过程中，这是与信托业最主要的区别。

从发展方式上来看，互联网金融的基本关注点在于客户而非产品，是典型的财富管理思路。而金融机构的发展需要在资产管理与财富管理之间进行平衡，财富管理能力需要以一定的资产管理能力支撑。如果没有丰富的产品供给与管理信誉，那么客户就没有可靠的忠诚度可言，因为客户的最终投资目的还是获取稳定的投资回报而不是愉悦的交易体验。

尽管如此，互联网金融以客户为核心、提升客户体验的理念仍然值得学习，而更值得信托业借鉴的是互联网金融的营销模式。信托业的客户拓展过程一直是较低效的，除了既有的资深客户之外，基本是依靠熟人效应辗转介绍而来。信托业应考虑“金融+互联网”的股权合作方式，提高营销效率、提升客户体验、增加客户忠诚度，这既有利于消化资产管理端的产品，也可以尝试建立初具规模的财富管理接口。

后政信时代业务新模式探索

中融国际信托有限公司　曲晓燕　王和俊　沈苗妙

《国务院关于加强地方政府性债务管理的意见》（国发［2014］43号，以下简称43号文）的出台标志着中国政府举债融资机制将发生重大的变化，债务甄别、处置、建立新的举债机制是下一个阶段政府债务管理的重点。融资平台是上个时代政府举债的关键纽带，43号文明确提出要剥离融资平台公司的政府融资职能，这就意味着传统以融资平台为主体，和银行、信托建立合作的业务模式也将发生颠覆性的变化，传统的政信业务受到挑战。

对于信托公司而言，为贯彻43号文，接下来应该做好三项工作：一是存量政信业务梳理，确保信托债务纳入政府性债务；二是抓住最后的机会，寻找优质的存量债务，继续以传统模式开展；三是积极探索新型的政信合作模式，包括PPP、城市发展基金、产业引导基金等。

本报告重点阐述传统模式业务机会和新型政信合作模式，主要观点如下。

在2016年前的过渡期内，地方政府仍对平台公司举借的两类债务认定为政府债务，传统政信模式仍有一定操作空间。

信托公司可以四种方式参与PPP（公私合营）业务：一是为公方配资，政府回购；二是真实股权投资项目公司；三是为私方配资，股权投资项目公司，到期由私方回购；四是直接为项目公司提供贷款。

两类资产证券化业务会大有机会：一类是PPP项目公司资产证券化机会；另一类是地方政府存量优质资产证券化机会。

尝试城市发展基金，参与方式可为城市发展基金配资，或者与政府联合作为GP设立城市发展基金。

积极申请债券承销资格，参与项目收益债、地方专项债券的承销；尝试研发债权型信托直接融资工具。

信托公司可以混改方式投资具有优质资产的平台公司，可采取在融资平台公司层面直接混改进入，或者在项目层面以股权或债权的方式进入。

一、传统政信模式：2016 年前在建某些类项目仍有操作空间

根据 43 号文精神，传统政信模式最终将走向终结，但无论是政府发债还是 PPP 模式都不可能短期内解决政府大量在建项目融资、原有债务偿还、新开工项目融资问题，所以，过渡期在建项目可按原有融资模式操作，给传统政信业务模式留下空间。

（一）非在建项目的政府性债务的机会

包括已完成和新增（2014 年 9 月 21 日之后，2015 年 1 月 1 日之前）项目的应收账款；

政府确认该笔债务为政府性债务，人大决议该项目债务纳入预算管理或者财政局出函证明该笔债务为存量债务（审计过或者进入债务系统）；

项目最好为公益性项目，公益性项目举债被列为政府性债务的可能性大；

项目机会时间有限，时间节点为 2014 年 12 月 31 日。

（二）在建某些类项目的政府性债务的机会

9 月 21 日前在建项目，完成审批、核准或者备案并已经开工建设的；

四类公益性项目形成的应收账款更保险，即保障性住房、公路、水利、土地储备；

其他类在建公益项目最好能出具人大决议，证明项目纳入预算管理，确保债务为政府性债务，如不能出具人大决议，需财政局证明该笔债务为政府性债务；

项目机会时间较长，时间节点为 2015 年 12 月 31 日。

（三）重要问题解释

1. 关于人大决议

首先弄清楚预算支出和预算管理，各级政府在年末时会对明年的财政支出做预算，这个是需要经过人大会通过的，预算支出包括某些债务的本金支出、利息支出等，跟具体项目无关；部分关系民生的重大项目立项时会通过人大会，确定该项目纳入预算管理，大部分是一些大的为了宣传、公示的项目。我们通常要提供的人大决议就是后者，如果项目本身是重大项目可能就已经有人大决议了，但大部分是为了配合金融机构召开人大会出具的人大决议。经过调研发现，如果出具人大决议证明该项目纳入预算管理，一定是最安全的，但市级、有的地区很难出具人大决议。

2. 关于政府性存量债务

2013 年 6 月 30 日前审计确定的和之后发生并进入债务系统的都是存量债务，而 2014 年 12 月 31 日之前，各级政府都在向上汇总存量债务并尽可能地进入债务系统。根据调研结果，这次

地方政府还是尽量完整地上报存量债务，以保证中央能对这些债务兜底，甄别过程中到底纳不纳入存量债务还有不确定性，但比较明确的是公益性的项目建设发生的债务一定会纳入。所以，无论梳理存量项目还是新增项目，确保能纳入存量政府性债务，尽量选择公益性项目。

综上所述，我们认为能确保是政府存量债务的2014年12月31日前可以继续操作，能出具人大决议的更安全；在建公益性项目存量和新增债务，2015年12月31日之前也可以继续开展。在具体操作上，需要按照风控对于传统政信业务的要求，充分考虑地方政府债务水平、地方财政收入等情况作出综合判断。

二、四类模式参与PPP

2014年9月，颁布《财政部关于推广运用政府和社会资本合作模式有关问题的通知》（财金［2014］76号），要求各级地方政府大力推行PPP（Public－Private Partnership，公私合营）。财政部此次推广的是广义上的PPP，因此，除了公私共同出资成立SPV运作的PPP以外，BOT、TOT等具有长期合作关系的模式也将得到推广。

PPP运作周期长，与信托公司短期资金匹配度较低，因此，在交易结构设计时，我们需要以政府或者运营方回购股权的方式提前退出。根据以上思路，信托公司参与PPP业务主要有以下四种模式。

（一）为公方配资，政府回购

PPP项目中，代表地方政府的公方一般需要出部分资金，以此和社会资本一起成立项目公司，以达到利益共享、风险共担的目的。但是，一些地方政府自身资金有限，那么信托可以为地方政府提供配资服务。这种模式的交易结构如图1所示。

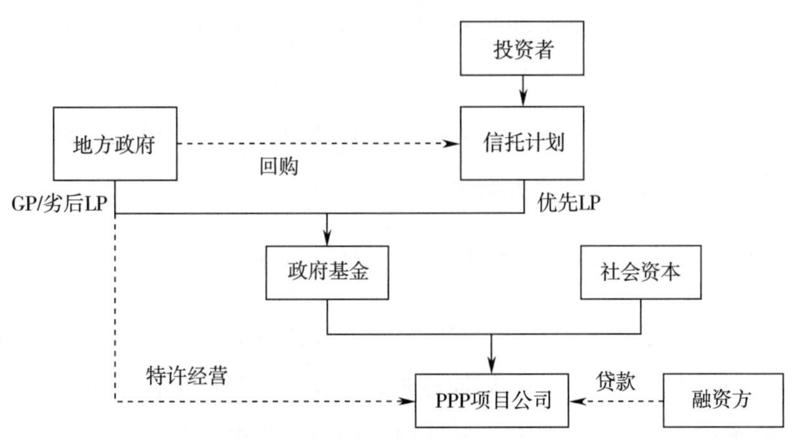

图1 “为公方配资，政府回购”的交易结构

此类模式的关键点：

一是投资者认购信托计划，信托计划与政府机构（或是代表政府的平台公司）先成立政府基金，由政府机构担任基金管理人并认购部分劣后级 LP 份额，信托公司认购优先级 LP 份额并享受固定收益。信托公司仅作为财务投资，不承担项目管理职能。

二是政府机构（或代表政府的平台公司）在一定期限以后回购信托计划份额。该项操作可能存在一定的问题，如政府是否还可以从信托融资，还是只能通过发行专项债券募集资金？政府是否可以回购？回购资金是否会纳入预算？需要根据实际情况来作判断。

三是信托期限可以较短。由于地方政府提供回购义务，回购资金主要为地方财政安排，而不是项目产生的现金流，因此可以进行期限错配操作。

（二）真实股权投资项目公司

在这种模式下，信托公司募集资金，以股权投资的形式投资于 PPP 项目公司。项目公司通过特许经营获得收入，同时，政府对项目公司提供一定的补贴。信托计划通过项目公司分红收回投资。这种模式的交易结构如图 2 所示。

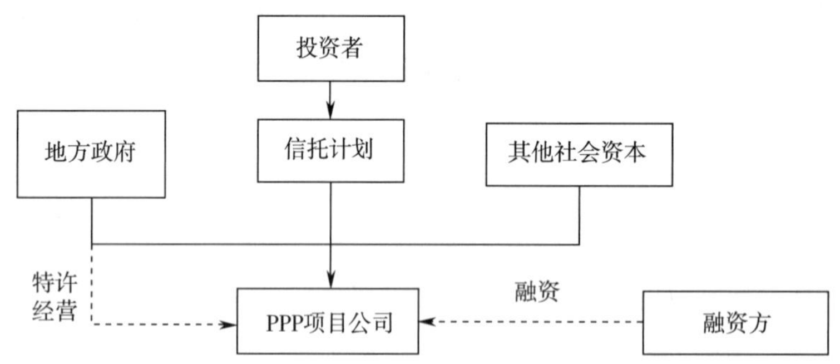

图 2　真实股权投资项目公司的交易结构

此类模式的关键点：一是真实的股权投资，需要详细考察项目可行性，测算项目投资回报率；二是与地方政府约定具体、可执行的收益风险分担机制（如每年的补贴金额可以跟随）；三是项目公司向股东分红是税后的收益，因此项目公司要争取企业所得税优惠政策；四是信托计划要等 PPP 项目结束才能退出，期限可能很长。

（三）为私方配资：股权投资项目公司，私方回购

在这种模式下，信托公司与项目工程方、运营方等各方组成联合体，作为 PPP 的私方与政府共同组成项目公司。考虑到 PPP 项目周期较长，信托计划若以项目公司产生的现金分红收回投资，则期限也会很长，因此可以安排信托计划在约定时间由运营方回购信托计划持有的项目公司股权实现退出。此类模式与目前股权类房地产信托比较类似，其交易结构如图 3 所示。

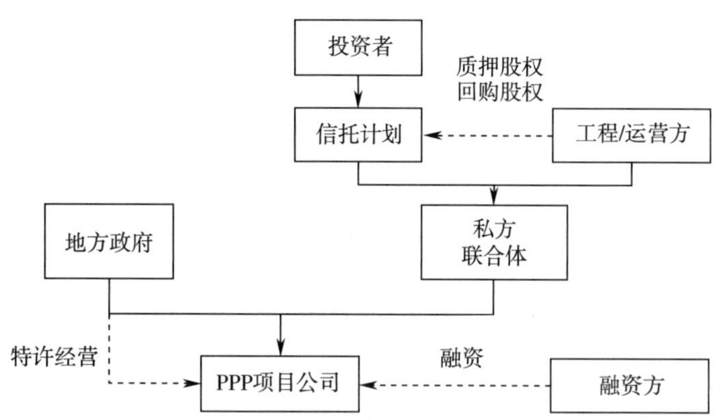

图 3　为私方配资的 PPP 项目公司的交易结构

此类模式的关键点：一是信托公司是明股实债，私方合作伙伴将项目公司股权质押给信托，到期后私方伙伴回购信托计划持有的项目公司股权，信托公司需要关注项目自身情况，谨慎测算投资回报率及回报周期；二是政府不为运营方的回购义务提供担保，因此需要全面评估运营方的回购能力；三是优先选择财政部推广的“使用者付费”为主的、有较多现金流的项目。

如果采用 BOT/TOT 操作，此类模式的交易结构如图 4 所示，与目前房地产股权融资的模式是一样的。

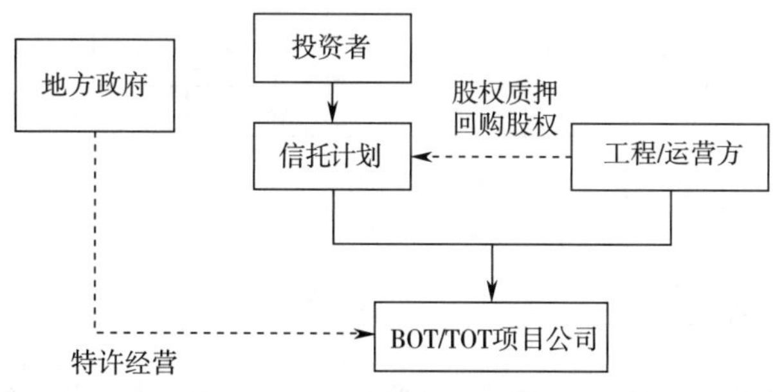

图 4　为私方配资的 BOT/TOT 项目公司的交易结构

（四）为项目公司提供贷款，信托计划可结构化设计

在这种模式下，发行信托计划为项目公司提供贷款，由代表社会资本的联合体提供担保或差额补足，同时地方政府每年对 PPP 项目公司补贴纳入财政预算。如果项目公司有土地，还需提供土地抵押。项目封闭运行，设置收入专户和还款专户。由于 PPP 项目的融资期限普遍较长，可以对信托计划期限和收益进行结构化设计。此类模式的交易结构如图 5 所示。

此类模式的关键点：一是政府不为项目公司的还款提供担保，因此需要全面考察项目现金流情况和担保方的履约能力；二是地方政府每年对 PPP 项目公司补贴纳入财政预算；三是项目公司尚未运营，没有足额现金流入，且没有地方政府信用担保，以期限错配方式融资将不再可

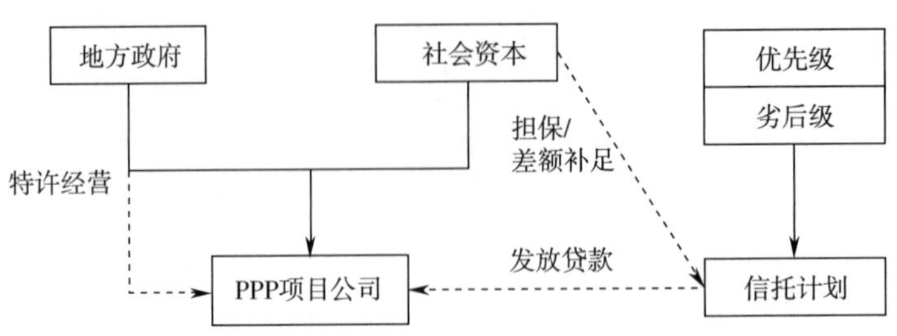

图 5 为项目公司提供贷款的交易结构

行，因此贷款期限结构以及还款方式需要与项目现金流高度匹配；四是在项目足够优质，有信用高的机构提供流动性支持的前提下，也可以考虑将信托计划优先级设计成开放式，降低资金成本。

三、资产证券化大有机会

（一）PPP 项目公司资产证券化

PPP 项目具有稳定的现金流和必要的政府补贴机制，因此，适合设计成资产证券化产品（公开发行或私募发行）。主要模式如图 6 所示。

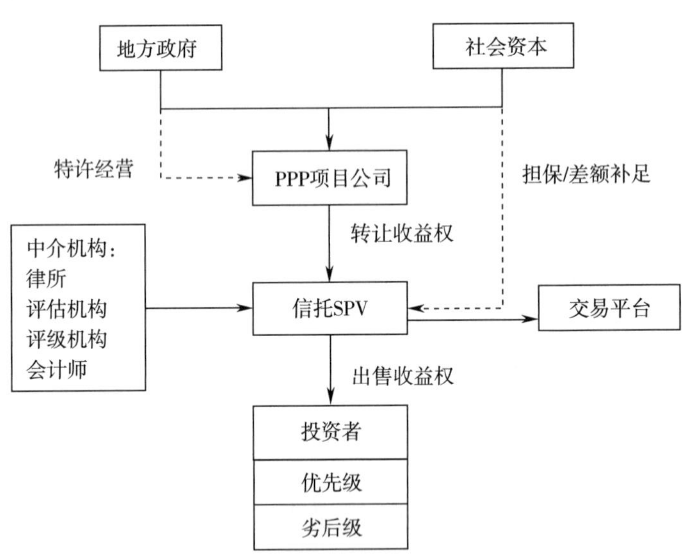

图 6 PPP 项目公司资产证券化模式

此类交易的关键点与贷款类似：一是项目封闭运行，设置收入归集专户和偿债资金专户；二是由代表社会资本的联合体提供担保或差额补足，同时地方政府每年对 PPP 项目公司补贴纳入财政预算；三是政府不为项目公司的还款提供担保，因此需要全面考察项目现金流情况以及担保方的履约能力。

（二）地方政府存量资产证券化

根据43号文，地方政府债务的偿还将主要依靠预算收入和发行政府债券解决。但是对于部分存量债务较高的地方政府，预算收入和发行政府债券后仍会有相当大的偿债资金缺口。而地方政府向银行、信托等融资途径在被43号文堵死的情况下，地方政府盘活存量资产的动力大为增加。我们可以协助地方政府将存量优质的、有稳定现金流的资产进行资产证券化。

此类交易的关键点：一是用来证券化的存量资产权属清晰，没有被设定担保、抵押等；二是用来证券化的存量资产拥有稳定的现金流，地方政府的财政补贴进地方政府预算。

四、城市发展基金可作尝试

城市发展基金是定位于为城市发展提供资金支持的产业基金，专门投资于城市土地整理、基础设施建设、城市区域地产商业开发、特许经营权等领域，模式上采用政府（及融资平台）与投资机构合作设立基金，设置优先劣后结构和最低收益保障，辅助以土地抵押、成本价格估算、被投资人回购等方式，进行土地整理、基础设施建设投资。在43号文、351号文等系列文件要求下，以往城市基础设施建设偏重政府债务融资投入的方式受到完全压制，而以股权投资、基金化运作的城市发展基金模式则独辟蹊径，或将成为城市基建领域投资的新路径。信托公司可采用该模式，广泛参与土地整理、旧城改造、公路和机场等基础设施建设。

（一）为城市发展基金配资

投资方用城市发展基金的方式投资当地基础设施项目，一般会采用“先独设母基金、后与当地政府设子基金”，在母基金层面，投资方会充当GP，同时出部分劣后资金，撬动优先级资金，比例在1:2至1:1，典型案例如国开金融开元城市发展基金；在子基金层面，母基金与政府合作设立子基金（或投资公司），母基金占比为35%～49%，当地政府（一般是融资平台）占比为51%～65%，融资平台担保最低收益、提供土地抵押，当地政府提供财政补助。在此过程中，信托可以配资的形式间接投资基础设施：一方面，可以直接在母基金层面配资，考虑到有劣后资金的有限保障、投资项目的大股东（融资平台）保底、财政补贴，资金安全性较高，享受固定加浮动的收益；另一方面，可以在子基金层面配资，母基金资金、融资平台资金做劣后、投资项目的大股东（融资平台）保底、财政补贴，安全性同样较高。

此类模式的交易结构如图7所示。

（二）与政府联合设立城市发展基金

在政府信用大幅退出基建融资领域的情况下，基础设施建设资金需求需要多渠道满足，城

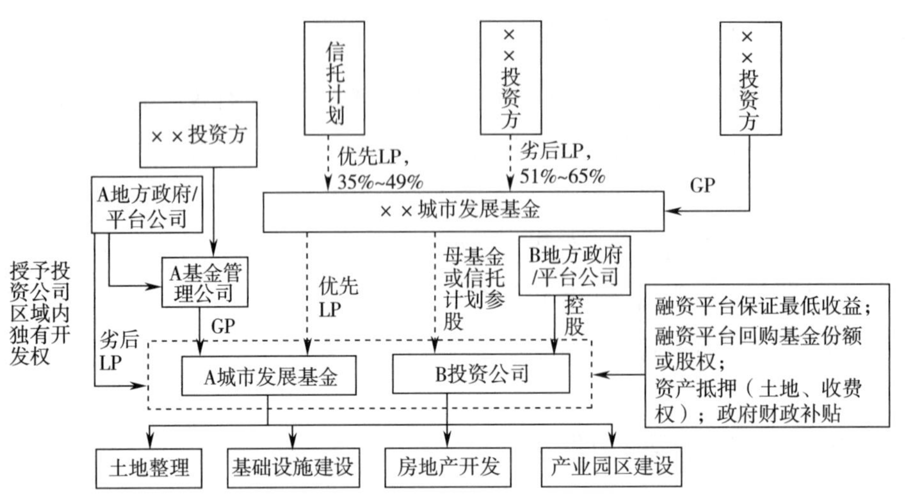

图7 为城市发展基金配资的交易结构

市发展基金作为一种基金化运作、权益性投资的模式，投资具有稳定收益的基础设施项目，是能满足各方主体对回报率、合规性要求的。信托公司可考虑自行或联合其他资金机构设立城市发展基金，为各地方政府搭建起可持续的融资平台，通过直接合作或设立子基金间接投资的方式介入各地城市发展相关领域的投资，例如，土地整理、基础设施建设、旧城改造、房地产开发、产业园区建设等。在基金投资中，采用结构化方式，融资平台公司出劣后资金，信托计划作为优先级，依靠政府授予的区域内城市建设独有开发权实现项目盈利，同时辅之以融资平台保底、回购、资产抵押等措施控制风险。此类模式的交易结构如图8所示。

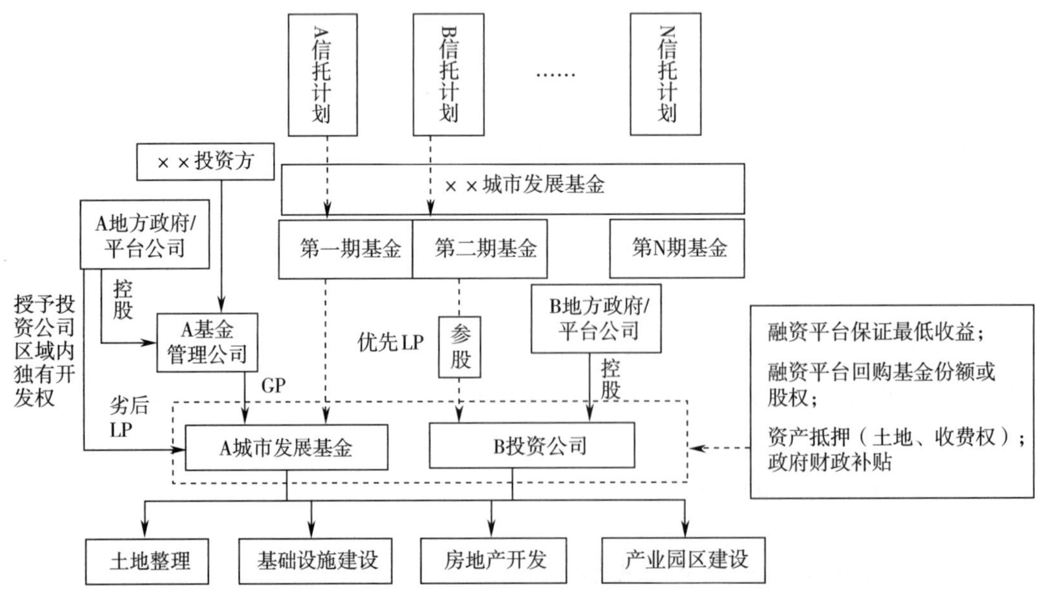

图8 与政府联合设立城市发展基金的交易结构

五、争取相关债券承销机会

（一）项目收益债券将受到热捧，信托公司应积极申请承销资格

随着地方政府退出平台公司担保，存量城投债将逐步退出历史舞台，发展改革委新推的以项目公司为主体发行的项目收益债券将取而代之。2014 年 6 月以来，在各种债券收益率普遍下行的情况下，手握资金的银行、保险机构都急需找到适宜的投资品种。而相比其他企业债券，项目收益债具有稳定现金流（特许收入及财政补贴），且收益率也较高，2014 年 11 月发行的第一只项目收益债券受到热捧。

项目收益债券的承销需要向发展改革委申请企业债券承销资格。据了解，目前中信信托、建信信托、外贸信托、长安信托等多家信托公司已获得企业债副主承销商资格。信托公司可积极申请企业债券承销资格，以便在未来开展项目收益债券承销业务。

（二）积极申请地方政府债券承销资格，关注专项债券承销机会

为规范债券发行，地方政府的发债权统一到省、直辖市级政府。省、直辖市级政府将设定条件筛选债券承销商，获得承销资格的金融机构方可开展地方债承销业务。因此，信托公司也应积极向省级地方政府申请地方债券承销资格。

地方政府发行的债券有两类：一类是一般债券，资金用于没有收益的公益性事业，以一般公共预算收入偿还；另一类是专项债券，用于有一定收益的公益性事业，以对应的政府性基金或专项收入偿还。两者相比，后者收益也高一些，与我们资金成本的匹配度相对高一些。因此，如果能够申请债券承销资质，我们的机会主要在专项债券承销。

（三）尝试研发债权型信托直接融资工具

银监会从 2013 年开始在推行理财和信托债权直接融资工具。债权直接融资工具是由商业银行或信托公司作为发起管理人设立，直接以单一企业的债权融资为资金投向，在中债登统一进行托管并报价交易，由合格的投资者进行认购，在指定渠道进行公开信息披露的标准化投资载体。

目前，在银行方面，已有 20 多家银行参与了银行理财直接融资工具试点，发行规模超过 100 亿元。信托方面虽未有试点，但 99 号文已明确提出“研究推出债权型信托直接融资工具”。因此，信托公司应积极向银监会争取试点机会，可以尝试将对 PPP 项目公司、对地方融资平台的贷款，研发成债权型信托直接融资工具，由评级机构对融资方提供评级，工具在中债登托管

和交易。如果融资方是 PPP 项目公司，债权型信托直接融资工具与发展改革委主导的项目收益债相似。

六、以混改方式投资具有优质资产的平台公司

融资平台公司将剥离政府举债职能、转型正常公司、专注特定基础设施投资和运营业务，为实现顺利转型，地方政府会将一二级开发的土地、水电煤气等公共设施收费经营权、收费公路、地铁轨道交通设施等优质资产无偿划拨注入。上述资产中，很多是可以产生稳定现金流或者经过投入开发之后产生较高回报的项目，典型的如一级开发土地等，因此，围绕这些有长期稳定收入的资产，以混改的方式介入其中，可为信托带来较多投融资机会。一方面，地方政府在偿债压力下，采用混改的方式出售国有资产（如土地、国企股权）筹集偿债资金，将会较为可行；另一方面，届时融资平台也有较多融资需求，以混改引入股权性质的资金或者以资产引入债权性质的资金都是可采取的手段。

在具体模式上，可采取在融资平台公司层面直接混改进入，到期以回购或向第三方转让的方式退出，信托计划和自有资金皆可考虑进入；或者，在项目层面进入，如土地储备、二级开发等项目，以股权或债权进入，提供保底回购承诺、土地抵押、股东担保，分享土地升值、二级开发的收益。

信托公司信贷资产证券化业务定位与发展路径选择

兴业国际信托有限公司　鲁傧

自2013年8月国务院常务会议决定进一步扩大信贷资产证券化试点以来，我国信贷资产证券化业务发展显著提速。2014年以来资产支持证券发行量已达2135.4亿元，超过前九年（2005—2013年）试点发行规模之和。与之相应，银监会正式将信贷资产证券化业务由审批制改为备案制，为信贷资产证券化业务发展扫清了最后一个障碍，市场一片喝彩。然而，在缺乏内生需求现实背景下，信贷资产证券化市场会否在各机构“赔本赚吆喝”的喧嚣后重新归于沉寂？如何才能真正将资产证券化的理念和技术手段与商业银行经营理念相结合，发挥其服务实体经济的功能，获取持续发展的源动力？作为信贷资产证券化业务重要一环的信托公司，如何在此过程中寻求自身业务定位与发展路径？众多疑问仍有待从业者共同探讨解答。本文中，我们试图对展业过程中遇到一些问题以及由此引发出的思考加以梳理，希望藉此抛砖引玉。

一、我国信贷资产证券化业务的发展现状

（一）发行规模快速增长，机构主体日趋多元化

2013年8月，国务院常务会议决定进一步扩大信贷资产证券化试点，我国信贷资产证券化业务发展显著提速。从统计数据来看（见图1），截至2014年11月，信贷资产证券化产品发行规模达2143.43亿元，是2013年全年发行总量的13.59倍，超过过去九年试点阶段市场发行规模总额，达到2.11倍，市场加速发展趋势明显。

从发起机构主体类型来看（见图2），现阶段监管部门鼓励包括城商行、农商行、外资行以及金融租赁公司等各类银行和非银行金融机构通过资产证券化业务盘活存量资产。

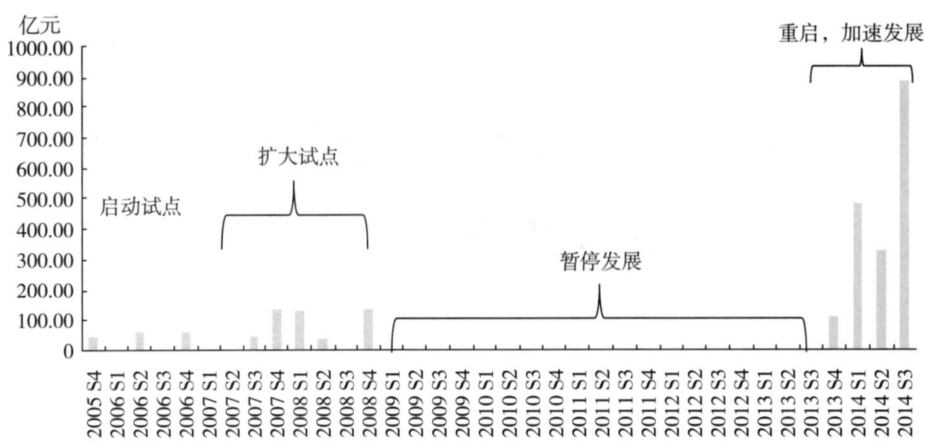

资料来源：中央结算公司、兴业信托。

图 1　信贷资产证券化产品发行规模季度统计（2005—2014 年）

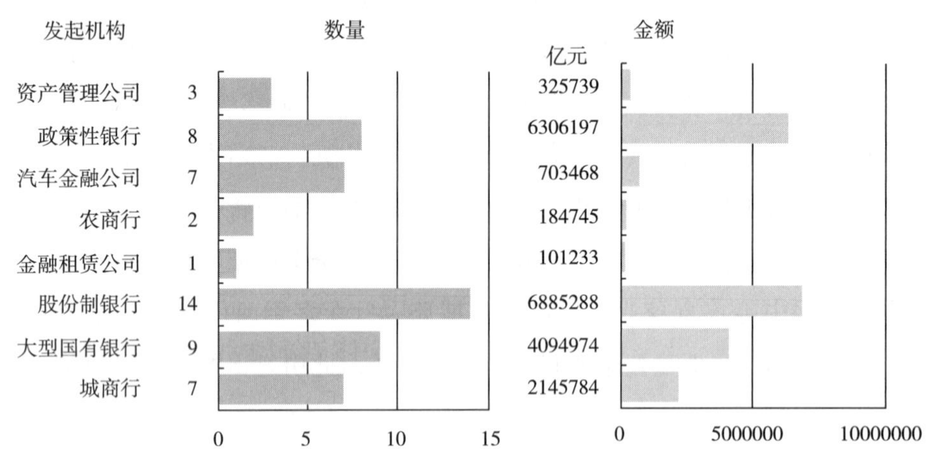

资料来源：中央结算公司、兴业信托。

图 2　已发行资产证券化产品发起机构类型分布

（二）监管政策日益宽松，业务有望常态化

从政策面分析，经过三轮试点，信贷资产证券化监管政策向宽松化发展趋势明显，包括：额度管理由“额度控制”调整为“余额管理”，允许商业银行利用到期规模再次滚动发行以扩大试点额度；鼓励资产支持证券在交易所挂牌交易，提高流动性；允许商业银行灵活设计自持比例安排；允许项目设立阶段不办理抵（质）押变更登记等。银监会正式下发《关于信贷资产证券化备案登记工作流程的通知》（银监办便函［2014］1092 号），信贷资产证券化业务由审批制转变为备案制，更是提高了信贷资产证券化产品的发行效率。

二、我国信贷资产证券化业务发展障碍

客观而言，我国信贷资产证券化业务在开展过程中仍存在诸多障碍。

（一）发起机构内生需求不足

由于商业银行经营理念转变需要一个较长的时间窗口，资产证券化业务本质的资产负债管理功能在现阶段仍无法体现，“为了创新而创新”成为商业银行证券化业务的出发点。作为顺周期业务，信贷资产证券化的作用主要体现在为商业银行提供盘活存量资产的标准化工具。但在经济下行、信贷表内投放严重不足、资产负债率低位徘徊的条件下，商业银行开展证券化交易动力严重不足。同时，对于发行规模、基础资产类型、贷款行业以及期限等监管要求的存在也给中小型商业银行实际造成了较大的业务难度。此外，与银行可采用的其他融资方式包括中票、短融、债券等相比，目前信贷资产证券化在发行成本和效率方面并无明显的优势，这也是其叫好不叫座的原因之一。

（二）二级市场流动性严重不足

资产证券化主要通过信用增级和提高资产流动性来降低融资成本。二级市场流动性是实现信贷资产证券化市场化发行，提升市场宽度及深度，构建资产支持证券估值和定价机制的根本路径。据不完全统计，2005—2009 年，银行间市场已发行的资产证券化产品共发生交易 154 笔，交易额为 124.71 亿元，而 2010 年以后基本无交易；2005 年至今，沪深交易所发生资产证券化产品交易 880 笔，交易金额为 294.33 亿元，基本无流动性可言，一定程度上会扭曲资产证券化市场的供需平衡关系，进而影响其向纵深发展。

（三）配套制度有待完善

资产证券化市场的发展有赖于完善的法律、税务和会计处理制度的支撑，现阶段我国资产证券化业务配套制度仍有较大的改进空间。在法律制度上，目前证券化业务以部门规章为依据的现状，尚未制定专门的资产证券化法律法规，为机构准入、市场化运作以及证券流动流通管理提供明确的依据；在会计和税务处理上，对于租赁资产增值税处理等操作问题缺少指导性的规定，风险报酬转移评价和认定方面存在机构主观因素的影响等问题，均需随着我国资产证券化市场的逐步成熟加以完善。

（四）中介机构专业能力有待提高

资产证券化业务试点阶段也存在个别参与机构缺乏经验，沟通成本高，产品结构设计能力

不高等问题，导致基础资产与证券匹配度不高，现金流漏损情况时有发生。此外，入池资产由于提前还款等原因需要在封包后进行调整和更换拉长了作业周期，这些因素在一定程度上也限制了公募资产证券化业务在短时间内的快速发展。

三、我国信贷资产证券化市场发展空间巨大

从美国等成熟市场发展经验来看，资产证券化产品底层资产绝大多数是信贷资产，其余则是以资产支持证券、债券以及其他固定收益产品为标的的合成化证券化产品（CDO），可以说信贷资产证券化的常规化是资产证券化市场发展的基础。现阶段，我国已初步具备了大规模发展信贷资产证券化业务的市场环境。

（一）信贷资产证券化比例偏低提供潜在可能

从美国市场的实践来看，资产证券化产品发行规模在债券市场总规模中占有较大的比重。截至2013年末，美国证券化产品市场存量达10万亿美元，占同期债券总存量比例超过25%，仅次于国债规模，存量规模占GDP的比重连续10年超过50%。截至2014年11月，我国信贷资产证券化产品发行总规模为3161.53亿元，同期银行业存量贷款规模为801269.48亿元，证券化比例仅为0.32%，占同期债券总存量的比重仅为1.11%，占GDP的比重为0.75%。不考虑市场环境以及统计偏差的影响，单从绝对规模占比来看，我国资产证券化市场应该具有较大的发展空间。

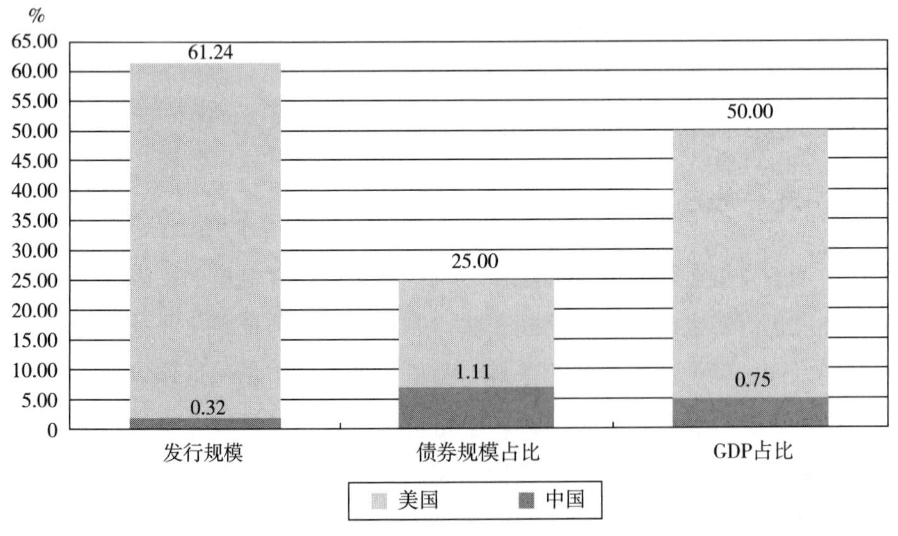

注：发行规模以人民币为单位。

资料来源：市场公开数据、中央结算公司统计数据。

图3　中国与美国资产证券化市场统计对比

（二）商业银行业务转型需求提供内生支持

从海外成熟市场实践经验来看，利用资产证券化将会出现以下趋势。其一，在利率市场化和金融脱媒不断深化的背景下，市场无风险收益率水平走低在相当长的一个时间窗口是可以预见的。借鉴美国金融市场发展历史，商业银行在直接融资规模占比扩大、间接融资占比缩小的背景下（我国直接融资与间接融资比例约为30%∶70%，美国直接融资与间接融资比例约为70%∶30%），必将从间接融资为主向直接融资与间接融资并重转型。其二，未来商业银行经营将从资产持有向资产交易转型，从重资产到轻资产逐步转型，短期内或存在各种客观障碍和约束，但长期趋势明显，先完成转型的商业银行在市场竞争中将建立先发优势，获得更多的市场份额。其三，从美国资产证券化业务发展历程来看，“信贷投放—证券化后出售—再投放”将成为商业银行成熟稳定且可持续的经营模式。这从美国资产证券化产品底层资产中绝大部分是信贷资产也可以得到侧证。

同时，信贷资产证券化还为商业银行资产负债管理提供了新的工具和手段，可以解决商业银行长期资产和短期负债的期限错配问题，有助于商业银行调整信贷资产的结构，降低风险暴露水平。此外，在存贷息差缩小及杠杆率无法持续加大的情况下，通过信贷资产证券化提高资产周转率是商业银行维持或者提升资本回报率（ROE）及缓解资本金压力的可行路径。

（三）市场环境成熟提供外部支持

从现阶段市场环境来看，已具备了大规模开展信贷资产证券化业务的基本条件。从资产供给端来看，随着利率市场化的深入，存款分流导致银行控制贷存比的压力一直存在，存量资产出售流转的需求将逐步提高。从投资端来看，市场利率下行趋势使得高收益率资产愈发匮乏，证券化产品投资吸引力大大提高，以往资产证券化产品基础资产收益率和证券发行价格倒挂的情况得以缓解。

四、信托公司资产证券化业务定位和发展路径

与境外市场资产证券化业务实践不同，在我国，信托公司是信贷资产证券化的法定受托机构，这种定位有利于信托财产的独立性和最大程度保护证券持有人的利益。在业务实践中，既然信托公司具有法定专属地位又处于业务链条的中心位置，理应发挥核心作用。之所以难以发挥重要作用在很大程度上和信托公司自身能力不足有关。诸如遴选中介机构、交易结构设计、产品营销路演等本该由信托公司完成的工作，由于信托公司专业性不强等原因不得不转而由其他机构代为完成，加之经验的欠缺、公开市场发行能力不足导致独立性缺失，信托公司客观上沦为通道。

（一）信托公司开展资产证券化业务的现状

1. 市场竞争激烈，投入产出比极低

截至2014年11月，已有超过30家信托公司获得特定目的信托受托业务资格。在其他传统业务受阻以及行业转型的大背景下，不少信托公司将资产证券化业务视为未来的重点发展方向，因此，业务初期期望尽快打入市场，抢占份额，这导致市场竞争日趋激烈，信托费率一降再降，投入产出比极低。

2. 核心技术环节参与度不高，附加值低

与传统业务相比，资产证券化业务技术环节多且相对复杂，但目前部分信托公司缺乏相应的专业人才，在资产筛选、现金流切割、证券分层设计等环节参与程度不深，导致证券化业务对主动管理能力及团队专业能力的提升作用不明显，业务附加值偏低，进而一定程度上影响了市场地位和影响力。

3. 公开市场业务经验不足，对产品销售缺乏把控能力

信托公司一直将业务领域定位于私募市场，与证券公司等机构相比，缺少公开市场业务的承销与发行经验，债券承销资源储备不足，难以把控产品销售环节，这也影响了信托公司在产品设计和项目协调过程中发挥应有的作用。

（二）信托公司开展资产证券化业务的再定位与路径选择

1. 坚守信贷资产证券化的法定受托机构定位

借鉴国外资产证券化及资本市场的发展经验，在金融体系市场化的初期阶段，由于金融管制较多，企业资产证券化可以为实体企业提供多样化的融资选择，包括高速公路、机场、门票收入在内的未来现金流稳定的资产均可以通过证券化融资。而在金融体系市场化程度较高的阶段，随着金融管制的逐步放开，商业银行具有资金成本低、规模大的优势，以信贷方式为具有稳定现金流的企业提供融资成为可能。因此，从长期来看，信贷资产证券化将成为主流业务。

目前，在国内信贷资产证券化业务实践中，信托公司是唯一可担任受托机构的法定机构，而其他资产管理机构，由于不具有贷款经营资格而无法受让信贷资产，也不能办理相应的抵（质）押登记，开展信贷资产证券化业务存在一定的障碍。

因此，信托公司应坚守信贷资产证券化法定受托机构的定位，充分发挥与商业银行业务交叉较多的天然优势，积极探索以多种模式开展信贷资产证券化业务。同时，在展业过程中，应努力提高作为受托机构的专业能力，以资产证券化为切入点积极推动向专业资产管理机构的业务转型。

2. 信托公司开展资产证券化业务的路径选择

（1）提升专业能力，将公募业务定位为基础业务

目前信托公司在公募型信贷资产证券化业务中作为发行人与受托机构，承担证券发行与存续期受托管理的职责，参与产品设计、交易文件拟定及报送、沟通等具体工作。未来信托公司应着力提升专业能力，发挥主动管理职能，在再投资、财务核算、基础资产管理等方面发挥更大的作用，将标准化的公募型资产证券化业务定位于基础业务。

（2）发挥比较优势，将私募业务定位为主要业务

信托公司可横跨货币、资本和实业市场经营，具备法定的破产隔离机制，具有获取各类资产开展私募证券化业务的相对优势，可将其定位为未来的主要业务方向之一。为应对其他机构的竞争，结合市场需求，信托公司应着重加强两方面的能力建设，一是现金流重组与产品设计能力，二是机构客户承销推介能力，这两项能力处于资产证券化服务价值微笑曲线的两端，价值回报率最高。

3. 多元化拓展资产证券化业务

（1）引入循环购买模式对商业银行住房按揭、信用卡资产进行证券化

我国目前公开市场主要是以对公信贷资产作为基础资产开展证券化业务，而从国外发展轨迹来看，住房按揭贷款、信用卡资产由于具有分散度高、资产同质性强等特点而更适合作为证券化的基础资产。在结构设计上，可借鉴国外经验，通过主信托、循环购买等产品结构安排，以最大程度减少现金流漏损、节约成本并提升效率。

（2）选取优质涉房资产以及商业物业开展准 REITs 业务

我国房地产市场在经历高速扩张后将面临市场调整及再定价的过程，优质的具有稳定现金流的涉房资产和商业物业或可成为较好的证券化标的资产。一方面，相对于其他金融机构，信托公司对房地产行业介入程度较深，开展过大量针对商业地产的经营性物业抵押贷款及商业物业租金收益权业务，在从事 REITs（房地产信托基金）业务方面具有先发优势；另一方面，REITs属于资产证券化产品，在结构设计中必然存在 SPV 以起到破产隔离作用，而信托所特有的资产隔离功能将成为信托公司开展此项业务的制度优势。因此，信托公司可发挥在房地产业务领域多年积累的丰富经验及客户资源，通过规范的准 REITs 设计为中小投资者提供参与分享房地产市场稳定回报率的机会。

（3）租赁及小额贷款资产证券化

区别于商业银行，金融租赁公司、消费金融公司及小额贷款公司由于业务范围集中于本地且委托代理链条较短，在解决信息不对称导致逆向选择问题与道德风险方面具备一定的优势，然而受制于不能吸收存款导致公开融资受限（金融租赁公司和消费金融公司可发行金融债），其相对较强的中介治理能力无法得到充分发挥。通过资产证券化这一工具，打通融资租赁及小额贷款公司的融资渠道，充分发挥融资租赁及小额贷款公司在中小企业融资领域的优势，或许是解决中小企业融资难的一个可行路径。

（4）商业银行不良资产证券化

当前，受实体经济下行的影响，商业银行资产不良率有一定攀升，不良资产处置需求较大，而资产证券化是不良资产处置的有效手段之一。通过证券化将不良资产转出可以使商业银行甩掉包袱，轻装上阵，同时，对上市商业银行而言，处置不良资产可以有效提升市场估值水平。信托公司可在监管支持下，研究借鉴我国已开展过的公募不良贷款证券化业务经验，基于资产质量而非融资主体的信用，对不良贷款进行结构分层安排，使得风险与收益匹配，不同风险承受能力的投资者购买不同层次的产品，或可为商业银行不良贷款处置提供一种有效手段。

（5）资管产品受益权资产证券化

近两年我国资管行业快速发展，大量资产以信托受益权、资管产品受益权等形式存在，这些资产是我国在由利率管制向利率市场化过渡时期，特殊历史背景下的特定产物，有其存在的合理性。部分资产实质上附有银行信用，可视为具有稳定可预期的现金流高收益私募债，适合证券化操作。近日，银监会向部分上市银行下发关于非标债权业务风险分类制度的征求意见稿，要求非标资产中应收款类资产视为一般类贷款并逐笔还原基础资产，并要求商业银行将此与贷款合并，计算新的拨备覆盖率和拨贷比。再加上之前一行三会联合发布的《关于规范金融机构同业业务的通知》（银发127号文），预计新政实施后资产受益权类资产的流转需求将会显著增强。运用资产证券化技术，选择以信托受益权、资管受益权为标的基础资产入池，对现金流重整后将其份额化后挂牌交易，或是此类资产处置的一条可行路径。

（6）逐步介入合成型证券化、再证券化等复杂领域

随着证券化基础品种的增多、衍生工具的引入，再证券化、合成型证券化等高级形式或将在我国资产证券化市场逐步发展成熟后得到发展。与美国在次贷危机所处的金融市场过度发展相对，我国目前面临的是金融体系的市场化程度不高以及社会融资证券化程度较低，远远未到过度证券化的阶段。从国外市场经验来看，资产证券化只是工具，关键在于运用，引发次贷危机的不仅仅有再证券化的高杠杆，更为重要的是入池基础资产大幅减值以及评级体系透明程度不高等问题。因此，在客观认识能否准确运用的前提下，未来可探索对合成型证券化产品通过引入信用风险掉期（CDS）等衍生工具，适当开展再证券化能够通过较小的资金量来撬动更多的资本金释放，也能为投资者提供较好的投资回报，具有其合理的内在价值。

20世纪70年代美国资产证券化兴起时，美国国内流动性泛滥、银行利率管制导致金融脱媒、货币基金等资产管理业务蓬勃发展、传统银行业务下滑谋求业务转型、实体经济低迷导致全社会迫切需要金融创新，这些与我国当下经济环境颇为相似。可以说，我国目前资产证券化业务已经具备了大发展的土壤，而随着政策引导带来自上而下的顶层设计调整，辅之市场需求驱动自下而上的交易结构创新，必将扫清前进道路上的障碍。对信托公司而言，在信托行业整体规模突破12万亿元的今天，资产证券化或许将是信托公司转型的一个重要方向。

并 购

——信托投行的下一个机遇

中信信托有限责任公司　王道远　周萍　张明玺　张微林

2015年必将是信托业体制转型阵痛的一年，虽然2014年的信托公司年报数据看起来还不错，但信托公司高管们看到这些数字并不会欣喜兴奋，而是忧心忡忡。无论是源自传统业务增长乏力、风险剧增的内忧，还是面临金融环境和同业竞争的外患，都决定了信托的转型之路将会更加艰难。这两年，金融行业新规频落，资管市场竞争愈加白热化，信托转型意愿强烈。信托往何处转？是高大上的家族信托，还是颠覆传统的土地信托，抑或是打通产融的消费信托？这些热议的方向能否成为信托业短时间内可以大规模复制的转型路径？因为这类特殊的业务往往与信托公司本身的资源禀赋紧密相连。

并购业务一直是投资银行业务的重要组成部分，信托业作为中国的"实业投行"，能否涉足并购业务，并以此作为转型的重要突破口。

金融实验室认为：信托参与产业并购，无论是从自身的工具优势，还是从近年来积累的实业投融资经验来看，都是极具想象力的一种业务类型，习惯做快项目的信托经理们是否有动力去做这样一件事？"用好增量，盘活存量"——这是中央政府在目前经济结构调整中的重要方针，信托如何践行这一方针？

信托盘活存量有两个重要方向：资产证券化和并购整合业务。资产证券化盘活的是企业的存量资产，并购业务盘活的是某个行业中存量的低效率中小企业，不是所有企业都需要依靠自己以增量的方式做大做强，有一部分企业完全可以通过对存量企业的并购整合来做大做强。

在目前结构调整、产业转型的过程中，并购重组业务可能是信托进行转型突破的重要机会，并且是接地气、可把握的机会。面对这个并购重组、盘活存量的机遇，信托能否抓到？

一、中国并购市场的现状与趋势——"黄金时代"来临

继并购爆发的2013年"并购元年"之后，2014年中国并购市场依然风起云涌，持续火热，

并购交易规模大幅攀升。CVSource 投中数据终端显示（见图 1），2014 年中国并购市场宣布交易案例达 6967 起，宣布交易规模 3722. 27 亿美元，数量及金额较 2013 年同比分别增长 14. 14%、1. 47%；完成交易案例数量为 2574 起，同比下降 3. 67%，完成交易规模 1898. 02 亿美元，同比提高 6. 83%。

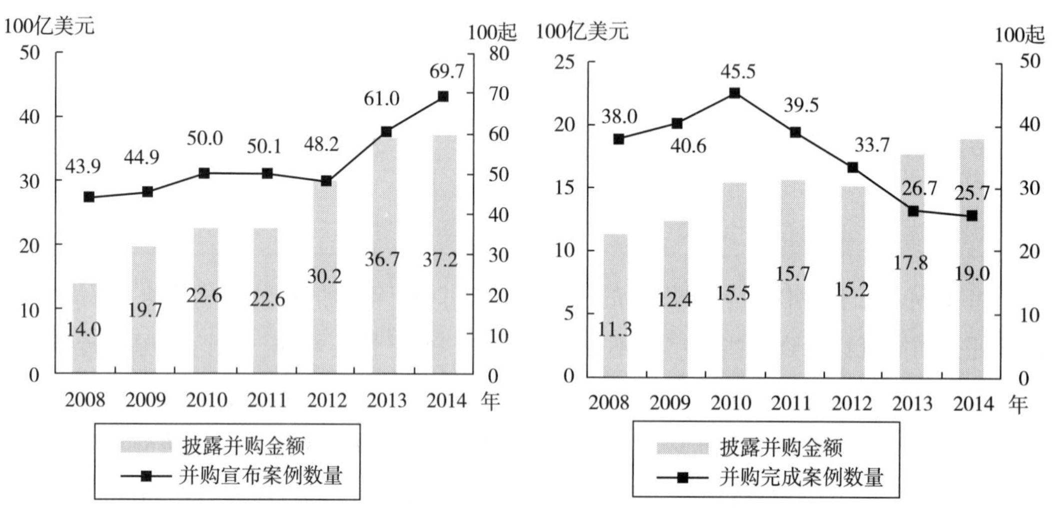

资料来源：CVSource、中信信托金融实验室。

图 1　2008—2014 年中国并购市场宣布（左图）与完成（右图）交易变化趋势

（一）2014 年中国并购市场的主要特征

1. 并购覆盖面广，频率明显增多

并购已进入各行各业、各个细分领域。2014 年国内共发生并购 2574 起，按照截至 2014 年末 A 股沪深两市上市公司数量 2578 家计，并购覆盖率近 100%。同时，比较 2007 年和 2014 年的并购覆盖率情况（见图 2），2007 年并购数量 292 起，仅占同期上市公司数量的 19%。

2014 年，约 28% 的并购发起方年内发起并购次数至少 2 次及以上。约 19 家企业 2014 年发起并购次数多达 6 次及以上，其中，蓝色光标 16 起并购、复星医药 14 起、海润光伏 10 起等。

2. 借壳上市热度不减

2014 年的并购热潮中，借壳上市案例仍屡见不鲜，热度不减。CVSource 投中数据终端显示：

2014 年宣布交易中，借壳上市案例为 31 起，案例数量与 2013 年持平，而宣布交易规模却达到 644. 25 亿美元，远超 2013 年的 210. 92 亿美元。就行业分布来看，宣布案例主要集中在文化传媒、综合、建筑建材等行业（见图 3）。

2014 年在已完成并购交易中，借壳上市案例为 25 例，远超 2013 年的 11 起，同时，完成借

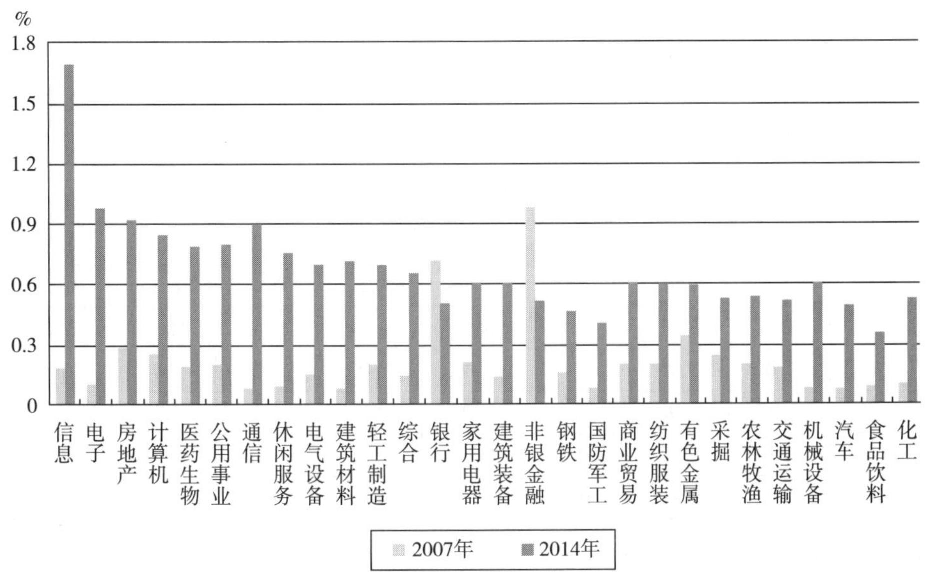

资料来源：安信证券研究中心、Wind资讯、中信信托金融实验室。

图2　2007年与2014年并购覆盖率对比（部分行业）

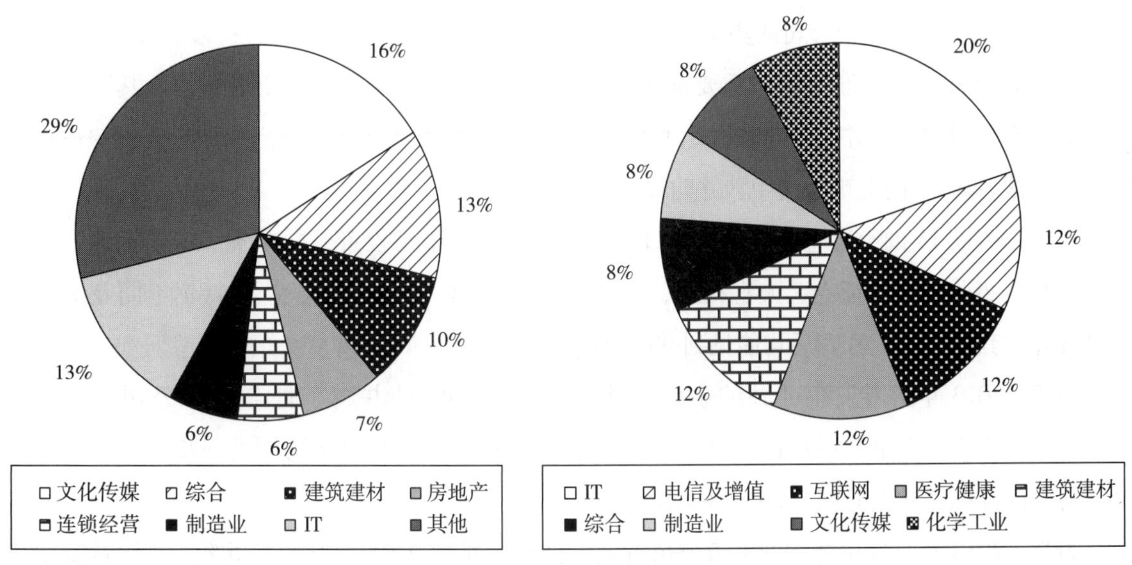

资料来源：CVSource、中信信托金融实验室。

图3　2014年中国并购市场宣布（左图）与完成（右图）借壳上市案例数量

壳上市的交易规模为518.71亿美元，而2013年这一数字仅为38.16亿美元。在已完成借壳上市案例中，IT业数量居首，共有5起，其余分布于电信及增值、互联网、医疗健康等行业。

3. 国内并购市场民企迅速崛起

表 1　　2007—2014 年不同所有制性质企业并购占比　　单位：%

年份 行业	2007	2008	2009	2010	2011	2012	2013	2014	总计
地方国有企业	32.5	37.2	33.7	35.0	31.0	23.6	24.2	21.4	27.4
公众企业	9.6	6.2	4.3	3.3	4.2	3.3	4.0	3.3	4.2
集体企业	0.3	0.0	1.1	0.0	0.5	0.6	0.1	0.1	0.3
民营企业	30.6	34.1	34.8	36.1	44.4	54.2	53.8	57.8	47.4
其他企业	1.0	1.4	1.7	1.7	1.1	3.2	2.7	4.1	3.1
外资企业	3.1	1.8	3.9	1.1	3.2	2.7	2.7	4.1	3.1
中央国有企业	22.9	19.3.	20.5	22.8	15.6	12.4	12.5	9.2	14.5
合计	100	100	100	100	100	100	100	100	100

资料来源：安信证券研究中心、Wind 资讯。

上市民营企业逐渐成为并购主力。2007—2014 年，民营企业并购占比平均为 49%，民营企业并购比重逐年提升，其中，2007 年民营企业占比仅为 30.5%，而 2014 年民营企业并购占比高达 60.8%（见表 1）。

4. 涉并购概念的上市公司涨势明显，上市公司在并购市场的主体地位进一步强化

并购成为 2014 年股价上涨最重要推手之一。比较 2014 年 A 股上市企业涨幅，其中，排名前十的上市公司中，涉并购概念的占比为 60%；排名前 15 的上市公司中，涉并购概念的占比为 66.7%；排名前 50 的上市公司中涉并购概念的占比达 58%。

涨幅排名前 15 的上市企业分别为营口港、抚顺特钢、中纺投资、同花顺、华泽钴镍、旋极信息、北生药业、宏源证券、大富科技、朗玛信息。其中，除营口港、抚顺特钢、同花顺、大富科技外，其余公司上涨背后均能见到并购身影。

2007—2013 年国内发生的并购事件，其中有约 71.6% 的并购事件与上市公司相关，仅 28.4% 的并购为非上市公司发起。2014 年上市公司在并购市场的主体地位进一步强化，上市公司参与国内并购占比上升到 74.8%（见图 4）。

2007—2013 年，发生并购的上市公司占上市公司总量的比例在 20%～25%，并购是属于少数上市公司的投资行为。2014 年，发生并购的上市公司数量占上市公司总量的比例高达 44%（见图 5），并购已不再局限于少数上市公司。

5. 并购参与主力从传统行业向新兴产业转移，但制造业仍为并购高发行业

2007—2013 年，传统行业占据国内并购市场的主力。本研究以行业并购数量占比与行业上市公司数量占比之间的差值，来判断国内并购市场更热衷于发起并购的行业。其中，2007—2013 年，房地产、公用事业、采掘、有色金属、银行是并购热情最高的前五大行业，而机械设

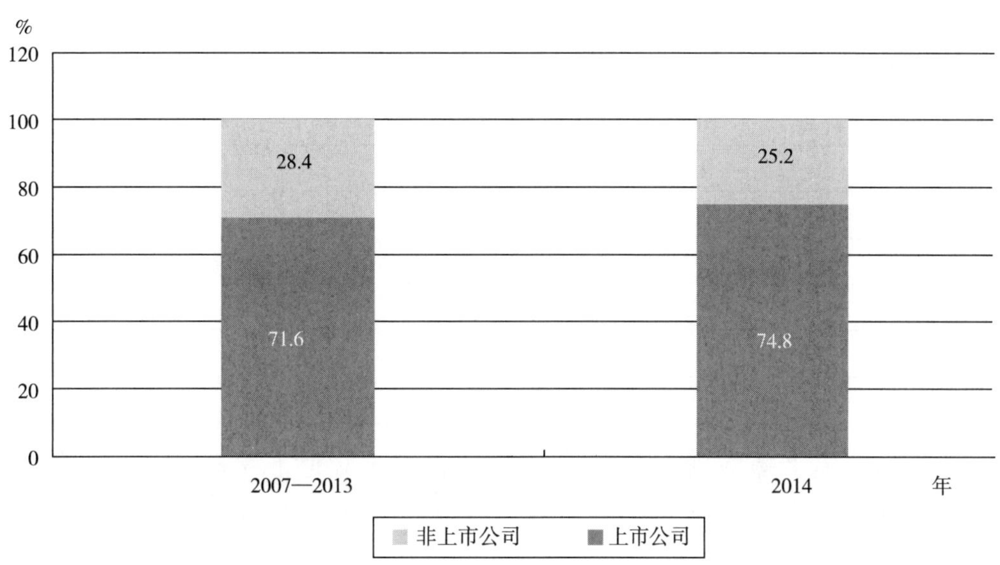

资料来源：安信证券研究中心、Wind资讯。

图4 2007—2014年上市公司与非上市公司参与并购事件的比例

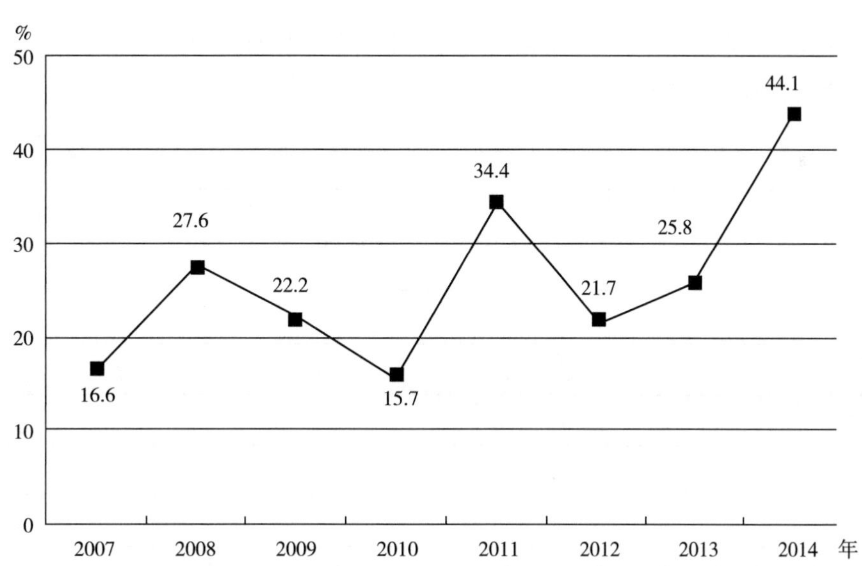

资料来源：安信证券研究中心、Wind资讯。

图5 2007—2014年发生并购的上市公司数量占上市公司总数的比例

备、电子、汽车、化工、计算机则是相应发起并购意向最低的五大行业（见图6）。

但在2014年，一切都发生了变化。并购热情最高的前五大行业分别为电子、传媒、计算机、机械设备、电气设备，而并购热情最低的五大行业则是采掘、有色金属、房地产、公用事业、

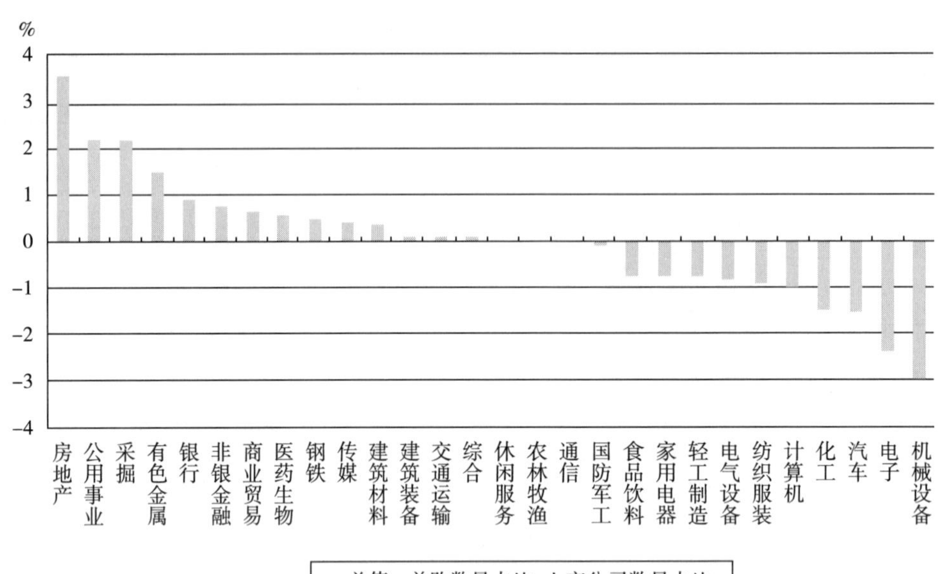

资料来源：安信证券研究中心、Wind资讯、中信信托金融实验室。

图6　2007—2013年行业并购数量占比与上市公司数量占比之间的差值

银行。与前些年相比，2014年的行业并购冷热度几乎完全“倒置”，电子、计算机、传媒等新兴产业成为并购主力军（见图7）。

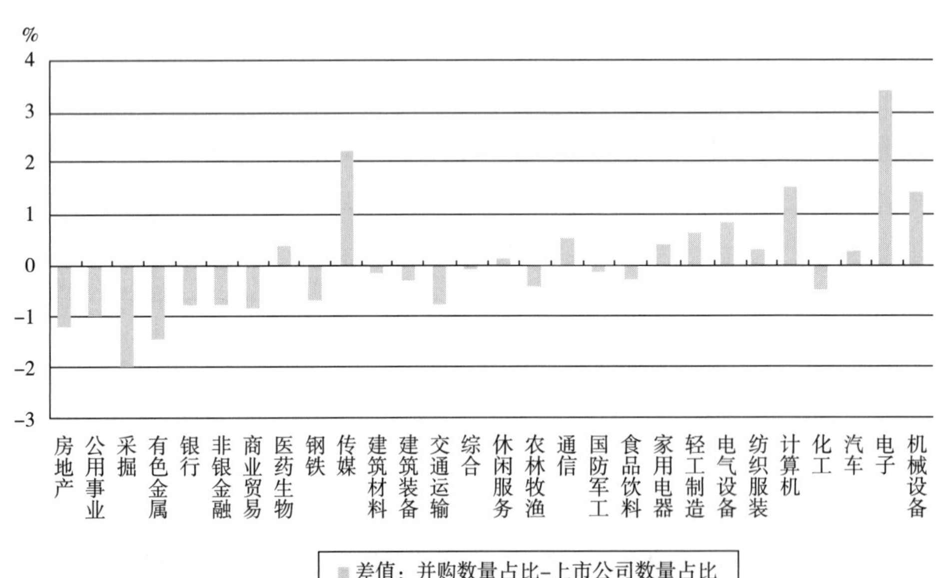

资料来源：安信证券研究中心、Wind资讯、中信信托金融实验室。

图7　2014年行业并购数量占比与上市公司数量占比之间的差值

在新兴产业成为并购发起方主力的同时，被并购标的亦呈现出新兴产业偏好。传媒、TMT等项目也为上市公司股票带来更大的溢价空间。统计2007—2014年被并购方所属行业，金融行业占比显著下降，金融行业并购数量占比从2007年的25%下降到2014年的16%；与此同时，信息技术行业并购数量占比则从2007年的8%提升至2014年20%（见表2）。

表2　　2007—2014年被并购方行业占比（并购数量占比）　　单位：%

行业＼年份	2007	2008	2009	2010	2011	2012	2013	2014
能源	2	4	3	4	3	6	3	3
材料	18	14	18	13	14	15	15	13
工业	18	20	25	21	22	17	18	17
可选消费	14	10	10	12	13	14	12	14
日常消费	5	5	6	6	5	4	5	5
医疗保健	6	7	4	5	7	7	8	8
金融	25	25	21	23	19	21	17	16
信息技术	8	9	9	11	12	13	17	19
电信服务	0	1	1	1	0	0	1	1
公用事业	4	5	3	4	5	3	4	4
合计	100	100	100	100	100	100	100	100

资料来源：安信证券研究中心、Wind资讯。

CVSource投中数据终端显示，2014年中国并购市场交易完成案例中，制造业、IT、能源及矿业交易完成数量分别为388起、319起、276起，占比分别为15.07%、12.39%、10.72%（见图8），领衔2014年并购市场。在交易规模上，综合、金融、能源及矿业交易规模分别为403.84亿美元、201.87亿美元、178.18亿美元，占比分别为21.28%、10.64%、9.39%，位列三甲。

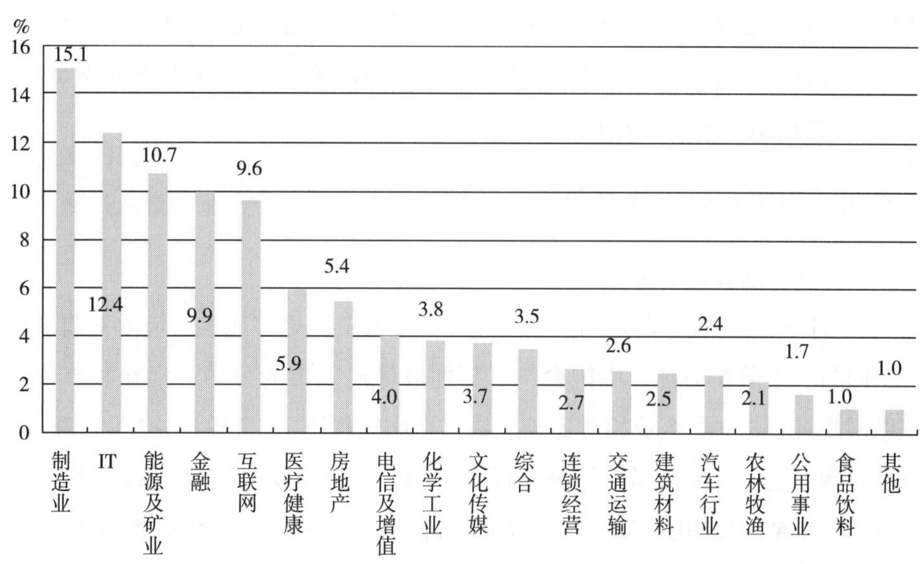

资料来源：CVSource、中信信托金融实验室。

图8　2014年中国并购市场完成交易数量占比（按行业分布）

6. 出境并购数量与规模占比均显著提高

据 Wind 统计，2014 年中国出境并购数目为 272 起，规模达 0.53 万亿元，占比分别为 6.7% 和 21.2%，较 2013 年均显著提升（见图 9）。

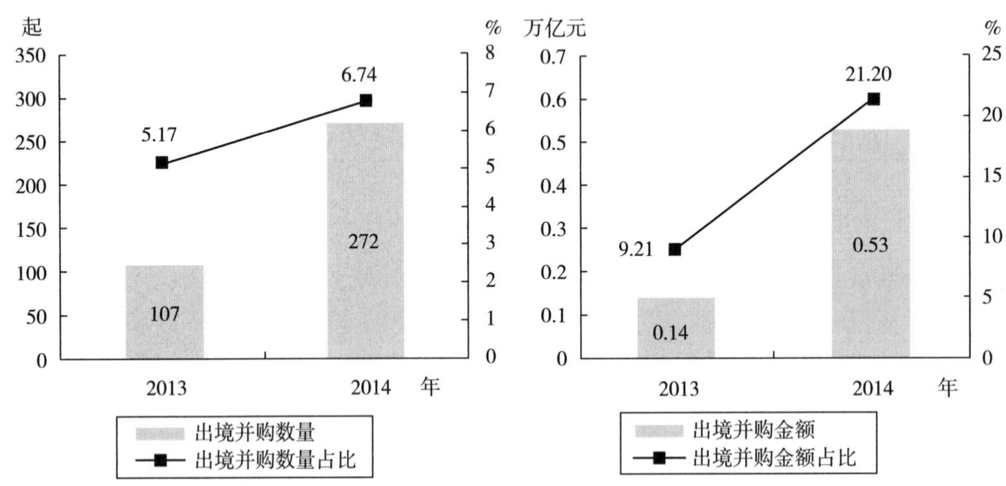

资料来源：Wind 资讯、中信信托金融实验室。

图 9　2013—2014 年中国出境并购数量与规模变化

7. 并购退出规模与平均回报创新高

在 IPO 退出不畅的情况下，并购退出成众多 VC/PE 机构的首选，2014 年并购退出规模再创新高。CVSource 投中数据终端显示，2014 年在已完成的并购交易中有 VC/PE 背景的案例达 112 起，占本年度完成交易总数量的 4.35%；交易规模为 205.51 亿美元，占比为 10.83%。2014 年共实现 395 笔并购退出，并购退出案例数量达到历史最高值，合计获得账面退出回报金额为 107.3 亿美元，平均退出回报倍数为 1.91 倍。

（二）中国并购市场的发展趋势

趋势一：产业整合渐成为主流。

趋势二：红筹回归及跨境并购走向繁荣，境外企业及资金更多地参与境内并购市场。

海外资产回归。之前在美国、中国台湾、新加坡等地上市的公司，现在私有化回到 A 股，这给市场提供很多机会，这类企业相对比较成熟，也比较有体系，它们的盈利能力比较有保障。另外还有海外并购，这些资金大部分是海外资金，国内企业需要解决资金的成本问题和资金出海的通道问题，如果金融机构能够在海外市场获得低成本资金并且提供融资服务，对于中国企业“走出去”会更加有利。当然，还有外资并购，在境内寻找收购标的。

趋势三：从方案设计上，未来并购方案的创新性将不断增强。

交易方案的创新，能够不断赢得市场监管的认可，其实就是市场化交易平衡机制的更优化的安排，能够创造更多增量利益与机会。

监管部门提高了对方案的容忍度。证监会对经过买卖双方充分市场化博弈所达成的各类交易条款更为容忍，提升了交易谈判的成功率，促进了产业并购的快速增长。

标的定价机制更为灵活。差异化定价开创先河，打破“同股同价”的束缚，便于协调标的公司不同类型股东之间的不同诉求。

业绩承诺方式更为灵活，有利于解决部分股东无法或不愿履行业绩承诺的障碍，在满足监管要求的情况下，提高标的公司股东的接受度；超额业绩奖励、对家调整条款可以激发原股东斗志并增加管理层留任率。

趋势四：从行业上来看，预计未来 TMT、消费品、医药及环保概念领域并购频发。

TMT，更多是移动互联网传媒的活跃，背后是整个消费升级的支撑。中国这么大的市场，这个领域的增长是非常快速的，特别是这两年 A 股市场的主要力量就是影视传媒和游戏。因为市场切实有这样的需求，使它们能够创造出这么多企业，而这些行业中好企业的爆发性盈利能力，使它们成为资本市场聚焦的领域。未来互联网技术的发展还会更加持续地介入人们的生活，创造收益、创造模式，将成为资本或者上市公司或者产业追逐的领域。

消费领域、医疗领域未来是非常值得关注的，尤其是在医疗服务领域，TMT 跟移动互联网结合。在节能环保领域，现在环境压力越来越大，有一些技术是市场所需要的，随着更多生产型企业市场化需求的推升，未来国内真正有价值的大型环保企业会出现，所以这一领域的并购整合也很值得关注。

二、并购交易操作中的几个关键问题

（一）上市公司并购重组的主要操作模式

1. 定向增发

定向增发是指上市公司向符合条件的少数特定投资者非公开发行股份的行为，要求发行对象不得超过 10 人，发行价不得低于公告前 20 个交易日市价的 90%，发行股份 12 个月内（认购后变成控股股东或拥有实际控制权的 36 个月内）不得转让。定向增发的模式如图 10 所示。

案例：定向增发与资产收购相结合——中国远洋发行股票收购大股东资产

概要：定向增发与募集资金组合操作，收购中远集团干散货航运核心资产，开创“一日两会双审”。中国远洋定向增发并购重组交易结构如图 11 所示。

2. 杠杆收购

杠杆收购（Leveraged Buy - outs，LBO），是指收购者以自己很少的本金为基础，然后从投资

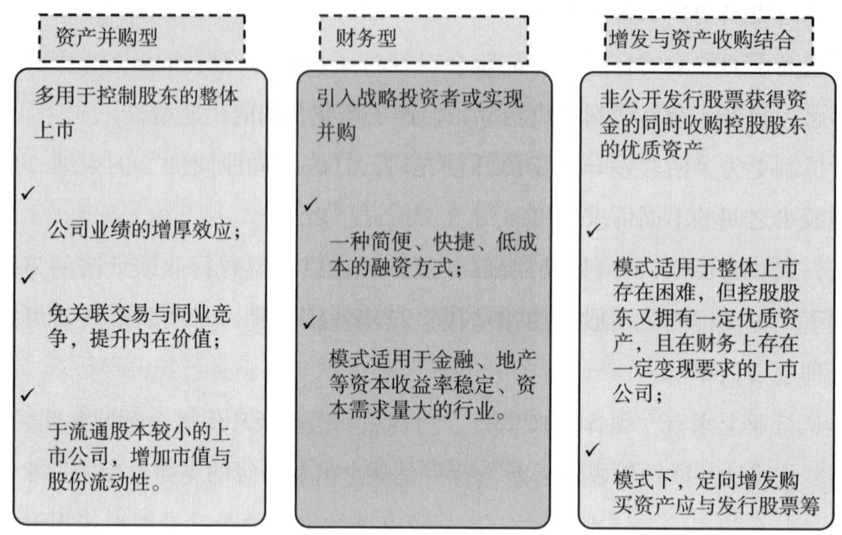

图 10　定向增发的三种模式

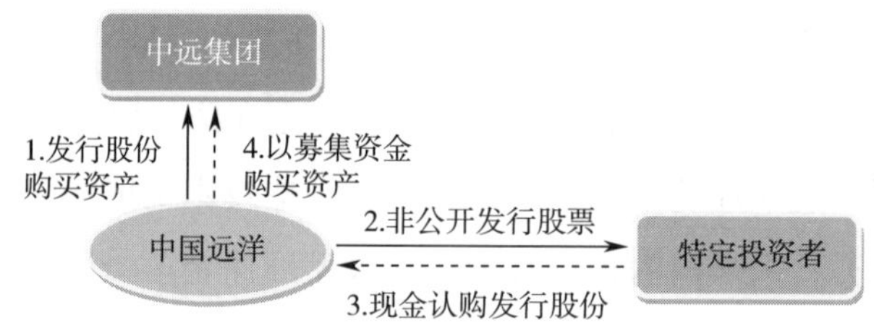

图 11　中国远洋定向增发并购重组交易结构

银行或其他金融机构筹集、借贷大量、足够的资金进行收购活动，收购后公司的收入足以支付因收购而产生的高比例负债，这样能达到以很少的资金赚取高额利润的目的。

一是 2008 年 12 月 6 日，银监会颁布《商业银行并购贷款风险管理指引》，标志着中国企业可以通过从银行贷款获得资金从事收购事项。在 2008 年末之前，中国企业在政策上无法采用杠杆收购方式进行境内并购。

二是 2015 年 3 月 12 日，中国银监会正式对外颁布修订后的《商业银行并购贷款风险管理指引》，以优化并购融资服务为核心，在要求商业银行做好风险防控工作的同时，积极提升并购贷款服务水平。一是适度延长并购贷款期限，将贷款期限从 5 年延长至 7 年。二是适度提高并购贷款比例，将并购贷款占并购交易价款的比例从 50% 提高到 60%。三是适度调整并购贷款担保要求。

（1）杠杆收购的一般步骤

第一阶段，杠杆收购的设计准备阶段，主要是由发起人制订收购方案，与被收购方进行谈判，进行并购的融资安排，必要时以自有资金参股目标企业，发起人通常就是企业的收购者。

第二阶段，集资阶段，并购方先行筹集自有资金，然后以准备收购的公司的资产为抵押，向银行借入并购贷款。

第三阶段，收购者以筹集到的资金购入被收购公司的期望份额的股份。

第四阶段，对并购的目标企业进行整改，以获得并购时所形成负债的现金流量，降低债务风险。

（2）杠杆收购的适用条件

① 稳定的现金流量。债权人对现金流量的稳定性尤为关注，现金流量的稳定性甚至比其数额大小还要重要。

② 稳定而富有经验的管理层。只有收购公司的管理人员尽心尽力，才能保证本金和利息如期偿还。人员的稳定性一般根据管理人员的任职时间长短判断，管理人员就职时间越久，则贷款方认为他们在完成收购后留任的可能性越大

③ 充裕的成本降低空间。杠杆收购后目标公司不得不承担新的负债压力，如果公司可以比较容易地降低成本，那么这种压力就可以得到一定程度的缓冲，可能的降低成本措施包括：裁员、减少资本性支出、清理冗余设备、控制营运费用等。

据统计，美国公司发生并购后，行政人员的平均裁员比例为16%，而生产线上的工人的裁员比例则微乎其微。

④ 收购前较低的负债。收购对象一般要求低资产负债率，而且有稳定的现金流。资产负债率低意味着易于获得银行贷款，有稳定现金流意味着后期还款有保障，所以，杠杆收购更多地适用于经营稳定的传统行业。

⑤ 易于分离的非核心产业。如果目标企业拥有较易出售的非核心部门或产业，则在必要的时候可以通过出售这样的部门或产业，迅速地获得偿债资金，这是能够吸引贷款方的优势之一。

3. 资产置换

资产置换是指上市公司控股股东以优质资产或现金置换上市公司的闲滞资产，或以主营业务资产置换非主营业务资产等情况，包括整体资产置换和部分资产置换等形式。资产置换模式的适用情况包括：

一是上市公司与集团公司的资产存在差异性和互补性，通过置换可突出主业，提高上市公司的竞争力。

二是严重的经营困难、连续亏损、退市压力，通过资产置换来变更上市公司的主营业务、重获新生。

三是通过资产置换短期内达到监管部门的再融资要求。

（1）模式一："净壳重组"模式

"净壳重组"模式如图12所示。

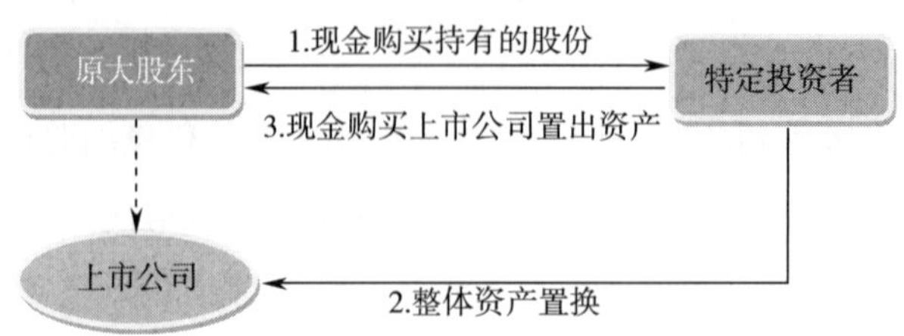

图 12　资产置换中“净壳重组”模式

（2）模式二：部分资产置换

上市公司仅拿出一部分资产与其他企业的资产进行等额置换。

案例：中鼎股份（原飞彩股份）重大资产置换

概要：资产重组结合股改，通过资产置换及转增、送股再减资弥补亏损的创新方案，使上市公司脱胎换骨。

第一步：原控股股东股权转让（见图 13）。

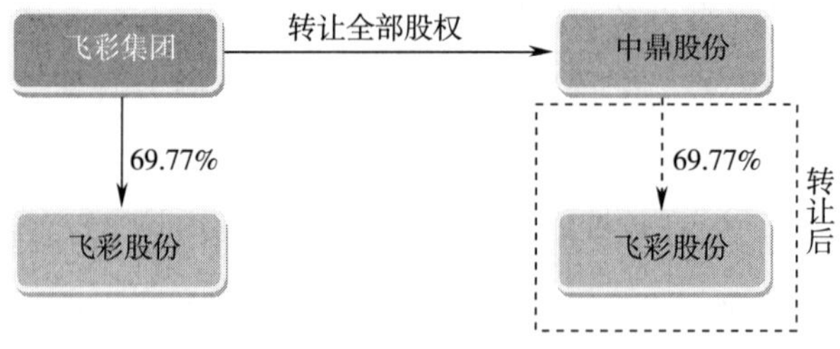

图 13　原飞彩集团控股股东股权转让结构

第二步：重大资产置换（见图 14）。

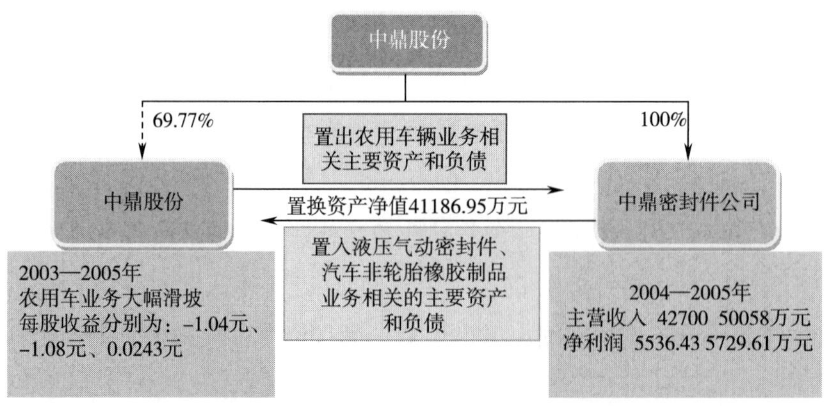

图 14　原飞彩集团重大资产置换第一阶段

第三步：转增、送股、减资弥亏（见图 15）。

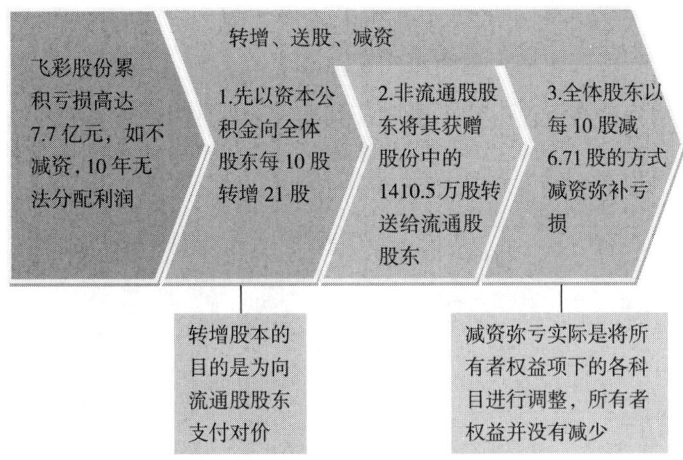

图15　原飞彩集团重大资产置换第二阶段

4. 吸收合并

吸收合并是指两个或两个以上的公司合并后，其中一个公司吸收其他公司而继续存在，而剩余公司主体资格同时与注销的公司合并。

吸收合并最早被监管机构用于上市公司吸收合并各地非法产权交易中心挂牌企业的工作；2004年以后，上市公司吸收合并重新活跃，主要以产业整合为目标，更突出市场化的特点；随着市场的逐渐规范，同一控股股东下属存在同业竞争的上市公司具有吸收合并的内在要求。

（1）吸收合并在实践中的三种类型

一是上市公司之间的吸收合并（如第一百货吸收合并华联商厦案例）；

二是上市公司吸收合并非上市公司，非上市公司通过反向收购实现“借壳上市”（如ST长运吸收合并西南证券、成都建投吸收合并国金证券等案例）；

三是非上市公司吸收合并上市公司，上市公司退市（如TCL集团吸收合并TCL通信使其退市，再以集团IPO的方式整体上市案例）。

（2）吸收合并的法律程序（见图16）

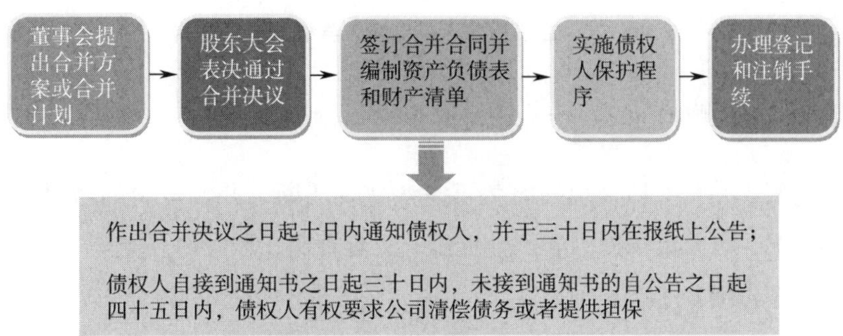

图16　上市公司吸收合并非上市公司的法律程序

案例：国金证券借壳成都建投

概要：国金证券借壳成都建投，分两步实现整体上市。

第一步：协议收购 + 资产置换，置入国金证券 51.76% 的股份（见图 17）

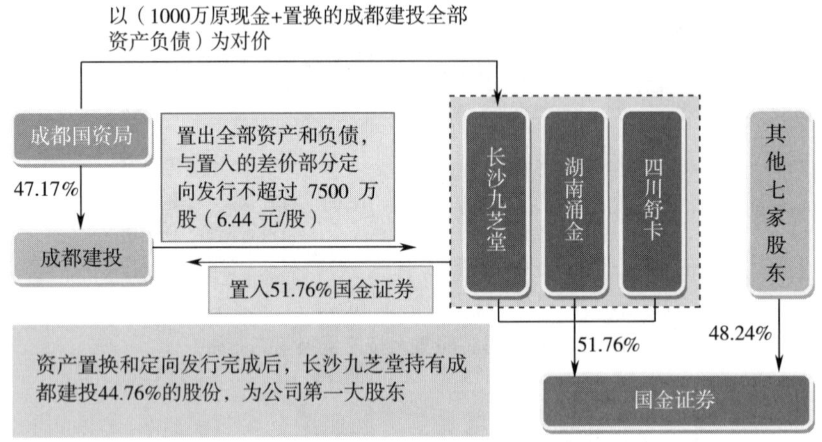

图 17　国金证券借壳成都建投资产置换结构

第二步：成都建投吸收合并余下 48. 24% 国金证券股份，国金证券整体上市（见图 18）

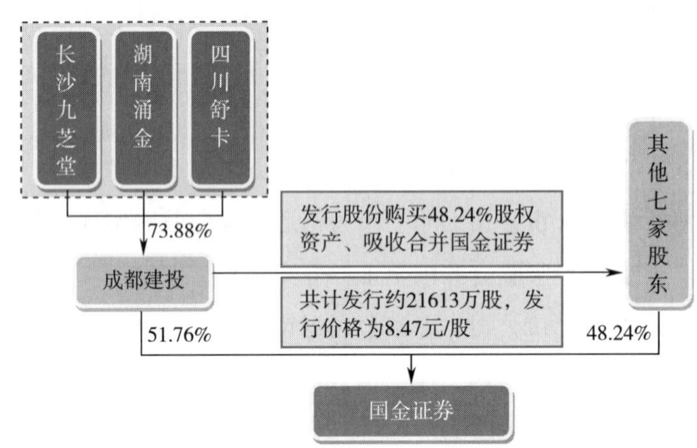

图 18　成都建投吸收合并国金证券剩余股份结构

（二）如何把握并购的节奏——全面收购 VS 分步收购

调查显示，近两年并购交易呈现的态势不是一次性买断，并购节奏的考量指标包括：买方情况、卖方标的情况，以及市场提供的资金资源、工具资源、风险的评判等多种因素。

并购节奏的类型包括：

第一，有一些标的公司，存在着买卖双方价值分歧或者趋势分歧，很多上市公司采取先控股，控股后有限投入，通过有限投入控制风险，然后通过注入资金资源、市场资源、技术资源的形式将标的公司的实力展现出来，价值更高时进行后续收购。

第二，也有很多上市公司开始做一些类 PE 的投资，通过培育和扶持一些企业，甚至鼓励内部创业的方式，给公司内部员工或核心骨干机会，为未来并购搭建平台，先投入很小的比例，从 10% ~ 20%，再到 30%，最后控股甚至全面控股，这样使买方能够很好地控制风险，同时节约了并购成本。

以蓝色光标的案例，在并购某一家公司的时候，前后经历了六次收购，从 10%、20%、30%、51% 到后面，一步步收购，事先大家已经谈清楚约定好，怎么样计算，怎么样安排，这些企业最后都成为核心、具有潜力的成长板块，而蓝色光标也可以很好地控制风险和节约成本，这些都是市场上所常见的一些案例。

第三，出于对并购商誉的管理，也可以考虑分步实施收购。如首次收购 51% 以上股权，合并报表商誉较小，后续收购其余股权，收购价高于目标公司账面净资产部分冲减资本公积，不影响主并购方的利润和商誉，仅影响合并报表净资产。

（三）并购交易的关注要素——市盈率

现在很多企业谈并购的时候只盯着市盈率，如果市场上 10 倍，对方要 15 倍，谈来谈去谈倍数，但并购是一个动态过程，存在诸多变化，所以，在和客户交流过程中，不要过多地关注并购过程中的估值定价，而是要系统地分析其他的条件，建立一个立体化的交易思维，包括支付安排，是现金支付还是股份支付，还有支付的比例和结构、业绩承诺及补偿设计、股份锁定期设计和安排、管理层限制条款、交易标的滚存利润分派等各个方面。

金融实验室认为：

构成并购交易方案的一般要素包括：

一是估值倍数与未来业绩增长承诺对价中现金、股份支付比例的安排；

二是业绩承诺及补偿设计超额完成业绩时的奖励对价的安排；

三是股份锁定期设计和安排；

四是交易标的滚存利润的分配；

五是基准日至交割日间的期间损益；

六是交易对方核心管理层的任职期限、不竞业承诺；

七是完成后标的公司的管控；

八是交易中的税费。

在 2011—2012 年，A 股并购交易的市盈率倍数主要在 8 ~ 10 倍，随着交易的不断火热，买方与卖方的心态发生变化，市盈率不断提升，2014 年市场交易平均的市盈率已将近 20 倍，这是基于买方和卖方良好的预期以及二级市场投资者的预期。不过也确实集聚了一些风险，在后面的资本介入过程当中，需要谨慎考虑，现在不只是二级市场估值较高，一级市场也呈现出阶段性高估值的态势。主板很多公司的市盈率在15倍以下，也不会发生太多并购交易，因为没有增量。创业板和中小企业板的市盈率基本上在40倍左右，高的可达50倍，而A股平均为15～20倍，所以，市盈率的高估值预期是催生这一阶段并购交易活跃的主要因素之一。

（四）为并购做配套融资的关注重点是什么？

为并购做配套融资的关注重点是规模、价格、锁定期、税务。上市公司若采用发行股份募资方式支付并购目标公司，按照证监会最新规定，上市公司可进行配套融资，用于支付部分并购对价、补充流动性资金等。

原来市场疑虑最大的是并购过程中不能实现融资解决支付的问题，证监会给出了一个并购过程中的配套融资工具，既解决了交易中的问题和企业发展的问题，同时也解决了社会资本进入的通道问题。

一是确定融资规模。融资规模上线是交易额的25%，这个不能突破。

二是确定融资价格（发行价格）。融资价格有两种情况：

第一种是锁价发行，就是以向并购资产的资产方发行的同样价格向资金提供方发行，但是这个要求资金提供方所持的股票需要三年的锁定期。

第二种是询价发行，证监会批准以及披露并购交易后，股票正常复牌交易，体现市场对价格的判断预期，到证监会批准融资的时候，随行就市看市场价格，然后向市场询价，与目前的非公开发行相似。这种情况下的参与者更多的是二级市场的投资者，包括公募基金或者一些做定增的配套资金，锁定期是一年，这类资金更多是寻求资本市场投资机会，而对上市公司未来发展关注度不高。

三是确定锁定期。

表3　　不同融资方式下股份锁定期限

	股份锁定期三年	股份锁定期一年
非公开增发	上市公司控制股东、实际控制人或其关联人通过本次发行取得上市公司控制权； 董事会引入的境内外战略投资者（其中外资战略投资者的入股比例不得低于10%）	其他认购非公开发行股份投资者
资产认购股份	上市公司控股股东、实际控制人或其关联人通过本次发行取得上市公司控制权； 取得股份时，其用于认购股份的资产持续拥有权益时间不足12个月（目前监管部门标准：方案首次披露时，投资者持有用于认购股份的标的资产不足12个月）； 外国投资者以资产认购上市公司股份（不低于10%股比）	其他以资产认购股份的投资者
参与配套融资	按照资产认购股份的价格以战略投资者身份参与配套融资	以均价九折作为低价参与询价

四是税务处理。现在并购交易中另外一个核心是特殊性税务处理。现在国内的税种比较严格，方方面面漏洞堵死了所有所谓合理避税的可能，但是唯一一点是能不能合理延迟支付的问题，很多交易中，标的卖方所持的上市公司股份并没有在这个交易中获得。

（五）并购失败的原因

中国上市公司市值管理研究中心发布的2014年A股市值管理行为年度报告显示，2014年，1216家上市公司中，较2013年出现市值增幅1倍以上的公司共有194家，占比为16%；市值增幅在50%～100%的公司共有315家，占比为26%；市值增幅在0～50%的共有557家，占比为45.8%；仅有112家上市公司市值出现缩水。并购重组对上市公司市值增长的效果明显。

在并购热度爆棚的同时，也应当警惕并购失败。研究显示，2013—2014年并购的火爆有些透支并购发展模式，这是源于二级市场的热捧，导致相关交易价格飞速上升。2012—2013年，并购标的的估值一般在10～12倍市盈率，而2014—2015年，市盈率将达到15倍左右。这存在很大的风险，显示上市公司对未来预期过好，对整合决策偏乐观。

2014年很多上市公司的“市值管理”就是追求短期股价提升，盲目并购热点题材，“囫囵吞枣”一次性并购多个标的、签署疯狂对赌协议、通过分仓一致行动等伪创新来规避监管等现象屡见不鲜。

安信证券报告指出，并购市场正出现并购效率下滑的隐忧。

一是并购标的资产质量略有下滑，2014年并购标的资产的整体权益回报率水平为17%，较2013年整体权益回报率水平21%下降4个百分点，但并购标的权益回报率水平仍远高于并购发起方自身权益回报率。

二是并购标的资产定价上升，2008—2014年上市公司重大重组事件对应的平均交易市净率分别为1.67倍、1.9倍、2.26倍、1.64倍、2.85倍、5.96倍、7.11倍。

三是并购盈利提升效用趋于减弱，2011—2013年上市公司并购后净利润增长的企业数量占比分别为90%、87%、83%。

过去，并购中的业绩对赌是法定要求，整合失败的风险被制度性延后。2011年的并购小高峰后，从2013年起，并购失败和并购后业绩变脸的案例开始增多。

2015年1月16日，北纬通信发布公告，下调对2014年归属于上市公司股东的净利润预期，预计盈利1126.132万～2815.33万元，同比下降50%～80%。而其2014年第三季报预计，2014年全年归属于上市公司股东的净利润比上年同期增长10%～60%。北纬通信的解释是，因为“本次重大资产重组未能于2014年12月31日前完成，相关投资收益无法确认，使得公司2014年度业绩发生重大变化”。

（六）并购风险及其控制

1. 并购风险类型

第一，政府主导降低企业理性成分。从我国国有企业并购的现实来看，政府行政干预下的企业并购占一定比例，表现为政府部门出于政治、经济、规模效应等各方面的考虑，劝说一些优质企业兼并那些亏损的、资不抵债的国有企业，从而造成大量的企业被动并购，并购非但没有产生协同效应，达到企业价值最大化，反而使原本经营绩效良好的企业业绩受到影响，一些央企并购后资产收入迅猛增加，利润率水平却依然很低。

第二，目标企业估值不准。对目标企业价值评估的偏差导致并购方出现财务损失的可能性。导致目标企业估值风险产生的因素主要有：

一是目标企业的股价确定。在我国证券市场尚不健全的情况下，股价不可能与企业基本情况及变化完全一致。对非上市企业而言，企业价值评估难度更大。

二是目标企业的价值评估方法。目前国内企业的并购中往往将目标企业价值评估等同于资产价值评估。目标企业价值评估方法存在偏差，即使是采用了收益法和贴现现金流量法的企业，由于对评估方法的简单化、机械化套用，也使评估效果受到影响。

第三，企业面临支付对价风险。企业并购的支付对价风险主要指企业能否及时足额地筹集到并购资金，设计恰当形式的换股方案。企业并购面临较大的融资风险，主要体现在以下几个方面：

一是并购付现风险。付现和资产置换是企业并购计划中非常重要的一环，用于并购的资金和资产安排不当或前后不衔接都可能导致财务风险产生。

二是支付对价结构性风险。企业并购所需的巨额资金很难通过单一的方式取得，支付对价方式的不同组合会给并购公司带来融资结构风险，包括资本成本风险、融资流动性风险、股份稀释风险等。

第四，存在并购后整合风险。企业实施并购后，需要对原企业的人力资源、物力资源、财务资源、企业文化等方面及时迅速地进行整合，这个过程中存在风险，主要体现在三个方面：

一是并购后并购双方的经营、生产、技术不能达到预定的协同效果；

二是并购后并购双方的人事、制度、文化不能按照预先设计的并购规划有效整合，使新老企业运行相互抵触，产生内耗；

三是对混合并购而言，若企业向不相关的产业涉入过深、过宽，扩张无度将会带来潜在的巨大风险。

2. 并购风险防范

第一，企业并购中政府职能需恰当定位。为减少行政干预风险，政府必须转换职能，从直接干预转为更多地建立和完善企业并购法律体系，进行政策指导、行政协调等，努力在市场规律中行使出资人职责。

第二，充分重视并购前调查，改善信息不对称状况。对目标公司的财务状况调查是并购前调查的重中之重。应当对目标企业的股价有明确的认识。收购方要十分谨慎地分析目标公司的财务状况，可考虑聘请中介机构根据企业的并购战略进行全面策划，对目标企业进行全面分析，以降低对其定价的风险。

第三，采用合适的价值评估方法，审慎评估目标企业的价值。并购公司可根据并购动机、并购后目标公司是否继续存在，以及掌握的资料信息是否充分真实等因素，决定对目标公司的评估方法。此外，并购企业也可综合运用定价模型，如将运用清算价值法得到的目标企业价值作为并购价格的下限，将现金流量法确立的企业价值作为并购价格的上限，然后再根据双方价格商讨情况在该区间内确定协商价格作为并购价格。

第四，合理安排筹集资金方式。从全球来看，目前混合支付方式越来越受到重视。我国并购企业应将支付方式设计为现金、债务、股权等方式的不同组合。"换股+现金"的支付形式最为常见。鉴于我国目前的状况往往是并购方出价较高，并购中产生大量的商誉，建议应将产生的商誉作差别化处理，即换股部分用权益冲减法，浮现和资产置换等非换股部分记为商誉，这样可以减少换股合并中的股市泡沫风险。

第五，合理防范并购后整合风险。应重视并购后的财务审查，更要重视并购后企业的组织结构整合，关键是合并双方的人事安排。同时，还应重视并购后财务经营战略的整合，避免出现经营业绩得不到显著提升、资产规模却不断扩张的情况。应建立不同业务单元之间的内在联系和必要的相互支撑，合理配置资源。

三、2015 年中国并购市场的三大阵营

在经济转型的内在驱动和市场制度逐步完善的影响下，随着国企改革的深入推进，多层次资本市场的大力完善，以及中国企业"走出去"战略的实施，我国并购市场有望在未来数年内保持活跃，相关的投资机会值得持续关注。资本市场并购重组在我国经济结构调整和产业升级中发挥着日益重要的作用，2015 年中国并购市场将出现三大阵营：国企改革、多层次资本市场、"走出去"战略。

（一）国企改革

十八届三中全会审议通过的《中共中央关于全面深化改革若干重大问题的决定》提出要积极发展混合所有制经济，国有资本、集体资本、非公有资本等交叉持股、相互融合的混合所有

制经济，是基本经济制度的重要实现形式。从2013年末上海发布地方国资改革文件以来，各地纷纷发布了地方国资改革相关的文件。地方国企改革的重点在于优化产业布局，提升运营效率、盘活存量资产、推动经济转型。未来几年，地方国企的资本运作、并购重组将非常频繁，从而带来投资机会。

1. 国企改革的历程及任务

纵观国企36年的改革历史，大致分为五个阶段（见表4），前四个阶段的改革取得了很大的成就，在一定程度上释放了国企的经营活力。但是，由于国资监管方式、观念存在局限性，且多数层级较高央企的现代企业建设只是空有其形，使得部分国企在经营过程中对资源的利用效率难以跟民营及外资等企业相比。

表4　　国企改革各阶段的改革方向与主要措施

阶段	主要改革方向	主要措施
1978—1986年	经营层面放权	“放权让利”、“利改税”、“拨改贷”
1987—1992年	所有权层面的改革	“承包制”改革及部分未完全实行的“股份制”改革
1993—2003年	建立现代企业制度	“抓大放小”，引入竞争机制，建立规范的公司制和股份制结构，完成国有企业的战略性改组布局，推动国有企业上市
2003—2013年	完善国有资产管理体制	《企业国有资产法》颁布，成立直属于国务院的国资管理机构国资委
2013年至今	进一步完善国有资产管理体制，推动国资走向资本市场；推进混合所有制发展	“国六条”，“国九条”，《关于进一步优化企业兼并重组市场的意见》

新一轮国企改革的重中之重是国企的混合所有制改革，即对一些没必要国资独资控股、绝对控股的行业或产业链环节的国企，在改革中逐步引入非公有制资本，在实现此类国企股份制改革的同时，建立现代企业法人治理结构，实现国企更深层次市场化改革的同时，达到国有资产的保值增值目的。

此外，引入非公有制资本也可以激发社会资本的投资活力，促进经济的进一步发展。新一轮国企改革比较新的改革方向为国资监管管理方式的改革，即从之前的“管国企”向“管国资”的方向转换。而整合国企资源，实现国企做大做强，提高资源利用效率基本延续了过去四阶段国企改革的任务。

2. 国企并购投资机会透析

进入2015年，倡导“大众创业、万众创新”的中国更注重用市场化的方式对互联网、物联网、工业4.0等新兴产业的培养。如今，核电、高铁、环保、互联网等，都是政策比较支持的长期建设。政府倡导的投资方向已经被集中在发展改革委所披露的七大工程包中，包括信息、电网、油气等重大网络工程、健康与养老服务工程、生态环保工程、清洁能源重大工程、粮食和水利重大工程、交通重大工程、油气及矿产资源保障工程，其明显的投资方向特征是全局性、基础性和战略性意义。

目前，企业并购已有明确的产业政策导向。2013 年初，工信部等十二部委制定并出台了《关于加快推进重点行业企业兼并重组的指导意见》，支持汽车、钢铁、水泥、船舶、电解铝、稀土、电子信息、医药、农业九大行业的兼并重组。为了进一步落实调结构、促转型的经济发展方式、推进产业结构调整，2013 年 10 月 15 日，国务院又印发了《关于化解产能严重过剩矛盾的指导意见》，强调依靠市场力量重点化解钢铁、水泥、电解铝、平板玻璃、船舶行业的产能严重过剩问题，并且提出将化解产能过剩矛盾列入地方政府政绩考核体系。从这两项政策来看，并购重组未来有两个基本方向：

一是新兴产业并购，以 TMT、医疗为代表的新兴产业的并购；

二是传统产业的整合，传统产业整合的侧重点在于淘汰落后产能、消化过剩产能、优化产业结构、促进产业升级转型。

（二）多层次资本市场

2014 年 5 月，国务院出台“新国九条”，明确提出我国要建立多层次资本市场体系，随后，证监会针对非上市公众公司与上市公司的并购重组相继制定具体的管理办法，全国中小企业股份转让系统公司发布《全国中小企业股份转让系统非上市公众公司重大资产重组业务指引（试行）》及其配套指南，这些利好政策均为并购重组创造了良好的外部环境。

1. A 股：定向增发助力并购重组

当前中国市场处在一个 IPO 受限，但再融资环境相对宽松的背景中。再融资成为一种极具价值的特权，并且可以相对极低的价格去“血拼”那些苦苦徘徊在 IPO 门外的优质活力资产，从而增强自身盈利能力，并降低估值，然后进入下一个模式再循环。

定向增发逐渐取代 IPO 成为股市募资的主要渠道（见图 19 和图 20）。2013 年以来，定向增发的公司家数巨幅增长，2014 年高达 478 家，超越了 2010 年 IPO 巅峰的 347 家。在金额上，2014 年定增募资 6911 亿元，不仅是同年 IPO 募资额 669 亿元的 10 倍多，更超过 2010 年 IPO 募资巅峰的 4911 亿元的 40%。A 股上公司正处在一个前所未有的定增狂潮当中。

上市公司定向增发优势明显。从定增的用途来看，项目融资带来的业绩增加需要较长时间去兑现，给予投资者的想象空间较小，而资产并购类的定增项目能立竿见影，股价往往会迅速反应。在注册制落地并形成示范效应之前，受制于壳资源的稀缺和即有企业的上市诉求，上市公司的并购重组在未来 1 ~ 2 年期还将继续繁荣。上市公司的并购重组和定向增发打包模式成为当前的主流方式，定增并购预案呈稳步上升态势，跨界并购逐渐增多，主要原因有如下三点：

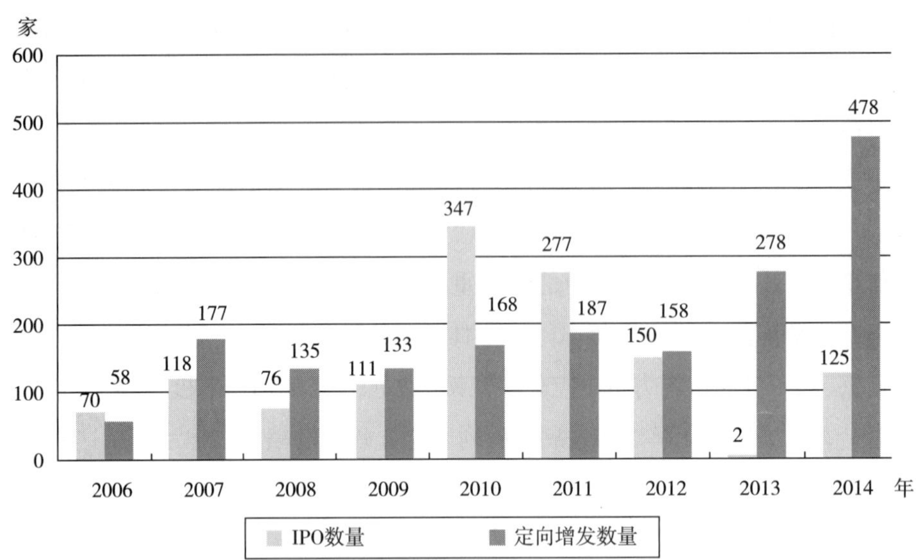

资料来源：Wind 资讯、中信信托金融实验室。

图 19　2006—2014 年我国 IPO 与 A 股市场定向增发数量

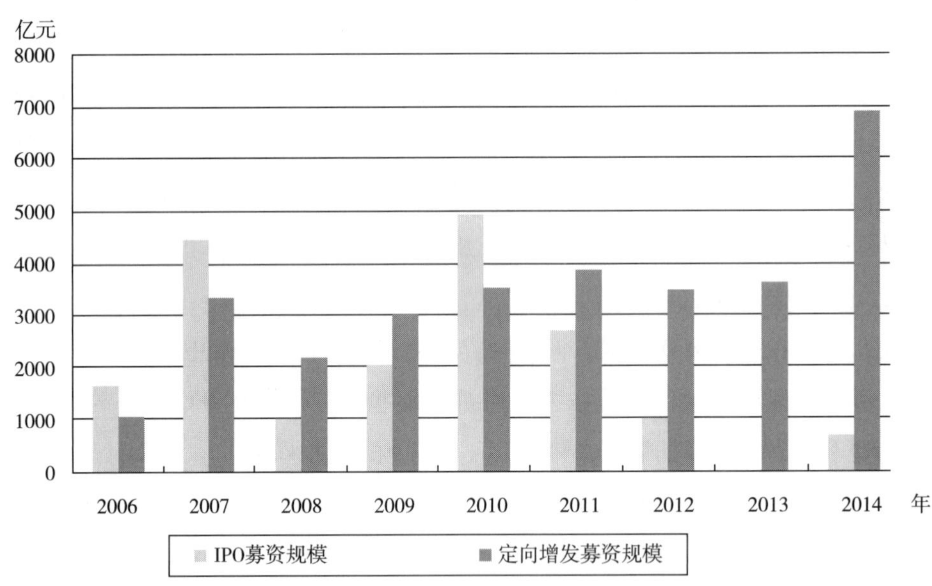

资料来源：Wind 资讯、中信信托金融实验室。

图 20　2006—2014 年我国 IPO 与 A 股市场定向增发募资规模

一是定向增发限定条件相对较低；

二是审核程序更简化，取消下放部分审批事项；

三是 2014 年国家关于企业并购重组政策的进一步优化，鼓励产业升级。

通过定增，上市公司获得资金为后续的并购提供支持，通过并购，上市公司获得优质资产，帮助上市公司做大做强或实现业务转型。

2. 国企改革推动大盘蓝筹再融资

在本轮A股市场并购热潮中，大盘蓝筹公司并购重组动力不强，股价表现相对落后。在火热的并购浪潮中，大盘蓝筹股无疑是相对寂寞的一个群体，这主要源于：

一是公司自身经营稳健，主业突出，重组意愿不强；

二是公司自身体量很大，也很难寻找到会对股价产生重大影响的标的。

所以，在股价弹性上，大盘蓝筹股比起那些重组消息此起彼伏、并购投向缤纷夺目的中小市值企业，自然相对寂寞得多了。此外，在一定程度上，多数大盘蓝筹公司控制人是国资部门，对市值的追求力度也没有中小市值民企那么强烈。不过，在国企改革的大背景下，近来也有越来越多的大盘蓝筹股进行市值管理，通过整体上市、资产置换等方式，充分利用资本市场的融资优势。

3. 并购为上市公司提供“杠杆融资”机会

从积极的方向来看，这是资源有效配置的一种方式，从宏观意义上来讲，有利于各类有利润和有活力的资产实现“快速证券化”，且基本上是以市场化原则完成的，是对IPO堰塞湖的另类导流；从广义上来讲，不仅扶持了这些新兴产业，也是对创业和创新的极大鼓励。

从公司经营层面来看，并购让那些具备前瞻性与整合能力的上市公司，获得了“撬动地球的杠杆”，这本是资本市场发展的应有之义，彰显了监管市场化导向可能迸发的积极影响。

一是撼动并购牛市地位有三大阻力：注册制真正推出、新三板极度繁荣、并购整合负面效应大面积显现。前两者是并购标的供给方面的制度性障碍，如果主板、创业板IPO实施真正的注册制，上市流程大幅缩短，那么真正优质的企业一定会选择独立上市而非被并购，因为这样才会获得真正的可持续发展。

二是如果新三板继续繁荣，融资功能进一步完善，也会让上市公司在寻找并购标的方面更为困难，并购价格更高，从而变得不那么“经济合算”。

（三）“走出去”战略

经济全球化是跨国并购日益盛行的根本原因。近年来，中国企业在“走出去”战略的指引下，去海外市场寻找优秀并购标的，借助并购海外企业，加快国际化步伐。受欧债危机和欧美经济放缓的影响，从整体上来看，全球并购市场并不景气，而中国企业海外并购却一枝独秀，呈现快速发展的喜人形势。国际并购市场刮起“中国风”并非偶然，而是内外部因素共同作用的结果。

一是从内部来看，中国企业在国内经济持续快速增长中不断成长和发展，越来越多的企业具备国际竞争力，开始向海外市场拓展，推进国际化战略，海外并购是企业全球化经营的重要途径。在政策层面上，国家对企业并购支持力度加大，审批程序、手续的简化为企业海外并购大开方便之门。

二是从外部来看，在欧债危机影响下，很多海外企业被沉重的债务负担所困扰，急于寻求提供资金的战略合作方，这正是中国企业并购海外企业难得的好机会。

从并购标的所属国家和地区来看，以欧美企业居多。2014年以来，标的方是美国企业的并购项目占比在一半以上，其次是中国香港和欧洲企业。被并购的欧洲企业所占比例明显上升，这和欧债危机有直接关系。

从并购主体来看，前几年国有企业占主导地位的情况已经有明显改变，民营企业逐渐成为海外并购的主力军。

从并购标的所属行业来看，高科技、新兴产业代替能源、矿产成为并购的热门行业。随着经济结构调整与转型，对资源和能源的需求放缓，相应地，跨国并购买家把目光投向发展前景利好的新兴产业。

在海外并购中，并购买方大多数是上市公司，占到总数的80%。其中，A股占比为36%，港股占比为29%，美股占比为15%。上市公司有融资优势，是并购市场的主力军。而在海外上市的中国公司，对国际市场更加熟悉，具有跨国并购的便利条件。

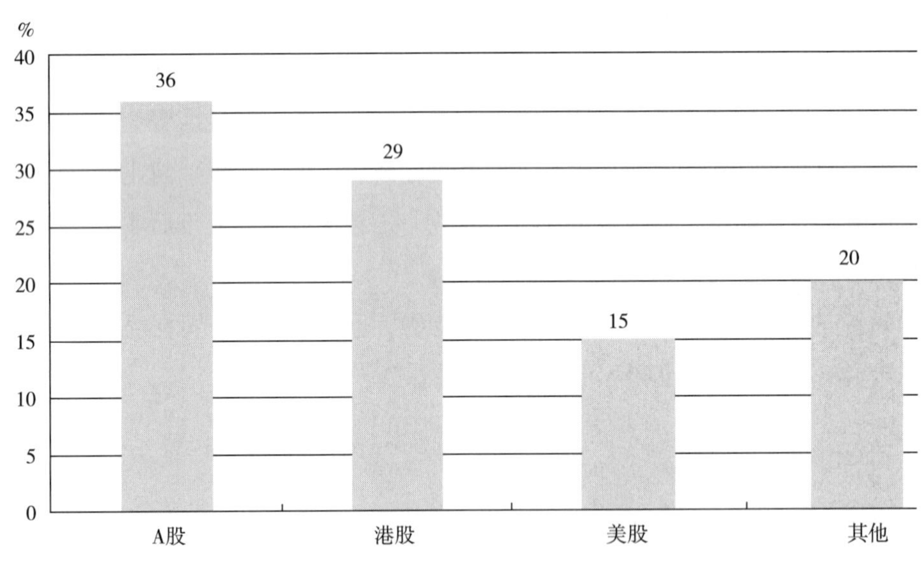

资料来源：Wind资讯、中信信托金融实验室。

图21　海外并购中各类并购买方所占比重

无论是海外并购还是国内并购，其动因有很多是相同的，无外乎借助并购来扩大市场份额，获取品牌、技术，提升核心竞争力，从而达到做大做强主业，或向多元化方向发展的目的，当前助推海外并购市场的因素包括以下四个方面。

1. 国企改革和国际化战略的推进

在经济全球化背景下，中国企业走出国门，参与国际竞争是必然趋势。大型国企尤其是央企担负着带头和表率的重任，目前国企改革在不断深化过程中，培育一批具有国际竞争力的大型企业集团是国企改革的重要目标之一。可以看到，以央企为首的国有企业海外并购力度在不断加大。

2014 年，国家电网和中粮集团两大央企的海外并购项目涉及金额巨大，影响深远，尤为引人关注。国家电网近年来海外收购硕果累累，2014 年有两个大手笔海外收购：接连收购意大利全国电网 35% 股权和意能源网公司 35% 股权，累计耗资 41 亿欧元。中粮集团也出资 30 亿美元取得了两家全球知名的农产品跨国公司 Nidera 和来宝农业的控股权，国际化步伐坚实有力。

2. 多元化布局

多元化布局和拓展新的业务领域是很多企业海外并购的重要目的之一。尤其是一些业务多元化、通过外延式并购发展起来的大型集团公司，以海外并购为契机加快多元化布局和向海外扩张的步伐。

复星国际是其中的典型代表。复星国际是一家著名的大型综合类民企，业务涵盖医药、房地产、矿业、零售等多领域。近年来，公司借助并购和战略投资进行多元化布局，不断拓展业务版图。作为在香港主板上市公司，公司海外资本运作能力极强。仅 2014 年，公司海外并购就涉及石油开发、医疗保健、银行、保险、传媒等多个行业，公司已明显将并购的重点转向消费领域和新兴产业。

3. 产业链上下游整合，加强战略合作

目前，海外并购主要是同业之间的横向并购，除以多元化布局为目的的并购之外，跨界并购比较少见。很多并购买方通过战略投资入股海外同业公司，目的在于使标的与自身原有主业形成优势互补和协同效应，或意在与强手联合，加强产业链上下游之间的深度合作。这一类型的海外并购项目能否达到预期效果在很大程度上取决于买家的业务整合能力。

4. 获取先进技术为主要动因

制造业、生物医药、信息技术等领域的很多海外并购是以获取领先技术为主要动因。制造业方面，我国制造业正处在产业升级的关键时期，并购可获得国际上先进的技术和设备，有助于制造企业整体技术装备水平和技术创新能力的迅速提升。以德国为代表的欧洲制造业强国，是中国企业寻找并购标的的首选。在医药领域的跨国并购中，收购医药研发企业的案例不断增多。我国药企普遍研发创新能力不足，收购海外新药研发企业，借助其研发力量合作开发新药，对于很多国内药企来讲不失为良策。

金融实验室认为，通过并购获得国际先进技术、销售渠道和国际品牌是中国企业海外并购的普遍动机。对于一些奉行国际化经营战略的公司来讲，海外并购是其快速推进国际化、进入国际市场的重要途径。尤其是在目前情况下，大量优秀的海外企业在寻求战略合作和注资，正是中国企业海外扩张的好时机。但受制于各方面因素，目前海外并购所占比例并不高，并购经验不足、融资难、对国际市场缺乏了解等是很多企业进行海外并购的障碍。

四、信托参与并购的主要方式

虽然并购基金、银行、券商、大型产业集团等机构在并购市场耕耘多年，但与其相比，信托进入并购市场仍具有一定的优势，如表5所示。

表5　　信托参与并购的主要优势

优势	说明
灵活的交易结构	信托可采取发行信托计划、成立并购基金、与外部机构合作等多种方式参与到多种收购模式中，且可以采用股债结合以及优先/次级等结构设计，合理放大杠杆，灵活配置资金，有力把控风险
结构化融资经验	过去几年，信托公司在房地产行业深耕细作，积累了较为丰富的夹层融资和结构化融资经验，这种经验可以从房地产行业的并购整合业务切入，逐渐迁移到非房地产领域
大额资金投放能力	信托公司可以集合资金信托、单一资金信托的方式募集资金，募集方式灵活，手续简便，且可通过放大杠杆的方式在短期内募集大量资金投入并购项目，在银行并购贷款有额度限制时，信托可以形成错位竞争
私密性	在某些特定的情形下，信托可以在不暴露委托人的前提下帮助并购方实施收购

资料来源：中信信托金融实验室根据公开材料整理。

除了上述优势之外，信托介入并购业务也存在一定的劣势：资金成本相比银行并购贷款较高，缺乏做全流程并购业务的专业人才，并购业务资源获取渠道狭窄，不具备产业资源的整合能力等。此外，由于目前投资者习惯信托为类固定收益型产品，若并购信托在产品端设定为浮动收益，投资者很难立刻接受。在优劣势并存情况下，结合信托实务操作，信托公司介入并购的五种形式总结如下。

（一）股权信托并购（信托公司主导型）

股权信托型并购的交易结构如图22所示。

图22　股权信托型并购交易结构

股权信托型并购模式要点与案例见表6。

表 6　　股权信托型并购模式要点与案例

模式要点	案例
融资标的：无限制，上市公司与非上市公司均可； 收购方式：目标企业为上市公司，一般采取协议收购方式取得上市公司母公司/控股股东的控制权，达到间接收购上市公司的目的；目标企业为非上市公司，一般采取增资扩股、现金购买资产、现金购买股权等方式； 退出方式：目标企业为上市公司，一般采取公开出售上市公司股权、上市公司母公司/控股股东溢价回购等方式；目标企业为非上市公司，一般采取股权转让、原股东溢价回购、挂牌转让等方式	爱建信托—杭州东田项目并购集合资金信托计划； 资金运用：受托人将信托资金加以集合运用，分别用于收购杭州东田巨城置业有限公司49%股权、收购浙江龙盛集团股份有限公司对杭州东田巨城置业有限公司的债权和向杭州东田巨城置业有限公司发放信托贷款

资料来源：中信信托金融实验室。

（二）贷款信托并购（信托公司参与型）

贷款信托型并购的交易结构见图 23。

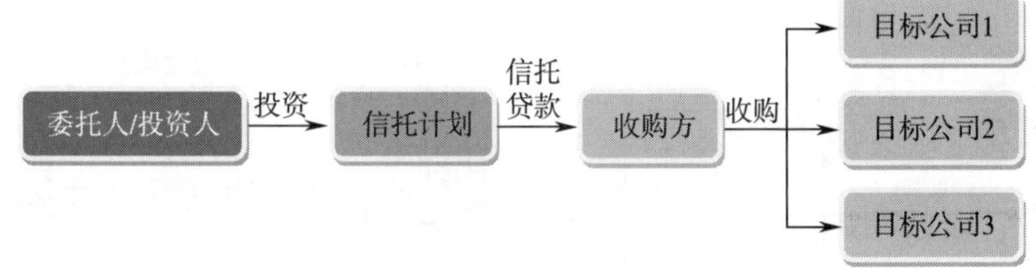

图 23　贷款信托型并购交易结构

贷款信托型并购模式要点与案例见表 7。

表 7　　贷款信托型并购模式要点与案例

模式要点	案例
融资标的：大型国企、上市公司等； 提供资金方式：直接发放并购贷款等形式； 退出方式：收购方到期还本付息	中铁信托—铸信集团股权并购贷款项目集合资金信托计划； 资金运用：信托资金用于向成都铸信企业（集团）有限公司发放项目贷款，铸信集团将信托资金用于向成都聚锦商贸有限公司进行股权增资，信托到期由铸信集团偿还本金及利息，实现信托资金的安全退出

资料来源：中信信托金融实验室根据公开材料整理。

目前，对于信托公司发放并购贷款的主要监管依据有：

一是《贷款通则》（中国人民银行令 1996 年第 2 号）；

二是《中华人民共和国信托法》（中华人民共和国主席令第 50 号）；

三是《信托公司管理办法》（中国银行业监督管理委员会令 2007 年第 2 号）；

四是《信托公司集合资金信托计划管理办法（2009 修订）》（中国银行业监督管理委员会令 2009 年第 1 号）；

五是《上市公司收购管理办法（2012 修订）》（中国证券监督管理委员会令第 77 号）；

六是《商业银行并购贷款风险管理指引》（银监发［2008］84 号）。

允许发放并购贷款的金融机构包括商业银行和信托公司，由于同为银监会监管，因此，对银行相关业务的监管规定对信托公司具有一定的指导意义。在以上相关监管法规条文中，监管层对并购贷款持鼓励态度，同时对借款人等规定约束条件以规避并购贷款业务的风险。

但《贷款通则》规定，“不得用贷款从事股本权益性投资，国家另有规定的除外”，即金融机构无法通过发放并购贷款用于股本权益性投资。信托公司持有信托金融牌照，利用信托融资来筹集并购所需资金面临的法规政策环境相对宽松。按照现行法律法规规定，信托公司是唯一可以持股实体企业的金融机构，这是银行、券商等都不具备的制度优势，也正是凭借这一优势，信托可以通过设立 SPV，以杠杆收购模式加以变通。信托下的杠杆并购模式如图 24 所示。

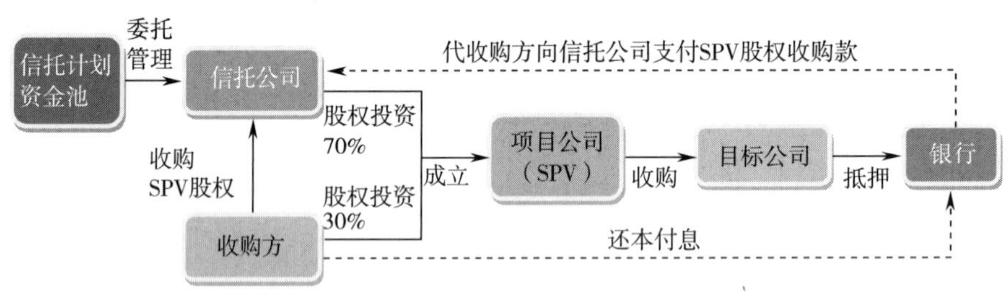

资料来源：中信信托金融实验室根据公开材料整理。

图 24　信托下的杠杆并购模式

（1）信托模式下的杠杆并购一般步骤

①由收购方确定目标企业，并就收购价格和收购条件达成初步协议。

②收购方与信托公司协商确定信托募集资金金额、资金成本。以收购总价款为基数，比如，由信托公司以信托资金出资 70%，收购方以自有资金出资 30%，共同成立项目公司，项目公司的实际控制人为信托公司，收购方承诺回购信托所持项目公司股权。

③项目公司以其自有资金出资收购目标企业产权。

④收购完成后，信托公司通过控股项目公司直接持有目标企业（相当于抵押手段）以控制风险。

⑤在满足银行并购贷款的前提下，以目标企业为抵押，收购方作为借款人，从商业银行贷款专项用于收购信托所持有的项目公司 70% 股权。至此，收购方 100% 拥有项目公司，通过项目

公司持有目标企业，收购最终完成，信托退出。

⑥为控制风险，目标企业抵押手续办理完毕后，银行贷款直接支付给信托公司，收购主体向商业银行还本付息。

以上步骤仅为说明并购结构，具体操作可以根据实际情况进行变通，并非一定要采用银行贷款对接退出方式，为了实现避税目的，也并非一定采用并购主体回购股权的方式实现退出。

（2）信托杠杆并购与银行贷款并购的比较

信托并购和银行贷款并购模式各具特点（见表8），在并购实际操作中，并购主体通常需要使用多种融资手段，相互配合使用才能达到最佳效果。

表8　银行并购贷款与信托杠杆并购的比较

两种模式	银行并购贷款	信托杠杆并购
担保抵押	以收购主体自身或第三方的信用作为担保，受到收购主体自身资产负债能力的影响	以目标企业资产作为抵押，属典型的卖方信贷，但又无须卖方配合
政策门槛	虽然银监会放开银行并购贷款，但是门槛较高，审核严格	由并购主体和信托公司自主协商决定，主管部门通常不进行干涉
财务结构	并购主体融资，体现在资产负债表上，影响持续融资能力	项目公司融资，体现在收购主体资产负债表外，不影响并购主体的持续融资能力
履约风险	可控	信托公司作为金融机构，为信托计划而持有目标企业，到期即须退出，收购主体无须担心信托不出售所持标的资产

资料来源：中信信托金融实验室根据公开材料整理。

（3）信托杠杆并购的适用对象

信托模式下的杠杆并购适用范围极为广泛，尤其适用于资源类企业的收购，如房地产、能源矿产项目；同时也适用于以产业整合为目的的并购融资。

（三）证券投资信托并购

证券投资信托并购的交易结构如图25所示。

图25　证券投资信托并购交易结构

证券投资信托并购模式要点与案例见表9。

表 9　　证券投资信托并购模式要点与案例

模式要点	案例
并购标的：上市公司及上市公司控股股东； 并购模式：证券投资信托并购模式是指二级市场收购的信托模式。从目前情况来看，通过证券投资形式达到并购目的的实现方式主要有以下几种： （1）协议收购；（2）要约收购；（3）间接收购；（4）反向收购。 退出方式：公开出售上市公司股权、上市公司原控股股东溢价回购	平安信托收购许继集团间接收购许继电气； 平安信托通过拍卖方式受让许继集团100%股权，从而间接持有许继电气29.90%股权

资料来源：中信信托金融实验室根据公开材料整理。

（四）PE 信托

介入并购的 PE 信托模式，从收购主体的角度来看，可以分为现有主体型和新设主体型（见表 10）。

表 10　　PE 信托介入并购的两种主体型比较

类型	现有主体型	新设主体型
特点	以现有存续公司作为收购实施主体，信托公司主要提供外部支持，信托财产功能为融资，信托资金运用方式为贷款。	由信托公司与有限合伙企业、收购方等合作设立 SPV（或信托 PE 子公司、信托旗下基金公司设立的子公司），由其完成并购项目
适用对象	适合收购方综合实力较强、交易方式较简单、收购对价较小的并购项目	主要适合资金量大、后期运作复杂的项目，有利于信托公司在全链条上把控并购项目
比较	与现有主体型相比，新设主体型 PE 信托在项目资源整合、后期运营管理以及退出渠道控制等方面的把控力最强，在增值管理方面最具优势	

资料来源：中信信托金融实验室根据公开材料整理。

信托介入 PE 形式的并购，其角色多为财务投资者或战略投资者，收购的目的是获得企业增值收益。因此，相对来讲，新设主体型更受青睐，平安信托旗下平安创新资本的成功便是如此。

1. 现有主体型

现有主体型中的 FOT 模式（Fund of Trust，信托与有限合伙的结合）在股权投资领域已被成熟运用，即信托计划作为有限合伙人，收购方与信托公司组建的有限责任公司作为普通合伙人。现有主体型 PE 信托并购的交易结构如图 26 所示。

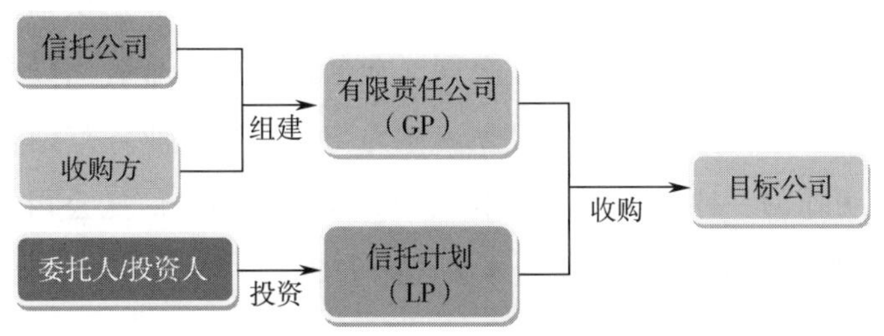

图 26　现有主体型 PE 信托并购交易结构

2. 新设主体型

新设主体型中信托公司与收购方合作成立合作方主导的 SPV 这一形式与前面提到的贷款信托变通形式类似，主要是为促进收购方进行的资源整合而进行的产业并购融资。另外，PE 子公司以及基金子公司亦可作为并购业务实施的 SPV。新设主体型 PE 信托并购的交易结构如图 27 所示。

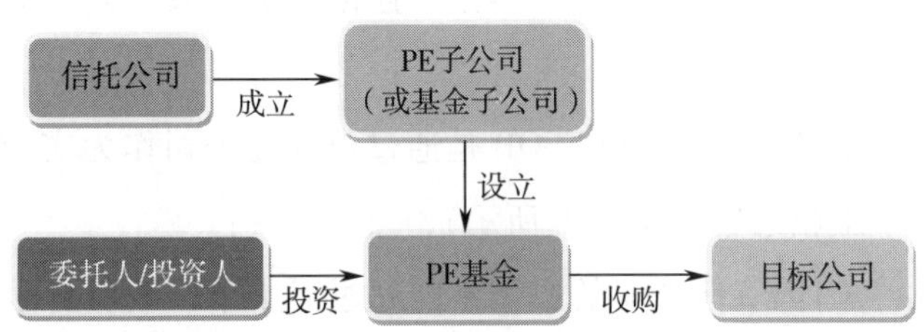

图 27　新设主体型（PE 子公司/基金子公司）PE 信托并购交易结构

早在 2011 年 6 月，银监会曾明确表示，“鉴于多家公司申请设立 PE 投资专业管理公司，银监会非银部正在拟定《信托公司 PE 子公司设立操作指引》，明确信托公司将通过设立 PE 子公司开展 PE 业务。”截至目前，已有多家信托公司设立 PE 子公司，包括中信信托旗下的中信聚信（北京）资本管理有限公司和中信锦绣资本管理有限责任公司、杭州工商信托旗下的浙江蓝桂资产管理有限公司和摩根士丹利（中国）股权投资管理有限公司、平安信托旗下的平安创新资本投资有限公司、兴业信托旗下的兴业国信资产管理公司等。其中，平安创新资本的运作最为抢眼。

近年来，平安创新资本在资本市场屡屡出手。除一级市场投资外，平安创新资本还参加了多个上市公司的定向增发。据统计，仅 2012 年平安创新资本便参与了 17 个定向增发项目。应该说，平安创新资本的成功，得益于平安创新资本的准确定位、强大的市场运作能力和平安集团极强的内部协同能力。在投资理念上，平安创新资本更关注基本面，投资时要求符合设定的低市盈率和绝对控股，投资许继集团和家化集团便是例证。

2013 年以来，包括中诚信托、上海国投、中泰信托、天津信托、外贸信托、国投信托、中信信托、中海信托、中铁信托、新华信托、山东信托、吉林信托、重庆信托、平安信托、长安信托、中融信托、华宸信托在内的多家信托公司，或通过旗下基金公司设立子公司，或通过直接参股的方式，参与了多家基金子公司的设立。作为与信托公司业务范围类似却不受净资本限制的基金子公司，也可作为一种 SPV 成为信托实施并购的主体。信托公司可以将信托公司层面无法实现的项目，腾挪至其孙公司——基金子公司来完成。

（五）并购信托中的特殊形式：管理层收购、员工持股计划

从目前来看，国内对于管理层收购（Management Buy - out，MBO）或员工持股计划（Employee Stock Ownership Plan，ESOP）的作用已有共识：

一是推进国企改制，解决国有企业“所有者缺位”问题。

二是推进民营企业产权改革，解决集体企业产权不清的历史遗留问题。

三是降低代理成本。

四是将企业的发展与管理层的利益紧密连接，强化激励约束机制，能够激发企业活力，同时增强市场投资者信心。

从实务角度来看，目前多数 MBO 和 ESOP 是通过设立壳公司作为实施主体的形式实现。若在 MBO 和 ESOP 中引入信托模式（如图 28 所示），可以实现：

一是满足《公司法》有限责任公司的股东不能超过五十个，股份有限公司的发起人必须在二人以上二百人以下的相关规定。

二是可以通过强大的资金募集能力解决 MBO 和 ESOP 中涉及的资金问题。

三是能够有效避免设立壳公司形式涉及的双重纳税。

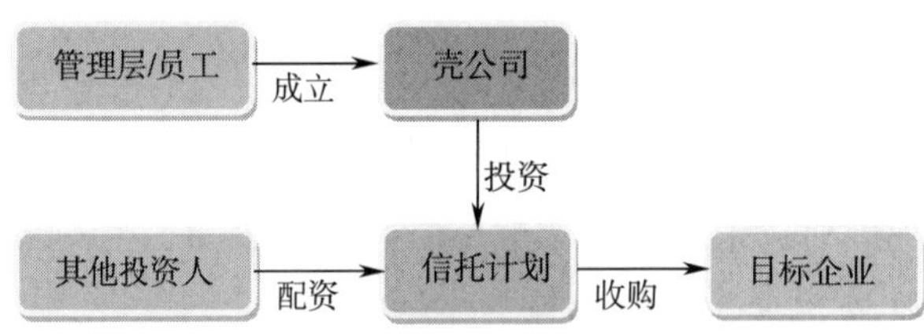

图 28　MBO/ESOP 的信托模式

中国最早的 MBO 案例源于四通改制，随着企业改制尤其是国企改制的推进，大量的 MBO 和 ESOP 实例相继出现。

一是康辉旅行社 MBO 项目是国内首例公开采用信托方案的案例，TCL 集团是国内首例运用信托功能实现员工持股并成功上市的公司，其成功经验值得参考和借鉴。

二是根据资金提供方式和实施主体，可将 MBO、ESOP 的信托模式进行分类（见表 11）。

表 11　　MBO/ESOP 的信托模式分类

<table>
<tr><th>资金提供方式</th><th>并购实施主体</th><th>信托角色</th><th>信托退出方式</th></tr>
<tr><td>完全由信托计划提供</td><td>信托公司</td><td>主导</td><td rowspan="4">管理层/员工回购、增值转让、股份分红用于还款</td></tr>
<tr><td>完全由信托计划提供</td><td>管理层/员工</td><td>融资中介</td></tr>
<tr><td>部分由管理层/员工提供</td><td>信托公司</td><td>参与</td></tr>
<tr><td>部分由管理层/员工提供</td><td>管理层/员工</td><td>参与</td></tr>
<tr><td>完全由管理层/员工自筹（不通过信托）</td><td>信托公司</td><td>中介</td><td rowspan="2">——</td></tr>
<tr><td>完全由管理层/员工自筹（不通过信托）</td><td>管理层/员工</td><td>通道</td></tr>
</table>

中国公益信托税收制度之完善

新华信托股份有限公司　王丙辉

公益信托（Charitable Trust），系指出于公益目的（Charitable Purpose），为实现社会公众利益而设立的信托。英美国家的公益信托由于税法上的激励早已得到长足发展，近年来，公益信托逐渐为大陆法系各国所接受。从世界各国公益信托的运营经验看来，采取税收优惠政策成为扶持、促进公益信托事业发展的有效措施。

我国《信托法》辟出专章公益信托予以规定。由此可见，我国的立法者在立法之初就已经预见到公益信托必将对我国的公益事业产生不可忽视的影响。该法第六章第六十一条还明确规定："国家鼓励发展公益信托。"然而，如何具体如何鼓励发展公益信托，《信托法》未再对此进行明确规定，但减免税负、实行税收优惠无疑将是一条必不可少的途径。

一、公益信托税收优惠的法理基础探索

公益信托由于它的社会公益性，而深受国家的重视和鼓励。结合世界各国的实施情况来看，这种重视和鼓励表现在对公益信托从法律上予以监督的同时，还给予了各种优惠待遇。而各种优惠待遇具体又主要体现在税收的优惠政策上，如对公益信托的信托财产及其收益在税收方面给予优惠，减免各种税收。究其法理上的缘由，有以下两方面。

（一）公益信托的设立目的与税收功能相统一

美国财政学家塞里格曼（Edwin Seligman）指出："赋税是政府对于人民的一种强制征收，用以支付谋取公共利益的费用，它与被征收者能否因其而得到特殊利益无关。"[①] 我国法学界有学者认为；"税收是为了满足一般的社会共同需要，凭借政治权力，按照国家法律规定的标准，强制地、无偿地取得财政收入的一种分配关系。"[②]

---

① 张守文：《财税法疏义》，220 页，北京，北京大学出版社，2005。

② 严振生：《税法》，1 页，北京，北京大学出版社，1999。

上述定义从税收功能出发，将税收的概念延伸到税收的使用，即财政支出的领域。一方面，就国家职能而言，为有效提供公共物品，满足公共需要，增进公共福利，需要税收作为实现这种职能的物质条件。另一方面，就资源配置的效率而言，市场经济机制的失灵使其不能实现资源的有效配置、社会财富的公平分派和经济的稳定与增长，因此，需要税收作为一种国家政策手段实现资源的有效利用，调节国民收入与财富分配，增进社会福利。

从基本税收原理来看，国家征税实际是国家参与社会财富的分配和再分配的过程。在社会上创造财富的主要是那些竞争性领域的以营利为目的的市场主体，公益信托主要从事公益事务，具有辅助政府支出的功能，它在科学、文化、卫生、教育、艺术和扶贫助残等方面提供了适应社会需要的“公共物品”或“半公共物品”，而这些“物品”不可能由追求利润的营利性机构提供，同时政府也不能事无巨细地悉数予以供给。因此，公益信托从一定程度上使政府的负担减轻，它在具体的支付项目上同国家财政支出具有共同属性，与社会福利具有共同的价值取向。

（二）公益信托可减少税收成本

国家征税会产生一定的成本，这个成本包括征税成本和税收奉行成本。前者专指税务机构为征税而花费的行政管理费用，后者是指纳税单位或个人为按税法纳税而支出的费用。由国家直接从事公益事业，其消耗的成本是昂贵的，而且还有可能影响公益事业的发展速度和效率。而公益信托是一种由社会公众通过设立信托的方式，直接将财物和资金用于发展社会公益事业的非政府行为，这样就在无形中节省了征税成本和纳税成本，也可减轻政府行政事务和行政成本的支出，同时意味着社会公众代替政府完成了社会公益事业的投入。如果相关配套措施完善，必然促进社会公众从事公益信托的良性循环。所以说对公益信托的优惠可以增加公益事业的收益，这样就可以将更多的公益信托收益投入公益事业中去，去帮助更多需要帮助的对象，公益事业也将得到进一步扩大发展。

二、国外公益信托税收制度的比较分析

由于公益信托在信托目的上是为了公共利益，在具体的支付项目上同国家财政支出具有共同属性。公益信托课税依据主要表现为课税优惠，因此，公益信托税制构建的重点就是如何将税收优惠政策控制在合理合法的轨道上进而促进公益信托发展。目前，世界各国信托法和税法通常规定了明确的优惠政策，以激励社会公众设立公益信托，为发展公益事业筹集资金。

（一）美国公益信托的税收优惠政策

在美国，公益信托的税收优惠政策表现在以下几方面：一是公益信托的受托人可免缴所得

税；二是公益信托财产为土地、房产时，免征土地税和财产税；三是对委托人而言，设立公益信托可享有税收减免。特别指出的是，在美国，对遗产会征收很高的税负，这样促使相当一部分富人将其遗产用于公益事业，以免缴纳过高的遗产税。于是很多美国富人在生前就积极筹划自己的财富，将财产捐赠给慈善机构设立公益信托或者委托值得信任的好友设立遗嘱信托，通过各种手段将自己的财产减少至遗产税起征点以下，从而规避遗产税。

（二）英国公益信托课税政策

英国税法体制中有关公益信托的课税优惠体现在以下七个方面：一是在所得税方面，根据《1988 年所得税和公司税》规定，只要公益组织的收入用于慈善目的，个人所得税、公司所得税就会得到豁免；二是在继承税方面，如果公益组织完全占有或者主要为慈善目的占用的土地，就应减半征收继承税；三是在增值税方面，当公益组织出售他人捐献的物品时可以豁免增值税；四是在赠与税方面，任何人在生存期间或去世时将财产转移给公益组织，均免征继承税，而个人向公益机构捐赠符合一定条件的可以从纳税收入中扣除；五是在资本增益税方面，根据《1992 年公益收益税收法》规定，公益信托原则上豁免征收资本增益税；六是在印花税方面，如果将地产转移给公益组织的，可以免缴印花税；七是受益人终止信托的行为不征所得税。

（三）日本公益信托课税政策

公益信托在日本获得长足发展，主要归功于日本公益信托具备比较完善的信托税制，公益信托所享受的税收优惠体现在两方面。一是在捐赠阶段，对于委托人采取何种税收优惠，取决于该捐款人是法人还是个人。对于个人向公益信托受托人捐赠，其捐赠额必须超过 1 万日元，最高扣除额为综合课税所得总额的 25%；对于法人捐赠，根据不同的捐赠对象，享受不同的税收减免优惠：对公益性很强、政府特殊认定的公益信托的捐赠全额在税前扣除；对普通捐赠和特定公益捐赠，最高免税额度为法人全部资本的 0. 25% 加上盈利金额的 2. 5%。二是存续阶段的税收优惠。原则上，公益信托只须对其从事营利性活动中获得的收入缴纳税款，而无须就其他收入（如捐款、应付款、补贴或资助等）缴税。而且即使参与营利性活动，公益信托也有权享有 27% 的税率，这一税率较一般性企业团体的 37. 5% 的税率要低得多。

（四）台湾地区公益信托税收优惠政策

在我国台湾地区，设立公益信托与捐赠的意义相同，因此，设立公益信托享受免税待遇。将个人财产设立公益信托，该信托财产无须课征赠与税，同时还可以将该赠与额列入所得税的扣除项目之内予以扣除。

综上所述，国外公益信托税收优惠规定对我国公益信托税收优惠的借鉴经验主要包括：第一，从公益信托设立、存续到终止，各环节均应享受税收优惠；第二，税收优惠表现为具体的税种条文优惠规定，集中体现在所得税、增值税、继承税等主要税种上；第三，国外对公益信托税收优惠幅度比较大，凡是涉及公益事业的信托基本免除大部分税收；第四，鼓励个人进行公益信托，个人享受的税收优惠比例高于组织享受的税收优惠比例。公益信托源自英美法系国家，对公益信托课税的税收优惠同样需要借鉴西方发达国家的有关规定，从而构建有利于我国公益信托的课税体制。

三、我国公益信托课税立法现状及其缺陷

公益信托的发展受多种政策和制度性因素的制约与影响，税收作为国家的重要宏观调控手段，是其中一个举足轻重的重要因素。完善、合理的公益信托税制有利于确保公益信托在宽松和公平的环境下稳健发展；不合理的公益信托税制则可能造成公益信托经营困难、风险增大，甚至扭曲社会经济资源的合理配置。就我国目前而言，我国的信托税制尚未健全完善，公益信托税制更是亟待建立。

（一）公益信托税收制度不独立，立法层级低

公益信托以其特殊的公益性区别于一般的信托，作为举办慈善公益事业的另一种模式更区别于传统的慈善基金会和慈善捐款。但我国目前对于公益信托却没有建立其独立的与之相适应的税收制度，而是大量参照原有的慈善捐助的相关税收政策，如《公益事业捐赠法》，同时杂糅以信托法对于信托项目税收的一般规定来规制公益信托的涉税问题，这些政策出台缺乏严格的市场调查和论证，立法层级不高，导致税收优惠政策制定带有随意性和局限性，使其在出台之初即刻上了不规范的烙印。这不利于公益信托发挥其独特的优势促进分配合理公平，影响了公益信托业务的正常开展。

（二）公益信托的纳税义务人不明确

纳税义务人是税法规定的直接负有纳税义务的实体，包括单位和个人，也就是通常意义上的纳税主体。在公益信托发展过程中，谁是真正意义上的纳税义务人？在公益信托设立时，委托人将财产所有权转移给受托人，即公益信托在存续期间产生的所得在形式上属于受托人，似乎应由受托人承担纳税义务。但这些所得并不能归入受托人的固有财产。根据信托导管原理，受托人只是代为管理信托财产，最终必然要将信托财产及其收益分配给相应的公益信托的受益人，对于公益信托来说，信托的受益人才是财产收益的最终所有人。所以受托人只是为了受益人的利益而管理信托财产，在收益被分配给公益信托受益人之前，公益信托所得应被归入公益

信托本身，由公益信托财产本身承担纳税义务，于是产生了纳税义务人确定的问题。[①] 有学者建议对信托财产本身征税，将信托视为独立的法律主体，由受托人代扣代缴税负，由信托财产本身承担纳税义务。然而，如果信托财产本身作为纳税义务主体，则会产生另一问题：我国税法中规定的纳税义务人包括单位和个人，公益信托财产虽然具有一定的独立性，但法律地位既不同于法人也不同于自然人，如何界定其税收地位，税法尚付阙如。

（三）公益捐赠的优惠方式单一

税收优惠主要是指国家基于财政目的以外之特别目的，通过税法上之例外或特别规定，给予特定纳税人减轻或免除税收债务之利益的各种措施总称。“从优惠方式进行考察，税收优惠有广义和狭义之分。广义的税收优惠，包括优惠税率在内的各种最终减轻或免除税负的优惠；狭义的税收优惠，主要是通过减少税基，或直接减少应纳税额来减轻税负的优惠。”[②]

而我国现行税收法律法规对公益捐赠的税收优惠还只是给予不同额度的税前扣除的形式，而且扣除比例比较低，这样导致了税收优惠对公益捐赠的激励和引导效应无法得到有效发挥，这时，我们需要不遗余力地对公益捐赠发展路径进行疏通，尽力排除那些阻碍公益捐赠合法、合理有效税制形成的因素。所以我们有必要考虑将公益捐赠的税前扣除比例予以进一步的提高，激发纳税人进行公益捐赠的热情。同时，需要借鉴发达国家的经验，比如美国、韩国的结转体制，就是说在我国公益捐赠的税前扣除额得到一定提升之后，税收法律法规应该允许超过限额的部分向后结转一定时间。结转上年的捐赠扣除优先于当年的捐赠扣除。这一做法最大的好处就是给予了纳税人足够的纳税空间，一方面，它可以对当年的资金利用进行有效的调整，以便生产的顺利进行；另一方面，可以激发纳税人捐赠的积极性，这样更有利于解决捐赠中的具体问题。特别是对于一次性金额较大的捐赠。采取结转体制，可以使纳税人拥有足够的纳税年度来消化大额捐赠享受优惠。如果当年的捐赠只能在当年的限额内税前扣除，就有可能造成相当数量的捐赠额无法享受到税收优惠，其结果对国家、委托人以及受益人都是不利的。

（四）重复征税问题

重复征税是当前公益信托课税所面临的最突出问题，而造成这一问题的根源主要是由于不同法系的物权体制存在差别，即中国奉行大陆法系的一物一权原则与英美法系中的双重所有权原则无法兼容。信托就是利用第三方的优势对信托财产进行管理来满足委托人的利益要求。这样就会使得信托财产的转让、运营、分配等存在的管理环节远远地多于大众化的经济业务，而

---

① 李青云：《我国公益信托税收政策研究》，载《税务与经济》，233 页，2006（5）。

② 陈少英：《税法基本理论专题研究》，213－214 页，北京，北京大学出版社，2009。

我国的税收法律征税的依据是纳税对象的客观存在，至于该征税对象是否征税结束，现行法律无法得出正确结论，因为我国税收法律的制定缺乏所有权的二元化的背景，这样的话，重复征税也就成为必然。

在公益信托中，重复征税主要体现在以下两方面：第一，信托设立时，信托财产要发生转移，从委托人向受托人转移，这时将产生我国税法上的纳税义务；当信托财产向受益人真实转移时又将发生我国税法上的纳税义务。这样就会导致重复征税。第二，信托存续期间，信托财产在运营过程中，所产生的收益要发生税法上的所得纳税义务；当信托收益分配时又将发生税法上的所得税纳税义务。这同样会导致重复征税。以不动产信托为例，整个信托过程中同一信托财产的转让将被征收两次契税、印花税和营业税，同一笔所得将被征收两次所得税。[①] 公益信托重复征税是在税法的实施过程中的一个重要问题。如何解决公益信托重复征税问题，如何针对公益信托重复征税的成因，在税法上作出相应的体制安排，是研究公益信托课税体制一个重要问题。

四、完善我国公益信托税制的立法建议

我国现行税制虽对社会公益事业给予了一定的减免税待遇，但对公益信托的税收待遇问题却没有作出明确而具体的规定。降低公益信托的税收负担，有助于提高公益信托的运营效益，因此通过信托税制的专门设计来扶植和促进公益信托的发展是将来税制设计时的一项重要原则。

（一）确定公益信托实现主义课税原则

实现主义课税原则相对应的就是发生主义课税原则。当采用所得或信托财产增益发生时，以纳税义务成立的原则为发生主义原则；如采用所得或信托财产增益发生时无纳税义务，而等到所得实现，受益人真正取得信托利益时发生纳税义务的原则为实现主义原则。根据信托导管原理，受托人仅是信托财产的管理人，通过公益信托这一管道将财产传输给受益人。为了最大限度地鼓励公益信托财产的增益，当公益信托财产增加收益时，不应委托受托人代扣代缴应纳税款。真正的纳税时点发生于公益信托财产分配给受益人，即实现收益时。

因此，在公益信托纳税时点选择上应该坚持实现主义课税原则，应与一般的信托课税采取发生主义原则相区别，即当所得发生时不认为受益人取得利益，应以信托导管理论为基础，等待受益人真正取得利益时为所得实现，依法由受益人负起纳税责任。

① 李青云：《我国公益信托税收政策研究》，载《税务与经济》，97页，2006（50）。

（二）依据公益信托运行环节，避免重复征税

由于信托具有独特的产权结构，信托运行中财产的形式移转与实质移转并存，导致了信托财产收益与信托财产流转额均需双重纳税。这种重复征税增加了纳税人的不合理的税收负担，直接限制了公益信托活动的发展，因此在税制设计上应着力避免重复征税。笔者认为，可以根据公益信托不同的运行环节，确立公益信托税收政策基本框架。

第一，公益信托设立环节。委托人转移信托财产与受托人接受财产并未产生实际的利益，此时对其征税是不合理的。从信托导管原则可知，委托人将财产转移到受托人，受托人将财产分配给受益人，这种表面上的两次转移，实际上只相当于一次真实转移，应避免对名义转移行为的课税，消除重复征税。委托人将信托财产交付给受托人，可视为委托人向社会公益的捐赠行为，应当允许委托人加大所得税前列支的额度。出于扶植的考虑，应当免于征收本环节的印花税、契税、营业税等税负。

第二，公益信托存续环节。对于受托人经营管理公益信托所获得的信托报酬可适当减征营业税、企业所得税等，同时对托管人由于托管信托资金业务带来的收入给予营业税和所得税优惠，以提高相关机构经营公益信托的积极性。而对于信托财产运营带来的信托收益，则应本着鼓励公益信托本金扩大的原则而免于征收各类所得税和商品流转税。受益人在此环节获得的信托收益也应减免缴流转税和所得税等税负，否则有违公益信托的目的。具体而言，对于公益信托受益人可区分以下情形进行税负减免：对于以扶危济困、救死扶伤或者抢险救灾等慈善事业为目的的公益信托受益人免征印花税、所得税等；而对于以支持发展科教文卫各项事业为目标的公益信托受益人，给予一定额度减免，超过部分可以使用低税率减征。

第三，公益信托终止环节。同样出于鼓励的考虑，在公益信托终止时，应当免征相关的所得税和商品流转税以及契税、印花税等税种。

（三）适度强化税收行政立法

首先，在税收立法中要突出公益信托的独特地位。信托机构从事公益信托活动时区别于一般的市场主体，因此在税法中也应明确其特殊地位。各国一般在税收立法中用一定的篇幅来规定公益信托的税收问题，特别是有关公益信托的捐赠问题，这对我国的税收立法是很有借鉴意义的。为此，应在有关税收优惠或者税法的适用除外规定方面，对公益信托作出专门规定，以形成有关公益信托的一套税法制度。

其次，在税收立法上应更好地体现国家对公益信托的政策。从某种意义是说，税法就是税收政策的法律化，故在税收立法上应适当地体现那些稳定的、行之有效的税收政策。既然各国对公益信托一般采取鼓励的政策，对于这一领域就需要考虑税收优惠的适用，而对于国家实行

限制政策的税收逃避领域，则在立法上要考虑加强对其防范、监管和处罚的力度。

最后，应全面贯彻税收法定原则。由于公益信托已成为社会分配的重要一员，同样要受到税法规制，因此，如何坚持税收法定原则就显得非常重要。在我国，税收立法权高度集中于中央，有关公益信托的税收立法权就应当由全国人大行使，即使是授权立法，也不应范围过大或持续时间过长。

总体而言，我国在有关公益信托的税收立法方面未能很好地贯彻税收法定原则是一个重要的缺陷，它成为公益信托税收逃避行为的诱因之一。

（四）优化税收征管

一是实行减免税资格核准制。我国大多数事业单位、社会团体、民办非企业单位等习惯上由行业主管部门、财政部门及民政部门管理，基本未纳入税收管理，税务机关并未真正掌握其营利性或非营利性情况。以公益事业为目的而设立的公益信托的主管机关与税务部门之间同样缺乏必要的互动，其非营利性情况并未被税务部门掌握，所以公益信托是否享有减免税资格必须由税务机关核准。即成立时向国家税务总局在各地的分支机构进行减免税申请，经审查核准才能成为减免税机构。对于我国国家机构来说，应该尽快建构税务机关登记与其他行政登记机关之间的衔接，形成纳税义务人主动申请免税资格与税务机关主动监管相结合的良性互动。具体设想是，可以借助网络资源建立政府行政登记网络系统平台，实现政府各职能部门行政登记资源共享。公益信托在进行登记时，将信托代码登记、工商登记、税务登记等各项登记手续一次性办理完毕。

二是落实个人退税征管政策。根据现行规定，个人公益捐赠可以享受免税的待遇。但在实践操作中，个人捐赠退税却不能得到有效实行，这显然与当前的税收征管水平不高有关。即使目前推行的个人申报纳税制度在短期内也难以改变既有的这种税收征管模式，尤其是对于申报纳税制度尚未施行的中低收入阶层而言，更需时日。因此，出于对个人捐赠行为的鼓励，应当积极落实个人退税相关政策。

五、结论与展望

税收是国家参与社会产品分配和再分配的一种重要手段，是财政收入的主要来源，对生产、消费、分配乃至整个国家经济稳定发展都有着重大影响。当然这种影响可能是积极的鼓励和刺激，也可能是消极和压抑的。税收作为国家主要的经济收入来源，缴纳税款是企事业单位、社会团体、其他组织和公民个人应尽的义务。而公益信托作为参与社会分配的新型部门，税收作为调节社会分配的手段，二者必然发生联系。所以，在这个意义上说，税收是大多数国家对公益信托进行有效管理的重要手段。

公益信托是参与社会资源分配的重要主体之一，对我国社会资源的分配有着非常重要的作用，一方面，公益信托可以极大弥补政府在公益支出方面的不足；另一方面，公益信托的发展壮大可以促进社会资源配置，带动社会经济发展的良性循环。当然这需要国家给予政策法律方面的支持。从各国惯例来看，也都对公益信托进行了税收优惠，激励公益信托的发展壮大，同时给予法律和政策层面的支持。我国《信托法》中也已经明确提出了国家应鼓励发展公益信托。

我国在体制层面确认了公益信托的合法性，而民间对公益事业的需求也日益增长。随着社会改革的深入，公益信托的数量将进一步增加，并将作为政府和市场的补充力量向社会提供更加丰富的公共产品和服务。任何体制的构建都不是一蹴而就的。对我国公益信托课税体制的研究和探索是一个非常重要的课题，为了应对这一现实趋势，本文在借鉴国外以及我国台湾地区公益信托课税体制的基础上，从公益信托课税的合法性与税收优惠的正当性出发，通过合理调整公益信托各环节间的税种税负分配、确立实现主义课税原则、强化税收行政立法、优化税收征管四个方面构建与我国现代公益信托发展相适应的公益信托课税体制。本文虽然提出了一个初步的公益信托课税体制框架，但依然存在诸多不足，有待于实践领域的不断探索和税法理论的进一步深化。

基于离岸信托视角的家族信托研究

华信信托股份有限公司　殷子然

中国信托业协会发布的数据显示，截至2014年第二季度末，信托业管理的信托资产总规模达12.48万亿元，虽然再创历史新高，但信托业增速有所放缓，行业保持中速增长已经成为“新常态”，信托公司传统的赖以生存的业务模式受到了威胁，信托公司回归自主管理的发展道路迫在眉睫。当前，一系列监管政策的出台，指明了信托公司的转型方向，赋予了信托公司为高端客户提供资产管理和财富管理的现代信托机构和资产管理机构的功能定位，鼓励信托公司积极探索家族财富管理等业务，为客户量身定制资产管理方案，回归信托本源，真正做到“受人之托，代人理财”。与此同时，随着我国私人财富积累的日益增长，派生出了巨大的家族财富管理需求，一些较大规模的家族财产如何完整、有序地传承下去成为创富一代们考虑的重要问题，而通过设立家族信托来达到财富传承的目的，是国际上运用成熟的重要模式。但是由于政策限制等多方面原因，国内目前已经开展的家族信托业务尚不成熟。基于此，本文围绕家族信托发展模式进行研究，借鉴离岸信托模式，以期对国内家族信托业务的发展提供必要的参考。首先，明确家族信托的概念、功能与优势；其次，通过列举国内典型的家族信托案例，指出离岸信托对国内家族信托的开展具有极大的借鉴意义；最后，通过综合分析国内已开展家族信托的模式提出未来我国家族信托发展的可行模式，并分析国内开展家族信托面临的障碍。希望在市场条件成熟以后，家族信托成为信托行业一个崭新的成长领域，为信托行业的发展壮大作出贡献。

一、研究背景

（一）中国私人财富迅速积累，财富传承课题重要而且迫切

招商银行和贝恩公司联合发布的《2013中国私人财富报告》显示：2012年中国个人持有的可投资资产总体规模达到80万亿元人民币，年均复合增长率达14%；可投资资产1000万元人民币以上的高净值人士（High Net Worth Individuals，HNWIs）超过70万人，人均持有可投资资

产约3100万元人民币，共持有可投资资产22万元亿人民币。根据民生银行与麦肯锡公司联合推出的《私人银行白皮书》预测：到2015年，中国可投资资产规模800万元以上的高净值人士数量将达到近200万人；可投资资产在1亿元人民币或以上的超高净值人士数量将达到近13万人，是2012年人数的近2倍。

现阶段，中国高净值人群的年龄层比较集中，约70%的受访者年龄处于40～60岁。随着事业逐步进入巅峰期和稳定期，部分高净值人士的子女即将成年，“财富传承”的需求开始显现。调研显示，约有1/3的高净值人士已经开始考虑财富传承，而这一比例在超高净值人士中更高，已接近1/2。调研结果显示，除现金储蓄、债券等传统的稳健类投资外，中国高净值人群对家族信托、跨境资产配置等财富保障和风险分散的金融安排兴趣较高。但在目前实际安排中，现有的财富保障和风险分散手段主要依赖保险和跨境资产配置。

家族信托作为对家族财富进行长期规划和风险隔离的重要金融工具，已受到较多高净值人士的关注。从产品需求角度来看，家族信托位于首位，提及率接近40%。在超高净值人群中，家族信托的需求更加旺盛，提及率超过50%，并且超过15%的受访超高净值人士已经开始尝试接触家族信托。遗产税政策信号刺激、财富保障、子女成年以及家族企业进入移交阶段是促使高净值人群开始考虑财富传承的主要原因。

（二）国内相关机构在家族信托方面的举措

2012年9月平安信托推出平安财富·鸿承世家系列单一万全资金信托，成为中国内地首个推出正式家族信托产品的金融机构；2013年7月，招商银行在深圳宣布成立国内私人银行首家家族信托业务，截至报道时，招商银行已经签约了十几个客户，累计的客户需求案例超过50个；日前，中国银行私人银行在广州正式启动“家族理财室”服务，目标客户群为金融资产2亿元以上的富裕家族；上海信托宣布将着手为中国的企业家量身定制具有家族特色的传承规划；北京银行与北京信托于2013年10月合作推出面向双方顶级客户的受托资产门槛为3000万元，存续期限5年以上的不可撤销家族信托；据悉建设银行与建信信托也合作推出了家族信托业务，受托资产门槛为5000万元；民生银行也已推出家族财富管理服务，大部分采取离岸信托的模式，目前已开展家族企业财富管理业务近60户。

综上所述，家族信托显然已得到国内信托公司的关注与重视，并成为信托公司回归信托本源业务的一个重要突破口。如何开发设计家族信托产品以满足高净值客户财富传承的需要是信托公司亟须着手准备的课题。

二、家族信托的概念与功能优势

（一）家族信托释义

家族信托的雏形可追溯到古罗马帝国时期（公元前 510 年至公元前 476 年）。当时《罗马法》将外来人、解放自由人排斥于遗产继承权之外。为避开这样的规定，罗马人将自己的财产委托移交给其信任的第三人，要求为其妻子或子女利益而代行对遗产的管理和处分，从而在实际上实现遗产继承权。

家族信托是指个人作为委托人，以家庭财富的管理、传承和保护为目的的信托，受益人一般为本家庭成员。

（二）设立家族信托的考虑因素

由于家族信托起源于海外，且国内家族信托的开展尚不成熟，因此，下文主要针对海外家族信托阐述设立家族信托需要考虑的几个因素，以便于学习借鉴。

1. 设立地点

家族信托的设立地点很重要。美国各个州的法律法规都不尽相同，例如，某些州允许永久信托，某些州允许永久信托的同时还能更好地实现资产保护等。同时也可以选择设立离岸信托，即设立在全球著名的避税圣地：开曼群岛、英属维尔京群岛（BVI）、百慕大等地。委托人必须先清楚相关法律法规，再选择最符合自己利益的地点。仅以信托期限为例，不同地区有完全不同的规定，如表 1 所示。

表 1　　家族信托设立地点与年限

序号	地点	年限
1	香港（Hong Kong）	80 年
2	开曼群岛（Cayman Islands）	150 年
3	英属维尔京群岛（BVI）	100 年
4	泽西（Jersey）	100 年
5	美国特拉维州（US Delaware）	无年限限制

2. 受托人

很多人或者机构都可以担任家族信托的受托人，也可以选择几个人或者机构共同担任受托人，选择包括：

（1）个人

作为受托人的个人通常是家族成员，但家族成员不一定具备担任受托人的能力，而且当该家族成员同时也为受益人时会产生利益冲突；另外个人作为受托人时，将承担无限连带责任，并且个人不像法人，寿命有限，这也不利于家族信托的运营。

（2）律师或其他顾问

在美国加州等地，当个人担任超过六个信托的受托人时，需注册成专业私营受托人。

（3）私人信托公司

富裕家庭有时会自己创立国家银行或私人信托公司，家族成员作为公司股东，管理家族信托的运营。

（4）专业信托机构

专业信托机构通常是银行信托部、独立信托公司等，它们通常在美国很多州设立分支机构，能够为富裕家族设立永久信托；同时也能够在满足谨慎投资人的情况下，最大限度地为富裕家族投资理财，实现资产增值目标。

（5）共同受托人

很多时候两个或更多机构共同担任受托人，才能更好地满足受益人的不同需求。

3. 信托财产

家族信托中可以持有的信托财产没有限制，只要该财产的所有权能够被转移，可持有资产包括房地产、股票组合、家族企业、合资企业、专利和版权等。

4. 信托契约

在信托契约中可以灵活定制有关的各种规定，由此产生不同种类，表2记录了一些家族信托种类。

表2　　家族信托种类举例

可撤销信托（Revocable Trust）	委托者可以解除信托，课税时委托者被认为是信托财产的实际拥有人
不可撤销信托（Rrevocable Trust）	委托者放弃对信托控制权，课税时委托人被认为是信托财产的拥有者，该种信托可避免对委托者的债务追偿，同样也可避免遗产税等
固定信托（Fixed Trust）	对受益人分配方案由委托人事先在委托书中约定，受益人不能任意改变
全权信托（Discretionary Trust）	由受托人决定对受益人的分配、投资等事宜
浪费信托（Spendthrift Trust）	向年幼的或者无管理财产能力的家族成员传承财富
永久信托（Perpetual Trusts）	信托无期限限制，这对HNWIs很有益，因为他们可能永远免于缴纳转让税（Transfer Tax）。美国直到1980年左右才逐渐允许设立永久信托，目前有18个州及哥伦比亚地区允许该类信托存在。

（三）家族信托的功能与优势

1. 财富灵活传承

委托人可灵活约定各项条款，包括信托期限、收益分配条件和财产处置方式，家族信托可根据受益人需求定制获取收益的条件，进而实现财富的灵活传承。如可约定受益人获取收益的条件：年满18岁、结婚、婚姻变故、面临法律诉讼等。

2. 财产安全隔离

根据《信托法》相关规定，当委托人出现破产或者其他意外情况，信托财产归受益人所有，不作为破产清算追索标的，进而可以实现财产的安全隔离。这样一方面债权人无权对信托财产进行追索（除非信托财产为非法所得），降低企业经营风险对家族财富可能产生的重大不利影响；另一方面，也避免了委托人的家人将财富在短期内挥霍一空。

3. 用信托避税节税

美国在2010年暂停征收遗产税，联邦政府对2011年去世的人重新征收最高达55%的遗产税。在美国，设立信托的重要目的是节税，由此产生了不同的信托形式，包括QTIPs（Qualified Terminable Interest Property，允许配偶继承时免税，委托人也可以改变受益人），QDOTs（Qualified Domestic Trusts，允许非美国籍的配偶继承时免税），QPRTs（Qualified Personal Residence Trusts，允许委托人赠与时对所赠与资产折价，以便享受税收优惠），GST信托（可免除跨代传递税，即Generation Skipping Tax）等不同种类信托。当然，也可以根据需要设立一个信托，综合利用各种税收减免政策。

4. 信息严格保密

当家族信托设立后，信托资产的管理和运用均以受托人的名义进行，除特殊情况外，委托人没有权力义务对外界披露信托资产的运营情况。使用家族信托时，在委托人去世前，财产就已完成转移，避免了遗产认证的过程。也有富人通过家族信托基金控制上市企业的股权，帮助保护他们的隐私，因为家族信托下的受益份额有多少，公众均无法得知。

5. 跨代信托和家族企业传承

HNWIs会为了好几代人的利益设立信托。巨大的家族财产、优秀的节税效果以及良好的投资收益，能够实现几辈人衣食无忧。另外，对于有家族企业的人士来说，当企业传承到第三代甚至第四代时，按遗产分割法传承的话，股权势必散落到数十个亲属股东手中，松散的股权可能令企业的所有权面临极大的挑战，因此他们更需要在有生之年实现高效、平稳的家族股权转移和管理。事实上，受益于家族信托，全球财富500强排行榜上至少有一半的公司，其最初创始人的后代仍拥有较大话语权。

三、国内典型家族信托案例研究

当前，国内典型的家族信托均通过设立离岸信托来实现。经统计，发现通常是富人在此设立信托的几个国家，见表3，表中还包括信托持有的股权比例以及受益人信息。

表3　国内家族离岸信托案例

设立地点	企业名称	离岸公司名称	信托持股比例（%）	受益人
开曼群岛	SOHO中国	Capevale Limited、Boyce Limited	64	张欣、潘石屹
	长江实业	The Li Ka - Shing Unity Discretionary Trust	40.43	李嘉诚、李泽钜
	恒基兆业	Hopkins (Cayman) Limited	100	李兆基、李家杰、李家诚等
泽西岛（英属）	玖龙纸业	刘氏家族信托、张氏家族信托以及金巢信托	64.17	张茵及其儿子等
英属维尔京群岛（BVI）	龙湖地产	Silver Sea、Silver Land	45.47 和 30.25	吴亚军在内的若干家族成员
	英皇国际	Charron Holdings Limited	—	杨受成及其妻陆小曼等
	新鸿基	郭氏家族基金 Adolfa、Bertana、Cyric 等6个信托	—	邝肖卿、郭炳江、郭炳联及其家人
	雅居乐	Top Coast Investment Limited	63.21	陈氏家族

（一）吴亚军、蔡奎家族信托

2012年11月20日，上市公司龙湖地产董事会主席、中国女首富吴亚军离婚案，为中国家族企业利用信托处理同类事件树立了一个样本。764亿元港元市值的公司，577亿元港元的身家分割，龙湖地产的估价在这场离婚案中并未受到太大影响。原来早在2008年6月龙湖地产公司上市之前，吴亚军与其丈夫蔡奎便已通过汇丰国际信托（见图1），各自设立了一个家族信托，将即将上市的公司股权分别转移其中。

吴亚军与蔡奎先在开曼群岛上注册了龙湖地产的空壳公司，龙湖地产的股权由两家注册于英属维尔京群岛的公司持有，分别为 Charm Talent 以及 Precious Full。之后，吴亚军与蔡奎在英属维尔京群岛又注册了一个名为 Long For Investment 的公司，该公司股权由龙湖地产100%控股。Long For Investment 收购了嘉逊发展的全部已发行股本。这一部分正是吴亚军打算用来上市的资产。Long For Investment 收购了嘉逊发展之后，又将股权分别以19.2亿港元和12.8亿港元的价格转让给 Charm Talent 和 Precious Full。至此，信托架构已经到了收尾阶段。

吴亚军和蔡奎将汇丰国际信托列为受托人之后，开始着手将各自的股权转让给汇丰国际信托的全资子公司。汇丰国际信托的分支机构几乎遍布世界，尤其是在泽西、开曼、维尔京群岛

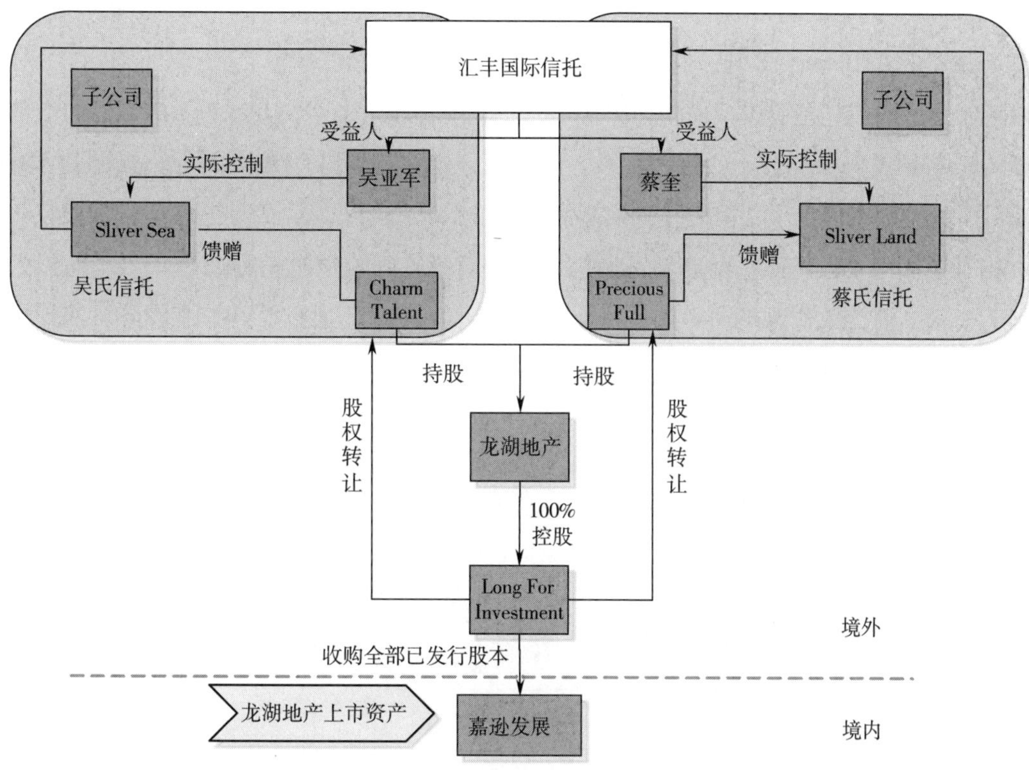

图 1　吴亚军家族信托结构

等离岸金融中心上。吴亚军将 Charm Talent 所持有的所有嘉逊发展的股份全部转让给汇丰国际信托在英属维尔京群岛注册的全资子公司 Silver Sea。而蔡奎也将 Precious Full 所持有的全部嘉逊发展股份转让给汇丰国际信托在英属维尔京群岛注册的全资子公司 Silver land。这两次转让以零代价的馈赠方式进行。信托成立之后，吴亚军和蔡奎都不再直接控制龙湖集团的股权。

信托结构简析：在这一架构下，无论吴、蔡两人的身份性质发生了何种变化，公司股权最终都需要通过家族信托基金汇于一体产生效力，这在一定意义上保障了两大股东行动的一致性。婚姻风险从来都是财富保障与传承安排所需要重点解决的问题之一。相比较一些不太成功的上市公司或未上市公司大股东离异所造成的灾难性或不良后果，龙湖的处理方式无疑是成熟且具有前瞻性的。

（二）潘石屹、张欣家族信托

2002 年，SOHO 中国为了在海外上市，搭建了红筹架构。潘、张二人通过私人公司控制了 SOHO 中国（Cayman）股权；接下来，SOHO 中国（Cayman）设立了 7 家 BVI 公司，控制其境内 7 家地产项目公司。其中，潘石屹通过 Boyce（BVI）控制 SOHO 中国（Caryman）47. 39% 股权，张欣通过 Capevale（BVI）控制 SOHO 中国（Cayman）47. 39% 股权，夫妻二人的股权共计

94.78%。此时，潘石屹和张欣分别拥有 SOHO 中国（Cayman）的均等股权。2005 年 11 月 14 日，潘石屹将其在 Boyce（BVI）的全部股份以馈赠方式转让给张欣。

SOHO 中国的信托持股设计模式如图 2 所示：张欣把 Boyce 及 Capevale（BVI）的全部股份转让给 Capevale（Cayman）（特意为成立信托而注册的公司）；紧接其后，张欣把 Capevale（Cayman）的全部股份授予汇丰信托。该笔信托属于私人信托，最大的好处就是紧锁股权。比如张欣在信托条款中设计了信托财产不可撤销条款。而张欣则是该笔信托的授予人、保护人及全权受益人。潘、张二人作为 Boyce 及 Capevale（BVI）的董事，通过对其控制，同时实现了将资产转移国外和对 SOHO 中国的控制。

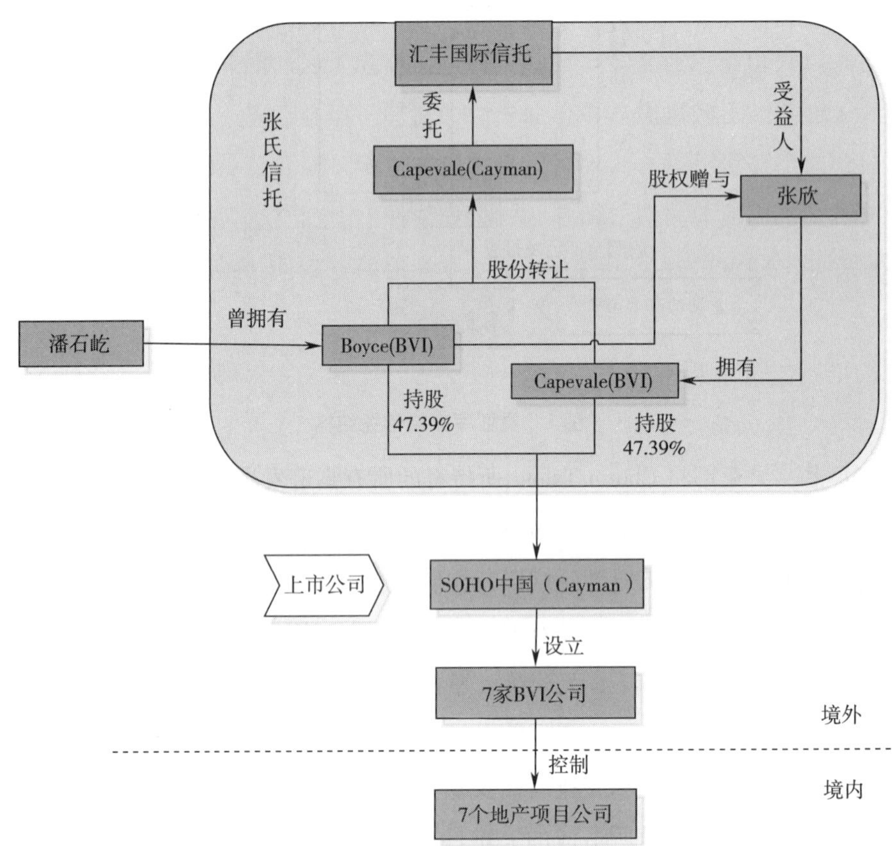

图 2　张欣家族信托结构

信托结构简析：上述案例之所以不用信托基金直接投资，而选择借助离岸公司的平台，是因为信托公司本身受到行业法律法规的限制，无法出现在上市公司的股东名册中，因此，它需要寻找一位合适的受托人，该指定受托人接受信托委托人的委托，代理其执行股权投资。而离岸公司的实际控制人往往是由信托委托人发起，在海外注册成立的，因此，对于信托基金及离岸公司的实际控制都会更为稳妥，最终该离岸公司则被运用来持有相应家族企业的股权。

离岸公司的好处很多。首先，离岸公司无营业范围和地区范围的限制，除注册地区外，公司可以在世界任何国家地区开展业务及经营；其次离岸公司通常没有任何税收负担，或者税额较小；此外离岸公司还可绕开许多外汇管理的限制，方便引资；等等。

四、探索我国家族信托发展路径

（一）对国内现有家族信托交易框架的简要分析

据悉，当前国内家族信托最主流的类型是“银行主导型”，而不是“信托公司主导型”。原因是银行在吸引和保持高端客户方面拥有信托公司难以比拟的优势，高端客户更容易接受银行信托作为对信托财产保值增值的潜在保障。同时，银行针对高端客户的服务团队和经验目前要好于国内一般的信托公司，信托公司很难在极短的时间内就建立起一支能与财富管理业务匹配的专业人员。

“银行主导型”的交易模式可概括为以下三个方面：一是委托人与银行、信托公司共同签署投资管理协议，约定委托人与信托公司设立家族信托，但银行有权向信托公司发出投资建议；二是委托人与银行签署投资服务协议，确认投资建议的形成机制；三是委托人与信托公司签署信托合同，确立信托关系。相对信托公司主导的信托计划而言，“银行主导型”的家族信托最显著的特征就是凸显了银行的投资顾问角色，银行一般情况下会拥有比信托公司大得多的话语权。

无论是银行还是信托公司担任投资顾问，若建议使用家族信托财产购买自家金融产品（银行的理财产品或信托公司的其他信托计划），在这种情况下，如使用家族信托资金购买信托公司其他信托产品，在法律上会发生其他信托计划中委托人（代管家族信托资产的信托公司）与受托人（仍为该信托公司）的同一，这也使得信托公司内部形成了利益冲突。虽然这为银行和信托公司提供了获利机会，但是无法实现家族信托财产管理者与自身利益的隔离也是当前家族信托的交易架构中最显著的问题。

（二）信托公司开展家族信托模式探索

1. 信托的设立

通常而言，设立家族信托应当经过以下步骤：首先，确立设立信托的目的及诉求；其次，确定解决问题的信托方案及路径，构造整个信托安排的结构；再次，起草信托法律文件；最后，执行信托安排，确保信托有效设立。

家族信托是为了个人和家庭利益，以私人财富的规划、管理、保护、传承为目的设立的信托。以此来看，家族信托属于民事信托。因此，在一般情况下，有效设立信托需要满足以下六个条件：一是有合法的信托目的；二是有可确定的合法信托财产；三是有适合的受托人主体；四是有确定的受益人或受益人范围；五是不违反国家禁止性法律规定；六是信托财产所有权发生真实转移。从信托财产的种类来看，可以将信托分为资金信托和财产权信托。从现阶段立法环境角度来看，资金信托规避了目前国内信托的登记争议和税收争议问题，可以顺利实现破产风险隔离和财富的转移分配与代际传承，有效保护家庭成员的常规生活和子女的成长利益。而财产权信托由于信托财产登记制度的缺失，目前尚存在一些争议，在中国“一物一权”的物权法体系下，能否有效设立财产权信托，还要等待相关法律体系的完善。因此，当前国内开展的家族信托业务大部分均采取资金信托的形式。

2. 信托的关键要素

家族信托的设立自然与其他信托计划一样，信托的关键要素必不可少，如信托期限、信托收益率、信托起点及信托的资金用途等。研究国内家族信托的发展路径，可以对业内已有的家族信托产品进行学习分析，并从这几个关键要素入手，逐一探讨。

（1）信托期限

由于大部分家族信托设立的目的是为家族财富的代际传承，因此家族信托的信托期限可以根据客户需要，选择跨代式的产品，期限可以设为30年、50年甚至更长时间，信托性质可以规定为可撤销信托和不可撤销信托等。如平安信托于2013年初发行的内地第一只家族信托——平安财富·鸿承世家系列单一万全资金信托，合同期限50年，为可撤销信托；而招商银行私人银行于2013年5月正式签约首单财富传承家族信托，其合同期限为30~50年，为不可撤销的跨代信托。因此，基于家族信托特有的功能优势，可以根据客户需要灵活设定家族信托的期限。可撤销信托，其委托人可以随时将信托撤销拿回信托财产。不可撤销信托则相反，信托不能随意撤销，资产只能通过分配等方式转移给受益人（委托人可以作为受益人）。目前来看，基于资产保护等原因，不可撤销信托为主流的选择。

（2）信托收益率

由于家族信托的需求群体一般为财富达到一定水平的企业家等，他们对于资产的增值需求已经不是那么迫切，他们更在乎的是资产的保值与财富的传承，利用家族信托将其一生积累的财富传承给下一代。因此，家族信托的收益率可以采取较低的“固定收益率+浮动收益率”的模式，固定收益可与金融机构五年以上人民币贷款基准利率挂钩并调整，财富增值需求的信托可选择根据实际投资收益情况浮动分配收益。在资产配置上，可先通过固定收益类资产积累安全垫，再逐步配置权益类风险资产，确保资产的安全。

平安信托发行的“万全资金信托”的模型主要针对高端法人客户销售，如全国五百强企业、事业单位、各类基金会等。其资金主要投向物业、基建、证券和加入集合资金信托计划，预计年收益在4%~4.5%。

（3）信托投资起点

招商银行的家族信托基金主要针对家庭总资产5亿元以上的客户设计，其资产门槛为5000万元，而平安信托发行的单一资金信托的募集规模为5000万元。在家族信托设计环节，可根据客户的不同需求设置不同的起点金额。如客户单纯为了资产的保值增值，那么可以将信托起点设置为3000万元，从而降低门槛以吸引更多客户；若客户为了子女成长或赡养老人，由于期限较长，结合设立成本及期限等多方面因素可设定起点为5000万元。

（4）信托的管理与收益分配方式

平安信托发行的家族信托产品，在存续期间可根据委托人的实际情况和风险偏好来调整资产配置方式和运作策略。在受益人设置及信托财产的分配上，此类信托可设置其他受益人，可中途变更，也可限制受益人权利。信托委托人与平安信托共同管理信托资产。招商银行发行的首单家族信托基金，其受益人为三个子女，此家族信托基金的所得受益分为一定比例的定期与最终分配两种形式，设立的信托主要为现金资产，借此信托基金形式妥善安排传承其财富。客户设立的这单家族信托，其子女可定期领取薪金，信托期限设50年。遇到婚嫁、买房、买车、创业、医疗等大事，都可以从信托基金中拿钱买单。

在信托利益分配上可选择一次性分配、定期定量（比例）分配、不定期不定量分配、临时分配、附带条件分配等不同的形式。家族信托不仅可以保障富二代、富三代的基本生活，还可"附带条件分配"以有效约束信托受益人，避免家族因继承、分割问题起纷争。信托通过定期或不定期将信托财产运作情况以正式报告或邮件等方式与委托人/受益人沟通。信托公司作重大决策前，也要充分征询委托人意见，使委托人对运作信息有充分了解。当委托人不在世时，则根据相关协议条款或法律执行信托。

（5）信托公司收取的费用

平安信托采取的固定管理费年费率为信托资金的1%，年信托收益率高于固定收益率的部分，收取50%作为浮动管理费。招商银行的年费按托管资产的一定比例收取，比例取决于信托的复杂程度，以及委托人生前还是过世。委托人生前多少会参与信托管理，收费比例低一些；委托人过世后，完全由银行管理，责任更大，收费会更高。超额管理费则按照行规，超出委托人预期收益部分，招商银行按20%的比例提取。此外，作为受托人的信托公司，也按一定比例收取费用。因此，信托公司开展家族信托业务的过程中，可以采取"固定管理费（年费）+超额管理费"的模式，具体收费比例可以多方协商，也可以根据信托的复杂程度而定。

（6）借鉴离岸信托模式，可设立信托监察人。

通过上述列举的国内已有的家族信托案例，可以看出，离岸信托对家族信托的开展具有重要的借鉴意义，这里首先对海外信托进行概括性的介绍。

海外信托的一般运作方式为，委托人通过信托公司（受托人），设计信托结构，指定受益人，设立海外信托。将其境内资产转移至信托公司控股的海外（一般在上述岛国）公司，作为信托财产。信托关系成立后，受托人按委托人意愿，日常运作及执行信托资产管理/处置/分配。可设立监察人对受托人进行监督，可设董事（多由委托人本人或其指定人士担任），负责海外控股公司的日常运作及执行重大决策，可设投资顾问（多为委托人指定或本人担任），由受托人及海外控股公司作为专业顾问聘用并支付顾问费用，负责对信托资产的投资/处置（见图3）。

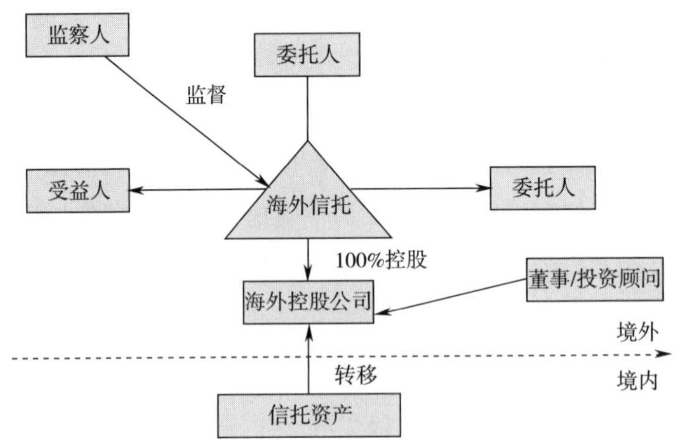

图3　海外信托架构结构

国内信托机构在开展家族信托业务时，在信托设计环节，可引入信托监察人制度对受托人进行监督，也可设立家族信托决策委员会等组织负责家族信托资产的日常管理及投资决策。因为面对家族和企业传承中的重大问题和顶层设计，需要平衡委托人、受托人、受益人的利益，考虑期限较长、利益重大、家族中的关系与企业中的关系交织在一起等因素。监察人或保护人制度可能有助于解决上述问题。

我国信托法只规定了公益信托的监察人制度。《信托法》第六十五条对于公益信托监察人的权利是这样规定的，信托监察人可以以自己的名义，为维护受益人的利益提起诉讼和其他的法律行为。而对于信托监察人应该承担哪些义务，法律里面没有详细的规定。所以若以此来考量信托监察人的权利义务，目前来讲还缺乏明确具体、可操作的法律依据。按照我国现行《信托法》实施的实际情况，设立家族信托是可以操作的，我国的《信托法》里，对于私益信托领域设立信托监察人并无禁止性规定，因此在推行家族信托的过程中，应该可以约定设立信托监察人。

3. 信托公司开展家族信托需注意的问题

在当前的政策背景及市场环境下，国内信托公司在家族信托业务开展方面仍然存在很多不足之处，因此，信托公司应该积极思考，寻找出适合自身发展的路径。

首先，应深入调研考察并积极制定相关发展战略。任何新领域的开拓都需要经过前期不断的考察、调研与学习。多与行业内已进行相关研究的人士交流学习不仅能汲取一些优秀的理念与经验，共享资源，还能开阔视野为后续的研发工作提供理论支持。同时，还可以与有意向的高端客户沟通，调研他们财富传承的需求，使得家族财富管理信托的设计更灵活且具有针对性。以上都能为信托公司未来的发展提供思路，有助于相关发展战略的制定。

其次，应大力培养和引进专业的优秀人才，研发创新家族信托产品，同时丰富自主管理信托的产品线。真正的家族信托业务涉及的财产类型多样，有资金、股权、不动产、动产等，包括实业领域或金融等各个行业，信托公司要整合各个领域的资源与人才，才能推进家族信托的发展。目前来看，信托公司在这些领域的专业人才急缺，再加上家族信托对法律、税务筹划等方面的需求，积极培养挖掘相关的优秀人才是信托公司的当务之急。而加强与会计师事务所、律师事务所的合作也是十分必要的，因为在开展家族信托业务的过程中，所需求的税务筹划包括运用信托、离岸公司等工具进行的家族跨境投资税务规划、大股东企业上市税务规划、移民和财富传承的税务规划等，而信托的每一条款都需要和其他的法律相协调，无论是《婚姻法》，还是《继承法》、《物权法》、《公司法》、《民法通则》、《破产法》、《仲裁法》，以及其他法律，每一条款都需要一个深层次的衔接，这些都需要相当专业的机构加入。

再次，加强自身直销能力，增加客户资源。在客户资源方面，信托公司要积极建设自己的财富中心，加强全国范围的区域布局，提升自身直销能力，当在自己的财富中心积累不足时，也可以选择与私人银行合作的模式，这也是当前普遍运用的方式，强强联合，不但可以增强客户体验，还可以拓宽家族信托业务的受众群体，不断从中积累经验，使得国内家族信托业务的发展趋于成熟。

最后，注重与其他金融机构的多方合作，逐渐提供离岸家族信托服务。由于国内目前是分业经营的体制，家族信托的开展要依赖于金融机构之间的合作。国内对家族信托的探索不仅仅是信托公司的责任，一旦一个家族把他的大部分财产设置成信托财产之后，随之而来的就是资产管理，仅仅依靠信托公司将难以完成这样的任务。所以，信托公司应与银行、保险、券商等其他金融机构合作，产生协同效应，完善资产配置体系，提高资产管理水平，才能更好地履行家族信托受托人的职责。而据悉，国内多家私人银行等财富管理机构已成功开展离岸家族信托业务，即通过制度化的法律结构，而非道德伦理化的原则来确保家族以及财富的稳定与安全。因此，成熟的离岸信托模式将是未来国内家族信托业务的发展方向。

五、国内开展家族信托可能存在的障碍及家族信托市场展望

（一）国内相关制度存在的障碍

1. 信托财产的登记方面

《信托法》第十条规定“设立信托，对于信托财产，有关法律、行政法规规定应当办理登记

手续的，应当依法办理信托登记”。但是，我国立法机构并未就信托财产如何办理登记出台具体的实施细则，使信托登记活动缺乏可操作性。我国信托登记遵循的是“登记生效主义”原则，信托财产需要办理登记手续的，只有依法办理登记信托才能产生效力。因此，在我国，委托人以需要办理登记手续的家族财产设立信托，必须将其财产进行登记公示，这将对委托人设立家族信托的积极性产生重大影响，毕竟大多数高端客户并不愿意泄露财产隐私。

2. 信托财产的税收问题

当前，我国的信托税收制度还不健全，信托活动本身固有的税收策划和节税功能未能得到有效体现，委托人设立家族信托的意愿自然也不强烈。我国大陆和台湾地区几乎同时制定的《信托法》，可是过了快三十年，台湾的“信托法”由于后来制定了多部的税法，所以涉及“信托法”的税法，就很具有可操作性。若要“信托法”能够从一个理论上的法律变成实践中的法律，很重要的一条就是税收制度必需完善。中国大陆目前在这个方面还有欠缺。

3. 股权资产的管理方面

在国外，家族信托的一个重要功能是通过托管家族企业股权实现传承。目前，我国的家族信托的信托财产都为金融资产，金融投资、财富保增值的属性更重。由于我国信托法并未就股权资产的管理作出明确规定，如家族信托采用信托持股的架构，则无法对企业的所有权、管理权及分红权的清晰划分提供法律依据，尤其是在发生委托人死亡事件时，该如何确定企业的管理者成为亟待解决的问题。

4. 家族信托与遗产税之间的关系

从 2010 年版的《中华人民共和国遗产税暂行条例》草案来看，应征收遗产税的遗产包括被继承人死亡时遗留的全部财产和死亡前五年内发生的赠与财产。如依照该草案的内容，被继承人是可以通过提前设立家族信托规避遗产税的。但是，一旦开征遗产税，相关部门对家族信托的态度还无法得知，未来能否依靠家族信托规避遗产税存在不确定性。

5. 外汇制度的管制

随着改革开放的深入和民营资本的发展，许多企业家在国外也有巨额投资和资产，但由于我国法律对于境内自然人持有外汇进行了一定的限制，因此，如在境内设立信托，无法将委托人在境外的资产进行托管，将国内资产与国外资产统一打包于信托资产包，而是必须在境外就国外资产单独设立信托。烦琐的程序也阻碍了在境外有资产的企业家在中国境内设立家族信托的步伐。

6. 房地产类信托财产的固有风险

中国规定国有土地使用权有时间限制，如居住用地 70 年等，而对附着于其上的商品房的权属问题，法律始终没有明确规定，考虑家族信托存续时间可能较长，在上述期限届满后，有关财产权的处置可能也会产生各种不确定性。

（二）信托公司管理能力有待提高，相关经验匮乏

家族信托涉及的信托财产种类多样，管理事项复杂，信托公司除了按照合同约定将信托财产向受益人进行分配外，还需要承担起运营信托财产的责任。而目前来看，国内信托公司的主动管理能力尚有待发展和完善，信托公司在房地产、证券等方面的专业人才仍需继续积累。同时，中国股市10年来的表现与宏观经济完全背离，国内投资人也相对缺乏全球投资经验，因此还需要进一步努力才能达成为HNWIs财产保值增值的目标。

（三）家族信托理念相对淡薄

我国正式接受信托制度的时间很短，社会对信托的认知度仍然比较低，尤其是家族信托，在我国尚处于起步阶段。信任是信托业务开展的基础，信任的前提是"充分了解"。人们对信托的接受度不高，不敢利用信托进行家族财富的管理，也成为制约家族信托业务发展的一大瓶颈。对于中国的信托业和资产管理机构来说，进行理念的宣传是开展家族信托业务的当务之急。

（四）对国内家族信托的展望

根据当前国内的资产管理现状，从单一功能的家庭信托产品入手，再逐渐地与国际上已经成熟的离岸家族信托接轨是非常务实的做法。当单一功能的产品多样化发展之后，家族信托将会被更广泛地接受，受托人管理资产的能力、专业化程度等也会逐渐得到发展，国家的法治环境也会逐渐改善，综合类的家族信托产品甚至家族办公室这一顶级家族信托业务也会得到发展。而随着市场的成熟与开放，国内企业的国际化越来越普遍，境内家庭的境外权益规模也越来越大。由于境外司法管辖区的信托立法相当完善，通过设立离岸家族信托，境内实际控制人可以对境外权益进行安排，企业实际控制人可以更好地实现跨境资产管理，解决代际传承问题、公司治理问题、资产配置问题、遗产税问题等，且是必然的选择。

总之，虽然造成中国家族信托短期内存在各种问题的原因是多方面的，其中既有法律环境的不足，也有中国家族信托起步较晚，管理经验仍需积累的原因，但是从长远来看，中国家庭的财富积累和传承已经为发展家族信托提供了一定的物质基础，政治稳定、法治进步是大势所趋，毕竟不是每个高端客户都有条件实现离岸家庭信托，因此，中国式的家族信托市场需求很大，发展潜力也非常巨大。

信托公司应从现在开始大力研发家族信托产品，特别是主动管理型产品，并为该类产品积蓄人才、经验。这些工作不但可为信托公司寻求将来业务发展的新契机，还会提前培育市场，从另一个侧面推动和促进我国信托法律制度的发展和改变。在未来，通过各方面的共同努力，中国式家族信托会不断地发展和完善。

土地金融价值评估分析①

华宸信托有限责任公司　甄学军　廖年生

土地抵押融资十分普遍，土地金融价值评估是必要的风险防范措施。直接引用传统评估数据面临传统评估方法准则与金融原则不完全一致、传统评估方法本身并不完全准确、国内市场经济信息高速变化影响价值判断、直接依赖评估报告潜在风险等不可避免的问题。在现有条件下，可根据金融行业规则，制定土地金融价值评估基本原则，分析关键影响因素，对现有评估方法和数据进行修正，合理使用评估报告，确保土地评估符合金融风险控制要求。

一、引言

根据国土资源部统计，截至2010年末，全国84个重点城市抵押贷款达3.53万亿元，同比增长36.3%；抵押贷款净增9206亿元，同比增长18.8%。在银行信贷、信托投资以及其他金融活动中，土地已经成为重要的抵押物，被视为金融风险保障的基础资产。因此，土地抵押是否足值，事关金融行业的资产安全和风险管控质量。

通常，金融机构直接依赖评估机构出具的评估报告，来判断土地抵押价值。然而，由于《城镇土地估价规程（GB/T 18508－2001）》等传统评估方法准则与金融原则存在不一致之处，传统评估方法本身并不完全准确，以及国内市场经济信息高速变化和城市化进程加快影响土地价值判断等因素，直接依赖传统评估报告可能存在法规和标准风险、道德风险和操作风险，影响土地金融价值的客观性。

基于金融风险控制要求和国内土地评估现状，需进一步明确土地金融价值评估的原则与影响因素，对现有评估方法加以修正，正确使用土地评估报告。

① 本文已在《统计与决策》杂志刊发。

二、土地金融价值评估的原则及主要影响因素

（一）土地金融价值评估的原则

土地金融价值评估是出于资金融通目的的不动产价值评估，其原则不仅要符合评估执业原则，而且要遵循金融行业的基本原则。土地金融估价应遵循的基本原则有：审慎原则、可变现原则、合法性原则、独立客观公正原则。

遵循审慎原则是指土地金融估价过程中保持谨慎态度，在估价方法选取、市场参照标准、预期收益判断等实际操作时，执行评估规范中对估值最具确定性的标准和参数。

遵循可变现原则是指土地金融估价应以估价对象在融资期限内通过拍卖、转让等方式得到现金的保守数值为依据。

遵循合法性原则是指土地金融估价应以估价对象的合法使用、合法处分为前提估价，估价程序合法。金融估值除了遵守评估行业一般法规外，还得遵守金融法规，如《中华人民共和国银行业监督管理法》、《中华人民共和国商业银行法》、《贷款通则》、《商业银行房地产贷款风险管理指引》、《中华人民共和国担保法》、《中华人民共和国物权法》等。

遵循独立客观公正原则是指土地金融估价机构及评估人员在评估过程中保持高度的独立、客观、公正的执业规范，严禁按融资方利益索求进行估价。

（二）影响土地金融价值的主要因素

土地金融价值的主要影响因素包括估价对象的地理位置、所在区域土地市场的活跃程度、宗地法律属性、房地产市场趋势等。

地理位置，指估价对象在城镇中的具体地理位置，包含影响城镇内部区域之间地价水平的商业服务、繁华程度与经济状况、交通条件、公用设施及基础设施水平、区域环境条件及影响土地使用的其他条件等。地理位置是土地金融价值的内在决定因素。

所在区域土地市场的成熟度指估价对象所在区域内类似土地交易市场条件成熟状况。在宗地范围附近存在众多现实的交易量，或潜在的土地需求旺盛，宗地未来变现的条件成熟。

宗地法律属性指估价对象的土地使用权性质、土地权属、用地规划、出让条件等影响债权实现的法律因素。若有《担保法》第三十七条规定的不得抵押的财产，结合《最高人民法院关于适用〈中华人民共和国担保法〉若干问题的解释》，判断评估条件。

房地产市场趋势指在融资期限内，估价对象所在区域的房地产市场所处的行业周期阶段，及可预见的未来的价格与成交量的走势。房地产市场直接影响土地需求，房地产市场存在周期

性波动，根据国际经验，房地产价格不可能永远上涨，尤其房地产异化成金融投资后，存在较大市场风险，影响抵押物的价值和变现能力。

三、土地金融价值评估方法与实务

（一）现有评估方法的比较与修正

土地金融价值评估属于特殊目的的评估，不能脱离现有的评估体系，但又要体现金融点特殊要求，可以参考《建设部、中国人民银行、中国银行业监督管理委员会关于规范与银行信贷业务相关的房地产抵押估价管理有关问题的通知》（建住房［2006］8 号），对国土资源部《城镇土地估价规程》、住房和城乡建设部《房地产估价规范》与财政部《资产评估准则——不动产》等国内评估机构进行土地评估的主要依据中的传统评估方法加以比较和修正。

1. 市场比较法

（1）基本公式

$$V = VB \times A \times B \times D \times E$$

式中：V 为待估宗地价格；VB 为比较实例价格；A 为待估宗地情况指数/比较实例宗地情况指数 = 正常情况指数/比较实例宗地情况指数；B 为待估宗地估价期日地价指数/比较实例宗地交易日期地价指数；D 为待估宗地区域因素条件指数/比较实例宗地区域因素条件指数；E 为待估宗地个别因素条件指数/比较实例宗地个别因素条件指数。

（2）适应范围

地产市场发达，有充足的具有替代性的土地交易实例的地区。直接用于评估土地的价格或价值，或用于其他估价方法中有关参数的求取。

（3）运用要点

收集足够的交易实例，且实例在区位、用途、规模、建筑结构、档次、权利性质等方面与评估对象类似；成交日期与评估基准日接近；交易类型与评估目的吻合；成交价格为正常价格或者可修正为正常价格。进行交易情况修正、交易日期修正和不动产状况修正。

（4）金融价值修正

市场比较法关键在于对可比实例成交价格的合理性判断，选取合适的比较案例是其难点，比较因素的主观性和数据质量直接影响和决定着市场比较法估价的最终结果。

不选取成交价格明显高于市场价格的交易实例；关注受债权债务关系影响的特殊交易价格。

2. 收益（还原）法

（1）基本公式

若土地收益为无限年期

$$V = a/r$$

式中：V 为土地收益价格；a 为土地纯收益（或地租）；r 为土地还原利率。

若土地收益为有限年期

$$V = (a/r)[1 - 1/(1 + r)n]$$

式中：V 为土地收益价格；a 为土地纯收益；r 为土地还原利率；n 为未来土地使用年期。

（2）适应范围

有现实收益或潜在收益的土地或不动产估价。

（3）运用要点

不动产应当具有经济收益或者潜在经济收益；未来收益及风险能够较准确地预测与量化；未来收益应当是不动产本身带来的有形和无形收益。合理确定收益期限、净收益与折现率。

（4）金融价值修正

运用收益还原法估价时，除了关注收益价格是否公平，评估值对资本化率的变动很敏感，且远远大于对纯收益变动的敏感程度。单纯以银行平均利息率、房地产抵押贷款利率、投资年利率、复合利率、产业平均获利率、经济增长率、房地产租售比率等经济指标作为资本化率，较难客观地评估出房地产价格。

不高估收入或者低估运营费用，不低选报酬率或者资本化率。

3. 成本（逼近）法

（1）基本公式

$$V = E_a + E_d + T + R_1 + R_2 + R_3 = V_E + R_3$$

式中：V 为土地价格；E_a 为土地取得费；E_d 为土地开发费；T 为税费；R_1 为利息；R_2 为利润；R_3 为土地增值；V_E 为土地成本价格。

（2）适应范围

新开发土地，或土地市场欠发育、交易实例少的地区的土地价格评估。

（3）运用要点

重置成本采用客观的更新重置成本；不动产重置成本采取土地使用权与建筑物分别估算；合理确定不动产的经济寿命年限；全面考虑可能引起不动产贬值的主要因素。

（4）金融价值修正

成本法中，潜藏房地产市场持续向好的假设，忽略了经济折旧的扣除。

不高估土地取得成本、开发成本、有关费税和利润，不低估折旧。

4. 假设开发法/剩余法

（1）基本公式

$$V = A - B - C$$

式中：V 为待估土地价格；A 为开发完成后的土地总价值或房地产总价值；B 为整个开发项目的开发成本；C 为开发商合理利润。

（2）适应范围

具有投资开发或再开发潜力的土地估价。

（3）运用要点

具有开发和再开发潜力，且开发完成后状况所对应的价值可以合理确定；满足规划条件下的最佳开发利用方式。

（4）金融价值修正

假设开发法隐含了土地价值最高最佳运用原则，没有考虑实际达到最佳开发状态的可操作性和各环节的风险。

不高估开发后的价值，不低估成本、税费和利润，对关键环节风险因素用概率加以调整。

5. 基准地价（系数）修正法

（1）基本公式

$$V = V_1 b \times (1 \pm \sum K_i) \times K_j$$

式中：V 为土地价格；$V_1 b$ 为某一用途土地在某一土地级上的基准地价；$\sum K_i$ 为宗地地价修正系数；K_j 为估价期日、容积率、土地使用年期等其他修正系数。

（2）适应范围

基准地价数据公布、更新及时的区域，影响因素能明确定量的土地估价。

（3）运用要点

根据评估对象的价值内涵与基准地价内涵的差异，合理确定调整内容。土地级别、用途、权益性质等要素一致时，调整交易日期、区域因素、个别因素、使用年期和开发程度等。

（4）金融价值修正

基准地价体系中，出让地、划拨地、集体土地的基准地价信息是静态的，其更新周期甚至长于地价变化周期，缺少地价动态监测，不能随时分权利、分用途、分区域测算地价变化，及时更新地价信息。

谨慎选择参照地价和修正系数，充分估计处置风险。

（二）传统评估报告的合理使用

如果金融活动中只能依据现有的评估报告迅速作出价值判断，则需要合理使用土地评估报告。

1. 审阅报告基本要素

（1）评估机构

评估机构是评估报告质量的首要因素。对评估机构关注点包括机构所属部门、资质、与融资方的利益关系、业绩记录等方面。归属不同的主管部门（国土、住建、财政）的评估机构，对应的业务规则、评估标准和参数系统有所差别，评估报告使用人需具备相关背景知识才能正确使用。评估机构的资质应符合金融机构的风险控制要求，最好是金融机构指定或其合格评估机构名单库成员，评估师应具备金融专业知识和房地产市场分析能力。评估机构、评估人员应不存在不良执业记录，与融资方不能有利害关系。

（2）评估目的

土地金融估价目的，应当为确定土地抵押融资额度及风险保障程度提供参考依据而评估土地金融价值。金融评估基本作用在于保护债权方/投资方利益，防范金融风险，维护经济金融秩序。

（3）有效期及评估时点

评估报告应该在有效期内使用，注意现场勘查时点、报告完成时点及市场数据时点的差别。

（4）评估方法及参数选取

价值评估是在一系列假设基础上，选择恰当的参数，使用合理的评估方法后得出。评估报告不得滥用假设和限制条件，重点关注对估价结果有重大影响的因素及可能产生的影响。甄别评估报告中使用的估价依据、原则、方法、相关数据来源与确定、相关参数选取与运用、主要计算过程等必要信息，判断估价结果的准确性与合理性。土地金融价值评估宜选用市场比较法、基准地价修正法；成本法适用于城市核心地段易于变现但缺少可比市场数据，仅考虑在现有制度条件下重新购置可比地块所需的成本；收益法和假设开发法所需的假设条件过多，存在较多不确定性，尽量避免使用。

2. 评估报告估值修正

土地抵押是金融业务风险防范的基本手段，金融机构需根据评估数据准确性、土地市场预期、变现能力等因素，对土地评估报告的评估价值作进一步修正。

通过对评估机构执业能力、评估方法与参数的选择、数据信息处理质量等方面的综合判断，确定评估报告数据的准确性和可靠程度。分析在融资期限内，随着时间推移，土地市场及估价对象状况的变化趋势对评估价值可能产生的影响，尤其关注土地抵押价值未来下跌的风险。变现能力分析应当包括抵押房地产的通用性、独立使用性或者可分割转让性，假定在处置时点拍卖或者变卖时最可能实现的价格与评估的市场价值的差异程度，变现的时间长短以及费用、税金的种类、数额和清偿顺序。

评估价值再修正计算公式：

$$V_f = V \times P_1 \times P_2 \times P_3 \times P_i$$

式中：V_f 为土地金融价值；V 为评估报告提供的待估宗地价值；P_1 为评估报告数据的准确程度/可信度；P_2 为土地变现的可能性；P_3 为土地市场预期不低于评估时点土地市场状况的概率；P_i 为其他修正系数（$i=4-n$）。

说明：P_1、P_2、P_3、P_i 取值范围均在［0，1］，其中，数据准确性越高，P_1 越大；P_2 融资期内变现达到评估值的概率，达到或超过者取 1；土地市场预期好于评估时点的市场状况时，P_3 取 1，土地市场预期对抵押物价值起负面作用时，可根据预期土地市场价格指数/评估时点土地市场价格指数取值替代市场变化概率。

3. 关注评估报告之外的信息

评估毕竟不是万能的，需通过报告之外的信息弥补现有评估的不足。

土地抵押为金融风险保障措施，属第二还款来源，金融机构在考察土地评估价值之前，尚须对融资主体（含企业、政府部门、事业单位、个人等）的资信和还款能力加以甄别，即重视第一还款来源。

融资项目启动后，动态监测评估后续事项，掌握评估价值下降的综合信息，及时采取其他风险控制措施。

有条件的金融机构可内设评估顾问委员会，聘请机构内外的有经验的专家协助土地等抵押物的评估事宜。

四、结语

土地金融价值评估，是从金融专业视角对土地未来可变现价值作出的审慎判断，是抵御金融风险的必要防线。在现有条件下，通过对传统评估方法的适当修正，重视评估报告的正确使用，可以在一定程度上提高土地金融价值评估的客观性。若从长远出发，需金融行业与评估行业共同努力，系统性解决土地金融价值评估存在的诸多问题。

中国房地产金融发展现状及转型思考

杭州工商信托股份有限公司战略研发部

从数据来看，2014年似乎是房地产的小年。销售上，低迷的行情未曾改观。2014年1—9月全国商品房销售面积7.7亿平方米，同比下降8.6%，降幅扩大0.3个百分点。9月百城住宅价格指数显示，与2013年同期相比，同比上涨的城市为29家，同比下降的城市为71家。新开工方面，1—9月，房屋新开工面积13.1亿平方米，同比下降9.3%。房企投资热情不高。与此同时，在房地产市场进一步转型、从全面普涨回归至理性发展的背景下，不同地区的市场特征出现明显差异，市场供应量和供应节奏不同、需求支持度不同的地区的市场走势已出现分化。

从政策方面来看，地方政府和中央又频频推出刺激新政。先是年初开始的取消限购潮。截止至9月末，全国46个限购城市中，仅剩最后6个城市未取消或者松绑限购政策。包括北京、上海、广州、深圳4个一线城市和珠海、三亚2个二三线城市。另外，9月30日，中国人民银行与银监会联合下发通知取消限贷，宣布对拥有1套住房并已结清相应购房贷款的家庭，再次贷款买房将实行首套房贷政策。

房地产市场正在发生深刻的变化，金融市场也在发生着深刻的变化。随着国内金融改革的深化、大资管时代的到来，资本市场的开放度和融资工具、金融产品的丰富程度已经显著提高，房地产金融的发展也正在迎来关键性的时间窗口，房地产金融创新正当其时。

一、总揽

（一）房地产与金融的关系

有这么一种说法“做房地产就是做金融”，这句话形象地说明了房地产和金融是密不可分的，或者说房地产是金融化的。这个金融化体现在两方面：一是房地产资产有金融化的属性；二是房地产行业的金融化。第一个金融化比较好理解，房地产除了满足“住”、“用”的基本功能外，还有很重要的投资属性，有着资产升值和获得收益的空间，这点和金融资产类似。第二个金融化表示房地产行业在发展壮大的过程当中，离不开资金的融入，离不开各类金融机构的参与，离不开现金流的管理和运作，而其自身的演变又反过来影响到整个金融市场的格局。我们主要讨论第二个金融化。

（二）金融化的房地产业

房地产行业是一个资金密集型行业，通常项目投入资金大，开发周期较长，因此，外部融资是房地产企业开发投资的主要资金来源。从近 8 年数据来看，房地产的自有资金投入比例一直在 30% ~40% 。

从外部融资的方式来看，国内银行贷款仍为外部融资的主要渠道，比重一直维持在 80% 以上。但近几年受到银行信贷政策的影响，其比重和增速有所下降。其他金融机构贷款（含信托、券商、基金等）得益于制度优势发挥了明显的银行贷款的替代作用，近几年增速迅猛（见图 1、图 2）。

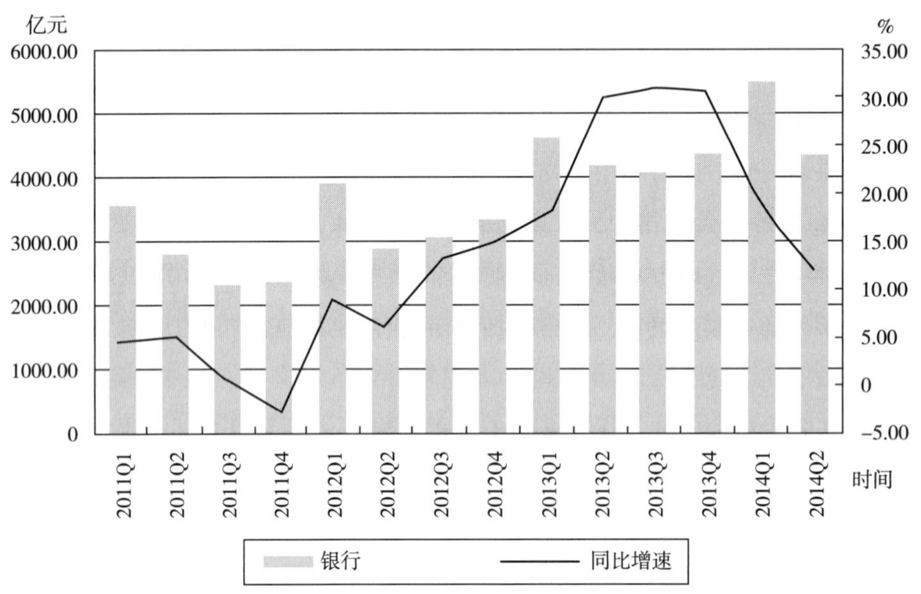

资料来源：国家统计局、研发部。

图 1　房地产投资开发资金来源：银行贷款

二、融资工具

近几年随着房地产市场的发展和金融市场的成熟，房地产企业获得了丰富多样的融资渠道。相比传统的银行开发贷款模式，新兴金融工具具有灵活性的特点，为房地产企业的融资提供了很好的补充。

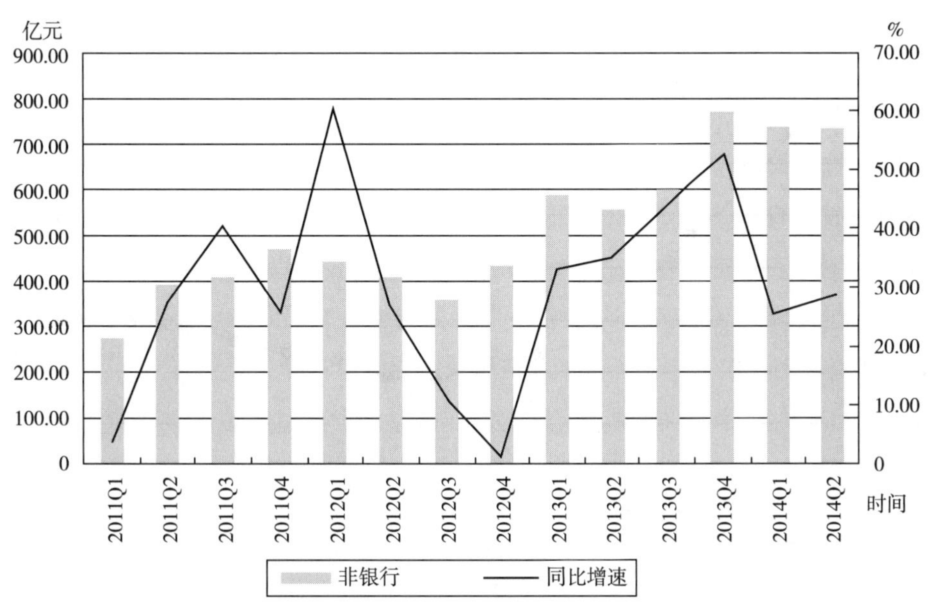

资料来源：国家统计局、研发部。

图2 房地产投资开发资金来源：非银行金融机构贷款

（一）银行贷款

这里包括两块，一个是银行开发贷款，另一个是购房按揭贷款。房地产开发贷款曾经是房企最重要的甚至是唯一外部融资渠道，但自2003年人民银行颁布的《关于进一步加强房地产信贷业务管理的通知》以来，开发贷款就持续受到监管。首先，申请开发贷款需要四证齐全，这就意味着资金无法在拿地阶段介入。其次，杠杆的限制，要求企业必须提供30%的资金比例。另外，商业银行由于表外业务监管的从严和信贷政策的导向，不得不一再提高开发贷款的门槛。房企获取银行贷款的另一个途径，是获得预售证进入销售阶段，但这又在开发的后期，对于房企资金最紧张的开发前期，银行贷款介入受到诸多限制。

图3显示了最近几年的银行房地产贷款余额的变化，由于受房地产信贷政策调控的影响，房地产余额增速持续放缓。

近期政策影响。限购限贷的取消这原本看似对房地产业的一个极大利好消息对银行的影响却变得不那么明朗。长期以来，银行信贷规模受到净资本管理的约束，为了能突破存贷比限制向房地产提供融资，商业银行通过和同业机构的合作开展表外业务来规避监管限制。但从2014年以来，银监会颁布了一系列规范影子银行的文件（如127号文和140号文），对同业合作进行了具体的规定。另外，2014年9月11日，银监会又发布《关于加强商业银行存款偏离度管理有关事项的通知》，要求存贷比偏离度不得超过3%。这使得以往银行为了“冲时点”而采取的高

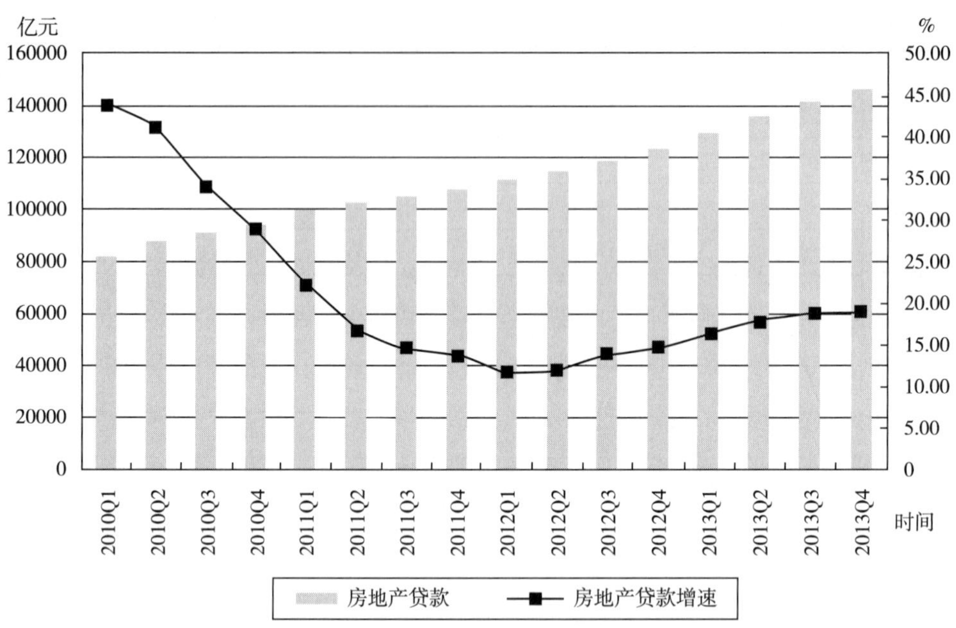

资料来源：研发部。

图3　银行房地产贷款余额

息揽储的方式也变得行不通。受上述政策方面的影响，在限贷取消的大背景下，银行贷款作为房地产融资的手段并没有相应的放松，其将持续受到信贷政策和监管的影响。

（二）资本市场债券融资+增发

上市房企还可以通过资本市场发行债券或者增发进行融资，表1为近几年上市房企发行债券和增发的统计

表1　　资本市场募集资金一览

年份	增发数（只）	增发规模（亿元）	增发日溢（折）价（%）	债券数（只）	发行规模（亿元）	平均利息（%）
2007	30	491.00	125.66	4	29	4.57
2008	24	680.82	33.41	7	157	6.89
2009	20	579.07	63.60	21	288.3	6.21
2010	2	43.34	144.45	1	17	3.28
2011	9	229.47	91.93	2	50	5.76
2012	2	23.96	-26.83	1	9	5.49
2013	1	3.07	-27.60	5	26	6.02
2014	11	211.40	29.18	28	300	6.62

资料来源：Wind资讯、研发部。

从数据可以看到，在2010年以前，上市房企通过增发作为在资本市场融资的主要手段，但由于资本市场对房地产企业再融资的限制，上市房企的增发融资受到了限制，2010—2013年总共增发14只，总共募集资金299.84亿元，无论数量或规模都不及2007—2009年间一年的总体量。2014年3月证监会对房地产企业股权融资重新开闸，截至10月共增发了11只，募集资金211.40亿元。同时，可以看到债务工具——企业债所占的比重也逐渐升高，基本属于和增发融资并驾齐驱的水平。

资本市场融资作为上市房企一种重要手段，有流动性好、帮助企业价值发现的优点。但受政策的影响最大，并且审批程序复杂，周期较长，一般为一年以上，会消耗企业大量的经济和社会资源，效率低下。这基本上决定了它不可能成为项目融资的手段，更多的是作为房企在集团层面对于资本结构优化和财务总体策略性安排的手段。另外，通过定向增发方式募集资金，投资者获得股权，融资成本较高，同时对于投资者而言又有一年的封闭期，对投资者而言有市场风险，也会影响其参与热情。

近期政策影响。2014年以来，证监会对于房企在资本市场融资有所放松，另有传闻，针对银行间市场的中票也将对房企放开。这对于丰富房企多元化融资途径固然是好事，但其资金用途被限定在保障房、补充流动资金、偿还银行贷款上，又不可能解决项目融资的根本问题。

（三）房地产私募基金

在中国，由于REITS迟迟没有放开，因此不存在房地产“公募”基金。所以，但凡在国内设立的房地产基金均为私募基金，即向特定的投资者募集的投向房地产基金。近几年，不少房企如万科、恒大等都发起私募基金，作为一种为自身项目获得融资的补充手段。除了房企自行发起的房地产基金，还有不少私募投资管理公司发起的私募基金，如凯雷、摩根斯坦利、九鼎等。

国内的房地产私募基金一般通过有限合伙制或公司制设立（也有信托制的房地产基金，但在我国属于信托融资的体系，一般不纳入房地产私募的统计口径），经过十几年的发展，房地产私募基金也呈现出其鲜明的特点：

一是专业化管理。一般房地产基金都有其“主题”，即投资策略。针对某一类特定的房地产项目，如商业物业项目、二线城市住宅等进行投资。因此管理团队往往对其擅长的某一类项目有较强的甄别能力，投资上追求的是小而精，而非大而全。

二是多采取权益性投资，较少有债权融资。在项目介入上，基金管理人会要求对所投企业具有一定的控制权，因此，一般以股权的形式介入。但近几年也有采取夹层融资方式投资的私募基金。

三是由于多为权益性投资，因此，投资期限较长，且收益不确定。房地产基金平均的退出期限为3~5年，对于投资者而言，由于其持有的基金份额几乎没有可以转让的平台，流动性较差，自然地对投资回报的要求也较高。当然，高收益也同时伴随着高风险。

四是完全由项目驱动，募集规模有限，且受市场环境的影响波动较大。图4为自2007—2014年上半年房地产基金募集、投资的情况。可以看到，其基本上反映了房地产行业的周期：行业繁荣期，成立数量和规模激增，反之则锐减。

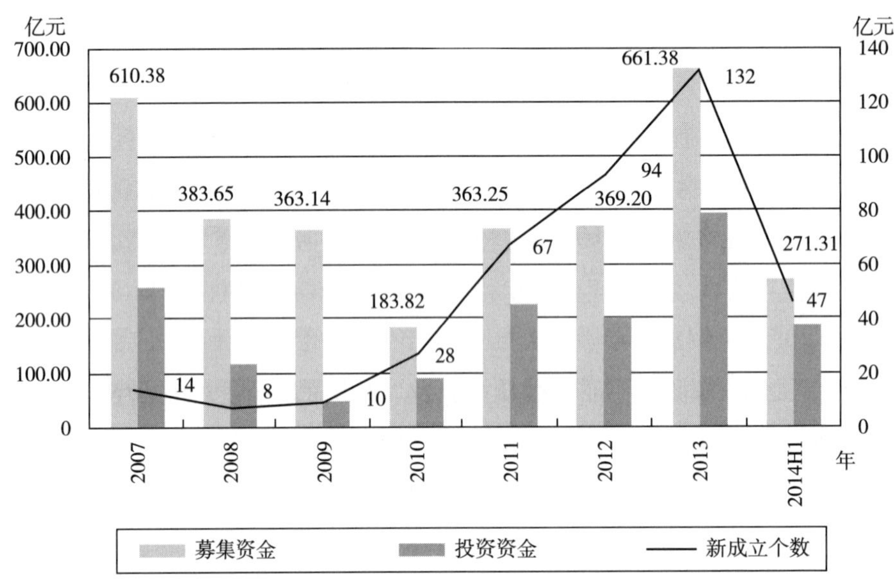

资料来源：清科研究中心、研发部。

图4 2007—2014年上半年房地产私募基金成立和投资情况

近期政策影响。2014年8月21日，证监会颁布了《私募投资基金监督管理暂行办法》，规定合格投资人数上限为200人，另外，允许管理人设立契约型私募基金，避免双重税负，提升资金安全性。办法还对私募基金采取备案制管理，明确了私募基金的合法地位，有利于私募基金资金的募集和业务的开展。

（四）信托融资类信托

由于先天的制度优势，信托融资自2010年银行房贷全面收紧后扮演了极其重要的角色。首先，它基本不受开发期间的影响。信托可以在开发商拿地阶段介入，也可以在获得四证后在开发阶段介入，同时也可以在后期以装修费用流动资金贷款或者现房抵押等方式介入。其次，信托参与方式灵活，可以是债权、股权、收益权，也可以是“优先股+超额利益”分享等，不一而足。此外，信托由于有金融机构牌照的优势，在资金募集方面又较私募的房地产基金方式有优势。

截至2014年第二季度末，房地产信托余额突破1.2万亿元，这也使得信托融资成为仅次于银行贷款房地产企业的第二大融资渠道（见图5）。

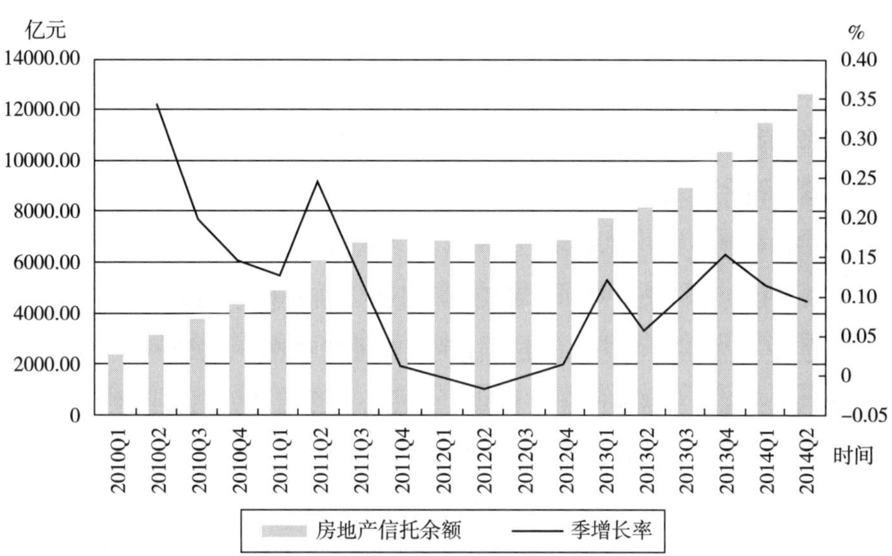

资料来源：信托业协会、研发部。

图5　房地产信托余额

受信托行业在资产管理领域大获成功的启发，2012 年末，证监会、保监会相继放开了监管，允许证券公司、基金子公司、保险公司开展资产管理类业务，投资于房地产项目等“非标资产”。其在业务载体上运用资产管理计划，实际上是一种类信托的方式，其运用方式、法律架构、风险控制也与信托计划大同小异。

信托参与房地产投资一般以债权类投资为主，权益性投资较少。截至 2014 年 10 月，68 家信托公司共发行了 1235 款房地产信托产品（见表 2），按照资金运作方式来分，属于债权类投资的信托产品（贷款 + 债权 + 受益权）有 776 款，募集资金 1236. 99 亿元，占比为 51. 04%。另外在股权投资中，比较常见的模式是与交易对手约定以股权回购的方式退出加一部分的超额利益分享权，因此，该类产品也具有固定收益的特性。将这部分考虑进去，房地产信托产品中应该有超过 90% 的为固定收益类。当然，这也是由信托公司面临的投资者、所受的监管要求、业务的风险偏好所决定，和私募基金不同，信托参与房地产追求的是一个相对稳健的回报和对项目风险良好的把控。

表 2　　房地产信托运用方式

	款数	规模（万元）	款数占比（%）	规模占比（%）	平均期限（月）
贷款类	520	8252346	42. 11	34. 06	25
债权投资	76	1157014	6. 15	4. 77	28
股权投资	197	5398125	15. 95	22. 28	28
权益投资	180	2960554	14. 57	12. 22	28
组合投资	84	3520755	6. 80	14. 53	27
其他投资	178	2943120	14. 41	12. 15	30
合计	1235	24231914			

资料来源：Wind 资讯、研发部。

另外，从期限上来看，房地产信托产品普遍集中在2～2.5年，较一般私募基金而言期限略短，但同时，由于其本身私募的特性以及缺少登记制度，通过转让获得流动性也是比较困难的（券商和基金子公司的资管计划份额可以通过交易所平台挂牌转让获得一定的流动性）。

近期政策影响（信托）。银监会2014年4月8日颁布的《关于信托公司风险监管的指导意见》（银监办发［2014］99号）要求信托公司落实“卖者尽责，买者自负”的原则，其深意是推进信托公司以市场化的方式来应对和处置风险。此外，新的监管评级更强调了“公司治理、内部控制、盈利能力”，有意引导信托公司更加注重风险管理和效率，鼓励业务创新，推动信托公司业务模式转型。这意味着在房地产金融领域，信托公司今后的方向将由粗放式经营慢慢变成注重事后管理的精细化运作，在收益和风险中寻找到一个平衡点。

近期政策影响（资管计划）。证监会还在9月26日颁布了《证券公司及基金管理公司子公司资产证券化业务管理规定》，这个规定是2012年末证监会全面放开资管以后的一个最终解决修正。一方面它修正了先前与上位法不一致的地方，并且将证券公司和基金子公司合并为同一类主体进行监管。在这之前，证券公司开展资产证券化业务主要通过《证券公司资产证券化业务管理规定》（2013年修订）约束，而基金子公司则受到《基金管理公司特定客户资产管理业务试点办法》（2012年修订）约束。两者业务无本质的不同，两套管理办法关于证券化的规定也大同小异，因此，合并也是理所当然的。此外，规定还取消了证券公司和基金子公司在开展资产证券化业务时所必需的行政审批，改为报备制。根据新规，管理人只需在计划成立5日内向基金业协会备案即可。

（五）各类融资工具比较

各类融资工具比较见表3。

表3　　各类融资工具比较

	适用对象	工具性质	融资成本	一般适用范围	所受的监管
银行贷款	均可	债务性	低	开发贷：项目融资早期，满足四证齐全等条件 住房贷款：后期，获得预售回款后	人民银行、银监会，最为严格
增发	上市公司	股权性	高	集团全局性财务安排，牛市时效果较好	证监会，受监管影响很大
发行债券	上市公司	债务性	较低	集团全局性财务安排	同上
房地产私募基金	均可	以权益类为主，也有部分涉及夹层和债权	高	项目融资：早期 并购交易等	证监会或工商，注册制，受监管影响很小
信托（类信托）	均可	均可，但以债权投资为主	中等，一般高于发行债券的成本	项目融资：早中晚期	银监会/证监会/保监会，较为严格

资料来源：研发部。

三、房地产业及房地产金融宏观环境和发展趋势分析

（一）房地产基本面支撑：经济的持续增长，城市化进程的推进

一方面，房地产行业是中国经济的支柱行业，自2006年以来，房地产业对GDP年增长的贡献率均在10%以上，在经历了前期的粗放式增长后，房地产市场进入了稳健发展期。

另一方面，我国的城市化进程远未结束。根据联合国的数据来看，我国的城市化率刚刚过50%，比起发达国家仍有较大差距（见图6）。即使在“金砖四国”中，我国的城市化水平也仅高于印度。按照国务院颁布的《国家新型城镇化规划（2014—2020年）》，城镇化率要达到60%，并且要实现1亿左右农业转移人口和其他常住人口在城镇落户。这意味着，在今后5~10年中，中国的城市化进程仍有很大的发展空间，并且首先在政策扶植上有了根本性的保障。城市化带来的人口迁移，城镇功能性转变，也需要持续对基础设施、保障房、住宅、商业工业物业进行投资，进而为房地产行业带来巨大的发展潜力。

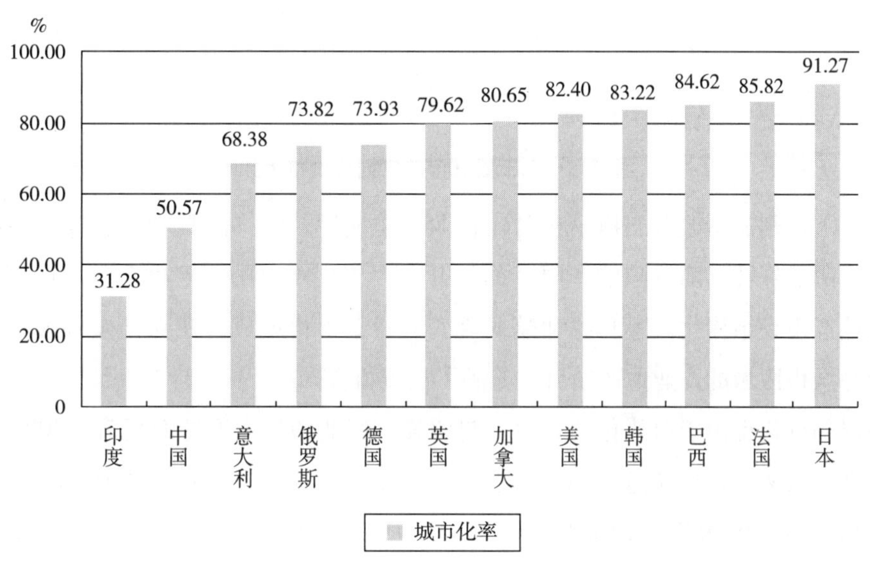

资料来源：UN、研发部。

图6　城市化国际比较

（二）分化的市场格局

主要体现在地域上、物业形态上以及行业格局上的分化。随着调控政策效应的累积和前期刚需、改善性需求的逐步释放，不同地区、不同城市、同一城市不同区域的供求关系结构已经

出现明显差异。优质资源的集中优势和对外来人口的吸引力使一二线城市仍具有较强的市场需求，成熟区域的开发也已接近饱和，可供应的土地规模较小，供不应求的市场结构对一二线城市的市场价格形成较强的支撑力度。相比之下，三四线城市整体市场需求较为有限，价格支撑有限。2014 年以来的价格走势也反映了这点。2014 年 1—8 月，一线城市价格同比上涨 8.98%，二线城市上涨了 1.13%，而三线城市下跌了 1.28%（见图 7）。

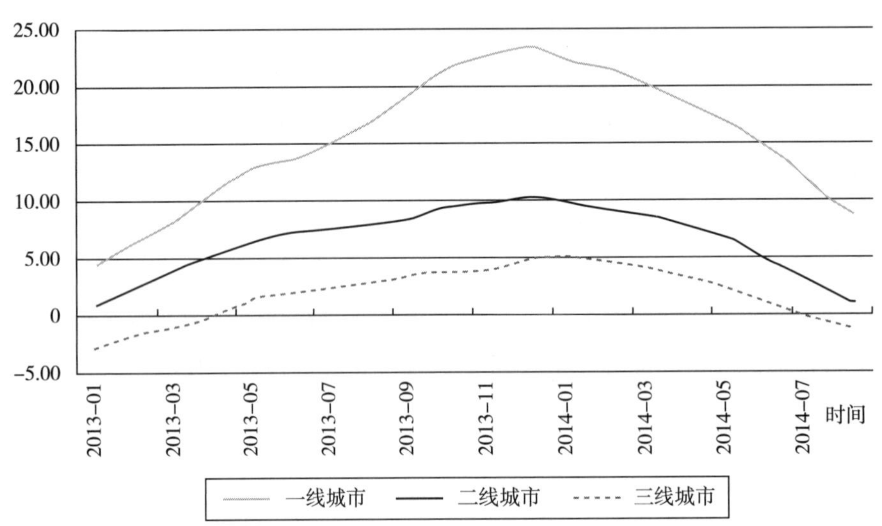

数据来源：Wind 资讯、研发部。

图 7　一二三线城市住宅同比价格指数

物业形态上，刚需、改善型物业和自住物业去化速度较快，高端物业和投资性物业的销售情况仍未出现明显好转。随着限购和限贷的放开，改善型需求的住宅也会有所改观。此外，商业地产在房地产市场结构化调整和盈利模式改变的背景下再度成为热点开发领域，尤其对于处于新兴的中心城市区域的商业地产项目，充满了投资机会。

行业格局的分化也由于白热化的竞争日趋明显，行业的集中度持续提升。2003 年以来，百强企业的业绩增长速度远远超过同期的行业平均水平，领军行业发展。2003—2012 年，百强企业市场份额从不到 15% 增长至 29.6%（见图 8）；从销售业绩来看，百强企业 2012 年销售额均值达 190.79 亿元，10 年增长了近 16 倍，增速一直领先于行业水平，销售面积均值则增至 190.1 万平方米，复合增长率达 24.6%。中小房企或因持续的资金压力或规模不经济失去更多的市场份额，主动或被动地退出市场。

（三）房地产金融的发展趋势

房地产业和房地产金融业正处于一个历史性的转折期，在共同经历过“黄金十年”以后，面临的机遇和挑战并存。房地产金融作为为房地产提供“服务”的行业，其发展命运也是和房

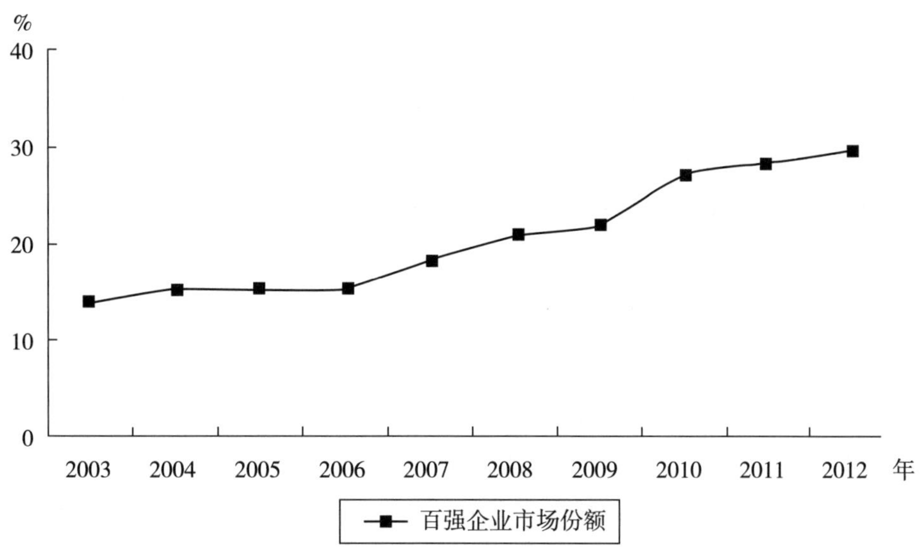

资料来源：《中国房地产百强企业十年发展报告》。

图 8　百强企业市场份额的变化

地产捆绑在一起的。结合房地产的宏观环境和发展趋势，以及金融创新的内生性需求，我们认为，未来的房地产金融将呈现出以下发展特点。

1. 融资类向投资类的转变

随着房地产行业普涨时代的落幕，房地产行业已不可能如发展初期那样维持高利润水平，而这带来的直接结果是房企对财务成本变得敏感。传统的房地产金融合作模式为（如银行贷款）开发商有项目需要融资，金融机构作为借款人。由此可见，双方的关系基本上处于对立面上，因为开发商需要降低融资成本，而金融机构则希望获得更高的收益。按照经济学原理，这不可避免地造成了逆向选择的问题（开发商不愿意拿高收益的项目合作，而差的项目又无法获得融资；或者金融机构只愿意选择排名靠前的开发商，而排名靠前的开发商又不愿意承担较高的融资成本）。而如果双方的合作安排能由简单的融资关系变成投资利益共同体，发挥各方在不同领域的优势，通过挖掘深层次的需求，金融机构获得部分最终利益分享权，开发商也无须因负债过高而担心现金流问题，实现了风险共担，造就了双赢。近几年，房地产信托中投资类业务比重的增加就是这一趋势的极好写照。

2. 资产证券化的探索

目前国内房地产金融多在项目开发期介入，而在物业的持有阶段介入的几乎没有。在开发阶段介入方便资金快进快出，资金回报率高，存续期间也较短。然而，这一模式在进入“存量房”时代不可能延续。相反的，持有优质的商业物业项目能够为投资者提供长期、稳定现金流回报。

但现实的问题是，由于收益率降低，通过传统的债务型和股权型融资工具很难满足投资者的需求。而资产证券化——例如，REITs 就提供了一个解决途径。通过破产隔离的设计，REITs 可以将把流动性较低的、非证券形态的房地产实物资产或金融资产直接转化为资本市场上的证券资产，以实现可交易的特性，为投资者提供稳定现金流。国内的 REITs 虽尚未被正式化，但类似于 REITs 的探索一直没有停止过，如 2014 年 4 月落地的中信证券启航专项资产管理计划就是一单尝试。

资产证券化的另一个方向是将存量的银行按揭贷款证券化，即 MBS。9 月 30 日，中央银行和银监会的联合通知中，除了放开限贷外，最引人注意的莫过于鼓励银行通过发行 MBS 和期限较长的专项金融债券等盘活资产以增加贷款投放。截至 2014 年，我国个人房屋贷款余额已达到 10 万亿元，如果能通过 MBS 将这部分资产从银行的资产负债表上剥离出来重新投放市场将是一个很可观的规模，相对于再造一个信托行业（2013 年末整个信托行业的管理资产余额为 10. 9 万亿元）。MBS 对于整个房地产金融流动性的提高是极其明显的，而流动性提高带来的是风险的分散和下降，资金面的宽松，而这又反过来促进房地产的发展，使得两者形成一个良性的互动和循环。

3. 房地产并购业务

在房地产行业格局持续分化、市场整合加速的背景下，并购已成为中小型开发商退出市场的一条有效渠道，同时也成为大型房企进一步提升市场份额、做大做强的必由之路。根据清科的数据统计，2006—2012 年，国内房地产行业共发生 327 起并购，涉及金额 171. 2 亿美元。并购项目的主要来源为资金趋紧或不具备开发能力和竞争力的中小开发商、非房地产类企业的退出以及大型房企的战略调整和资源整合。目前，国内以房地产并购为主题的基金还没有，考虑到近几年房地产并购市场的活跃程度，会有不少的机构对这块充满机会的领域跃跃欲试。未来几年并购业务会成为房地产金融的重要组成部分。

4. 组合投资理论的实践——基金化

普涨时代结束带来的另一个变化是，单体项目的风险加大。对于投资者而言，由于市场的不确定因素增加，并不是项目在投入之初都能实现预期的收益率。以往由于房地产单个项目体量较大，除银行贷款外，项目融资的金融工具通常只投单个项目。即使如房地产私募基金，尽管打着“基金”之名，由于受到募集能力和管理能力的局限，也经常采取一单退出再做下一单的模式。这种运作方式不利于风险的分散。而采取基金化模式后，首先带来的就是整体组合风险的降低。其次，由于有多个项目存续在组合其中，资产的收益分配和终止期限能最大程度地打散。这也为制成不同期限、不同开放度的金融产品创造了可能，以满足不同需求的投资者，降低了募集难度。

5. 套利的最终结果——跨机构合作

我国由于长期以来存在着不同监管体系——“一行三会”，不同业务载体——信托、资管计划、理财计划等，不同市场体系——私募市场和公募市场，造成了显著的差异性，这也为跨平台套利创造了可能性。因此，跨机构合作将是未来的房地产金融甚至金融业的一个重要发展方向，这有利于金融机构突破限制，分散风险，整合优势。以之前所述的资产证券化为例，其业务的每个环节都需要不同的金融机构协作。如近期发行的“兴元2014年第二期绿色金融信贷资产证券化信托信托资产支持证券”，其发起机构为兴业银行，资产为兴业银行绿色金融类对公贷款，受托机构为兴业信托，承销商为招商证券和兴业证券，资产支持证券在银行间市场发放。

覆盖全价值链的证券投资信托综合服务体系研究

中国对外经济贸易信托有限公司

中国多层次的资本市场正处于发展建设阶段，市场容量和交易品种不断丰富，资本市场在降低融资利率以及改变财富流向的过程中将起到越来越重要的作用。中国股市经过六年之“熊”，正在逐渐走出周期性底部。资本市场的大潮涌动，带来了资产管理行业的蓬勃发展，信托业也顺势而动，在资产管理行业的多个细分领域中积极寻求转型之路。信托公司在一级市场和二级市场中进行主动投资确是一种选择，而为资管机构提供第三方综合服务的“被动发起”业务，更是一种选择。

国内私募基金规模目前仅6000亿元，成长空间巨大，随着未来规模的不断壮大，市场的专业化服务也会进一步细分。国外成熟市场的第三方清算服务已成为一个细分行业，中国也需要这样的细分服务，使私募基金将基金行政服务外包给专业机构，其自身能够更加专注于投资研究业务。

我们认为这个领域在战略上具有业务边界的清晰性、业务模式的稳定性和可复制性、业务成长空间的可预期性和财务成果的可验证性，“被动发起”更是监管层鼓励并有意推动的信托转型方向之一，外贸信托较早布局证券综合服务业务，不断顺应监管转型创新思路，定位于资产管理中的受托、募资、交易、清算和增值服务环节，努力塑造IT系统核心竞争力，持续深化服务内涵，经过多年专业化的发展，目前已形成了为私募基金提供第三方清算、估值和交易服务为主的综合服务体系。

一、资产管理行业的快速发展打开了第三方证券服务市场的巨大空间

（一）包括私募基金在内的资产管理行业保持高速发展

当前信托公司的清算业务主要面向于私募基金合作发行的证券投资信托，而随着资本市场

的深入发展，包含阳光私募在内的资产管理行业将获得更大的发展空间。作为服务于资产管理机构的第三方综合服务业务，未来将迎来更大的战略机遇，服务对象也将向包含券商、基金、商业银行在内的整个资产管理行业中的各类机构进行拓展和延伸。

（二）基金服务业务的发展是资产管理机构发展的必然需求

投资基金的运营链条较长，各类资产管理机构核心能力在投资管理，往往无暇顾及包括资本中介、产品设计、基金行政、估值核算业务内容，随着资产管理行业的快速发展，专业化分工成为必然要求。从国际比较看，第三方清算服务已成为一个细分行业，美国道富银行专攻清算业务，托管资产规模达27万亿美元，成为行业领先者。与国外成熟的证券清算市场相比，我国证券专业化服务深度不高但同质化程度较高，目前也只有部分信托公司和少数证券公司涉足。

二、丰富业务模式、深化服务内涵，拓展证券信托服务新的增长点

（一）覆盖基金全价值链的目标业务模式

我们将一个基金产品的投资周期分为三个阶段，以资产管理机构和渠道客户的需求匹配为主要内容的“资源获取”阶段，以产品搭建和成立为主要内容的“资源整合及产品创设”阶段，和以投资研究和基金运营为主要内容的“投资及运营”阶段。

外贸信托以投资基金的投资周期为脉络，提出“受托人业务 + 基金运营服务业务 + 托管业务”的涵盖除投资研究阶段之外的全价值链的目标业务模式，针对投资周期的不同环节提供受托、募资、交易、清算和增值服务等有针对性的服务，并在各阶段根据自身的资源禀赋向纵深处发展。

该目标业务模式蕴含着丰富的内涵。具体来说，在“资源获取”阶段，信托公司完成各类资产管理机构和各类渠道客户需求匹配，提供包括市场拓展、需求分析、客户获取、管理人评价等服务。在“资源整合及产品创设”阶段，提供交易结构设计、风险收益模式设计、中介机构选取、法律架构搭建、合规及税收安排等服务，帮助资产管理机构完成产品搭建，而后提供包括资金确认、份额登记、资金监管、费用清算、销售组织在内的账户管理和综合TA服务，帮助完成产品设立。在“投资及基金运营”阶段，提供资金头寸管理、资产核算、财产清算、交易执行及结算、风险识别及风险管理、对账、账户管理、信息披露等运营相关服务，还将提供交易撮合、现金管理、绩效和分析管理、风险分析及管理、财富管理、独立监督报告、最终客户报告、定制报告及信息披露、合规等增值服务。

通过外贸信托多年的努力，在“受托人业务 + 基金运营服务业务 + 托管业务”的目标业务

模式中，受托人业务已发展成为公司常规业务；基金运营服务业务的服务内容目前均有涉及，外贸信托正努力在基金产品价值链每一个环节项下已有资源配置基础上进行延伸发展，积极探索诸如管理人评价、交易撮合以及各类分析管理等增值服务；对于由于受限牌照管理目前尚未进入的托管人业务，外贸信托已将其作为中长期战略规划，紧跟政策动向，力争走在该领域前沿，以期为资管机构提供更加多元化、综合化的服务方案。

相应地，外贸信托承担的角色逐渐由单纯受托人角色过渡到受托人和基金综合运营服务商复合角色，未来还将承担托管人和特定业务服务商的角色。客户群体也逐步由私募基金向商业银行和公募基金拓展；产品内容也从信托产品、基金资产管理计划、券商资产管理计划拓展到期货资产管理计划、私募基金资产管理计划，乃至商业银行理财管理计划。

（二）目标业务模式具有众多优势

1. 受托人业务模式

传统的受托人业务模式是我国私募证券投资基金最广泛使用的一种产品模式。对于各类资产管理机构，在目前的法律框架下，信托计划依然是较好的法律主体和产品平台之一，承担合法募集资金和合理设计各方权利义务的功能。

2. 基金运营服务模式

就外贸信托未来重点推进的基金运营服务领域而言，相比证券公司开展相应的基金托管业务，业务模式有四个明显优势：

（1）受托人与基金运营服务业务的协同效应

外贸信托通过多年的专业化经营，组织架构不断完善，在投资基金投资周期的前端产品创设、中后端的运营管理、风险控制、估值清算、交易清算等方面已形成较为完整的基础服务体系。目前正在积极推进投资人评价、绩效分析、销售交易等增值服务，其与受托人服务将形成协同效应，为阳光私募提供涵盖除投资研究以外全部投资周期的服务。

（2）能够为中小阳光私募进行风险隔离及提供增信

通过对格上理财披露的阳光私募数据的整理分析，目前我国阳光私募机构存活率仅为68.46%，对比美国金融市场共同基金的发展历程，私募基金在我国仍有潜在巨大的发展空间。对于初创型的中小阳光私募公司，在市场上客户认可度不够高，外贸信托作为受托人的法律主体，具备多年的产品创设与风控经验，能够为中小私募公司发行产品进行风险隔离及提供增信。

（3）广泛的渠道资源和客户资源整合能力

多年证券信托业务的积累使得外贸信托与多家大型商业银行、股份制商业银行、城市商业银行建立了稳定的合作关系，与上百家证券公司营业部建立了业务合作关系，对于初创型的阳光私募公司，能够形成渠道资源的优势互补。

（4）全面的基金运营服务

外贸信托基金运营服务的基本框架已运营已久，目前基础基金运营服务包括头寸管理、TA管理、资产负债核算、估值与资金划付、对账服务、账户管理服务、交易执行与结算等，为实现目标业务模式，外贸信托还将在目前已有框架下进一步扩展延伸，为阳光私募提供更多的增值服务。

3. 托管业务模式

随着社保基金、企业年金、信托资产、委托资产、QFII资产、保险资产等资产托管业务需求的不断增加，实现多元化托管增值服务可以使得信托公司在前台产品设计和后台运营管理的竞争中取得优势，抢占市场先机。

国内托管业务主要由商业银行托管部承担，但限于财产保管、交易结算等基本服务，呈现高度同质化局面，且受其体制限制，大量的增值类托管服务及高附加值服务尚未开展。外贸信托证券投资信托业务开展较早，有着长达8年之久的客户服务经验，也是最早服务于阳光私募的机构，可以深刻了解客户需求，为客户量身定制增值服务。外贸信托还建立了专业的运营管理团队，包括交易管理、资金管理、估值核对等基础功能，并已逐步为客户提供风险管理、佣金管理、绩效分析等增值服务，为实现托管服务的战略定位奠定了良好的基础。

三、证券信托服务业务面临的瓶颈及应对

（一）证券信托业务面临四大瓶颈

1. 双重监管困境

2014年证监会出台的系列新政一方面给予了私募基金明确的身份，为私募基金行业的跨越式发展提供了基本制度保障；另一方面也明确将私募基金行业纳入了证监监管体系，这对于隶属银监会管辖的信托公司开展的证券投资信托业务，意味着双重监管的开始。

在此之前，证监会下发《关于推进证券公司改革开放、创新发展的思路与措施》，明确提出鼓励证券公司开展资产托管、结算、代理等为专业投资机构提供后台管理的增值服务，多家券商已开始介入基金运营服务领域，或将成为信托公司强有力的竞争对手。

2. 信息系统障碍

互联网金融飞速发展以及证券业务的大数据本质带来的数据分析、风险监控、个性化需求等业务深度问题，业务的持续增长带来的诸如管理规模急速膨胀、投资标的日趋复杂带来的业务广度问题，都给信息化建设带来了前所未有的挑战。

随着投资基金的交易结构逐渐复杂、投资标的日益丰富，运营管理的估值清算、收益分配、

账户管理将对系统和运营人员的精力投入提出更高的要求，而目前信托公司的运营管理工作主要依靠自建系统、部分个性化产品设计的实现依靠人工干预，随着未来目标客户的逐步扩展，基金运营采购规模的上升必将伴随着对系统改进的需求提出。

3. 风控能力要求

监管不断趋严、大数据处理能力的提升，对信托公司证券信托业务的风控能力提升带来较高要求。风控能力的提升，将使信托公司更好地帮助私募基金合规展业，杜绝或尽早发现违法投资行为，避免企业形象及公信力受到损害，有效保护投资者利益。

4. 产品创新障碍

资本市场投资标的进一步丰富，信托公司对于新的投资标的能否尽快得到银监会正式的投资许可或证监会的开户许可的急迫性在增加。

（二）信托公司应对措施

1. 顺应监管政策，获得竞争先机

信托公司需要加强与监管机构的沟通交流，形成良好的互动关系，在顺应监管政策的基础上，加快对创新业务领域的进入，获得竞争先机。同时，在组织架构方面，加快对相关工具牌照的稳合步伐。

2. 提升信息化实力，支撑业务深度与广度

信托公司目前在证券信托方面的信息化建设不仅面临着要迅速补上自身短板、提升业务处理规模的问题，更面临着如何制订具备业务前瞻性规划、打造响应业务深度化发展且具备高度可拓展性的系统的问题。外贸信托将信息系统建设作为支撑战略目标实现的最重要手段，在该领域进行了大量的系统投入，目前已建成了独立机房、场内专线，并完成了一支具备自主开发能力的IT队伍的组建以及技术工具的采购，为建设高性能、数据安全的证券业务系统打下了坚实基础。

我们认为，信托公司提升信息化实力可通过以下几种途径实现：一是培养现有团队，招聘专业人才。多数信托公司目前的IT团队在开发自主系统方面的经验不足，可通过自主学习、专业培训等途径来解决，同时也可招聘具有相关经验的人才加入到团队中。二是继续购买专业金融数据处理软件及网络平台。信托公司可选择购买IT供应商的部分产品或全套产品来进一步提升信托公司的IT实力。三是引入战略投资者，实现技术溢出效应。引入相同领域内经验丰富的战略投资者，与对方合作实现共赢，可以借此学习对方成熟的技术知识体系，实现技术转移和溢出效益。四是收购金融软件开发商，迅速扩充IT队伍。收购金融软件开发公司可快速提升信托公司的IT实力，同时保护信托公司的知识产权和开发成果。

3. 专业化、模式化经营，推行管理新模式

信托公司需要加快推进内部专业化、模式化管理经营体系，系统提升运营能力，在保证证券投资信托产品运营管理有效性的同时，实现对市场需求的快速反应和高效支持，构建起不可复制的专业壁垒。

专业化、模式化的运营模式将大大增加运营处理的效率，降低运营风险。由于证券投资信托业务几乎覆盖资产管理的整个链条，更为需要专业化和模式化的经营体制，整个业务条线如同一个强大的集成板，具备多种业务功能又能清晰地被划分，这样在大批量处理业务的时候能够更快、更准确地锁定风险点，在外部经济条件恶化的情况下也有更强的承受能力。

就外贸信托自身而言，自2009年成立证券信托业务的专业化部门，到2013年成立证券信托事业部，成为信托业为数不多设立证券事业部的公司。随着资产管理规模的不断扩大和部门的进一步发展，事业部内部分工经历了一个调整、施行、再调整的过程。内部结构的专业化、模式化不仅缩短了业务流程，也为业务改善和创新释放了更大的空间和更高的效率。通过建立更加科学、灵活、高效的组织架构进一步明确各方的权利、责任和利益，外贸信托的证券业务运行更加专业、财务核算更加明晰、发展决策更加迅速、运转更加高效。

4. 增加运营增值服务，拓展差异化收入来源

从国外基金运营服务的发展经验来看，投资者对基金运营服务的需求已经不简单是提供资产保管、交收清算以及核算对账等基础性服务，是否能够为客户提供多样的增值服务，并逐渐实现一站式金融服务或提供一体化解决方案，将成为金融服务行业的竞争焦点。

目前国内投资服务行业普遍采用根据管理资产规模、按指定基点收费的统一收费模式，虽然操作简单，但无法明晰服务内容与服务成本，且在日益同质化的竞争环境中费率呈下降和恶性竞争的趋势。随着增值服务的日益增加，信托公司可以采用更为灵活多样的收费方式，在基础运营服务统一收费的基础上，按照所提供增值服务的类别和频度再分别计价收费。此种模式不但改善了基金运营业务的收入结构，而且有利于真实反映运营服务价格与运营成本之间的关系，获得更多中间业务收入，引导投资服务业务的健康发展。

证券投资信托综合服务业务是信托公司顺应资本市场发展大潮的产物，是信托公司寻求长周期蓝海细分领域的转型探索，也是对监管层鼓励并推动的“被动发起”业务的积极回应。随着业务能力的不断提高，未来可将业务沉淀至一家银行，实现全国性经营，最终发展为面向整个证券、资产管理行业的大型清算银行。建立覆盖全价值链的证券投资信托综合服务体系非一蹴而就，未来发展中，信托公司应被允许耦合其他金融工具、获取更多资质，在金融市场化进程中成长壮大，继续引领证券信托业务前进的步伐。

养老信托与养老市场发展思考

中诚信托有限责任公司　王玉国

正如美国一位经济学家说的，“人口老龄化对经济和社会带来的冲击不亚于人类发展史中占据重要篇章的如工业化、城镇化和全球化等历史性变革”。任何一个社会都无法回避人口老龄化引致的冲击。我国在2000年进入老龄社会以来，由于巨大的人口基数和较快的老龄化速度，以及“未富先老”的挑战，养老形势十分严峻。2000年以后，国家政策导向由“养老事业”向“养老产业”转变，催生了养老产业的发展。但是，目前养老保障准备不充分、有效需求不足以及养老供需不匹配的矛盾十分突出。信托作为重要的金融制度和工具，能够在推动我国养老市场发展中起到积极作用。

一、我国养老保障市场面临的严峻挑战

（一）老龄化呈现人口基数大，速度快的特征

人口老龄化是人口结构转变的自然规律，是关系经济社会发展的根本性问题。国际上一般以65岁及以上老龄人口占总人口比例的7%、14%和20%来表征一个国家分别进入老龄社会、深度老龄社会和超级老龄社会的标志，中国分别于2000年、2025年和2035年踏入老龄社会的三个阶段，而且呈现加速度进入深度和超级老龄社会进程。由于巨大的人口基数，2012年末我国60周岁以上老年人口已达1.94亿人，2020年将达到2.43亿人，2025年将突破3亿人。根据联合国预测，1990—2020年世界老龄化的平均速度为2.5%，而中国为3.3%。老龄化带来的老年赡养负担加重，原先的“人口红利”转为“人口负债”。

（二）“未富先老”加重了社会负担，养老形势严峻

人口老龄化带来政府在养老金、医疗保障以及养老服务等方面支出成本的刚性上升，进而影响到政府公共财政的平衡。2008年金融危机引发的欧洲部分发达国家的政府债务危机，其诱因也与老龄化、高福利保障等密不可分。与这些发达国家相比，我国作为一个发展中国家，“未

富先老”带来的挑战将更加严峻。我国进入老龄化时人均GDP还不到5000美元，远低于发达国家人均GDP普遍在1万美元以上的水平。快速老龄化和国民经济的发展水平使得政府和社会缺乏足够的资源去解决与老龄化相关的问题，养老形势十分严峻。

（三）养老服务供给不足，养老产业刚刚起步

2013年12月《国务院关于加快发展养老服务业的若干意见》（国发［2013］35号）指出，我国养老服务业的发展目标是“到2020年，全面建成以居家为基础、社区为依托、机构为支撑的，功能完善、规模适度、覆盖城乡的养老服务体系”。但是，目前养老软件和硬件设施的建设明显不足，服务供给总体不足，结构不平衡问题十分突出。我国养老设施建设明显不足，服务供给总体不足，结构不平衡问题较为突出。一是养老床位及护理服务供给不足，每千个老人拥有养老床位数远低于发达国家，甚至低于部分发展中国家水平。二是社会养老投入不足。社会保障与就业财政支出占财政支出的比重远低于欧美、日本等国的水平。除了沿海经济发达地区外，大部分地区养老经费来源渠道尚不固定，服务补贴标准明显偏低。三是养老产业还处于刚刚起步阶段，产业链存在较严重的断层现象。目前仅有养老住宅市场发展较为活跃，长期护理服务业发展严重滞后，服务人才培训、老年用品等上、下游供给缺乏。

（四）养老保障准备不足，服务需求呈现差异化特征

在养老市场供需总量总体不足的同时，还存在着区域、城乡、服务市场不平衡等突出矛盾和问题。我国目前基本养老金、企业年金和个人补充商业养老三大支柱占比基本为6:1:3，第一支柱占比过重，覆盖率不足，投资运作效率不高，基本养老金的可持续性和缺口问题始终受到高度关注。目前基本养老金尚未覆盖的人群仍占到了40%，部分地区、企业、群体基本养老保障水平仍然偏低。城市建设中对养老服务用地和养老机构、服务设施建设缺乏规划的情况还比较普遍。农村养老服务设施短缺的情况更为严重，管理和服务问题屡有发生。此外，由于我国家庭财富持有状况和收入水平差距很大，对养老服务的需求呈现多样化特征，中高收入阶层需要在社会养老、企业养老的基础上，提前安排家庭养老金，以保证其在晚年获得中高服务水平的养老服务。

二、信托在养老保障市场中的功能和价值

信托是一种特殊的财产转移和财产管理制度。信托的产生和发展与英国中世纪的封建土地制度密切相关，自1536年《用益法》颁布到今天经过几百年的发展，在美国、日本等国家得到了承继和发扬壮大，信托的功能空间和运用领域不断拓展，呈现出以下特征：一是信托财产的

形式由土地信托扩展到股票债券等动产财产，以及专利知识产权等财产权；二是由个人信托向法人信托转变，商业银行、信托公司等专业受托机构成为市场主流；三是受托人的角色由单纯持有财产的消极信托到积极管理转变；四是信托特有的财产独立性、权利重构、长期稳定性等优势得到充分运用，成为资产证券化等众多新的投资工具和创新金融业务的基础；五是信托运用已经拓展到私人财富管理、产业投融资、社会保障、公益事业以及政治治理等多个领域。

我国从1979年恢复发展信托业，但直至2001年《信托法》颁布实施以后，信托制度才正式在我国确立下来，信托公司也开始重新定位，依托信托制度，积极探索开展信托本源业务。面对方兴未艾而又困难纠结的我国养老市场，信托能够从以下四个方面发挥作用和功能。

（一）融通社会资金，支持养老服务产业的发展

2013年9月国务院《关于加快发展养老服务业的若干意见》（国发［2013］35号）提出，要“创新体制机制，激发社会活力，充分发展社会力量的主体作用，健全养老服务体系，满足多层次养老服务需求”，“充分发挥市场在资源配置中的基础性作用，逐步使社会力量成为发展养老服务业的主体”。信托能够发挥投融资功能优势，通过吸引社会资金，促进养老产业市场主体的发展和服务提供。

（二）提供理财服务，促进家庭和社会养老财产积累和规划

信托具有信托财产的独立性、信托管理运作的高度灵活性、信托架构的长期稳定性和忠实委托人意志等特点，在家庭和社会养老财产的管理运作中有着广阔的运用空间。一方面，通过在社会养老金、企业年金、保险资金的管理运作中引入信托机制安排，提供专业受托服务；增加信托产品投资，丰富资产配置，促进投资管理运作效率的提升。另一方面，信托能够针对老年人独立生活能力和生活自理能力下降，以及我国的“4:2:1”家庭结构使得子女照顾老人“心有余而力不足”等现实问题，为中等收入以上老龄人群提供有针对性的财产规划和管理服务，创新设计信托金融理财产品，统筹规划中长期养老安排。

（三）发挥资源整合功能优势，促进养老市场供需平衡

目前我国养老市场在供需总量总体不足的同时，由于缺乏统一的行业标准和养老机构评估体系，存在着公办公营养老机构“一床难求”，大量较健康人群长期占用床位，排队等床现象；同时一些相对高端的养老公寓却入住率偏低，经营状况欠佳。信托可以通过灵活的产品设计，发挥资源整合功能，将特定养老服务的提供方和需求方进行有机整合，降低养老产业投资方和消费方的不确定性，提高个性化、针对性的服务水平。

（四）发挥公益服务功能，促进养老基础保障服务的改善

公益服务是信托的基本功能之一，公益信托也是各国慈善公益事业的重要形式。我国《信托法》对公益信托作了明确规定，其范围包括救济贫困，救助灾民，扶助残疾人，发展教育、科技、文化、文艺、体育事业，发展医疗卫生事业，发展环境保护事业，维护生态环境，发展其他社会公益事业等。与基金会法人相比，公益信托更具灵活性与便捷性，一是可以完全根据捐赠人意愿设立，不受捐赠规模与存续期间等限制；二是监管体系完善，运作透明规范，可以确保对公益资金的妥善运用；三是投资管理和风险控制专业化，提高公益资金运作效率。通过公益信托模式，动员社会力量，积极参与基础养老保障服务的供给，促进社会公平和稳定。

三、养老信托相关业务模式和产品创新思路

基于信托在养老市场功能和价值的考察，可从以下几个角度来谋划未来养老信托的业务模式和产品创新思路。

（一）养老地产等投融资类信托产品

目前机构养老产业正在成为养老市场的先行者，先富阶层对高端养老服务的需求在未来十年有望迎来爆发式增长拐点。养老地产由于具有很强的关联性和带动性，有望成为机构养老产业的突破口。2014 年 4 月国土资源部出台《养老服务设施用地指导意见》，为养老地产发展创造了有力的政策条件。过去几年来，民营养老服务机构、地产商、保险公司、境外投资者等投资者已经进入养老地产领域，但盈利模式不清晰、投资周期过长的问题始终困扰其中。信托可根据土地的性质、养老地产的开发、运营模式等进行灵活设计，为产业发展提供投融资服务支持。目前市场中已经有少数针对特定养老地产等投融资信托产品。

（二）养老特定资产证券化和 REITs 产品

信托特有的破产隔离功能，能够以信托财产所产生的现金流为基础设计结构化融资金融产品。在养老市场中，针对养老服务机构运营中形成的具有可预测、稳定现金流的特定财产或财产权，如老年人入住养老项目时交纳的入门费或者抵押金，定期交纳的养老服务费、房费、餐饮费等，可以利用证券化技术，设计推出相应的信托产品发售给社会投资者，同时实现养老服务机构的资金回收。此外，借鉴美国养老地产发展经验，信托公司可以发起设立养老地产的房地产投资信托基金（REITs），引入专业的运营商，长期获取稳定的租金和资产升值收益，在开

发商、投资商、运营商角色分离的同时，实现开发利润、租金收益、资产升值收益与经营管理收益的分离，达到不同参与者风险和收益较好匹配的目的。

（三）养老产业投资基金信托产品

养老产业涵盖居住、护理、医疗、康复、健康、管理、文体活动、餐饮服务到日常起居呵护等不同细分产业，产业链长、关联度高、涉及领域广，具有巨大潜力空间。从国际经验来看，老龄化带来医疗器械、相关药品需求增加，以护理为核心的养老服务业、老年食品、日常用品等产业，以及殡葬、墓地等行业都涌现出新的投资机会。信托公司通过发起设立专门的信托型养老产业基金，以股权、债权、夹层等多种方式灵活投资于养老市场领域的服务机构或供应商，在具体交易结构上可以采取优先信托受益权面向普通投资者发售，承担相对较低风险、享有相对稳定的收益；而机构投资者或基金的投资顾问认购次级信托受益权，承担较高风险，享有可能的超额收益。在实际操作中，也可以采取“信托＋有限合伙”等灵活形式。

（四）以老龄人群为目标客户的信托产品

老龄人群的财产管理需求具有一定的特殊性，并不以投资回报率的高低为主要目标，而更强调剩余寿命阶段的财产规划和长期管理；对管理费用的敏感度要低于对理财顾问或机构的信任。目前市场上十分缺乏适合老龄人群投资的金融产品。信托能够根据老龄人群的意愿，进行整体的财产规划安排，设计推出专门针对老龄人的信托产品。具体思路有：一是理财型信托产品，老龄人以资金方式交付信托，受托人在指定的范围内通过谨慎投资以实现信托资金的增值，并依照约定支付信托收益。二是不动产管理信托，老龄人交付不动产给受托人，由受托人依照委托人的指示，将不动产以出租、出售或保管等方式加以管理，并将信托收益分配给指定的受益人。三是以房养老信托，与保险等金融机构合作，提供新的金融养老产品。四是人寿保险信托，老龄人（一般为投保人）和信托公司签订保险金信托合同书，当发生理赔或满期保险金给付时，保险公司将保险赔款或满期保险金交付于受托人进行管理，支付老年遗属的生活费、捐赠社会等。

（五）养老事业公益信托产品

目前我国养老服务市场存在着区域、城乡、服务市场不平衡的突出矛盾和问题。农村养老服务设施短缺的情况更为严重，管理和服务问题屡有发生。信托公司可以发起设立公益信托，资助低收入、困难老龄人群，进行养老院、敬老院等社会性福利设施建设，资助老人护理服务、义工等公益性组织等，促进养老事业的发展。

信托公司还可以借鉴保险机构参与养老社区的经验做法，探索设计以养老服务为特定目的的信托产品，将老龄人群目标消费者的财产管理需求、养老服务需求与养老服务的提供进行整合，信托受益权可以包括养老社区的消费权利等灵活方式，提前锁定目标客户，平衡资金安排，实现养老社区的持续运营。此外，继续推动信托制度在企业年金、社会保障基金等投资管理中的运用，以及提高投资合格信托产品的比例等。

融资类信托产品承诺收益分析

——基于委托代理理论

山东省国际信托有限公司　王旭[①]

禁止信托公司承诺收益是我国信托法规的特殊规定。是否允许信托公司承诺收益，不应以“回归信托本源”等先验性观点作为判断依据，而应以是否符合经济规律、是否有助于提高经济效率作为判断依据。在委托代理理论框架下，由信托公司向投资人承诺收益，同时满足最优激励和最优风险分担，可以实现帕累托最优。将融资类产品是否承诺收益的选择权交给市场符合信托公司与投资人的利益。在根据是否承诺收益计算不同比例风险资本、认购不同比例保障基金的前提下，可以对达到一定评级的信托公司放开融资类产品收益承诺限制。

一、相关概念和观点

我国禁止信托公司承诺收益的规定，是信托业立法中的一个特例，本文将分析这种规定对于融资类信托产品的影响。

（一）禁止信托公司承诺收益

我国《信托公司管理办法》第三十四条规定信托公司不得“承诺信托财产不受损失或者保证最低收益”。《信托公司集合资金信托计划管理办法》第八条规定，信托公司不得“以任何方式承诺信托资金不受损失，或者以任何方式承诺信托资金的最低收益”。两个规定简单地说都是禁止信托公司承诺收益。

（二）融资类信托产品

根据2014年银监会《关于调整信托公司净资本计算标准有关事项的通知（征求意见稿）》，

① 王旭：经济学博士，山东省国际信托有限公司研发中心副主任、信托业务三部副总经理。联系方式：wangxu@lux-in.cn. 本文部分内容曾发表于《山东社会科学》，本次刊发根据信托业的最新政策和发展情况作了大量调整和修改。

投资类信托业务主要包括证券投资、非公开市场金融产品投资和非上市公司股权投资，不设有预期收益率。融资类业务包括但不限于信托贷款、受让信托或票据资产、股权投资附加回购或回购选择权、股票质押融资、以融资为目的的财产与财产权信托（准资产证券化）、各类收益权信托和已开展的非标资金池等业务。设有预期收益率是融资类信托业特务的主要特征。

（三）现有文献的观点

在现有文献中，多数学者认为有必要打破刚性兑付的局面，部分学者认同打破刚兑的必要性，但不能一蹴而就，也有部分学者认为刚性兑付在中国金融市场存在的必要性及客观性。

1. 认为有必要打破刚性兑付的文献

邹晓梅（2014）认为，应当打破刚性兑付的局面，让风险及时释放，提高投资者的风险意识，让投资者用脚投票，成为金融机构活动的监督者。[①] 刘晓忠（2014）认为，若维系刚性兑付和零违约，面临越发突出的道德风险和逆向选择风险。[②] 赵文素（2014）认为，刚性兑付有违“受人之托、代人理财，卖者尽责、买者自负”的信托市场原则，也有违我国的信托法规，只有尽快摘除刚性兑付的“魔咒”，还信托业务市场化属性的本来面目，才能换来我国大众资产自主管理时代的长治久安。赵慧（2014）指出“刚性兑付”存在法理上的矛盾，违反法律规定，欺骗投资者，也妨碍我国经济宏观调控政策的实施，应对其加以禁止。[③]

2. 认为应逐步打破刚兑的文献

郭田勇和徐梦琳（2014）提出，考虑到中国正处于转型的特殊阶段，打破刚性兑付要避免出现“违约潮”，以防引发系统连锁反应。[④] 杨倩和许海霞（2014）认为，刚性兑付的根本解决路径正在于法律制度能够提供“买者自负，卖者有责”的兑付制度环境。化解信托刚性兑付危机就得循序渐进地必须采取阶段性的解决方案。[⑤]

3. 认为刚性兑付在中国金融市场有其存在的必要性和客观性的观点

周小明（2014）认为，中国信托业处于史上发展的最好时期，信托行业在制度安排上不存在刚性兑付问题，刚性兑付是策略选择，即使信托业采取刚性兑付也不足以产生行业系统风险。[⑥] 林宏妹（2014）认为，刚性兑付在短期内是符合中国信托业发展实际的，一时间难以打破。[⑦] 此外，普益财智信托课题研究组（2015）从法律层面上看，保本信托的设计与目前《信托

---

① 邹晓梅：《刚性兑付不应持续》，载《中国金融》，2014（8）。
② 刘晓忠：《刚性兑付困局》，载《21 世纪商业评论》，2014（8）。
③ 赵慧：《论金融信托“刚性兑付”规则》，载《公民与法》，2014（10）。
④ 郭田勇、徐梦琳：《健全金融市场违约处置机制的政策建议》，载《中国金融家》，2014（7）。
⑤ 杨倩、许海霞：《经济法视角下探寻信托兑付危机破解之道》，载《现代经济信息》，2014（18）。
⑥ 周小明：《中国信托业刚性兑付风险及策略》，载《中国市场》，2014（23）。
⑦ 林宏妹：《中国信托业刚性兑付问题探析》，载《时代金融》，2014（15）。

法》、《物权法》并没有直接冲突，虽然可能存在几方面问题，但均可在技术层面得以解决。[①]

（四）本文的观点

笔者认为，我国信托制度发展到现在，有其自身的路径和规律，如果以“回归信托本源”等先验性观点作为判断是否允许信托公司承诺收益的依据，难免有削足适履之嫌。是否禁止信托公司承诺收益，应以是否符合经济规律、是否有助于提高经济效率作为判断依据。

在我国的信托产品市场上，投资人通过认购信托产品，将货币资金委托给信托公司，由信托公司进行运用，为投资人理财。信托关系中作为委托人和受益人的投资人在委托代理理论框架下是委托人，信托关系中作为受托人的信托公司在委托代理理论框架下是代理人。是否允许信托公司承诺收益，在委托代理理论中对应委托人和代理人承担风险孰优的问题。本文将对标准的委托代理模型进行修正，在委托代理理论框架下研究这一问题。[②]

二、委托代理理论模型及其在融资类信托产品市场中的修正

（一）标准委托代理模型的假定和原理

Laffont（2002）标准委托代理模型的前提假定包括：（1）委托人和代理人之间存在信息不对称，代理人知道自己是否尽力而委托人不知道；（2）委托人风险中性、代理人风险规避。从最优激励原则出发，要激励代理人努力，增加产出的期望值，就要让代理人承担风险。[③] 从最优风险分担原则出发，要让具有更多风险偏好的委托人承担风险。最优激励原则与最优风险分担原则要求的风险分担者不一致，需要在两个原则中进行权衡，寻找一个最优分配方案。在最优分配方案之下，不掌握议价能力的一方保留效用，掌握议价能力的一方效用最大化。

（二）信托关系与标准委托代理模型的一致性

1. 信息不对称和不确定性下需要激励代理人努力

信托关系与标准委托代理模型的一致性首先在于，信托关系中存在信息不对称，作为代理人的信托公司了解自己的行为选择和努力程度，但是委托人（受益人）不了解这些信息。

---

① 普益财智信托课题研究组：《扫除信托保本阻碍》，载《大众理财顾问》，2015（2）。

② 为便于阅读，本文并未使用数理模型。对数理模型感兴趣的读者，可参见笔者的博士论文：《信托关系中的受托人努力程度、总福利与注意义务——基于委托代理模型的分析》。

③ Laffont, Jean - Jacques and Martimort, David, (2002), The Theory of Incentives: the Principal - Agent Model, 4. 9. 5, Princeton University Press.

信息不对称与信托财产管理过程中的不确定性交织在一起，会产生受托人不尽力问题。不确定性影响是指难以为受托人了解、掌控的随机因素和突发事件对信托产品及收益的影响。不确定性影响不是受托人带来的，不能归责于受托人，但是在信息不对称前提下很难将不确定性影响从侵占和不尽力行为中分离出来。例如，信托产品运作过程中客观产生好状态和差状态两种不确定性，好状态下获得高收益，差状态下获得低收益，当出现低收益时便难以判断是在好状态下发生了不尽力行为，还是发生了差状态。通过合同就可以控制，因为存在信息不对称和不确定性，所以需要确定合理确定分配制度，以激励受托人努力。

2. 需要让更加风险偏好的一方承担更多风险

让更加风险偏好的一方承担更多风险，在总收益一定的前提下，可以提高委托人和受托人的总福利。或者换句话说，在总收益和不掌握议价能力一方效用不变的前提下，可以最大化掌握议价能力一方的效用。

（三）融资类信托产品市场与标准委托代理模型的差异

1. 委托人的风险规避动机强于代理人

融资类信托产品市场与标准委托代理模型在前提假定方面的差异主要在于，有限理性导致委托人的风险规避动机强于代理人。在 Shefrin 和 Statman（2000）的行为投资组合理论中，人们将投资分为割裂的两层，下跌预防层用于防备金融灾难，上涨潜力层用于满足人们希望一夜暴富的心理，两层之间的协方差为人们所忽略。① 信托产品投资满足行为投资组合的特点，投资人将融资类信托产品和投资类信托产品放入不同的心理账户中，使两类信托产品投资人的风险偏好产生较大差异。融资类信托产品的可能收益空间小，收益封顶，投资人容易将其放入低风险、低收益的下跌预防层中，希望获得固定收益，投资人比信托公司更倾向风险规避。相对来说，投资类信托产品的可能收益空间大，收益不封顶，投资人容易将其放入高风险高收益的上涨潜力层中，希望获得风险溢价，投资人比信托公司更倾向承担风险。

2. 最优均衡点上由代理人承担所有风险

从最优激励原则出发，要激励代理人努力，增加产出的期望值，要让作为代理人的信托公司承担风险。从最优风险分担原则出发，也要让具有更多风险偏好的代理人即信托公司承担风险。最优激励原则与最优风险分担原则要求的风险分担者一致，不需要在两个原则中进行权衡，最优分配方案为信托公司承担所有风险。在最优分配方案之下，不掌握议价能力的一方保留效用，掌握议价能力的一方效用最大化。如果信托公司掌握全部议价能力，则信托公司实现效用

① Shefrin, Hersh and Statman, Meir, (2000), Behavioral Portfolio Theory, Journal of Financial and Quantitative, Vol. 35: 127 - 151.

最大化；如果投资人掌握全部议价能力，则投资人实现效用最大化。在融资类信托产品市场中，无论谁掌握议价能力，都应该由作为代理人的信托公司承担全部风险。

（四）模型结论

由融资类信托产品市场与标准委托代理模型的异同可以得出结论：在融资类信托产品市场中，信托公司向投资人承诺收益后，风险规避的投资人不承担风险，相对风险中性的信托公司承担风险，经济效率实现最优。低风险要求低期望收益，当投资人不承担风险时，若满足投资人同样的效用水平，信托公司向投资人付出最低期望收益，全部风险溢价为信托公司获得，信托公司获得最高期望报酬，因为相对风险中性，信托公司也就获得了最高的效用水平。如果信托公司之间充分竞争，信托公司取得最低保留报酬，最优风险分担的好处为投资人所有，投资人实现最高效用水平。由信托公司向投资人承诺收益，同时满足最优激励和最优风险分担，无论利益在投资人和信托公司间如何分配，如果不降低一方的效用都无法提高另一方的效用，实现了帕累托最优。

三、禁止融资类信托产品承诺收益的缺点

（一）禁止融资类信托产品承诺收益不符合最优激励原则

在信息不对称和存在不确定性的前提下，最优激励原则要求代理人承担所有风险、获得浮动受益，委托人获得固定收益，禁止承诺收益不符合这一原则。

信托产品中最优激励原则体现为信托公司向投资人承诺固定收益。不允许信托公司承诺收益将违背最优激励原则，可能会带来不尽力动机，产生不尽力行为。

（二）禁止融资类信托产品承诺收益不符合最优风险分担原则

在融资类信托产品中，相对于信托公司，投资人具有更强的风险规避动机。最优风险分担原则要求风险中性的一方承担所有风险、获得浮动受益，风险规避的一方获得固定收益，禁止承诺收益不符合这一原则。

禁止融资类信托产品承诺收益是让更加倾向于规避风险的投资人承担风险，违背了最优风险分担原则，将降低经济效率。与最优风险分担下的情形相比，如果让投资人维持同样的效用水平，必须给予投资人更高的期望收益，将降低信托公司的期望收益，从而降低信托公司的效用；如果让信托公司维持同样的效用水平，必须降低投资人的期望收益，从而降低投资人的效用。

四、与禁止信托公司承诺收益相关的几个问题

（一）重复博弈和有限理性对禁止融资类信托产品承诺收益规定的弱化

在一次性博弈中，理性预期框架下，投资人预计到不尽力动机和行为，将降低认购信托产品的积极性，信托公司和投资人无法达成信托关系、无法实现福利的帕累托最优，最终将损害信托公司和投资人双方的利益，降低市场效率。

在重复博弈中，即使没有事前承诺，一旦发生融资类信托产品亏损，信托公司也有动力事后赔付。低质量信托公司亏损信托资金的可能性大于高质量信托公司，因此，发生亏损后投资人会调高该信托公司是低质量的判断。低质量信托公司的利润低于高质量信托公司，因此低质量信托公司有可能采取混同战略，对投资人进行赔付，使投资人将其当做高质量公司。

投资人的有限理性进一步增强低质量信托公司采取混同战略、对投资人进行赔付的可能性。投资人具有易得性偏见，[①] 容易记住刚发生的事并高估其概率。融资类业务的特点是以大概率获得小收益而以小概率遭受大损失，因此，损失事件特别显著，容易引发投资人的易得性偏见。一旦信托资金发生亏损，投资人认为该信托公司是低质量的后验概率估计会远高于根据贝叶斯法则所计算的后验概率。产品出现风险后，该信托公司是低质量的评价在社会中传播，易得性偏见在投资人群中形成易得性串联，[②] 导致该信托公司产品销售困难，信托报酬急剧降低。因此，即使没有事前承诺，产品出现风险后高质量信托公司也有动力进行赔付，以传递该信托公司是高质量的信号，使博弈能够继续进行并获得较高报酬。

投资人预期高质量信托公司和采取混同战略的低质量信托公司有动力赔付，会在事前就以信托公司可能赔付为条件进行决策。信托公司了解投资人的赔付预期，并相应以此作为决策的前提条件。相对而言，投资类产品收益和损失的分布差不多，损失事件的发生概率高于融资类产品，损失发生后易得性偏见和易得性串联弱于融资类产品，信托公司的赔付动力弱于融资类产品，投资人不容易形成赔付预期，信托公司也不会以投资人存在赔付预期作为决策的前提条件。

（二）是否禁止信托公司承诺收益与回归信托本源无关

无论是信托制度诞生之初，还是各国先行信托制度，都不曾有禁止信托公司承诺收益的规

---

① Tversky, Amos, and Kahneman, Daniel (1974), Judgment under Uncertainty: Heuristics and Biases, Science, Vol. 185: pp. 1124 – 1131.

② Kuran, Timur and Sunstein, Cass R., (1999), Availability Cascades and Risk Regulation, Stanford Law Review, Vol. 51: pp. 683 – 768.

定。是否承诺收益，从来都是信托关系成立之前受托人有权选择的内容。即使信托关系更多以不承诺收益的形式出现，那也是受托人自行选择的结果，而不应事前加以规定。

相反，受托人必须承诺收益的例子倒是存在。例如，我国台湾地区“信托投资公司管理规则”（2000 年 12 月 7 日修订）第二十二条规定：“由信托投资公司确定用途之信托资金，得于信托契约载明，由其负责本金之损失，并得保证最低收益率。”

（三）禁止信托公司承诺收益是特殊时期的特殊产物

禁止信托公司承诺收益规定的出台，与当时信托公司的经营状况密不可分。一法两规①颁布之前信托公司大量经营与银行业务性质相似的存贷款业务，并在海外发行债券。1998 年前后，以广东省国际信托投资公司为代表的一批信托公司陷入债务危机，投资项目无法收回，对投资人承诺的回报不能实现，最终导致广东省国际信托投资公司的破产以及一大批信托公司的重整。在此背景下，国家对信托业进行全行业整顿，信托公司数量从几百家骤减到几十家。2001 年，《信托投资公司管理办法》、《信托投资公司集合资金信托计划管理办法》出台禁止信托公司承诺收益的规定，既是为了避免信托公司过度负债，也是希望将信托业务与银行业务相区别，把信托业引入“受人之托，代人理财”的方向，建立信托业和银行业分业经营的体制。2007 年出台新的《信托公司管理办法》、《信托公司集合资金信托计划管理办法》，也承袭了这一规定。在信托公司治理体制混乱、监管缺位的历史背景下，这种规定不失为一种应急之策，但是如果作为长期规范信托公司的法规则市场效率较低，特别体现在融资类信托产品中。

五、允许融资类信托产品承诺收益的意义

信托公司是否承诺收益是一种市场行为，将是否承诺收益交给市场选择无论从事前角度还是事后角度均符合信托公司与投资人的利益。

（一）签订信托合同时承诺收益是信托公司与投资人之间一致意愿的表示

对于投资人来说，获得收益承诺比没有收益承诺更能够保障其利益；对于信托公司来说，是否承诺收益是其能够选择的权利，并没有被强迫承诺，因此承诺收益也没有损害信托公司利益。

由于认知能力、方法和信息的差别，投资人既可能预期信托公司进行赔付，也可能预期信托公司不进行赔付。允许信托公司承诺收益，信托公司是否承诺收益在合同中将明确约定，从

① 《中华人民共和国信托法》、《信托投资公司管理办法》、《信托投资公司集合资金信托计划管理办法》。

而减少投资人决策时面临的不确定性。承诺收益还可以减轻投资人的心理负担，提高风险规避投资人的效用水平。禁止融资类信托产品承诺收益将降低市场效率，允许融资类信托产品承诺收益能够提高市场效率，实现总福利最大化。

（二）损失发生后由信托公司进行赔付符合信托公司和投资人的利益

因为存在信息不对称，投资人无法准确把握信托产品风险，所以常常以对于信托公司的评价替代对于信托产品的评价。当信托公司某一款信托产品出现亏损，投资人倾向于认为这家信托公司在风险控制上存在普遍问题，或者说提高对于该信托公司是差公司的后验概率判断。投资人对于信托公司的评价极大影响该信托公司的产品定价水平，从而影响信托公司的利润水平。并且就目前的信托市场来看，信托产品无法按照预计收益率兑付将极大动摇投资人对于这家信托公司的信心，甚至可能导致这家信托公司退出市场。因此，信托公司不论事前有无承诺，信托产品发生损失后都有动力赔付投资人，以保持其市场信誉，维护其利润水平和生存空间。从投资人角度来说，对于信托公司的赔付具有一定心理预期，损失发生后由信托公司进行赔付符合其心理预期。

六、放开融资类信托产品收益承诺限制的操作条件

禁止信托公司承诺收益的法规已经存在了十年之久，为避免放开这一限制可能造成的不良后果，在放开之前需要满足以下条件。

（一）建立完备的信托公司治理机制和监管体系

如果信托公司治理机制和监管体系不完备，经营者的效用函数会与短期利润挂钩，与资产质量脱钩，存在盲目扩大业务规模的冲动；如果信托公司治理机制和监管体系完备，产品发行与否将成为风险与收益的权衡，是理性选择的结果，不会导致业务规模的盲目扩大。从2007年信托业第六次整顿以来，信托公司积极引进优质战略投资者，公司治理机制有了很大改善。监管部门按照“一法两规”对信托公司进行监管历经了十年，也积累了丰富的监管经验。总体来说信托公司治理机制和监管体系有了很大提升。

（二）如果说信托公司是否已经建立了完备的治理机制和监管体系是一个难以量化回答的问题，可以用对信托公司的业务规模限制进行补充管理

2010年银监会下发《信托公司净资本管理办法》，要求应“确保信托公司固有资产充足并保持必要的流动性，以满足抵御各项业务不可预期损失的需要。”2014年银监会、财政部下发

《信托业保障基金管理办法》，要求信托公司按净资产余额的1%、资金信托按新发行金额的1%、新设立的财产信托按信托公司收取报酬的5%计算并认购保障基金。在现有的净资本和保障基金管理体系下，即使放开对信托公司的收益承诺限制，信托公司也不会出现无节制的负债。

七、对放开信托公司收益承诺限制的简单构想

放开信托公司收益承诺限制适宜分类别、有条件地展开，下面提出简单构想。

（一）只对融资类信托产品放开收益承诺限制

融资类产品低风险低收益，并且以大概率获得小收益而以小概率遭受大损失，投资人将其放入预防下跌的心理账户，对信托公司有赔付预期，且禁止承诺收益有损市场效率，因此，应该放开对融资类产品的收益承诺限制。投资类产品高风险高收益，收益和损失的分布差不多，投资人将其放入具备上涨潜力的心理账户，对信托公司一般没有赔付预期，可以不对投资类产品放开收益承诺限制。

（二）只对达到一定评级的信托公司放开收益承诺限制

2014年银监会下发《信托公司监管评级与分类监管指引》，将信托公司通过考核打分的方式，细分为六级。综合评级一级表明公司经营非常稳健，治理结构完善，经营体系和内控制度与业务发展匹配；综合评级二级表明公司经营稳健，治理结构合理，风险管理能力强，经营体系和内控制度与业务发展较为匹配；综合评级三级表明公司经营基本稳健，治理结构较为合理，风险管理能力较强，但存在一定的薄弱环节；综合评级四级表明公司经营存在一定的问题，至少在一个要素方面不太稳健；综合评级五级表明公司经营存在较为严重的问题；综合评级六级表明公司存在严重的问题，监管机构有可能对此类公司采取停业整顿等较为严重的监管处罚措施。

建议先对二级信托公司放开融资类产品收益承诺限制，待运行一段时间后再对三级信托公司放开限制，对四级、五级、六级的信托公司则不放开限制。

（三）根据是否承诺收益计算不同比例风险资本和保障基金

建议对《信托公司净资本管理办法》进行修改，承诺收益的信托产品计算更高的风险资本占用比例。建议对《信托业保障基金管理办法》进行修改，承诺了收益的信托产品认购更高比例的保障基金。

八、结论

综上所述，在委托代理理论框架下，由信托公司向投资人承诺收益，同时满足最优激励和最优风险分担，可以实现帕累托最优；禁止融资类信托产品承诺收益不符合最优风险分担原则和最优激励原则，还会被重复博弈和投资人有限理性所弱化；将融资类产品是否承诺收益的选择权交给市场符合信托公司与投资人的利益；由于信托公司净资本管理和信托业保障基金管理对信托公司的或有负债进行了限制，在根据是否承诺收益计算不同比例风险资本、认购不同比例保障基金的前提下，可以对达到一定评级的信托公司放开融资类产品收益承诺限制。

净资本管理在金融风险化解中的作用研究

新华信托股份有限责任公司　孙新宝　梁晋嘉　汪洋

一、《巴塞尔协议》及其在中国的实施

（一）《巴塞尔协议》的演进

《巴塞尔协议Ⅰ》（也称旧巴塞尔协议）的出台①源于前联邦德国 Herstatt 银行和美国富兰克林国民银行（Franklin National Bank）的倒闭。它们的倒闭使监管机构在惊愕之余开始全面审视拥有广泛国际业务的银行监管问题。第二年，即 1975 年 9 月，一个极为简单的协议诞生，核心内容是针对国际性银行监管主体缺位的现实而制订。1983 年 5 月，《巴塞尔协议》再次被修改推出，这个协议基本上是前一个协议的具体化和明细化。1988 年 7 月《巴塞尔协议》有了实质性进步，即《关于统一国际银行的资本计算和资本标准的报告》（简称《巴塞尔报告》）。该报告主要有四部分内容：资本的分类；风险权重的计算标准；1992 年资本与资产的标准比例和过渡期的实施安排；各国监管当局自由决定的范围。

十多年时间过去，《巴塞尔协议》已成为名副其实的国际银行业竞争规则和国际惯例，在加强银行业监管、防范国际金融风险中发挥出了重要作用。但是金融创新的不断出现，以及新的风险管理技术的迅速发展，使《巴塞尔协议》显得日益乏力和过时。尤其是 1997 年爆发的亚洲金融危机，波及全世界，而《巴塞尔协议》机制没有发挥出应有的作用，受到人们的责难。在这样的背景下，1999 年 6 月，巴塞尔委员会决定修订 1988 年协议，以增强协议规则的风险敏感性。在考虑一些评论意见和征求国际银行界及其监管者建议的基础上，委员会于 2001 年 1 月 16 日提出了一个更加全面、具体的新建议，并在 2001 年 5 月 31 日前向全世界征求意见。收到的评论意见在 BIS（国际清算银行）网站上发布。委员会在 2002 年末出版新巴塞尔协议（《巴塞尔协议Ⅱ》）的最终文本，2004 年起正式实施。

---

① 也有学者认为，旧巴塞尔协议的出台是源于美国对日本经济腾飞的制裁。

随着全球金融市场的快速发展，市场竞争日趋激烈，金融创新引起的产品多样化加大了风险管理和控制的难度，现有的监管体系难以应对日益复杂的风险管理环境。2008 年爆发的金融危机给全球银行体系带来了巨大的冲击，暴露出新资本协议的诸多不足，这促使巴塞尔委员会对新资本协议进行进一步的补充和完善。金融危机后，国际金融监管当局开始对金融体制进行深度改革，在改革的大趋势下，巴塞尔委员会针对金融危机中呈现出的问题发布了大量新协议修改和更新的征求意见稿，内容涉及银行稳健性、流动性风险管理、市场风险管理、交易账户新增风险等多个领域。还进行了大范围的压力测试和定量影响测算，并根据结果对管理框架和内容进行了修改，不断完善银行监管体制。巴塞尔委员会于 2010 年在韩国首尔举行的二十国集团领导人（G20）峰会上批准《巴塞尔协议Ⅲ》并发布最终定稿。

（二）三版巴塞尔协议主要内容及比较

《巴塞尔协议》自诞生以来便给世界各国的商业银行监管带来了前所未有的改变，不管是监管内容，还是其所特有的监管思路，都为各国商业银行的监管开拓了新局面，也给商业银行的发展提供了新机遇，也很好地遏制了当时金融风险的蔓延。但是，变幻莫测的金融经济形式给《巴塞尔协议》带来了巨大挑战，《巴塞尔协议》的制定者为了能够更好地实现监管的效果，到现在为止，已经三次修改了《巴塞尔协议》的主要内容。

1.《巴塞尔协议Ⅰ》的主要内容

（1）资本的分类

协议将银行的资本划分为核心资本和附属资本两大类，并且对各类资本按照不同的特点进行明确的界定。核心资本包括实收资本、盈余公积、资本公积、未分配利润等，附属资本主要包括次级债。

（2）风险权重的计算标准

报告根据资产类别、性质以及债务主体的不同，将银行资产负债表的表内和表外项目划分为 0、20%、50% 和 100% 四个风险档次。不同类别的债券都要按照评级标准赋予一定的权重。

（3）计算公式

在资本分类和风险权重的基础上，报告确定了资本充足率 8% 的标准和核心资本充足率 4% 的监管标准。资本充足率（“CAR”）是衡量一个银行的资本对其风险资产以百分比表示的量，其计算公式是：

资本充足率 = 资本/风险资产

核心资本充足率 = 核心资本/风险资产

风险资产 = 资产 × 风险权重

除了以上几项，还包括 1992 年资本与资产的标准比例和过渡期的实施安排，各国监管当局自由决定的范围。这两项不是协议的主要内容，这里不作介绍。

2.《巴塞尔协议Ⅱ》的主要内容

（1）全面风险管理体系的提出

《巴塞尔协议Ⅱ》对商业银行所面临的风险进行了更加完整的描述。突破了片面考虑信用风险的式思维，进一步认识商业银行所面临的风险是信用风险、市场风险和操作风险共同作用的。全面的资本监管框架的建立，顺应了银行业务结构和经营环境的变化。

（2）对银行业务的监管从表内业务突破到了表外业务

《巴塞尔协议Ⅰ》所提出来的资本充足率只注意对表内资产风险的监控，没有考虑表外风险，特别是一些金融衍生工具的产生，已经使风险从表内业务延伸表外业务。《巴塞尔协议Ⅱ》顺应金融形势的变化需要，也提出了对照表内项目确定表外资产风险权重的做法。

（3）提出了商业银行监管方法的三大支柱

《巴塞尔协议Ⅰ》只是提出了单一的资本充足率的管理方法。实践证明，单靠资本充足率无法保证单个银行乃至整个银行体系的稳定性。《巴塞尔协议Ⅱ》提出了三大支柱，分别是最低资本要求、监管部门的监督检查和市场纪律。

①《巴塞尔协议Ⅱ》的第一支柱是最低资本要求，主要包括三个基本要素：监管资本的定义、风险加权资产和资本对风险加权资产的最低比率。加大了资本充足率的覆盖范围，在考虑加权风险时，不仅考虑了信用风险，还考虑了市场风险和操作风险。在计算资本比率时，市场风险和操作风险的资本要求乘以12.5（即最低资本比率8%的倒数），再加上针对信用风险的风险加权资产，就得到分母，即总的风险加权资产。分子是监管资本，两者相除得到资本比率的数值。总的资本比率不得低于8%。

②《巴塞尔协议Ⅱ》的第二支柱是监管部门的监督检查。监督检查的目的是，不仅要保证银行有充足的资本来应对业务中的所有风险，而且还鼓励银行开发并使用更好的风险管理技术来监测和管理风险。这一监管方案的提出，强调了商业银行对于风险监控的自主性。促使商业银行建立自己的内部风险评估机制。排除了旧协议对于商业银行监管的千篇一律，不同的商业银行可以根据自己不同的情况采取不同的内部风险控制方法，监管机构把监控的重点从单一的外部监管方法到以商业银行的自我监管和监管机构的外部监管相结合的监管方法，使监管更加科学，更加灵活。监管当局应评价银行如何按自身的风险轮廓确定资本需求，并在必要时进行干预。这样做的目的是在银行和监管当局之间形成有效的对话机制，以便在发现问题时可以及时、果断地采取措施来降低风险和补充资本。

③《巴塞尔协议Ⅱ》的第三支柱是市场纪律，也就是说银行业必须满足的信息披露要求。委员会通过建立一套披露要求以达到促进市场纪律的目的，第三支柱主要涵盖了“适用范围、资本结构、风险敞口与评估以及资本充足率”四个领域，巴塞尔委员会就每一领域都制定了具体详细的披

露要求。通过商业银行的信息披露，市场的债权人、投资者或者是存款人就可以根据市场信息作出理性的选择，通过市场参与者的理性选择就会促使资金通过合理的配置来对商业银行进行监管，市场机制的纳入进一步拓宽了商业银行监管的空间，使监管主体的范围也进一步扩大。

3.《巴塞尔协议Ⅲ》的主要内容

（1）核心资本的结构和资本充足率

核心资本的结构发生了重大的调整，除了就协议所指的核心资本，又加上了防护缓冲资本和反周期准备资本两个新的概念。反周期准备资本的提出，主要是便于银行可以通过提取反周期准备资本对抗过度放贷所带来的风险。从计提比率上来看，核心资本充足率将由目前的4%上调到6%，同时计提2.5%的防护缓冲资本和不高于2.5%的反周期准备资本。通过调整，核心资本充足率的要求可达到8.5%～11%。其中普通股权益/风险资产比率的要求由原来的2%提高到4.5%。总资本充足率要求仍维持8%不变。

（2）杠杆比率、流动杠杆和净稳定资金来源

引入杠杆比率、流动杠杆比率和净稳定资金来源比率的要求，以降低银行系统的流动性风险，加强抵御金融风险的能力。按照协议的要求，最低杠杆比率是3%，流动杠杆比率是100%。

（3）过渡期安排

为最大程度上降低新协议对银行贷款供给能力以及宏观经济的影响，协议给出了从2013—2019年一个较长的过渡期。全球各商业银行5年内必须将一级资本充足率的下限从现行要求的4%上调至6%，过渡期限为2013年升至4.5%，2014年为5.5%，2015年为6%。同时，协议将普通股最低要求从2%提升至4.5%，过渡期限为2013年升至3.5%，2014年升至4%，2015年升至4.5%。截至2019年1月1日，全球各商业银行必须将资本留存缓冲提高到2.5%。

（4）风险权重

风险的权重进行了重新的划分，使风险系数更加符合实际情况，不在教条的遵循把风险系数只分为四类，风险系数最高可达150%，突破了100%的上限。

4.《巴塞尔协议Ⅱ》和《巴塞尔协议Ⅲ》比较

（1）《巴塞尔协议Ⅱ》和《巴塞尔协议Ⅲ》资本要求比较（见表1）。

《巴塞尔协议Ⅲ》修改后的资本框架相比现行的资本框架更加严格，更加强调资本质量，增强资本工具吸收损失的能力，在资本充足率指标的基础上，普通股比例也将成为重要的资本管理指标；巴塞尔委员会将最低普通股要求从2%提升至4.5%，此外，银行还需要计提2.5%的资本留存超额资本来抵御未来可能存在的经济下行压力，这便使得对普通股的总体要求达到了7%；新定义的一级资本、二级资本标准和调整项标准都将显著提高资本质量及数量的要求；4%的普通股及6%的一级资本要求再加上其他超额资本计提的要求将对银行的资本管理带来更大的压力。

表1　　《巴塞尔协议Ⅱ》和《巴塞尔协议Ⅲ》资本要求比较

<table>
<tr><td rowspan="2">风险加权资产的百分比</td><td colspan="8">资本要求</td><td>额外的资本要求</td></tr>
<tr><td colspan="3">普通股</td><td colspan="2">一级资本</td><td colspan="2">总资本</td><td>反周期超额资本</td><td rowspan="2">对系统重要性银行额外损失最低要求吸收的能力</td></tr>
<tr><td></td><td>最低要求</td><td>资本留存超额资本</td><td>总资本要求</td><td>最低要求</td><td>总资本要求</td><td>最低要求</td><td>总资本要求</td><td>范围</td></tr>
<tr><td>《巴塞尔协议Ⅱ》</td><td>2</td><td></td><td></td><td>4</td><td></td><td>8</td><td></td><td></td><td></td></tr>
<tr><td>备注</td><td colspan="3">新协议下的要求相当于在《巴塞尔协议Ⅲ》新资本定义一般国际银行的百分比</td><td colspan="2">新协议下的要求相当于在《巴塞尔协议Ⅲ》新资本定义一般国际银行的2%</td><td></td><td></td><td></td><td></td></tr>
<tr><td>《巴塞尔协议Ⅲ》新资本定义和校准</td><td>4.5</td><td>2.5</td><td>7.0</td><td>6</td><td>8.5</td><td>8</td><td>10.5</td><td>0～2.5</td><td>是否对系统重要性银行计提超额资本</td></tr>
</table>

资料来源：新华信托整理。

（2）《巴塞尔协议Ⅱ》和《巴塞尔协议Ⅲ》资本构成变化（见表2）。

①一级资本的变化。一级资本定义修改后，其主要形式必须是普通股和留存收益。且普通股必须满足一套合格标准才能被计入一级资本。少数股东权益将不能被计入核心资本的普通股部分。某些具有创新特征的资本工具，如股利递增机制，会不断腐蚀一级资本的质量，因此将逐步被取消。除普通股之外，满足一定标准的资本可计入其他持续经营下的资本。

②二级资本的变化。简化二级资本，只有一套二级资本的合格标准，其他子类别将被取消。巴塞尔委员会规定了二级资本的最低标准，同时取消了二级资本不能超过一级资本的限制。

③三级资本的变化。取消三级资本，以保证抵补市场风险的资本质量等同于抵补信用风险和操作风险的资本质量。

表2　　《巴塞尔协议Ⅱ》和《巴塞尔协议Ⅲ》资本构成变化

<table>
<tr><td>《巴塞尔协议Ⅱ》下的资本构成</td><td colspan="2">《巴塞尔协议Ⅲ》下的资本构成</td></tr>
<tr><td>一级资本</td><td colspan="2">一级资本</td></tr>
<tr><td>实收资本/普通股</td><td colspan="2" rowspan="3">普通股</td></tr>
<tr><td>股本溢价</td></tr>
<tr><td>留存收益</td></tr>
<tr><td>盈余公积</td><td colspan="2">其他持续经营下的资本</td></tr>
<tr><td>少数股东权益</td><td colspan="2">不计入一级资本</td></tr>
<tr><td>创新资本工具（15%上限）</td><td colspan="2">不计入一级资本</td></tr>
<tr><td>二级资本不超过一级资本的100%</td><td colspan="2">二级资本</td></tr>
<tr><td>一般准备</td><td colspan="2" rowspan="3">简化二级资本，只有一套二级资本的合格标准，其他子类别将被取消</td></tr>
<tr><td>混合债务资本工具</td></tr>
<tr><td>次级债</td></tr>
<tr><td>三级资本市场风险暴露（极端情况适用）</td><td>三级资本</td><td>三级资本将被取消</td></tr>
</table>

资料来源：新华信托整理。

（三）国外的质疑[①]

正如佛罗里达州立大学的金融教授 Mark Flannery 所说，在保证制度真正安全和保持规则实用有效之间，监管者需要上演一场“平衡表演”：如果给银行太多限制，金融活动就会受到制约，或者会转向非银行机构，使规则成为一纸空文。2012 年末，当全球银行业执行《巴塞尔协议Ⅲ》的日期日益临近时，美国突然决定无限期推迟执行《巴塞尔协议Ⅲ》，欧洲也未给出执行的具体“时间表”。[②] 因为当时的美国，特别是欧洲银行业还未从国际金融危机中脱身，整个银行业的核心资本充足率都难以达到 7% 的“底线”。

新巴塞尔协议从诞生就遭到了各方的质疑。事实上，银行的资本并非越多越好，过高的资本量将会降低财务杠杆比率，增加筹集资金的成本，进而影响银行的利润。因为核心资本的大部分占压在变现能力弱的固定资产或亏损资产上，进一步降低了银行补资的能力，削弱了银行资本功能发挥的基础。要提高核心资本充足率，需要对核心资本做“加法”，对风险资产总额做“减法”。

1. 增加系统性风险并且限制信用额度的可利用性

业内领先的美国本土和海外银行反对美国采取《巴塞尔协议Ⅲ》作为监管协议的计划，他们声称该协议的构思有问题，会影响到银行业的健康，增加系统性风险并且限制信用额度的可利用性。他们将自己的论述写在给美联储长达约 1100 字的信中，想要阻止后者实施《巴塞尔协议Ⅲ》。该协议将会限制银行承担的风险并且抑制相应的盈利。

2. 影响市场交易体系的核心结构

美联储曾经要求各银行增加其资产的保证金，减少借款并且改变其借出钱款时对于债券及投资风险的判断方法。摩根大通表示该协议会对美国银行的全球竞争力造成“显著的限制”。而高盛则认为该协议会减少金融机构对于关键实用工具的投资兴趣，从而影响市场交易体系的核心结构。

3. 大银行要付出更多的股本权益

高盛总裁 Lloyd Blankfein 表示，若用《巴塞尔协议Ⅲ》的标准来衡量，高盛的风险资产将会上升 67%，至 7280 亿美元。更高的风险资产要求意味着银行必须持有更多的股本权益，而高盛已经是现时监管标准下股本权益非常良好的企业了。市值为 1820 亿美元的美国贷款公司 BB&T 认为新的风险资产要求导致公司为同样的资产组合付出多得多的股本。

4. 小银行难承重负

作为一家正在扩张的地区性银行，PNC 拥有布莱德 22% 的股份，它申请该协议豁免其在世

① 源自华尔街见闻，2012 年 11 月 15 日。

② 2013 年 7 月 1 日，欧盟终于公布了与《巴塞尔协议Ⅲ》相匹配的新银行业法规，并宣布从 2014 年 1 月起正式实施。

界最大资产管理公司的股份。此外，《巴塞尔协议》的严苛要求对社区类银行的打击力度更大，使得许多小银行难承重负。

5. 将起不到应有的作用

英格兰银行（BOE）金融政策委员詹金斯（Robert Jenkins）认为，新的全球规则迫使银行持有更多的资本和现金来保护纳税人并令金融体系更加安全，但是《巴塞尔协议Ⅲ》所起的作用远远不够。《巴塞尔协议Ⅲ》要求银行持有的资本逾现在持有的三倍并拥有单独的资金进行缓冲，如此假如金融危机再度来临，纳税人就不用再次去救这些银行了。但是詹金斯仍然表示："我个人的观点是《巴塞尔协议Ⅲ》或将起不到应有的作用。"支持他观点的人都认为《巴塞尔协议Ⅲ》运行起来过于复杂。

（四）在中国的实施

虽然《巴塞尔协议Ⅲ》在西方遭到了诸多质疑，但是在中国依然如期执行。自 2011 年 5 月中国银监会颁布了《关于中国银行业实施新监管标准的指导意见》的 44 号文以来，中国银行业正式拉开了《巴塞尔协议Ⅲ》同时实施的大幕。随后陆续颁布的了一系列文件分别针对新监管标准的实施细则给出了详细的诠释（见表 3）。

1. "中国版巴塞尔协议Ⅲ"如期实施

2013 年 1 月 1 日起，被业内称为"中国版巴塞尔协议Ⅲ"的《商业银行新资本管理办法》（以下简称《管理办法》）开始正式实施。而为推动《管理办法》平稳实施，拓宽资本补充渠道，增强银行体系稳健性，支持实体经济发展，银监会于 2012 年末发布的配套性政策文件的《关于商业银行资本工具创新的指导意见》以及《关于实施〈资本办法〉过渡期安排相关事项的通知》，不仅有助于提升银行业资本质量，而且也是银监会为了减轻商业银行即将面临的资本压力，推动《管理办法》平稳实施所作出的安排。2014 年 2 月 19 日，银监会颁布了《商业银行流动性风险管理办法（试行）》，以促进我国银行业加强流动性风险管理，维护银行体系的安全稳健运行。

表 3　　中国落实《巴塞尔协议Ⅲ》发文一览表

发布日期	文件名称	实施日期	主要内容
2011 年 4 月 27 日	《关于中国银行业实施新监管标准的指导意见》		明确了资本充足率、杠杆率、流动性、贷款损失准备监管标准，并根据不同机构情况设置差异化的过渡期安排
2011 年 6 月 1 日	《商业银行杠杆率管理办法》	2012 年 1 月 1 日	商业银行并表和未并表的杠杆率均不得低于 4%，同时适用于其他政策性银行、金融资产管理公司、农村合作银行、农村信用社、财务公司、金融租赁公司、汽车金融公司和消费金融公司等

续表

发布日期	文件名称	实施日期	主要内容
2012 年 6 月 7 日	《商业银行资本管理办法（试行）》	2013 年 1 月 1 日	将资本监管要求分为四个层次：第一层次为最低资本要求，核心一级资本充足率、一级资本充足率和资本充足率分别为5%、6%和8%；第二层次为储备资本要求和逆周期资本要求，储备资本要求为2.5%，逆周期资本要求为0～2.5%；第三层次为系统重要性银行附加资本要求，为1%；第四层次为第二支柱资本要求
2012 年 11 月 29 日	《关于商业银行资本工具创新的指导意见》		商业银行资本工具创新的基本原则、合格资本工具的认定标准、完善商业银行资本工具创新的工作机制
2013 年 12 月 7 日	《关于实施〈资本办法〉过渡期安排相关事项的通知》		过渡期内分年度资本充足率监管要求；已达标银行和未达标银行提出差异化要求；过渡期内的监管措施
2014 年 2 月 19 日	《商业银行流动性风险管理办法（试行）》	2014 年 3 月 1 日	商业银行流动性覆盖率应当于2018 年末前达到100%；在过渡期内，应相当于2014 年末、2015 年末、2016 年末及2017 年末前分别达到60%、70%、80%、90%。

资料来源：银监会网站、新华信托整理。

2. “中国版巴塞尔协议Ⅲ”的资本要求

如期实施“中国加强版巴塞尔协议”《资本办法》，要求银行核心一级资本充足率、一级资本充足率和总的资本充足率为6%、8%和10%，这一要求分别高于《巴塞尔协议Ⅲ》的4.5%、6%和8%。中国银行业已基本满足了《巴塞尔协议Ⅲ》的监管标准，但对于中小型商业银行，补充资本金的压力仍然很大。这一点，从各大银行扎堆赶在2013 年前发行次级债，为资本金“补血”，其中，尤以城商行、农商行发行次级债的热情最高可以看出。如上海银行于12 月5 日发行50 亿元次级债券；东莞银行也在11 月30 日至12 月3 日发行10 亿元10 年期无担保固息次级债券等，均旨在募集资金用于充实附属资本。

《资本办法》的最大亮点是对储备资本要求设置了6 年过渡期：2013 年末，储备资本要求为0.5%，其后5 年每年递增0.4%。到2013 年末，对国内系统重要性银行的核心一级资本充足率、一级资本充足率和资本充足率的最低要求分别为6.5%、7.5%和9.5%，这一安排是现实的也是有深意的。从短期来看，可缓解资本压力，使银行更好支持实体经济；从长期来看，银行业将进入战略转型期，中间业务、混业经营等低资本消耗业务占比会逐渐增加，这意味着尽管未来资本门槛不断升高，再融资压力却未必会加大。

3. 拓宽银行资本补充渠道

商业银行资本结构过于单一，资本补充渠道狭窄，银行资本补充主要依靠自身利润留存、发行普通股和少量次级债券，所以商业银行资本工具创新很有必要。银监会颁布的《关于商业银行资本工具创新的指导意见》（以下简称《指导意见》），允许商业银行在资本金损失吸收机制方面采用减记和转股两种方式，鼓励银行寻找新的资本渠道。

拓宽银行资本补充渠道，意味着银行资产的证券化与信贷资产的证券化速度将会加快，有助于丰富金融市场投资品种，有助于增强银行资本的损失吸收能力。通过商业银行资本工具创新，有助于构建银行多层次、多元化的资本补充渠道，进一步充实资本基础，确保商业银行更有效地支持实体经济发展。按照《指导意见》的要求，在条件成熟的情况下，商业银行可适时推出新型债务类和权益类资本工具，并积极探索通过不同市场发行各类新型资本工具。

（五）《信托公司净资本管理办法》的出台

从20世纪90年代中期以来，《巴塞尔协议》在银行资本管理方面初显成效，使得以美国为代表的境外成熟市场监管当局深刻认识到以净资本为核心的风险监管对投行类金融机构风险控制的重要性。随着我国信托业的发展、信托公司业务模式的调整和创新业务的开展，信托监管机构也急需建立一个能综合反映信托公司潜在风险的、有效的风险监管体系。

2008年金融危机后，银监会针对信托业可能潜在的风险，于2010年8月24日颁布了《信托公司净资本管理办法》（以下简称《办法》）及相应的风险资本系数调整表。该办法对净资本、风险资本、风险控制指标、监督检查等作了明确规定：首先，对信托公司设定了净资本不得低于2亿元的准入门槛，且应当持续符合两项风险控制指标，即净资本不得低于各项风险资本之和的100%且不得低于净资产的40%；其次，明确了风险资本的计算方式并确定了风险资本系数；最后，要求信托公司制定并实施净资本管理规划，并制定了监督与检查具体办法，同时对整改提出了明确要求。

《办法》是对信托业的风险管理具有重大意义的举措，形式上的意义在于，对信托公司提出了资本充足率的要求，并将净资本与净资产、风险资本、各类业务余额、风险系数挂钩，使信托业务受到杠杆率的约束。本质上的意义则在于，监管层顺应全球金融监管趋势，防范信托业系统性风险，在弥补以往监管层监管工具缺乏的同时，推动信托公司全面风险管理体系建设，营造稳健、具备持续抗风险能力的信托业市场环境。

正如《巴塞尔协议Ⅲ》在推出后受到诸多质疑一样，《办法》在运行的过程中也显现出诸多问题，如净资本补充渠道单一、运用方式过于粗放、不够科学等，如何拓宽净资本来源，创新其应用方式，达到收益与风险之间的平衡，是需要进一步研究的课题。

二、信托公司净资本创新来源

从信托行业监管的角度看，实施以净资本为核心的监管体系，对于提高信托公司的规范经营和抗风险能力有着现实意义。从已有的制度建设来看，2007 年 3 月 1 日起正式实施的《信托公司管理办法》（以下简称《办法》）第四十八条规定："中国银行业监督管理委员会对信托公司实行净资本管理。具体办法由中国银行业监督管理委员会另行制定。"而在 2010 年 8 月 24 日，此制度建设具体落实。银监会颁布了的《办法》，旨在建立以净资本为核心的风险控制指标体系。从整个金融体系的发展趋势看，以风险以及资本充足为核心的风险监管体系已经在金融领域的各个子行业逐步展开和深入。本文在对信托公司以净资本为核心的风险的报表体系和测算体系的研究基础上，总结和借鉴银行业、证券业和保险业的净资本来源，探索如何构建信托公司多层次净资本来源，推动我国信托行业进一步发展。

回归溯源，《办法》是在银监会颁布实施《中国银监会关于规范银信理财合作业务有关事项的通知》（银监发［2010］72 号）（以下简称 72 号文）规范银信合作的背景下公布的。作为信托业监管的审慎性工具，其监管理念比较接近于金融机构《巴塞尔协议》（1988）的监管要求，通过实施净资本管理来降低行业的系统性风险。1988 年《巴塞尔协议》对非预期风险部分引用了监管资本的概念，对银行的资产组合设计基本固定的风险权重，不考虑具体机构的差异性，把维持必要的资本作为最后的防线，保证金融机构在不利情况的正常经营，从而保证行业整体安全水平。通过净资本方式对信托公司进行监管，将信托公司的固有业务、信托业务与净资本规模关联，监管层通过对不同业务风险系数的调整来改善信托公司的业务结构，理论上可以从总量上对不同业务规模进行控制，引导信托业务的发展，实现扶优限劣、内涵式增长。

（一）以净资本为核心的风险监管体系的理论基础

从一般意义上说，资本是一家金融机构已经持有的或是必须持有的金额，目的在于防范头寸价值的减少或是商业损失等不可预见的损失，从而保护存款者和一般债权人不受损失。资本在金融部门中起着为金融机构运营提供资金、吸收风险缓冲器和短期性融资的信用保证等重要作用。资本充足性的一般意义是指金融机构的自有资本对于其涉及的风险资产规模来讲是充足的，这种充足性包含两方面的含义：一方面，是指自有资本能够抵御其涉险资产的风险，即当这些涉险资产的风险变为现实时，自有资本足以弥补由此产生的损失；另一方面，也指对于自有资本的要求不能过高，因为那样将会影响金融机构的业务开展以及其资产的扩张。资本充足率标准的国际认可并统一遵守是世界金融全球化以及监管标准全球化发展的必然趋势。资本充足率的高低是反映一个金融部门运营总体风险大小的重要标志之一，它不仅是衡量该金融机构资本实力的综合指标，而且也是金融机构实行风险管理的核心所在。

（二）金融业净资本来源现状

在不同金融市场探索对商业银行进行风险监管的演进过程中，作为主要支柱的资本管理越来越占据重要地位。

1. 银行业资本来源分析

2012 年 6 月 7 日，中国银监会颁布《商业银行资本管理办法（试行)》，2013 年 1 月 1 日起实施。自此，我国为配合《巴塞尔协议Ⅲ》的整体推进，强化资本约束机制，促进银行业稳步健康发展，实施新的资本监管标准进入了实际操作阶段。《商业银行资本管理办法》规定，银行商业银行总资本包括核心一级资本、其他一级资本和二级资本（见表 4)，商业银行风险加权资产则包括信用风险加权资产、市场风险加权资产和操作风险加权资产。

表 4　　商业银行资本构成

		核心一级资本	其他一级	二级资本
构成	1	实收资本或普通股	其他一级资本工具及其溢价	二级资本工具及其溢价
	2	资本公积	少数股东资本可计入部分	超额贷款损失准备
	3	盈余公积		
	4	一般风险准备		
	5	未分配利润		
	6	少数股东资本可计入部分		

资料来源：新华信托整理。

商业银行在计算资本充足率时，还应当从核心一级资本中全额扣除商誉、其他无线资产（土地使用权除外）、由经营亏损引起的递延所得税资产、贷款准备损失缺口、资产证券化销售利得、确定受益类的养老金资产净额、直接或间接持有本公司的股票、对资产负债表中未按公允价值计量的项目进行套期形成的正现金流储备、商业银行自身信用风险变化导致其负债公允价值变化带来的未实现损益、商业银行之间通过协议相互持有的各级资本工具、银监会认定为虚增资本的各级资本投资以及其他各类应扣除资产。

2. 证券业净资本来源分析

2005 年 10 月，新修改的《中华人民共和国证券法》明确以净资本为核心的证券公司风险监管指标体系，为准确反映并有效防范证券公司存在的流动性风险提供了法律依据。2006 年 7 月，中国证监会颁布实施《证券公司风险控制指标管理办法》，正式建立以净资本为核心的风险控制体系。2012 年 11 月，证监会颁布了《关于调整证券公司净资本计算标准的规定》，修订了《证券公司净资本计算表》和《证券公司风险控制指标监管报表》，对净资本中的多项扣减比例进行下调。

证券公司净资本在净资产基础上，根据流动性水平对金融资产作一定的变现扣除，同时扣除变现能力较差的固定资产等其他资产，未设一级资本和二级资本。风险资本计算中借鉴了《巴塞尔协议》对风险的定义，其中市场风险资本准备体现在权益证券、固定收益证券、衍生产品证券等的计算比例中，信用风险资本准备体现在固定收益证券、融资融券业务等的计算比例中，操作风险资本准备体现在分支机构、营运资本等的计算比例中。

2012 年 12 月，证监会颁布实施《证券公司次级债管理规定》，证券公司可非公开发行次级债。长期次级债可按一定比例计入净资本，到期期限在 3 年、2 年、1 年以上的，原则上分别按 100%、70%、50% 的比例计入净资本。长期次级债计入净资本的数额不得超过净资本（不含长期次级债累计计入净资本的数额）的 50%。

3. 保险业净资本来源分析

保险公司由于本身经营的独特性，历来受到政府的严格管制，其中对保险公司资本充足率的考察更是监管的重点。与银行、证券行业的区别是，在保险业中对资本充足率的监管引入了“偿付能力保证金”的概念。

2008 年 9 月，中国保险业监督管理委员会实施了《保险公司偿付能力管理规定》，明确：“偿付能力充足率即资本充足率，是指保险公司的实际资本与最低资本的比率。”实际资本包括投入资本、剩余综合收益、计入实际资本的资本性负债。财产保险公司应具备的最低资本为非寿险保障型业务最低资本和非寿险投资型业务最低资本之和。人寿保险公司最低资本为长期人身险业务最低资本和短期人身险业务最低资本之和。

2013 年 3 月，保监会修订实施《保险公司次级定期债务管理办法》，允许保险公司偿付能力充足率低于 150% 或者预计未来两年内偿付能力充足率将低于 150% 的，可以申请募集次级债。保险公司募集次级债所获取的资金，可以计入附属资本，但不得用于弥补保险公司日常经营损失。保险公司计入附属资本的次级债金额不得超过净资产的 50%。

4. 小结

随着我国改革开放的持续深入，经济发展速度持续保持较快增长，货币供应量大幅增加，银行、证券、保险资产管理规模的膨胀，资本约束的影响力愈加显现。各类金融机构一方面在业务拓展中加入资本约束条件，降低投资组合占用的资本金；另一方面，金融机构积极与监管机构沟通，降低风险资本计算权重，增加资本来源。

（三）信托公司净资本现状

2010 年 8 月中国银监会颁布的《信托公司净资本管理办法》（中国银监会令 2010 年第 5 号），以及 2011 年 1 月中国银监会颁布的《关于印发信托公司净资本计算标准有关事项的通知》（银监发［2011］11 号），对信托公司净资本、风险资本计算标准和监管指标进行了规定，信托公司的业务经营由此进入了“后净资本管理”时代。

《信托公司净资本管理办法》的核心约束指标为信托公司净资本不得低于 2 亿元，净资本不得低于各项风险资本之和的 100%，此外信托公司净资本不得低于信托公司净资产的 40%。两个基础指标以信托公司净资本和信托公司风险资本为基础指标，在此之上通过比例测算进行风险管理。其中，信托公司净资本的基础是信托公司净资产，关键要素是风险扣减系数。风险资本的基础是信托公司的业务模式和资产结构，关键要素则是各项业务的风险系数。

根据中国信托业协会公布数据，截至2013年末，中国信托业资产管理规模达到10.91万亿元，再创历史新高。但随着资产规模的不断扩展，个别信托公司已经出现了严重的“小马拉大车”的状况。2013年初至2013年末，全行业68家信托公司的股本总额仅增加了136.55亿元，平均股本从2012年的14.41亿元增加至16.42亿元。

迈入2014年后，山东信托、安信信托、渤海信托、国投信托等公司启动了增资扩股计划，但是增资扩股并不是净资本管理的目的和有效解决手段，会带来一系列连锁反应，如股权稀释。对于目前资本金规模过小、业务结构偏单一的信托公司来说，理所当然首先考虑扩充资本金，提高净资本规模，其可能路径主要包括：一是通过公开上市融资，但近年来信托公司直接IPO或借壳上市都鲜有建树；二是引进新的战略投资者或原有股东增资，但面临资本回报率稀释、控制权或股权调整方面的影响。

（四）建设多层次的净资本市场

建设多层次的净资本市场，更为有效地满足多元化的投融资需求，是解决信托业净资本瓶颈的重要途径。根据相关法律法规，净资本工具的创设和发行需要经过严格的审批流程，其顺利发行不仅需要做到不与现行的法律法规相矛盾，更重要的是需要做到有法可依。首先，需要从法律的角度明确净资本工具的性质、发行的资格要求及其在利益分配、赎回、表决、转换等方面的权利。其次，需要通过公司章程对发行的净资本工具进行明确的规定。这不仅包括该工具的权利，还包括其受偿次序等细节。最后，公开发行的净资本工具需要进行适当的信息披露并接受监管机构的监管。因此，如何从监管的角度为净资本补充工具提供外部环境的支持对于工具的创新也起到了决定性的作用。

1. 法律环境：监管法规的完善

净资本工具的发行不仅需要在法律层面不与《公司法》、《信托法》、《证券法》等相关条款冲突，监管部门所颁发的各类法规、规章和规范性文件都可能对净资本工具的发行和认定等产生决定性的影响。

对于净资本创新工具的法律认可，一直是困扰我国信托业进行净资本工具创新的重要难点之一，目前大多围绕着优先股的法律地位展开讨论。2013年11月30日，国务院决定开展优先股试点，并颁布了《关于开展优先股试点的指导意见》。优先股在境外市场是成熟的证券品种，从净资本角度来看，有利于商业银行等金融机构创新资本工具，满足资本监管要求。但此次试点，将发行人限定于证监会规定的上市公司或非上市公众公司。

这一问题同样出现在其他的资本创新工具中，而对于具有转股或减记条款的或有资本工具和可转换资本工具来说，涉及的法律问题会更加复杂。例如，转股条款中如何涉及发行新的普通股，则首先需要满足证监会的相关发行要求并得到审批，而对于金融机构投资者的身份认可也需要得到银监会等相关部门的审批。

从目前的法律环境来看，《证券法》的第二条和第一百三十二条为资本创新工具留下了一定的空间，这意味着新的资本工具具有遵照以国务院名义出台的相关规定进行试点的可能性。建议相关部门可以针对资本创新工具出台相应的规范性文件，试点先行，待条件成熟再考虑与现有相关法律法规的衔接，并在必要时对相关法律进行修订和完善。

2. 监管环境：协调产品监管和机构监管

也许更多场合中讨论的是机构监管和功能监管的关系，但是在面对资本创新工具时，在当前的市场和监管环境下，协调产品监管和机构监管更为现实和重要。一方面，资本创新工具作为一种满足信托公司净资本需求的正式发行的金融工具，需要受到金融产品发行部门和交易部门的监管；另一方面由于或有资本既具有债券的特征，又具有成为普通股的可能，作为这一复杂金融工具的交易方，商业银行、证券公司、保险公司、信托公司等金融机构都可能成为信托的股东，这就不得不牵扯更多的机构监管。如何将这两者协调，减少重复监管的可能，又能够全面覆盖风险，将是资本创新工具所面临的监管环境健康与否的关键。

充足的市场容量和多元化的投资者构成是实现金融创新的重要推动力。从国际新型资本工具的发行状况来看，虽然认购较为活跃，但其中机构投资者，特别是保险公司、基金公司等机构发挥着不可或缺的作用。然而目前我国监管机构对于相关金融机构是否可以购买类似的资本工具没有明确的支持态度。例如，虽然从保险公司的角度来说，这种具有较高收益的或有资本工具具有一定的吸引力，但是这种偿还顺序位列次级债券之后的混合资本工具具有一定的风险，也为监管带来了一定的难度，因此，保监会禁止了保险公司的购买，这就将保险公司排除在投资者之外。

3. 制度环境：适当鼓励金融创新

2010 年以来，银行、证券、保险等金融机构不断使用资本创新工具来缓解资本不足的压力，而信托公司的净资本的补充始终局限于增资扩股。一方面，由于信托公司净资本工具单一，即设定了资本收益上限，为了实现利润最大化，股东只能不断增加资本投入，并且这种投资会超出最优规模，引发过度投资；另一方面，潜在机构投资者无法通过非公开渠道投资信托公司优先股、永续债、可转债、次级债等创新资本工具获得长期稳定收益。

然而值得一提的是，在对金融创新进行鼓励和支持的同时，更重要的是防范金融风险。对于或有可转换资本工具来说，应警惕其可能带来的道德风险和逆向选择风险。一方面，可能会增加信托公司的道德风险，投资者较为信任稳健的信托公司，对其发行的净资本工具也较为认可，可以在相同触发条件下接受较低的回报率，这不仅降低了大型机构的融资成本，也加大了它们承担风险的意愿；另一方面，在存在触发机制的条件下，信托公司可能面临投资者的逆向选择风险，这些金融工具的投资者可能会由长期投资者向短期投资者转化，特别是对冲基金等高额收益的期待者。

4. 市场环境：积极推进债券市场的深化改革

债券是释放、转移信用风险的有效工具，债券市场的发展和完善是实现资本工具创新的市场基础。2013 年 11 月 8 日，中国证监会和中国银监会联合颁布了《关于商业银行发行公司债券补充资本的指导意见》（以下简称《指导意见》），允许上市及拟上市商业银行赴交易所发行公司债券补充资本。在市场结构和基础设施方面，债券市场具有交易机制多样化，回购市场高效，信息披露公开、透明，投资者群体广泛等特点，更为关键的在于或有可转换资本工具中的转股条款使得其必须在交易所市场进行。

信用评级体系的完善和可信是实现资本创新工具的重要前提。越是面对复杂的金融工具，评级体系的市场定价功能就越重要，准确地评级不仅可以为投资者提供投资指导，也是保障金融体系安全稳健的重要因素。从国际上相关资本工具的发行经验来看，普遍存在资本工具评级大幅低于发行人评级的状况，在这种情况下，就对评级机构产生了更高的要求。此外，培养成熟的投资者也是营造良好市场环境的关键所在。

三、总结

监管当局对净资本创新工具的支持固然重要，但是从信托公司的角度来说，如何把握净资本工具的新特征，优化产品设计细节，并结合自身的经营状况和宏观经济环境，作出合理的净资本补充规划才是成功运用净资本补充工具的关键。

开展净资本补充工具的创新，其核心是解决资本工具的合格标准和市场投资者是否接受的矛盾。由于相关合格要求提高了资本的损失吸收能力，换言之是提高了投资者可能面临的风险。因此，在风险提高的情况下，提供收益与此高风险状况相匹配的资本工具才能够被投资者广泛接受和认可。然而与此同时，信托公司又面临着成本的压力，如果信托公司发行高收益的资本工具所付出的成本远远大于其增资扩股，可能便失去了金融创新的动力。

在保证自身成本收益的合理性之后，对现有股东利益的保护也是资本工具能够得到董事会认可的关键，由于在触发事件发生的情况下，现有的债券类资本工具可能会转变为股权，转变后可能导致的稀释股权的问题也可能对现有股东利益有所触及。

为保障发行能够顺利被市场接受，需要协调好不同债务人之间的关系，实现其所担风险和所获收益的对等。由于在一定触发机制下，债务人可能实现与股东的角色转换，因此要将债务人的风险放在长期限中来衡量。

净资本工具的创设时机应充分考虑市场环境、监管环境等外界因素。在不同的市场环境下发行资本创新工具可能会有截然不同的两种效果，投资者也会有截然不同的反应，特别是对于或有资本创新工具。在安全稳健的时期，投资者认为触发事件发生的概率很低，或认为在较长的一段时间内不会触发，因此，购买热情相对较高，而在市场流动性紧张、悲观情绪较重时，可能发行的这类创新资本工具会无人问津。此外，与股权相挂钩的资本工具也与市场估值的高低密不可分。

虽然创新资本工具对有效地补充信托行业的资本金、活跃市场有着关键性的作用，但是从信托公司长期可持续经营的角度来说，积极扩大内源融资的占比，将资本成本的控制理念注入信托的血液中更为重要。

四、信托公司与商业银行净资本管理对比分析

净资本管理作为巴塞尔协议的主要风险支柱，是金融机构防范金融市场风险的主要手段。净资本的概念可以追溯到美国1934年的《证券交易法》，净资本管理最初原因是“证券经纪交易商保留足够流动资产以保证偿付能力”。20世纪60年代，在监管中逐步加入了对净资本的具体规定。我国的银行业在20世纪90年代引入资本充足率管理，监管意图在于防范系统性风险。而证券业在2001年引入了以净资本为核心的风险管理体系，其监管意图在于防范流动性风险。

资本监管包括三个要素：资本定义、风险加权资产计量以及资本充足率监管要求。从资本充足率指标整体来看，资本属于分子部分，风险加权资产属于分母部分，因此监管层可根据监管的意图从资本定义或风险加权资产计量方面着手，保证在整体把控资本充足率的基础上引导金融机构增加净资本或者减少风险资产。

我国商业银行的监管主要参照了《巴塞尔协议》的相关规定，因此，商业银行的风险监管也主要从净资本管理着手，加以监督检查和信息披露，形成了一整套完善的监管体系。信托公司与商业银行同属于银监会监管体系，对于信托公司的监管主要参照了商业银行的相关监管规定。2010年颁布的《信托公司净资本管理办法》标志着信托公司净资本监管体系的基本建立。

（一）商业银行净资本管理

银监会对我国的商业银行的监管以净资本管理为基础，自2004年以来，按照三版《巴塞尔协议》颁布了相应的“中国版巴塞尔协议”监管制度，商业银行的净资本管理也就以相关的监管制度和办法开展进行。

具体来看，2004年银监会颁布《商业银行资本充足率管理办法》，建立以《巴塞尔协议Ⅰ》

为基础的审慎资本监管制度；2007年颁布《中国银行业实施新协议指导意见》，明确新资本协议实施的总体思路、范围、路线图和工作措施；2008—2010年发布了一系列实施新资本协议监管指引，包括信用风险内部评级法、市场风险内部模型法、操作风险资本计量方法、专业贷款、风险缓释、流动性风险、银行账户利率风险、资本充足率监管检查和资本充足率信息披露等；2011年颁布《中国银行业实施新监管标准指导意见》，提出包括资本充足率、杠杆率、流动性、贷款损失准备的一整套审慎监管标准和制度安排；2012年6月8日颁布《商业银行资本管理办法（试行）》，建立与《巴塞尔协议Ⅲ》接轨的资本监管制度，于2013年起实施，要求2018年末前达标。

《巴塞尔协议》确立的资本监管制度的三大风险支柱分别是最低资本要求（资本充足率）、监管部门的监督检查以及市场纪律（信息披露），核心是最低资本要求，监管部门的监督检查以及信息披露主要服务于资本充足率要求这一核心，保证资本充足率要求得以真正落实。当前商业银行净资本管理主要根据2012年6月8日颁布《商业银行资本管理办法（试行）》（以下简称《资本办法》）进行，其内容体现了巴塞尔三大风险支柱的要求。

1. 最低资本要求

最低资本要求包含三个层面，分别是资本定义、风险加权资产计量以及资本充足率监管要求。《资本办法》对三者的规定分别如下：

（1）资本定义

《资本办法》将资本分为三种，分别是核心一级资本、其他一级资本和二级资本。

核心一级资本包括实收资本或普通股、资本公积、盈余公积、一般风险准备、未分配利润、少数股东资本可计入部分。

其他一级资本包括其他一级资本工具及其溢价、少数股东资本可计入部分。

二级资本也称附属资本，是衡量银行资本充足状况的指标，由非公开储备、资产重估储备、普通准备金、（债权/股权）混合资本工具和次级长期债券。其构成包括二级资本工具及其溢价、超额贷款损失准备以及少数股东资本可计入部分。

另外，按照审慎资本定义的要求，各级资本需要扣除一定项目，具体如表5所示。

表5　《商业银行资本管理办法（试行）》资本扣除项规定

<table>
<tr><td>商誉</td><td rowspan="8">全额扣除</td><td rowspan="7">从核心一级资本中全额扣除</td></tr>
<tr><td>其他无形资产（除土地使用权）</td></tr>
<tr><td>由经营亏损引起的净递延税资产</td></tr>
<tr><td>贷款损失准备缺口</td></tr>
<tr><td>与资产证券化销售相关收益</td></tr>
<tr><td>养老金资产</td></tr>
<tr><td>持有本行的股票</td></tr>
<tr><td>互惠持有的资本投资</td><td>对应扣除法</td></tr>
</table>

续表

对并表范围外金额机构的非大额投资	部分扣除	门槛扣除法＋对应扣除法
对并表范围外金融机构的大额投资		门槛扣除法
其他依赖于本银行未来盈利的递延税资产		
少数股东资本	高整	分层计入
现金流套期储备		剔除影响
自身信用变化导致负债公允价值变化带来的未实现损益		

资料来源：《商业银行资本管理办法（试行）》、新华信托整理。

本轮金融危机的突出教训之一就是欧美银行资本工具的损失吸收能力严重弱化，危机时期相当一部分资本工具不能吸收损失，扩大了危机的负面影响。从国内实践来看，银监会长期坚持资本数量和资本质量并重的原则，不认可三级资本，实行严格的资本扣除，银行资本质量明显高于欧美银行，核心资本净额占总资本80%以上，《巴塞尔协议Ⅲ》提高资本质量标准对国内银行的影响很小。《资本办法》延续重视资本质量监管的传统，调整监管资本构成，维护资本工具的损失吸收能力。一是按照《巴塞尔协议Ⅲ》规定，重新定义各类资本工具的合格标准，特别是提高了债务资本工具的吸收损失能力。二是调整了资本扣除和调整项目，对商业银行未并表金融机构的资本投资分为大额少数资本投资和小额少数资本分开处理。按照《巴塞尔协议Ⅲ》的规定，调整了少数股东资本计入规则。三是遵循《巴塞尔协议Ⅲ》的规定，对国内银行已发行的不合格的资本工具给予10年过渡期，以缓解对商业银行资本充足率的影响。四是取消了核心一级资本占总资本的比例不低于75%的监管要求。

（2）风险加权资产计量

《资本办法》关于风险加权资产计量包括信用风险加权资产计量、市场风险加权资产计量以及操作风险加权资产计量三个部分。在原有的资本监管框架下，监管资本仅覆盖信用风险和市场风险，并且对市场风险资本计提设置了门槛，实际上仅有大型银行才有计提市场风险要求。《资本办法》进一步将操作风险纳入资本监管框架，同时取消原有的市场风险资本计提门槛，所有银行都应计提市场风险资本。针对国内银行操作风险事件发生频率较高和管理较为薄弱的现实，《资本办法》明确规定，在第二支柱框架下，银监会可以根据单家操作风险事件发生概率和损失情况提高操作风险资本要求。

信用风险加权资产计量是加权资产计量的核心部分，商业银行可采用权重法或内部评级法计量信用风险加权资产。一般而言，同一家银行根据内部评级方法测算的风险资产规模较原先要减少2%～3%，对于一些经营状况更好的银行，其下降程度会更为明显。而国内银行资产质量普遍较差，如果实施内部评级法，其资产风险权重的总体水平反而会有大幅度提高，导致银行资本充足率水平下降。且加之我国的管理理念、管理体制、风险评级的人力资源约束以及监管当局的技术水平等局限，内部评级法的运用存在诸多障碍，因此多采用权重法进行信用风险加权资产的计量。

鉴于短期内绝大多数银行还不能使用内部评级法计提信用风险资本要求，为克服现行的资产风险权重体系过于简单的缺陷，参考《巴塞尔协议Ⅱ》信用风险标准法的相关规定，根据国内相关政策和银行业务实践，《资本办法》重新设计了各类资产的风险权重体系。与现行方法相比，各类资产风险权重调整主要包括以下七个方面：一是对境外主权和银行债权的风险权重，以债务人的外部主权评级为基础。二是取消了对境外和国内公共企业的优惠风险权重，按照《巴塞尔协议Ⅱ》的规定，确定公共部门实体定义和风险权重。三是对工商企业股权风险暴露不再采用简单的资本扣除方法，而是区分不同性质的股权风险暴露，给予不同的风险权重。四是小幅上调了对国内银行债权的风险权重。五是下调了对符合条件的微型企业和小型企业债权的风险权重（从100%下调到75%）。六是下调对个人贷款的风险权重（从100%下调到75%）。七是在符合《巴塞尔协议Ⅱ》总体规定的前提下，将符合标准的信用卡授信额度的转换系数确定为20%。《资本办法》对风险权重体系的调整，坚持审慎监管原则，同时体现了公共政策导向，降低了中小企业贷款、零售贷款的成本，推动商业银行调整资产结构，缓解中小企业贷款难，并为扩大国内消费提供支持。《资本办法》对信用风险加权资产权重的设定如表6所示。

表6　《商业银行资本管理办法（试行）》规定的信用风险加权资产计量权重

<table>
<tr><th colspan="2">资产</th><th>风险权重（%）</th></tr>
<tr><td colspan="2">现金及现金等价物</td><td>0</td></tr>
<tr><td rowspan="5">对其他国家或地区政府及其中央银行债权</td><td>评级AA－级以上</td><td>0</td></tr>
<tr><td>评级A－级（含）以上，AA－级以下</td><td>20</td></tr>
<tr><td>评级BBB－级（含）以上，A－级以下</td><td>50</td></tr>
<tr><td>评B－级（含）以上，BBB－以下</td><td>150</td></tr>
<tr><td>未评级</td><td>100</td></tr>
<tr><td colspan="2">对境外公共部门实体债权</td><td>与在相应国家或地区注册的商业银行债权风险权重相同</td></tr>
<tr><td rowspan="5">对境外商业银行债权</td><td>评级AA－级（含）以上</td><td>25</td></tr>
<tr><td>A－级（含）以上，AA－级以下</td><td>50</td></tr>
<tr><td>B－级（含）以上，A－级以下</td><td>100</td></tr>
<tr><td>B－级以下</td><td>150</td></tr>
<tr><td>未评级</td><td>100</td></tr>
<tr><td colspan="2">对境外其他金融机构债权</td><td>100</td></tr>
<tr><td colspan="2">对多边开发银行、国际清算银行和国际货币组织债权</td><td>0</td></tr>
<tr><td colspan="2">对我国中央政府和中国人民银行债权</td><td>0</td></tr>
<tr><td colspan="2">对我国公共部门实体债权</td><td>20</td></tr>
<tr><td colspan="2">对我国政策性银行债权</td><td>0</td></tr>
<tr><td colspan="2">对我国政策性银行的次级债权（未扣除部分）</td><td>100</td></tr>
</table>

续表

<table>
<tr><th colspan="2">资产</th><th>风险权重</th></tr>
<tr><td colspan="2">持有我国中央政府投资的金融资产管理公司为收购国有银行不良贷款而定向发行的债券</td><td>0</td></tr>
<tr><td colspan="2">对我国中央政府投资的金融资产管理公司其他债权</td><td>100</td></tr>
<tr><td colspan="2">对我国其他商业银行债权</td><td>25</td></tr>
<tr><td colspan="2">对我国其他商业银行原始期限3个月以内（含）债权</td><td>20</td></tr>
<tr><td colspan="2">对其他商业银行次级债权（未扣除部分）</td><td>100</td></tr>
<tr><td colspan="2">对其他金融机构债权</td><td>100</td></tr>
<tr><td colspan="2">对一般企业债权</td><td>100</td></tr>
<tr><td colspan="2">对同时符合一定条件①的微型和小型企业债权</td><td>75</td></tr>
<tr><td rowspan="3">对个人债权</td><td>个人住房抵押贷款</td><td>50</td></tr>
<tr><td>对已抵押房产，在购房人没有全部归还贷款前，商业银行以再评估后的净值为抵押追加贷款的追加的部分</td><td>150</td></tr>
<tr><td>个人其他债权</td><td>75</td></tr>
<tr><td colspan="2">租赁业务的租赁资产余值</td><td>100</td></tr>
<tr><td colspan="2">对金融机构的股权投资（未扣除部分）</td><td>250</td></tr>
<tr><td colspan="2">依赖于银行未来盈利的净递延税资产（未扣除部分）</td><td>250</td></tr>
<tr><td rowspan="3">对工商企业股权投资</td><td>被动持有的对工商企业股权投资在法律规定处分期限内</td><td>400</td></tr>
<tr><td>因政策性原因并经国务院特别批准的对工商企业股权投资</td><td>400</td></tr>
<tr><td>对工商企业其他股权投资</td><td>1250</td></tr>
<tr><td colspan="2">非自用不动产</td><td>1250</td></tr>
<tr><td colspan="2">因行使抵押权而持有的非自用不动产在法律规定处分期限内</td><td>100</td></tr>
<tr><td colspan="2">其他资产</td><td>100</td></tr>
<tr><td rowspan="11">各类表外项目的信用转换系数</td><td>等同于贷款的授信业务</td><td>100</td></tr>
<tr><td>原始期限不超过1年和1年以上的贷款承诺</td><td>分别为20和50</td></tr>
<tr><td>可随时无条件撤销的贷款承诺</td><td>0</td></tr>
<tr><td>未使用的信用卡授信额度</td><td>50</td></tr>
<tr><td>票据发行便利和循环认购便利</td><td>50</td></tr>
<tr><td>银行借出的证券或用作抵押物的证券，包括回购交易中的证券借贷</td><td>100</td></tr>
<tr><td>与贸易直接相关的短期或有项目</td><td>20</td></tr>
<tr><td>与交易直接相关的或有项目</td><td>50</td></tr>
<tr><td>信用风险仍在银行的资产销售与购买协议</td><td>100</td></tr>
<tr><td>远期资产购买、远期定期存款、部分交款的股票及证券</td><td>100</td></tr>
<tr><td>其他表外项目</td><td>100</td></tr>
</table>

资料来源：《商业银行资本管理办法（试行）》、新华信托整理。

① 企业符合国家相关部门规定的微型和小型企业认定标准；商业银行对单家企业（或企业集团）的风险暴露不超过500万元；商业银行对单家企业（或企业集团）的风险暴露占本行信用风险暴露总额的比例不高于0.5%。

（3）资本充足率监管要求

资本充足率作为资本定义和加权风险资产计量的总体体现，是监管机构进行监管最为直接的体现指标。《资本办法》规定的资本充足率指标如表 7 所示。

表 7　《商业银行资本管理办法（试行）》规定资本充足率监管要求

各层次资本要求		核心一级资本（%）	一级资本（%）	总资本（%）
最低资本要求		5	6	8
储备资本要求		2.5		
反周期资本要求		0 ~ 2.5		
系统重要性银行附加资本		1		
正常时期资本要求	国内系统重要性银行	8.5	9.5	11.5
	其他银行	7.5	8.5	10.5
第二支柱资本要求		基于判断的灵活性要求		

资料来源：《商业银行资本管理办法（试行）》、新华信托整理。

原有的资本监管规则仅明确了商业银行的最低资本要求，即资本充足率不得低于 8%，核心资本充足率不得低于 4%。《资本办法》将资本充足率监管要求分为四个层次：第一层次为最低资本要求，核心一级资本充足率、一级资本充足率和资本充足率分别为 5%、6% 和 8%；第二层次为储备资本要求和逆周期资本要求，包括 2.5% 的储备资本要求和 0 ~ 2.5% 的逆周期资本要求；第三层次为系统重要性银行附加资本要求，为 1%；第四层次为针对特殊资产组合的特别资本要求和针对单家银行的特定资本要求。《资本办法》实施后，在通常情况下，系统重要性银行和非系统重要性银行的资本充足率分别不得低于 11.5% 和 10.5%。多层次的监管资本要求增强了资本监管的审慎性和灵活性，确保资本充分覆盖国内银行面临的系统性风险和特定风险。

2. 内部资本充足评估与监督检查

参考《巴塞尔协议Ⅱ》和巴塞尔委员会 2009 年 7 月颁布的《第二支柱补充规定》，并充分考虑国内银行的实际，《资本办法》对商业银行内部资本充足评估程序进行了全面的规范。一是界定了董事会、高管层、相关部门在风险治理和资本管理中的责任。二是明确了商业银行各类主要风险的评估标准和核心要求，确保风险评估的充分性。三是要求银行制定中长期资本规划，资本规划应基于风险评估的结果，并考虑业务发展战略、风险偏好以及可能面临的重大不利情形，确保资本充足使得银行经受住严重危机的考验。四是监测和报告要求，银行应建立强大的管理信息系统，所生成的信息应能够支持风险计量与评估、捕捉风险变化、监控资本规划实施并为风险决策提供依据。

在监督检查方面，《资本办法》区分了四类商业银行，并就四类银行实行程度不同的监管措施。如表 8 所示。

表 8　《商业银行资本管理办法（试行）》规定对不同类型银行的监管措施

商业银行分类	监管措施
第一类：资本充足率、一级资本充足率和核心一级资本充足率均达到本办法规定的各级资本要求	（1）要求商业银行加强对资本充足率水平下降原因的分析及预测；（2）要求商业银行制订切实可行的资本充足率管理计划；（3）要求商业银行提高风险控制能力
第二类：资本充足率、一级资本充足率和核心一级资本充足率未达到第二支柱资本要求，但均不低于其他各级资本要求	除第一类银行监管措施外，还可以：（1）与商业银行董事会、高级管理层进行审慎性会谈；（2）下发监管意见书，监管意见书内容包括商业银行资本管理存在的问题、拟采取的纠正措施和限期达标意见等；（3）要求商业银行制订切实可行的资本补充计划和限期达标计划；（4）增加对商业银行资本充足的监督检查频率；（5）要求商业银行对特定风险领域采取风险缓释措施
第三类：资本充足率、一级资本充足率和核心一级资本充足率均不低于最低资本要求，但未达到其他各级资本要求	除第一、第二类银行监管措施外，还可以：（1）限制商业银行分配红利和其他收入；（2）限制商业银行向董事、高级管理人员实施任何形式的激励；（3）限制商业银行进行股权投资或回购资本工具；（4）限制商业银行重要资本性支出；（5）要求商业银行控制风险资产增长
第四类：资本充足率、一级资本充足率和核心一级资本充足率任意一项未达到最低资本要求	除第一、第二、第三类银行监管措施外，还可以：（1）要求商业银行大幅降低风险资产的规模；责令商业银行停办一切高风险资产业务。（2）限制或禁止商业银行增设新机构、开办新业务。（3）强制要求商业银行对二级资本工具进行减记或转为普通股。（4）责令商业银行调整董事、高级管理人员或限制其权利。（5）依法对商业银行实行接管或者促成机构重组，直至予以撤销

资料来源：《商业银行资本管理办法（试行）》、新华信托整理。

3. 市场纪律（信息披露）

作为巴塞尔资本监管的第三支柱，市场约束旨在通过市场力量来约束银行。其运作机制主要是依靠利益相关者（包括银行股东、存款人、债权人等）的利益驱动，出于对自身利益的关注，会在不同程度上和不同方面关心其利益所在银行的经营状况，特别是风险状况，为了维护自身利益免受损失，在必要时采取措施来约束银行。由于利益相关者关注银行的主要途径是银行所披露的信息，因此，《巴塞尔新资本协议》特别强调提高银行的信息披露水平，即要求银行及时、全面地提供准确信息，加大透明度，以便利益相关者作出判断，采取措施。巴塞尔新资本协议要求银行披露信息的范围包括资本充足率、资本构成、风险敞口及风险管理策略、盈利能力、管理水平及过程等。

《资本办法》信息披露的内容至少包括：(1) 风险管理体系：信用风险、市场风险、操作风险、流动性风险及其他重要风险的管理目标、政策、流程以及组织架构和相关部门的职能；(2) 资本充足率计算范围；(3) 资本数量、构成及各级资本充足率；(4) 信用风险、市场风险、操作风险的计量方法，风险计量体系的重大变更，以及相应的资本要求变化；(5) 信用风险、市场风险、操作风险及其他重要风险暴露和评估的定性和定量信息；(6) 内部资本充足评估方法以及影响资本充足率的其他相关因素；(7) 薪酬的定性信息和相关定量信息。

信息披露的频率依具体信息而定，如表9所示。

表9　《商业银行资本管理办法（试行）》规定信息披露频率

披露内容	披露频率
实收资本或普通股及其他资本工具的变化情况	及时披露
核心一级资本净额、一级资本净额、资本净额、最低资本要求、储备资本和逆周期资本要求、附加资本要求、核心一级资本充足率、一级资本充足率以及资本充足率等重要信息	按季披露
资本充足率计算范围、信用风险暴露总额、逾期及不良贷款总额、贷款损失准备、信用风险资产组合缓释后风险暴露余额、资产证券化风险暴露余额、市场风险资本要求、市场风险期末风险价值及平均风险价值、操作风险情况、股权投资及其损益、银行账户利率风险情况等相关重要信息	每半年披露一次

资料来源：《商业银行资本管理办法（试行）》、新华信托整理。

（二）信托公司净资本管理

银监会对信托公司的监管以2010年颁布的《信托公司净资本管理办法》（以下称《管理办法》）为基础，《管理办法》监管的核心在于净资本管理，主要参照了《商业银行资本管理办法（试行）》。

《管理办法》核心内容主要有四部分，分别是净资本计算、风险资本计算、风险控制指标以及监督检查。其中前三部分反映了净资本监管的三要素要求，监督检查部分包含了信息披露的要求，综合来看也体现了《巴塞尔协议》的三大风险支柱，只是在具体内容上结合了信托公司的实际情况，与较为成熟的商业银行监管体系比较起来稍显简略。

1. 净资本充足要求

净资本充足要求包括三个层面，分别是净资本计算、风险资本计算以及风险控制指标。具体情况如下分析。

(1) 净资本计算

净资本计算公式为：净资本 = 净资产 - 各类资产的风险扣除项 - 或有负债的风险扣除项 - 中国银行业监督管理委员会认定的其他风险扣除项。在计算净资本过程中，金融产品投资、股权投资需根据资产的类别和流动性特点按规定系数进行风险调整；贷款等债权类资产需根据到期日长短和可回收情况按规定系数进行风险调整。

（2）风险资本计算

风险资本的计算按照各项业务规模的一定比例计算风险资本。风险资本的计算公式为：风险资本 = 固有业务风险资本 + 信托业务风险资本 + 其他业务风险资本。各项业务风险资本计算具体如下：

固有业务风险资本 = 固有业务各项资产净值 × 风险系数；信托业务风险资本 = 信托业务各项资产余额 × 风险系数；其他业务风险资本 = 其他各项业务余额 × 风险系数。各风险系数如表 10 所示。

表 10　　信托公司各类业务风险资本计算系数　　单位：%

单一类信托业务（不含银信理财合作业务）			
投资类信托业务	金融产品投资	有公开市场价格金融产品	0.30
		其他	0.50
	股权投资类业务（非上市公司股权投资，包括 P）		0.80
	其他投资类业务		0.80
融资类信托业务	房地产类融资		1.00
	其他融资类业务		0.80
事务类信托业务			0.30
银监发［2010］72 号文下发之前发生的银信理财合作业务			
投资类信托业务	金融产品投资	有公开市场价格金融产品	0.50
		其他	1.00
	股权投资类业务（非上市公司股权投资，包括 PE）		1.50
	其他投资类业务		1.50
融资类信托业务	房地产类融资		2.00
	其他融资类业务		1.00
集合类信托业务（不含银信理财合作业务）和银监发［2010］72 号文之后的银信理财合作业务			
投资类信托业务	金融产品投资	有公开市场价格金融产品	0.50
		其他	1.00
	股权投资类业务（非上市公司股权投资，包括 PE）		1.50
	其他投资类业务		1.50
融资类信托业务	房地产类融资		3.00
	其他融资类业务		2.00
事务类信托业务			0.50
附加风险资本			
单一类资金投向关联企业的信托业务			3.00
银信合作中理财资金来自母公司的信托业务			3.00

资料来源：《信托公司净资本管理办法》、新华信托整理。

信托公司在开展不同业务时，计算风险资本的风险系数不一样，计算出的风险资本也不同；由于《管理办法》规定净资本不得低于各项风险资本之和的100%，因此，风险系数小的业务占用的净资本少。在净资本规模一定的前提下，更多地开展占用风险资本较少的业务，才能尽可能地扩大公司的业务规模。

根据与《管理办法》配套的信托风险资本调整表，在集合类信托业务（不含银信理财合作业务）和72号文之后的银信理财业务中，房地产类融资业务计入风险资本比例系数为3%，而对有公开市场价格金融产品进行投资的投资类信托业务，其计入风险资本比例系数仅为0.5%。

受制于净资本约束，信托公司的业务规模不能无限扩张。在此情况下，公司需将有限的资源配置在收益率更高或更能发挥公司优势的业务中。银监会也会通过对系数的调整有效引导不同种类的信托业务的规模的调配。

（3）风险控制指标

信托公司的风险控制指标分为绝对指标和相对指标。绝对指标主要是信托公司净资本不得低于2亿元；相对指标包括：净资本不得低于各项风险资本之和的100%，净资本不得低于净资产的40%。

2. 监督检查与信息披露

对信托公司的监督检查主要包括以下方面：信托公司董事会对净资本管理的最终责任规定；高级管理人员负责净资本管理实施工作；信托公司需及时制定并向银监会报送净资本计算表、风险资本计算表及风险控制指标监管报表；信托公司净资本相关指标不符合规定的处罚措施。

信息披露的规定包含于监督检查规定中。《管理办法》第二十四条规定：信托公司应当在年度报告中披露净资本、风险资本以及风险控制指标等情况。

（三）信托公司与商业银行净资本管理对比分析

从整体来看，《资本办法》与《管理办法》都采用了《巴塞尔协议》的三大风险支柱［最低资本要求、监管机构的监督检查以及市场纪律（信息披露）］的核心监管理念，监管机构对二者监管的核心工具是净资本管理，同时通过内部约束（监督检查）和外部约束（信息披露）保障净资本监管的实现，但在具体规定上《资本办法》较《管理办法》更为详细完整。

1. 最低资本要求

资本定义（净资本计算）方面，信托公司和商业银行的相同之处在于都从资本里面扣除不易或者无法兑现的资产（信托公司表现为资产的风险调整，商业银行表现为一定的资本扣除项），保证净资本在实际发生风险时具有更为实际的偿付风险损失作用。不同之处在于：（1）商业银行区分了核心一级资本、一级资本以及二级资本三个层次，信托公司则没有这样的划分，只有净资本一个层次；（2）商业银行资本的来源途径较多，包括股权债权混合资本工具和次级长期债券等，信托公司由于不能发债，只能以股东权益项作为净资本的主要来源。

风险加权资产（风险资本）方面，二者的相同之处是，通过对不同风险资产规定不同的加权系数，以达到风险防范和限制高风险业务规模的作用。不同之处在于：（1）商业银行区分了信用风险、市场风险以及操作风险三方面的风险资产计算，且提供不同的计量方法进行风险资产的计量，信托公司则没有相应的区分，而仅仅是根据业务类型区分为不同业务；（2）商业银行在各类风险资产的划分上更为详细，信托公司则相对简单，当然这与信托公司的业务类型相对简单密切相关。

资本充足率方面，二者都通过这一整体指标对各自的风险进行有效的防控，不同之处在于商业银行在指标设置上更为详细，既包括主要的资本充足指标（核心一级资本充足率、一级资本充足率和二级资本充足率），还包含储备资本指标和反周期资本指标。信托公司则只有净资本绝对额指标（净资本不低于2亿元，该指标太低，按照信托公司目前的规模，已基本没有监管意义）、净资本比风险资本以及净资本比净资产指标。

2. 资本充足评估与监督检查、信息披露

作为净资本管理的保障辅助措施，监督检查和信息披露主要围绕资本充足率这一核心指标进行。在这些方面《资本办法》较之《管理办法》的最大不同之处在于，《资本办法》的规定和规范设置得更为详细具体和全面，而《管理办法》基本上只是简单规定相关机构要围绕监督检查和信息披露方面做好相应工作。

五、总结

在中国，信托公司与商业银行同属于中国银行业监督委员会监管范围，因此，在净资本管理方面，信托公司的核心理念也来自于《巴塞尔协议》的资本监管框架。由于法律法规规定信托公司不能公开发行债券，因此，其净资本来源较为单一，主要来源于股东权益项，因此净资本的计算也就相对简单。且较之商业银行，从目前来看，信托公司的业务类型较为单一（主要以融资类业务为主），在风险资本的计算规定方面也就比较简单。而作为净资本充足要求的保障辅助性规定，监督检查以及信息披露也相应较为简单。

随着我国信托业的不断发展完善，在信托业回归本源业务迫切要求的情况下，监管机构也应该发展完善相应的监管规定。其一，在信托公司回归本源业务的形势下，信托公司的业务线将会日益增加和完善，这要求信托公司拥有较好的资本补充保障。当前以股东增资为主要形式的资本补充机制已明显不能满足信托公司的发展要求，完善信托公司净资本来源渠道，允许信托公司充分利用各种主要的金融工具（如公开发行企业债券、发行优先股等）补充净资本有利于信托公司更为稳健地运行，更好地发挥信托的委托理财功能、直接融资功能，完善金融市场体系；其二，应根据信托业的发展规模及时更新风险控制指标，以真正达到有效监管的目的；其三，在监督检查以及信息披露等方面应设置更为系统和完善的执行措施，有效保障净资本监管的及时有效落实。

以产业链金融锻造信托产业的盾牌

英大国际信托有限责任公司

一、信托业转型背景及方向

中国信托业发展向来不平坦，历经了六次行业整顿，自2007年新两规实施以来，又经历了长达7年的高速发展。信托行业的快速扩张一方面有力地支持了实体经济的发展，为广大的信托投资者带来了超额稳定的收益；另一方面，信托公司粗放的发展模式也广受诟病，被社会称为“野蛮生长”。纵观信托业近年来的发展历程，可以概括为定位不准确，拥有自身的专属业务领地，在经济繁荣时期尚可应付，而当经济步入下行通道时，在竞争对手的贴身逼迫下，业务的劣势立马显现，后果就是屡次成为金融整顿的对象。频繁整顿严重损害了信托业的竞争力，导致行业大起大落，缺乏稳定的业务领域和核心的产品与客户。而《关于信托公司风险监管的指导意见》（以下简称99号文）的发布实施可以说为信托业转型指明了方向，为信托公司开拓一个新的时代奠定了基础。

99号文明确指出：信托公司应大力发展真正的股权投资，支持符合条件的信托公司设立直接投资专业子公司。鼓励开展并购业务，积极参与企业并购重组，推动产业转型。文中提出的转型方向也正好符合中央政府在目前经济结构调整中的重要指导方针——“用好增量，盘活存量”。托如何践行这一方针，信托盘活存量有两个重要方向：资产证券化和并购整合业务。资产证券化盘活的是企业的存量资产，并购业务盘活的是某个行业中存量的低效率中小企业，不是所有企业都需要依靠自己以增量的方式做大做强，有一部分企业完全可以通过对存量企业的并购整合来做大做强。一直以来，信托业被冠以“实业投行”的美誉，但其真正为实体经济服务的功能并没有得到充分体现，反而过于追逐短期效益，在证券、房地产等领域投入大量人力、物力，虽然收获颇丰，但风险也不断积累，直至招来监管的强力干预。回归本位，服务于实体经济应该也必须成为未来信托业务发展的主要内容。

信托公司作为中国的“实业投行”，能否涉足并购业务，并以此作为转型的重要突破口。信托参与产业并购，无论是从自身的工具优势，还是从近年来积累的实业投融资经验来看，都是极具想象力的一种业务类型。信托公司开展产业并购业务，本质就是充分发挥自身跨平台资产配置和主动管理能力，打通产业链上下游，提高企业资金的运营效率，盘活社会资金存量，实现产融结合。

二、产业链金融与产融结合

产业链金融是近期兴起的一种金融创新，它可以充分发挥金融机构资源配置平台的作用，整合产业链上下游企业的金融需求，将核心企业、供应商、经销商与金融机构利益紧密联系起来，通过提供全方位的金融服务，提高了金融资源的使用效率，增强了对全产业链的金融支持力度，有力地促进了产业的转型升级，同时通过对产业链资源和信息的整合，强化了对全流程的交易掌控，实现了由对单一企业风险控制向全产业链风险控制的转变，便于金融机构评估和掌控产业整体的风险。

我国的产业链金融服务主要以银行为主体，侧重于供应链金融服务，且早在2005年就有国内银行开始了尝试。相比银行宽泛的经营领域和雄厚的资金实力，信托公司要想在竞争中脱颖而出，更应强调服务领域的专业化。作为中国的“实业投行”，信托公司为实体经济提供金融服务可以说是责无旁贷，而要想在服务的同时做大做强，提升行业掌控力，降低行业风险，就应树立产业链金融理念，从剖析产业集群发展要素入手，站在国家和行业发展的高度，审视产业发展规律，掌握产业链的组织结构、相互关系及金融需求变动规律，结合自身竞争优势，选择特定的产业链作为服务对象，通过提供有效的产业链金融服务，提升产业链价值，达到立足产业、服务产业、扎根产业、整合和提升产业的目的，实现与产业链的合作共赢。

三、信托公司打造产业链金融盾牌

信托公司应该以产业链金融为盾牌，阻隔其他金融机构进入自己的专属领地，同时通过对产业链的深耕，充分挖掘信托公司服务产业的潜力，并以此作为区分不同信托公司生存能力和竞争能力的重要指标。

那么，信托业该如何打造自己的产业链金融盾牌？

（一）选定一个行业

打造产业链金融，首先要选择一个前景广阔、自身有服务优势的行业，以避免同质化的恶行竞争，提高竞争的主动性和有效性。

行业选择应按以下标准进行：

第一，分析行业背景。行业必须有足够的市场容量和广阔的发展前景，在可预测的期限内（5～10 年）不存在可预见的替代产品和服务。

电力行业在目前及可预见的将来，都属于稳健发展的行业，伴随着中国经济的发展，电力行业属于主要的受益行业，拥有广阔的发展空间，对金融的需求规模巨大。拥有巨大金融需求的行业，历来是金融机构必争之地，理应成为英大信托的金融服务主阵地。

第二，分析产业链属性。金融机构从服务单一企业转型为服务产业链，可以更好地把握产业整体的运营状况和风险分布，有效降低全产业链的风险，同时联动批量开发产业链上下游企业客户，为其提供更精细化的服务，掌握产业链发展的主控权。

选择适合金融机构运作的产业链，要从产业链的形成机制入手，围绕战略资源、市场需求、关键技术等，筛选出备选的产业链。在此基础上，结合产业发展周期和发展前景，研究产业链的上下游关系、长度、宽度、聚集要素与价值分布，选出上下游关系稳定、价值链较高的 1～2 个产业链作为重点培育的金融服务产业链，对其提供联合授信，打造金融共赢链。

电力产业链是由电力的生产和销售形成的产业群，具备资源导向、需求导向、技术密集、资金密集等特征。按上下游合作关系分析，是典型的终端需求驱动型产业链，下游的电力销售企业与中游的发电企业、上游的电力设备制造企业之间形成十分稳固的经济往来关系。由于电力产业的资源专用属性，电网企业作为电力的终端销售商，具有较强的独占性和排他性，市场准入门槛较高，产业链具有较强的锁定效应，电力产业链的规模主要由下游的电力销售规模决定，中游的发电企业、上游的电力设备制造企业均为下游企业服务，并受下游企业制约。此种类型产业链属于串联型产业链，以需求为导向，环节较少，上下游产业依存和协作的关系十分稳固，业务流程标准化，风险较低且便于控制，便于金融机构梳理业务模式和评估风险，以核心企业为龙头提供标准化的产业链金融服务。这种类型的产业链可作为英大信托公司选择的主导产业链予以重点培育。

在电力产业链中，也存在其他类型的比较稳固的产业链纽带。对于发电设备制造企业，由于协作企业和供应商较多，且加工、运输、配送等环节复杂，与多家企业发生纵向联系，可以按并联型构筑产业链关系；对于发电企业，由煤炭生产企业、运输企业、发电企业构筑的煤电产业链，具有资源导向和资金密集的特征，物流需求量大且复杂，属于混合产业链组合，也十分适合英大信托公司作为重点关注的对象，可以物流的增值性服务为切入点提供金融服务。

第三，分析服务行业的能力。研究自身的行业背景与竞争能力，分析是否有足够的服务行业的经验、掌控行业的水平，确定是否具备满足行业融资需求的能力。

电力产业链的专用属性，既提高了为其提供金融服务的门槛，决定为其提供金融服务的机构，必须具有较强的行业背景、金融实力和行业服务经验，同时也决定了一旦成为电力产业的金融服务商，所蕴含的市场商机将成为阻隔竞争对手进入的坚固盾牌。作为国家电网所属的金融机构，英大信托以服务国家电网及其相关产业为己任，具备为电力行业服务的长期经验，能够承担起服务电力行业融资的重担。

第四，选定核心企业。在产业集群中可以有多个产业链，核心企业可以由产业链中任何一个环节的企业担任，只要这个企业有足够的规模、较强的盈利能力和行业影响力，在产业价值链中处于核心部位，其原材料采购和产品销售过程能形成稳定的供应链，就可以被选定为作为授信对象的核心企业。一般这样的企业均是行业内的大型优质骨干企业。

电力企业可以被选定为核心企业的，除了下游的电力销售企业（电网企业），中游的发电企业，上游的骨干电力设备制造企业，均可被选定为核心企业。

选定核心企业后，要以此为基础，围绕选定的产业链，深入调研上下游客户之间的业务纽带和价值分布，按业务比重、行业竞争位置和盈利能力，从中筛选出在产业链中居主导地位的供应商、核心企业和分销企业作为合作伙伴；分析产业链成员的生产规模、销售规模、融资规模，以及产业链企业之间是否存在稳定的金融需求、统一或相似的融资渠道与金融产品，从而为统一授信奠定基础。

只要掌控了核心企业，就等于取得了产业链金融的主导权。以核心企业为主导，以产业链金融需求为依据，进行综合授信，这样既有利于提高核心企业在产业链中的主导地位，便于上下游企业形成稳定的供应链和合理的产业分工，同时也强化了信托公司和核心企业的战略伙伴关系。由于产业链上下游企业规模大小不一，融资能力差异较大，可以借助核心企业良好的商业信誉和强大的履约能力实现产业链信用捆绑，为上下游企业融资提供增信服务，增强信托公司及其他金融机构融资的意愿，降低产业链融资成本和风险，尤其是透过产业链协作关系，将产业链中的中小企业纳入信用体系，提供融资便利，提高信托公司对全产业链的掌控力。

（二）衔接两个需求——市场需求、融资需求

首先，理清产业链的市场需求，有的放矢地做好金融服务。以电力全产业链为调研对象，从产业价值链出发，围绕产业链的利益机制中的各环节，从相关技术、业务广度与深度方面着手，分析产业链当前和未来的市场需求、产业规模、发展空间、运行规律，评估产业链风险要素及分布特征，掌握主要节点核心企业的运营状况、发展规划、客户特征、销售进度、库存与采购状况，对客户进行预筛和主动批量开发；以信托公司作为金融服务平台运营商，构建产业链金融信息管理平台，通过与核心企业管理信息系统的对接，对产业链的商流、物流、资金流、信息流等信息源的整合，掌控供应商和销售商信息，实现需求和库存信息的共享、同步计划的制订、工作流程的协同，提升信息整合分析能力，动态掌握产业链的信息链，实时发掘市场机会，掌控市场信息、商品交易、仓储配送、货款结算等服务，实现从被动信息收集向主动信息整合转型，为信托公司向产业链提供综合金融服务奠定基础。

其次，掌握金融需求，有针对性地设计金融服务模式，实现全产业链金融联动开发。根据产业链经营状况和发展规划，评估产业链金融需求特征、规模、结构；依据产业链信用水平和自身金融资源，确定产业链的授信规模和条件；依据利益机制和综合企业意愿，将总的授信规模分解到产业链的相应环节；依据产业链的不同属性、业务纽带关联及服务能力，构建多种产业链配置模式，组建相应的产业链专业服务团队，设计相应的金融产品和融资方案；依据客户差异化需求，设计服务流程，实施分层细分的金融服务。

（三）提供三种金融产品

根据全产业链运营状况、财务状况、信用状况、金融需求，以核心企业对主要服务对象，设计满足产业链主要节点企业发展需求的金融产品。

1. 供应链信托

电力行业产业规模庞大，日常运营对资金需求量巨大，为满足电力产业的资金运营需求，可以选定的核心企业为节点，以保证产业链企业产—供—销顺畅运转为主轴，以满足产业链企业采购和销售为目的，通过对整个供应链资金需求及风险的评估，集成供应链上下游企业的金融服务需求，以核心企业为主导授信对象，以产业链企业的应收账款、存货等为质押，设计供应链信托产品，开展票据贴现、保理、买方信贷等业务。

供应链金融可以将金融服务嵌入产业链中，提升服务电力行业的主动性和及时性，有助于稳固电力行业的供应链伙伴关系，降低企业运营成本和风险，提升供应链运作效率，更有效掌握供应链发展的话语权、主导权。

2. 项目融资

鉴于中国经济仍处在黄金增长期，电力行业项目建设规模还有较大提升空间。为提升产业链整体产业规模和竞争力，以产业链的核心项目为依托，围绕重大电力项目的建设 - 运营的资金需求，开发项目信托、信托式融资租赁、项目建设基金、资产证券化等产品，并通过创新的产品设计，整合其他金融机构，提供一条龙的项目开发金融服务。

3. 产业并购重组融资

为提升产业链集中度，以核心企业为龙头，以推进核心企业产业整合为宗旨，开发产业并购基金、集合信托、杠杆并购信托、信托中的基金（FOT）、银行通道贷款、家族信托等产品，支持核心企业开展纵向、横向或混合并购，以增强核心企业对核心技术、资源、生产、市场等环节的控制。

（四）抓住四个环节

在产业链金融中，重点服务以下环节：采购环节的应收账款融资、销售环节的预付款融资、经营环节的抵押融资和资本经营环节的并购融资。

在采购环节，处于产业链上游的企业向核心企业供应原材料和设备，形成对核心企业的应收账款，信托公司可以应收账款为质押，通过资产证券化、保理、买方信贷等形式提供融资服务。

在销售环节，处于产业链下游的销售企业从核心企业进货时，须向核心企业预先支付货款，信托公司可向销售企业提供预付款融资。

在产品经营环节，资金短缺的企业可以库存为质押获取融资服务。

在资本经营环节，信托公司可以为核心企业的并购提供融资支持。

（五）做好五项服务

1. 市场调研服务

产业链金融的最大特色是突破单一企业的约束，以产业链为统一授信对象，这就要求信托公司改变金融服务理念和金融服务流程，整合产业链的金融服务需求，联合其他金融机构共同进行授信调查，以调研结果作为联合授信的依据。这样既实现了信息源的整合，节约了调研成本，又提高了调研质量，避免重复调研。

2. 整合服务

基于产业链流程，在信息整合、业务整合、产品整合的基础上，优化运营模式，实现作业一体化、服务一体化，为客户提供精益服务。

要实现全产业链金融联动开发的目标，必须根据所服务产业链的属性，打破信托公司内外职能部门局限，对内横向整合不同产品和服务，对外纵向整合金融机构和物流监管商、交易平台、保险公司、担保公司、行业协会、评估公司、拍卖公司等非金融机构的产品和服务，构建多层级的产业链金融合作体系。

按照精简、敏捷、统一的原则进行业务流程再造，提供整合的市场调研、客户开发、金融产品设计一体化联动服务。统一业务审批标准，统一管理制度，整合采购、库存、销售、项目、研发、并购、投资等环节的融资需求，衔接调研、评级、授信、担保等流程，实现审查、审批、签约、放款业务的一体化，实现一次申请、一次审批、循环使用的目的，提高业务审批处理效率，提升信托公司对企业融资的响应速度。

以核心企业为主导营销对象，整合产业链的上下游营销资源，通过“信用捆绑”，构筑稳定的客户关系管理体系，打造一体化的产业链金融服务体系，同时改进服务流程，完善和提升客户价值体验，提高客户满意度，增加产业链客户黏性，打造服务一体化的整合营销服务团队。

通过与企业信息系统的对接，将产业链上的企业交易行为内部化，信托公司可及时了解产业链企业的市场需求、交易状况与信用变动状况，通过集成产业链物流、信息流、资金流等资源，实现产业链全流程的实时信息流管监，实时逐笔跟踪融资项下的资金流和物流信息，及时捕获异常交易信息，通过在主要流程设置必要的核实、监控环节，结合宏观经济走势和产业发展态势，借助必要的信用衍生工具，主动防范、化解产业链金融风险。

3. 综合金融方案设计服务

产业链金融将服务对象由单一企业转为基于产业链的综合服务，电力产业链融资规模巨大，需求多样，像融资、并购、套期保值、套利、财富管理等金融服务，需要进行多渠道、多产品的金融组合配置。在金融脱媒的大背景下，投融资一体化安排、现金管理、管理咨询逐渐成为主流需求，证券、私募、并购等新型金融需求日益突出，业务撮合、信用证明、客户资源信息共享等需求也持续旺盛，信托公司应主动适应金融需求结构的变革，在深入调研的基础上，联合不同类型的金融机构，结合产业链融资需求的特点，设计综合金融服务方案，为企业提供强大的资金支持。

4. 市值管理服务

针对核心企业提供市值管理服务，提供股权质押融资、股权托管、财富管理、约定式回购等融资服务。

5. 产业链整合服务

基于提升产业链竞争力和掌控力的需求，以及建立“核心资源—核心能力—竞争优势”的发展逻辑，针对核心企业的并购需求，提供一条龙的产业链并购整合的调研、方案咨询、并购模式、管控架构、融资安排等服务，以提升企业并购的速度和质量。

信托公司如何应对打破刚性兑付

长安国际信托股份有限公司　邓　婷

一、刚性兑付的产生及存在原因

刚性兑付普遍存在于当前的资管市场，其典型的代表是银行理财产品和信托产品。刚性兑付是指本应由投资者承担投资风险的理财产品，事实上由产品发行人承担了其主要风险，即无论所投资标的资产的实际回报如何，产品发行人都必须想方设法按照事先约定的收益率向投资者兑付本金和收益。

银行理财产品的刚性兑付与存款利率管制密不可分。银行理财产品实际上是存款利率管制下的产物，作为存款的替代，它从一开始就被打上了刚性兑付的标记。正因为其保本保收益的普遍特征，银行理财业务的规模才得以急剧膨胀，达到目前超 12 万亿元的规模。银行理财产品的刚性兑付背后是强大的银行信用支持，根据统计，2013 年银行理财产品预期收益率实现比例达 98.8%，无法兑付预期收益的主要是少数结构性产品和代客境外理财产品。

信托产品刚性兑付的形成原因复杂。信托产品的刚性兑付一方面源于监管的压力。2005 年，在处理金新信托、庆泰信托等事件基础上，监管层要求信托公司根据委托人初始出资金额而非投资结果确定最后的兑付金额，否则就停掉业务，各个信托公司为了保住自己的业务牌照，无比重视兑付问题，这是刚性兑付的开端。2010 年，由于房地产信托产品集中到期，加上房地产调控使多数开发商资金回收期延长，市场开始担心这些房地产信托能否按照合同约定时间及预期收益率顺利兑付。对此，监管层多次下文，要求注意兑付问题、确保兑付，出于声誉风险的考虑，信托公司自身也有很强的动力通过各种办法确保产品的到期兑付，刚性兑付的文化在信托业开始确立。另一方面，刚性兑付实际上也是信托行业在一定发展阶段的产物，是信托产品的非标特点以及投资者的需求共同决定的。与股票、债券、基金等金融产品相比，信托产品主要投资于非标资产，信息披露不透明，缺乏公允价值，同时其投资起点也比较高，缺乏流动性安排，正因为如此，投资者在购买信托产品时就要求获得信用风险和流动性风险补偿，如果没有刚性兑付，其对投资者的吸引力就会大大降低。另外，相对于其他金融同业，信托业经过数次整顿后走入正常发展阶段的时间偏短，行业信用体系没有完全建立起来，相对处于弱势，刚性兑付相当于为信托产品提供了质量保证，有助于行业在较短的时间内迅速树立起信誉。刚性兑付直接助推了主动管理的集合信托产品规模的持续扩张。2010 年第一季度，整个集合信托的规模还只有 2986 亿元，但年末增长至 6267 亿元，2011 年集合信托规模翻番增长至 13590 亿元，2013 年末为 27155 亿元，2014 年第二季度末已经达到 32897 亿元。但是与此同时，信托行业净资产/集合信托规模之比却从 2010 年末的 21.1% 下降至 2011 年的 12%，2013 年进一步下降至 9.4%，2014 年上半年则只有 8.4%，这意味着整体来看，68 家信托公司管理着 12 倍于其净资产的集合信托产品规模。

除了银行理财及信托产品，事实上，随着监管政策的放松，券商资管、基金子公司近两年也开始进行以非标债权为投资标的的资产管理业务，虽然它们没有刚性兑付的传统，但是各机构出于对自身信誉的维护，事实上也会尽自身最大可能保兑付。可见，刚性兑付作为融资类资产管理领域中的一种潜规则，已经延伸至除银行、信托以外的其他机构领域。在火爆的 P2P 互联网金融领域，对于那些在短期内规模迅速做大的机构，如陆金所，如果不是因为其引入了第三方担保（可以视为刚性兑付的阳光化），很难想象它会在短短两三年里成为中国最大的 P2P 平台。

从以上可以看到，刚性兑付基本上存在于涉及债权融资的领域，即便是公募的债券市场，多年来实际上也是依靠市场各参与机构的自律维持着刚性兑付，而在股权投资、股票、基金这些金融资产领域，投资者都是自担投资风险的。与债券不同，信托产品刻上的是信托公司的标记而非融资人的标记，信托公司在将非标债权包装成产品时自然要承担更大的责任。因此，信托产品的刚性兑付是在信息不对称情况下针对投资者的保护性措施，其目的是促使金融机构更好地尽责，与其说是监管压力，不如说是在市场竞争机制的约束下，金融机构出于维护自身信誉和持续经营的需要而进行的自律性要求。

二、信托产品的刚性兑付打破已经处于临界点

刚性兑付对信托行业而言是一把双刃剑，它一方面推动了集合信托资产规模的快速发展，使得信托产品在理财市场上树立起了“高收益、低风险”的形象，帮助信托行业在高端财富管理市场占据了重要一席。在金融市场尚不完善、信托行业发展基础薄弱、投资者投资理念尚不成熟的情况下，刚性兑付对信托行业的发展起到了扶持作用，奠定了信托行业信用的基础，同时也对投资者起了保护功能；另一方面，刚性兑付为信托行业上了风险的紧箍咒，促使信托公司建立起了较为严格的风险控制体系。然而刚性兑付也对行业发展造成了束缚，使得行业偏离了“受人之托、代人理财”的本质，使得原本为直接融资工具的信托产品异化为信托公司发行

的金融债，使得本来不承担风险的资产管理业务异化为表内负债业务。在一个理性的市场中，金融资产的价格本应合理反映其内在风险水平，进而引导资源的合理配置。虽然从短期来看，刚性兑付使投资者获得了“高收益”和“零风险”的最佳组合，并助推了信托行业的发展，但从长期来看，它导致了风险、收益的不匹配，干扰了金融产品的价格体系，在一定程度上推高了社会无风险收益率水平，也弱化了投资者的风险意识和风险控制能力，这一问题不断积累将增加整个行业以及金融体系的风险。

（一）经济下行致刚性兑付维系持续承压

由于宏观经济持续低位运行以及经济结构调整带来的压力，2014 年债券市场已经出现了实质性违约。2014 年 3 月，上海超日太阳能科技股份有限公司发布公告称“11 超日债”第二期利息无法按期全额支付，这是中国公募债券的首例实质性违约事件。7 月，华通路桥也爆发了兑付危机，但最终当地政府介入，实现本息兑付，避免了违约风险。此外，2014 年已经有多起中小企业私募债也出现了本息无法兑付的风险事件，其中部分企业由担保方进行了代偿，但有两家企业无法找到代偿方，最后实质性违约。

2012 年以来，信托产品的兑付风险时有爆发，据统计，2012—2013 年，公开曝光的信托兑付风险事件有二十多起，涉及的风险资产金额近 200 亿元。但是这些产品最终都以通过寻找第三方资金接盘、借新还旧、信托公司资金池接盘或是自有资金兜底的方式，确保了本息的全额兑付。而进入 2014 年，随着宏观经济低位运行态势的延续，加之经济结构调整为传统产业带来的阵痛，微观经济主体的债务偿还能力整体下滑，信托产品的兑付风险事件随之显著增多，从 2014 年初中诚信托 30.3 亿元的“诚至金开 1 号”到目前又陷入兑付危机的规模达 13 亿元的“诚至金开 2 号”，存在兑付危机的信托产品已经达 20 多起。银监会的统计显示，目前信托公司风险资产规模高达 700 多亿元，其中高风险资产达 500 多亿元。尽管兑付风险爆发频率显著增加，但是至今为止，刚性兑付并未实质性被打破，规模高达 30 亿元的中诚信托“诚至金开 1 号”最终仍然通过第三方接盘的方式进行了解决，陕国投、金谷信托等多家信托公司也都用自有资金对旗下风险项目进行了兜底。但面对持续扩张的集合信托规模和不断暴露出来的风险，刚性兑付究竟还能撑多久，这个恐怕是很难回答的，因为不到万不得已，谁也不敢为天下先。但可以肯定的一点是，随着宏观经济的持续疲软、房地产进入调整期以及 2014 年和 2015 年两年信托产品兑付高峰期的到来（据我们不完全统计，2014 年集合信托兑付规模 4131 亿元、2015 年为 5275 亿元，合计达 9406 亿元），维持刚性兑付面临的压力将越来越大，其正式被打破的临界点可能为期不远。我们判断，由于地产、基建投资的进一步下滑，2015 年保增长的压力仍然较大，加之单月最高兑付规模达 500 亿元以上，2015 年上半年可能是刚兑打破的敏感窗口期。

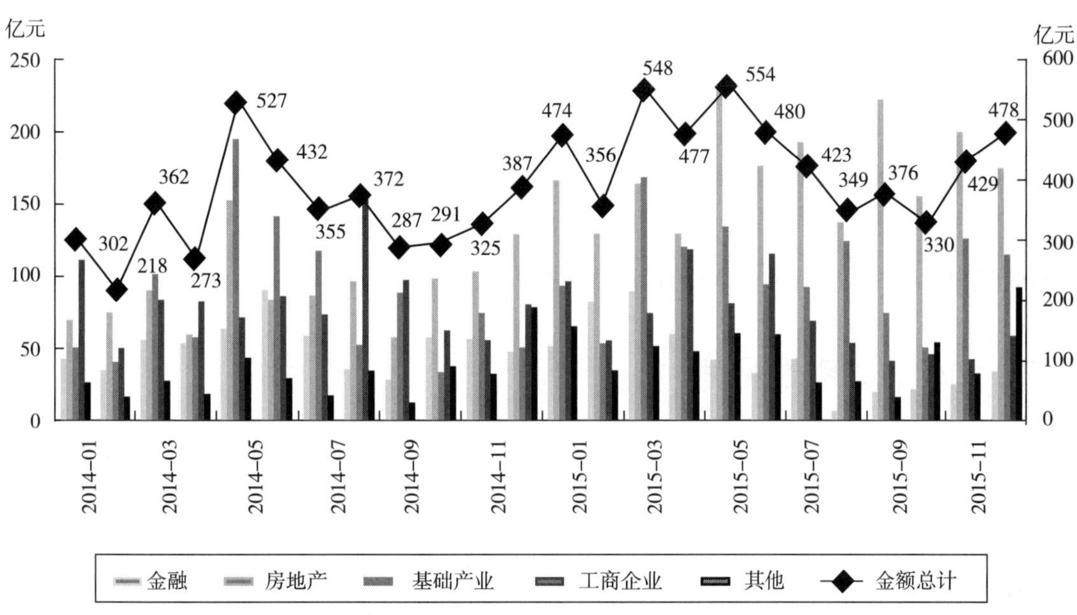

资料来源：用益信托。

图1 未来各月信托产品到期兑付规模

（二）监管政策引导有序打破刚性兑付

目前包括银行理财、信托在内的具有隐性刚性兑付的理财产品被指责为是推高社会无风险收益率水平的原因之一。2014 年 4 月，中央银行在《中国金融稳定报告（2014）》中就明确指出，刚性兑付现象有悖于“卖者尽责，买者自负”的市场原则，不仅助长了道德风险，也抬高了市场无风险资金定价，引发资金在不同市场间的不合理配置和流动。同时，中央银行在报告中表示：“应在风险可控的前提下，有序打破刚性兑付，顺应基础资产风险的释放，让一些违约事件在市场的自发作用下‘自然发生’，增强投资者对于理财产品的风险意识，树立‘卖者尽责、买者自负’的理念。”

2013 年，银监会推出了银行资管计划和理财直接融资工具试点，目的就是推动银行理财业务回归资产管理本质，通过引入净值型的资管计划，使得投资者自担投资风险，逐步实现去刚性兑付。2014 年 7 月，银监会发布《关于完善银行理财业务组织管理体系有关事项的通知》（银监发［2014］35 号），要求银行按照“单独核算、风险隔离、行为规范、归口管理”四项基本要求规范开展理财业务，防范理财业务的风险积累。其中“风险隔离”主要是要求理财业务与信贷业务相分离以及银行理财产品之间相分离。理财业务与信贷业务相分离是指：理财产品的资金来源和资金运用相对应，独立于银行信贷业务；本行信贷资金不得为本行理财产品提供融资和担保；理财业务应回归资产管理业务的本质。银行理财产品之间相分离是指本行理财产品之间不得相互交易，不得相互调节收益。这将敦促银行打破理财资金池管理模式，明确理财产品风险收益归属，促进理财业务回归资产管理本质，最终打破刚性兑付。

2014 年 4 月银监会下发的《关于信托公司风险监管的指导意见》（银监办发［2014］99 号），明确提出包括推出债权型信托直接融资工具、改造融资型集合信托计划等方向。债权型信托直接融资工具与 2013 年 9 月推出的银行理财直接融资工具在本质上一致，其最终目的是将信托计划改造为标准产品，探索摆脱刚性兑付约束的路径。

三、如何打破刚性兑付

允许违约事件发生的必要性在于，它们的存在可以督促投资者更加重视对产品风险及自身风险承受能力的审视，客观上起到提示风险、强化市场纪律的作用。但由于刚性兑付已经成为银行理财、信托产品特性的一部分，是影响投资者资产配置决策的重要考量因素，打破刚性兑付绝不是一件轻而易举的事情。“冰冻三尺，非一日之寒”，刚性兑付的成因中既有合理的因素，也有不合理的因素，其一旦打破，就不单单是某个公司的事情，而是系统性的事件，整个行业都会受到波及。

如果说要打破刚性兑付，推动社会无风险利率下行，那首先就应该打破银行理财产品的刚性兑付。银行发行的 3 个月期理财产品的收益率基本可以替代一年期定存，成为无风险利率的真实代表，2012 年以来，这一收益率平均为 4.86%，大幅高于一年期定存 3% 的水平（见图 2）。但相比于信托公司，银行显然有更强的实力去维持理财产品的刚性兑付，银行之间对于存款资源的激烈竞争以及银行所面临的客户群体的广泛性，决定了银行有更强的意愿去维持刚性兑付。

资料来源：Wind 资讯。

图 2　银行 3 个月期理财产品年收益率走势

就信托产品而言，刚性兑付的打破涉及信托公司及信托行业的声誉、中小投资者利益以及监管机构等多方面力量的博弈，而且是一件极为复杂的事情。但是考虑到信托公司的资本实力与银行相距甚远，资产组合的风险分散度不如银行，且非标资金池又受到监管限制，资产腾挪手段、腾挪空间都不及银行，在信用资产风险暴露不断上升的背景下，个别公司打破刚性兑付是迟早的事情。打破刚性兑付应该逐步、有序地打破，给予投资者一个认识和接受的过程，逐步实现对于投资者的风险教育。有序打破刚性兑付，是指在强调信托公司尽责和采取多种风险处置手段的基础上，允许个别信托公司打破刚性兑付，从只能兑现部分预期收益到完全无法实现收益以及承受本金的一定比例的损失，在可控的、有序的、逐步试探的过程中，通过事实对投资者进行风险教育，使投资者的信托产品是“高息存款”、不需承担任何风险的思维模式得到修正，使投资者不关心信托资金的实际投向、不考虑自身风险承受能力而盲目投资信托产品的行为模式得到校正，从而逐步甄别出信托产品的合格投资者。

刚性兑付的打破，需要在行业层面上进行一些制度设计，并进行相关政策的配套。具体而言，我们建议从建立信托产品的二级转让市场，引入阳光化的风险保障和共担机制，改造融资信托商业模式、探索债权型信托直接融资工具这三个层面进行推动。

（一）尽快建立统一的信托产品二级流转市场

流动性是金融产品必须具备的一个特征，缺乏流动性的金融产品，其规模增长必然会遇到瓶颈。目前集合资金信托产品已经从最初的几百亿元做到了目前的超过 3 万亿元，但其流动性不足问题却一直未能得到有效解决。尽管从投资者需求的角度来看，由于此前几年信托资金运用的主要领域如地产、政府平台的经营形势和现金流较好，信托产品具有收益高、风险低的特征，投资者一般愿意持有至到期，流动性缺乏并未影响到投资者购买信托产品的热情。集合信托产品的存量规模一路高歌猛进，但是阶段性的繁荣并不能掩盖产品流动性不足的缺陷，流动性缺失的问题必将影响到它的持续发展。造成信托产品流动性不足的原因：一是因为信托产品的非标特征，信托产品以非标债权资产作为投资标的，不同产品在交易结构、风控措施等方面差异很大，共性较少，标准化的难度较大。二是政策的限制，《信托公司集合资金信托计划管理办法》允许受益人向合格投资者转让其持有的信托单位，但禁止向自然人拆分转让信托受益权，机构所持有的信托受益权不得向自然人转让或拆分转让。这些限制的存在直接增加了信托产品转让撮合的难度，不利于交易效率的提升。三是信托产品统一登记等基础设施的缺乏。

由于不能流转，投资者又无法掌握全面的信息，加之缺乏专业的判断能力，这就必然要求信托公司对其产品的风险进行全权负责，否则投资者是缺乏动力去购买这一类产品的。对于金融产品而言，流动性可以通过两种方式实现：一是通过在活跃的二级转让市场；二是产品本身设计中引入申赎安排。由于信托产品大多是固定期限的，资金与项目期限一一对应，难以在产品中嵌入申赎安排（监管限制非标资金池），因此建立一个行业统一的交易流转平台就非常必要。从股票、债券的交易来看，二级市场至少具备三方面的基础功能：一是价格发现和形成，价格反映信息，这是投资者识别风险的重要依据。二是风险分散，由于产品可以在不同投资者之间进行流转，不同投资者对风险的判断是不同的，通过交易流转，就可以实现风险在不同投资者之间的分散，而不是只能持有至到期，承受全部的风险损失。三是资源配置，通过价格的发现，识别出具备投资价值的品种，从而推动资金配置至最效利用它的机构手中去。目前集合信托产品的存量规模已经超过 3 万亿元，流动性缺乏及其带来的问题已经越积越重。建立信托产品的二级流转市场有助于打破刚性兑付，流动性的提升将有利于满足投资者的流动性以及风险管理需求，所谓“流水不腐，户枢不蠹”，如果不尽快打通信托产品的交易环节，形成类似债券那样互动的一级、二级市场，信托行业也难以实现持续、健康的发展。

（二）引入阳光化的风险保障和共担机制

刚性兑付并没有法律上的明文支持，但事实上却是信托公司要遵循的隐性约束。由于刚性兑付，信托公司实际承担了所发行产品 100% 的风险，其所获取的信托报酬在本质上是类似银行的存贷利差收益，而非管理费收入。与所承担的风险相比，信托公司并未获得与其风险承担相应的报酬。目前信托公司承做一单集合信托的报酬已经降至 1.5% 左右（扣除销售费用），而银行的净利差一直稳定在2% ~3%，投资者完全自担风险的股票型基金的管理费用在 1.5%，可见信托公司的风险、收益是不匹配的（为了获取 1.5% 的信托报酬承担本金可能 100% 的损失）。也就是说，信托公司承担了刚性兑付的义务，却没有获取刚性兑付的报酬，而是将其按市场化的价格分配给了投资者。由于刚性兑付并没有名义上被承认，信托公司必须要以比银行高得多的成本去获取客户资金。这相当于让信托公司干了好事，却让其做无名英雄。与其继续让刚性兑付隐性化，不如引入阳光化的风险保障机制，这样既有助于正确引导投资者的预期，也有助于信托公司根据自身的能力确定发展策略，并通过产品风险的分层来降低整体的融资成本。阳光化的风险保障机制有三种途径。

一是允许信托公司发行部分承诺保本保收益的产品。《信托公司管理办法》中规定，信托公司开展信托业务，不得承诺信托财产不受损失或者保证最低收益。但是目前其他资管机构如银行、券商却可以名正言顺地发行保本型理财产品。例如，银行理财产品，按照是否保本保收益，银行理财产品分为保本保收益、保本浮动收益、非保本浮动收益三大类。数据显示，2013 年末，银行存量理财产品中非保本浮动收益类占比为 63.80%，保本浮动收益类占比为 25.11%，保证收益类理财产品资金余额为 1.14 万亿元，占整个理财市场 11.09%。例如，券商发行的保本收益凭证，可以以自有资金承诺本金不受损失。参照其他机构的实践，建议可在政策上予以创新，考虑允许信托公司发行部分提供保本或保收益承诺的融资信托计划，使得这部分产品的刚性兑付阳光化，并配合出台针对此类业务的监管指标要求，引导信托公司根据自身能力合理确定此类业务的发展规模。这样做的好处在于形成信托产品的风险分层，引导不同风险承受能力的投资者购买不同风险等级的产品，明确不同风险等级产品的风险承担主体。如果投资者购买的是保本或保收益的产品，其对于产品收益的预期也应下调（目前同期限的银行保本理财产品的收益率比不保本要低近1个百分点），这有助于降低信托公司的资金来源成本，从而扩大信托公司服务实体经济的领域。

二是引入信用损失保险机制。虽然现有法规不允许信托公司承诺信托财产不受损失或者保证最低收益，但是引入外部的担保或是保险机制却是可行的。信托公司引入担保公司为融资方提供担保一般是作为产品自身的风控措施的一部分，这种合作模式在中小企业融资中运用较多，但由于担保公司经营不规范，近年来爆发了不少兑付危机事件。中航信托与宜信就合作发行的《中航—宜信小额贷款集合资金信托计划》系列产品，与国寿财险进行了合作，由国寿财险为该系列产品提供金融机构贷款损失信用保险服务，这是信托公司首次为产品引入保险保障。此次合作由宜信作为投保人，就中航信托发行的系列信托计划向国寿财险投保金融机构贷款损失信用保险，被保险人为中航信托；信托计划项下的借款人逾期未还款的，国寿财险将根据三方合作协议约定的条件和赔偿限额进行相应赔付。此项信用保险措施与信托计划原有的“优先/劣后级结构化设计”等增信措施配合，实现多重增信的效果，从而进一步保障信托计划优先级委托人本金及收益的安全。为产品引入信用损失保险，实际上相当于用市场化的机制化解了信托公司进行刚性兑付的压力，这次合作是一次有益的跨界金融创新，对于信托公司创新风控手段、摆脱刚性兑付束缚都具有积极意义。

三是信托公司以自有资金购买一定比例的信托计划。一方面，管理人以自有资金参与投资，可以实现自身利益与投资者利益的捆绑，促使管理人积极尽责。另一方面，这部分资金也可以起到风险保障的作用，一旦投资出现亏损，投资者就能获得管理人以自有资金部分作出的补偿（仅限于出资部分），这有一定的“防护垫”作用，类似于次级的增信措施。《证券公司集合资产管理业务实施细则》中就明确，证券公司可以以自有资金参与集合计划，参与单个集合计划的份额不得超过该计划总份额的20%。《信托公司集合资金信托计划管理办法》对于信托公司以自有资金参与信托计划缺乏明确指导政策，不过根据《信托公司管理办法》中对于固有财产运用范围的规定，信托公司是可以以自有资金认购自身发行的信托产品的。但按照《中国银监会关于加强信托公司结构化信托业务监管有关问题的通知》中第七条规定，信托公司开展结构化信托业务不得以利益相关人作为劣后受益人，利益相关人包括但不限于信托公司及其全体员工、信托公司股东等，这意味着信托公司不能以自有资金投资于信托计划的次级份额。这项规定目的在于防止信托公司利用受托人地位，为自身牟取不当利益，但是这也忽视了次级份额对投资者利益提供合法保障的功能。在结构化业务中，信托公司根据投资者不同的风险偏好对信托收益权进行分层配置，按照优先与劣后的顺序安排收益分配，使具有不同风险承担能力和意愿的投资者通过投资不同层级的受益权来获取不同的收益并承担相应风险。结构化设计为产品的内部增信措施，次级份额实际上为优先级份额持有者提供了一定厚度的安全垫。目前信托公司的结构化产品的次级份额一般由融资方认购持有，如果允许信托公司以自有资金购买产品的次级份额，实际上相当于信托公司为产品提供一层增信，增加了投资者的安全垫的厚度，同时也能够促使信托公司将自身的利益与投资者更紧密地捆绑在一起，督促其更好地履行受托人的责任。如果政策不放开自有资金对次级受益权的投资，信托公司也可以在部分产品的结构设计中引入优先 B 档，以自有资金认购优先 B 档，为优先 A 档投资者提供风险防护层保障，这样也可以达到将隐性刚性兑付阳光化的目的，名正言顺地为投资者提供风险保障，并获得相应的收益。

（三）改造融资信托商业模式，探索债权型信托直接融资工具

融资型信托产品一端连接着具有融资需求的企业，一端连接着具有投资需求的高净值个人及机构客户。它对于企业而言是融资工具，对于投资者而言则是理财工具。刚性兑付已经构成融资型信托业务商业模式的一部分，要去除刚性兑付，最根本的还是对商业模式进行改造。与债券不同，信托产品刻上的是信托公司的标记而非融资人的标记，信托公司在将非标债权包装成产品时自然要承担比债券承销人更大的责任。要改造融资型信托的商业模式，关键在于把融资功能从信托计划中剥离出去，即由信托公司作为承销商，帮助融资人在金融市场上发行融资工具（可以是银行间市场的 PPN 或是信托型 ABN、中铁信托创新提出的附信托私募债或是 99 号文中所提到的债权型信托直接融资工具），信托计划只对市场上的产品进行组合投资。这样，兑付的责任就从信托公司转至融资人本身上，信托计划被改造为投资于债权工具的组合投资产品，从非标产品变为了可以净值化的标准产品，刚性兑付的约束也可以从根本上突破。

2013 年 9 月，银监会批准国内 11 家商业银行开展理财资产管理业务试点，同时进行债权直接融资工具的试点。银行理财债权直接融资工具定义为由商业银行作为发起管理人设立，直接以单一企业的债权融资为资金投向，在指定的登记托管结算机构统一托管，由合格的投资者进行投资和转让，在指定渠道进行公开信息披露的标准化投资工具。银行直接理财工具处于资产端，解决了基础资产如何从非标准化转变为标准化产品。理财直接融资工具的设立采取注册登记制度，各家商业银行只能通过银行理财管理计划认购理财直接融资工具份额。该份额在经过登记之后，能在中央国债登记结算有限责任公司（简称中央结算公司）的理财直接融资工具综合业务平台上进行双边报价及转让。2014 年 6 月末，银行理财直接融资工具规模达 303.6 亿元，占全部理财产品投资资产的 0.24%。银行理财资产管理计划设置为开放式结构，存续期限长；债权类资产部分只投资于银行理财直接融资工具，比例范围是 0 ~ 70%；银行理财管理计划每个交易日都有估值，以净值报价，区别于传统的预期收益率报价；需要披露期限、净值、成立报

告、管理报告、到期清算报告等信息，类似“公募基金”，信息披露更加透明。这样的改造力图摆脱刚性兑付的隐形担保，提高投资者风险意识。

参考银行的理财直接融资工具，如果债权型信托直接融资工具能够推出，意味着未来信托公司可分别扮演两种角色。一种是发起管理人，发起设立以单一企业的直接融资为资金投向的债权型信托直接融资工具，并负责工具的发行、资金运作监管、信息披露等事务管理；另一种是投资者，设立信托计划向公众募集资金，用于在一级市场认购标准化的债权型信托直接融资工具份额，或在二级市场直接购买债权型信托直接融资工具份额。由于债权型信托直接融资工具在形式上类似于企业债、中票之类的标准债券产品，并拥有交易平台，可进行双边报价，投资于它的信托产品就可以每日进行估值，可以净值化，从而信托产品本身也就成为了类似于债券基金那样的金融产品。

四、信托公司如何应对打破刚性兑付的挑战

正如在前文所说的，刚性兑付实际上已经成为信托公司融资型信托业务商业模式的一个组成部分。从这个意义上来看，就融资型业务而言，打不打破刚性兑付，信托公司所面临的约束并没有实质性的区别。信托公司作为受托人是否完全尽责缺乏统一衡量标准，如果以完全尽到责任为由将风险全部转移至投资者身上，让投资者自担风险，那么损伤的是信托公司的信誉，而不是融资人的信誉，投资者必将“用脚投票”，信托公司必将面临客户流失以及资金成本上升的双重压力，后续业务的发展也将受到挑战。

刚性兑付的打破在短期内将给信托公司的经营带来显著的负面冲击。由于旗下“松花江（77）号山西福裕能源项目收益权集合资金信托计划”陷入兑付危机，吉林信托2014年的新业务开展基本处于停滞阶段，年初至8月仅新发行了3个项目。中诚信托的“诚至金开1号”的兑付危机最后虽然得以解决，但之后其“诚至金开2号”又陷入兑付危机，中诚信托声誉受到了很大的负面影响，年初至8月其新发行的项目仅有13个（见表1）。由此可以预见，未来一旦某个机构正式打破刚性兑付，其业务发展在短期内将面临较为严峻的挑战。

表1　　中诚信托及吉林信托产品发行情况

公司	2011年		2012年		2013年		2014年1—8月	
	数量（个）	规模（亿元）	数量（个）	规模（亿元）	数量（个）	规模（亿元）	数量（个）	规模（亿元）
中诚信托	86	406.49	37	158.23	47	105.27	13	27.10
吉林信托	215	358.55	26	50.56	12	26.7	3	—

从行业的角度来看，刚性兑付打破后，信托产品将还原其“中等风险、中等收益”的本质，信托产品在整个资管市场产品体系中的定位将得到纠正，比较优势将削弱，投资者将根据自身

的风险偏好重新配置理财产品，这将会导致资管行业以及信托行业内部竞争格局的重新洗牌。一部分风险厌恶型的投资者的资金将会向更稳健的银行理财产品分流，一部分高风险、高收益偏好的投资者可能会向股票市场分流。留下来的投资者则变得更加审慎，他们将更加注重考察信托资金的具体投向和运作情况，更加注重考察信托公司的风控能力、资产管理能力和历史表现。而这些变化客观上将促进信托公司从外延式的、粗放式的业务模式向内涵式的、精细化的业务模式转变，迫使信托公司更注重去寻找优质资产，更注重提高自身的风控能力和强化主动管理能力，通过各项能力提升来重塑信托产品在资管市场中的竞争优势。

毫无疑义，刚性兑付打破后，信托公司之间的分化将加剧，只有那些具备专业化的资产获取能力、较强的风控能力以及客户拓展能力的信托公司才能经受住刚性兑付被打破带来的短期不利冲击，实现长期可持续的发展和行业地位的提升，而那些综合实力弱、转型慢的公司则可能被市场淘汰。由此将形成新的行业竞争格局。从长期来看，打破刚性兑付有助于信托公司从类银行机构转变为像基金公司那样的真正的资产管理机构，成为轻资本型的公司，但能否成功实现这一转变，则完全取决于能力的较量。现阶段无须纠结于刚性兑付是否要打破以及何时打破，而是应该聚焦于如何尽快推动业务的转型，如何提升各项能力，尽快树立自身的竞争优势。如果能够在资产获取、风险控制、主动管理以及客户拓展等层面建立起自身的核心竞争力，那不管行业刚性兑付潜规则是否被打破，公司都能够经受住考验和挑战，实现可持续的发展。

（一）提升专业的资产获取能力，拓宽基础资产来源

在资产端，要依托专业化提升获取优质基础资产的能力，丰富基础资产来源。目前信托行业的资金投向高度集中于政府融资平台及房地产两大领域，且这两大领域的相关系数很高。基础资产的行业分布过于集中，导致整个资产组合无法实现有效的风险分散。由于刚性兑付的存在，个体的风险事件一旦发生，信托公司将是实际风险损失的最后埋单者。面对这种高风险的基础资产组合，风控能力再强，恐怕也是难以保证不出风险事故的。在实体经济弱复苏，基建、房地产这两大支柱业务频受政策调控，同业竞争日益激烈的环境下，既能承受较高融资成本同时风险又可控的优质基础资产的获取难度加大，这将要求信托公司在寻找资产、获取资产上要进一步的拓宽思路和视野。未来在资产获取上，信托公司一方面不仅需要进一步深化与银行的合作关系，拓展合作的广度和深度，同时还需要大力加强与其他金融同业如券商、保险资管、融资租赁公司、消费信贷公司、汽车金融公司、财务公司、小额贷款公司、PE 等在业务资源上的合作，拓宽基础资产的来源；另一方面，要依托专业能力获取资产和维系客户，提高客户的认同度和黏性。提高客户的认同度和黏性，关键在于以专业能力和效率取胜，即未来信托公司应更多地依赖其对特定行业基础资产的专业判断能力和服务客户融资需求的综合效率来抓住客户。比如在信托公司主要涉及的房地产领域，在房地产行业濒临发展拐点、风险显著上升的背

景下，要继续开拓这一领域的业务就需要建立在对行业趋势、企业经营状况及项目前景更专业的判断上。对于一些拟新进入的行业，如医疗、环保等领域，对信托公司的行业专业能力则有更高的要求。未来信托公司必须推动融资业务向专业化的方向发展，建立基于自身专业能力的平台优势和影响力，摆脱过去过于依赖关系驱动的业务模式。

（二）改善产品结构提高投资类业务占比

目前信托公司为客户提供的产品类型比较单一，高度依赖刚性兑付的融资型产品缺乏覆盖高档、中档、低档不同风险和不同期限特征的产品线。融资类产品由于资金和项目是一一对应的，即使没有信用风险，短期的流动性风险也会导致产品无法按期兑付，即便是刚性兑付的外在压力消除了，信托公司仍然要面临来自市场和投资者的约束，因此，调整产品结构，逐步降低传统融资类信托产品占比，推动产品的基金化、净值化改造，并加快自主投资能力的培育，提高投资类业务占比将是化解刚性兑付的根本之道。

一是改造融资类信托产品的运作模式。传统的融资信托产品在资金和项目上是一对一的，这种运作模式对风险几乎是零容忍的，兑付压力大。而基金化运作是事先确定基本投资方向和投资策略，然后发行信托产品募集资金并将资金投资于多个不同项目，通过组合运作分散投资风险，保证投资收益。基金化产品无固定管理期限，可按照摊余成本法进行估值，定期公布净值，同时可引入流动性设计，定期开放申赎。2013 年 10 月推行的银行资产管理计划和理财直接融资工具试点，就是尝试将定期理财产品改造为基金化运作、定期开放的净值型产品，这样有助于化解刚性兑付压力。中债登记结算公司的数据显示，2014 年上半年，此类开放式净值型产品共募集资金 1. 17 万亿元，同比增幅 174. 53%。未来融资类产品在运作模式上应逐步从过去完全基于单一项目向类基金化的模式转型，从不连续的项目管理变为持续的基金管理，这将有助于信托公司从融资中介转变为真正的主动资产管理者。

二是提高投资类产品的占比，丰富产品的类型，为投资者提供更多元化的选择。投资类产品以投资者的理财需求为业务起点，一般是进行组合投资或是采取基金化运作，不设置预期收益率。投资类业务在商业模式上没有依赖刚性兑付的传统，投资类业务能否做大，比拼的是投资管理能力，比拼的是业绩。投资类业务主要涉及股票、债券等金融市场投资以及包括私募股权、量化对冲、产业投资基金等在内的另类资产投资。在金融市场领域，绝大多数信托公司较少开展股票二级市场的主动投资管理业务，主要是与阳光私募进行合作，以被动型业务为主。但在债券领域，自 2013 年开始，已经陆续有信托公司建立自主的债券投资管理团队，开始尝试开展主动管理业务。目前公司已经建立了债券的自主投资团队，并推出了标准资金池产品，未来应进一步加强专业投资团队的建设，不断提升投研水平，围绕客户需求，丰富产品类型、产品期限，形成对融资类产品线的有益补充，以此提高客户资金黏性。在另类资产管理上，目前全行业的信托型私募股权投资存量规模仅598亿元，基金化的房地产信托规模也仅118亿元，另类资产管理业务整体还处于发展初级阶段，管理能力还有待提升。但是信托公司过去的私募投行业务实践中孕育着开展另类资产管理的能力基因，未来公司应积极从融资思维转向投资思维，通过能力的升级，将过去在融资业务上积累的优势转化为我们在开展房地产股权投资基金、基础产业基金、并购基金、私募股权投资等另类资产领域的主动投资管理能力，以此树立公司在资产管理领域中的特色优势。在股票、量化对冲领域，公司还没有组建自己的主动管理团队，但为了满足客户在此类资产上的配置需求，短期可依托与专业私募机构的合作进行产品开发设计。未来公司也可以考虑组建自己的专业投资团队，推出自主管理的二级市场投资或对冲产品。只有逐步提高自主管理能力，不断丰富自身的投资产品种类，建立好的业绩口碑，信托公司才能摆脱对融资类业务的过度依赖，建立更可持续的业务模式。

（三）提升风控能力和强化期间管理

风险管理是金融企业的核心能力之一，谁能管理好风险，谁就能创造价值。风控能力是信托公司私募融资业务可持续开展的核心后盾。事实上，不管有没有来自外部的刚性兑付压力，信托公司作为受托人，都应该以投资者的利益为中心，尽职尽责地履行管理人的职责。融资类信托业务的商业模式必须依托强大的风控能力。信托公司作为管理人的首要任务就是把好风险准入关，基于积极承担风险的理念，管理好风险，帮助投资者实现风险溢价收益。目前信托公司在风险管理流程上主要复制于银行，但较银行简单和粗糙，专业化程度也不高。在经济下行和经济结构调整导致私募融资业务的风险趋于上升的背景下，未来公司应从以下方面努力来提高风控能力。

1. 致力于建立针对不同行业和大类业务的专业风控体系，加强对重点涉足行业的专业研究与分析，提高风控审核的质量和效率。比如在房地产行业濒临发展拐点、风险显著上升的背景下，要切入产业链开展真正的股权投资业务，就需要依托真正熟悉房地产项目开发全流程的专业人士，基于对行业趋势、企业经营状况及项目具体情况对其投资价值及风险进行专业判断和决策。对于一些新的行业，如医疗、环保等领域，由于信托公司过去缺乏在这些领域的业务经验，如果要进入这些领域，必然要依托外部的专家团队，才能更好地评估、识别和管理风险。

2. 进一步完善全面风控体系建设。风险管理不仅仅是指资产准入端的风控评估审核，而应是包含风险评价、风险定价、风险控制、风险监测预警、风险应对、风险处置在内的全套流程，这牵涉到前台业务部门以及中后台的风控、合规、尽调及资产管理部等多个部门，要建立健全风险体系和流程，将相关部门有效协同起来，构筑有效的风控防线。

3. 不断丰富风险管理方法和工具，有效运用资产组合、风险评级、压力测试、风险预警、风险资本等各种风险管理方法和工具，定性分析和定量分析相互结合，提高风险管理的科学性和准确性。进一步推动产品风险评级体系的建设，完善评级方法和模型，并以此为基础提高风险定价能力。

强化期间管理和面向投资者的信息披露工作。目前信托公司的业务部门普遍重承揽，轻承做，风控则重准入，轻管理，承做的尽职调查环节以及项目成立后的期间管理都没有得到应有的重视，尤其是期间管理比较流于形式。为了真正履行受托人职责，信托公司应强化期间管理，对融资方的经营状况、项目运作情况等进行及时跟踪和掌握，做到风险的早发现、早预警和早处置，并在对投资者的信息披露上做到及时、完整和准确，真正尽到“受人之托、代人理财”之责。

（四）加快向为客户提供资产配置服务的转型

当前财富管理市场产品驱动特征明显，产品的特征及相应的竞争力决定着投资者的资金流向和投资者的结构。由于刚性兑付，过去几年，信托产品吸引了大批低风险偏好的高端客户资金，这些客户对于信托产品的风险是缺乏认识的。这一方面是因为销售人员为了吸引客户购买产品，一般会直接或间接地告知客户信托产品具有信托公司的刚兑保障；另一方面，销售人员在产品销售时，对产品可能存在的风险一般存在揭示不足的问题，没有正确引导客户了解风险、评估自身的风险承受能力。如果不是因为刚性兑付，这些客户中很大一部分很可能不会购买信托产品，未来一旦刚性兑付被打破，这些客户就会转向安全系数更高的银行理财产品。产品性质的变化将改变信托公司的客户结构，只有那些风险偏好与信托产品向匹配的投资者才会继续配置信托产品。

目前信托公司的财富中心主要充当自有产品的销售渠道，在盈利模式上高度依赖销售类固定收益的融资信托产品，刚性兑付一旦打破，财富中心将首当其冲，客户流失压力将显著上升，获取新客户的难度也会显著增加。对此，财富中心需要提前做好准备，一是要加大力度拓展客户基础，加强对客户需求、风险偏好的了解，在此基础上对客户按照风险偏好、资产规模进行分类管理，有针对性地向不同风险承受能力的客户销售不同风险的金融产品，从中甄选识别出与信托产品风险相匹配的合格投资者。二是要尽快构建丰富的产品线，为投资者提供多元化的选择。融资类信托产品在期限结构和收益特征上比较单一，投资资产类别及领域较集中，一旦打破刚性兑付，竞争力必然下降。为了留住客户，丰富产品类型是前提，即便融资类产品失去了刚性兑付的保障，只要信托公司能够为客户提供丰富的覆盖低、中、高不同档次风险、不同期限的产品，并根据客户的需求推荐合适的产品，客户的资金就仍然可能留在信托公司，对于客户而言，改变的可能只是在信托公司的资产配置结构。三是要提升理财师的综合素质和专业服务能力。理财师要尽快摆脱对于类固定收益的融资产品的依赖，增加对不同类型金融产品的风险收益特征、投资价值的理解及判断能力。理财师要熟悉市场上的各类金融产品，不仅要能对传统融资类产品给出专业判断，还要熟悉股票、债券、PE、对冲基金等产品的风险收益特征，了解不同市场环境下各类资产的投资机会，在全面分析客户需求的基础上为客户提供从产品筛选、产品推介到提供有价值的资产配置建议的全方位服务，真正为客户创造价值。

关于信托公司建立职业经理人制度的问题探讨

中诚信托有限责任公司　邓红国　吴大永　王玉国　杨建林

企业家是现代企业的灵魂，他们在创造财富和促进增长方面所起的作用是不可替代的，经济学家熊彼特认为"企业家是经济增长王国里的国王"。我国国有企业发展到今天，为了适应市场竞争，迫切需要建立职业经理人制度，更好地发挥企业家的作用。在国家层面，职业经理人队伍建设已经提上了重要议事日程，《国家中长期人才发展规划纲要（2010—2020 年）》中提到，要以战略企业家和职业经理人为重点，加快推进企业经营管理人才职业化、市场化、专业化和国际化，培养造就一大批具有全球战略眼光、市场开拓精神、管理创新能力和社会责任感的优秀企业家和一支高水平的企业经营管理人才队伍。到 2020 年，中国企业经营管理人才总量将达 4200 万人，要建立社会化的职业经理人资质评价制度，加强规范化管理。党的十八届三中全会提出："建立职业经理人制度，更好发挥企业家作用。"作为国有企业一统天下的金融子行业，在信托公司中建立职业经理人制度，已经成为新形势下信托公司深化改革和转型发展的一项重要内容。

一、职业经理人的个体特征与群体特征

职业经理人伴随着现代企业的诞生而出现，是独立从事企业经营管理活动，以此为职业，以之谋生，将所经营管理企业的成功视为自己人生成功的专职管理人。对信托公司而言，职业经理人应当包括公司总裁助理以上的高级管理人员。作为一个新兴社会阶层，职业经理人在现代企业的经营管理中发挥着日益重要的核心作用，它已成为现代企业竞争、经济竞争乃至国家综合国力竞争的焦点。

（一）优秀职业经理人的个体特征

1. 特殊人力资本的“经济人”

职业经理人具有他人所不具备的经营知识和管理才能，依靠这一稀缺的人力资本，他们从事着高智商和高情商的创造型复杂劳动，使企业得以生存和发展，自己也获得相应高报酬的货币收益。以信托行业为例，在2012年的公司高管层中，40岁以上年龄段的占比为84%，说明唯有丰富的社会经验才可胜任高管岗位；硕士以上学历的占比为64%，反映出唯有较高的知识层次，才能担当大任；9年以上从业年限的占比89%，鲜明地体现了唯有长年在行业内摸爬滚打，才能成为业界翘楚。

2. 各种经营要素的“组合人”

较早严格定义企业家的萨伊认为，企业家是那种具有判断力、忍耐力等特殊素质以及掌握了监督和管理各种要素（劳动、资本）才能的组合人。按照现代经济学的观点，管理是与土地、劳动、资本相并列的第四大要素，而（企业家）职业经理人则是实现诸要素组合并创造财富的关键。

3. 创新者和经济社会发展的推动者

在熊彼特的《经济发展理论》中，企业家、职业经理人被看做创新者和经济发展的推动者。在他看来，如果没有创新，企业就没有利润，也就没有发展。这足以证明企业家的创新活动对于企业发展和经济社会进步的贡献。

4. 资源配置的决策人

企业家的个人决策行为就是企业的经营决策计划。职业经理人的职责就是以自己超群的胆识、渊博的知识和经验研究外部环境，并结合企业内部条件适时而又合理地作出企业决策。

（二）职业经理人群体的职业特征

1. 代理行为

一方面，职业经理人以经营企业为职业。其作为经营者，接受企业所有者的委托，代理所有者行使经营管理企业的职权。在企业所有者和职业经理人的委托代理关系中，由于信息不对称以及监督成本的存在，因此对于委托人来说，可能会出现代理人侵害自己利益的情况，称之为“代理风险”；另一方面，对于作为代理方的职业经理人来说，也可能存在随时随地被解雇、自身合法权益得不到有效保护等问题。

2. 双重身份

一方面，职业经理人受托于资产所有者，在所委托范围内开展经营活动，因此，相对于所有者，他属于“打工者”；另一方面，职业经理人是企业经营的直接管理者，领导一般职工并决定后者的去留和在企业中的一切活动，因此，相对于一般员工，他又是“老板”。这种身份的双重性决定了职业经理人在企业中的特殊地位。

3. 富有流动性

职业经理人具有较强的流动性，这在现代企业中已是一种司空见惯的现象。究其原因，一方面，这是职业经理人寻求自身发展的需要，只有通过岗位的流动变迁，才能实现自身价值的最大化；另一方面，这也是企业发展的需要。“流水不腐，户枢不蠹”，职业经理人的流动性对于企业和个人均有益处。以信托行业为例，2012 年在 66 家信托公司当中，42 家公司的高管中共 64 人发生了变动，占 2012 年末高管总人数（407 人）的 16%。

4. 充满风险

作为职业经理人，一方面，要面临来自竞争对手的压力，在竞争中可能失败；另一方面，还要面临来自资产所有者的压力，经营不力就可能被解雇。另外，在企业经营管理中，还存在着经营风险、财务风险、法律风险、决策风险等。因此，职业经理人需要具有较强的风险承受能力。

5. 较高报酬

在现代企业中，职业经理人发挥着不可替代的作用，在人才市场价值规律的作用下，其市场价值必然能够得到充分体现。此外，职业经理人的知识、智力和经验还可以作为智力资本，享有对企业经营剩余的索取权。职业经理人的报酬不仅是自身劳动价值的体现，而且包括了资本利得，因此，其能够获取较高报酬。

二、信托公司建立职业经理人制度的必要性

（一）职业经理人是企业管理社会化分工的必然产物

在现代市场经济条件下，社会分工日益专业化，体现在企业管理体制和治理结构上就出现了经营权与所有权分离和经营管理权的委托与代理。作为金融行业，信托公司属于知识密集型企业，其从业人员必须具备相应的专业知识、技术技能和从业经验方可胜任。至于信托公司高级管理层，对其资质要求会更加严格，这些人员必须是信托行业的专家能手，在工作业绩上出类拔萃，因为唯有最优秀的人才方可胜任这些对综合素质要求很高的管理岗位。因此，信托公司的股东可以来自各行各业，但是其职业经理人却只能是金融行业的精英人物。股东们必须委托这些行业精英——职业经理人来经营管理信托公司，才能使得信托公司在获得良好收益的同时，还能健康、可持续地发展下去。

（二）职业经理人是解决企业治理结构执行力的关键

多元投资主体的股份制企业通过股东会、董事会、监事会、经营管理层行使相应权力，有效地解决了委托—代理问题。近年来，在信托公司中通过实行外部独立董事占绝对多数的董事会制度，既有效地解决了科学决策问题，也形成了“股东会—董事会—经理层—全体职工”的委托—代理模式，各层级各司其职，相互协同，相互制约，建立起了相对完善的治理结构，但这也仅仅解决了治理结构问题。该模式是否真正有效，关键还取决于经营班子是否称职、是否具有高效的执行力，这是直接决定董事会决策能否有效执行的核心问题。因此，能否汇聚到合适的经理人形成有效的经营管理团队实施高效的经营管理活动，以及经理层从何而来就成为解决现代公司治理结构下执行力的关键问题。

（三）职业经理人制度是对公司经营班子规范管理的迫切要求

在我国，信托公司有“百货公司”之称，其业务范围横跨货币、资本、产业市场所有领域，因此，信托公司不仅面临着来自信托行业本身的激烈竞争，还面临着金融体系内部其他金融子行业的激烈角逐。在高度市场化条件下，为适应市场竞争，充分发挥市场配置资源的作用，信托公司就要遵循市场化机制配置人力资源。职业经理人制度作为由西方引入而发展的市场化选人用人制度，正是我国信托公司建立市场化选人用人机制、在市场竞争中赢得主动的重要动力机制。

三、信托公司建立职业经理人制度的内外部条件

职业经理人制度的引入，给信托公司带来了管理体系的创新。借鉴西方成功经验，企业除了需要建立健全制度规范、职业经理人自身强化理念、提升素养，还需要各级政府、行业协会等第三方支持，才能解决好相应的配套问题。就目前我国信托公司现状来说，建立职业经理人制度应解决好以下四个相关问题。

（一）加速培育规范的职业经理人市场体系

根据市场化要求，加快培育职业经理人市场体系，建立信托行业经理人交易平台，形成经理人供需信息系统和经理人信息库，提供人才竞争的招聘、竞聘、签约以及经理人业绩和诚信档案、职业经理人资格认证体系、市场指导价格体系、第三方独立考核等系列服务，实现职业经理人与信托公司之间的有效选择，探索建立职业经理人市场管理模式。

（二）完善相关的配套法律法规

职业经理人制度的引入，不仅对信托公司人力资源管理带来新的机遇与挑战，也对相关法律法规的完善和如何适应市场化需要带来新要求。例如，作为国有金融企业，信托公司的高管们必须遵守我国有关国有企业高级管理人员薪资水平的相关规定（如与普通职工的薪水差距）等，但是，对于竞争异常激烈的信托行业来说（同时面对行业内外的诸多竞争对手），如果不能完全按照业绩来确定市场化薪酬水平，恐怕难以充分调动起信托公司高管们的积极主动性，甚至还会导致信托行业的人才外流。因此，通过立法或政府途径，尽快完善相关法律法规，有效解决好信托公司与职业经理人的责任、权利与义务等问题，对建立规范的职业经理人制度将会起到至为关键的保障和支持作用。

（三）加强信托行业诚信体系建设

以信为本，受人之托，代人理财，这是信托行业的本质特征。但是，在市场经济环境下，利益趋向和法律不健全，会导致社会互信度下滑。因此，在信托行业，应通过培育发达完善的职业经理人市场体系，形成职业经理人和信托公司诚信档案以及完善的诚信资信信息化系统，实现诚信信息的协同共享；通过法律法规的完善配套，提高失信成本，实现对社会诚信关系的积极引导等。总之，通过对信托行业加强诚信体系建设，强化信托公司与职业经理人之间的互信，将两者之间的合作关系导向专业化（能力、素养）、技术化（程序、标准）和绩效化（业绩、成果）。

（四）理顺职业经理人制度与党管干部的关系

在我国，信托公司多数为国有控股企业。因此，作为体现我党执政的基本要求，信托公司的最高管理层必须遵从党管干部的普遍原则。那么，在实行职业经理人制度以后，信托公司如何继续坚持党管干部的基本原则呢？从理论上讲，实行职业经理人制度以后，政府与企业的关系将会变成投资主体与企业的关系，由此派生出三对新的关系：一是国有资产管理代表机构与信托公司党委的关系；二是投资主体与股东大会的关系；三是董事会与党委会的关系。前两对关系直接涉及国有资产产权代表的委派，而最后一对关系涉及企业高级经营者的产生。与此同时，原来政府主管部门任免的企业经营者的“身份”也将发生一些变化。企业最高经营者（董事长）成为国有资产产权代表，大部分企业经营者成为企业聘用的高级雇员，对这两部分人员应采取不同的管理方法。例如，在对国有资产产权代表的任免和管理上应适应资产管理的要求，而对进入市场择业的企业经营者人才采用符合法律规范和社会化管理的要求。

四、信托公司建立职业经理人制度的方法与机制

一流机制吸引一流人才，一流人才创建一流企业。在目前我国经济社会已经高度市场化的条件下，为适应金融市场激烈竞争的需要，充分发挥市场配置资源的作用，信托公司应当遵循市场化机制配置人力资源，不仅要探索建立具有国企特色的职业经理人制度，而且还要充分结合我国信托行业特点，才可能找到职业经理人制度与信托公司的最佳结合点。

（一）改进党管信托公司的方式方法

一是要把对信托公司经营者的管理和对党政干部的管理区别开来。对于企业经营者，应着眼于保证国有资产的保值增值和促进企业经营者的职业化，实行管人和管资产结合。二是要以依法管理为核心，以宏观管理为主，着眼于促进法制建设和强化党的政治领导，加强宏观管理的力度，以适应市场经济的客观要求。加强宏观管理并不意味着党管经营者的微观作用削弱，而是要求在微观形态上突出重点，实现方式方法的转变。三是要实行直接管理和间接管理结合，以间接管理为主的方法，着眼于体现市场经济公开、平等、竞争、择优的法则和促进信托公司经营者市场化。四是要着眼于社会和经济的稳步发展，稳步推进企业经营者的职业化和市场化。

（二）评价机制

1. 能力素质模型

在这方面，主要探索建立信托公司职业经理人胜任素质模型。职业经理人在企业运营和发展中具有不可替代的重要作用，所以应具备相应的知识结构和素质能力。一是战略素养与决策能力方面，具备对信托业务经营决策可行性与科学性的判断能力，并具备较强执行力，同时又不因只追求短期效益而忽略长远发展，是战略企业家。二是市场意识方面，能够根据市场变化不断调整战术策略，对信托公司和社会资源进行合理配置与优化组合，并具较强风险意识和抗风险能力。三是专业素养方面，除信托理论、管理理论外，还应具备相应金融知识、学习能力、经验积累和人际交往能力等，以及以此为内涵积淀的综合能力。四是国际视野方面，不仅要具有敏锐的国际市场意识和开放心态，还要掌握和理解国际经济、政治和法律等方面的知识。

另外，鉴于信托公司属于国有金融企业，其职业经理人的选择标准至少还应包括三个方面评价内容：一是可靠的政治素质与职业操守，包括对国家、企业、人民的忠诚和负责以及廉洁守法等；二是具有较高专业素养、管理能力和相应从业经历，尤其是与拟任岗位在上述

方面的契合度；三是在信托行业有一定影响力与认可度，包括社会知名度、行业形象和社会公信力等。

2. 绩效评价模型

职业经理人绩效评价内容的确定实际就是绩效评价指标的设计问题。由于信托公司中不同职位职业经理人在企业绩效目标方面所承担的责任差异很大，在此仅结合信托行业的实际情况，介绍一下出信托公司总经理的绩效评价指标体系（见表1）。

表1　　信托公司总经理的绩效评价指标体系

总经理的绩效指标评价体系	财务类指标	经营目标完成率，信托资产收益率，信托资产增长率，净资产收益率，总资产增长率，资金周转率，应收账款周转率
	客户类指标	客户满意度，市场占有率，客户开发率，客户维持率
	企业运营类指标	不良资产率，事故发生率，预算费用执行情况，会计核算准确性，项目、产品开发计划完成程度，员工培训目标达成率，人才引进计划完成率
	学习、创新与成长指标	员工满意度，人才战略规划，骨干人才适用率
	个人能力与行为指标	管理绩效类：决策能力，沟通协调能力，授予与激励能力；学习与创新能力；人才培养能力；自信度；个人影响力；专业知识技能；成就动机 周边绩效类：工作主动性；团队协作意识；责任心

由表1可以看出，信托公司总经理绩效评价指标体系中包括12项个人能力与行为指标，说明该职位能力要求的全面性；还包括7项主要反映信托公司盈利能力、营运能力和风险管控能力的财务指标，在很大程度上影响企业未来盈利能力的4项客户类指标；3项学习、创新与成长类指标，以及7项企业营运类指标。鉴于总经理对企业经营目标的实现负有最终责任，所以选取的这些指标主要涉及信托公司的总体经营状况，但这些指标的重要性却是不一样的，还需要依据其轻重缓急分别赋予不同的权重。

（三）激励机制

在社会主义市场经济条件下，应该借鉴国外经验，结合我国国情，进行信托行业职业经理人激励机制的创新，建立以物质激励为主、精神激励为辅的多元科学的激励机制。

1. 物质激励

从国外来看，现代企业经理者的报酬一般由基本薪金、年度奖金、股票和股票期权三部分构成。2014年8月上旬，在一次经济形势分析会议上，中国银监会主要领导首次提出，下一步将推进银行业混合所有制改革。对于国内信托公司来说，完全应当按照中央关于国有企业混合所有制改革的精神要求，采用类似于国外现代企业职业经理人报酬结构多元化的收入模式，公司高管的报酬既包括固定工资收入，也包括奖金、股票（股权）等不固定或风险收入，既含有限期收入，也含有股票/股权期权等远期收入。例如，对公司高管的固定收入（薪酬）规定一个上限，按照目前由人社部牵头、财政部等部委参与的对央企主要负责人的薪酬调整方案初稿意见，央企、国有金融企业主要负责人的薪酬将削减到现有薪酬的30%左右，削减后不能超过年薪60万元。但是，浮动收入部分（股票或股权收益）则完全取决于企业绩效，下限到零而上不封顶。如此一来，就可将信托公司高管的风险收入与其业绩进行挂钩，既可调动其积极性，又可激励其长期行为，抑制其盲目追求短期效益的机会主义。

2. 精神激励

人的需求是多层次、多元化的。信托公司的高管一般都非常注重自己的声誉形象和社会地位，因为获得这些荣誉就意味着社会对他们价值的肯定。所以，新的激励机制在充分发挥物质激励的同时，也要为信托公司的职业经理人创造良好的工作环境和工作条件，让他们在工作中体会到自己努力工作的使命感、成就感及荣誉感，以充分满足他们的自我实现需求。

（四）约束机制

对职业经理人的约束机制，包括了信托公司内部约束和外部约束两大方面。从内部约束来说，公司治理机制的灵魂是制衡，这是现代股份制企业的本质要求。具体到信托行业，就目前国内信托公司的整体内部治理情况来看，首先需要解决好“董、监、高”职责权限的勘疆定界问题，基本原则是：股东大会定章程，做决定；董事会定战略，做规划；监事会定规矩，做监督；经营层定绩效，做代理。在基本职责边界定下来之后，重点就是各司其职，形成运行有效、制衡有效、激励有效、约束有效的良性机制。

从外部约束机制来说，主要包括五个方面的约束因素：

一是市场竞争约束。信托产品的行业定位不准就不会给投资人带来理想的投资回报，公司风险控制能力较弱就容易发生信托事故，这些因素都会让潜在的信托投资人望而却步，也会让原来的信托投资人选择“用脚投票”的方式走开。在这些情况下，由于在经理人市场上不乏出类拔萃者，因此优胜劣汰机制将使那些长期绩效不佳的职业经理人难以立足。

二是法律法规约束。在市场经济条件下，国家通过制定完善的法律法规来规范企业行为，这些法律法规就成为对信托公司检查、监督中使用的通常标准。另外，在我国，信托行业归属中国银监会领导和监管，因此，信托公司的业务经营与日常管理的合规性与风险性都要受其管制，职业经理人的经营行为必须做到合法合规才行。

三是劳动合同约束。在现代市场条件下，企业用人的核心是实行契约化管理。信托公司也需要对职业经理人实行聘任制，通过劳动合同和聘用合同，确立劳动关系，明确职业身份和聘用期限；同时签订经营管理目标责任书，约定KPI指标（指评估时采用的关键性指标）、经营管理绩效责任和履行责任的相关要素，以实现权责利相统一。

四是内部团体约束。信托公司的企业党组织对党员经理人、工会和职代会对公司经营事务的参与和监督，都会对公司职业经理人的管理行为产生很大影响。

五是社会监督约束。广大媒体和信托投资人会对自己关注的信托项目进行密切监督，而会计事务所通过一年一度的外部审计工作，也会对信托公司经营与管理发挥到应有的监督作用。

协会发展与成效

中国信托业协会 2014 年工作总结

2014 年，在银监会的正确指导和监督下，中国信托业协会（以下简称协会）紧密围绕杨家才主席助理提出的信托业发展“八项机制”建设，继续深入推进党的群众路线教育实践活动，坚持以维护行业利益为宗旨，认真践行“自律、维权、协调、服务”职能，按照第三届理事会三年工作规划总体要求，积极、稳妥地推进各项工作。

一、紧密围绕学习贯彻党的十八届三中、四中全会和习近平总书记系列讲话精神，以落实从严治党责任为抓手，不断推进党的思想、组织、作风和制度建设，切实发挥基层党组织的战斗堡垒作用

（一）巩固深化教育实践活动成果，持之以恒推进作风建设

第一批群众路线教育实践活动开展以来，我们把本次活动作为党建工作的重中之重，紧紧围绕为民务实清廉要求，加强组织领导，以整风精神持续推进活动有序进行、扎实深入，在思想认识、实践经验和制度建设等方面均获得有益成果，党员干部队伍的作风进一步转变，凝聚力、战斗力进一步增强，教育实践活动取得阶段性成果。但活动收尾不是收场，我们深刻认识到作风问题的顽固性和反复性，作风建设必须常抓不懈、久久为功。一是坚持不懈地抓好思想教育。不断以观看教育影片、开展学习竞赛、撰写心得体会、课题研究等多种形式反复深入学习习近平总书记系列讲话精神和会党委有关指示精神，全面提升党员干部的思想自觉性，使其宗旨意识进一步强化，群众观点更加牢固。二是不折不扣地抓好整改落实。始终突出问题导向，紧紧扭住反对“四风”，全面推进各项整改工作落实，善始善终做好收尾，涉及思想、作风、组织建设三个方面的整改项目全部如期完成，正风肃纪效果显著。截至 2014 年末，协会正式会议同比减少 33%，公务用车同比减少 32%。三是持之以恒地构建长效机制。以中央八项规定精神为依据，围绕联系服务群众、加强作风建设，制定和修订群众意见听取办理反馈制度、公务接待管理办法等九项工作制度和管理制度，不仅通过活动解决具体“四风”问题，更以制度机制固化作风建设成果，同时不断提高制度的刚性约束力，着力促进制度的有效贯彻和执行，实现

整治“四风”常态化、长效化。四是全面巩固提升活动成果。要求全体党员干部锲而不舍、持续用力，坚决杜绝“四风”反弹回潮。以解决“四风”问题带动其他作风建设，切实改进思想作风、工作作风、领导作风、干部生活作风，改进学风、文风、会风，使党的作风全面纯洁起来。加强治本工作，使党员干部进一步形成弘扬优良作风的思想自觉、文化自觉和行为自觉。

（二）加大反腐败工作力度，全面推进党风廉政建设

贯彻落实从严治党精神，要从转变作风入手，把反腐倡廉工作作为一项经常化的工作深入持久地不断推进。一是严格落实党风廉政建设主体责任。要求党员领导干部牢固树立不抓党风廉政建设就是严重失职的责任意识，把党风廉政建设同自身工作相结合，做到同部署、同落实、同检查、同考核。建立切实可行的责任分解、检查监督和倒查追究的主体责任落实机制，在制度上确保党风廉政建设常抓不懈、贯穿常态工作之中。以落实用人责任、纠正责任、监督责任、支持责任和表率责任为重点，全面细化和推进主体责任落到实处。二是加强廉政风险防控工作。坚持围绕中心，把廉洁风险防控工作纳入全面管理，不断完善防控工作的体制机制制度。坚持突出重点，抓好重点领域、重要岗位、重要事项和关键环节的廉洁风险防控，根据“信托业协会职权目录”评估查找风险点，编制“廉政风险等级目录”，针对性制定防控措施。三是扎实培养反腐倡廉意识。持续就中央及银监会党委关于党风廉政建设和反腐败工作有关文件精神和内容组织学习交流、撰写心得，贯彻落实中央八项规定和银监会党委实施细则的主动性、自觉性不断增强。组织参观金融领域预防职务犯罪警示教育展，拒腐防变思想道德防线更加牢固。坚持重大节假日期间通过短信或邮件等方式进行廉政提醒。四是严格落实反腐倡廉要求。将反腐倡廉意识贯穿于各项工作中，严格落实中央八项规定和银监会党委实施细则要求，精简会议、文件，节俭办会，坚持公务出差交通住宿费用不超标、不搞接待、不收礼品，以自身良好党风持续带动感染行业企业和从业人员改进作风，不断凝聚党心民心。

（三）深化自律组织职能，加快提升服务功能建设

以《中共中央关于全面深化改革若干重大问题的决定》精神为指导，深化自律组织职能建设，全面提升服务水平。一是强化党性宗旨观念教育。坚持把宗旨教育作为基础性工作抓紧抓好，着力解决党性观念滑坡、责任意识不强、群众观点淡漠等突出问题，使党员干部牢记并恪守全心全意为人民服务的根本宗旨，在任何时候都把服务作为自觉追求和基本职责，不断提高做好在新形势下服务群众、服务行业、服务经济建设的意识和能力。二是坚持问题导向强化协会服务功能。有效发挥基层党组织在强化服务中的领导核心和政治核心作用，充分发挥党员的先锋模范作用，将党建工作与协会服务会员、服务行业、服务社会的工作主线相结合，将服务意识、服务态度寓于各项日常工作，全面强化服务能力，使协会作为行业自治的组织化载体切

实发挥作用、工作不断取得实效。密切联系会员单位，及时、公平、合理地满足会员单位诉求；做好业务实践中遇到的重点、难点问题研究，开展专家讲座，组织交流研讨，组织完成信托公司尽职管理行业标准等10个重点课题研究报告；通过编制信托公司社会责任报告、开展信托公司履行社会责任绩效和评价及推优等工作，推进信托行业社会责任机制，巩固行业自律建设，配合监管部门做好信托行业标准化研究和制定工作，建立自律与监管联动机制。

（四）严肃党内政治生活，持续推进党内民主建设

把抓好党内政治生活作为党建的重要工作，不断推动党内民主健康发展。一是开展好党内政治生活。落实好民主生活会、警示教育、民主评议等党内民主实践，解决好影响严肃认真开展党内政治生活的各种问题，不断提高党内生活的政治性、原则性、战斗性。二是贯彻执行好民主集中制。制定和认真落实党委会议事规则，建立健全党内民主决策机制、集体领导与个人分工负责相结合的制度，做到重大问题决策、重大人事任免、重大财物支出及运作按照“集体领导、民主集中、个别酝酿、会议决定”的原则，由党委会集体讨论作出决定，坚决消除个人独断专行和软弱涣散现象，加强团结统一。通过党内有关会议、传阅文件、定期通报、公开栏等多种形式推进党务公开，增强工作透明度，使党员更好地了解和参与党内事务。

二、紧密围绕杨家才主席助理提出的“信托业发展的八项机制建设”以及非银部关于信托监管工作具体要求，结合信托行业创新转型发展需要，集中精力、力求实效做好工作

（一）配合监管部门开展相关工作，不断加强信托业自律建设，促进信托行业履行社会责任

一是配合监管部门做好信托评级制度建设。积极参与监管评级方案修订工作，作为评级小组成员献力献策，修订完成新版监管评价标准，包括《信托公司监管评级与分类监管指引（草案）》、《信托公司监管评级标准（草案）》、《信托公司监管评级操作细则（草案）》、《信托公司监管评级评分操作表（草案》等文件。二是配合监管部门推动建立信托公司“生前遗嘱”机制。贯彻落实杨家才主席助理在2013年信托业年会上的讲话精神，配合监管部门进一步做好信托公司的风险防范和化解工作，推动建立信托公司“生前遗嘱”计划，参与研究设立和组织落实信托行业保障基金机制建设工作，协助监管部门做好办法制定和公司设立有关基础性工作。三是组织制定《信托公司集合资金信托计划尽职指引》。为进一步规范信托公司经营行为、落实信托产品“卖者有责，买者自付”、明确信托公司职责要求、解决刚性兑付发展难题，组织制定《信

托公司信托业务尽职指引（征求意见稿）》，并最终形成2014年信托业年会讨论材料，为监管部门形成制度规范提供重要依据。四是在监管部门指导下，与上海金融办、中央结算公司共同推进信托登记工作。五是继续编制并发布信托业社会责任报告。为持续强化信托公司履职意识和能力，在总结2012年首次编制发布社会责任报告经验基础上，编制《中国信托业2013年度社会责任报告》，向社会发布后，受到社会各方关注，效果良好。六是探讨信托公司履行社会责任绩效评价及推优工作。根据《信托公司社会责任公约》和《信托公司社会责任评价体系》，结合68家信托公司2013年度履行社会责任基础报表和社会责任工作情况报告，研究制定新的评价体系并拟定评价办法以及推优标准。七是配合监管部门做好金融稳定理事会中国同行评审有关工作，积极做好涉及协会事宜的答复口径确认、答复内容起草等准备工作，较好地完成了现场会谈。

（二）信托业发展研究工作得到巩固和深化

一是建立行业发展研究管理机制，推动行业研发工作迈上新台阶。一方面，经协会三届四次常务理事会议审议通过成立了“中国信托业协会行业发展研究领导小组”，对行业发展研究方向及行业重点研究课题遴选、报告提纲、研究成果等予以重要的指导和集体把关，有效地保障了行业研究水平不断提升；另一方面，为充分利用行业人才资源，发挥具有研究意愿、富有创新思维和研究专长的专家、学者对推动行业创新、转型发展研究的重要作用，建立了“行业发展研究专家库”。首批入围专家101名，其中数十位专家参与了行业发展报告撰写、评级标准制订、课题评审等工作，在行业发展研究工作中发挥了重要作用。二是完善行业研究合作机制，保证课题高质量完成。一方面，引入招标机制，通过采取会员单位招标方式，选聘课题牵头单位。在此基础上，汇聚其他会员单位研究力量，组成课题组，优化了研究力量；另一方面，建立严格的课题评审制度，组织业内专家及行业研究领导小组针对行业重点课题及自主课题进行初评、复评及答辩等，提升了研究质量。三是组织编辑出版《中国信托业发展报告（2013—2014）》，并于7月8日，在银监会的指导下，举行了新闻发布会。该报告审视信托业的发展历史，解读信托业的增长原因、盈利模式、功能发挥、风险防控与创新发展等，记录年度信托业发展进程，分析研判信托业发展趋势，展示信托业发展全貌，彰显信托业的活力和贡献，正本清源，以正视听，用数据和事实说话，以消除社会对信托业可能存在的误解，净化信托业生存与发展的历史环境。四是持续开展专题研究活动，积极探索信托转型发展之路。通过公开招标、研发领导小组评审把关等方式，在38家会员单位提交的49份课题申请中，确定了9个研究课题为2014年行业发展研究的重点与方向，引领行业深入研究和探讨中国信托业的转型发展之路。五是首次组织自主研究课题评优活动，鼓励信托公司开展研发工作。评优工作共征集到来自28家信托公司的41篇研究报告，其中具有代表性的11篇研究报告入选《2014年信托业专题研究报告》专辑。

（三）信托法律制度建设基础性工作持续推进

一是做好《信托法》修法立项准备工作。继续推动《信托法》修改论证研究，在组织业内专家团队开展大量调研的基础上，形成阶段性研究成果，并向有关部门报送。二是推动设立公益信托有关理论探索。探索完善信托配套制度，与民政部社会福利与慈善事业管理司保持联系，持续跟踪慈善法立法中关于慈善信托的进展情况。三是做好“中国信托业公益慈善基金”公益项目实施工作。与四川省慈善总会、四川信托举办千人成长助学公益项目，经68家信托公司表决，三分之二以上信托公司同意开展该公益项目并愿意开展“一对一”资助活动，为持续开展“千人成长助学”公益项目提供资金保障。

（四）信托业宣传工作有效性持续增强

一是与中央电视台深度合作，扩大宣传效果。与中央电视台合作，针对“信托100”违规销售问题进行系列深度报道，引导投资者认清真信托，通过正规合法的渠道购买信托产品，号召各信托公司进一步加强规范信托产品销售行为，保护投资者的合法权益。二是在抓牢传统舆论阵地的基础上，构建新媒体传播平台。除与中央电视台外，与《经济日报》、《金融时报》等其他主流媒体的合作力度也不断加深，在《经济日报》开辟“正本清源看信托”专栏，宣传力度不断加大。同时，着手建立协会官方新浪微博和官方微信平台等新媒体传播平台，宣传渠道不断拓宽。三是配合监管部门做好宣传工作。在监管部门指导下，组织媒体将信托行业2014年的宣传报道汇编成册，积极正面宣传行业发展变化。协助监管部门召开非银部领导与媒体沟通会，建立与主流媒体的良性互动，引导媒体正确适时进行信托行业宣传报道。在银监会办公厅的指导下制作信托知识宣传折页，并开展金融知识宣传服务月工作。建立媒体定期通报信托发展动态机制，正确引导媒体舆论导向，努力形成正面舆论强势。四是以协会网站“信托维权与法律咨询”栏目为载体，持续打造与信托消费者沟通平台。增设北京市中盛律师事务所作为该栏目专家支持单位，专业力量进一步增加。平台影响力持续提高，2014年全年共收到问题咨询170项，已解答并列示130项（其余正在编辑整理审定阶段中），受理投资者维权事项3起，收到的问题和受理事项数量相较2013年有明显增加。五是继续推动做好线上工作。继续做好《信托专版》、《金融时报》（每双周一期）、《信托每日舆情》（每工作日一期）及《中国信托业年鉴2013—2014》的编写出版工作。继续按季发布行业主要数据并发布行业发展分析述评。

（五）信托业从业人员队伍建设稳步推进

一是全员培训工作更加系统化。进一步深化信托行业全员培训力度、广度和深度，启动公开试讲遴选师资工作，进一步优化题库建设及培训报名系统的搭建，在北京开设全员培训班的基础上，开设了上海全员培训班。2014 年，共成功举办 19 期培训班，培训学员 1809 人，共 1649 人通过考试并取得全员培训合格证书，通过率为 91%。二是继续与清华大学法学院合作开展信托高层管理研修班。三是与上海立信会计学院合作举办信托专业班。2014 年，有 43 名学生分别在华宝、上海等 6 家信托公司实习。四是继续加强与国外有关院校和业务机构合作与交流，采取请进来的方式，深化公司高管及业务经理层的培训与研修，提升战略思维能力和国际视野。五是对协会境外培训工作进行全面梳理总结，自查情况良好，出国（境）培训工作圆满收尾。编纂《2011—2013 中国信托业境外培训成果专辑》，通过“滚雪球”效应，形成培训受益由点到面的延伸。

（六）为解决信托业内税收问题做基础性工作

一是鉴于税务部门逐渐加大对信托行业税收问题的关注，协会走访了北京市国税局、地税局及金融工作局等政府机构，为增进相互认识和了解奠定基础。二是针对税收问题召开了“信托税务问题讨论会”和“信托行业营业税税收情况研讨会”。组织业内专家参加国家税务总局召开的《开展信托所得税制研究集中办公工作会议》。三是针对国税要求“北京注册的信托公司就信托产品投资收益代扣代缴个人所得税”相关问题，与在京 11 家会员单位联名签署了《关于信托公司代扣代缴信托产品投资收益个人所得税有关意见的函》，经监管部门同意，协会择机陪同监管部门领导与税务总局所得税司当面沟通并将意见函上报。

（七）信托业标准化建设取得积极进展

银监会授权协会前头制定的《信托业务分类及编码》（JR/T 0106—2014）和《集合资金信托计划文件示范文本》（JR/T 0077—2014）两项行业标准，于 2014 年 10 月 16 日，通过金融标准化技术委员会审核，正式发布。两项标准的发布实施将有助于提高信托行业数据统计信息和监管效率，规范集合资金信托计划文本及业务行为，揭示信托产品风险，保护社会投资者利益，对于促进信托业规范发展、稳健经营具有重大意义。

（八）组织召开 2014 年中国信托业年会

在银监会的指导下，以“新常态　新机制　新发展”为主题举办 2014 年中国信托业年会。会议得到银监会、国务院有关部委高度重视，全体会员单位积极参与，银监会主席助理杨家才提出了信托业“八项责任”的重要论述。

中国信托业协会 2015 年工作计划

为充分发挥中国信托业协会（以下简称协会）“自律、维权、协调、服务”职能，切实体现协会在组织机构和思想认识上的“桥梁纽带”作用，协会党委认真组织学习尚福林主席在全国银行业监督管理工作会议暨党建工作研修班上讲话和杨家才主席助理在2014 年信托业年会上讲话，结合经济新常态下信托业面临的机遇与挑战，提出了协会 2015 年工作计划。

一、完善服务设施建设，做优做实会员服务，充分体现杨家才主席助理“一体两翼”构想

一是配合监管部门深入探索信托产品登记管理规则，积极推进信托产品登记信息系统建设，配合落实维权责任。

二是协助推动保障基金公司顺利运行，合理审慎行使权力和义务，使保障基金维护行业稳健运行的作用得以有效发挥，助推落实行业责任。

三是搭建全方位会员沟通平台，实现行业高管层、业务经营层、风控合规层和人力资源管理等的多层次交流，分享业务经验，共同就热点、难点问题进行探讨，提出解决问题的措施和政策建议。

四是择机推动建立信托公司基础信息平台，实现对信托公司全信息档案管理，形成对块状割裂分布信息的有效整合，及时掌握股东动态信息变化，推动落实股东责任。

五是充分发挥协会承上启下作用，在深入了解信托公司诉求的基础上，形成《信托建言》，代表行业将涉及信托业改革发展的问题、对政策的意见和建议上报至有关监管部门，为监管部门政策制定提供参考。

六是按照协会章程及相关规定，做好协会会员大会、理事会、常务理事会、监事会日常工作；在协会成立十周年之际，做好第三届会员大会的换届筹备有关工作。

七是做好 2015 年中国信托业年会工作，持续打造行业年会品牌。

二、加强监管联动，巩固行业自律建设，促进行业可持续发展

一是参与《信托公司条例》等行业法规的制订与修改，配合监管部门落实“八项责任”。

二是在监管部门指导下开展信托公司评级工作，配合落实机构责任、监管责任。

三是建立和完善协会与银监会消费者权益保护局工作联动机制，加强维权工作力度。

四是研究制定《中国信托业协会行业自律管理办法》、《信托从业人员管理自律公约》，组织协调信托公司一致行动，积极维护信托行业良好营运环境。

五是组织开展《中国信托业2014年度社会责任报告》的编制及发布工作，督促信托公司履行相应社会责任，着力提升信托行业社会形象。

六是推动《集合资金信托计划文件示范文本》及《信托业务分类及编码》两项信托行业标准实施，促使行业规范化发展迈上新台阶。

三、增强研发质量，引领行业在应对短期经营压力的同时，更多地关注行业中长期的发展与挑战

一是组织开展“信托公司经纪责任指引”和“信托公司分账核算指引”研究工作，配合监管部门落实经纪责任、核算责任。

二是在已有行业专家库的基础上，与中国人民大学、西南财经大学和复旦大学等信托研究机构联系，建立行业智库，开展中长期合作与交流，探索建立博士后工作站。

三是组织撰写《中国信托业发展报告（2014—2015）》，分析研判信托业发展进程，真实反映行业发展全貌，展示行业发展走势和愿景。

四是深化行业研究，一手抓专项课题研究推进，一手抓自主研究课题评选，提升研究成果专业性权威性可行性。

四、完善与会员单位和媒体在舆情领域的合作机制，强化正向舆论引导，营造良好行业舆论环境

一是巩固和完善新闻信息发布平台，在按季度发布行业数据和专家评述的基础上，探索更多直接有效的信息发布途径，突出合规管理、履行社会责任、助推经济等重点内容。

二是引导正面宣传，充分利用自身全国性发声主体优势，深化与媒体的联系沟通机制，维持和不断强化现有专项合作，探索更多媒体传播平台与合作方式，加大正面宣传力度，努力形

成舆论强势。

三是重视声誉风险，在业内开展舆情管理培训，协助信托公司全方位提升声誉管理能力。

四是增进与会员单位舆情互动，建立会员单位舆情岗位名单库，形成常态化联系。

五是继续做好舆情监测工作，为监管部门和信托公司提供参考和舆情管理协助。

五、紧扣行业发展战略和人才需求，加大行业培训和协会秘书处内训力度

一是深化高层管理研修班，在巩固与清华大学法学院合作的基础上，尝试与复旦大学合作，并从培训时间、培训内容和培训形式三个方面更新研修班课程框架，着力提升培训的全面性、系统性、有效性。

二是加强信托业全员培训，在行业人才培养和队伍建设上下功夫。

三是与上海立信会计学院合作举办信托专业班，为行业输送对口人才。

四是围绕宏观经济形势、监管政策、市场热点、信托公司核心业务、中后台运作管理等时效性主题，启动专题培训。

五是根据协会秘书处职工工作性质和需要推动建立内部培训体系，提高专业素质和服务能力。

六、进一步加强协会秘书处内部管理和队伍建设，落实好党委主体责任

一是完善党委抓党建工作机制。形成党委统一领导、部门齐抓共管、一级抓一级、层层抓落实的党建工作格局，把从严治党责任承担好，落实好，使党委成为坚强的领导核心。

二是加强思想建设。针对领导班子，抓好中心组学习，严肃落实民主集中制，开展好民主生活会和民主评议党员干部活动，着力解决好“总开关”这一根本问题；针对干部职工，通过做实思想政治工作引导认识行业新常态、协会新常态以及自身相应新起点、新目标，夯实基础，转变观念，不断提升战斗力、凝聚力。

三是加强组织建设。一方面，从严建设好、管理好干部队伍，以“信念坚定、为民服务、勤政务实、敢于担当、清正廉洁”为标准选好用好干部，着力形成正确用人导向和风气；另一方面，提升职工队伍素质和能力，定期开展学习教育活动，利用好内部培训机制，努力打造一支素质过硬、能力过硬的“正规军”。

四是加强制度建设和落实。建立健全党委党建工作制度，把“权力纳入制度的笼子里”；根

据监管部门意见修改完善内部各项规章制度并严格执行，科学合理制定“三定方案”，建立协会办公自动化系统，建立科学公开透明的招聘机制，实现秘书处规范化发展。

五是做好财务工作，从严规范管理财务支出。按照协会2015年工作计划，结合上年度实际发生情况，做好秘书处年度预算的编制和落实工作。

大事记

1 月

1 月 4 日，北京市商务委员会批准华鑫国际信托有限公司为北京市第一批重点总部企业。

1 月 7 日，中国银监会同意农业银行作为发起机构，中信信托有限责任公司作为受托机构，开办总规模不超过 22 亿元人民币的信贷资产证券化项目。

1 月 10 日，江苏省国际信托有限责任公司国信金智创投基金投资的杭州哲达科技股份有限公司荣获“2013 年度国家科技进步一等奖”，并成功挂牌首批“新三板”。

1 月 10 日，中建投信托有限责任公司与嘉凯城集团在杭州签署《战略合作框架协议》。

1 月 15 日，中国银监会批准西藏信托有限责任公司将注册资本由 4 亿元人民币增至 5 亿元人民币。增资完成后，西藏自治区财政厅出资金额 4 亿元，出资比例 80%，西藏自治区投资有限公司出资金额 1 亿元，出资比例 20%。

1 月 15 日，渤海国际信托有限公司在河北省中小企业投融资促进会上被推选为河北省中小企业投融资促进会 2014 年度副秘书长单位。

1 月 15 日，山东省国际信托有限公司被山东省国资委授予“2013 年度省管企业文明单位”称号。

1 月 17 日，新疆银监局核准邹俊华融国际信托有限公司副董事长的任职资格。

1 月 18 日，山东省国际信托有限公司被山东省再担保体系授予“最佳合作金融品牌”荣誉称号。

1 月 20 日，中国银监会同意中国东方资产管理公司作为发起机构，中信信托有限责任公司作为受托机构，开办金额不超过 8.074 亿元的信贷资产证券化业务。

1 月 22 日，英大国际信托有限责任公司与鲁能集团有限公司签署“全面战略合作协议”。

1 月 23 日，华融国际信托有限责任公司在中国人民银行乌鲁木齐支行对新疆维吾尔自治区银行业金融机构 2013 年度金融统计工作考核评比中荣获二等奖。

1 月 24 日，中国银监会同意中国银行作为发起机构，中国金谷国际信托有限责任公司作为受托机构，开办总规模不超过 94 亿元人民币的信贷资产证券化项目。

1 月 24 日，天津银监局同意天津信托有限责任公司注册资本金由人民币 15 亿元增至 17 亿元，各股东持股比例不变。

1 月 27 日，中国银监会核准胡军江苏省国际信托有限责任公司总经理的任职资格。

1 月，中国证监会批准同意建信信托有限责任公司以人民币 33605.98 万元增资控股上海良茂期货经纪有限公司，持有 77.07% 的股权。

1 月，中信信托有限责任公司成功签约首单“家族办公室”服务，基于客户家族永续经营的立场，专注于客户的全方位、个性化需求，服务范围涵盖投融资策略组合、法律税务、教育传承、慈善管理等方面。

2 月

2 月 7 日，中国银监会核准中国金谷国际信托有限责任公司增加注册资本后修改的《中国金谷国际信托有限责任公司章程》。

2 月 10 日，中国人民银行上海总部批准中国金谷国际信托有限责任公司进入全国银行间同业拆借市场。

2 月 11 日，新华信托股份有限公司荣获重庆市人民政府颁发的“2013 年度支持重庆经济发展金融贡献优秀奖”。

2 月 14 日，上海银监局核准李玉强、张启胜上海爱建信托有限责任公司独立董事的任职资格，胡爱军、周磊上海爱建信托有限责任公司董事的任职资格，陈柳青上海爱建信托有限责任公司副董事长的任职资格。

2 月 17 日，重庆国际信托有限公司荣获重庆市人民政府授予的“2013 年度支持重庆经济发展成绩突出金融机构”称号。

2 月 20 日，陕西省国际信托股份有限公司被陕西省金融工会授予“2013 年度全省金融工会工作优秀单位”荣誉称号。

2 月 21 日，四川银监局核准李光金四川信托有限公司独立董事的任职资格。

2 月 21 日，四川银监局核准董寰、王兴中铁信托有限责任公司副总经理的任职资格，杨良中铁信托有限责任公司董事的任职资格。

2 月 24 日，百瑞信托有限责任公司博士后科研工作站在河南省人力资源和社会保障厅组织开展的“2013 年度河南省博士后工作考评活动”中荣获“2013 年度河南省优秀博士后科研工作站”荣誉称号。

2 月 24 日，新华信托股份有限公司被中国人民银行重庆营业管理部评为“2013 年度重庆市级金融机构综合评价为 A 级单位”。

2 月 27 日，重庆银监局核准胡立新新华信托股份有限公司副总经理任职资格。

2 月，安信信托股份有限公司接到中国银监会《关于安信信托投资股份有限公司变更公司名称和业务范围的批复》（银监复［2014］14 号），批准公司换领新的金融许可证。2 月 13 日，上海银监局核发新的金融许可证。

2 月，中信信托有限责任公司与拜耳作物科学（中国）有限公司签署合作协议，双方将以土地流转项目为平台，整合农业生产、经营管理、科学技术、产业链构建等方面资源，将国际领先的金融服务、农业技术、知识和产品引入中国农业领域。

2 月，中信信托有限责任公司与安徽省马鞍山市政府签订战略合作框架协议，双方将在土地流转和其他信托业务领域开展合作。同时，中信信托与安徽天禾农业科技股份有限公司签署战略合作协议，通过农事服务推动大农业生产的组织生产方式变革，提升粮食生产能力。

3 月

3 月 4 日，广东银监局核准俞二牛大业信托有限责任公司独立董事的任职资格。

3 月 4 日，四川银监局核准吴玉明四川信托有限公司副董事长的任职资格。

3 月 5 日，浙江银监局同意浙商金汇信托股份有限公司住所由“杭州市庆春路 199 号 6 楼”变更为“杭州市庆春路 199 号 6 ~ 8 楼”，核准公司章程。

3 月 6 日，安徽国元信托有限责任公司市场营销部荣获 2013 年度“安徽省三八红旗集体”荣誉称号。

3 月 6 日，新时代信托股份有限公司荣获包头市政府颁发的“金融服务奖”。

3 月 7 日，中国信托业协会在天津召开中国信托业协会第一届监事会第五次会议，审议通过了《中国信托业协会监事会 2013 年度工作报告》。

3 月 7 日，上海爱建信托有限责任公司人力资源部获得“上海市巾帼文明岗”荣誉称号。

3 月 10 日，中国证监会核准北京国际信托有限公司设立北信瑞丰基金管理有限公司。

3 月 10 日，北方国际信托股份有限公司陶阳同志荣获天津市五一奖章。

3 月 10 日，重庆银监局核准鲁钟男新华信托股份有限公司副董事长的任职资格。

3 月 10 日，新疆银监局核准段建生华融国际信托有限责任公司副总经理的任职资格。

3 月 13 日，中国银监会同意北京银行股份有限公司作为发起机构，北京国际信托有限公司作为受托机构，中央国债登记结算有限责任公司作为证券登记、托管、结算机构，开办京元 2014 年第一期信贷资产证券化业务，项目总规模为 57.79 亿元人民币。

3 月 13 日，中国银监会同意台州银行股份有限公司作为发起机构，百瑞信托有限责任公司作为受托机构，中央国债登记结算有限公司作为证券登记、托管、结算机构，开办台银 2014 年第一期信贷资产证券化项目，项目总规模不超过 5.34 亿元人民币。

3 月 13 日，青海银监局核准冯鹏、周海春五矿国际信托有限公司董事的任职资格。

3 月 14 日，中国信托业协会召开第三届理事会第四次常务理事会议暨监管座谈会。审议通过《中国信托业协会 2013 年工作总结及 2014 年工作计划》、《中国信托业协会 2013 年度财务预算执行情况和 2014 年度财务收支预算报告》和成立行业发展研究领导小组等相关工作议案；中国银监会杨家才主席助理、李建华主任及各信托公司参会代表围绕行业风险防范及转型发展等问题进行了研讨。

3 月 18 日，中国银监会同意宁波银行股份有限公司作为发起机构，英大国际信托有限责任公司作为受托机构，中央国债登记结算有限责任公司作为证券登记、托管、结算机构，开办甬银 2014 年第一期信贷资产证券化项目，项目总规模为 45. 7878 亿元人民币。

3 月 18 日，江苏银监局核准沈光俊、严守敬、汪文华苏州信托有限公司董事的任职资格，胡玉鸿苏州信托有限公司独立董事的任职资格。

3 月 19 日，中国银监会核准陶钧华鑫国际信托有限公司副总经理的任职资格。

3 月 19 日，黑龙江银监局核准邱致中中融国际信托有限公司独立董事的任职资格。

3 月 19 日，上海银监局核准唐华铭上海爱建信托有限责任公司独立董事的任职资格。

3 月 20 日，中国银监会核准张树忠中诚信托有限责任公司董事的任职资格。

3 月 21 日，湖北银监局核准吴伟交银国际信托有限公司董事的任职资格。

3 月 21 日，江苏银监局核准周志明、葛卫华国联信托股份有限公司总经理助理任职资格。

3 月 21 日，渤海国际信托有限公司荣获河北省金融办组织的“《河北金融年鉴》（2013 卷）通联工作二等奖”。

3 月 26 日，长安国际信托股份有限公司完成增加注册资本由 1258880000 元增至 1346022857 元的工商变更登记。增资完成后西安投资控股有限公司持有股份数 544319573 股，持股比例为 40. 44%；上海证大投资管理有限公司持有股份数 399189826 股，持股比例为 29. 66%；上海淳大资产管理有限公司持有股份数 183539774 股，持股比例为 13. 63%；上海景林投资发展有限公司持有股份数 118442057 股，持股比例为 8. 80%；陕西鼓风机（集团）有限公司持有股份数 82216051 股，持股比例为 6. 11%；西安高新技术产业开发区科技投资服务中心持有股份数 13088742 股，持股比例为 0. 97%；西安电视台持有股份数 5226834 股，持股比例为 0. 39%。

3 月 26 日，宁波证监局同意兴业国际信托有限公司入股宁波杉立期货经纪有限公司 29. 7% 的股权，成为杉立期货公司第二大股东。

3 月 28 日，内蒙古银监局核准刘玉瀛、张瑞平华宸信托有限责任公司董事的任职资格，郝占魁、范勇宏华宸信托有限责任公司独立董事的任职资格，向旭平、于建琳华宸信托有限责任公司副总经理的任职资格。

3 月 30 日，中国银监会核准长安国际信托股份有限公司开办受托境外理财业务资格。

3 月 30 日，广东银监局核准孙多伟大业信托有限责任公司财务总监的任职资格。

3 月 31 日，中国银监会同意工商银行作为发起机构，中海信托股份有限公司作为受托机构，开办工元 2014 年第一期信贷资产证券化项目，项目总规模不超过 56 亿元人民币。

3 月，英大国际信托有限责任公司获得中国人民银行营业管理部颁发的“金融统计与分析优秀集体三等奖”。

4 月

4 月 1 日，浙江银监局同意将浙江省财务开发公司持有的万向信托有限公司股份（持股占比 2.18%）变更至浙江省金融控股有限公司持有，核准公司 2013 年第一次临时股东会议决议通过的章程。

4 月 3 日，中国银监会核准张传良英大国际信托有限责任公司董事、总经理的任职资格，王迎新英大国际信托有限责任公司副总经理的任职资格。

4 月 3 日，上海银监局核准王国樑中海信托股份有限公司独立董事的任职资格。

4 月 4 日，中国银监会同意国家开发银行股份有限公司作为发起机构，中信信托有限责任公司作为受托机构，开办 2014 年第三期开元信贷资产证券化项目，项目总规模不超过 109.47 亿元人民币。

4 月 8 日，中国银监会核准程兴华浙商金汇信托股份有限公司总经理的任职资格。

4 月 8 日，上海银监局核准李洋洋、钱华、张保华上海爱建信托有限责任公司副总经理的任职资格，吴淳、姚海岚上海爱建信托有限责任公司总经理助理的任职资格。

4 月 8 日，上海市工商行政管理局为安信信托股份有限公司换发新的营业执照，公司由“安信信托投资股份有限公司”变更为“安信信托股份有限公司”，公司股票简称和代码保持不变。

4 月 9 日，中国银监会核准邹俊华融国际信托有限责任公司总经理的任职资格。

4 月 10 日，河南银监局核准代岩中原信托有限公司董事的任职资格。

4 月 10 日，中国信托业协会在安徽召开中国信托业协会联络员第五次会议，总结 2013 年工作成效，表彰 2013 年优秀联络员，部署 2014 年主要工作。

4 月 10 日，华信信托股份有限公司荣获辽宁省大连市国家税务局、大连市地方税务局联合授予的“2014 年度纳税信用等级 AAA 级企业”荣誉称号。

4 月 11 日，浙江银监局核准陈川、张亚平、侯春枫中建投信托有限责任公司董事的任职资格，袁志刚、刘淑兰、许燕中建投信托有限责任公司独立董事的任职资格。

4 月 11 日，华融国际信托有限责任公司在新疆银监局对自治区银行业金融机构 2013 年监管统计考核评比中荣获“监管统计工作先进单位”称号。

4 月 14 日，天津信托有限责任公司韩立新及王辉、冉启文、李文涛同志撰写的《信托公司资产管理业务的功能定位及影响研究》荣获 2013 年度天津市金融学会调研课题三等奖。

4 月 15 日，长安国际信托股份有限公司被中国人民银行西安分行营业管理部授予“2013 年度金融业机构信息管理工作先进单位”荣誉称号。

4 月 17 日，中国信托业协会与中央电视台财经频道对信托 100 违规销售信托产品行为制作相关报道，并联合业内相关公司发表声明，引导投资者通过正确途径购买信托产品。

4月17日，北京国际信托有限公司向北京市慈善基金会捐助1万册青少年教育图书，书价款（折合费用21.5万元），北京市慈善协会向公司赠送锦旗。

4月21日，江苏银监局核准浦宝英、胡军、李起年江苏省国际信托有限责任公司董事的任职资格。

4月23日，中国银监会同意人和投资控股股份有限公司受让新产业投资股份有限公司持有新华信托139208338股股份和中诚信投资有限公司持有新华信托98977600股股份。受让后，人和投资控股股份有限公司合计持有238185938股股份，持股比例为19.85%，新产业投资股份有限公司持有727812462股股份，持股比例为60.65%，中诚信投资有限公司不再持有公司股份。其他股东的持股数量和持股比例不变。

4月23日，中国信托业协会召开2014年第一季度信托行业运行情况发布会，发布第一季度信托行业季度数据（按季定期发布信托行业季度数据及运行情况分析）。

4月23日，天津信托有限责任公司王钢同志被天津市总工会评选为“2013年度天津市五一劳动奖章先进个人”。

4月23日，中国对外经济贸易信托有限公司成立业内首家信托研究院。

4月29日，中国银监会同意中江国际信托股份有限公司调整股权结构，大连昱辉科技发展有限公司受让北京供销社投资管理中心持有10365.8181万股股份。受让后，大连昱辉科技发展有限公司合计持有18658.4727万股股份，持股比例为16.1435%，北京供销社投资管理中心持有10365.8181万股股份，持股比例为8.9686%，其他股东的持股份数和持股比例不变。

4月29日，华融国际信托有限责任公司获得新疆维吾尔自治区政府颁发的“开发建设新疆奖”。

4月，华宝信托有限责任公司副总经理王锦凌同志荣获2014年“上海市五一劳动奖章”荣誉称号。

4月，新华信托股份有限公司获得重庆市江北区国家税务局、重庆市江北区地方税务局颁发的“2013年度重庆市独立企业纳税50强”称号。

5月

5月4日，杭州工商信托股份有限公司携手浙江省阳光教育基金会向桐庐县合村乡小学捐赠“合”爱心助学专项基金。

5月4日，山东省国际信托有限公司宋冲同志被共青团山东省国资委授予“2013年度省管企业青年五四奖章”荣誉称号。

5月5日，中国银监会同意中信银行作为发起机构，中海信托股份有限公司作为受托机构，中央国债登记结算有限责任公司作为证券登记、托管、结算机构，开办信银2014年第一期信贷资产证券化项目，项目总规模不超过62.893亿元人民币。

5月6日，中国银监会核准杨圣军中航信托股份有限公司董事长的任职资格。

5月6日，中国银监会同意中国邮政储蓄银行股份有限公司作为发起机构，交银国际信托有限公司作为受托机构，开办邮元2014年第一期个人住房贷款证券化项目，项目总规模不超过73.63亿元人民币。

5月6日，中融国际信托有限公司与中国华融资产管理股份有限公司签署战略合作协议。

5月7日，华宝信托有限责任公司与上海市法学会金融法学研究会签署了《信托法产学研基地合作协议》，并成为上海市法学会金融法学研究会理事单位。

5月8日，重庆国际信托有限公司荣获“2013年度重庆市独立企业纳税50强”称号。

5月13日，湖南银监局核准胡小龙湖南省信托有限责任公司董事的任职资格；乔海曙湖南省信托有限责任公司独立董事的任职资格；李莉芳湖南省信托有限责任公司副总裁的任职资格；张林新湖南省信托有限责任公司风控总监的任职资格。

5月13日，作为新设立的国家级博士后科研工作站之一，陕西省国际信托股份有限公司“博士后科研工作站”正式挂牌。

5月13日，中国对外经济贸易信托有限公司荣获由中央企业团工委颁发的“2013年度中央企业青年文明号”称号。

5月16日，中国银监会同意平安银行作为发起机构，华能贵诚信托有限公司作为受托机构，中央国债登记结算有限责任公司作为证券登记、托管、结算机构，开办平安银行1号小额消费贷款资产证券化项目，项目总规模不超过30.0346亿元人民币。6月15日，上海证券交易所发布关于平安银行1号小额消费贷款资产支持证券交易有关事项的通知，对该证券在上海证券交易所交易相关事项作了规定。

5月16日，山东省国际信托有限公司被山东省慈善总会省管企业分会授予“2013年度省管企业慈善工作先进基层单位”称号。

5月19日，上海银监局核准中泰信托有限责任公司章程的修改。

5月23日，中国银监会核准相开进山东省国际信托有限公司董事长的任职资格，王映黎山东省国际信托有限公司总经理的任职资格。

5月23日，安徽国元信托有限责任公司创新设计的“佛子岭、磨子潭水库承包经营权流转集合信托计划”成功发行，这是国内首单以水库经营权为投资标的信托计划。

5月26日，中国银监会核准陈一松、路京生中信信托有限责任公司副董事长的任职资格。

5月26日，贵州银监局核准孙磊华能贵诚信托有限公司副总经理的任职资格，顾学新华能贵诚信托有限公司总经理助理的任职资格。

5 月 27 日，贵州银监局核准刘芳华能贵诚信托有限公司总经理助理的任职资格。

5 月 28 日，中国银监会同意光大集团受让甘肃省国有资产投资集团有限公司持有的甘肃信托公司 51% 股权。

5 月 29 日，青海银监局核准黄益平同志五矿国际信托有限公司独立董事的任职资格，孙卓立同志五矿国际信托有限公司副总经理的任职资格。

5 月，长安国际信托股份有限公司被西安市人民政府授予“2013 年度支持西安经济发展最佳金融机构”荣誉称号。

6 月

6 月 4 日，上海银监局核准田文学中海信托股份有限公司董事的任职资格。

6 月 4 日，中国信托业协会在北京召开了《信托法》修改论证研讨会，国家立法机关、司法机关、相关部委、境内外科研院所、信托机构等单位领导、专家和学者三十余人受邀参加了此次会议。此次会议是协会继完成《〈信托法〉修改论证课题研究报告》后开展《信托法》修法论证研究工作的又一重要举措，为推动《信托法》修法立项工作奠定了坚实基础。

6 月 5 日，上海银监局关于核准上海国际信托有限公司变更股权及修改公司章程。股权变更后，公司注册资本仍为 25 亿元人民币（其中外汇资本金 5000 万美元）。上海国际集团有限公司出资 165832. 68 万元人民币（含外汇 5000 万美元），出资比例为 66. 332%；上海久事公司出资 5000. 00 万元人民币，出资比例为 20%；申能股份有限公司出资 12500. 00 万元人民币，出资比例为 5%；上海汽车集团股权投资有限公司出资 5000. 00 万元人民币，出资比例为 2%；上海锦江国际投资管理有限公司出资 3333. 66 万元人民币，出资比例为 1. 334%；上海石化城市建设综合开发公司出资 3333. 17 万元人民币，出资比例为 1. 333%；国网英大国际控股集团有限公司出资 1666. 83 万元人民币，出资比例为 0. 667%；中国东方航空股份有限公司出资 1666. 83 万元人民币，出资比例为 0. 667%；上海新黄浦置业股份有限公司出资 1666. 83 万元人民币，出资比例为 0. 667%；上海地产（集团）有限公司出资 1666. 83 万元人民币，出资比例为 0. 667%；双钱集团股份有限公司出资 1333. 33 万元人民币，出资比例为 0. 533%；上海爱建股份有限公司出资 999. 92 万元人民币，出资比例为 0. 400%；上海友谊集团股份有限公司出资 999. 92 万元人民币，出资比例为 0. 400%。

6 月 9 日，中共大连市金融工作委员会授予华信信托股份有限公司“2013 年度最佳金融服务成果”奖。

6 月 10 日，黑龙江银监局核准中融国际信托有限公司变更注册资本，公司注册资本由 16 亿元增加至60亿元。变更注册资本后，经纬纺织机械股份有限公司以现金出资224818.51万元，占公司注册资本的37.47%；中植企业集团有限公司以现金出资197918.52万元，占公司注册资本的32.986%；哈尔滨投资集团有限责任公司以现金出资127228.75万元，资产出资2000万元，占公司注册资本的21.538%；沈阳安泰达商贸有限公司以现金出资48034.22万元，占公司注册资本的8.006%。

6月11日，大连银监局核准钟石华信信托股份有限公司董事的任职资格，于元浦华信信托股份有限公司独立董事的任职资格，杨家思、尹世辉华信信托股份有限公司董事的任职资格，王忠民华信信托股份有限公司独立董事的任职资格。

6月12日，中国银监会核准郭敬辉中铁信托有限责任公司董事长的任职资格。

6月13日，中国银监会核准丁文忠陆家嘴国际信托有限公司总经理的任职资格。

6月16日，中国银监会批准交银国际信托有限公司开办受托境外理财（QDII）业务资格。

6月16日，万向信托有限公司与大自然保护协会（TNC）建立合作关系，设立中国首个自然保护公益信托——“万向信托—中国自然保护公益信托”。

6月17日，中国银监会同意汉口银行作为发起机构，北京国际信托有限公司作为受托机构，中央国债登记结算有限责任公司作为证券登记、托管、结算机构，开办汉口银行2014年汉银第一期信贷资产证券化项目，项目总规模为20.12亿元人民币。

6月18日，中国银监会核准长安国际信托股份有限公司特定目的信托受托机构资格。

6月18日，中国银监会核准周卫平国联信托股份有限公司董事长的任职资格。

6月19日，四川银监局核准舒军华中铁信托有限责任公司副总经理的任职资格。

6月20日，中国银监会核准姚卫东陕西省国际信托股份有限公司总裁的任职资格。

6月24日，江西银监局同意中航信托股份有限公司对章程第六条、第一百一十一条和第一百一十二条进行修改。

6月25日，中国银监会同意江苏银行股份有限公司作为发起机构，上海国际信托有限公司作为受托机构，中央国债登记结算有限责任公司作为证券登记、托管、结算机构，开办江苏银行2014年第一期信贷资产证券化项目，项目总规模不超过22.909亿元人民币。

6月25日，华润深国投信托有限公司夏幼梅同志荣获国务院国资委授予“中央企业优秀共产党员”称号。

6月26日，上海银监局核准陈兵上海国际信托有限公司副董事长的任职资格，张文桥上海国际信托有限公司总经理助理的任职资格。

6月26日，上海银监局核准张秉训中海信托股份有限公司独立董事的任职资格，杨云重庆国际信托有限公司副总经理的任职资格，刘腾重庆国际信托有限公司总经理助理的任职资格。

6月26日，渤海国际信托有限公司被石家庄市地方税务局和石家庄市国家税务局联合评定为“纳税信用等级A级纳税人”。

6月27日，四川银监局核准何文中铁信托有限责任公司董事的任职资格。

6月29日，华融国际信托有限责任公司北京管理总部办公地点由北京市西城区白云路10号迁至北京市西城区太平桥大街丰盛胡同28号太平洋保险大厦三层和七层。

6月30日，中国银监会同意国家开发银行股份有限公司作为发起机构，中国金谷国际信托有限责任公司作为受托机构，开办2014年第四期开元信贷资产证券化业务，总规模不超过109.3317亿元。

6月30日，国联信托股份有限公司曹霜同志在地方性金融机构数据质量考核评比中，被中国人民银行征信中心授予“年度企业征信数据质量工作优秀个人”称号。

6月30日，紫金信托有限责任公司获中国人民银行上海总部批准取得同业拆借业务资格。

6月，中信信托有限责任公司与四川省成都市武侯区正式签署战略合作协议，依托现代化金融服务，助力公共服务设施建设，努力改善生态环境，全面推进当地新型城镇化建设。

6月，中原信托有限公司荣获省管企业2013—2014年度“先进企业党委”荣誉称号。

7月

7月1日，甘肃银监局批准甘肃信托名称变更为“光大兴陇信托有限责任公司”，英文名称为“Everbright Xinglong Trust Co.，Ltd.”。

7月1日，江苏省国际信托有限责任公司党委被江苏省国资委党委授予“先进基层党组织”称号。

7月2日，中国银监会同意南京银行股份有限公司作为发起机构，上海国际信托有限公司作为受托机构，中央国债登记结算有限责任公司作为证券登记、托管、结算机构，开办南京银行2014年第一期信贷资产证券化项目，项目总规模不超过33.595亿元人民币。

7月3日，中国银监会同意中国长城资产管理公司作为发起机构，中信信托有限责任公司作为受托机构，开办长元2014年第一期信贷资产证券化项目，项目总规模不超过12.12亿元人民币。

7月3日，华澳国际信托有限公司与立信金融风险研究所正式签署合作协议，并为研究所成立揭牌，成为首家与国内高校合作成立研究所的信托公司，开启此类研究所金融风险为研究主题的先河。

7月4日，中国银监会核准赵暖新华信托股份有限公司董事长的任职资格，翁先定不再担任董事长职务。12月12日，赵暖辞去董事长职务。

7月7日，青岛银监局核准翟振明陆家嘴国际信托有限公司副总经理的任职资格。

7 月 8 日，中国信托业协会召开新闻发布会，首次发布《中国信托业发展报告（2013—2014)》。

7 月 9 日，中国银监会同意渤海银行股份有限公司作为发起机构，北京国际信托有限公司作为受托机构，中央国债登记结算有限责任公司作为证券登记、托管、结算机构，开办渤银 2014 年第一期信贷资产证券化项目，项目总规模不超过 38.7197 亿元人民币。

7 月 9 日，中国银监会同意杭州银行股份有限公司作为发起机构，华宝信托有限责任公司作为受托机构，中央国债登记结算有限责任公司作为证券登记、托管、结算机构，开办杭州银行 2014 年第一期信贷资产证券化项目，项目总规模不超过 30.139 亿元人民币。

7 月 9 日，中国银监会核准上海浦东发展银行股份有限公司（以下简称浦发银行）和华宝信托有限责任公司开办浦发 2014 年第三期信贷资产证券化业务，同意广西投资集团银海铝业有限公司、广西投资集团建设实业有限公司分别入股浦发银行 31850 万股、18150 万股，占浦发银行增资扩股后总股本的 9.8%、5.58%，加计其关联企业广西投资集团原持有的浦发银行 5500 万股份，3 家企业合计持有浦发银行 55500 万股股份，占浦发银行增资扩股后总股本的 17.08%。

7 月 9 日和 31 日，中国银监会分别同意兴业银行作为发起机构，兴业国际信托作为受托机构，中央国债登记结算有限责任公司作为证券登记、托管、结算机构，开办兴元 2014 年第二期和第三期信贷资产证券化项目，项目总规模分别不超过 36.24 亿元人民币和 63.85 亿元人民币。

7 月 9 日，中国银监会同意青岛银行股份有限公司作为发起机构，中信信托有限责任公司作为受托机构，开办青银 2014 年第一期信贷资产证券化项目，项目总规模不超过 28.79 亿元人民币。

7 月 10 日，中国银监会核准杜亚军建信信托有限责任公司董事长的任职资格，程双起建信信托有限责任公司副董事长的任职资格，王宝魁建信信托有限责任公司董事、总裁的任职资格，张华建建信信托有限责任公司董事的任职资格。

7 月 10 日，陕西省国际信托股份有限公司工会被陕西省金融工会授予“先进职工之家”荣誉称号。

7 月 14 日，中国银监会关于核准张博中国民生信托有限公司董事兼总裁的任职资格，刘纪鹏中国民生信托有限公司独立董事的任职资格，李永平中国民生信托有限公司董事会秘书的任职资格，董军中国民生信托有限公司副总裁的任职资格李杰中国民生信托有限公司助理总裁的任职资格。

7 月 15 日，上海银监局核准朱青、鲍治中泰信托有限责任公司独立董事的任职资格，核准周雄、葛贵生、叶桂峰、史亚政中泰信托有限责任公司董事的任职资格。

7 月 15 日，国民信托有限公司通过埃尔维质量认证中心 2014 年度 ISO9001：2008 的质量认证年检。

7月18日，浙江银监局核准周宇杭州工商信托股份有限公司董事的任职资格。

7月21日，浙江银监局同意万向信托有限公司注册资本金由6.5亿元增至13.39亿元，股东持股比例不变。中国万向控股有限公司出资102437.9123万元，出资比例为76.5%；浙江烟草投资管理有限责任公司出资19401.4292万元，出资比例为14.49%；浙江省邮政公司出资5307.1891万元，出资比例为3.97%；巨化集团公司出资3831.6396万元，出资比例为2.86%；浙江省金融控股有限公司出资2921.8298万元，出资比例为2.18%。

7月21日，山东省国际信托有限公司被山东省人民政府授予“2012—2013年度山东省金融创新奖”。

7月23日，中江国际信托股份有限公司辛勇红、程望同志荣获“2013年度江西省金融学会先进个人”。

7月24日，渤海国际信托有限公司荣获河北省“2013年度金融创新奖”。

7月29日，中国银监会核准李光荣渤海国际信托有限公司董事长的任职资格。

7月29日，宁波银监局同意昆仑信托有限责任公司修改公司章程。

7月30日，中国银监会同意国家开发银行股份有限公司作为发起机构，中信信托有限责任公司作为受托机构，开办2014年第五期开元信贷资产证券化项目，项目总规模不超过99.76亿元人民币。

7月30日，新疆银监局核准刘张平华融国际信托有限责任公司副总经理的任职资格。

7月31日，中国银监会同意上海银行作为发起机构，上海国际信托作为受托机构，中央国债登记结算有限责任公司作为证券登记、托管、结算机构，开办上海银行2014年第一期信贷资产证券化项目，项目总规模不超过23.32亿元人民币。

7月31日，中国银监会同意上海浦东发展银行股份有限公司作为发起机构，上海国际信托有限公司作为受托机构，中央国债登记结算有限责任公司作为证券登记、托管、结算机构，开办浦发银行2014年第二期信贷资产证券化项目，项目总规模不超过50.175亿元人民币。

7月31日，中国银监会同意无锡农村商业银行股份有限公司作为发起机构，苏州信托有限公司作为受托机构，开办2014年信贷资产证券化项目，项目总规模不超过9.942亿元人民币。

7月，华宝信托有限责任公司取得全国社保基金理事会受托管理社保基金信托资产的合格受托人资格。

7月，万向信托有限公司推出全国首单以公益林为标的信托项目“万向信托—绿色摇篮1号”。

8月

8月1日，中国银监会同意江苏江南农村商业银行股份有限公司作为发起机构，苏州信托有限公司作为受托机构，开办 2014 年信贷资产证券化项目，项目总规模不超过 14.5522 亿元人民币。

8 月 1 日，山东银监局核准宋冲山东省国际信托有限公司副总经理的任职资格，岳增光山东省国际信托有限公司风控总监的任职资格，马文波山东省国际信托有限公司财务总监的任职资格，李晓鹏山东省国际信托有限公司总经理助理的任职资格。

8 月 4 日，中国银监会同意南昌银行股份有限公司作为发起机构，华润深国投信托有限公司作为受托机构，中央国债登记结算有限责任公司作为证券登记、托管、结算机构，开办洪元 2014 年第一期信贷资产证券化项目，项目总规模不超过 15.945 亿元人民币。

8 月 5 日，中国银监会同意天津滨海农村商业银行股份有限公司作为发起机构，天津信托有限责任公司作为受托机构，开办 2014 年第一期信贷资产证券化项目，项目总规模不超过 10.39 亿元人民币。

8 月 5 日，交银国际信托有限公司与母行交通银行合作，发行“交银 2014 年第一期信贷资产证券化信托”，发行总规模为 49.089 亿元，系公司首单 ABS 产品。

8 月 6 日，中国银监会同意招商银行作为发起机构华润深国投信托有限公司作为受托机构，中央国债登记结算有限责任公司作为证券登记、托管、结算机构，开办招商银行 2014 年第三期信贷资产证券化项目，项目总规模不超过 94.55 亿元人民币。

8 月 6 日，中国银监会批准兴业国际信托有限公司正式获批受托境外理财业务（QDII）资格。

8 月 7 日，中国银监会核准杨林中国对外经济贸易信托有限公司董事长的任职资格，齐斌中国对外经济贸易信托有限公司副总经理的任职资格，刘燕松中国对外经济贸易信托有限公司副总经理的任职资格，张一冰中国对外经济贸易信托有限公司董事会秘书的任职资格。

8 月 8 日，中国银监会核准彭新中国金谷国际信托有限责任公司董事长的任职资格，元磊中国金谷国际信托有限责任公司副总经理的任职资格，吴杰中国金谷国际信托有限责任公司总经理助理的任职资格。

8 月 8 日，广东粤财信托有限公司作为发行人及受托人、顺德家商行作为委托人的“顺德农商银行 2014 年第一期信贷资产证券化信托”成功发行，这是全国农村中小金融机构首单成功发行的信贷资产支持证券（ABS）。

8 月 11 日，中江国际信托股份有限公司荣获“2013 年南昌市打造核心增长极税收突出贡献奖”。

8 月 12 日，华融国际信托有限责任公司支援云南鲁甸地震灾区抗震救灾以及灾后重建工作，捐款 20 万元。

8 月 13 日，中国银监会批准中国对外经济贸易信托有限公司开办受托境外理财业务（QDII）资格。

8 月 13 日，中国银监会批准东亚银行（中国）有限公司作为发起机构，中信信托有限责任公司作为受托机构，开办东亚中国 2014 年第一期信贷资产证券化项目，项目总规模不超过 10.20252 亿元人民币。

8 月 13 日，江西银监局核准朱武祥中航信托股份有限公司独立董事的任职资格。

8 月 13 日，浙江监管局核准刘鹏万向信托有限公司董事的任职资格。

8 月 14 日，江西银监局核准李鹏中航信托股份有限公司总经理助理的任职资格。

8 月 15 日，深圳银监局核准高菁平安信托有限责任公司副总经理的任职资格。

8 月 19 日，云南银监局核准舒广云南国际信托有限公司董事的任职资格，邓国山云南国际信托有限公司副总裁的任职资格。

8 月 20 日，百瑞信托有限责任公司荣获“2013 年度郑州市金融及企业上市工作先进集体”称号，公司职员张伟、王伟同志荣获“2013 年度郑州市金融及企业上市工作先进个人”称号。

8 月 22 日，中国银监会同意山东省国际信托有限公司将注册资本由 1466666666.67 元人民币增至 2000000000 元人民币。山东省鲁信投资控股集团有限公司出资金额 1260416666.67 元人民币，出资比例为 63.02%；中油资产管理有限公司出资金额 500000000 元人民币，出资比例为 25%；山东省高新技术创业投资有限公司出资金额 125000000 元人民币，出资比例为 6.25%；山东黄金集团有限公司出资金额 45833333.33 元人民币，出资比例为 2.29%；济南市能源投资有限责任公司出资金额 34375000 元人民币，出资比例为 1.72%；潍坊市投资公司出资金额 34375000 元人民币，出资比例为 1.72%。

8 月 22 日，河北省工商行政管理局核准渤海国际信托有限公司关于法定代表人变更，核发新营业执照。

8 月 25 日，紫金信托有限责任公司获上海证券交易所、深圳证券交易所批准参与网下 IPO 申购。

8 月 29 日，浙江银监局核准王永刚万向信托有限公司副总经理、斯伟波万向信托有限公司总经理助理的任职资格。

8 月，华宝信托有限责任公司通过人力资源和社会保障部的企业年金管理资格延续申请，继续成为国内唯一一家拥有“法人受托机构”和“账户管理人”两项资格的公司。

9 月

9 月 4 日，中诚信托有限责任公司信托业务总部信托四部、研究发展部获得中国银监会授予的“银监会系统 2012—2013 年度青年文明号”称号。

9 月 5 日，天津信托有限责任公司累计出资 1094020 元，对良辛庄村、马集村和烧窑盆村三个定点帮扶困难村进行了援助。

9 月 8 日，广东银监局核准丁暖容东莞信托有限公司副董事长的任职资格。

9 月 9 日，万向信托有限公司与浙江省建设投资集团有限公司签署战略合作协议。

9 月 12 日，广东银监局同意广东粤财信托有限公司住所由广州市东风中路 481 号粤财大厦 9 楼、14 楼变更为广州市东风中路 481 号粤财大厦 9 楼、14 楼、40 楼。

9 月 19 日，中国信托业协会发布《中国信托业 2013 年度社会责任报告》。

9 月 22 日，宁波银监局同意昆仑信托有限责任公司由宁波市江东北路 138 号金融大厦 19 楼及 10 楼（部分）迁至宁波市江东区和济街 180 号 1 幢 24 ~ 27 层营业。

9 月 23 日，中国银监会批准厦门国际信托有限公司获得特定目的的信托受托机构（资产证券化）资格。

9 月 23—24 日，中国信托业协会与东方财富网合作开展投资者教育系列活动，走访华鑫信托、民生信托两家信托公司，与信托公司高管进行了座谈交流，并对公司高管进行视频采访。

9 月 24 日，中国信托业协会开展“金融知识进万家宣传月”活动。

9 月 28 日，江苏银监局核准汪瑜苏州信托有限公司副总裁的任职资格。

9 月 28 日，陕西银监局核准王新陕西省国际信托股份有限公司总裁助理的任职资格，王晓雁陕西省国际信托股份有限公司总裁助理的任职资格，孙若鹏陕西省国际信托股份有限公司总裁助理的任职资格，姚卫东陕西省国际信托股份有限公司董事的任职资格。

9 月 30 日，江西银监局核准黄昊中江国际信托股份有限公司副总经理的任职资格。

9 月，中国银监会批准建信信托有限责任公司开办受托境外理财业务（QDII）资格。

9 月，中国信托业协会出版《中国信托业年鉴（2013—2014）》。

9 月，中国信托业协会出版《2011—2013 中国信托业境外培训成果专辑》。

9 月，广东粤财信托有限公司成功获得全国银行间市场同业拆借资格，获准进入全国银行间同业拆借市场，从事同业拆借业务。

9 月，万向信托有限公司与浙江物产集团达成战略合作，共同组建水务产业基金。

10 月

10 月 8 日，中国银监会核准国联信托股份有限公司关于特定目的的信托受托机构资格，作为信贷资产证券化的受托人开展资产证券化业务。

10 月 9 日，中国银监会同意中国民生信托有限公司将注册资本由 10 亿元人民币增至 20 亿元人民币。中国泛海控股集团有限公司出资金额 119300 万元人民币，出资比例为 59.65%；浙江泛海建设投资有限公司出资金额 50000 万元人民币，出资比例为 25.00%；北京首都旅游集团有限责任公司出资金额30000万元人民币，出资比例为15.00%；中国青旅集团公司出资金额400万元人民币，出资比例为0.20%；中国铁道旅行社出资金额200万元人民币，出资比例为0.10%；中国康辉旅行社集团有限责任公司出资金额100万元人民币，出资比例为0.05%。

10月11日，湖北省财政厅持有的交银国际信托有限公司15%股权划转至湖北省交通投资有限公司持有，完成工商变更手续。

10月11日，上海国际信托有限公司“上海信托赢通转让平台”正式上线，完成第一笔线上信托转让交易。

10月14日，中国人民银行上海总部批准云南国际信托有限公司获准进入全国银行间同业拆借市场。

10月15日，经湖北省委组织部、省政府金融办联合评定，方正东亚信托有限责任公司总裁周全锋同志入选“2014年湖北省现代金融业领军人才”。

10月16日，中国人民银行发布《信托业务分类及编码》（JR/T 0106—2014）、《集合资金信托计划文件示范文本》（JR/T 0077—2014）两项行业标准。

10月19日，杭州工商信托股份有限公司向衢州江山市廿八都小学进行助学捐赠。公司委托浙江阳光教育基金会在江山市廿八都小学建造两座“阳光浴室”，建立“杭工信助学专项基金账户”，并与江山市廿八都小学的14名学生结对。

10月23日，湖南省信托有限责任公司与中国长城资产管理公司长沙办事处签署战略合作框架协议。

10月24日，中国银监会同意中国华融资产管理股份有限公司作为发起机构，中融国际信托有限公司作为受托机构，开办华元2014年第二期信贷资产证券化项目，项目总规模不超过28.83亿元人民币。

10月24日，新疆银监局核准马肯·穆哈买提都拉、魏永忠华融国际信托有限责任公司董事的任职资格。

10月28日，中国银监会同意浙江温州龙湾农村商业银行股份有限公司作为发起机构，苏州信托有限公司作为受托机构，开办2014年信贷资产证券化项目，项目总规模不超过4.537亿元人民币。

10月28日，万向信托有限公司荣获“2014中国（杭州）金融产品创新大会”年度大奖——“最佳信托服务奖”。

10月29日，中国银监会批准中融国际信托有限公司从事受托境外理财业务资格。

10月30日，重庆国际信托有限公司在2012—2013年纳税信用等级评定中被评为“A级纳税企业”。

10月，华能贵诚信托有限公司获得贵州省国资委党委年度党建考核三等奖。

10 月，中信信托有限责任公司注册资本金由 12 亿元增至 100 亿元，成为目前国内注册资本金最大的信托公司。

10 月，中信信托有限责任公司与天津市东丽区政府签订协议，建立战略合作关系。

11 月

11 月 3 日，中国银监会同意平安银行股份有限公司作为发起机构，上海国际信托有限公司作为受托机构，中央国债登记结算有限责任公司作为证券登记、托管、结算机构，开办平安银行 2014 年对公信贷资产证券化项目，项目总规模不超过 32.505 亿元人民币。

11 月 3 日，中国人民银行上海总部批准大业信托有限责任公司进入全国银行间同业拆借市场，从事同业拆借业务。

11 月 3 日，安徽国元信托有限责任公司设立的“国元爱心慈善公益信托”正式开始运作，安徽首个公益信托正式运行。

11 月 4 日，中国银监会同意华商银行作为发起机构，中国金谷国际信托有限责任公司作为受托机构，开办华商 2014 年第一期信贷资产证券化项目，总规模不超过 11 亿元。

11 月 4 日，中国银监会同意中国农业发展银行作为发起机构，中信信托有限责任公司作为受托机构，开办 2014 年第一期发元信贷资产证券化项目，项目总规模不超过 33.57 亿元人民币。

11 月 4 日，重庆银监局核准重庆国际信托有限公司股权变更，新疆宝利盛股权投资有限公司受让安徽省皖投融资担保有限责任公司持有的公司 2000 万股权。受让后，新疆宝利盛股权投资有限公司持有公司 2000 万股权，持股比例为 0.82%，安徽省皖投融资担保有限责任公司不再持有公司股权，其他股东的持股情况不变。11 月 18 日完成工商变更登记手续。

11 月 5 日，中国银监会批复同意上海浦东发展银行股份有限公司作为发起机构，昆仑信托有限责任公司作为受托机构，中央国债登记结算有限责任公司作为证券登记、托管、结算机构，开办浦发 2014 年工程机械贷款资产证券化项目，总规模不超过 19.41 亿元人民币。

11 月 5 日，中国银监会同意国家开发银行股份有限公司作为发起机构，中信信托有限责任公司作为受托机构，开办 2014 年第七期开元信贷资产证券化项目，项目总规模不超过 127.7324 亿元人民币。

11 月 11 日，中航信托股份有限公司工会荣获“江西省直机关工会财务工作二等奖”。

11 月 12 日，上海银监局核准袁东生中泰信托有限责任公司独立董事的任职资格。

11 月 14 日，上海国际信托有限公司财富管理总部国金财富中心荣获“2013—2014 年度上海市青年文明号”光荣称号。

11 月 14 日，天津银监局核准王燕滨、包立杰北方国际信托股份有限公司副总经理的任职资格。

11月17日，甘肃银监局核准吴少华、王廷科、陆卫东、梁春满、贾子俊光大兴陇信托有限责任公司董事的任职资格，周小明、苑德军、张萍光大兴陇信托有限责任公司独立董事的任职资格，杨文光大兴陇信托有限责任公司职工董事的任职资格。

11月18日，中国银监会同意汇丰银行（中国）有限公司作为发起机构，交银国际信托有限公司作为受托机构，开办汇元2014年第一期信贷资产证券化项目，项目总规模不超过14亿元人民币。

11月20日，渤海国际信托有限公司在“第七届中国企业社会责任峰会河北分会”上荣膺“河北企业社会责任杰出企业奖”。

11月21日，上海银监局核准俞志龙华宝信托有限责任公司董事的任职资格。

11月21日，上海银监局核准穆瞳中泰信托有限责任公司董事的任职资格。

11月27日，国家外汇管理局批准中融国际信托有限公司境外投资额度。

11月27日，大连银监局核准刘建春华信信托股份有限公司副总裁的任职资格。

11月27日，新疆银监局核准李中南华融国际信托有限责任公司副总经理的任职资格。

11月28日，中国银监会同意中国进出口银行作为发起机构，中国金谷国际信托有限责任公司作为受托机构，开办进元2014年第一期信贷资产证券化项目，总规模不超过19.49亿元。

11月，中国信托业协会出版《2014年中国信托业专题研究报告》。

11月，中信信托有限责任公司与黑龙江省兰西县人民政府、黑龙江省农业科学院签约，共建兰西土地信托化综合改革试验区。同时，中信信托旗下的中信信诚资产管理公司签约控股哈尔滨谷物交易所。本次土地信托化综合改革涉及土地面积约300万亩，为目前中国最大的土地流转信托。

12月

12月1日，中国银监会核准张金顺平安信托有限责任公司董事长的任职资格。

12月1日，北京国际信托有限公司与北京首发集团签署战略合作协议。

12月2日，河南银监局同意中原信托有限公司注册资本由15亿元人民币增至25亿元人民币，增资完成后，河南投资集团有限公司出资金额121048.25万元，出资比例为48.42%，河南中原高速公路股份有限公司出资金额83194.71万元，出资比例为33.28%，河南盛润控股集团有限公司出资金额45757.04万元，出资比例为18.30%。

12月4日，中国银监会核准紫金信托有限责任公司特定目的信托受托机构资格，负责管理特定目的信托财产并发行资产支持证券。

12 月 4 日，陕西银监局核准黄海涛长安国际信托股份有限公司副总裁的任职资格。

12 月 4 日，陕西银监局批准长安国际信托股份有限公司股东名称变更事宜，公司第七大股东的股东名称由“西安电视台”变更为“西安广播电视台”。

12 月 7 日，新疆自治区精神文明建设指导委员会授予华融国际信托有限责任公司 2014 年度新疆自治区“精神文明单位”称号。

12 月 8 日，深圳银监局核准曲毅民、杨世成平安信托有限责任公司独立董事的任职资格。

12 月 9 日，中国银监会核准湖南省信托有限责任公司刘格辉总裁的任职资格。

12 月 9 日，中国人民银行上海总部同意方正东亚信托有限责任公司在全国银行间同业拆借市场中的同业拆借最高拆入、拆出资金限额由 2 亿元上调为 4 亿元。

12 月 9 日，上海银监局同意华宝信托有限责任公司变更注册资本由 20 亿元人民币（含 1500 万美元）增至 37.44 亿元人民币（含 1500 万美元），股权结构保持不变。

12 月 9 日，上海银监局核准范华华澳国际信托有限公司副总经理的任职资格，核准高杰华澳国际信托有限公司首席风控官的任职资格。

12 月 9 日，中国人民银行上海总部同意山东省国际信托有限公司进入全国银行间同业拆借市场，从事同业拆借业务。

12 月 10 日，浙江银监局核准中建投信托有限责任公司新增杭州市教工路 18 号世贸丽晶城欧美中心 1 号楼（A 座）1 层 C 区 103、105 室为公司住所，公司住所变更为浙江省杭州市教工路 18 号世贸丽晶城欧美中心 1 号楼（A 座）18 ~ 19 层 C 区、D 区及 1 层 C 区 103 室、105 室。

12 月 11 日，中国银监会核准李长旭华鑫国际信托有限公司董事长的任职资格，金树成华鑫国际信托有限公司董事、副总经理的任职资格。

12 月 11 日，华融国际信托有限责任公司积极履行社会责任，为援建华融湘西民族学校捐款 40 万元。

12 月 15 日，中国银监会核准方正东亚信托有限责任公司特定目的信托受托机构资格，同意开展资产证券化业务。

12 月 15 日，厦门银监局同意厦门国际信托有限公司由厦门市思明区湖滨北路莲滨里 8 号迁址到厦门市思明区展鸿路 82 号厦门金融中心大厦 39 ~ 42 层。

12 月 16 日，中国银监会同意陆家嘴国际信托有限公司注册资本 10.68 亿元增至 30 亿元，增资后公司股东构成为上海陆家嘴金融发展有限公司、青岛国信金融控股有限公司、青岛国信发展（集团）有限责任公司，出资比例分别为 71.606%、18.282%、10.112%。12 月 23 日，公司完成增资验资及工商变更等变更手续。

12 月 16 日，河北省工商行政管理局核准渤海国际信托有限公司股权结构工商变更登记，变更后，海航资本集团有限公司持有公司 60.22% 股权，中国新华航空集团有限公司持有公司

39.78%股权。同时，公司成立日期更正为1983年12月9日。

12月17日，四川监管局同意四川信托有限公司通过原股东以现金方式同比例新增出资，将注册资本金由200000万元人民币增至250000万元人民币，公司股东的出资比例保持不变，公司章程作相应修改。

12月17日，兴业国际信托有限公司成功推出“藏珑一号”首单家族信托。

12月18日，新疆银监局同意华融国际信托有限责任公司控股股东中国华融资产管理股份有限公司以货币资金出资方式向华融国际信托有限责任公司增加注册资本46511.63万元。12月29日，华融国际信托有限责任公司完成工商登记变更手续，注册资本由151777万元增至198288.63万元。股本结构为：中国华融资产管理股份有限公司194492.67万元，持股比例为98.09%；新疆凯迪投资有限责任公司2245万元，持股比例为1.13%；新疆恒合投资股份有限公司1550.96万元，持股比例为0.78%。

12月18日，国投泰康信托有限公司自编、自导、自演的微电影《梦的色彩》荣获全国总工会宣传教育部与国务院国资委新闻中心联合举办的“中国梦·劳动美·幸福路”全国微电影大赛故事片最佳创意金奖第一名。

12月19日，中国银监会核准安信信托股份有限公司增加注册资本及调整股权结构，同意公司注册资本由454109778元人民币增至707955931元人民币，增资后，上海国之杰投资发展有限公司对公司的持股数量为403516825股，持股比例为57%。

12月19—20日，中国信托业协会召开以“新常态、新机制、新发展”为主题的信托业年会。

12月19日，中国信托业保障基金有限责任公司（简称“信托保障基金公司”）在2014中国信托业年会上宣布成立，协会参股成为股东。

12月19日，山东省国际信托有限公司被山东省财政厅评为全省地方金融企业绩效评价AAA级。

12月19日，中诚信托有限责任公司王梅同志获得中国银监会党委授予的“银监会系统青年岗位能手”称号。

12月20日，中航信托股份有限公司获2013年度“全省社会治安综合治理目标管理先进单位”称号。

12月22日，中航信托股份有限公司与保利投资控股有限公司签署合作备忘录。

12月23日，中国信托业协会出版《2012年信托公司风险案例分析报告》。

12月23日，浙江银监局核准谭硕中建投信托有限责任公司总经理助理的任职资格。

12月24日，厦门银监局同意厦门国际信托有限公司注册资本由16亿元人民币（含1500万美元）增至23亿元人民币（含1500万美元），3家股东按股权比例进行增资，股权结构保持不变。

12 月 24 日，万向信托有限公司与绿城集团签署全面战略合作协议。

12 月 26 日，长安国际信托股份有限公司被中国人民银行西安分行授予“2014 年陕西省金融统计数据质量年活动先进单位”荣誉称号，论文《金融创新对我国货币统计的影响》被评选为一等奖。

12 月 26 日，中原信托有限公司与中原银行签署战略合作协议。

12 月 30 日，中国银监会核准袁护平华融国际信托有限责任公司董事长的任职资格。

12 月 30 日，安徽国元信托有限责任公司荣获“2014 年度安徽省卫生先进单位”荣誉称号。

12 月 30 日，长安国际信托股份有限公司被中国人民银行西安分行营业管理部授予“2014 年西安市金融统计工作先进单位一等奖”，胡伟同志获“优秀统计人员”称号。

12 月 30 日，中原信托有限公司黄曰珉董事长荣获 2014“河南十大经济人物”称号。

12 月 31 日，内蒙古银监局核准洪军新时代信托股份有限公司副总裁的任职资格。

12 月，苏州信托有限公司“苏信理财”荣获苏州“年度最佳理财品牌”。

12 月，中信信托有限责任公司与四川晚霞合作推出中国第一只养老信托。

12 月，中信信托有限责任公司推出“中信宝”消费信托互联网平台，四川晚霞、中颐信、星美文化、凯撒旅游、中国黄金、中信出版、海尔电器、中兴九城、北大附属实验学校等合作方共同签署产业战略合作协议。

2014 年，中国信托业协会分别在北京和上海两地成功举办 19 期信托行业全员培训班，培训学员 1842 人，1649 人通过考试并取得全员培训合格证书，通过率为 91%。

媒体报道

步入“成熟期”的信托业如何转型

（载《金融时报》2014 年 1 月 27 日）

主持人：金立新

特邀嘉宾：方正东亚信托研究发展部总经理杨帆

中铁信托博士后工作站创新实践基地管理办公室主任陈建超

年末各种会议和消息纷繁芜杂，令大家应接不暇，人人都在揣测文字背后的政策意图。“影子银行”、“监管套利”、“资金池”等关键词逐渐由从业人员之间“不能说的秘密”变成了监管层特意关注的对象。应时代而生的新兴行业在前期都会经历飞速扩张、野蛮生长的“成长期”，期间供给者迅速填满市场需求，紧接着便面临竞争激烈的“成熟期”。与此同时，每一个非市场化的角落都会孕育某些特定的产业，或者已有产业发挥某些特定的功能。对信托行业来说，在利率非市场化和具有垄断性质的房地产行业的共同作用下，信托行业作为突破口瞬间释放了被压抑的金融需求，一举超过券商、基金和保险，毫不费力地实现“逆袭”。然而“躺着赚钱的时期”已经过去，如今，阳光照进角落，信托所发挥的直接融资功能不再具有独特性，券商资管和基金子公司都在嗷嗷待哺中。行业管理资产规模飙涨的阶段一去不复返，它需要经历一段低调“成熟”的过程，寻找新的市场需求契合点，华丽转身。信托行业经历了形成期、快速成长期，在异常激烈竞争的推动下，步入成熟期。未来信托行业应该如何转型？为此本报记者邀请方正东亚信托研究发展部总经理杨帆和中铁信托博士后工作站创新实践基地管理办公室主任、研发部负责人陈建超就此话题进行探讨。

主持人：信托公司转型谈了很多年了，但对于传统业务的依赖可能让信托公司很难割舍，对此您怎么看？

杨帆：信托公司未来应以服务实体经济、丰富居民投资渠道为服务导向，从信托功能发挥的质量、效率和功能革新两方面培养核心竞争力。在传统业务方面，信托公司可以进一步探索业务操作的时效性和融资服务质量的提升，体现为业务操作流程的优化、风控制度的完善、产品创新机制的形成。就通道业务而言——也就是不承担兑付风险的业务，既可能是“单一”也可能是“集合”，而且可以说 95% 以上的通道业务都是在为银行服务。银行的需求是通道业务存在的根本原因，而银行需求则源于目前的监管体制和银行传统业务的局限性。从目前来看，混业经营的趋势越加明显，但分业监管的方针仍未变化，那么这将意味着在银行在目前可预测的时期内仍将是受到严格监管和各种指标及指导性考核管理的发展模式，这意味着一段时期内，通道业务仍然有其生存空间。另外，银行业拥有丰富的客户、业务群，其业务发展，反过来往往会促进或促使其需要更强的服务能力，比如服务于其高端客户的家族遗产传承、财富管理以及创新业务等，这些都是银行可以去构想和设计，但需要通道去实施的。虽然说，银行对于通道有着强烈的需求，但是这并不意味着信托是独占性及垄断性的，而且通道多元化的趋势越加明显。首先，是证券业的几大资管平台之间的直接竞争，在费率、服务以及业务范围上大有替代的趋势；其次，是银行资管计划直投的试点开闸，意味着银行本身“去通道化”的步伐已经在加快。因此，信托公司应该在自身的业务操作流程上努力提高。在这种趋势下，如何为银行服务，把银行作为一个特殊的机构纳入正常的业务范围，以个性化的结构安排为这个特殊的机构提供更有效的服务，可以说是信托公司业务质量和效率提高的着力点之一。而这种能力的革新对信托公司来说也是实施转型的基础之一。

陈建超：的确。除上述因素之外，信托公司还应该加强品牌建设。目前传统业务下的经营模式，通过企业背书及高收益吸引客户的时代即将成为过去，而依托于品牌资产的资产管理、财富管理市场的竞争才是未来竞争的关键，品牌将成为投资者选择的重点。

主持人：既然要转型就必须有别于传统业务的业务领域或资金运用模式、引力模式等，您认为信托公司未来创新业务的发展方向是什么？

杨帆：对于创新业务而言，信托公司必须继续提升投资管理能力。作为资管行业的一大分支，无论从哪个角度来说，投资管理能力，具体到投资渠道积累能力、收益甄别能力、风险识别能力、投后管理能力都是信托公司的核心竞争力，而现阶段各信托公司在这几方面的水平还有很大的提升空间，至于资产管理行业其他分支的这类水平也是参差不齐。信托业总是在“银行化”和“去银行化”之间游离，离不开“银行化”的哺育，又在“去银行化”的路上磕磕绊绊。单从资金信托来看，信托公司自主投资管理，是其发挥自身的主观能动性，为投资者设计最佳投资方案，实现投资者效益最大化。所谓投资方案并非投资于单一项目或参与某一信贷活动，而是组合投资计划，包括资产配置、风险对冲等功能。面对超高净值客户，就是准家族信托、“土地信托”、“消费信托”等创新业务令众多信托公司眼花缭乱、心驰神往，但信托需要寻找的并非某一业务种类，而是一种盈利模式。传统的“银行化”信贷业务为信托公司带来丰厚的利润，但信托所谓的“高度灵活性”的优势尚未完全体现出来。

陈建超：信托行业在“去银行化”过程中直销很关键，“影子银行”监管的加强，惯有的营销模式将受到巨大的冲击，直销成为信托公司发展的核心竞争力。因此，通过提升客户满意度和个性化需求服务，提供适应风险与收益匹配的产品成为投资者选择的必然。此外，需要加强研发实力，无论是创新还是转型，或是业务的升级换代，把握政策脉搏，顺应时代发展均需要强大的研发实力。首先，着手对于行业可持续发展及转型等重大课题进行深入研究并摸索切实可行的实施方案，提升信托公司的经营实力；其次，则应该探索解决受制于高成本倒逼下的业务领域局限，通过在监管框架下解决资金成本问题，成为信托公司努力的方向；最后，对实体行业的深刻理解以及对金融工具的精熟使用，并在此基础上提供符合行业发展规律的产品和服务也是信托公司研发的重要课题。还有就是构建强大的人才团队，在转型、升级中作为金融机构发展核心——人的因素不可或缺。无论是哪一个环节，信托公司都需要精细化管理和战略把握，而复合型的人才团队以及梯形的人才结构都为信托公司应对挑战提供了现实基础。

主持人：投资管理能力所涵盖的内容非常广泛，信托公司该如何强化这方面的能力，又该注意些什么呢？

杨帆：信托公司也应量体裁衣发挥优势，在投资渠道积累、收益甄别、风险识别、投后管理等方面寻找自身着力点。比如在投资渠道方面有优势的信托公司，应逐步积累渠道相关信息和历史数据，利用先发优势，为提供差异化资产管理产品做好铺垫。信托每年喊“狼来了”，担心明天还能做什么？其实市场一直在回应我们，一直在给我们机遇。只要企业融资渠道不是被限定为一种，政策没有限制我们不能去提供融资和投资服务，就还是可以有所作为的。

陈建超：信托行业在转型中需注意的是，信托本身不属于“影子银行”的范畴，但是“影子银行”不但涵盖经营机构，还涵盖了金融机构的部分业务，信托公司非标准化理财资金池业务具备了“影子银行”的特征。目前管理层对“影子银行”的规范着重于防范监管套利下的风险传染，因此这应该是信托公司在转型过程中创新方向上的禁区。

《金融时报》记者　金立新

融入主流：信托业务转型方向渐明

（载《金融时报》2014 年 2 月 10 日）

从目前不管是明确发出的还是传闻中的诸多政策里，应该可以领悟到：信托行业转型已经不再是转不转的问题，而应该是怎样成功转型的问题。如果信托公司还抱定传统业务模式，抱着传统的打政策“擦边球”思路，在政策夹缝中去找食，信托的路只能越走越窄。只有将自身的行业特征融入整个中国经济改革发展中，信托才能找到自己的位置。

迷茫似乎是年度之交信托公司的常态，但是 2013—2014 年之交，政策的趋向似乎已经可以打破这种迷茫了。

在日前召开的银监会 2014 年全国银行业监管工作（电视电话）会议中有三处提到了信托：

一是在关于“切实防范和化解金融风险隐患”中有这样一段要求，对于信托业务，要回归信托主业，运用净资本管理约束信贷类业务，不开展非标资金池业务，及时披露产品信息；在“服务产业结构调整”中，要求按照绿色信贷原则，将增量贷款、盘活的存量贷款、资产证券化腾出的贷款和理财、信托、租赁等直接融资工具筹集的资金，优先用于符合国家产业政策和结构调整升级的行业和项目；在“服务金融消费者和投资者”中，要求重点是规范开发风险可控、投资者乐于接受的贵金属、债权收益和理财、信托等产品，充分揭示产品风险，准确划分投资人群，坚持把合适的产品卖给适合的对象，在强调买者自负的前提下，切实承担售卖责任。同时，加强公众教育，强化社会责任，切实保护金融消费者的合法权益。其中，信托公司“不开展非标资金池业务”这一要求最被各家公司所关注。

二是一段时间以来，信托公司“不开展非标资金池业务”早已成为市场关注的焦点。一种看法是，将“信托公司不得开展非标准化理财资金池等具有‘影子银行’特征的业务”理解成“信托公司不能开展资金池业务”，并由此产生恐慌。另一种看法是认为，由于非标资产大多是房地产或类房地产项目，如果“信托公司不得开展非标准化理财资金池等具有“影子银行”特征的业务”，未来信托将不能做房地产或类房地产项目，信托资金池业务的规模和收益率水平将因此受到影响。这是对“利空”信托资金池问题的最普遍看法。

三是要求“信托公司不得开展非标准化理财资金池业务”的目的还是在于“约束信托公司

信贷类业务”。在“2013 年信托年会”上提出的“八点要求”中已经明确要求“要强化对信托公司的资本约束机制，对信托业务要有明晰的资本约束计量方法，要建立资本平仓制度，要有补偿制度”。因此，如果能细致领悟“2013 年信托年会”精神，对于再次提出的“信托公司不得开展非标准化理财资金池等具有影子银行特征的业务”就应该不必感到惊讶了。

事实上，之所以要求信托公司“不开展非标资金池业务”让一些人紧张，其中的原因可能还是在于担心传统业务或者是传统运营模式受到影响。说白了，就是没有做好转型的准备。单纯从具体说法上来看，信托的资金池业务并没有被完全禁止，所禁止的只是“非标准化理财资金池等具有影子银行特征的业务”。即使是非标业务，信托公司一对一形式的非标业务也应该不在禁止之列，这也为信托公司转型留下了一定的时间。但是应该注意的是，信托虽然没有明确包含“影子银行”中，但其业务可能有这样的嫌疑。而这部分业务多是脱离实体经济的同业业务或者是以贷款形式运用的非标业务。

从目前不管是明确发出的还是传闻中的诸多政策里，应该可以领悟到：信托行业转型已经不再是转不转的问题，而应该是怎样成功转型的问题。如果信托公司还抱定传统业务模式，抱着传统的打政策“擦边球”思路，在政策夹缝中“去找食”，信托的路只能越走越窄。只有将自身的行业特征融入整个中国经济改革发展中，信托才能找到自己的位置。而现在，这个方向似乎已经明确。

在银监会 2014 年全国银行业监管工作（电视电话）会议中，也明确提出了信托公司 2014 年的发展方向：一是“服务产业结构调整”，按照绿色信贷原则，将增量贷款、盘活的存量贷款、资产证券化腾出的贷款和理财、信托、租赁等直接融资工具筹集的资金，优先用于符合国家产业政策和结构调整升级的行业和项目；二是“服务金融消费者和投资者”，重点规范开发风险可控、投资者乐于接受的贵金属、债权收益和理财、信托等产品，充分揭示产品风险，准确划分投资人群，坚持把合适的产品卖给适合的对象，在强调买者自负的前提下，切实承担售卖责任。同时，加强公众教育，强化社会责任，切实保护金融消费者的合法权益。从这两点中可以体会到，虽然对于信托行业各种否定的声音不断，但是对于信托这一工具，目前监管层的态度并非是“一棍子打死”，而是希望发挥信托这一工具的作用，解决中国经济发展中遇到的问题。此外，从将信托产品列入“服务金融消费者和投资者”之中可以看到，对于信托这一目前已经被广大投资者认可的投资工具，管理层是认可的。管理层期望看到信托公司明确自身的客户定位，在厘清自身责任的基础上逐渐化解“刚性兑付”。

联系 2013 年信托年会上银监会领导提出的八项要求，在“推动信托公司业务转型”、“运用净资本管理约束信托公司信贷类业务”之外，“信托公司功能定位”、“建立完善信托产品登记信息系统”以及探索信托受益权流转等一系列影响信托行业发展的问题，都已经被管理层关注到，这些问题的解决也应该不是遥遥无期的事情了。

融入主流，这可能不仅是2014年信托公司的业务方向，从政策趋向来看，这也可能是在未来若干年内，信托公司从业务领域到资金运用方式、盈利模式等诸多方面转型的方向。下面的看点，可能就在于实践了。

《金融时报》记者　金立新

从风险项目看：

为什么要将“刚性兑付”进行到底

（载《金融时报》2014 年 2 月 24 日）

事实上，“刚性兑付”被提出，更多的还是对信托风险的忧虑，信托兑付危机是盲目扩张的结果，并不是“刚性兑付”造成的。因此，当前化解信托风险不是打破“刚性兑付”，而是首先把信托规模降下来，让信托公司在经营中始终把握这样一个信念：依靠自己，有多大口吃多少食，“没有金刚钻别揽瓷器活”。

进入 2014 年后信托市场传出的第一个最吸引眼球的消息是：有媒体从信托公司处得到证实，银监会通知，信托项目的项目经理、项目公司、项目部门负责人、股东都要对信托项目负责，实行终身制，就算离职也要负法律责任。媒体称，此举表明监管部门要将“刚性兑付”进行到底。

此外，在 2014 年来临前的最后一刻，中诚信托“诚至金开 1 号”兑付风波已得到初步解决，但仍旧余音未了之时，2014 年 2 月 19 日，吉林信托“吉信松花江 77 号”第五期到期，在前四期已经违约的基础上，这一期也无望按时兑付。几乎同时，“华润信托 · 稳益 6 号（兴拓—三宝 2 期—中银债富）结构化固定收益投资集合资金信托计划”和“华润信托 · 稳益 7 号（兴拓—青骓—中银债富）结构化固定收益投资集合资金信托计划”劣后级投资人均被爆出亏损。

其间，信托能否“刚性兑付”不仅成为信托投资者关注的焦点，在媒体的聚焦之下，更成为了社会关注的焦点。

《信托公司管理办法》第三条明确，信托财产不属于信托公司的固有财产，也不属于信托公司对受益人的负债。这就将信托与银行在机构性质上进行了区别。因此，从这样的角度来说，信托公司并不负有“刚性兑付”的义务。但是，《信托法》也明确，受托人管理信托财产，必须恪尽职守，履行诚实、信用、谨慎、有效管理的义务。对于什么是“恪尽职守，履行诚实、信用、谨慎、有效管理的义务”，到目前为止尚没有明确的说法。因此，在目前发生的信托项目风险中，只要存在兑付危机，就一定会有投资者“闹”。这应该不仅仅是投资者教育的问题，信托公司自身也有问题，如果真的打官司，信托公司并不一定有把握能赢。这也是目前信托公司不敢打破“刚性兑付”的一个主要原因。这一点从最近几个风险项目中可以清楚地看到。

2014 年之前，中诚信托兑付有了结果：由第三方接盘投资者将信托受益权转让给第三方，偿还本金，最后一期利息不再兑付。几乎所有的投资者此前都已签署了委托转让书，同意向接盘投资方转让持有的信托计划项下全部受益权。但仍有投资者认为，委托转让书是一个“霸王条款”，他们将继续追索最后一期利息。这里有投资者素质问题，但是从作为受托人的信托公司角度，对项目的前期尽职调查是否尽职？对大宗商品价格走势是否有一个预判？对融资方的情况是否已经准确了解并向投资者披露？产品设计中优先劣后的设计是否起到了充分保证优先级客户利益的作用？抵（质）押物是否充足？任何一点都可以被投资者拿出来指责受托人没有尽到义务。在吉林信托“吉信松花江 77 号”项目中，有投资人称，购买时是先打款后签合同，甚至购买时产品推介书都没看到，打款多天才拿到信托的合同并在上面签字。且这款产品没有实际抵押物，只有山西福龙煤化有限公司提供连带责任保证，由联盛集团实际控制人邢利斌、李风晓夫妻提供无限连带责任保证。对于华润信托的两个风险产品，有投资者认为，作为销售方的第三方理财公司在推介过程中无完整的风险提示，夸大华润信托以往产品的业绩表现，强调高收益和低风险，在风险揭示上有重大遗漏。稳益 6 号信托产品从成立之时到最终产生巨额亏损并清算，从未对投资人履行信息披露义务，在信托运作期间也从未对投资人披露过信托运营的情况，未在其官网进行过信息披露，导致投资者产生巨额亏损后无法及时补足资金而被强制平仓。同时还有人士对于将高风险的劣后级产品卖给个人客户提出了质疑。

由以上三款风险产品可以看到，投资者教育不是告诉投资者“风险自担”就可以解决的，在投资者教育之前，作为受托人的信托公司首先要自己做到履行诚实、信用、谨慎、有效管理的义务，在恪尽职守方面毫无瑕疵，如此才有资格教育投资者。但是目前，很多信托公司在激励机制上，激励多，约束少，对于信托经理的考核，多是按照做了多少项目来考核，至于项目能否如期按计划结束，在考核中基本没有体现。在这种激励机制下，用一些风控人员的话说，很多信托经理是帮着融资方蒙公司。有信托公司风控人员甚至向记者讲过这样的事情：一个信托项目报上来后，风控人员发现融资企业资料不全，信托经理十几分钟就给补上了。如此哪来的尽职调查？这样的激励机制，至少在信托公司内部管理机制保障上，就没有引导信托经理“恪尽职守，履行诚实、信用、谨慎、有效管理的义务”。也正是因为如此，要求信托项目的项目经理、项目公司、项目部门负责人、股东都要对信托项目负责，实行终身制，是对受托人责任的最好补充。将“刚性兑付”进行到底既是对社会和金融秩序稳定的保护，也是对信托公司的保护。

可以想象，一旦信托“刚性兑付”被打破，投资者风险自担，结果一定是基金、券商资产管理业务、银行理财将紧跟其上。然后，同样“刚性兑付”的债券市场是否也会跟随？这很难说。在自身责任义务没有明确，法律环境、流通机制不完善的情况下，打破“刚性兑付”后，可能出现资产管理规模疯狂扩张以后将风险甩给投资者，再以后的结果可以想象。更要命的是，目前的信托制度并非信托公司独有，类信托的“受托人”机构各式各样，一旦信托“刚性兑付”被打破，所有可能引发的连锁反应更难以想象。

事实上，“刚性兑付”被提出，更多的还是对信托风险的忧虑，但是信托兑付危机是盲目扩张的结果，并不是“刚性兑付”造成的。比如在目前出现的信托风险中，一家注册资本几亿元的公司一单业务就做十几亿元；一家十几亿元注册资本的信托公司，一个项目资金就达几十亿元。抛开自身的管理能力，首先在决定做这一类业务的时候信托公司想到的一定是利润和规模，应该没有考虑到风险。因此，当前化解信托风险不是打破“刚性兑付”，而是首先把信托规模降下来，让信托公司在经营中始终把握这样一个信念：依靠自己，有多大口吃多少食，“没有金刚钻别揽瓷器活”。

《金融时报》记者　金立新

搭好台子：中信信托的“农业阿里帝国”梦

——解密土地流转信托的“中信盈利模式”

（载《金融时报》2014 年 3 月 24 日）

编者按 农业是一个国家的命脉。2014 年的《政府工作报告》提出，促进农业现代化和农村改革发展是2014 年重点工作之一。农业现代化怎么实现？农村如何改革发展？很多地区的很多人在尝试，土地流转信托就是诸多尝试之一。

但是，土地到底该怎么流转？已经尝试的方式很多，但也都曾受到质疑，在质疑现有模式的同时，却没有谁提出一个让所有人满意和放心的模式。土地流转信托也是如此。自从中信信托、北京信托等一批信托公司介入农村土地流转后，这样的质疑就一直没有停歇。土地流转信托能否赚钱？土地的“非农化”和“非粮化”问题如何避免？信托或其他工商企业介入土地流转后，是否会侵害农民的利益？

事实上，在更多的信托公司走上土地流转信托这条路以前，质疑和顾虑是难免的。至于这条路是否走得通，可以先看看走在这条路上的人是怎么想、怎么做的，或许这些想法和做法能消除人们的质疑和顾虑。

2014 年春节后的一个下午，在安徽马鞍山市政府的一个小型会议室里，两队人马面对面而坐：一边是马鞍山市市委书记、两位副市长和市委秘书长；对面是中信信托董事长蒲坚和另外两位高管以及业务团队的人员。另外的一队人马——安徽大平工贸（集团）有限公司董事长魏国平等则坐在两旁。

会议的内容主要是中信信托分别与安徽大平工贸（集团）有限公司签约，中信信托将为安徽大平工贸提供 2. 66 万亩农村土地流转融资等在内的一系列支持。

从新闻的角度，单笔流转面积最大的土地流转信托业务落地已经可以成为一个新闻点了。但是记者了解到，对于中信信托，这仅仅是 1 笔 2000 万元的信托合同。据安徽大平工贸（集团）有限公司（以下简称大平工贸）有关人士介绍，在这一业务中，主营油脂加工、贸易，兼营特种养殖、中药材加工、生态旅游等业务的安徽大平工贸与安徽省马鞍山市含山县近60个行政村签订了土地流转合同，以保证其主业油脂加工原料的品质和来源。合同签订后，按照约定需要首先将第一年应该付给农民的土地使用费用提前支付给农民，在支付了这笔钱后，大平工贸用于生产的资金就紧张了。于是，中信信托为大平工贸提供2000万元的信托资金，同时从大平工贸与马鞍山市含山县近60个行政村签订的土地流转合同中切出一部分作为土地流转信托。

中信信托对这样1笔2000万元的生意如此兴师动众，是否有些异常？

从表面来看，中信信托的每一个土地流转信托项目似乎都不大。2013年10月中信信托推出的安徽宿州土地流转信托项目曾被各方广为关注，但流转土地也仅为5400亩。2014年1月23日，贵州省开阳县政府与中信信托签署战略合作协议，参与流转的土地面积为1000亩。但是记者了解到，目前在湖北、吉林、新疆、内蒙古等十余个省、自治区，中信信托已经进行了土地流转项目的调研与洽谈。中信信托副总经理包学勤透露，到2014年末，中信信托的土地流转信托可能突破10万亩。

但这还仅仅是中信信托土地流转信托版图中的一个方面。

记者了解到，2013年12月，中信信托与拜耳签署了合作备忘录。初期合作项目将在安徽宿州（包括拜耳）建立果树和蔬菜解决方案示范园。同时在安徽马鞍山示范“更多水稻”项目，该项目提供了从种子到收获的全程解决方案，帮助农民获得更高的经济效益。有关人士表示，双方的合作将不断拓展至中信信托在全国范围内的其他土地流转项目，包括在山东青州示范拜耳蔬菜解决方案。双方将以土地流转项目为平台，在农业生产、经营管理、科学技术、产业链构建等方面整合资源，将国际领先的金融服务、农业技术、知识和产品引入中国的农业领域，提升农业现代化水平，提高农民收入，推动中国农业可持续发展。

2014年2月25日，中信信托与天禾农业公司签订协议。双方合作内容包括：双方达成战略合作，以“土地信托化”模式，推动土地规模化、集约化、资本化，为农业发展奠定基础；大力发展订单农业，有效解决“种什么”问题，并为金融支持农业生产实现机制创新和风险管控奠定基础；首创中国“粮食生产供应链生产要素资源集合平台”，并实现线上资源要素交易，线下资源整合服务，全力保障种粮专业户粮食生产；明确公司发展方向，整合粮食生产要素资源，创新打造“中国粮食生产供应链运营管理模式”；创新金融对“粮食生产供应链”全产业链支持新模式，切实解决种粮专业户对农业生产资金需求和银行的风险管控；创建中信天禾新型农业职业经理人商学院，把种粮大户从“传统农民”的角色培养转变成为“现代农业企业家和农场主”，确保粮食生产供应链的体系化和制度化运营。

再联系此前中信信托的一系列动作：2013年12月，中信信托与招商银行正式签约，联手合作推出消费信托。消费信托通过发行信托产品，让投资者购买信托的同时获得消费权益，让投资者和提供消费产品的产业方对接，从而将投资者的理财和消费需求整合起来，达到保护消费者消费、实现消费权益增值的目的。同样是在2013年，中信信托副总经理李峰透露，正在计划与一家物流企业合作。

至此可以依稀看到，在土地流转信托领域，中信信托正在搭一个台子，一手牵着消费终端，一手连着生产终端，然后，让各方的服务机构到台子上唱戏。当然，用这个台子是需要付费的，有了付费方，盈利问题就解决了。

“大家可以看看淘宝是怎么盈利的，我们要做的就是农业生产和消费领域的另一个淘宝。中信信托要做的就是搭好台子，更有效地实现消费者与产业方的对接。比如大平工贸是一家专门生产绿色高档食用油的企业，未来我们的合作可能不仅是为企业提供资金，我们还可以将我们金融企业的信用标签附加在企业商标上，让消费者更放心；我们还可以将他们的产品直接推荐给金融企业的高端客户，这样企业省出的广告费用和渠道建设费用将是非常可观的一个数字。再比如我们与拜耳的合作，拜耳的产品最终到达使用者手中要经过至少四次加价，中信信托大规模开展土地流转信托后，可以把他们介绍给这些拜耳产品的使用者，中间能节省的费用也将是一个巨大的数字。”中信信托董事长蒲坚说。

即使就是在10万亩这个规模的土地上，种子、农药、深加工、物流等服务环节和中间环节所能节省并为中信信托带来的利润会有多大？这就是中信信托在土地流转信托领域的盈利模式，但也仅仅是一些我们能够看见和想到的。未来，只要台子搭好，PE、各类金融衍生产品等，可能随时都会出现。正如QQ出现时没有人能想到余额宝今天的威力，几年前也没有人能把小“企鹅”当回事一样。有了正规的并且具有无限想象空间的盈利模式，还有谁会冒政策风险去改变土地性质搞什么“非粮化”、“非农化”呢？有了这样的盈利模式，谁还会自毁“台子”去算计作为这一盈利模式基础的农民手里的那点“土地使用费”呢？

中信信托正在建设他们的“阿里帝国”，或许很多人没有看清这些，但是许多地方政府和农业生产企业看到了。这也正是中信信托最近在农业领域“火”得要命的原因。

《金融时报》记者　金立新

信托业怎样融合互联网金融优势

（载《金融时报》2014 年 4 月 21 日）

金融机构之间竞争的本质是对金融资源的争夺和配置。互联网金融凭借互联网技术所独有的成本和信息优势改变了传统意义上金融机构获取金融资源和配置金融资源的方式，并已经做到了改变银行业、基金业、证券业、保险业的竞争格局。可以预见，2014 年，互联网金融对传统金融业的冲击将会深化，以往未受到严重冲击的信托业并不必然能够继续独善其身。在技术变革日新月异的今天，信托业需要未雨绸缪，确立自己的差异化竞争优势，并积极融合互联网金融的优势，以应对互联网金融热潮的冲击。

通过观察可以发现，互联网金融目前在资产管理领域取得的成就仅限于公募领域。公募行业的共同特点是投资门槛无限制，产品高度标准化，营销宣传无严格限制。余额宝和理财通是互联网金融在公募基金领域取得成功的典型案例。此外，互联网金融在非资产管理领域的成就也几乎与公募行业的几大特点高度雷同：投资门槛无限制，产品高度标准化，营销宣传无严格限制；佣金宝的兴起代表了互联网金融在证券经纪领域的突破，众安在线成立伊始便明确表示其业务方向主要在网络保险领域；证券经纪领域和网络保险产品销售都符合以上公募行业的特点。

公募、私募领域的投资者交易成本承受能力、信息结构和信息传递效率三个方面存在较大的差异。私募领域的信托业该如何确立自己的核心优势？总体而言，私募领域的信托业既要认真学习互联网金融在节省交易成本和降低信息不对称方面的经验，又要根据私募行业的自身特点来确立自己的核心优势。

一方面，从资源配置能力入手确立自身对金融资源的吸引力。金融机构之间的竞争本质上是对金融资源的争夺和配置。私募行业的特点是其投资者具有较高的门槛限制，营销宣传和渠道建设也面临较严格的监管限制，这就决定了私募行业本质上不可能复制互联网金融在公募领域成功的模式。在这种约束条件下，信托业需要从其他方面确立自身对金融资源的吸引力，以弥补渠道建设和资源获取能力的不足。按照投资者决策公式，净预期收益 =（基本收益 × 风险概率）+ 配置效用 − 交易成本，信托业应着力在“基本收益”、“风险概率”和“配置效用”三个方面取得突破，构建自身的核心优势。

信托制度的一个重要优势便是拥有极强的资源配置能力，能够为投资者提供较强的配置效用。首先，信托制度通过所有者权利的重构，形成了金融资源在不同主体之间的重新配置，而这种配置方式恰恰满足了金融资源拥有者的需求；其次，信托制度通过特殊的权利设计，能够实现金融资源的跨期配置，解决了金融资源代际传承的时间难题；最后，信托制度还可以通过受益权的分层设计满足不同风险收益偏好投资者的需求。此外，我国信托行业投资范围的广阔为其创设富有吸引力的产品奠定了坚实的基础。

拥有独特的资源配置优势是信托业实现第一轮跨越发展的秘诀。我们认为，深入实体经济，精耕产业领域，细作金融服务，运用信托制度进行灵活的产品创新设计，更进一步地提升自己的资源配置能力，将成为信托业实现第二轮跨越式发展的主题。

另一方面，在资产管理端和财富管理端渠道进行精准布局。即使信托业拥有资源配置的独特优势，在面临其他资管行业竞争和互联网金融热潮的冲击下，其资源获取能力的建设也必然不能松懈。资源获取能力的建设包含两个方面：节省交易成本和降低信息不对称。那么，在投资者门槛限制、渠道建设和营销宣传受到严格限制的约束条件下，信托业又该如何实现资源获取能力的突围呢？我们认为，信托业在约束条件下应当以更宽泛的视角分析自身产品的主要覆盖范围，并依据目标客户群体的定位分别布局资产管理和财富管理渠道。信托业的主要目标群体实际上涵盖三部分：一是高净值人士和资金富裕机构；二是金融同业机构；三是优质项目资源方。在明确了目标客户群体的范围后，信托业剩下的工作便是通过加强渠道建设和创新沟通方式降低目标客户群体的交易成本和信息不对称程度，而这个阶段就要考虑如何嫁接和吸纳互联网平台和技术。

笔者建议有两点。一是依据大数据锤炼产品创新的核心竞争力。在大数据时代，人类行为和商业活动的数据采集和信息化传输的成本将会越来越低。信托业在战略制定和业务拓展上不能忽视大数据的便利性和使用价值，例如，房地产信托业务可以成为一种标准化的金融产品。房地产项目的位置、环境、价格以及房地产企业的资质、行为记录等都可以作为标准化的数据传送至某一信息中心，而信托公司只需联网该信息中心即可完成所有前期调查。同样，信托公司可以通过大数据分析设计不同的房地产信托产品，以满足不同风险收益偏好投资者的需求。二是在财富管理端以信息化降低交易成本和信息不对称。在财富管理端的营销拓展上，信托业更不能忽视互联网技术的应用。实际上，最具市场活力的第三方理财机构已经开始应用互联网技术进行客户资源的拓展，以降低交易成本和信息不对称。例如，国内第三方理财机构利得财富2013年专门设立微信市场部，作为其推动移动互联网金融战略的桥头堡，力图打造一个基于移动互联网的高端社交圈。随着技术的应用逐渐成熟，微信支付对理财机构的开放或只是时间问题，这将对传统信托业的营销方式和业务处理方式构成猛烈冲击。信托业应考虑将这种冲击因素转化成动力，借助信息技术提高财富管理端的营销效率。

西南财经大学信托与理财研究所所长、华澳国际信托产业金融研究所高级顾问　翟立宏
西南财经大学信托与理财研究所研究员　付巍伟

防范化解风险和推动转型发展并重

——2014年上半年信托监管动态

（载《金融时报》2014年6月16日）

2014年上半年，对中国信托行业来说充满着变化与挑战。在这半年时间里，监管层出台了多项与信托相关的通知与指导意见，旨在进一步规范行业发展、化解信托公司风险。记者对这些涉及信托行业的监管政策进行了大致的梳理。

在2014年出台的相关文件中，对信托行业影响最大的莫过于银监会4月8日发布的《关于信托公司风险监管的指导意见》（银监办发［2014］99号，以下简称99号文）。文中要求，坚持防范化解风险和推动转型发展并重的原则，全面掌握风险底数，积极研究应对预案，综合运用市场、法律等手段妥善化解风险，维护金融稳定大局；明确信托公司“受人之托、代人理财”的功能定位，培育“卖者尽责、买者自负”的信托文化，推动信托公司业务转型发展，回归本业，将信托公司打造成服务投资者、服务实体经济、服务民生的专业资产管理机构。不难看出，“防风险、促转型”是99号文的监管核心。近一段时间，随着信托兑付风险的逐渐暴露，“刚性兑付”问题成为业内争论的焦点，文件出台后，关于推进“风险处置市场化”一条也成为了各界最为关注的政策之一。此外，限期清理资金池的规定，对信托公司的业务亦产生了强烈冲击，各公司目前也在积极且谨慎地对业务进行调整。

在99号文公布后，银监会紧接着于5月13日发布了《关于99号文的执行细则》，进一步明确监管的标准与力度，再次重申了资金池清理的重要性并提出了三项标准：一是必须尽快推进清理工作，不许拖延，更不许新开展此类业务；二是不搞“一刀切”，而要各家信托公司依据自身实际，“因地制宜、因司制宜”，自主自行制订清理整顿方案；三是不搞“齐步走”，而要各家公司遵循规律，循序渐进，不设统一时间表，不设标准路线图，确保清理整顿工作不引发新的风险。由此能够看出，监管层对清理资金池问题在进行严格规定的同时也给予了一定的缓冲空间。

与99号文同在4月出台的重要监管政策，还有一个就是由中国人民银行、银监会、证监会、保监会、外汇局于24日联合发布的《关于规范金融机构同业业务的通知》（银发［2014］127号）。该文件中对包括同业拆借、同业存款、同业借款、同业代付等在内的同业业务进行了界定和规范，其中特别对买入返售业务进行了规定，包括“金融机构开展买入返售（卖出回购）和同业投资业务，不得接受和提供任何直接或间接、显性或隐性的第三方金融机构信用担保，国家另有规定的除外”以及“买入返售（卖出回购）业务项下的金融资产应当为银行承兑汇票，债券、央票等在银行间市场、证券交易所市场交易的具有合理公允价值和较高流动性的金融资产。卖出回购方不得将业务项下的金融资产从资产负债表转出”。紧随其后，银监会于5月8日发布了《关于规范商业银行同业业务治理的通知》，进一步深入细化五部委对同业业务的规范与整顿目标，促进同业业务健康发展。由于各家信托公司的单一资金信托业务占比较大，通道类业务对信托公司来说又是风险最为集聚的业务类型，而其又主要表现在单一资金信托上，因此，该政策的出台对信托公司的通道业务产生了非常大的冲击。

此外，截至目前，监管层在上半年还发布了两个与信托相关的征求意见稿，一个是保监会在4月22日发布的《关于保险资金投资集合资金信托计划有关事项的通知（征求意见稿）》；另一个是早前银监会于4月9日发布的《关于调整信托公司净资本计算标准有关事项的通知（征求意见稿）》。

在《关于保险资金投资集合资金信托计划有关事项的通知（征求意见稿）》中，监管层对保险机构投资集合资金信托计划包括受托人（信托公司）需具备的资质等细节作出了详细要求，其中第四条“保险资金投资的集合资金信托计划，基础资产限于融资类资产和风险可控的非上市权益类资产。其中，固定收益类的集合资金信托计划，信用等级不得低于国内信用评级机构评定的A级或者相当于A级的信用级别。不得投资单一信托，不得投资基础资产属于国家明令禁止行业或产业的信托计划”的规定，对以后信托公司从事该类业务的资质提出了更高的要求。与此同时，保监会还要求保险机构投资集合资金信托计划存在包括信托公司募集资金未直接投向具体基础资产，存在两层或多层嵌套；信托公司或基础资产所属融资主体与保险机构存在关联关系等七类情况之一的，要在投资后15个工作日内向其报告。

另外，在《关于调整信托公司净资本计算标准有关事项的通知（征求意见稿）》中，最值得关注的是在按照“实质重于形式”原则下，信托公司业务首次被明确划分为了事务管理类（通道类）和非事务管理类（非通道类）两类，对于两类业务的划分也给出了标准，同时在《关于调整信托公司净资本计算标准有关事项的通知（征求意见稿）》中也明确了两类业务中受托人与委托人相应的职责。

随着信托行业规模的持续扩大，潜在风险不断积聚并逐步显露出来。不难看出，上半年新发布的监管政策均围绕着“防范风险、规范发展”这一中心，为发展过热的信托行业“降一降温”，督促信托公司尽早改变不合规的经营方式并向健康、有序的方向发展。

《金融时报》记者　李珮

信托与P2P联姻可行否

（载《金融时报》2014年6月30日）

编者按 在金融混业经营和“大资产管理”时代来临的背景下，信托业与其他金融业态的融合正在不断走向深入，未来跨界运作将越来越常见。就信托而言，其具备横跨货币市场、资本市场、实业市场领域的制度优势，拥有股权、债权以及多种形式灵活的运用方式，既与作为最为重要的金融机构的银行主要提供资金支持及结算支持不同，也与保险提供风险分担机制及社会管理功能存在差异，还与券商、基金提供投行、资产管理业务有所区别。上述特点使其在服务实体经济中更多地体现出一种整合优势，信托可通过自身的制度优势，同时借助与其他金融子行业的联结，为实体经济提供全方位的金融服务，满足实体经济多样化、多层次的深度需求。而且在这个过程中，信托具备充分的主动性。本期信托版就选取部分信托与P2P、保险的“跨界”案例为读者进行深入剖析。

对于信托等机构和P2P合作，目前法律没有明文禁止，还看不出来有何违规之处，但在P2P平台引入中国后，出现了很多颇具中国特色的“创新”，比如被监管层多次表态反对的资金池模式、平台担保模式。

信托，面向百万元净值的“高大上”客户；P2P，借助互联网平台几乎囊括普罗众生。在人们的传统认知中，信托与P2P平台的经营范围、服务人群和业务模式有着天壤之别，相互之间鲜有交叉和融合。随着P2P行业渐成规模，P2P平台与信托等金融机构在财富管理端和资产管理端的合作越来越多，受到业内关注。

合作案例

P2P即“个人对个人”，本质是一类基于互联网技术而成长起来的信息中介，也就是说P2P平台主要是为个人借贷款进行信息服务，收取中介服务费。目前，P2P平台担保融资模式是P2P平台与信托公司合作规模较大的一种模式。根据公开资料可查，与P2P平台展开合作的有中航信托等公司，中航信托主要与宜信公司展开合作。

由中航信托设立的“中航信托·天宜1号宜信小额贷款（信贷12月期）结构化集合资金信托计划”于2013年4月28日正式成立。该信托计划期限为12个月，实际募集资金5280万元，其中优先级4800万元，劣后级480万元，共签订信托合同45份。2014年6月中旬，中航信托在其网站中披露了中航信托·天宜系列宜信小额贷款（宜人贷12月期）结构化集合信托计划月度退出报告。宜信相关负责人告诉记者，月度退出报告是相应的信托份额到期兑付时给投资人的公告，目前项目仍在正常进行中。据其介绍，双方2010年末开始探索合作，2011年初中航正式发行第一只此类信托计划，这几年一直紧密合作。在此次合作中，中航信托从合格投资人处募集资金成立信托计划，通过向小微人群发放小微贷款来盈利；中航信托委托宜信做此类信托计划的信用管理顾问。据了解，宜信目前贷款投向有城市信贷、学生贷款、抵押车贷，助农贷款和小微企业主贷款很快也会加入。

对于与信托公司的合作，宜信公司负责人唐宁在公开场合称，伴随着业务发展，平台上借贷资金的来源不仅限于个人，也可以对接信托、银行等机构，P2P平台把与以信托公司为代表的金融机构的合作称为“T2P”模式，是P2P模式的创新延伸和升级。

合作模式分析

“除了上述P2P平台担保融资模式，信托与P2P合作模式还包括代销信托产品模式。”西南财经大学信托与理财研究所所长翟立宏说，鉴于信托产品的私募属性，信托产品的推介和销售长期以来受到法律和法规的严格限制。根据银监会出台的《信托公司集合资金信托计划管理办法》第八条第二款规定，信托公司推介信托计划时不允许进行公开营销宣传。同时，信托公司的营销体系建设与其他金融行业相比仍相形见绌。所以，长期以来信托产品的销售不得不依赖于银行渠道和第三方理财渠道。

在代销情况下，合作双方各取所需，个别实力雄厚的P2P平台拥有高流量的人气，销售金融产品的能力极强；一些募资困难的信托产品便寻求这些实力雄厚的P2P平台合作以解决销售难题。在这方面，平安陆金所便是代销信托产品的典型案例。陆金所对公业务Lfex的网站上显示，在筹项目涉及信托的有规模为6亿元的“某信托公司矿产企业股权投资项目”、规模为3.54亿元的“某信托公司企业流动资金信托贷款”，期限分别是一年半和三年，预期收益率则分别达9%～9.5%和7.5%～10.4%。

翟立宏分析认为，还有一种模式是有限合伙基金模式，具体操作模式为由P2P平台或者其股东作为普通合伙人发起成立有限合作制基金，普通投资者投资于该有限合伙基金。该有限合伙基金通过汇集大量的资金，便成为集合信托产品的合格投资者。此外，一些风格较为激进的互联网理财机构开始突破法律的界限，开展实质上的信托受益权拆分和流转业务。此类网络理财平台涉足的信托受益权转让已走到了违法的边缘。

合作的内在动因

在分析信托与P2P合作的内在动力时，翟立宏表示，一方面，为了保证足够的流动性，P2P平台一旦内嵌担保和资金池运作，不断地放大借贷规模便成为P2P平台不得已走上的不归路。所以内嵌担保和资金池运作的P2P平台，有着强烈的融资渴求。而没有内嵌担保和资金池运作的P2P平台，为了维持平台对投资者的吸引力，也会主动寻求优质的投资标的与P2P平台嫁接，引入相对高收益的信托产品便成了选择之一。

另一方面，作为资产管理机构的信托公司，对接合格投资者和融资项目是其天然的职能。P2P平台既掌握了大量的投资者资源，又掌握了存在小额借贷需求的借款人资源。P2P平台所掌握的资源并不能直接对接信托公司，但在经过层层包装和P2P平台担保之后，便成为了信托公司合格的投资者和合格投资标的。

翟立宏提出，信托业与P2P平台融合过程中，虽然借助对方的资源扩大了自身的资金来源和投资标的范围，但仍隐藏着三方面的风险，即风险错配和期限错配、融资杠杆被无限放大和法律风险。可以说，当前的合作模式是P2P行业监管缺位时期双方合谋套利的模式，从长远来看，可持续性值得拷问。

未来信托与P2P平台是否还存在着较大的合作空间？翟立宏认为，未来合作的创新模式会层出不穷，但以后的合作创新模式必须克服风险错配和期限错配、融资杠杆放大和违反法律等弊端，基于长远利益，对接各自形成的禀赋和资源，优势互补，共谋发展。

《金融时报》记者　胡萍

信保合作向纵深发展

（载《金融时报》2014 年 6 月 30 日）

如果说险资与信托相互持股是信保合作的初级阶段，那么保险信托则是信保合作应该实现的高层突破了。在这一方面，中信信托走在了前面。记者近日从中信信托了解到，作为家庭信托的延伸，2014 年 5 月面世的与信诚人寿合作推出的定制化产品——保险金信托正在稳步推进中。

险资变信托

“通俗地讲，假如投保人投了 5000 万元的险种，出险后受益人拿到 5000 万元，他可以通过信托代为理财，把赔付的保费变为信托产品，从而使其资产保值增值，这在国外是很成熟的产品。”在谈到保险信托时，中国人民大学信托与基金研究所执行所长邢成说，这是借鉴国外经验的更深层次的产品创新。

据中信信托项目负责人、业务总监刘小军介绍：“保险金信托是指投保人在签订保险合同的同时，将其在保险合同下的权益（主要是保险理赔金）设立信托；一旦发生保险理赔，信托公司将按照投保人事先对保险理赔金的处分和分配意志，长期且高效地管理这笔资金，实现对投保人意志的延续和忠实履行。”

据了解，保险金信托实际上是一款门槛为 3000 万元的保险 + 信托的财富管理产品。在资金运作管理上分两种：一是分期领取方式，资金一直由信诚人寿来运作管理；二是信托化管理领取方式，由中信信托根据委托协议作为保险合同中保险金的受托人，对资金进行管理和分配。

“保险金信托是高附加值的‘事务管理 + 资产管理’的单一信托产品，重点是实现委托人在保险理赔后对受益人如何获取财产的管理意志的延续，而不仅仅是简单的财富增值。”刘小军说：“双方业务跨领域融合，不仅为保险产品实现了更高层次的保障，更为投保人实现长期、个性化诉求和托付提供了强有力的保障，使得保险的家庭财富传承效果更加显著，大幅提升了金融机构对终端金融消费者的服务品质。”

深耕高净值客户

刘小军表示："我们把保险金信托视为一种服务于家庭财富传承需求的高附加值的服务。"因此，此次合作也预示着中信信托与信诚人寿联手挺进高净值市场。据相关数据显示，2013 年末，中国高净值客户（指个人可投资资产为 60 万～600 万元的群体）的人数达 1197 万人，预计 2014 年末人数将达 1401 万人。

可以看到，近期颁布的监管新规不断倡导信托公司往回归本源业务转型。2014 年第一季度，中国的信托业规模已达 11 万亿元，随着中国经济结构的转型和市场竞争的加剧，中国信托业原有外延式的增长已难以长期持续，精耕细作和细分市场是今后的方向。

在业务研发和模式创新方面，行业大佬中信信托一直处于领先位置，其开展的业务切实以委托人权益为出发点，为委托人忠实履行其对财富的管理意志，为委托人进行投资组合、风险控制，实现财富增值，准确把握和回归了"受人之托、代人理财"的信托本源理念。例如，中信信托率先在土地流转信托、消费信托、健康医养产业基金等领域进行探索。在主动事务管理和资产管理方面，中信信托则以家族信托业务为基础进行衍生，推出了"保险金信托"、"专户资金管理信托"等系列业务。

有分析认为，此次双方选择合作保险金信托而非直接由中信信托推出家族信托产品的原因在于，保险金信托中有保障的因素在内，同时将身后保险金作为后续信托计划的资金来源。

信保合作仍将深入

回顾近两年的信保合作，总体表现是热度不断提升，但仍主要集中于资金投资层面。2012 年末，中信信托与泰康人寿完成了业内首笔信保业务合作——泰康人寿出资 9.68 亿元认购"中信·聚信汇金地产基金 1 号集合资金信托计划"优先级信托产品，2014 年，保险金信托第一次在消费终端产品层面实现了保险服务和信托服务的创新融合。刘小军认为，保险金信托是信托产品发展进阶的表现，即从项目出发、到从投资者出发、再到从个人出发的进阶。

信诚人寿方面称，与中信信托的合作只是第一步，未来还将联合中信信托，在终端产品、投资服务、客户共享等领域，实现深入和密切的战略合作，推出一系列产品线，树立其在高净值客户市场的一面旗帜。

中信信托总经理陈一松也对此寄予期望："在集团框架下的两家公司、两个金融业务板块将实现'一加一远大于二'的协同效应。双方期待能为中国的信托业和保险业创造出更具价值的发展路径。"

当前信保合作大势已定，只是保监会此前下发《关于保险资金投资集合资金信托计划有关事项的通知（征求意见稿）》再次对险资投资集合信托进行规范并进行风险预警。业内认为，从短期来看，保险公司落实相关监管要求，可能会调整信托产品投资政策；从长远来看，信保合作空间仍很大。除了在有效防范风险的框架下的常态合作，信保合作开发产品或成为信保合作的新潮流。

《金融时报》记者　胡萍

家族信托在中国：

刚起步　有难度　在探索

（载《金融时报》2014 年 7 月 14 日）

信托业内人士对家族信托有着这样的评价：除非做过家族信托，否则你永远无法知道家族信托的全貌。随着近两年家族信托在我国的萌发，有多少信托机构开展了家族信托，它们做了些什么？家族信托在当下的中国还有哪些短板和掣肘？

记者粗略统计，从 2013 年 1 月至今，推出家族信托产品的信托机构约有 6 家，分别是中信信托、平安信托、外贸信托、北京信托、上海信托、紫金信托，此外还有一些信托机构开展如子女教育信托、公益信托等在内的业务，也表明其在家族信托方面的探索。

具体而言，家族信托产品第一单始自 2013 年 1 月，平安信托发售一款家族信托，总额度为 5000 万元，按照约定，信托委托人将与平安信托共同管理这笔资产，委托人可通过指定继承人为受益人的方式来实现财产继承，收益分配方案根据委托人的要求来执行。2013 年 5 月，外贸信托与招商银行推出家族信托产品，据其介绍，该公司至今签约数量已达到数十单。同样是在 2013 年，北京信托与北京银行合作开展家族信托业务，至今已推出 7 只家业恒昌系列家族信托产品。紫金信托针对 5000 万元资产以上的客户推出“紫金私享”系列信托产品，但目前以单一客户作为主要服务对象，受益人范围涵盖自然人客户的家庭成员，做到了与家族信托的无限接近。相比较而言，中信信托开展家族财富管理的起点较高，除家族信托业务之外，2014 年 1 月其签下首单“家族办公室”合约。不同于单一信托产品，“家族办公室”基于客户家族永续经营的立场，跳出了纯粹家庭理财的范畴，高度专注于客户的全方位、个性化需求，其服务范围涵盖投融资策略组合、法律税务、教育传承、慈善管理、艺术品收藏、定制化旅行等方面。2014 年 5 月，作为中信信托在家族信托基础上的延伸，中信信托和信诚人寿联手，推出国内第一单保险金信托。另外，上海信托 2014 年 4 月成立了名为“家族管理办公室”的部门，主要对接具有家族财富信托需求的客户。

通过上述梳理不难发现，国内推出的家族信托是根据客户的资产情况定制家族信托计划的，主要是以现金的资产形式成立，最低门槛为 3000 万元，部分门槛为 5000 万元。从功能上来看，仍是财富传承及风险隔离。因此在产品设计中，家族信托凸显出以下四个特点：实现财产从委托人到受益人的转移；信托财产独立于委托人和受益人；信托财产独立且受益权可附加条件；

受益人享有信托受益权且分配方式可设一次性分配、定期定量分配、临时分配等不同形式。在家族事业传承方面，通过家族信托，财产实现隔离，家族企业抗风险能力增强，建立起“职业经理人＋家族信托”的双效机制。一方面，能干的职业经理人管理着家族企业，企业业绩蒸蒸日上；另一方面，则是继承人虽不经营家族企业却依然生活无忧。另外，由于信托财产独立，具有保密性，通过信托控制上市公司股权也可有效保护股东隐私。

应该说，信托公司扩展家族信托的信心主要源于巨大的财富市场增量。一项经常被引用的数据来自招商银行与贝恩公司联合推出的《2013 年中国私人银行财富报告》，报告预测中国内地可投资资产规模 1000 万元以上的高净值人群在 2013 年末将达到 84 万人，对应的财富规模将达 27 万亿元人民币。另外一种信心来自国际经验，家族信托是在境外广泛流行的家族资产管理形式，大众所熟知的洛克菲勒、杜邦等家族都借助家族信托使财富世代相传。更进一步而言，“探索家族财富管理，为客户量身定制资产管理方案”也是监管层鼓励并有意推动的信托转型方向之一。

但是，目前在我国开展家族信托尚有几处短板。正如业内人士所分析的那样，《信托法》规定，需要交付信托管理的财产必须先办理“信托登记”，以此确保信托资产的法律安全。但与海外很多国家和地区的过户流程清晰、涉及税费明确的信托登记制度相比，目前国内实行的信托登记制度中尚无对信托财产（如不动产）的过户、税费征收等方面的规则，诸多涉及财产登记的具体细则并不明确。另外，我国将公示作为信托生效的要件，即委托人将财产“装进”信托计划时除要办理信托登记手续外，还要进行公示，这在一定程度上可能会引起高净值人士的不安。而在境外，为了保护委托人及受益人的隐私，信托计划的生效要件无须包括公示环节。

还有些处于观望状态的信托公司表示，国内高净值人群的财富管理教育有待进一步深入，大部分高净值人群对把财富交给第三方机构去管理还存在疑虑。在机构选择上，实力强、口碑好的大型信托公司往往更有优势。

事实上，路是要一步一步走的，家族信托在我国才刚刚起步，充分发挥出最佳效用还需时日。此外信托公司也当扪心自问，财富来了，你准备好了吗？

《金融时报》记者　胡萍

信托行业步入平稳发展期

（载《金融时报》2014 年 7 月 28 日）

官方数据显示，截至 2014 年第一季度，信托业资产规模增至 11.73 万亿元，同比增长 34.36%，2014 年上半年信托贷款增加 4601 亿元，同比少增 7764 亿元；据测算，上半年集合信托产品规模约为 5499.08 亿元。

经历了过去几年的高速发展，尽管信托业各项经营数据仍在不断创出新高，但增速已普遍逐渐放缓，各项指标趋于正常。从中国信托业协会日前发布的《中国信托业发展报告（2013～2014）》（以下简称《报告》）和 2014 年上半年信托业发展数据中可以看出，中国信托业已步入平稳发展期，服务实体经济能力逐步增强。

规模增速趋于放缓

截至 2013 年末，全行业 68 家信托公司受托资产规模达 109071.11 亿元，同比增长 46%，2011 年后首次同比增幅小于 50%。由此可见，尽管行业资产总规模不断刷新历史纪录，但增速已有所放缓。中国信托业协会公布的 2014 年第一季度数据显示，全行业的信托资产规模再创新高，达到了 11.73 万亿元，比年初增长了 0.82 万亿元。

中国信托业协会专职副会长王丽娟在解读《报告》时表示，增速放缓是在经济下行等宏观环境和市场竞争加剧的双重影响下信托业作出调整的一种正常结果，表明信托业发展开始由快速增长进入稳定增长的新阶段，同时也意味着信托业需要加快增长方式的转型与创新。

值得注意的是，从信托资产来源来看，单一资金信托占比在持续增大。《报告》显示，2013 年末，单一资金信托规模达 7.59 万亿元，同比增长 49%，集合资金信托规模 2.7 万亿元，同比增长 44%，管理财产信托规模 0.59 万亿元，同比增长 23%。也就是说，在 2013 年全部信托资产中，单一资金信托占比为 69.62%；集合资金信托占比为 24.90%；财产权信托占比为 5.48%。按信托产品功能来看，2013 年末，融资类信托占比最高达 47.76%，投资类信托与事务管理类信托占比分别为 32.54% 和 19.70%。事务管理类信托占比较 2012 年上升了 4.22 个百分点，而投资类信托与融资类信托占比则分别下降了 3.3 个与 1.11 个百分点。

根据用益信托网的统计数据，集合信托产品在2014年上半年共发行4105个，规模为5499.08亿元。其中，货款类发行851个，规模1575.24亿元，占上半年集合信托总规模的28.65%；股权类228个，规模658.97亿元，占比为11.98%；权益类1117个，规模1514.96亿元，占比为27.55%；证券类804个，规模316.98亿元，占比为5.76%；组合运用类460个，规模536.71亿元，占比为9.76%；其他投资类645个，规模896.22亿元，占比为16.30%。

服务实体经济力度增强

“金融服务实体经济”是近一个时期金融工作的本质要求。《报告》表明，2013年，信托业总资产规模的78.27%投向实体经济领域，对舒缓宏观经济的周期性波动发挥了重要的作用。

《报告》显示，2013年，从资金信托的投向来看，工商企业成为信托资产的第一大配置领域，占比为28.14%；第二大领域为基础产业，占比为25.25%；第三大领域为金融机构，占比为12.00%；第四大领域为证券市场，占比为10.35%；第五大领域为房地产，占比为10.03%；其他占比为14.23%。中国信托业协会公布的2014年第一季度数据显示，工商企业与基础产业资产投向占比延续了2013年的水平，两大领域依旧占比超过了50%。

2013年，信托投向于各实体经济领域的资产均有明显的提高。根据《报告》中披露的信托支持实体经济的行业投向资产余额情况分析，信托资产余额投向于批发和零售业的同比增幅最大，达到了111.18%；投向于建筑业、租赁和商务服务业、水利环境和公共设施管理业的同比增幅均超过了60%，分别达78.22%、66.80%和65.24%；而住宿和餐饮业、房地产业的增幅超过了50%，分别为54.32%、52.75%。共有40家信托公司在2013年支持了6377家中小微企业发展，与多方合作开展了3950个项目，提供了超过7710.41亿元的资金支持。可以看出，信托公司服务实体经济的力度正不断增强。

那么2014年上半年的情况如何？根据用益信托网的统计数据，在2014年上半年发行的集合信托中，基础产业类信托产品共717个，规模1149.12亿元，占上半年集合信托总规模的20.90%；房地产类信托产品共661个，规模1533.55亿元，占比为27.89%；工商企业类信托产品共537个，规模769.18亿元，占比为13.99%；金融类信托产品共1264个，912.74亿元，占比为16.60%；其他投向类产品926个，规模1134.48亿元，占比为20.63%

经营业绩稳中有升

《报告》显示，2013年全行业68家信托公司共实现经营收入832.6亿元，同比增长30.43%。其中，信托业务收入占比达73.44%，同比略减0.48个百分点。全行业实现利润总额

568.61 亿元，同比增长 28.82%；实现人均利润 305.65 万元，同比增长 4.93%；全行业实现的净资产收益率为 22.25%，同比增长 0.53 个百分点。

《报告》认为，我国信托业稳步增长主要归因于两个重要的因素：一是信托制度的灵活性能提供多种金融服务解决方案，满足企业的融资需求和居民理财需求；二是我国经济长期高速增长，居民理财需求旺盛，我国理财业务市场仍处于迅速发展阶段。

从季度数据来看，中国信托业协会公布的近 5 年第一季度数据显示，2011 年第一季度信托行业实现经营收入 70.67 亿元，同比增长 82.14%；2012 年第一季度行业实现经营收入 106.17 亿元，同比增长 50.23%；2013 年第一季度实现经营收入 152.41 亿元，同比增长 43.55%；2014 年一季度实现经营收入 178.65 亿元，同比增长 17.22%。能够看出，尽管信托行业的经营收入年年创新高，但与资产规模情况相比，其增长速度已明显放缓。

《金融时报》记者　李珮

破解监管立法冲突成难题

我国亟须出台信托业法

（载《金融时报》2014 年 8 月 11 日）

《信托法》：当前实际中适用隐晦不清，缺乏对信托业监督管理的规定。《银行业监督管理法》明确了银监会监管信托公司的法定地位，但主要规范的是银行业，而不是信托公司。信托业法标明信托业应有的市场地位，确认信托业的混业发展方向，引导信托业务的交易模式。

泛资管时代呼吁信托业法

在信托高速发展的当下，行业暴露出的问题及潜藏的危机凸显。信托长远发展是否需要专门的信托业法来规范，业界争论较多。记者日前采访了中国社会科学院法学研究所经济法室主任席月民。他认为信托业法的缺位已经危及我国信托行业的稳定与可持续发展，需要信托业监管改革与立法同步推进。

记者：您一直呼吁制定信托业法，出发点是什么？

席月民：《信托法》颁行 13 年来，目前我国信托业已经在金融理财市场上大步迈入混业经营的大信托时代。在分业监管体制下，信托业的发展备受诟病，如何破解现行相关监管立法冲突已成为现实难题。当前我国信托公司管理的资产规模已超过 11 万亿元，高出了保险和基金行业的资产管理规模。然而，规模繁荣只是表象，信托业高速增长的背后潜藏着巨大的信托兑付危机。与国际信托市场相比，信托业法的缺位已经危及我国信托行业的稳定与可持续发展，市场竞争的无序化、政出多门、多头监管成为当前制约信托业稳健发展的突出问题，进而形成与金融分业监管体制之间难以克服的深层次矛盾。如何兼顾效率与安全，需要信托业监管改革与立法同步推进。

记者：您提到监管改革与立法同步推进，这二者对信托业长远发展有何影响？

席月民：当前制约我国信托业发展的关键因素，已不单纯是微观层面上的经营问题，而是宏观层面上的监管体制和监管法律制度问题。信托业监管是金融业监管的有机组成部分，其监管范围同样涵盖信托市场准入、业务经营活动以及市场退出等诸多方面。就信托业而言，信托业法的长期缺位使监管目标不够明晰统一，多头立法浪费了有限的立法资源，降低了监管效率。

记者：随着泛资管时代的来临，信托业法缺位逐渐暴露出什么问题？

席月民：首先，监管制度供给不够充分和完善。我国2001年颁布的《信托法》自身缺乏对信托业的具体规定，即缺乏对信托业监督管理的规定。《银行业监督管理法》虽然明确了银监会监管信托公司的法定地位，但其内容主要规范的是银行业，而不是信托公司。信托业需要信托业法标明应有的市场地位，信托业混业经营的发展方向需要信托业法确认，信托业务的真正开展需要信托业法引导交易模式。这些年来，金融理财市场已成为信托市场的有机组成部分，但有些领域监管法律尚有空白，比如公司型基金和私募型基金都缺乏明确的法律地位，《证券投资基金法》虽在修改中增加了相关规定，但其适用范围有限，并未从根本上使其得到应有的系统性规制，一些资产管理公司、证券咨询公司的理财业务同样存在该问题，因监管制度空白所导致的监管盲区正随着不断进行的金融创新而扩大。

其次，监管标准政出多门，造成各类金融机构竞争条件事实上的不平等。目前，银监会、证监会和保监会均有权监管金融理财市场，这就意味着信托业监管权实际上由三家监管机构分享，从而造成相应的监管规则多由行业监管部门单独制定，而相应的监管要求却并不完全相同。此外，在税收、利率（收益率）、破产清偿财产处置、会计制度等多个方面同样存在差异。另外，信托业务分类也不统一。监管部门准确了解监管信息是审慎监管的重要保证，而监管信息的获得有赖于科学统一的业务分类方法。信托公司所从事的金融业务分类目前没有权威的方法，监管机构、信托公司、社会中介机构各有其标准，其他金融机构在从事理财业务中也存在类似问题，给金融统计和金融监管带来直接的不利影响。

再次，机构监管方法难以适应现实需求。简单地讲，机构监管就是将金融机构的全部监管事项交由一个监管机构或几个监管机构负责。这种监管方法适应于分业经营和分业监管，通常要求将一个金融机构的所有业务作为一个整体进行监督检查，使监管机构能够超越某类具体业务而评估整个金融机构的风险和管理，并从整体上考虑采取适当的监管措施解决不同业务领域所出现的问题，一般不会留下监管漏洞，也会避免重复监管。但与此同时，该类监管方法会产生相应的弊端，即可能形成同类业务因金融机构不同而按不同标准进行监管，造成监管差别，不利于公平竞争。另外，由于新业务的增长，在新业务与传统业务之间其监管方法和监管理念也相差甚远，监管机构可能会因不擅长对新业务的监管而使监管效率受到影响。由于信托业已经不再局限于信托公司，因此机构监管方法已经明显不适应这种变化，差别监管在市场上正不断制造出越来越多的不公平竞争，参差不齐的市场准入制度也在快速集聚信托风险。

最后，信托文化观念不够普及，法律适用陷入尴尬。“信托”一词之所以能从英美法系走入大陆法系，并非依托于以信托命名的机构或行业，而是依托于“基于信任而托付”的制度安排。这种制度安排之所以能被许多国家认可和接受，最根本的原因在于信托的功能优势。将信托的认识与理解仅仅停留在行业层面或机构层面，既不利于民事信托的勃兴，也不利于营业信托的监管。就信托与理财而言，二者有高度统一的一面，理财对专业性知识、技能及硬件设施的依赖性同样突出了理财服务的“诚信”与“专业”品质。尽管信托公司在我国已经发展了30余年，但我国当前的信托文化观念仍然不够深入，诚信市场土壤的培育仍需假以时日，信托风险的集聚应引起监管机构的警惕。在实践中，《信托法》的适用隐晦不清、有法不依备受诟病。除信托公司明确受《信托法》约束并直接受银监会监管之外，其他各类机构均刻意回避或模糊其理财业务属于信托范畴的实质，进而导致是否适用《信托法》模糊不清，司法审判遭遇适法上的尴尬。

《金融时报》记者　胡萍

互联网金融给信托业带来“三大提升”

（载《金融时报》2014 年 9 月 22 日）

互联网金融不是互联网和金融业的简单结合，而是在实现安全、移动等网络技术水平上，被用户熟悉接受后，自然而然地为适应新的需求而产生的新模式及新业务，是传统金融行业与互联网精神相结合的新兴领域。其对于信托业的影响可以分成两个层面，第一是对现有营销、风控、业务、管理模式的影响；第二是互联网金融对信托业商业模式的重塑，进而使目前亟待转型的信托行业实现加速转型。

营销能力显著提升

互联网金融的兴起给信托业营销带来了深刻的影响，在现有制度和监管环境下将有效增大客户营销半径，增强客户黏性及增强客户体验度，并实现精准营销。

信托公司通过强化信息系统建设，可以在目前营销物理网点限制的情况下进行营销的延伸。在国家网络速度日益提升，移动智能手机日益普及的状况下，使用移动网络开展购物、消费、理财的需求快速增长，信托借助于互联网金融技术可以实现在信托知识普及和投资者教育的基础上，吸引信托产品的合格投资者，扩大信托公司的营销半径，快速提升信托公司的直销客户数量，促进信托公司直销能力的快速提升。现实中对于直销客户面签的问题，实际上有关部门已通过可视化设备以及电子印章等方式实现等同于柜台面签的效力，甚至于可以防范目前营销人员的道德风险，有利于增强信托公司客户信息的完备性，也有利于信托公司反洗钱的监控。

增强客户黏性及客户体验度。如目前流行的 APP，既可以实现营销客户的精准性，又可以实现与客户的及时沟通和交流，在积分兑换以及客户服务上实现 24 小时无边界服务，极大地提升了客服服务的体验性，增强了客户的黏性。

实现精准营销。同质化的产品竞争激烈，刚性兑付的压力难以承受，信托公司在急迫的转型压力下，迫切需要对投资者进行分类。借助于大数据对客户实现 360 度分析，信托公司可深刻分析和寻找客户的真实需求，具体而言，一方面可根据客户需求量身定制产品，另一方面则可以实现现有产品向风险能力匹配的客户直接销售。

加强信托知识普及及投资者教育。通过互联网的技术和手段进行信托知识的普及，可对不同类型的信托产品进行解读和分析，帮助广大投资者更好地理解和掌握信托业务模式、信托产品及信托监管政策。同时，借助于互联网，信托知识可直达投资者，帮助投资者树立良好的信托文化及信托投资理念，远离非法集资陷阱。

风险管理能力显著提升

互联网金融的运用对信托业风险管理能力的提升有着巨大的帮助。

强化对现有客户风险的判断。与银行业、证券业、基金业、保险业对于信息系统的大手笔投资不同，信托业的信息系统建设仍很薄弱，在项目信息上线以及智能决策方面存在极大的改进余地。通过信息系统辅助，对客户展开风险判断，将极大地提升信托公司对项目风险的判断能力。在此基础上，信托公司结合自身风险偏好，制定相应的风险准入标准，可以有效实现项目前期的风险判定，避免问题项目带病运行。

风险预警及风险化解。信托公司风险项目暴露并非突然性的集中爆发，而是多种因素下共同导致的结果，在项目风险暴露前会有大量的线索指向，在信息系统建设不完备的情况下，这些风险预警的信息因人工监测而被忽视，造成了信托公司风险化解的被动。通过信息系统的监控，实现即时的风险预警，可以为风险处置赢得足够的时间，一般而言，信托项目大多属于流动性风险，留有足够的处置时间，是完全可以保障项目风险化解的。

风险管控手段的提升。目前，尽管各家信托公司都已建立了较为完备的风险管控体系，但随着竞争的加剧以及转型后业务模式的转化，都需要在风控上适应创新业务的开展，互联网金融的技术支持将从系统、流程、风控手段上保障信托公司成功转型。

经营管理能力显著提升

信托公司面对的竞争对手除了其他信托公司，还包括银行、证券、基金、保险、期货、私募、第三方理财以及各种类型的互联网财富管理机构。

市场竞争格局要求信托公司建立以客户需求为导向的经营管理模式，要求信托公司对客户需求及时把握，以最快的速度推出产品，这无疑将倒逼信托公司高管层不断提高决策速度和效率。目前存在的“信息孤岛”现象难以满足信托公司高管决策的支撑需求，迫切需要互联网金融技术的介入，建立数据仓库，实现智能决策。

项目获取及推广能力的提升。未来的财富管理业务需要信托公司加大对各行业的了解，提升资产配置的能力，这就需要加强信托公司的项目获取能力。借助于互联网金融可以实现网络项目的获取，从而将先前的项目经理拓展延伸到网络拓展，大大提升项目的获取能力，进而有时间和有能力对项目进行仔细筛选。

此外，互联网金融的运用在公司日常的精细化管理等诸多方面也有着极大提升作用。

总体而言，互联网金融对信托公司经营管理、营销及风控提升的影响还不足以说明对信托公司的影响。未来互联网金融将有望对信托公司现有商业模式实现颠覆，从以项目为主导的私募投行和通道业务转向以资产管理为核心内容、客户需求为导向、产品设计为关键的资金驱动模式。

当然，上述情况的发生并非一蹴而就，更多地需要相关制度的建设以及信托公司的不懈努力，未来有望实现从投资类产品的标准化以及个性化产品的模块标准化，到模块标准化下的产品定制化发展，进而实现互联网金融下的信托商业模式的改变。

中铁信托研究发展部负责人、中铁信托博士后创新实践基地管理办公室主任　陈建超竞争成为“新常态”

信托业如何固守与突围

（载《金融时报》2014 年 10 月 20 日）

2012 年下半年以来，随着一系列监管政策的出台，资产管理行业的市场环境正发生巨大变化。外部环境较大不确定性伴随自身转型的探索，信托可谓正进入一种发展“新常态”。如何看待当前所处的环境？信托公司还有哪些优势？记者为此采访了国投信托资产管理总部史琳和万向信托研究中心李元龙博士。

挑战——大资管时代的全面竞合

记者：2012 年以来，证监会、保监会、银监会陆续出台一系列“新政”，主题词就是“放松管制”，允许证券公司、基金公司、保险公司、银行等其他金融同业机构开展与信托公司同质化的资产管理业务，资管行业规模随之快速增长。在这一背景下，信托面临着怎样的挑战？

史琳：在泛资管时代背景下，原来信托独家经营的格局被打破，尤其是事务管理类业务，非银行金融机构都在做，使信托公司面临着更大的竞争压力。而在非标融资类业务方面，与其他金融机构相比，信托仍具有传统优势，其主动管理能力在竞争中也将得到提升。

信托公司在传统业务领域面临的挑战主要来自两个层面。首先，业务层面的挑战。信托业所拥有的制度红利被日益削弱，受到较大冲击的银信合作通道业务，现已借道证券公司和基金子公司广泛开展。由于信托公司对融资类银信合作业务有较高的净资本比例、信托报酬等方面的限制，而证券公司和基金子公司没有上述限制，因此，银信合作通道业务被银证合作、银基合作挤出和取代的现象非常明显。其次，监管层面的挑战。此轮监管新政旨在放松管制和鼓励创新，在监管上赋予了其他资产管理机构更加宽松的监管环境。相比之下，信托公司的监管环境则要严格得多。相比信托公司，其他资产管理机构在业务准入、受益权流动化、净资本管理等方面具有明显的监管优势。

李元龙：挑战主要表现在两个方面。其一是信托业制度红利被蚕食。我国资产管理行业进入一个全面竞合与扩张的大资管时代。所谓“大资管”，站在信托行业的角度来看，表现为其他资产管理机构可以更多地以信托公司经营信托业务的方式来开展业务。综观 30 年中国信托业制度变革与创新的过程，其具有浓厚的强制性制度变迁色彩和显著的路径依赖特征，但与此同时也为信托业的快速发展创造了制度红利。相关监管部门针对资产管理行业的系列新政，导致支撑信托行业快速发展的制度红利进一步被蚕食。其二是行业性的竞争优势弱化。制度红利削弱、金融自由化的改革取向和经济进入下行周期，使信托业很难保持以往的发展速度，现存的主动管理能力不高、业务同质化严重等问题更加凸显。尽管信托公司一直被认为是中国最具创新潜力的金融机构，但是信托公司个体的专业优势和核心能力还不突出，全行业也难以有效发挥竞争优势。信托行业如果不放弃传统的发展模式，就会出现被边缘化的可能。

传统的资管机构放松管制，传统信托业务市场格局只不过是增加了新的竞争者。这是市场经济中每个行业都会面临的问题。相比之下，大数据、互联网金融、新的金融商业模式对信托业的潜在影响更加值得关注。信托业目前高门槛、封闭和线下的服务模式，与低门槛、开放和互联的新金融模式相比，或者即便是与能提供广泛网上服务的银行业相比，都显得非常“古板”。相对“大资管”新政，信托公司看起来也许是少了些自由，但是相对蓬勃发展的新金融模式，建立在集合资金信托计划基础上的监管框架则抑制了信托公司把握新兴的机遇。从长远来看，颠覆性的威胁会来自传统金融的“大资管”之外。

机遇——巨大市场赋予更多想象空间

记者：事实上，“大资管”并不是颠覆性的威胁，信托公司是否更应该清楚自身的优势所在？

史琳：信托公司具有一定程度的先发优势。在非标准化债权融资方面，信托公司积累了多年的经验，具有成熟的业务模式、规范的业务流程、较强的风险管控能力以及较高的运作效率。整个信托行业的发展和监管也相对成熟。

信托公司具有独特的制度优势。虽然其他资产管理机构借监管新政获得了开展类信托业务的资产管理业务资格，但仍无法突破法律层面上金融业“分业经营、分业管理”的制度安排。不管其实质上如何扩展，但形式上还不属于真正法律意义上的信托业务，其受托财产也难以具有信托财产的法律地位，因此投资者也难以获得信托制度下的严密保护。另外，信托公司具有信托本源业务的功能优势。目前其仍然是唯一法定的综合信托经营机构，其他资产管理机构尚不能涉足信托本源业务。

李元龙：“大资管”新政并不会对信托公司的竞争优势产生实质性影响。其他资产管理机构一样也会面临刚性兑付、寻求优质资产和风险管控等压力。既然大家都在统一的市场里，这些都是同样存在的，信托公司显然更有经验，更有口碑，会做得更好些。从这个角度来看，信托业保持严格的监管尺度，增强保障能力，加强规范性，不因市场竞争的加剧而放松品质，本身就是最大的竞争优势，例如，近期紧锣密鼓开展的股东的流动性补充责任、信托业保障基金以及各种监管规范等。其他资管产品相对集合信托计划的竞争优势并不明显。

信托公司的竞争优势还来自信托制度本身的灵活性和想象空间。不断深化的市场化改革和中国经济的持续增长，形成了多元化的利益主体并积聚了巨额的财富，由此催生了巨大的资产管理需求，形成了长期增长的资产管理市场。

当前，我国财富人群所享受的信托服务在数量和种类上都还远低于美国、英国、日本等发达国家的水平，信托完全可以成为投资理财和处理财产性事务的主要手段。信托作为一种金融和法律工具，只要在现实生活中能够发挥信托制度的作用，可以改善社会经济关系，就应该被广泛应用。欧美国家的人均信托服务水平大大高于中国，并不是全由金字塔尖的富人支撑起来的。信托公司在我国经济社会发展中还可以发挥更大的作用。对于这些空间巨大的市场，信托公司仍具有一定的专营性优势。

《金融时报》记者　胡萍

“新常态”下信托业面临三大困境

（载《金融时报》2014 年 10 月 20 日）

在判断当前宏观经济形势时，“新常态”的提法已经被普遍接受。“新常态”是指经济从高速增长向中高速增长换挡，从结构失衡到优化再平衡以及政策方面从总量宽松、粗放刺激转向总量稳定、结构优化。金融方面“新常态”则应该加上“机构监管”向“功能监管”转变。

中国宏观经济的“新常态”保障了国民的长远利益，但却不可避免地要抛弃不少旧的产能、旧的模式和旧的结构。经济“破旧立新”之时必然会损害部分利益群体的利益，包括在旧的模式下发展和繁荣的信托业。“新常态”之下，信托业有必要重新定位，主动抛弃旧的经营模式，为自身生命的延续、发展注入新动力。唯有如此，信托业末日来临般的危机感才能被彻底消除。

经济供给面调整带来的信用风险加剧

目前中国经济结构的现状是供给大于需求，供给面正在进行深度调整，去过剩产能、消化库存已成为许多行业共同面临的问题。供给面调整时，许多不能产生正常现金流的企业会被迫市场出清，衍生和传导了行业风险和区域风险。其中，信托业在过去几年曾经深度介入的房地产业、煤炭业和矿产行业的信用风险尤为严重。不断暴露和扩散的信用风险对于信托业来说是一次生死考验。

在中央政府主动选择供给面调整的宏观政策引导下，信托公司多个类别的主导性传统业务将大幅缩减或被迫终止。例如，在房地产市场趋冷的当下，信托公司所持有的存量房地产项目的资金链风险极易暴露，不宜再扩大房地产业务；中央政府决定剥离地方政府融资平台的融资功能，地方政府债务将被疏导为市政债和 PPP 模式，未来政信信托产品的发行必将大幅缩减。

稳健的货币政策使得信托资产的流动性风险放大

过去信托资产流动性问题的解决依靠信托公司或股东方的资金接盘，但在整体经济风险提升，投资者投资态度谨慎的状态下，过去的接盘方式越来越难以操作。

虽然目前 M_2 已超过 100 万亿元，但货币流通速度的逐年放缓使得总体资产的流动性下降。过去信托资产流动性问题的解决依靠信托公司或股东方的资金接盘，但在整体经济风险提升、投资者投资态度谨慎的状态下，过去的接盘方式越来越难以操作。流动性收缩所造成的信托资产的流动性风险被不断放大。

监管层 2014 年 9 月开始倡议和筹备的信托业保障基金即是解决信托资产流动性问题的举措。流动性问题会大幅提升信托资产成为呆坏账的可能性，而适当的流动性补充可以降低信托资产损失的概率，从而减小信托业的系统性风险。未来，流动性风险依然是信托业面临的最关键的风险。单纯依靠信托业保障基金不可能完全解决这一问题，还需要信托业改造现有的业务模式和盈利模式。

牌照优势几乎消失殆尽

券商和保险公司拥有更丰富的渠道资源，同时券商还拥有公开市场投资优势，保险产品拥有保障性功能。从这方面来看，信托公司的牌照价值甚至劣于其他资产管理机构。

2012 年的资管新政放开了基金子公司的投资范围，使其成为了信托业传统业务的有力竞争者，摊薄了信托业过去所拥有的牌照红利。而 2014 年即将实施的券商资管新政和保险资管新政，则进一步拓宽了券商集合资管和保险资管的投资范围，信托业被拉回到统一的起跑线。不仅如此，这些竞争者未来很可能会借助各自的渠道优势和其他金融功能优势全面赶超信托业。

近期证监会下发的《证券期货经营机构资产管理业务管理办法》（征求意见稿）允许证券公司所有资管计划的投资范围从目前的股票和债券等常规品种扩展至非上市股权、债权等非标业务。借助这一政策红利，券商资管将拥有私募投行牌照，未来券商可以整合内部资源，统一协调公募、私募投行业务。国务院 8 月 13 日公布的保险业“新国十条”中明确“鼓励设立不动产、基础设施、养老等专业保险资产管理机构，允许专业保险资产管理机构设立夹层基金、并购基金、不动产基金等私募基金；稳步推进保险公司设立基金管理公司试点；探索保险机构投资、发起资产证券化产品；探索发展债券信用保险；积极培育另类投资市场”。由此，保险公司不仅可以设立公募基金公司，也可以涉足私募领域以及另类投资市场等。此外，保监会近日向各人身保险公司下发了《关于规范投资连结保险投资账户有关账户的通知》（征求意见稿），开放了投连险可以在限定比例内投资非标资产。

与信托公司相比，券商和保险公司拥有更丰富的渠道资源，同时券商还拥有公开市场投资优势，保险产品拥有保障性功能。从这方面看，信托公司的牌照价值甚至劣于其他资产管理机构。随着监管层逐步认同的“功能监管”的落实，某一类资产管理机构并不存在特殊的牌照红利，监管标准的再平衡和再统一将是大势所趋。

西南财大信托与理财研究所所长、华澳信托产业金融研究所高级顾问　翟立宏

化解慈善信任危机需要推进公益信托

（载《金融时报》2014 年 11 月 17 日）

近几年，以郭美美事件为代表，一系列与慈善机构相关的声誉风险事件相继曝光。这些事件不仅引发公众对于慈善机构内部管理的普遍关注，而且对中国慈善事业发展造成了较大的负面影响。根据国家民政部发布的《2013 年社会服务发展统计公报》，2013 年国内因自然灾害造成的财产损失和人员伤亡的情况较 2012 年更加严重。以“因灾死亡（含失踪）人口”作为灾害损失衡量指标，2013 年为 2284 人，同比大幅增长 49.3%。然而 2013 年民政部门和各类慈善组织接收的社会捐款合计为 566.4 亿元，同比反而下降了 1.1%。

慈善行业与信托行业经营的核心均在于“信用经营”。目前慈善机构遭遇普遍的信任危机，究其原因，既有国内慈善行业发展尚处于幼稚期，行业法律、监管体系不尽完善的外在因素，也有慈善机构自身运作不规范的内在因素。从目前慈善活动开展的实践来看，公众在财产捐赠前端参与多，而对于捐赠财产的使用管理，受助项目实施情况等慈善活动的中端、后端缺乏了解。造成这类问题的本质原因在于捐赠人与慈善机构在慈善活动中尚未形成有效的监督制衡机制，导致捐赠人与慈善机构之间权利失衡，并逐步演变成为公众对于慈善机构的信任度降低。

2001 年颁布实施的《信托法》明确了公益信托在公益事业中的法律地位。借助公益信托，可以有效提升公众在慈善活动中的话语权，加强公众对于慈善活动前端、中端、后端全面的监督，逐步化解慈善行业面临的信任危机。

加强公众对于公益活动的监督权无疑是提升公众话语权的基础。对于公益信托实施监督最基础的方式就是由委托人（捐赠人）直接对公益信托进行监督。《信托法》规定公益信托应当设置信托监察人，由信托监察人作为受益人代表履行对受托机构的监督。信托监察人一般由具备良好社会公信力和履行监察人职责所需专业能力的社会组织或第三方中介机构担任，如紫金信托“厚德系列公益信托计划”选择立信会计师事务所（特殊普通合伙）江苏分所，百瑞信托“郑州慈善公益信托计划”选择郑州市慈善总会作为各自公益信托的监察人。由外部机构对公益信托实施监管也是增强公众监督权的一种重要方式。信托公司作为受托人在开展公益信托过程中不仅要接受银监体系对相关信托事务处理的监管，而且还要接受公益事业管理机构的监管。

通过多种方式综合运用可以有效保障公众对于公益信托的监督权，与此同时，通过公众与受托机构之间的双向交流也可以进一步加强双方之间的信息对称性，提升公众知情权。在公益信托募集阶段，委托人需要和受托人签署书面信托合同。信托合同不仅为委托人提供了公益信托重要信息，而且为委托人后期监督提供了参照依据。公益信托正式成立后，受托机构将会定期出具信托事务管理报告，就信托财产管理运用、捐助项目的实施进度等进行信息披露。除了定期信息披露，当信托事务出现重要变动时，包括信托财产遭受重大损失、捐助项目出现异常情况等都会进行及时信息披露。充分、及时的信息披露帮助委托人及时了解公益信托进展。在公益信托终止阶段，受托机构需要出具清算报告，就信托财产使用情况、剩余信托财产确认、归属进行说明。

此外，导致慈善行业信任危机的另外一个原因是公众主动选择权有限。当慈善机构在管理过程中出现重大失误时，公众只能选择“用脚投票”的方式行使选择权。由于公众主动选择权有限，无法以市场化方式实现慈善机构的优胜劣汰，造成了慈善行业劣币驱逐良币现象越发突出。采用公益信托，委托人不仅可以“用脚投票”，而且可以主动要求变更受托人，行使“用手投票”的主动选择权。

同时在公益信托合同中需要明确约定受托人解任、辞任条件。如果出现受托人在信托事务管理过程中未按照信托合同约定而出现过错等情况，委托人就有权按照合同约定提请公益信托监管机构更换受托人。由监管机构安排新的受托人并监督信托事务交接过程。通过委托人主动行使选择权，实现受托人优胜劣汰，促进公益资源优化配置。

紫金信托有限责任公司研发部总经理助理　薛小峰

适应新常态：

信托布局消费金融

（载《金融时报》2014 年 11 月 17 日）

从中信信托嘉丽泽项目起，将信托嵌入消费，打通投资端与消费端，注重消费权益增值的消费信托逐渐进入公众视野。实践中，越来越多的信托公司依托其制度的灵活性和自由性，将消费金融作为创新业务的新高地。

中航信托研发与产品创新部研究员袁田告诉记者，信托公司在消费金融领域具有充分的想象空间和实际操作空间。例如，在提供个人消费金融服务的供应端，互联网金融以电子商务、P2P 等业务模式逐步渗透进消费金融市场，商业银行、消费金融公司和小贷公司等传统资金供给方格局被打破，客观上丰富了消费金融服务的主体，促进了消费金融服务商产业链的多元化，对于广大消费者来说是实质性的利好消息，同时也给信托公司等非银行金融机构创造了进军消费金融市场的竞争机会，成为丰富消费金融产品和创新消费金融服务的重要力量。

袁田认为，在消费金融领域开展信托业务创新可以围绕消费者和消费需求两条线展开。

其一是精准定位消费者。借助于小微金融能够针对不同消费群体设计多样化金融产品的专业优势，信托可以与小微金融服务商开展广泛的战略合作，发挥优势互补的整合作用。一方面，借助于小微金融服务商对小微金融市场的谙熟了解，可以对消费客户群体清晰细分。例如，设计开发针对工薪族、企业精英、公务员、教师等不同职业群体及收入状况的消费信贷产品，以此为积淀，向信托提供优质的客户资源，使得相应信托产品设计的前端风险可控，同时，小微金融服务商丰富的信贷运营管理经验是信托计划顺利开展的过程和结果保证；另一方面，借助于信托资金募集与资金管理的规范运作能够为小微金融服务商迅速扩大规模，拓展市场，同时也会促进提升小微金融服务商的资本运营管理水平。目前中航信托与宜信、格上等小微金融服务商开展的战略合作即为此种方式的成熟模式。

其二是围绕特定的消费需求开展特定目的的消费信托，尤其是旨在满足居民基本生活需求基础上的享受型、发展型需求，实现特定目的消费与理财的双重效果。迎合大消费时代消费行业细分的趋势，围绕养老、医疗、旅游、助学、继续教育、信息等消费目的设计开发的信托产品，不仅是对消费者特定消费权益的保护和满足，更是对消费行为的引导，对消费服务行业的成长起到间接的资本注入作用。消费信托作为消费金融领域的新业态虽然尚处于孵化与探索阶段，但是其惠及民生、促进结构改革的良好发展前景可望。中航信托正与北京汇晨养老机构合作开发的养老信托即为此种消费信托模式的有益尝试。

在消费金融的产业链上，信托行业可以开拓多元触点，既可以在前端直接开发消费信托产品，也可以在中端通过建立战略合作伙伴的方式与消费服务企业合作，优化消费金融服务，或者在后端通过股权投资入主消费服务企业成为股东，有效参与消费金融业务的主动管理。

信托行业助力消费金融虽然大有可为，但是应以严格的合法合规性为前提，符合银监会99号文关于禁止开展资金池业务的相关规定，确定清晰的资金投向及期限配置并实现规范的资金运用。同时，应加强自身规范，有所为，有所不为，以风险控制与合规运营作为探索创新模式的前提；谨慎履行受托人的受信义务，为受益人谋求最佳利益。

袁田分析认为，对于互联网平台可能引发的运营风险应高度关注，尤其是应对新兴行业的发展及监管动态时刻保持理性清醒，在选择战略合作伙伴方面应履行受托人的谨慎注意义务，做好充分尽职调查，并且坚持合作过程中的持续性管理，做到最大限度地防范风险与最为及时地处置风险。

在满足消费端的需求和投资端的利益方面，信托公司连接两端权益，更应谨慎适当地履行受托人的尽职受信义务。在信托计划成立、实施、清算等全过程中实行动态风险控制，加强信息披露的及时性和有效性。在交易结构设计方面，将满足投资者利益与保障消费者权益有机结合，实现消费信托模式下消费与理财的双重目的。

《金融时报》记者　胡萍

新常态下信托业如何重新定位

（载《金融时报》2014 年 11 月 17 日）

在新常态之下，信托业有必要重新定位自己，主动抛弃旧的经营模式，为自身的延续、发展注入新的动力。结合信托业当前面临的困境，如何对新常态下的信托业进行重新定位，记者采访了西南财经大学信托与理财研究所所长、华澳信托产业金融研究所高级顾问翟立宏。

记者：您在本报 10 月 20 日发表的文章中提到，信托业在新常态之下面临三大困境，其中之一就是牌照优势几乎消失殆尽。您能否从再造商业模式的角度来谈一谈信托重新定位的必要性，新的商业模式是什么？

翟立宏：过去信托业迅猛扩张的基础是政策套利和牌照红利。无论是贡献利润的房地产信托业务、政信信托业务，还是贡献规模的通道业务，信托业都是利用自身的投资范围优势，迎合了国家产业政策限制和银行信贷政策限制所催生的市场需求。而在新常态下，贡献利润的房地产企业面临着深度调整，拿块地就赚钱的日子一去不复返了；政信信托受到政策规范将分化为市政债和 PPP 模式融资；监管标准的统一性将消弭信托行业一向以来的牌照价值。在新常态下，信托业须逐步从旧的盈利模式中抽身，再造新的商业模式。

新的商业模式应当是信托业重新梳理整个经济、金融体系，通过信息生产或者资源重新配置，为客户创造新的价值的商业模式。新的商业模式并不是一开始便可以被设计好的，而是信托业在向经济金融体系深入考察、不断探索中形成的。欲开启新的商业模式，必先重新定位自己。

记者：从细分市场的角度，信托业可能面临怎样的调整？

翟立宏：如上所述，信托业过去占据独特优势的房地产业和地方政府融资平台业务面临重大调整。信托业的持续发展需要重新寻找新的具有优势的细分市场，并在这些细分市场中树立专业品牌形象，赚取垄断利润。我们建议，在寻找新的优势细分市场时，信托业不必拘泥于现有的实体经济的三大产业划分，而应从整个经济金融体系入手，根据自身的特点去寻找属于自己的细分市场。例如，在证券投资方面已建立起核心优势的信托公司可以继续深耕公开市场，通过为私募基金提供综合服务吸引高端个人投资者，进而开发多种类型的适合市场需求的证券投资类金融产品。

这一建议有着扎实的管理理论基础。风靡中外的“定位”理论的核心便是根据竞争对手的位置来确立自身的核心优势。中国金融体系尚不完全，还存在大量的市场机会，使得一批如平安集团那样的全牌照金融机构发展迅速，但对于一般性的金融机构来说，还是要将自己的内部资源进行聚焦和集中才能创造增长的奇迹。

记者：新常态下，信托业如何重新定位？

翟立宏：我的建议有三点。

第一，产业金融服务商。房地产市场未来仍有不少机会，但毕竟代表旧的经济模式。无论从经济结构调整还是从金融体系健康发展的角度考虑，房地产未来都不适宜作为金融体系资金的主要流向。信托业需要深耕实体经济，作为专业的产业金融服务商，应扩大自身可投资的基础资产范围。

包括诺亚财富在内的诸多资产管理机构都认为优质基础资产的获取能力是资产管理机构的核心优势。对于一个尚存在较大发展空间、充满活力的经济体来说，市场上仍有大量的优质基础资产需要被发现。不过，在新的形势下，挖掘优秀基础资产不仅需要细致的调研，还需要新的视角、新的思维和新的服务。以中民投为例，中民投设想未来运用投行的思路将各类产业的基础资产重新分拆和整合，打通产业上下游的议价能力和向金融体系融资的血脉。信托业坐拥“私募投行”和“资产管理”两个利器，培育金融智慧，挖掘基础资产，最终成为产业金融服务商，应该不是难事。

第二，主动资产管理机构。即使信托业能够挖掘到可观的基础资产，但是如果不具备主动资产管理的能力，那么新的商业模式和盈利模式便很难形成，也很难找到属于自己的优势细分市场。主动资产管理的精髓在于“主动”二字，由被动变为主动，意味着信托业从此便有了思想和灵魂，而不是只是依靠房地产等一目了然的融资项目来支撑自身的利润。主动资产管理的思想和灵魂在于主动发现、主动配置和主动服务，从过去“以资产定融资”的操作思路向“募集资金并寻找优质项目”的操作思路转变。这是因为经济结构调整期的优质项目的获取难度加大，竞争也更激烈，主动管理可以节省募资的时间成本和提供融资时的机会成本，最大限度地提高投资效率。

第三，中高端客户综合资产配置平台。虽然信托公司的财富管理中心建设较前几年已有长足的进步，但仍然有相当比例的资金募集需要依靠第三方理财公司和银行渠道。相比信托公司在项目端的成就，信托公司在资金端的成就乏善可陈。造成这一现状的根本原因是信托公司的财富管理中心只是信托产品的销售平台，没有体现其作为“综合资产配置”服务平台的应有作用。中高端客户除了获得高收益的需求，还有教育、医疗和财富传承等多种需求。信托公司的财富管理中心不仅可以提供自身的产品，还可以提供其他金融机构的产品，通过对客户资产配置和组合，满足其生命周期的多种需求。唯有如此，信托公司才能紧紧抓牢中高端客户，而不是只靠所谓的“低风险、高收益”信托产品来吸引客户。

《金融时报》记者　胡萍

信托：财富管理从现在做起

（载《金融时报》2014 年 12 月 1 日）

2014 年 9 月末，信托资产规模达 12.95 万亿元，服务客户数量大幅增长，越来越多的高净值群体开始关注信托。

随着国内居民财富的快速积累和人们理财观念的成熟，信托业已出现私人民事信托，预计包括私人财富管理信托业务在内的民事信托业务将成为一个新的业务蓝海，市场前景良好。

当通货膨胀从专业经济名词演变成一个街谈巷议的公众话题之时，私人财富的积累、安全和传承就成为了不可回避的问题。对普通大众而言，如何选择理财产品，实现资产的保值增值；对企业家而言，如何进行全面财富管理并完成财富传承，如何实现企业资产与个人资产的风险隔离。各种问题接踵而至。

谈及理财，银行、证券、基金、保险等金融工具早已被大多数人所熟知，而信托由于受客户定位高端化、宣传和分支机构设立的限制等因素影响，仅为小众高端客户所了解，更多具有同样财富管理需求的高净值客户对于信托的认识仍比较模糊。究竟信托和其他金融工具相比具有哪些优势？信托在私人财富管理领域能发挥哪些作用？日前，百瑞信托发布《2014 年信托财富管理报告》（以下简称《报告》），通过对大量行业最新数据和案例的收集、整理、分析，从信托的视角简要梳理了我国财富管理市场的情况，并就信托在高净值人士个人资产配置及财富管理中的定位和功能进行了全面阐述。

居民理财需求逐步提升

根据胡润百富排行榜和福布斯中国财富榜单对于中国千万富豪人数的研究，其结论是相同的，即我国高净值人群已经颇具规模，而且处在不断增长的过程中。《报告》认为，目前，中国经济增长速度有所降低，但是依旧保持着较快态势，即便是 6% ~8% 的经济增速，相对于发达经济体也是较快的。稳步增长的经济增长速度，为居民财富的增长提供了有力支持。

从经济与金融相互促进的角度来看，我国仍然存在一定程度的金融抑制，在创业投资、创意企业上市、中小企业融资等诸多方面仍存在较大困难。只有继续发展金融业，促进金融深化，才能进一步发挥金融业对经济发展的推动作用。金融体系的集中快速发展有望形成中国版的金融大爆炸，金融工具的迅速丰富和金融资产的迅速膨胀将导致财富构成发生变化，证券资产、信托资产、保险资产在财富构成中的比例会大幅上升。

《报告》中提出，居民投资渠道多元化进程正在加速。由于存款利率偏低，在通货膨胀率较高的情况下，存款实质上是负利率，越来越多的人意识到必须进行理财。理财的过程就体现为存款占比减少，而证券、信托、基金产品占比增加，国民经济发展会出现证券化、信托化的过程。

理财市场百家争鸣

当前国内财富管理市场发展步伐加快，国内商业银行、私人银行、外资银行、信托公司、证券公司、保险公司、第三方理财机构、PE 基金、公募基金管理公司等，呈现出百家争鸣、百花齐放之势。谁来提供财富管理？谁能发展成为最佳财富管理机构？是银行、证券、保险还是信托，抑或 PE 基金、第三方理财等新兴组织？

《报告》认为，功能主导是市场发展的主线，信托公司有望成为最佳财富管理机构。信托作为一种财产管理制度，核心内容是“受人之托，代人理财”，其中，“理财”处于重要的地位，也是信托公司的核心业务，而“托”则是业务实施的方式。理财可以分为两个层次：一是产品层次，表现为在客户的投资组合中增加一种产品/资产；二是组合层次，表现为统筹管理客户的整个投资组合。

而且信托公司高端财富管理的投资范围非常宽泛，不局限于信托公司自身开发的信托产品，也不局限于银行、保险、股票、债券等产品，还可以引入包括房地产投资基金、私募基金等品种在内的另类投资及客户需要的衍生品，并且可以在地域上做到全球配置，用丰富多样的投资满足高端客户多元化的财富管理需求，根据客户量身定做，实现“一对一”的全方位理财，使客户的单一信托成为真正适合他自己的财富管理方案。

近几年来，信托行业处于快速增长期，2010—2013 年全行业管理的信托资产规模连续突破 3 万亿元、4 万亿元、7 万亿元和 10 万亿元。信托理财产品成为理财市场上的佼佼者，凭借较高的收益率和较好的风险控制为投资者提供了资产保值增值的避风港，在为投资者赢得稳健收益的同时，信托业续写高增长传奇，2014 年 9 月末，信托资产规模达 12. 95 万亿元，服务客户数量大幅增长，越来越多的高净值群体开始关注信托。

信托财富管理前景广阔

与国外信托业以民事信托为主不同，国内信托业近年来开展的信托业多以商事信托为主，全方位的私人财富管理业务尚处于起步阶段，随着国内居民财富的快速积累和人们理财观念的成熟，信托业已出现私人民事信托，预计包括私人财富管理信托业务在内的民事信托业务将成为一个新的业务蓝海，市场前景良好。

百瑞信托的观点认为，借助于制度优势、功能优势和灵活的投融资方式，信托在私人财富管理领域有着广阔的发展前景，信托公司应围绕财富管理，致力于满足客户多方面的复杂财富管理需求，为客户制订出长期的综合性理财规划。从具体业务类型来看，主要可以归纳为三类服务：第一是狭义上的投资理财，侧重于财富的保值增值，目前主要通过信托公司发行集合资金信托计划来满足这一需求；第二是财产传承，满足高净值客户财富的风险隔离和传承需求；第三是公益信托服务，帮助客户更好地实现回馈社会等公益性目标。

《金融时报》记者　胡萍

专家点评三大热点

信托业机制转型与创新有望加速

（载《金融时报》2014 年 12 月 15 日）

全国性信托登记中心的成立对信托公司发展有一定意义。一是对盘活信托市场资产、扩大信托受益权的流转平台具有积极作用，也能有效缓解信托因流动性不足而产生的风险；二是通过全国信托转让平台将非标类资产转为标准化产品，能使产品更加规范，确保基础资产的资金流向，实现信息公开透明；三是将全国信托登记中心设立在自贸区，未来可引入国际信托资产，为借鉴和完善法律法规方面具有指引作用。

信托业保障基金、全国信托登记中心以及信贷资产证券化备案制等三大热点，近期受到市场关注。就上述问题百瑞信托博士后科研工作站研究员从信托从业者的视角对这些热点进行了点评。

热点一：《信托业保障基金管理办法》发布

近日，银监会与财政部共同制定并发布《信托业保障基金管理办法》。而在 11 月 18 日，中融信托大股东经纬纺机的一纸公告也让成立中的信托业保障基金受到关注。公告称，公司子公司中融信托拟以现金 15 亿元参与出资设立中国信托业保障基金有限责任公司。该公司是中国信托业协会拟联合业内各家信托公司根据自愿原则共同出资发起设立的，公司注册资本拟为 100 亿元，公司成立后中融信托持股比例将为 15%。

点评：中国信托业保障基金成立的背景是近年来信托业风险事件有所显现，监管层为稳定金融市场，下定决心设立保障基金。2013 年末，中国银监会主席助理杨家才提出的“八项机制”和 2014 年出台的《关于信托公司风险监管的指导意见》（银监办发［2014］99 号）中都明确要求设立信托行业稳定基金，目的是发挥信托行业合力，消化单体业务及单体机构风险，避免单体机构倒闭给信托行业乃至金融业带来较大负面冲击。

设立中国信托业保障基金对信托公司有一定的影响。一是监管层希望通过设立保障基金，进一步引导信托公司转型，降低融资类业务；二是发挥行业互助功能，明确市场退出机制。通过为信托公司提供临时流动性支持，进行信托公司救助，避免个别机构破产倒闭对整个行业和社会造成的冲击。简而言之，就是用于防范信托行业系统性风险和处置单体信托机构风险；三是风险处置方式由过去常用的行政化手段改为更趋于市场化的管理方式，改变过去单个信托公司倒闭，全行业大整顿的局面。但是，由于信托保障基金的日常运用限于银行存款、购买政府债券、金融债券等低风险、高流动性方式，其投资收益将远低于企业通过信托的融资成本。

热点二：全国信托登记中心有望落户上海

近日银监会已基本敲定首个全国信托登记中心设在上海，并以国家级信托登记平台公司形式落户自贸区。上海信托登记中心有望改制为全国性信托登记公司，并逐步开展信托受益权集中登记、信托合同登记、信托受益权转让及质押融资等业务。

点评：随着信托业的发展壮大，信托资产由于流动性不足、透明度不够，导致风险较大。信托登记制度和信托受益权转让平台缺失，成为制约信托产品流动的重要因素，也影响信托业未来转型。虽然此前各信托公司陆续推出受益权转让平台，比如华宝信托的“流通宝”、中信信托“信惠财富”等，但这些平台的内容往往是限于本公司的业务，受让群体也多是本公司的客户，存在区域性、项目少、交易慢的问题，因此，市场对统一的信托登记转让平台具有强烈诉求。

中国信托业协会最新数据显示，截至2014年第三季度末，我国信托资产规模约12.95万亿元。这意味着，未来68家信托公司近13万亿元信托资产得以在全国信托登记中心盘活，实现受益权转让，缓解流动性难题。

未来全国性信托登记中心的成立对信托公司发展有一定意义。一是对盘活信托市场资产、扩大信托受益权的流转平台具有积极作用，也有效缓解信托因流动性不足而产生的风险；二是通过全国信托转让平台将非标类资产转为标准化产品，能使产品更加规范，确保基础资产的资金流向，实现信息公开透明；三是将全国信托登记中心设立在自贸区，未来可引入国际信托资产，为借鉴和完善法律法规方面具有指引作用。

全国性信托登记中心是信托业发展的必然趋势，但目前基础设施不健全，信托财产登记在缺乏财产登记和公开的信息披露的情况下，信托资产收益权转让较为困难。值得注意的是，由于在规范体系下才能吸引区域性平台和信托公司加入，但目前各信托公司的产品包装、风控水平参差不齐，需要解决诸如信托产品定价、收费标准等众多产品标准化问题，这些问题都值得进一步研究。

热点三：信贷资产证券化备案制正式落地

11月20日，银监会下发《关于信贷资产证券化备案登记工作流程的通知》（银监办便函1092号文），银监会将不再针对证券化产品发行进行逐笔审批，信贷资产证券化业务将由审批制改为业务备案制。

点评：信贷资产证券化由审批制改为备案制的背景是目前融资成本高仍是突出问题，政府希望进一步有针对性地进行缓解，包括增加存贷比指标弹性、运用信贷资产证券化盘活资金存量等措施，以盘活资金支持企业发展和经济结构调整。

2014年以来，银行间信贷资产支持证券的规模已经明显提速。数据显示，截至2014年11月21日，我国资产支持证券存量余额为2320.81亿元，占债券市场存量的0.66%。与美国资本市场30%以上的份额相比，资产证券化业务还存在极大的发展空间。据海通证券测算，如果不考虑新增信贷等因素，保守估算，我国可操作的信贷资产证券化规模约2万亿元。如此庞大的信贷资产证券化规模被盘活以后，势必将极大地促进实体经济转型升级。

信贷资产证券化由审批制改为备案制对信托业发展有一定的意义。一是在备案过程中，由于监管机构不再打开产品“资产包”对基础资产等具体发行方案进行审查，这就要求在备案过程中，信托公司、评级机构等中介针对证券化产品发行方案出具更专业的意见，并承担更多的责任；二是金融机构在完成备案登记后应该尽早完成发行产品，避免3个月后重新备案，这较之前的审批速度可大大加快；三是由信托公司参与的信贷资产证券化有利于商业银行合理配置核心资本，降低商业银行资本消耗，促进实体经济通过资本市场融资。

《金融时报》记者　胡萍

信托支持混合所有制改革的五种方式

（载《金融时报》2014 年 12 月 15 日）

当前，进入新常态的信托业，正面临结构调整，降低风险型的融资类业务占比，提高收费型的投资类业务、投行类业务以及事务管理类业务的比重的任务。而混合所有制改革所蕴含的业务机会，正好与信托业的业务转型方向相契合。业内人士表示，信托参与和支持混合所有制改革至少包括五种方式。

党的十八届三中全会明确提出，“要积极发展混合所有制经济”，“混合所有制是我国基本经济制度的重要实现形式”。各界从不同的利益出发，对“混改”提出了不同的看法。针对发展混合所有制，中铁信托董秘、副总经理陈赤表示，通过构建混合所有制，引入对运营效率有清晰诉求的非公资本进入国有企业，有利于国有企业健全法人治理体系、改进效率；在建立了完善的法人治理结构后，国有企业可以建立完善的中长期激励与约束机制，解决委托代理问题，使管理层和员工与股东的长期利益趋于一致，提高企业活力；多元化吸收社会资金补充资本，有利于国有企业提高财务结构的稳健性，形成风险分担机制，降低风险水平。

众所周知，国有企业在中国经济中占据着核心地位。据财政部公布的数据，2013 年，全国独立核算的国有法人企业 15.6 万户，其中有中央企业 5.2 万户，地方国企 10.4 万户；国有企业资产总额 104.1 万亿元，平均资产负债率为 64.5%；营业总收入 47.1 万亿元；利润总额 2.6 万亿元。截至目前，国有企业在资本市场上也占据着重要的地位，在 A 股市场上国有企业近千家，占公司总家数的 38% 左右，但国有企业的总资产、总股东权益、总收入与总利润占比均超过 60%。陈赤认为，数量庞大的国有企业由于股东缺位，董事会运作不规范、监事会作用不明显，中长期激励和约束机制没有建立等法人治理体系不健全的原因，导致其资产运营效率并不理想，不利于整体经济的提振。

在混合所有制改革中，信托能发挥怎样的作用？陈赤表示，当前，进入新常态的信托业，正面临结构调整，降低风险型的融资类业务占比，提高收费型的投资类业务、投行类业务以及事务管理类业务的比重的任务。而混合所有制改革所蕴含的业务机会，正好与信托业的业务转型方向相契合。他提出，信托参与和支持混合所有制改革至少包括五种方式。

以信托基金方式参与国有企业的成熟项目的股权投资。总体而言，我国尚处于资本形成的阶段，国有企业的资本实力不强，资产负债率居高不下，财务稳健性脆弱。这就给了信托公司股权融资的业务机会，例如，信托公司可以改变目前以债务融资为主的业务模式，与优质的国有企业合作，投资入股到共同认可的项目公司中，共同管理，共担风险，共享收益。对信托公司而言，既避免与银行进行抵押融资的浅层次竞争，又可给社会投资者提供想象空间更大的浮动收益；对国有企业而言，则增加资本金来源，使股权结构多元化，增强抵御风险的能力。

以 PE 基金方式参与国有企业的高新技术创业项目的私募股权投资。高新技术项目具有风险大、收益高、周期长等特点，吸引以社会资本为来源的 PE 基金参与，有利于完善金融体系，支持国有科技型创业企业融资，推进国有中小企业的成长，提升我国经济竞争力，增加就业机会。信托公司参与 PE 业务已有成功案例。据报道，上海信托表示已经把 PE 业务视为信托转型的一个重要方向进行探索，成为公司长线发展的重点领域；平安信托、建信信托、中诚信托等在开展 PE 业务方面已有所探索，北方信托、交银国际信托、华宝信托、华能贵诚信托等已设立或正在筹建 PE 子公司，准备开展 PE 业务。

职工持股信托（Employee Stock Ownership Trust，ESOT）。职工持股信托起源于美国，伴随着美国职工持股的蓬勃发展而逐渐兴起。职工持股有利于形成员工和企业的命运共同体，发挥长期的激励约束作用。信托公司按照委托人（持股员工）的要求，依据企业职工持股管理办法，签订信托合同。在受托期间，为全体持股职工的利益，集合职工分散的投票权集中投票，并管理股权。通过信托公司代为持股，可以解决由于职工双重身份、角色重合造成的企业管理上的困惑，使企业和职工股东不发生直接关系，由信托公司代表职工跃升为股东从而提高管理效率。由于独立的信托公司的参与，可以使职工持股管理办法更为有效的执行。例如，在职工购股融资资金的归还、在职期间转让股权、离职要求兑现股权等问题上避免内部人管理可能产生的道德风险。

MBO 信托。MBO 信托是指信托公司为管理层收购公司股权提供包括融资安排、股权持有在内的信托服务。信托在国内 MBO 中的运用一般有如下三种模式：一是代为持股的模式。这种模式操作的要点是：参与 MBO 的管理层与信托公司签订信托合同，将收购资金委托给信托公司，用于对目标公司股权的收购并持有。管理层对目标公司的控制权，通过与信托公司的信托合同进行约定；二是融资模式。信托公司通过发行集合资金信托计划或设立单一信托募集资金，将信托资金贷款给管理层，用于其对目标公司的股权收购。由此，管理层直接持有目标公司股权，成为目标公司的股东；三是“融资+股权收购”的模式。信托公司通过发行集合资金信托计划或设立单一信托募集资金，以信托公司自己的名义收购目标公司，成为目标公司股东。但此前，信托公司与管理层签订协议，约定在将来的某一时间，管理层溢价受让信托公司持有的目标公司的股权。

以信托基金方式参与国有企业的并购投资。我国虽有“世界工厂”的称号，但产业结构中存在行业集中度不高、具有国际竞争力的大企业不多的问题。在产业转型升级、转变发展方式的过程中，企业兼并重组是必由之路。2013 年以来，国务院和相关部门发布了一系列支持企业并购的政策，这已促成并购迎来新一波高峰期。目前，医药类上市公司中已有 8 家公司参与设立了医药并购产业基金。在并购业务中，信托公司可通过股权投资的方式直接参与针对国有企业的并购活动，也可以给民营企业提供并购贷款支持其并购国有企业的股权。

《金融时报》记者　胡萍